冷戰

THE COLD WAR

A World History

從兩強爭霸到全球衝突，
當代地緣政治的新世界史

Odd Arne Westad
文安立 著
陳柏旭、林書嫺 譯

紀念

歐德比耶克・魏斯塔德（Oddbjørg Westad, 1924-2013）

和

厄尼・魏斯塔德（Arne Westad, 1920-2015）

目次

推薦序

文安立眼中的百年冷戰史

郭崇倫（《聯合報》副總編輯、「郭崇倫會客室」Podcast 主持人）

在國際冷戰史學界，原籍挪威的文安立以研究中國與冷戰的學術成就而著稱。到了倫敦經濟學院後，他開始將研究視角擴展到整個第三世界與冷戰方面，不但使用了公開出版的史料集、回憶錄、博士論文，而且駕馭多國檔案史料的功力驚人。文安立曾任哈佛大學甘迺迪政府學院美國與東亞關係史講座教授，也是當今的冷戰史權威，他的這部著作被譽為冷戰新史學集大成之作。

在文安立之前，冷戰研究多為歐洲中心史觀，只在意大國之間的關係與衝突，很少討論美、蘇對第三世界的影響與干涉，更狹窄的甚至以美國外交史角度來寫冷戰通史，譬如我在當研究生時必讀的，耶魯大學冷戰史泰斗蓋迪斯（John L. Gaddis）所著的冷戰史 *The Long Peace: Inquiries into the History of the Cold War*，描寫冷戰另有角度，稱其為「長和平」。如果從美、蘇兩大國之間七十年沒有戰爭來看的確如是，但是在全世界其他地方並非如此，因此有人批評蓋迪斯的書「是從美國的角度，基於美國的經驗，以最適合美國讀者口味的敘述」所寫成的著作。

在這本書中，文安立開宗明義定義冷戰為一種「國際體系」，其實與十六、十七世紀英國與西班牙的兩極對立，或是十一世紀中國宋朝與遼國的兩極對抗，都有相似之處，這種國際體系的特點是兩極意識形態尖銳的對立，積極動員盟國參與各個領域的激烈鬥爭。

但是文安立不只是要描寫國際體系而已，他要挖掘更根本的因素，最主要的面向是社會主義與資本主義的競爭，甚至還有南北之間的冷戰，以及中國革命成功後的新因素。他承認冷戰並不能解釋二十世紀所有的歷史事件，但冷戰卻是其中最重要的，而且是「創造世界」（World Making）的歷史現象，前所未有。

因為文安立從資本主義的興起與轉折來看冷戰，所以他對冷戰的編年有其獨到之處，將之分為四個時期：一、冷戰萌芽階段（一八九〇－一九一七）；二、冷戰初始階段（一九一七－一九四一）；三、冷戰激烈對抗階段（一九四一－一九七一）；四、冷戰衰退與結束階段（一九七一－一九九一）。

冷戰萌芽期，文安立並沒有定在雅爾達會議，或是一九四六年伊朗危機，而是採取百年觀點看待冷戰，定在世紀之交時，對抗性意識形態崛起之際，隨著全球資本主義的危機與興衰，到蘇聯解體，美國於一九九一年一躍成為全球霸權而終止。

文安立的論述不僅長遠，而且宏大，擴及全球五大洲，他眼中的冷戰，其實就是美、蘇兩國在第三世界的爭奪，凸顯冷戰對第三世界的深刻影響，包括紅色高棉的種族屠殺，南美洲的軍人獨裁政權，還有非洲的動亂等。冷戰雖然影響不一，但是對各國內政都有巨大的影響。

文安立的冷戰論述與他的背景有關，他一九六〇年出生在挪威東北沿岸地區，那兒正好是和蘇聯接壤的地方，他承認自己一生有三次思想轉變；第一次思想變化發生在一九八〇年代，在美國攻讀研究生學位，當時他的政治立場非常左傾，但後來認知到，是八〇年代雷根保守主義推動了冷戰的終結。

第二個思想變化與中國有關，他早在一九七九年就來到中國，對於改革開放的過程與成就，一開始都抱持積極評價的態度，但現在就會多些批判性的眼光來審視；第三個變化則是對蘇聯的看法，起初覺得它很沉悶無聊，社會運轉得不好，但現在則抱持更積極的評價。蘇聯能夠在意識形態、經濟體制、政治模式上，創造出一個完全不同於美國並與其相抗衡的國家，做到這一點很不容易。

也因為這些想法的改變與衝擊，讓文安立兼容並蓄，二〇一七年他在北京大學客座一年，在一次演講中談到他的治學方法，首先是「國際史的擴大化」，「國際史」超越了狹義上的外交史或是國際事務史，愈是以一種更巨闊的方式看待歷史就愈好。他舉第一次大戰爆發為例，固然可以透過研究一戰前的外交互動（diplomatic traffic）了解到一戰爆發前的事情，但是一戰並非僅僅是由一九一四年七月的危機造成的，它也是由戰爭爆發之前，一代人的時間裡，一系列不同層面的社會轉型所導致的。

其次是方法論問題，歷史學者必須獲得好的資料，但更重要的是，嘗試提出反事實的問題，關於事情如何可能變得不一樣，以及事情如何可能朝著不同的方向發展。如果想成為優秀的歷史學家，就必須學會自我反思，你必須能夠思考，為什麼我會問這些問題？為什麼這些問題對我重要？我還可以提出哪些其他的問題？為什麼擁有不同背景——民族背景、社會背景、世代背景的人，會對同樣的材料提出不一樣的問題？有這樣的反思，並不容易。

第三，可以稱作「研究的國際化」，過去由於英國和美國這兩個國家創造了現代世界體系，所以研究這些處於衝突中心的國家最好的方式，就是從它們的內部入手。因此，對於美國和冷戰這一主題而言，討論的中心始終是在美國政治人物與決策本身；或者如英國和克里米亞戰爭，討論時往往集中在英國發生了什麼事。但是現在，即使是那些主要研究美國史的學生，也傾向於學習掌握其他的語言和文化，這使得他們能夠進行更多的國際比較研究。這對於國際史的未來真的非常重要，可以從中發現更多的東西。

文安立並不是一般的美國歷史學家，事實上，他曾經出版過中國外交史專書《躁動的帝國》（*Restless Empire: China and the World since 1750*），所以他對現實政治有獨到的看法。像是美國人常有誤解：美國和中國在上世紀七〇年代的接觸，是因為「尼克森意圖改變中國」；但文安立說，更大程度上是中國領導人希望基於中、美關係的變化而改變中國。

當時他是在批判國務卿龐培歐的演說，在演說中，龐培歐把中國描繪成一個與西方以及與其他東亞國家完全不同的國家，並剝離中國政黨和國家的概念，強調「中共非中國」。但從文安立的眼光來看，這些論調與冷戰期間的論調沒有什麼兩樣，都在突出意識形態差異。他強調：「中國發展並不是由美國所創造，而是來源於中國本身的需要」，所以美中還是盡力要找到可以合作的模式。

文安立也隱約地批評哈佛大學甘迺迪學院同事艾利森的論點——「中美註定衝突」的觀點，是對中美關係的一種誤解，這並不是大國政治的歸宿。而同時，從歷史經驗看，認為「衝突不可避免」的觀念常會成為「自我實現的預言」。

書中第十五章〈尼克森在北京〉，就是在描寫當時毛澤東的心境：蘇聯在北，美國在南，「兩者攜手完成對中國的包圍之勢，而中國必須突圍」，在這個心態下，四位老帥的報告成為毛戰略思想轉變的契機，這就是中國自己選擇的決定。

這個冷戰中重大的轉變，文安立只用一頁交代，但是在熊向暉的回憶錄《我的情報與外交生涯》中談到了那時的背景：在文革的時代，一九六七年參加二月逆流的四位老帥——陳毅、聶榮臻、葉劍英與徐向前，分別在四家工廠蹲點，但被交付一項特殊任務「研究國際形勢」。周恩來當時說，現在各外事部門集中力量「鬥、批、改」，熟悉國際問題的幹部大部分尚未解放；我一天到晚忙於處理日常工作，實在擠不出時間過細地考慮天下大事，「你們都是元帥，都有戰略眼光，可以協助主席掌握戰略動向，供主席參考」，並且指派後來任總參情報部副部長熊向暉、外交部歐美司司長姚廣協助，提供外國材料參考。

一九六九年六月七日至九月十六日，在中南海武成殿，共舉行了十六次四十八小時的國際形勢座談「議論天下事」，陳毅在開場白中說：歡迎長篇大論，也歡迎三言兩語；可以插話，可以打斷；可以質問，也可以反駁；講錯了允許收回，更重要的是「第一，腦袋裡不要有框框；第二，要密切注意世界戰略格局的發展變化」。

當時蘇聯與中國的關係緊張，邊界挑釁，南邊美國參與越戰正值高峰，官方的調子是擔心蘇、美勾結反華，但老帥們並不這麼看，他們認為：反華大戰不至於輕易發生，判定中蘇矛盾大於中美矛盾，美蘇矛盾大於中蘇矛盾，蘇修擴張是在擠美帝的地盤。

九月十一日柯錫金總理參加越南國父胡志明葬禮後，在北京停留，與周恩來舉行會談，震動國際，當時美國情報部門限期蒐集柯錫金在中國三小時的詳細情況，老帥們在討論時稱，中蘇首腦會談震動全世界，一旦舉行中美總理會談，一定更會震動全世界。其中陳毅尤其有戰略眼光，提出：在華沙會談恢復時，要主動提出舉行中美部長級或更高級的會談，協商解決中美之間的根本問題，只要舉行高級會談，本身就是一個戰略動作，不提先決條件，並不意味在臺灣問題上改變立場，而是在會談中可以逐步解決。

老帥們的建議勾畫出剛剛成形並延續十餘年的國際戰略格局，為打開中美關係提供了路徑圖。一九七一年四月，毛澤東決定透過巴基斯坦邀請美國總統代表訪問北京，與中國領導人直接對話。同年七月九日季辛吉訪問北京，老帥們的戰略遠見證明是中國當時的最佳策略。

文安立書中特別寫中國的只有兩章，另一章是第九章〈中國的災禍〉，談中國建政之初以及文革期間的革命暴力，導致「舊中國」的消亡。北京大學據說在二〇一八年要出中文版，但當時決定基於政治考慮，要刪掉整個第九章；現在已經二〇二三年了，簡體版仍毫無音訊，只怕中共當局刺眼擔心的部分，只會愈來愈多了。

緒論
創造世界

一九六〇年代，在我還是孩提時，我所成長的世界被冷戰所劃分。它分裂了家庭、城鎮、區域、國家。它散播恐懼，以及不只是一丁點的困惑：你能確定明天不會發生核災嗎？什麼可以啟動核災？人們懷疑共產主義者——在我的家鄉只有一小撮人——抱持著不同的觀點，以及——經常被人說——效忠於不同的對象。不是效忠於我們的國家，而是效忠蘇聯。對於一個在二戰期間遭到納粹德國占領的地方，後者非同小可：這在一個憂心叛國的地方，無異於背叛。我的國家北邊與蘇聯接壤。國際事務上但凡有一丁點增溫，這片以大多數時候冰封的河流為界的地帶，就平添一分緊張感。即便在靜謐的挪威，世界仍然是分裂的，有時很難憶起爭端是多麼的緊繃。

冷戰是資本主義與社會主義之間的對壘，於一九四五至一九八九年之間臻於高峰，儘管其根源可以回溯到更久遠以前的時間，其回響則於今仍能聽見回聲。在臻於頂峰時，冷戰構成了一種國際體系，以至於世界強權的對外政策都奠基在與冷戰的某種關係之上。冷戰所蘊含彼此競逐的思想與理念，宰制了最關乎內政的話語。然而，即便在衝突鼎盛之際，冷戰固然居於主導地位，但卻也並非唯一的賽場；二十世紀晚期見證了許多既不由冷戰所創造，亦非由冷戰所決定的重大歷史發展。冷戰並未決定一切，但的確影響了大多數的事情，且通常是負面的：對峙鞏固了由強權（Superpowers）所宰制的世界。在這個世界裡，力量與暴力——或者暴力帶來的威脅——是國際關係的準繩，且信念傾向於絕對化：唯有己方的體系才是良善的體系，其他體系都從本質上就是邪惡的。

冷戰的遺緒大都圍繞著這些絕對化的觀念。最糟的狀況可以在美國對伊拉克及阿富汗的戰爭看出：信奉至高無上的道德，迴避對談，相信能以武力解決問題。但此外也可從對自由市場的教條式信念看出，或者從由上而下對治社會沉痾、世代問題的取徑中，亦可見一斑。某些政權至今依然奉行的極權形式皆可溯及冷戰：中國當然是最主要的例子，北韓則是最駭人的例子，但從越南到古巴、從摩洛哥到馬來西亞，還有數十個國家有冷戰的因子深植於其政府體系當中。世上有許多地區仍然與環境威脅、社會分裂、族群衝突共處，而這些問題都是從最近這個宏大的國際體系而來。有些評論家稱永無止境的經濟成長這種概念——以其現代形式——就是冷戰競爭的產物，而這種概念終將威脅到人類的福祉，甚至威脅到人類的存續。

就這麼一次對國際體系持平而論吧，冷戰也有著無傷大雅的面向，或者說，至少衝突的結束並未造成損害。鮮少有西歐或者東南亞人士會傾向於居住在他們以東那塊土地上以共產主義立國的國家。即便美國對亞洲的干預時常招致一輪猛攻，大多數歐洲人仍相信美國勢力出現在他們的國境之內有助於維持和平、發展民主。強權之間的冷戰衝突最終和平落幕這件事當然至關重要：當現存的核武數量多到足以多次摧毀整個世界，我們所有人都仰賴節制與智慧來避免原子末日。冷戰也許不是某些史家所認為的那種長期和平，[1] 但是在國際體系的上層——美國與蘇聯之間——未開戰的時間長到足以令改變發生。我們所有人的存亡都仰賴那長時段的延宕。

那麼，與歷史上其他國際體系相較，冷戰作為國際體系有何特別之處呢？儘管多數世界秩序都偏向於多極（multipolar）化——即有多個勢力相互抗衡——還是有某些差可比擬的體系。舉例而言，一五五〇年代至十七世紀初，西班牙與英格蘭之間的雙極（bipolar）敵對就深刻影響了歐洲政治，其中某些特徵也可見於冷戰。西、英對抗的根源非常之意識形態。西班牙的君主相信他們代表天主教，英格蘭則相信他們代表新教。雙方各自所形成的盟國皆由意識形態的同夥所組成，戰事則遠離帝國的中心。外交與協商極其有限，雙方都視對手為理所當然的敵營。兩國的精英都堅信己方理念，往後幾世紀的道路發展則端看究竟是誰勝出。美洲大陸的發現以及克卜勒（Kepler）、布拉赫（Tycho Brahe）、布魯諾（Giodano Bruno）的世紀之科學進展讓風險更加升高；無論是哪方以勝者之姿出線，都不但能夠宰制未來，並且可以掌有未來，將之挪為己用。

但除了十六世紀的歐洲、十一世紀的中國（宋、遼之間的衝突），以及相關探討文獻已汗牛充棟的古希臘雅典與斯巴達之爭之外，雙極的體系其實頗為罕見。隨著時間的遞嬗，多數地區都傾向朝多極發展，或者稍微少見的情況是單極發展。例如在歐洲，自從九世紀晚期的加洛林（Carolingian）王朝解體後，泰半時期都是多極體系占上風。在東亞，從十三世紀的元朝到十九世紀的清朝之間，中華帝國居於優勢。雙極體系的相對罕見，或許不難解釋。比起單極的帝國導向的體系或者多極的光譜體系，雙極體系需要某種形式的平衡，因而更加難以維繫。在多數情況下，雙極體系也仰賴未直接受控於強權，但仍以某種形式（通常是透過意識形態認同）接受了該體系的其他國家來維繫。

除了冷戰以外，所有例子都以遍地烽火作收：三十年戰爭、遼國解體、伯羅奔尼撒戰爭等。

觀念衝突的煙硝無疑導致了冷戰的雙極架構。美國主要的意識形態是普世主義與線性的，強調市場、移動（mobility）、多變（mutability），其根深柢固的信念是相信所有從歐洲淬鍊出的社會都必然朝向與美國相同的方向前進。從一開始，共產主義——從蘇聯發展出的特殊社會主義形式——就以美國所代表的資本主義意識形態的反面命題（antithesis）之姿被打造出來：也就是說，各地人民都可為自己獲致的替代性未來。如同多數美國人一樣，蘇聯的領導人相信建立在地方認同、社會的尊重、尊古之上的「舊」社會已死。競爭是為了未來的社會，而競爭只有兩種完整的現代版本：（既不完善亦不公義）的市場與（理性整合的）計畫。蘇聯意識形態把國家變成為了人類之福祉而運轉的機器，而多數美國人則憎惡中央化的國家權力，畏懼其結果。激烈競爭的舞臺至此已經搭建好，競爭的賭注就是這個世界的存亡。

本書試圖以百年來的觀點安放冷戰這個全球現象。冷戰於一八九〇年代開始發端，隨著全球資本主義首度遭逢危機，歐洲工運激化，到美、俄擴張為跨洲的帝國。隨著柏林圍牆倒塌，蘇聯解體，美國終於一躍而成為真正的全球霸權，冷戰於一九九〇年告終。

採取百年觀點看待冷戰的目的，旨不在使其他重大事件——世界大戰、殖民體制的解體、經濟與科技變革、環境破壞等——都埋沒在單一縝密的框架之下，而是為了理解社會主義與資本主義之間的衝突如何大幅影響了全球發展，復又受到全球發展所影響。這也是為了理解為何一組衝突可以貫穿整個世紀一而再、再而三地重複，以及為何所有其他權力——不論是物質權力還是意識形態權力——的角逐者都必須與冷戰勾連在一起。從十九世紀尾聲開始，就在歐洲現代性似乎達到頂峰之際，冷戰也沿著衝突的斷層線蔓延滋生。

我的論點（要是說這本長篇大論有單一論點的話）是：冷戰應運十九世紀末的全球轉型而生，而一百年後在快速的巨變中被埋葬。冷戰既是意識形態的衝突，又是一種國際體系，因此可以從經濟、社會、政治變遷的角度來把握，這些變化又遠比冷戰本身所創造出的事件更加影響深遠。我在先前一部著作中曾論證，發生在後殖民的亞、非、拉那些寓意深遠且往往暴力的變革，是冷戰的主要結果。[2]但衝突也有其他意義。可以將衝突視為美國全球霸權降臨的一種進程，可以視之為社會主義左翼——尤其是列寧所主張的形式——（緩慢）的潰敗，也可以將之描繪為國際對立的切中要害的階段，這些對立成長於兩次世界大戰的災難，復又被七、八〇年代新一輪的全球分歧所取代。

無論要強調冷戰的哪一個面向，都必須認可經濟、社會、科技轉型之劇烈，衝突在這種種轉型當中發生。一八九〇年代至一九九〇年代之間的百年，全球市場樓起樓塌，其步調之快，令人目眩神迷，前代人只能夢想的科技日新月異，而有些科技被有心人士用來增加主宰、剝削他者的能力。百年來全球的生活形態變幻莫測，幾乎所有地方的機動性與都市化程度都扶搖直上。所有形式的政治思想，無分左右，都受到這些變革之瞬息萬變影響至深。

除了意識形態之重要程度，科技也是冷戰作為國際體系能夠經久不衰的一個主因。一九四五年以後的數十年，核武兵工廠四起。為了保全地球的未來，兩個強權都準備好要把地球摧毀——箇中諷刺之處，相信讀者不會錯過。如同蘇聯領導人約瑟夫．史達林（Joseph Stalin）喜歡形容的那樣，核武是「新型武器」：不是戰場上的武器，而是一舉抹除整座城市的武器，一如美國一九四五年對日本的廣島、長崎所為。但只有美蘇兩大強權擁有足以一舉毀滅全球的核武數量。

二十世紀由許多或多或少平行發展的重要故事線所串起，歷史總是如此。資本主義與社會主義之間的衝突影響了幾乎所有故事的進行，包括兩次世界大戰以及一九三〇年代的經濟大蕭條。到了世紀尾聲，這些發展中的某些部分使得冷戰的國際體系及意識形態衝突顯得過時。因此，很可能將來的史家會將冷戰的複雜性顯著消解。他們可能站在歷史的制高點，為亞洲經濟實力的蜂起、太空探索的開端、天花的根除賦予更大的重要性。歷史總是一個縝密的意義網絡，撰寫歷史的史家之觀點至高無上。我所著迷的重點是冷戰在創造當今世界所扮演的角色。但當然這不意味著貶抑支線，獨尊冷戰。這只是在說，長此以往，社會主義與資本主義的衝突深刻影響了人類如何過活，以及影響他們思考在地與全球政治的方式。

總的來說，冷戰是在國際政治兩個深刻的變革過程中發生。其一是新興國家的出現，這些國家多少是依十九世紀歐洲國家的形式立國。一九〇〇年，全球的獨立國家尚不滿五十，其中約莫一半在拉丁美洲。現在則有將近兩百個獨立國家，其中大多數都分享著相當類似的治理與行政組織。另一項根本的變革是美國躍居宰制全球的力量。如果換算一九〇〇年的美國國防預算，約合二〇一〇年的一百億美元，這比起數年前激增不少，這是由於美西戰爭爆發以及在菲律賓、古巴綏靖叛亂的行動。今日國防支出已經擴編百倍，來到一兆美元。一八七〇年，美國的國內生產總值（ＧＤＰ）是全球的九％，在冷戰臻至高峰的一九五五年是二八％左右。如今雖然美國已經下滑有年，但仍然在二二％左右。因此，冷戰形塑於國家數量滋生及美國權力上漲的年代，兩者都影響了衝突的方向。

這些國際上的變革也確保了冷戰會在民族主義當道的框架中運作。儘管社會主義、資本主義社經體系的信徒似乎總是不滿於此，但訴諸某種形式的民族認同時而擊潰最精心構造的、為求人類進步的意識形態計畫。宏大的現代化計畫、縱橫捭闔或跨國運動一再在面臨民族主義或者其他身分政治所設下的第一道關卡就碰壁。儘管作為全球框架的民族主義——想當然耳——也有其顯著的限制（試看超民族主義〔hypernationalistic〕的德國、義大利、日本在二戰的敗北），但民族主義總是對那些未來屬於普世主義的意識形態設想構成挑戰。

因此，即使在冷戰方殷的一九四五年至一九八九年，雙極結構總是有其限制。儘管蘇、美的體系在全球範圍內都有其吸引力，兩者皆無法在其他地方全盤複製。或許就算在最為慷慨激昂的意識形態理論家心中亦認為難以複製。就社會發展而言，其結果是無論資本主義還是社會主義經濟，都難逃強大的地方特色影響。在某些案例中，政治領袖憎惡這樣的混合形式，因為他們想要他們自己的政治理念以未遭玷汙的形式施行，不過卻必須妥協，可以說這對大多數人而言是件幸運的事。波蘭、越南雙雙支持蘇維埃的發展理念，但實際上又與蘇聯非常不同，一如日本、西德雖然深受美國影響，但仍與美國大相徑庭。印度以獨特的方式將議會民主制與詳盡的經濟計畫糅合在一起，更是與任何冷戰的理想型都大異其趣。在兩大強權的領導人眼裡，以及對其他地方的支持者來說，唯有美蘇強權是最純粹的，是其他地方仿效的模範。

某方面來說，這並不出人意表。美、蘇的現代性觀念共同源自十九世紀末，在整個冷戰期間也仍維持許多共通點。兩者皆源於歐洲（以及歐洲的思考模式）在過去三個世紀以來全球性的擴張。人類史上第一次只有一個中心——歐洲及其分支——宰制了全世界。歐洲人過去打造漸次掌握全球的帝國，並且讓歐洲人移居三大洲。這種絕無僅有的發展讓有些歐洲人（以及祖先來自歐洲的人）

相信他們可以透過他們所發展出的觀念與科技，把全球的未來控制在手中。

儘管這種思考模式有更深的歷史淵源，卻是在十九世紀臻至高峰。這也並不出人意表：十九世紀無疑是歐洲人之於其他所有人之優勢臻至高峰的時代，不論是科技、生產還是軍力。對於一些史家所稱的「啟蒙價值」——理性、科學、進步、發展以及作為一套體系的文明等——抱持信心，致力奉獻，這顯然源自歐洲在權力上的優勢，也來自在非洲與東南亞的殖民，以及征服中國和泰半阿拉伯世界。及至十九世紀末，儘管歐洲及其分支（包括俄、美）內部容或有分裂，但他們的統治至高無上，他們所投射出的觀念亦然。

在歐洲制霸的年代，其觀念逐漸在其他地方孳生。儘管現代性在世上不同的地區形態各異，但從中國、日本到伊朗、巴西，各地精英都渴望創造自己的工業文明。他們渴望模仿的現代轉型之鑰，在於首重人類的意志力超越自然，透過新型能源機械化生產，以及打造公眾參與的民族國家。諷刺的是，這些源於歐洲的觀念之擴散，也預告了歐洲制霸的終結；其他地方的人也想要屬於他們自己的現代性，以便更有效地抵禦居高臨下治理他們的帝國。

即便在歐洲現代性的心臟地帶，在十九世紀已經發展的意識形態之爭，終將摧毀單一現代性的人為觀念。隨著工業社會生根，也有一些批判的聲浪發展出來，不僅質疑現代性自身，也置疑其終點。有些人稱生產之卓越、社會之轉型除了讓少數人富裕發家，讓少數歐洲帝國擴張到非、亞之外，應該還要達成更多才是。至少從歷史來看，應當要有某種目標來補償工業化過程所造成人類的悲慘生活。這些評論家當中，有些人異口同聲全盤痛陳工業化之不是，時而將前工業社會給理想化。異議者要求為那些被捲入資本主義的尋常男女提供支持，以此為基礎要求新式的政治經濟體系。

在這些批判聲浪中，至為根本的是社會主義。社會主義一詞於一八三〇年代開始流行起來，但可追本溯源至法國大革命。其核心理念是公有（而非私有）財產、資源以及擴張大眾民主。首先，為數頗眾的社會主義者既瞻前也顧後。他們揄揚農民共同體的平均主義，或者時而讚揚宗教對資本主義的批判，這往往與基督的山上寶訓（Sermon on the Mount）聯繫在一起：「有求你的，就給他；有向你借貸的，不可推辭。」

但到了一八六〇年代，早期的社會主義思想受到來自馬克思（Karl Marx）及其追隨者的壓力。馬克思是一名意欲將社會主義原則組織為對資本主義之根本批判的德國人。他對於未來的執念更甚於對往昔的執著。他主張社會主義會從十九世紀中的經濟、社會變革的混亂中自然成長。馬克思認為，舊的封建秩序與當下的資本主義秩序兩者俱無法應付現代社會的挑戰，必須得由基於科學原則運作經濟的社會主義的秩序所取代，這種秩序可以透過無產階級——沒有自己財產的工人——發動革命產生。「無產階級，」馬克思在《共產黨宣言》中說，「將利用自己的政治統治，一步一步地奪取資產階級的全部資本，把一切生產工具集中在國家（即組織成為統治階級的無產階級）手裡，並且盡可能快地增加生產力的總量。」[3]

馬克思的追隨者謹遵《宣言》自命為共產主義者，雖然在十九世紀從未超出小團體的格局，但其影響力卻遠遠超出數量所能顯示。他們的特色是信念之激越，以及奉行根本的國際主義。當其他的工人階級運動尋求漸進式的進展、強調他們所代表的弱勢在經濟上的需求，馬克思的追隨者強調的則是不懈的階級鬥爭，以及透過革命攻克政治權力。他們認為工人無祖國，沒有國王。他們認為為了新世界的鬥爭沒有邊界，而他們的敵手則是民族主義者以及（有時候是）帝國主義者。

馬克思主義者所持的國際主義與反民主教條主義，是他們在十九世紀末往往輸給其他工人階級運動的主因。例如，在馬克思所處的德國，一八七〇年代，於俾斯麥（Bismarck）的統治之下建立了新的統一國家，廣受工人歡迎。比起階級鬥爭，工人們更傾向建國。但馬克思本人在悠哉地流放倫敦，於哈弗斯托克丘（Haverstock Hill）接受訪問時，譴責新的德意志為「軍事專制的建立和對勞動群眾的無情壓迫」。[4]當德國社會民主黨人於一八九一年的計畫中強調為民主鬥爭是其主要政治目標時，也遭到馬克思主義者大加撻伐。他們要求「普遍、平等及直接的選舉權，所有的市民在所有的選舉中可以祕密投票」。[5]馬克思的協作者和繼承者恩格斯（Friedrich Engels）視此為「把這個帝國國會稱作專制制度的遮羞布」。「為了運動的現在而犧牲運動的未來，這種做法可能也是出於『真誠的』動機，」恩格斯說，「但這是機會主義，始終是機會主義，而且『真誠的』機會主義也許比其他一切機會主義更危險。」[6]

及至一八九〇年代，社會民主黨的成立遍布歐美。儘管有時它們對資本主義體系的批判是受到馬克思主義所啟發，但大都強調改革，而非革命，並且倡議擴張民主、工人權利以及所有人都能取得的社會服務。有些已經發展為大眾政黨，在其所屬的國家與工會運動連結。在一八九〇年德意志的選舉中，社會民主黨獲得一百五十萬票，是為總票數的二〇％（雖然由於選舉法的不公，只得到少許國會席次）。在北歐國家數字也差不多。在法國，到了一八八〇年代，社會主義工人聯盟已經開始掌有市府。儘管恩格斯與其他人發出批判，多數的社會民主政黨都提倡民主，並且開始從中獲益。

一八九〇年代的全球經濟危機改變了一切。一如二〇〇七至二〇〇八年的危機一樣，這次危機肇始於一八九〇年一間大銀行之無力償付——這次是霸菱銀行（Baring's），起因是在海外市場冒險無度。倫敦過去曾經歷過更糟糕的危機，但此次不同的是，由於經濟相互依存的程度提升，舉世經濟皆受池魚之殃。因此，一八九〇年代之初經歷了第一次全球經濟危機，失業率節節攀升（在美國一度逼近二〇％），勞工騷動不斷。許多工人乃至年輕的從業人員首次面對失業率居高不下，自問資本主義是否走到了盡頭。隨著騷亂的擴大，甚至許多建制派成員也問起了相同的問題。部分極左派人士——主要是無政府主義者——開始對國家發動恐怖攻擊行動。一八九二至九四年間，法國發生十一起大規模的爆炸案，其中一起發生在國民議會。橫跨歐美都有政治領袖遭到暗殺：一八九四年的法國總統、一八九七年的西班牙總理、一八九八年的奧地利皇后、一九〇〇年的義大利國王，翌年，美國總統麥金利（William McKinley）在紐約水牛城的泛美博覽會遇刺。全球的領導人又是憤怒，又是驚恐。

隨著來自雇主與政府前所未有的攻擊，一八九〇年代，騷亂使得社會民主黨運動分裂。罷工屢屢遭到暴力鎮壓，社會主義者與工會運動分子淪為階下囚，第一次全球經濟危機的苦果重挫了過去數十年來的民主發展，也使得社會主義者當中的極左勢力復甦。他們認為民主不過是小資產階級的障眼法。後來，一位自稱列寧（Lenin）的年輕人烏里揚諾夫（Vladimir Illich Ulianov）亦有此背景，如同許多二十世紀上半葉其他將歐洲社會主義與工人運動推向極左的人一樣。

工人組織當中的各方人馬從危機中生聚的教訓也不盡相同。預期一八九〇年代初的金融創傷產生的亂局將導致資本主義崩盤者，為數頗眾。當資本主義終究並未解體，且到了一八九〇年代後期——至少在某些地區——止跌回升時，主流的社會民主黨被推向組織工會運動以及集體協商。他們可借鑑工人自危機中學到的教訓：當經濟下跌時，唯有有效組織的工會足堪抵擋惡性解雇以及每況愈下的工作環境。在德國、法國、義大利、英國，工會成員數量均大幅成長。在丹麥，一八九九年，工會的中央委員會同意了一項每年度與資方的工會協商薪資與工作條件的制度。這項長期的協定是舉世首見，後來成為該模式的濫觴，逐漸散布到他處，也使得丹麥幸免於冷戰期間的嚴重分歧。

歐洲的激進左派痛恨丹麥社會民主黨九月協議（September Agreement）所示的「階級背叛」（class-treason）。在危機下得以苟延殘喘的激進分子，比以往更加確信資本主義很快就要如馬克思所預測的那般終結，許多人相信工人自己透過他們的政治組織，可以將歷史推向其邏輯性的目的：罷工、杯葛以及其他形式的集體抗議，不僅有助於工人階級扭轉命運，還有助於推翻資產階級國家。因此，一八九〇年代見證了主流改良派的社會民主黨人與（旋即自稱共產主義者的）革命派社會主義者之間的終極分裂，這將一路持續到冷戰告終方休。兩造的衝突行將成為二十世紀歷史的重要組成要素。

對於十九世紀末業已建制的國家體系而言，政治性組織化工人運動的出現駭人聽聞。然而，當時還有兩組可觀的動員力量正在醞釀當中，但政治建制派及其社會主義勁敵最初都並未嚴陣以待。其一是婦女在政治與社會正義上的動員，其成長有一部分是相應於早期工人階級爭取投票權的激盪。有人質疑，如果連不識字的男性工人尚且能獲得政治權利，那麼為何連受過教育的資產階級婦女都遭拒於投票亭之外？其他有些人認為婦女的要求——包括完整的經濟權以及在家庭內的權利——與工人階級的要求之間，應有某種形式的裡應外合，但這種主張在第一波女性主義當中可能是少數。然而，女性主義運動激越的程度甚是引人注目，尤其是在第一次世界大戰前的英國，婦女參政運動者（suffragettes）全面政治解放的訴求屢遭否定。她們遭到警察施暴，在獄中進行絕食，在一次尤其聳人聽聞的事件中，有一名婦女參政運動者（譯按：艾蜜莉．戴維森〔Emily Davison〕）在賽馬時縱身一躍，跳到國王的座騎底下，當場慘遭活活踩死。最終，婦女參政運動者的姊妹在各地告捷，但並不是以社會主義左派一分子之姿斬獲成果。

與婦女運動同步成長的是反殖民運動。到了一八九〇年代，第一波被殖民占領的衝擊已經在亞、非的部分地區開始疲軟。受過教育的精英受到源於帝國中心思想武裝，融合在地色彩，在從殖民體系獲益與為謀求自治而反抗之間擺盪。農民運動也加入了反抗西方影響的行列：朝鮮的東學黨、中國的義和團拳民、北非的聖戰士（jihadis）所設想的世界，也許與他們受過教育的同胞殊異，但他們也為反殖民抵抗散播了種子。當美國於一八九九年進入菲律賓，首開其亞洲殖民歷程時，當地的反抗運動多由貴族與農民共同組成。及至二十世紀初期，首批反殖民組織，包括印度國民大會黨、南非的非洲民族議會，以及印度尼西亞民族黨的前身都已經出現。

在反對資本主義、殖民主義、父權體制的異見者挺身對抗建制力量之際，國與國之間的國際體系也正在發生全球變革。德國與日本分別在歐洲與東亞鞏固自身地位，不過最顯著的改變則發生在歐洲的外圍。自十七世紀伊始，歐洲——或者更精確地說是西歐的某些部分——的軍事力量就已稱霸全球。十八世紀起，就創新發展而言，西歐少部分地帶，尤其是英、法與低地諸國（Low Countries），也已在經濟上占得至高無上的地位。然而到了十九世紀尾聲，歐洲外圍的大型大陸國家——某種形式特殊的帝國——開始追上腳步，某些地區甚至超越了歐洲的主要國家。就政治、經濟組織而言，俄、美大相徑庭，但兩者皆從其邊境地帶蠶食鯨吞了幅員廣袤的領土。美國比起一七八〇年代原先的國土面積增加了十倍，從三十七萬五千平方英里增加到三百八十萬平方英里。俄羅斯也從一六一三年的羅曼諾夫王朝快速擴張，規模甚至更加宏偉，從約兩百萬平方英里增加到八百六十萬平方英里。英、法當然也握有大量的殖民領土，但這些領地並非連綿不絕，且居住其上的多為當地住民，就長期而言，較難以取得經濟利益，也難以維持掌控。

如同本書後面所將揭示的，在俄、美的擴張中，天命的概念扮演至關重要的角色。兩國的精英分子咸信其擴張師出有名，其特質就註定了各自在區域內——以及最終在全球範圍內——的霸權地位。在全球制霸的過程中，兩國的精英分子都認為他們正在遂行歐洲的使命。系出歐洲的他們在某方面來說，是在執行讓歐洲走向全球的大業，把歐洲一路帶往太平洋。某些知識分子領袖相信在此過程中，他們是在讓自己的人民更加歐化，更著重歐洲價值，並且願意在帝國的年代肩負起帝國的重擔。但同時，在兩國境內也都有人認為自己的擴張從根本上就與歐洲帝國有所不同。若說英、法是在探勘資源、尋求商機，那麼俄羅斯人和美國人的擴張則有著更為崇高的動機：推廣企業與社會組織的理念，以及在政治與宗教上救贖靈魂。

宗教在美、俄兩端同樣位居要角。[7]儘管到了十九世紀末，組織化的信仰在歐洲（以及其他多處）已漸趨沉寂，但俄羅斯人與美國人仍然把宗教看作是他們生命的中心。某方面來說，美國的福音新教主義與俄羅斯的東正教頗有相似之處。兩者都強調目的論以及信仰之篤實重於其他基督教派的共通之處。兩者都對原罪觀不以為意，相信社會可以臻於完善（perfectibility）。最為重要的是，福音教派與東正教徒都相信宗教觀直接啟發政治觀。他們要獨當一面，完成上帝對人類的旨意。

美、俄涉入全球事務的過程，各因他們分頭與十九世紀末的世界主宰強權——大不列顛——的競爭染上不同的色彩。美國憎惡英國在海外掌有之貿易特權，認為英方宣稱自由貿易原則以及投資的自由，實則自私自利，道貌岸然。儘管許多美國精英對英式途徑感到激賞，到了一八九〇年代，兩國逐漸開始爭奪影響力，尤其是在美國全球勢力上揚首當其衝的南美洲。俄羅斯也將英式世界體系視為其崛起的主要屏障。在一八五〇年代的克里米亞戰爭中，英國率領的聯軍遏止了俄羅斯對黑海地區的控制，自此，許多俄羅斯人都視英國為反俄霸權，意圖阻卻俄國勢力的增長。英、俄的利益在中亞、巴爾幹半島相互衝突。俄羅斯認定英國的支持是讓日本在一九〇五年的日俄戰爭中勝出的關鍵。與美國不同的是，俄羅斯並未認為經濟發展可以讓自己取英國而代之，成為全球資本主義霸權。但領土擴張與經濟落後的兩相結合，正是俄羅斯——以蘇聯馬克思主義的形式——一躍成為全球反體制勢力之道。

儘管冷戰代表美國在國際上崛起，成為大不列顛的繼承者，但要是認為這種承繼的過程和平順利，那就大錯特錯了。在二十世紀的大半時間，美國對全球政治與他國社會都有著革命性的影響力，於歐洲（包括英國）如是，於亞、非、拉亦如是。當亨利·詹姆斯（Henry James）於一八七〇年代將他的美國英雄視為「偉大的西方野蠻人，以其天真和孔武踏步向前，端詳這個弱不禁風的可憐舊世界一陣子後，俯衝下來攫住它」，這麼形容倒也離實情相去不遠。[8]美國在國際上是麻煩製造者，其教起先拒絕按照英國霸權在十九世紀樹立起的規矩行事。美式觀念銳意革新，其公序敗壞良俗，其教條主義則置人於險境。唯有在冷戰行將結束之際，美國霸權才開始能在全球範圍內穩坐泰山。

因此，冷戰攸關美國勢力的崛起及鞏固，但又不僅止於此。冷戰也是關於蘇式共產主義的潰敗，以及在歐洲的民主共識的形式透過歐盟建制化的過程。在中國，冷戰意味著中國共產黨實行的政治革命與社會革命。在拉丁美洲，冷戰意味著沿著冷戰的意識形態分界線益趨兩極化的發展。本書試圖揭示資本主義與社會主義之間的冷戰在全球範圍內之重要之處，儘管其形態各異，有時並不全然一致，教人困惑。以一部單冊的歷史書而言，本書力有未逮，只是在複雜紛呈的各種發展隔靴搔癢，但若是能夠邀請讀者一同繼續探索冷戰如何讓世界成為今日之世界，那麼，本書便可功成身退。

第一章
起點

冷戰起源於十九、二十世紀之交的兩條發展進程。一是美、俄轉型成為兩個超大型帝國，並且漸次自認肩負國際重任。另一個是資本主義與其批評家之間的意識形態分野愈趨嚴峻。到了美國參加第一次世界大戰，以及一九一七年的俄羅斯革命使蘇聯成為資本主義的替代方案，這兩個發展過程合而為一了。由於世界大戰與經濟大蕭條的緣故，蘇聯式的替代方案在全球吸引了廣泛的支持，但也成為其對手攻擊的箭靶。到一九四一年蘇、美參加第二次世界大戰之際，蘇聯國力盛極一時，但在國際上也更為孤立。戰爭期間蘇聯、美國與十九世紀的強權大不列顛之間的互動，行將決定日後國際關係的框架。

當蘇聯反對全球資本主義時，美國則在前一代的歐洲人做夢也想不到的條件下躍居全球資本主義的領頭羊。十九世紀末、二十世紀初的歷史，首先是美國的經濟、科技、軍事實力增長的歷史。在美國內戰至一戰之間的五十年，美國的國內生產毛額成長了七倍不止。鋼鐵的產量在一八七〇年只有英國的五％，到了一九一三年已經是英國的四倍。到了這年，美國的工業專利數居全球之冠。

科技變革與自然資源的豐饒兩相結合，使得資本主義的發展摧枯拉朽，一代之間，就讓所有競爭對手相形見絀。

美國成功的一部分在於其龐大的經濟實力與常民生活若合符節。歷史上舊勢力的崛起主要裨益精英分子，市井小民則只能拾帝國之餘唾。美國改變了這一切。其經濟的成長創造出一個國內的消費社會，包括晚近的移民與非裔美國人在內的所有人都能冀望參與其中，而這些人除此之外受到歧視，政治影響力極為有限。新的產品提供了便捷，嶄新的科技生產出的商品所代表之現代性的經驗，定義了何謂美式：美式是關於轉變。在這個國家，資源用之不竭，觀念百花齊放，兩者彼此滋養，煥發出嶄新的開始。

在十九世紀末，美國人自命獨一無二的感受、美式的使命感與美國豐饒的物產匯聚在一起，共同形塑了美國對外關係強而有力的意識形態。在美國人的心中，美國與其他地方截然不同，更為現代，更加發展，也更顯理性。美國人也對歐洲主宰的其他地帶心懷一份責任感，意欲以美國的形象重鑄歐洲。然而，雖然大多數美國人認定美國即是歐洲文明更先進的形式，但在「先進」究竟賦予他們有何權力資格這點上，卻產生了分歧。有些人仍然相信美國革命所建立的框架：美式共和主義、節儉、企業所立下的典範會影響全世界，讓其他地方的人想要重啟歐洲經驗，一如美國人自己所為。其他人則相信，在一個帝國擴張的世界裡，美國應該執牛耳領導。與其只是作為表率，美國應當介入，讓世界步上正軌；世界不僅需要美式觀念，還需要美國勢力。

隨著美國在世紀之交打贏了美西戰爭，美式觀念與美國勢力兩相結合。戰事持續不超過四個月，美國就斬獲了一個包括前西班牙領地菲律賓、關島、波多黎各、古巴的殖民帝國。美國的首任菲律賓民事總督塔虎脫（William Howard Taft）以菲律賓群島作為他所認為的美式發展——資本主義、教育、現代性、秩序——的實驗場。當塔虎脫於一九〇八年當選為美國總統時，他強調美國資本有助於加勒比海、中美洲、亞太地區，但也強調美國公司有機會在海外獲利，以及政府保護它們的責任。塔虎脫的「美元外交」（dollar diplomacy）是他的國家在全球舞臺登場的跡象。

到了一九一四年，美國已躋身世界列強，但其領導人仍不確定其國家在全球舞臺上應扮演何種角色。美國的目的是兼善天下，還是獨善其身？美國勢力的主要目的是保護自家人民，還是拯救世界？一九一七年威爾遜（Woodrow Wilson）總統決定參加第一次世界大戰時，這些論辯匯聚到了一起。威爾遜相信美式任務的一部分是把世界導向正軌。他任內曾兩度介入墨西哥的政策，就是基於將南美鄰國推向美式憲政民主有益於美國的這項原則。威爾遜支持英、法、俄為首的協約國（Allied Powers）對抗德國與奧匈的中央同盟（Central Powers）。推動他干預的是德國對美國與協約國之間的國際航運、貨運發動的潛艇戰。在他的宣戰聲明中，威爾遜保證「為這世上的生命維護和平正義的原則，對抗自私與專制的權力」，並讓世界成為一個「對民主而言安全」的地方。[1] 在美國短暫的歐戰期間，他的辭令聚焦在打擊騷亂以及維持人民商業、貿易的自由之上。

威爾遜是自美國內戰前以來第一位當選總統的南方人，其種族觀與美式任務反映了當時許多白人男性的價值觀。對他而言，美國全球任務的一部分就是逐漸強化其他國家實行民主與資本主義的能力。威爾遜是以清楚的種族階序來思考這項任務。美國白人與西歐人士已經整裝待發要達成任務，中歐、東歐、南歐人必須勤加準備，亞、非、拉人民則必須透過指引、託管來啟蒙教育，直到他們足堪大任，能夠為自己的事務負責為止。威爾遜基本上是自由派國際主義者（liberal internationalist），對他而言，做理性政治、經濟決議的能力是相輔相成。唯有掌握經濟決議的能力才能掌握理性的政治決議。美國的角色就是幫助整個世界做好準備，迎接一個舉世都可以做出理性決定的時代，透過自由的經貿互動來提倡和平的均衡態勢。

正當美國開始兌現資本主義與市場的承諾（至少在多數美國人民的眼中是如此），十九世紀末的俄羅斯對許多人而言則是在否定這些價值觀。儘管商業與工業生產在沙皇尼古拉二世統治期間（Nicolas II，一八九四－一九一七）有所擴張，但政府與反對勢力試圖找出替代方案，讓俄羅斯毋需經歷市場轉型的陣痛。整個十九世紀，帝俄從東歐到中亞、滿洲、朝鮮無止境地擴張。一如許多美國人在尚未有可能發展成一個大陸國家之前，就相信他們的國家是大陸國家一樣，許多俄國人也相信他們的命運就是從海至海制霸，從波羅的海、黑海到裏海、太平洋。或許英、法等帝國是透過海權擴張，但俄羅斯試圖打造出連綿不絕的（contiguous）陸上帝國（land empire），在幾乎是美國大陸兩倍之大的領地上由他們自己的人民定居。

在這個新的俄羅斯境內，新舊觀念並陳，彼此針鋒相對，有時卻又以出人意表的方式結合。沙皇的顧問時常譴責市場汙染了支撐起俄羅斯性（Russian-ness）和帝國的價值觀：階序、正宗、共情與宗教，以及教養與文化都會在瘋狂逐利的過程中喪失。即便是不支持沙皇的人，也覺得人際互動喪失了自然率真的面向，恐怕會被疏離而陌生的生活方式所取代。凡此種種，都在一戰爆發前的幾年間點燃了俄羅斯左右兩派抵抗資本主義的情緒。少數相信自由派資本主義觀念的人士，則往往在一番混戰中銷聲匿跡。

在一片反對資本主義的聲浪中，俄羅斯的社會民主黨崛起，成為一股將帝國與歐洲的風潮相連結的運動。社民黨於一八九八年創黨，馬克思主義思想是其底色，自然而然地與德、法、義工人運動的重要組成聯繫在一起。早在一九〇三年第二次黨大會之前，沙皇的警察就已經將多數社民黨的領袖流放在外。因此，第二次黨大會是在倫敦召開，在會上，黨內分裂為布爾什維克（Bolsheviks，在俄語中意為「多數」）與孟什維克（Mensheviks，在俄語中意為「少數」）。這次政黨分裂既有個人因素作祟，又有政治原因。許多黨員厭惡布爾什維克此時的領導人列寧想要施加在黨組織上的個人控制。這次分裂導致沙皇的反對者彼此之間內部傾軋。列寧也不是好惹的。

早在倫敦大會前，列寧靠著發動俄國革命與大權在握的美夢撐持著其追隨者。一八七〇年，列寧出生於莫斯科以東五百英里的一個城鎮中的自由派資產階級家庭，本名弗拉迪米爾・伊里奇・烏里揚諾夫。他的兄長亞歷山大（Aleksandr）是左翼恐怖主義團體的成員，曾策劃暗殺沙皇，因而遭到逮捕處死。弗拉迪米爾旋即加入一個激進的學生會，如飢似渴地耽讀俄、德、法、英等國作品。一八九七年，他遭到逮捕，流放西伯利亞。在西伯利亞的勒拿河畔，他採取了列寧這個諢號。他在警察的監視之下借宿在一位佃農的草寮，博覽群書，筆耕不輟，密謀造反。在一九〇二年首部出版的巨著《怎麼辦？》（*What Is to Be Done?*）中，他引述德國社會主義者斐迪南・拉薩爾（Ferdinand Lassalle）於一八五二年寫給馬克思的信件：「黨內鬥爭給黨以力量和生氣。黨本身模糊不清，界限不明，是黨軟弱的最大明證。黨是靠清洗自己而鞏固的。」[2]繫獄歸來後，列寧已經整裝待發，準備戰鬥。

對俄羅斯的革命分子而言，革命揭開序幕，實屬意料之外。一九〇五年，帝俄負於日本，敗戰的消息傳來，舉國譁然，大規模的反政府示威在莫斯科、聖彼得堡上演。在首都，社會主義者布隆施坦（Lev Bronshtein）——以托洛斯基（Trotsky）的名諱行走江湖——領導一個反官方的自治工人會議（即蘇維埃〔soviet〕）。所有俄羅斯的反對勢力都要求自由選舉，以及引進某種形式的議會民主。沙皇雖然讓步，同意幾項要求，但他和顧問試圖控制政府不依賴新選舉出來的議會杜馬（Duma）。布爾什維克也參加了一九〇五年的事件，但列寧並不相信選舉是通往社會主義的道路。布爾什維克與孟什維克加總起來從未囊括超過五％的選舉代表席次。

在世紀之交，世上其他地方在社會與經濟上的緊張關係也與日俱增。新的衝突逐漸啃噬歐洲人對未來樂觀的願景，標榜著科學理性、逐步進展、嶄新的機會。一八九三年的經濟危機重創美國，此後幾年失業率節節攀升，工人階級收入縮水。當殖民者在無止境地獵取資源、市場、威望的過程中殖民更多非洲、亞洲的地區時，第一波組織化的反殖民運動開始出現在印度、南非、東南亞與中東。縱然有這些聲浪導致與日俱增的階級衝突、武裝抗爭，在歐洲與歐洲在其他地方的分支，仍然高唱明天會更好。已有近百年沒有歐戰爆發，多數人假定只要理性思考，致力於人民福祉，共謀經濟互利，就能避免歐戰在未來發生。新世紀固然總不免發生齟齬，但總體而言，進步的康莊大道是線性、永恆的。

一九一四年改變了一切。歐洲的精英人士將他們的青年送上戰場，猶如集體自殺，人財兩失，地位不保。一戰開啟了三十年的歐洲內戰，催生了革命運動，新國家林立，導致了經濟解體，也造成一九一四年開始之前無人能設想的大規模毀滅。逾一千五百萬人死於一戰，其中泰半為正值青壯年的歐洲男性，超過二千一百萬人重傷。法國的國內生產毛額銳減四十個百分點，德國的跌幅甚至是這個的兩倍不止。奧匈帝國與鄂圖曼帝國灰飛煙滅。英國則是有史以來首次開始配給糧食。

比起全面戰爭所帶來的實質效應，更糟糕的是其心理上的後果。一整代歐洲人習得了斬刈殺伐、憎恨鄰人是生活中的尋常面向，十九世紀所深信不疑的道德不過是空洞的辭藻。他們還學會了不信任既存的秩序，因為正是既存秩序帶領他們走向戰爭，一場勝方從缺、沒有高尚理由的戰爭。在一九一六年的索姆（Somme）戰爭後，有一名來自威爾斯的青年在日記上寫道：「當我進入無思、無感、無視的狀態時，消逝在遠方的不是死，而是生……人們從我身邊穿行走過，背著另一個人，有人啼哭，有人咒罵，有人沉默不語。他們不過是影子，可我也好不到哪裡去。是生也好，是死也罷，一切都不真實……過去與未來同樣遙不可及，過去和未來一樣遙遠而無法實現，沒有任何渴望的橋梁能跨越我和我所記得的自己，以及我希望抓住的一切之間的差距。」[3]

爾後正是一戰的世代形塑了冷戰。所有大戰的元素盡在其中：恐懼、惶惑、渴求信念、打造一個更好的世界的要求。歐洲總體戰所帶來的絕望感、所散布到全球四方的恐懼感，都存在於所有曾經經歷過的人心中——無論他們是在哪裡受到戰爭波及。後來官拜英國首相的克萊曼・艾德禮（Clement Attlee）少校曾經在土耳其、伊拉克作戰。哈瑞・杜魯門（Harry Truman）上校曾參與在默茲－阿戈訥（Meuse-Argonne）戰役。德懷特・艾森豪（Dwight D. Eisenhower）為前線作戰訓練士兵。西德總理康拉德・艾德諾（Konrad Adenauer）曾是滿目瘡痍的德國第四大城科隆的市長。成立蘇聯的史達林從西伯利亞的流放中撻伐戰爭。冷戰期間越南的革命分子胡志明見證了法國的衰頹，並發起越南的第一次獨立運動。以上所有人都是脫胎於第一次世界大戰的災難中。

共產主義對資本主義世界體系的挑戰也是從大戰開始的。戰爭把世界各地的社民黨分裂為擁戰派與反戰派。有些社民黨人出於對民族的責任感支持戰事，但在德、法、義、俄，包括俄羅斯布爾什維克在內的居於少數的社會主義者都譴責戰爭，認為戰爭不過是不同資本家群體之間的爭端。卡爾．李卜克內西（Karl Liebknecht）是德國議會中唯一投票反對戰爭的社會主義者，他勇敢宣稱：「沒有任何一個涉入這場戰事的民族想要打這場戰爭，戰爭的開啟也不是為了德國或其他任何民族的利益。這是一場為了工業與金融資本而發動的帝國主義戰爭，是一場為了資本主義宰制全球市場、為了在政治上支配重要殖民地的戰爭。」[4]

像是李卜克內西和列寧這樣的革命分子認為，工農兵與交戰對手的工農兵兄弟共通之處比己方的長官與資本家還多。戰爭是強盜與小偷之間的戰爭，但遭殃的卻是平民百姓。資本主義製造了戰爭，且在資本主義沒有被廢除的情況下，只會再製造更多的戰爭。極左派宣稱解決的方法是跨國形式的革命，軍人在這場跨國革命中應當把武器對準自己的長官，伸手擁抱在戰壕另一邊的同志。

大戰開啟了日後兩大冷戰強權的命運，使美國成為資本主義在全球的代表，俄國則成為資本主義世界永恆的挑戰。因此，兩造衝突的結果預示了冷戰是一種國際體系，即便在二十世紀後期的兩極化體系誕生之前，還有許多事件會發生。然而，從一戰中脫胎而生的激進共產主義者並非唯一挑戰資本主義者。義大利的法西斯主義者（國家法西斯黨〔Partito Nazionale Fascista〕）與德國納粹（納粹黨〔Nationalsozialistische Deutsche Arbeiterpartei〕）也生於戰火。但是是共產主義勢力在全球最大的帝國中誕生這一點，其創造出的國家與在他處帶來的效應，為二十世紀最漫長的一場衝突埋下火種。

布爾什維克之所以能夠席捲俄羅斯，是因為戰時與英、法結盟的帝俄受到戰爭削弱。一九一七年初始，前線形勢一片慘淡，毫無勝算可言。自由派反對黨由於支持戰爭，在群眾當中聲譽掃地。當俄羅斯君主在一九一七年三月的一場革命中遭到推翻時，布爾什維克的影響力仍然相當有限。但隨即掌權的自由派與社會主義之聯合並未能終結戰事，也未能處理戰爭為經濟帶來的災難性效應。喊出「土地、麵包、和平」口號的列寧，由於其反戰立場在社會主義者之間累積的聲望，增加了他在政治上的影響力。一九一七年十一月，臨時政府由於內鬥愈趨疲軟，布爾什維克發動了政變，掌握了彼得格勒（聖彼得堡）與莫斯科。

十月革命為俄羅斯開啟了一場深刻的轉型（「十月」是根據俄羅斯舊曆曆法，是布爾什維克對十一月發生的政變的稱法）。一九一八年，布爾什維克趕走了選舉產生的立憲會議，成立俄羅斯蘇維埃聯邦社會主義共和國。緊接著，發生在布爾什維克的紅軍與多方組成的反布黨的白軍之間的內戰奪走了兩百萬條人命。布黨在戰事中逐漸取得上風，連他們自己也甚感詫異。一九二二年，俄羅斯蘇維埃共和國成為蘇聯國家國協的核心組成。蘇聯是由十六個從前帝國分割出去的共和國所組成的聯邦，皆由布爾什維克黨人管轄。列寧的追隨者——此時自稱共產主義者——深獲群眾愛戴，因為他們不想重回名譽掃地的帝國老路，因此共產主義者勝出。自由派與社會主義者資助帶頭反對列寧政變的領導人，在軍事上卻仰賴沙皇的黨羽支持，因此失信於群眾。

布爾什維克掌權嚇壞了一戰時俄國盟軍的精英階層。對他們來說，布黨分子形同夢魘：列寧不僅結束了俄國對德國的戰爭，甚至宣稱他的終極目標是在所有歐洲國家發動革命，最好是透過像發生在彼得格勒一樣的暴力革命。起初，盟軍干預俄國內戰，馳援想要繼續對德國與奧匈帝國作戰的反對布黨的人士，但不久之後，就變成針對布爾什維克政權的直接干預。一九一八年歐戰結束後，外來勢力仍然文風不動，他們的俄羅斯門徒在軍事上不可靠，在政治上則實力孱弱，最終，干預的成效不彰。不過他們的確讓布黨新招募的成員知道，要是有機會對他們發動武力，資本主義世界不會放過。自此，列寧的政權可以義正辭嚴自命為是為俄國抵禦境外勢力的防衛者。

到了戰爭結束，美國躍居世上主要的經濟與政治勢力。那時美國就已是信用過剩，工業供給也過剩。戰爭結束時的美國也是在世界政壇最主要的道德權威。在十四點中，威爾遜總統描述美國的戰爭目的與和平條款，宣稱美國是為了一個正義的世界而戰，而非僅只是為了國家的利益。作為一個以理念和原則立國的國家，美國遠非只是民族國家。美國相信所有足堪大任的國家都有權自治，有權加入新的世界組織——國際聯盟（League of Nations）。當美國於一九一八年干預布爾什維克時，宣稱如此做的目的是因為可以「提供這種支援讓俄羅斯人用來組織他們自己的防衛」。[5]事實上，美國的精英被列寧震撼的程度並不亞於歐洲人。在媒體或國會提及共產主義者時，鮮少不連帶使用「殺人兇手」（murderers）或「野蠻人」（savages）等詞彙。威爾遜本人則冷靜得多，只是把蘇聯視為某種與他自己的國際主義不同的國際主義形式。

一如蘇聯於一九二〇年代放棄立刻在歐洲發動革命，美國也旋即放棄了威爾遜透過國際聯盟重整歐洲的夢想。然而，為二、三〇年代的美國冠上孤立主義的罪名也並不能成立。美國人出國前往歐洲或世界各地的人次比以往都多。美國與世界各地在文化、貨品、服務的交流日增。在歐、亞、拉美，美國的消費產品熱銷：汽車、洗衣機、吸塵器、收音機、電影讓家庭和社會轉型的程度還高於大多數的政治計畫。即便在高關稅、高進口限制的年代，美國的外貿與投資依然銳不可當。從二〇年代起，世界的金融中心從大不列顛轉移到了美國，從倫敦遷到了華爾街。

美國的影響力與日俱增，感受最為深刻的莫過於歐洲。幾世紀以來，都是由歐洲的精英來決斷什麼樣的品味與目的可以在全球通行無阻。在俄國、在美國、在殖民地，英國紳士與法國哲人的理念當道。但到了戰間期，美國對歐洲帶來了一戰以前無人能料想到的改變。美國人經商的方式——如管理風格、會計方法以及（改變較為緩慢的）投資原則等關鍵的面向——取代了老式歐洲傳統。在工廠裡，由底特律的福特（Henry Ford）首創的生產線讓產量客觀化，並將人與機器連結在一起。福特主義意味著同步化、精確以及生產的專門化，這些準則也散布到了其他生活領域。科技化的組織不僅為西歐的自由派所採納，也被法西斯主義者、納粹分子與蘇聯的共產主義者所用。[6]然而歐洲的美國化還不僅止於進階生產的組裝線，連態度與理念也潛移默化。在世紀之交時，從事一份工時固定、薪資固定的工作對大多數歐洲人來說還是陌生的概念，即便對在產業當中工作的人來說，老式的父權倫理當道，行會（guilds）與地方組織立下的規矩也是。貴族固然從未有工作崗位可言，但他們統御的佃農與勞工亦然。以此而論，歐洲已經改變了很長一段時間，但一九一八年以後的美國化標誌著朝向美國特色顯著的市場經濟。

戰爭帶來的快速變革及其效應，對歐洲與世界各地的許多人帶來異常恐懼的氛圍。種種恐懼當中，最為毀滅性的恐懼在於害怕個人或者民族陷於恥辱與窮困潦倒。據稱激進分子、猶太人、資本家、共產黨人或者鄰近國家傾巢而出，準備好要剝削那些已經在大戰及其餘波中飽受磨難的人。在歐洲，恐懼使得法西斯主義、納粹等民族主義的威權運動崛起，也催生了新型的反革命思想，這些反革命思想聚焦在共產主義的威脅以及俄國革命為宗教、個人自由帶來的威脅，社會透過個人進步取得進展的契機也受到威脅。在美國，一九一九至二〇年間的赤色恐怖（Red Scare）導致許多遭到懷疑的激進分子被逮捕、遣送出境，言論自由橫遭限制，且聯邦政府會協助雇主打擊罷工與工人的抗議行動。一九二〇年，西雅圖市長奧雷．漢森（Ole Hanson）儼然化身為恐怖本身：

> 隨著工團主義（syndicalism）——及其最新版本，也就是布爾什維克主義——而來的，就是謀殺、強暴、掠奪、縱火、自由戀愛、貧窮、匱乏、飢餓、髒亂、奴隸、獨裁、鎮壓、悲傷以及在世界上的地獄。這是一種無能、不適任、未經訓練的階級政府；由人類的渣滓和殘暴失敗的人所組成。自由消失了，全面投票權遭到廢除，不再有進步，男性和女性的尊嚴都遭到破壞，斯文掃地，公正的交易遭到忘卻。且一小撮好勇鬥狠之徒只有妄自尊大可以說嘴，透過無產階級專政借屍還魂，暴虐無道的程度勝過任何存在過的沙皇、皇帝、主權當政者。[7]

在英美，自由主義在戰爭的壓力與激進派的挑戰之下分裂。與第二次世界大戰後的情形類似，許多自由派加入了保守派的反革命運動浪潮。在一九二〇年還只是國會中自由派的溫斯頓．邱吉爾（Winston Churchill）說：「在每座城市都有一小撮急切的男女，以飢餓的雙眼盯著任何逆轉局勢的機會，希望從亂局中獲利，而這些惡棍被布爾什維克的金錢餵養……他們透過傳播共產主義信條、宣揚暴力的革命、煽動對世局的不滿，不斷努力要讓我們感染他們的病兆。」[8]只有少許的自由派懷疑論者維持自由派立場。哲學家伯特蘭．羅素（Bertrand Russell）雖然批評布爾什維克黨人的手法，但也相信「俄羅斯的英雄主義為人們燃起了希望」。[9]對羅素而言，在俄國革命最初的幾年，其吸引力來自許諾了一個更好的世界的可能性。

在戰間期，許多人深深感到遭受背叛。母國的精英給予他們的不是更好的生活，而是戰爭；不是更多的機會，而是失業與更多的剝削。在殖民地，許多當地的領袖總結道：戰爭及其後的經濟危機證明了歐洲人只在乎他們自己，而非他們在海外統領的對象的進步。比起烽火連天、民生凋敝、苛政壓迫，蘇聯共產主義似乎是一個更好的替代方案。列寧於一九一九年組建的新共產國際組織（第三國際）廣納許多在布爾什維克模式建立之後其他國家新興的共產黨。共產國際將一國的共產黨定義為共產國際的一支，集中於強大的蘇聯領導之下。日後領導北越的越南反殖民運動者胡志明曾寫道：「起初，正是由於愛國主義而不是共產主義，引導我信仰列寧、信仰第三國際。我在鬥爭中，一邊研究馬克思列寧主義的理論，一邊做實際工作，逐漸懂得：只有社會主義、共產主義才能夠把被壓迫的民族和全世界勞動人民從奴隸的枷鎖下解放出來。」[10]一位挪威詩人尼爾森（Rudolf Nilsen）寫道，共產主義的革命之聲喚起在世界各地「燃燒的心」：

是的，把你們當中最好的獻給我，而我將給你們一切。
直到我們取勝前，無人知曉我們會獲得多少。
也許這意味著我們應當拯救地球。
我向最優秀的人們發出我的號召。[11]

共產國際的號召迴盪在厭倦戰爭煙硝、憎惡殖民壓迫的世界。多數共產黨最初聊備一格，與其他規模較大的運動結盟。舉例而言，一九二一年成立的中國共產黨與醫生革命家孫中山於一九一九年成立的、規模壯大的國民黨合作。在伊朗，命運不濟的蘇維埃於一九二〇年在北方成立，共產黨被逼入地下，黨員致力於成立工會與城市中的組織。在南非，共產黨也於一九二一年成立，呼籲「所有南非工人，無論有組織與否，無論黑人白人，都加入倡導推翻資本主義制度，禁絕資本家階級，在全世界成立一個工人國協（Commonwealth of Workers）」。[12] 南非共產黨後來在非洲民族議會（ANC）內部活動，並培育出許多與種族隔離（apartheid）鬥爭的領導人。共產國際把所有這些黨聯繫在一起，並漸漸將它們變成蘇聯對外政策的工具。但共產國際的影響力並不僅止於共產黨本身。舉例來說，第一個全球反帝運動——一九二七年於布魯塞爾成立的反對帝國主義大同盟（League Against Imperialism）——就是由共產國際資助、組織的。

夢想家夢想著共產主義革命拯救世界時，列寧和他的繼任者開始在他們的新國家打造社會主義。只不過，計畫幾乎馬上偏離正軌。不僅是由於有錢人與受過教育的人逃離共產主義政權，未經訓練的政治黨徒取代了他們，導致經濟垮臺，也是因為攘外安內，加之蘇聯血腥入侵過往屬帝俄轄下、而今已宣布獨立的地區，凡此種種，都讓蘇聯政權付出慘痛的代價。及至一九二〇年，已經到了將農民的糧食沒收以分發給城市裡的工人的程度。翌年，列寧決定測試市場的誘因，以便讓經濟再度活絡起來——即所謂的新經濟政策（New Economic Policy, NEP）——這不過是略施小計，當斬獲了立即的成效後旋即遭到棄用。對波蘭的酷烈戰事更是使得共產黨人陷入谷底，蘇聯將前帝俄的領地大幅拱手輸給了新興的波蘭。波蘭的勝利阻卻了蘇聯對波羅的海共和國（立陶宛、拉脫維亞、愛沙尼亞）的進犯，鞏固了其獨立地位。

但對蘇聯領導人而言，比起蘇聯領土的淪喪，更糟的是革命在歐洲其他地方的失據。當列寧於一九一七年奪取權力時，其核心理念是歐洲其他在社會上更先進、科技上更進步的地方會隨著他的革命揭竿而起，兩相結合之後，將共築一個橫跨大陸的蘇聯，透過歐洲的技術竅門和俄羅斯的資源（包括其革命的紀律），朝向現代性的更高階段推進。但現實是其他地方再無成功的革命。在柏林，左翼的社會主義起義於一九一九年一月遭到鎮壓，其領導人——包括李卜克內西——遭到謀殺。巴伐利亞蘇維埃共和國（Bavarian Soviet Republic）僅維持二十七天，就在一九一九年五月於慕尼黑的街頭遭到德軍殘存的武力給擊潰。在前奧匈帝國東部的中心匈牙利，共產黨人抵抗最久。但在一九一九年八月，在法、英助拳之下，羅馬尼亞軍隊進犯，匈牙利蘇維埃共和國灰飛煙滅。彼時蘇聯正困於內戰，無暇接應。及至二〇年代初期，顯然沒有其他任何共產黨革命能夠跟上俄羅斯的步伐，至少短期內不能。但戰勝國對蘇聯深刻的敵意仍將持續。莫斯科新的統治班子似乎前景堪虞。

即便如此，共產黨人漸漸能夠穩固蘇維埃政府，儘管形式上與他們最初所設想的有所出入。列寧於一九二四年逝世後，黨組織交由喬治亞共產黨人約瑟夫・維薩里奧諾維奇（Iosif Vissarionovich）——自稱史達林，意為「鋼鐵之人」（man of steel）——領導。史達林於一八七八年生於喬治亞鄉間小鎮，幾乎未受正規教育。自二十一歲起，他就為列寧和他的黨效力，專攻最危險的工作如搶銀行、行刺等。到了一九二二年，史達林成為共產黨總書記，亦即中央黨部的頭子。六年之後，他擊敗所有政敵，成為無人能出其右的黨與蘇聯的領袖。於此同時，史達林及其黨羽可能拯救了他們所代表的政府。他們是怎麼辦到的？他們可以仰賴前帝國充足的天然資源與人力資源。他們有共產黨的組織能力來使用那些資源。他們動用中央集權（centralized power）與社經計畫達致更高的效率。最終，他們以恐怖手法（不論是真實的還是想像的）來對付敵人。史達林的目標是極權社會，所有人為了追求社會主義的建設追隨單一意志和同一組目標。儘管他從未完全成功地打造這樣的社會，但以史達林為首的國家，無論對敵對友，仍似乎是個令人驚豔的機器。

史達林的建國大業犧牲的人數不在話下。列寧早先已未經任何法律程序處決至少十萬人，確立了血腥的模式。[13]許多人被誅的理由只因為他們是「階級敵人」或者曾為舊政權效力。列寧也創立了一黨專政（one-party dictatorship）的制度，對反對勢力不留情面。但心腹稱之為「領袖」（*vozhd*）的史達林把這些謀財害命和反民主的原則推向了種族滅絕的程度。在列寧身後，黨內鬥爭對付托洛斯基及其支持者的行動，為二〇年代樹立了榜樣。然後是對付富農（kulaks）的方針，「滅絕他們這個階級」，以便將所有土地挪作公用。一九三〇年代，數以百萬計的無辜蘇聯人民遭到逮捕、監禁、流放或射殺，總數難以估算。從二〇年代末到一九五三年史達林去世為止，在史達林的政權下，至少有上千萬蘇聯人民遭到殺害。二千三百萬人被監禁或者流放。此外，至少三百萬人死於烏克蘭的饑荒，蘇聯政權造成這場饑饉，在防範災害上卻毫無作為。波蘭人、卡累利阿人（Karelians）、波羅的海或者高加索地區的人民被屠殺、處決者不計其數，肯定可以歸類為種族滅絕。史達林治下的蘇聯政權對其人民與其他人民極其殘暴，但這對經濟成長也毫無貢獻。

蘇聯的體系奠基在恐怖與鎮壓之上，何以卻能在全球吸引如此多的人？經濟大蕭條提供了契機。要不是資本主義的狀況也好不到哪去，共產主義也不會在四海廣獲有志之士響應。在許多人眼中，資本主義已導致戰爭、殖民、奴役。在一九二九年股市崩盤以後，資本主義即便是在最先進的工業經濟體也導致了貧窮。儘管蘇聯的政權勉力撐持，至少在二〇年代中以前蘇聯乏善可陳。但世界資本主義到了一九三〇年代似乎有意走向自我毀滅。在股市崩盤後的頭三年，全世界的國內生產毛額跌了約一五%，並從此停滯不前。整體而言，資本主義在二十世紀的上半葉運作極差，容易在全球引發對資本主義的反彈，轉而投向社會正義的理念，並捍衛在地共同體，即便這些價值觀是由暴徒與謀殺犯所代表。

在戰間期，蘇聯並非唯一對自由資本主義發起挑戰的集體。在義大利，貝尼托・墨索里尼（Benito Mussolini）所率領的法西斯主義者宣稱，他們結合民族主義與社會主義的方式是往前邁進的方法。在巴伐利亞蘇維埃共和國潰敗的僅僅四年之後，一九二三年在慕尼黑，一名年輕的德國極端主義者阿道夫・希特勒（Adolf Hitler）試圖代表他的納粹黨奪權。起初希特勒失敗了，但他的政黨奠基在極端民族主義、反資本主義、反猶主義之上，在自由派的威瑪共和及其共產主義的挑戰者之間提出了一項替代方案。在一九二八年的選舉中，納粹獲得的選票仍不到三%，但全球經濟危機衝擊到德國後，失業率達四〇%，通貨膨脹失去控制，一九三〇年，納粹得到了一八%的選票，兩年後更達到三七%，成為當時全國最大的黨。一九三三年，希特勒接收了德國政府，把德國變為如同蘇聯與義大利的一黨獨大國家。在東歐、亞洲、拉美的一些國家也朝向一黨專政邁進。到了三〇年代中，除了英國及其領地與美國之外，似乎不只是資本主義走向消亡，政治多元主義（political pluralism）也奄奄一息。

這些新的一黨獨大的國家對資本主義的理念構成了集體性的挑戰。儘管兩陣營都鄙視個人自由和民主實踐，不齒資產階級，蔑視社會民主黨團，但由於兩者都意欲根除在自己領土上任何敵對的意識形態，並且大部分的國族主義都是因為與鄰國的國族主義敵對而生，因此仍將彼此視若寇讎。蘇聯則略有不同，在史達林的治下建構出極其特殊的民族認同形式，將蘇聯理想化為各地工人的「祖國」，但同時也徵引俄羅斯歷史的象徵物以在國內取得支持。在此意義上，共產主義從根本上與法西斯主義和納粹的意識形態相異：即便史達林顯然仍將蘇聯置於優先地位，但共產主義的意識形態是國際主義而非國族主義。它固然既威權又殘酷，但同時又訴諸全球團結與社會正義。歐洲與其他地區的共產主義者通常都是最大公無私、最勇於對抗他們國內法西斯主義專政的人，但同時也拒絕對史達林在蘇聯的壓迫發聲抗議。

隨著納粹主義與法西斯主義日漸壯大，史達林的共產主義者避免工人階級組織聯手對抗他們自己。一九二八至三五年間，共產國際將社會主義者和社會民主黨人界定為「社會法西斯主義者」，他們告訴來自四面八方的工人，希特勒與德國民主派如自由派的古斯塔夫・施特雷澤曼（Gustav Stresemann）或社民黨的赫爾曼・穆勒（Hermann Müller）並無二致。無論這種觀點有多麼不合理，多數共產主義者都願意遵循。年輕的德國社民黨人如赫伯特・弗拉姆（Herbert Frahm，後來在冷戰期間以威利・布蘭特〔Willy Brandt〕之名出任西德總理）譴責共產主義者攻擊其他左派的政黨，間接為希特勒的崛起鋪路。到了一九三二年，已坐擁三十萬黨員且在國會大廈有百名代表的德國共產黨恪遵史達林的觀點，可以以共產國際的文字總結如下：「法西斯主義是資產階級的武鬥組織，仰賴社會民主黨的奧援。客觀來說，社會民主派是法西斯主義的溫和側翼。」14

隨著國際上的緊張關係於三〇年代中節節升高，史達林鞏固了他對共產黨及蘇聯的掌控。他其實早已牢牢掌握，但生性狐疑的他相信（並說服他人）在蘇聯內部，有意欲推翻共產黨權力的大陰謀在進行中。史達林對準所有似乎構成威脅的人。逮捕、流放、處決階級敵人在蘇聯來說當然不足為奇，但三〇年代末後來被稱為大清洗（Great Purge）的活動也針對共產黨員。及至一九三七年，已經沒有人是安全無虞的了。將近百萬人以欲加之罪遭到處決。數倍於此的人在四〇年代被刻意活活餓死、在勞改營因超時工作而過勞死，或者在大規模流放的過程中死於照護不周。遭到逮捕的幾乎都是布爾什維克黨的創黨元老。似乎唯有把所有見證史達林興起的人剷除殆盡，才能確保史達林的統治安全。列寧推心置腹的尼古拉．布哈林（Nikolai Bukharin）於一九三八年遭到逮捕處決。在遭到刑求之後，推測是因為對於他一手協助創建的政黨某種扭曲的忠誠，布哈林同意在部分由史達林本人執筆的自白書上畫押：「我承認我在背叛社會主義祖國這個最嚴重不過的罪行方面有罪，在組織富農暴動、策劃恐怖行動、參加地下反蘇組織方面有罪……罪行的嚴重性質是顯而易見的，政治責任是無比重大的，從法律的責任說，任何最嚴厲的判決都不為過。說最嚴厲的判決都是公正的，是因為為了這樣的罪行可以槍決十次。」[15]

莫斯科審判並未澆熄其他地方共產主義者的信念。他們大都對史達林宣稱自己要拯救蘇聯於敵人的攻擊深信不疑。在西班牙內戰中，全世界的共產主義集結起來，對法蘭西斯科．佛朗哥（Francisco Franco）作戰。在希特勒與墨索里尼的協助之下，佛朗哥嘗試推翻西班牙的合憲政府，創立法西斯主義專政。不僅有共產主義者提供西班牙政府協助，無政府主義者、工會運動者、社會民主黨人也參與其中，但民主派則不願捲入，不久之後，佛朗哥的勢力就朝馬德里進發。一九三九年春，最終的抵抗也潰不成軍。但在這發生之前，共產主義者與西班牙其他的國際主義者完全分道揚鑣。在史達林的指示之下，蘇聯的顧問花費在組織共產主義者打擊社民派、無政府主義者以及（可疑的）西班牙托派的時間，不下於打擊佛朗哥的時間。敗於佛朗哥的經驗，讓共產黨人與社民派了解他們之間的分歧，也讓雙方都認知到：除非是在最極端的情況，否則英、法、美不太會挺身對抗希特勒。

稱三〇年代的後半段為綏靖的年代，可謂恰如其分。英國失去了龍頭地位，英國的精英也無意與希特勒的擴權正面衝突。法國軍事孱弱，政治分歧。美國對涉入另一場歐戰也感食之無味。希特勒先是併吞了奧地利（一九三八年），然後是捷克斯洛伐克（一九三九年初）。英、法、美都未稍加阻攔。這些國家領袖希望希特勒擴張領土的野望已獲得滿足，有些領導人冀望德蘇戰爭繼而爆發。英國許多保守派對於兩大專政政體鷸蚌相爭樂觀其成。少有人聽從邱吉爾等人的忠告。儘管邱吉爾痛恨共產主義，但他已了解到法、英唯有與蘇聯聯手，才能阻止希特勒繼續擴張。史達林力圖與西方勢力協商，共商集體的安全協議，但徒勞無功。

英、法、美在三〇年代關注福利（welfare）甚於戰事（warfare）。三國領袖都了解到，要是經濟大蕭條的災難性社會效應未加緩解，其政治體系將從內部產生威脅，一如發生在俄國、德國、義大利、西班牙等地的類似勢力掌權一般。英國政府引介了失業救濟補助，開啟公共工程的項目，並將福利支出翻倍。法國更進一步安排義務保險並規範工時。在美國，富蘭克林．羅斯福（Franklin Delano Roosevelt）的新政權與此前的政策決裂，並發起所謂新政（New Deal）。美總統稱之為「我們國家生活巨大的調整」，意味著使用前所未見的計畫方式與政府規範來紓困，穩定經濟。老羅斯福鑑古知今，從美國歷史上的偉業中汲取方法：推動世紀之交進步的福利運動，並動員美國社會整體參與第一次世界大戰。新政在政治上緊鑼密鼓，透過讓人們重回工作崗位帶動經濟成長。羅斯福的意圖並非廢除資本主義，而是以國家來強化資本主義，以便力壓來自右派與左派的批評聲浪。

羅斯福的政策分裂了美國。多數人支持他，為他連續贏得四屆的總統選舉。但勇於表達的少數人鄙視他的政策，認為那是社會主義、極權的政策。他的對外政策也同樣備受爭議。就在一九三三年擔任總統後，老羅斯福與蘇聯建立外交關係。無論是總統的敵人還是總統的盟友都對此多做解讀，但事實上，羅斯福所做的並不比英、法許久之前就已在進行的多，遑論德、義：承認蘇聯政權為既成事實，短期內並不會煙消雲散。到了三〇年代末，老羅斯福理解到納粹德國對國際和平構成了最大的威脅，但他必須大費周章讓美國輿論認知到德國的侵略對美國也是威脅。絕大多數的美國人（一九三六年占九五％）認為美國應該遠離任何歐戰。[16]多數人認為美國介入一戰是一場失敗的遠征，沉重的記憶仍然迴盪在老羅斯福的對外政策之上。

一旦獲悉了至少某些西方領袖願意任由德國的鐵蹄踐踏蘇聯，史達林的下一步是將第二次世界大戰的能量給釋放出來。一九三九年八月，史達林與他最畏懼的敵人希特勒簽訂互不侵犯條約。條約不只是關於兩國互不攻擊，也是關於兩名獨裁者之間瓜分東歐：波蘭西部歸於希特勒，而條約的內容讓史達林得以侵略波蘭東部、芬蘭、波羅的海國家以及羅馬尼亞。儘管這項本來難以成事的約定所載的細節當時並不為人所知，但兩方讎寇之間的交易令全世界都難以置信，且憤怒不已。「無論條約意味著什麼，」《紐約時報》的社論寫道，「都不是和平；這只加劇了危機。」[17]希特勒於九月一日進攻波蘭。由於英、法與波蘭之間的防禦協定，兩天後，英、法對德宣戰。九月十七日，蘇聯從東邊進入了波蘭。

起初，新的歐戰似乎進展牛步，甚至被稱為假戰（Phony War）。兩造都對第一次世界大戰造成的重大犧牲深有警惕。史達林固執己見，計畫要從與希特勒簽訂的條約中坐收漁利，儘管有種種跡象都在警示納粹正準備對蘇聯發動攻擊。領袖史達林告知他的黨羽，新一輪的戰爭是發生在「兩個資本主義集團國家之間——（因殖民地、原物料等差異形成的窮國或富國）——以便重新瓜分全世界……雙方纏鬥多時，彼此削弱，在我們看來不成問題……下次，我們會煽動另一方」。[18]「假戰」爆發八個月後，於一九四〇年春告終，德國則弄假成真，占領了荷蘭與比利時，穿透了法國的防線，進攻丹麥、挪威。法國於六月十八日投降。整整一年的局勢慘不忍睹，英國落單，獨自面對主宰了整個歐陸的納粹德國。對英國人來說，一如對德國所占領的歐洲的多數人一樣，蘇聯似乎是站在德國那邊。

對世界各地的共產主義者來說，莫斯科與柏林之間的條約首度嚴重挑戰了其信念。他們多數恪守蘇聯的故事版本：二戰就如同一戰，是資本主義的搶匪與竊賊之間的戰爭，共產主義者沒有責任。當時在加州活動的民謠先驅伍迪・蓋瑟瑞（Woody Guthrie）是共產黨同路人，原為電臺廣播員，由於拒絕譴責史達林而遭到解雇。[19]但對法國、荷蘭、捷克、挪威的共產主義者而言，他們見證過各自的社會首當納粹其衝，〈德蘇條約〉之謊妄難以維繫。在挪威的海岸，有些共產主義者加入其他左翼分子要與德軍作戰。「我國必須再次自由，」他們於一九四〇年七月發表聲明，「打擊那意欲摧毀我們的民族獨立、奴役我們的人民、廢除我們得來不易的權利的黑暗勢力。」[20]但共產黨領導班子並不接受這樣的行為。保加利亞的共產黨員格奧爾基・季米特洛夫（Georgi Dimitrov）時任共產國際的頭子，他指揮法國共產黨說：「這不是民主對法西斯主義的戰爭；這是法、德雙方帝國主義反動的戰爭。在這場戰爭中，國防立場對法國共產黨而言並非正確。」[21]史達林甚至把逃離希特勒迫害的德國共產黨員重新送進德國的大牢，只因為他想要對希特勒輸誠。[22]

然而，希特勒的長期計畫是把蘇聯摧殘殆盡，在這點上他未曾動搖，但他需要找到正確的時間點來打破對莫斯科的條約。一九四一年夏天，歐洲泰半地帶已遭占領，英國遭到孤立，美國未顯露介入戰事的跡象，希特勒認為時機已然成熟。一九四一年六月二十二日，德軍一百一十七師進入蘇聯領土，納粹空軍則摧毀蘇聯的機場。史達林大感震驚，長達數小時不敢置信德軍已全面進犯。[23]六月二十九日，他向自己的心腹咆哮道：「列寧建立了一個偉大的國度，而我們搞砸了。」[24]德國的攻勢持續不斷，到了一九四一年十一月，希特勒的軍隊已征服白俄羅斯、波羅的海小國及西烏克蘭。他們包圍了列寧格勒（前聖彼得堡、彼得格勒），駐紮在莫斯科以外不到六英里處。

一九一四年以後的數年間天翻地覆。第一次世界大戰讓歐洲毀於一旦，開啟了來自激進反資本主義運動的挑戰，這一系列運動意欲把世界往集體主義的方向改造。在殖民地國家，反抗力量也在醞釀當中。美國成為世界上最強大的國家，但除了經濟方面，美國還不知道自己在全球應該扮演什麼角色。共產主義與資本主義之間的意識形態冷戰愈演愈烈，但尚未構成國家之間相互對峙的雙極國際體系。到了一九四一年，由侵略性的民族主義意識形態所驅動的納粹似乎是現狀的最大受益方。但儘管德國在歐洲達到了大部分的目標，卻還沒能夠把英國和蘇聯給趕出戰局。這兩方在意識形態上是南轅北轍，但此際將會便宜行事結盟，擊潰他們的戰敵，重繪世界版圖。

第二章
戰爭的試煉

持續六年的二戰，為半個世紀之久的冷戰立下了框架。戰爭過程中的泰半時間，蘇、英、美都是同盟。但打倒了共同敵人——德、義、日——意味著蘇聯領導的共產主義和其由美國領導的敵手之間的衝突，成為世界政壇的新焦點。歐洲主要的兩個殖民帝國法、英先後地位重挫，影響力銳減，使得美國成為此刻世上國力最強的國家。二戰的結果確保了美國的全球霸權，蘇聯和蘇聯所啟迪的共產黨派成為殘存下來唯一的主要挑戰。

固然理解二戰在形塑冷戰國際體系上的角色是很重要，不過也不該把大戰的重要性化約為只是後續發展的序曲。從美國的角度來看，二戰主要是攸關擊敗德、日在歐亞的擴張主義。即便如此，有個經常被問到的問題：如果美、蘇在二戰期間可以做盟友，為何後來還有冷戰？這是一個錯誤的問題。雙方的結盟純屬意外，是在全球大戰中由雙方共同的敵人所促成。一九四一年六月，德國已向蘇聯發動進攻，同年十二月，日本攻擊美國。蘇、美、英之間的大同盟（Grand Alliance）並不像其他盟軍一樣由彼此長期朝向共同目標努力所組成，而是在各自都需要奧援來擊潰立即的威脅下，迫於形勢所形成的一系列權宜的結盟。

在一九四一年六月二十二日納粹進攻蘇聯的巴巴羅薩行動（Operation Barbarossa）發生後，自一九四〇年開始，擔任英國首相的邱吉爾透過收音機向全國演說時，也表達出這種困境。儘管通篇沒有提及蘇聯或者史達林的名字，邱吉爾仍然宣告了與莫斯科之間實質上的同盟關係：

納粹政體與共產主義的最糟糕之處毫無兩樣……在過去的二十五年中，我比任何人都更堅定而始終如一地反對共產主義。過去對共產主義所做的批評，我仍然一句也不想收回。但如今展現在我們面前的景象，已經將那一切沖得煙消雲散了。過去的一切，連同它的種種罪惡、蠢行和悲劇全都從眼前乍然消失。此刻我眼前看到的是俄國士兵昂然挺立於自己的國土，英勇地捍衛著他們祖輩自古以來一直辛勤耕耘著的土地……因此，我們將竭盡全力援助俄國政府和俄國人民……入侵俄國的行動只不過是〔希特勒〕對英倫三島蓄謀已久的入侵行動之序幕而已。[1]

史達林深知他的政權能夠接受外來援助，實屬幸運。一如他預期在德國突襲後，蘇聯境內會四處起義討伐他的獨裁政權，他也預計英、美會專注在自我防禦，讓俄國自生自滅。史達林的想法毫不奇怪。他與希特勒的條約不僅將二戰勢不可當的能量給釋放出來，也讓他以條約為擋箭牌入侵波蘭東部，占領波羅的海小國，並對芬蘭發動攻擊。歐洲對蘇聯三〇年代的恐怖統治仍然記憶猶新，蘇聯於一九三九、四〇年間向德國提供石油的情報資訊也還歷歷在目。到了一九四一年，無論保守派還是自由派、社民派，都有充分理由相信希特勒和史達林這兩個殘酷獨裁政權的領導人沆瀣一氣，不僅是自由市場資本主義的頭號死敵，對獨立的工人組織、代議民主也同樣是一帖毒藥。

　　但外國領導人都理解到，英國挺過戰爭的唯一方法，就是仰賴蘇聯抵擋德軍愈久愈好，除非美國參戰。若要實現這個目標，蘇聯必須要能得到英美的奧援。在侵略的當天，邱吉爾向私人祕書抱怨道：「如果希特勒侵略的是地獄，我至少還能向眾議院說說魔鬼的好話。」[2]不過在一九四一年夏天，誰也料想不到邱吉爾（和羅斯福）在後來的戰事中對史達林和蘇聯政權會給予更正面的評價。但在那個關鍵之秋，唯一要緊的事就是讓紅軍能夠繼續作戰。然而，英國的軍事將領對蘇聯的軍事能力信心不足。陸軍總參謀長對首相說：「我預估他們會被成團包圍。」[3]最初也確實如此。到了一九四一、四二年之交的冬天，納粹德國的德意志國防軍（Wehrmacht）統合的軍力已讓三百五十萬蘇聯軍民成為階下囚。在德國國境線後，尤其是在波羅的海小國與烏克蘭，許多平民合作自如，絕大多數人視德軍的占領為讓他們從蘇聯的統治下解放出來。對猶太人的暴行十分普遍。希特勒將布爾什維克與猶太人的統治等同而論，稱他對史達林開戰是「解救歐洲」免於猶太布爾什維克（Judeo-Bolshevik）威脅的「聖戰」。在攻勢開始的頭數個月，羅馬尼亞、匈牙利、克羅埃西亞、斯洛伐克、芬蘭、西班牙軍隊加入德軍。

　　德國進攻蘇聯也讓英、美走得更近。羅斯福把他的英國盟友看成是軍國主義的丑角，對任何國家而言，英國都不是好相處的夥伴（若是從過去的表現來衡量，羅斯福的評斷也沒有錯）。但小羅斯福也迅速了解到，邱吉爾會與納粹德國周旋至死方休，不會輕言投降。同時小羅斯福自己也日漸憂心美國國內會有攻擊他的反納粹政策聲浪。他從黨派的立場來解讀，認為對他反納粹政策的攻擊是延續自政敵對新政的撻伐。他願意為英國戰到最後一兵一卒。將對外政策孤注一擲押在維繫英國的存續，唯獨不發動美軍直接軍事干預，羅斯福得以回過頭來迎擊國內的政敵，稱他們不夠愛國。與倫敦簽訂的《租借法案》（Lend-Lease agreements）於一九四一年三月十一日寫入法律，讓美國用之不竭的工業產能都用於英國的戰爭用途中。除了不讓軍人踏上歐洲戰場之外，美國幾乎將所有的資源都投入歐戰。一九四一至四五年間，美國將價值三百一十億美元（約合二〇一六年的五千億美元）的器械投入大英帝國，包括船隻、飛機、石油、食物等。在德國進攻蘇聯之後，小羅斯福將《租借法案》延伸到當地。「我們當前，」邱吉爾和羅斯福在聯合電報中對史達林說，「合力提供你所急需的最大限度的供給。許多貨船已經離港，近期還會有更多出發。」[4]

東線戰事持續三個月之後，一九四一年九月，許多觀察家仍然預期蘇聯會潰不成軍，或因內部暴動而垮臺。幾個月之後，他們就不敢肯定了。史達林與他的將領組織抵禦莫斯科、列寧格勒的工事經久不衰。德國的補給線不斷過度延長，也增加了耗損。德國的種族政策使他們難以從當地人口中招兵買馬。希特勒殺人成性，在廣大占領地上滅絕猶太人與共產黨人的行為，也使得軍事的推進心有旁騖。冬天悄然而至，溫度降至攝氏零下四十度。德軍並未準備好在這種情況下作戰。希特勒告訴他們，進攻會像對法作戰那樣快速結束。

一九四一年秋天，德國人還久攻不下蘇聯時，國際情勢丕變。進攻英國變得更加不可能。在歐洲被占領的地帶，人們開始期望德國最終會敗戰。德國在歐洲的盟友——義大利、匈牙利、羅馬尼亞、西班牙——心灰意懶，有些領導人開始思考要如何取得英、蘇諒解。

不過對東線的僵局最大的衝擊發生在日本。東京方面不再認為蘇聯會土崩瓦解，甚至不會是軟柿子，於是將攻擊策略往南、往東轉進。與中國的戰爭已經拖了四年，日本的領導人決定打擊歐洲在亞洲的權益，保障自己取得東南亞重要原物料的途徑。

一九四一年十二月，日本攻擊美國在夏威夷的主要海軍基地珍珠港，以及歐洲在亞洲的殖民地，意味著美軍加入東方戰場，並旋即也在歐洲參戰。儘管美國海軍最上層運籌帷幄的謀士憂心日本在太平洋的海軍部署，但未曾有人料想到竟會對美軍設施全面進攻。緊接而來的演變更為驚人。六個月之內，日本就掌握了整個東南亞，來到了英屬印度的大門口。在日本盟軍勝利後不久，德國輕率對美宣戰。如今以德國為首的軸心國掌握了歐、亞洲大半地帶。但在他們對權力恣意地追求下，也把對抗他們的力量給集結了起來，是此前未曾見過之勢力。

美國盤點蘇聯盟軍，對於後續的進展至關重要。美國對英國知之甚詳，儘管許多美國人不甚喜歡英國的階級體系、殖民主義，以及英國人趾高氣揚地鄙視他們在北美的前殖民地「暴發戶」，但共通的語言、文化、政治傳統，畢竟將兩者緊密聯繫在一起。蘇聯則截然不同。參戰之後，許多美國人希望雙方的共同目的能讓蘇聯變得更加「民主」，更像美國。美國政府的政令宣傳將俄羅斯人呈現為打擊惡敵的形象。對許多美國及其他地方的左翼分子而言，儘管美蘇雙方可能都心不甘情不願，但蘇聯與美國先後參戰讓人如釋重負，使得左派開始期待將來兩國不僅將打敗希特勒，更將攜手打造一個更好的世界。不願因德蘇簽訂互不侵犯條約譴責史達林，因而丟掉電臺廣播飯碗的蓋瑟瑞，如今可以高唱舉起工會的槍枝進入戰場，終結奴役的世界：「你必敗無疑／法西斯主義者必敗無疑！」[5]

法西斯主義者也許必敗無疑，但締結這項新盟約的三方與彼此交涉起來都如履薄冰。對史達林而言，一方面，英美之間並無二致，而另一方面，希特勒與日本之間也沒有根本差別。史達林認為，任何與敵對意識形態之間的結盟形式都不堪一擊，也唯有在另一方有求於蘇聯的時候，盟約才會存在。即便美國參戰，史達林也預期資本主義陣營的盟軍屆時將罔顧共產主義蘇聯，與納粹德國另訂和平協議。[6]在蘇聯紅軍耗盡無數人命與物資，緩緩回擊德軍之際，史達林也持續要求盟軍在西北歐設置第二道防線，但直到一九四四年六月之前都未獲回應，此時已有九百萬蘇軍犧牲。對史達林而言，這不啻為英美言而無信、明珠暗劍之明證。

但史達林對盟軍有多輕賤，蘇聯就有多仰賴他們的馳援。一九四一年六月至四五年九月之間，價值一百一十三億美元（約合二〇一六年的一千八百億美元）的物資與武器先後抵達蘇聯。在船運駛抵蘇聯港口的過程中，五千名水手命喪大海。這些物資對蘇方的戰事至為關鍵。火車頭、鐵路車輛有助於調兵遣將。道奇卡車（Dodge trucks）在蘇聯對德（以及後來對日）作戰中成為後勤的支柱。俄亥俄州、內布拉斯加州出產的口糧罐頭，讓數百萬蘇聯軍民免於挨餓。史達林覺得蘇方是以戰場上的鮮血支付這些物資的供應。雖然這麼想不無道理，但他也知道對紅軍戰力而言，美方的供應至關重要，因此無論如何，他絕不能危及他們的供給。因此，史達林的動機十分明確，只要戰事延續，就會持續與盟軍合作。如果可能的話，在戰爭結束後，蘇聯仍會繼續長期合作以重建蘇聯。

在盟軍內部戰爭期間，主要的政治協商發生在幾次高峰會中。盟軍主要三個大國的領導人參加了一九四三年十一月在德黑蘭、一九四五年二月在雅爾達、一九四五年七月在波茨坦的會議。除此之外還有幾次雙邊會議：邱吉爾三度訪美與羅斯福會面，然後於一九四二年八月首次訪問莫斯科。邱吉爾與史達林的會面很關鍵：要是全世界的共產主義頭子與頭號反共大將都能達成實質的協議，那麼這三個彼此之間貌合神離的合夥關係也許仍能持續，至少在對德作戰的期間。根據英國一九四二年八月在克里姆林宮會議的一則紀錄：「史達林認為必須要做出更多犧牲。俄國前線每天要犧牲上萬人……俄國人未曾抱怨他們所付出的犧牲，但這犧牲的程度應當要受到認可。」[7]

在一九四三年十一月的德黑蘭峰會上，確立了一套會一直沿用到戰爭結束的模式。蘇聯從搖尾乞憐的角色，一躍成為發出要求的人。一九四三年元月，紅軍擊潰德軍在史達林格勒的攻勢。自一九四三年夏季起，蘇軍就在東歐前線廣泛轉守為攻。儘管同盟國軍隊已於九月在義大利登陸，但並未遵循先前的承諾，在法國打開第二道前線。在亞洲，日本繼續侵華，美軍則緩緩將日本皇軍打回太平洋。最重要的是，到了一九四三年底，美國在亞洲、歐洲都已精銳盡出。隔年，美國生產出三十萬架軍機、五百二十九艘軍艦；德國只生產出十三萬三千架軍機和二十艘軍艦，日本則分別是七萬架和九十艘。一九四三年的頭三個月，美國生產出的軍艦噸位就已經相當於日本參戰七年間所生產出的總量。蘇聯雖然在歐洲戰場上持續進擊，但俄國內部已經摧殘殆盡。美國則毫髮無傷，自一九三九年起國內生產毛額甚至還翻倍。

在德黑蘭，史達林試圖設定討論的議程，因為他知道美方此時希望從他這邊獲得些什麼。只要蘇聯進攻日本，就能拯救太平洋戰場上數十萬美軍的性命，更不用說要是進攻日本本島，又要有多少美國大兵戰死沙場。羅斯福亦著眼於戰後的世界組織——後來的聯合國——並希望拉攏蘇聯加入。由於英國的經濟、政治日漸積弱不振，會議上許多主要關鍵點都是在史達林與羅斯福之間私相授受，並未徵詢邱吉爾的意見。一九四三年十二月一日午後，史達林在蘇聯駐德黑蘭大使館內的美國總統套房會見羅斯福（小羅斯福基於維安理由入住）。對談之間，羅斯福總統同意將波蘭的邊境往西移兩百英里，犧牲德國國土，並維持一九三九年史達林與希特勒所同意的波蘭東境邊界。小羅斯福也同意讓波羅的海小國併入蘇聯。他只要求史達林讓這項交易維持機密，以免影響他在一九四四年尋求連任。小羅斯福相信這些國家反正也難成大器；戰爭結束之後，紅軍就會掌握他們的領土，除非英、美願意為了他們對蘇聯開戰（而他們並不願意）。[8]史達林同意羅斯福在擊敗德國後會加入對日作戰。[9]

一九四五年雅爾達峰會召開時，戰局更加偏向對蘇聯有利。會議期間，布達佩斯落入紅軍之手，而蘇聯的前導部隊已經抵達柏林外七十英里之處。即便如此，就蘇方的利益來說，雅爾達並非截然的勝利。此際羅斯福因病已益發孱弱，卻仍惦記著要史達林再次承諾在擊敗德軍後三個月內加入東亞戰場。同時，他也讓蘇聯入籍他所提議的新的世界組織聯合國。邱吉爾這方則得到戰後法占德區，儘管美蘇兩方在會議前都反對。英方的意圖乃是將法國重新恢復為世界強權，以避免在戰爭結束美軍撤離後由蘇聯控制歐洲。史達林除了透過軍事力量的斬獲之外，所獲甚少。紅軍占領華沙之後，已經建立了以共產主義為基礎的波蘭政府，同盟國同意承認此一政府，而非流亡在倫敦的波蘭政府。一旦蘇聯加入亞洲戰場，就可以獲得革命前在中國東北（滿洲）的權利作為補償，而這並沒有經過中國首肯。

蘇聯最大的讓步——至少在羅斯福和邱吉爾看來——是同意加入聯合《被解放的歐洲的宣言》（Declaration on Liberated Europe）。但該宣言名過於實，承諾歐洲人民有「基於自己的選擇創造民主體制」以及「選擇他們要生活在什麼形式的政府的統治之下」的權利，包括「可能範圍內最快透過自由選舉建立會回應人民意志的政府」。[10]英美領導人期望蘇聯至少在紅軍在歐洲占領的地帶實施「民主」、「選舉」等動議。這不只是遞出橄欖枝而已；倫敦與華盛頓的領導人需要這些實質的讓步，以便對國內輿論有所交代，也是盟軍之間彼此互信的表示。但他們並不覺得在東歐能改變當地的狀況。「這已經是我當下能為波蘭做的了」，小羅斯福對在雅爾達的顧問如是說。[11]邱吉爾甚至更進一步，他從克里米亞回國後告訴內閣：「我相信史達林對全世界與對波蘭都是出於善意」，並且會「為波蘭人民帶來更自由、奠基在更廣泛基礎上的政府來進行選舉」。[12]

當漫長的戰爭即將告終時，即便是身經百戰的政治人物也不免一廂情願。羅斯福與邱吉爾希望戰後能持續和平，他們期待史達林能夠帶來這樣的和平，但他們在各自的國內過度推銷雅爾達條約，發生爭端的風險並不能減少，反而會增加。史達林並無意在波蘭實施西方式的選舉。在一九四〇年占領了該國的東部之後，他的祕密警察處決了兩萬兩千名波蘭的警察、官員、地主、廠長、律師、牧師，並把他們葬在像是卡廷（Katyn）的亂葬崗。蘇聯知道在波蘭，任何選舉都會致使絕大多數人反對他們以及蘇聯建立的政府。但問題還不僅在於蘇聯與波蘭之間的關係。簽訂歐洲民主、民族權利宣言的史達林，與一九三六年在蘇聯啟動新民主憲法的史達林是同一個人，而在同一年，他的政權卻處決了三十萬蘇聯公民。他也是那個下筆為馬克思主義理論與「民族問題」著書立說的史達林，書中滿溢著華麗的辭藻；他卻也把整個民族流放，趕盡殺絕。重點並不在於史達林不可信賴，而是即便蘇聯政權想要，也不可能在東歐引入民主選舉。蘇聯政權就不是那種類型。

儘管史達林將運籌帷幄的工夫交給手下的將領，他仍快速掌握到如何發動大規模戰爭。由於德軍的攻勢勢如破竹，他（首次也是唯一一次）相信俄國軍官（必須）對他和共產主義政權忠誠，於是展開俄國民族主義的宣傳以便保持現狀，至少是在戰爭期間。在共產主義的自我宣傳中，「革命」一詞為「國家」所取代；迄今俄國人仍稱二戰為「偉大的衛國戰爭」（Great Patriotic War）並非空穴來風。史達林自己的觀點是否有顯著改變，則不得而知。他顯然變得更加狂妄自大。蘇聯成為他個人權力的工具，到了此前未有的程度。顯然史達林對於盟軍為他個人帶來的認可也食髓知味。能與英國貴族和世界上最強大的國家總統平起平坐，對來自喬治亞小鎮的銀行搶匪來說滿面春風。但史達林在戰爭期間與盟軍的交流並未改變他的世界觀，他的世界觀仍然是粗糙的馬克思主義觀點。他認為那些得益於資本主義的人永遠都會反對蘇聯的實驗，於是試圖加以毀滅，因此蘇聯與將來的敵手之間會有爭端，乃至戰爭。然而，目前唯一要緊的是保住蘇聯在國家國協中的勢力，並且要是有可能，還要進一步將軍事的觸角伸進中歐。史達林認為，共產革命可以等到歐洲人士準備好了的時候再說。莫斯科在一九四五年的立場是紅軍可以推進共產主義革命，但不能保證革命的發生。

史達林希望與美、英的聯盟在終戰之後會再持續數年。他的國家在一九四五年一團亂，盡成斷垣殘壁，生靈塗炭。史達林知道，若是想要蘇聯復甦，就需要和平。他害怕要是戰爭結束之後人民仍然生活在貧苦之中，會危及自己的黨。但史達林從不清楚何謂和平，也不知道他個人的政敵及共產主義在國際上的勁敵會否讓他能夠稍事休息。在蘇聯內部並無反對他獨裁的勢力，史達林已無法想像紅軍所征服的新地帶能發展出反對勢力。他認為，這些國家也許尚不足以發展共產主義，但他的權威與蘇聯國家的典範，可以將這些國家導向共產主義。英、美將把他們的資本主義形式伸進歐洲的心臟地帶。隨著時間推移，史達林也會對他的體系做出類似的嘗試。這同時既是意識形態的律令，也是策略必需。「這場戰爭，」史達林於一九四五年四月告訴崇拜他的南斯拉夫共產主義者，「與過去的戰爭不同；不論是誰據地為王，都會將自己的社會體系加諸其上。任何人都將自己的體系加諸於劍及履及之處，沒有別的方案可言。」[13]

對俄羅斯的尋常老百姓來說，偉大的衛國戰爭意味著史達林與共產黨成為保家衛國的象徵。一九三〇年代，史達林也許象徵著現代化、社會正義，並象徵將蘇聯融入一種新的國家形態當中，但他與他的左右手仍然是外人。其中一名我後來交談過的對象告訴我，他們覺得自己好像竊國者侯。在一首一九三三年的詩作中，奧西普·曼德爾施塔姆（Osip Mandelstam）將領袖描述為「克里姆林的山胞」。也許是「在他上嘴唇發噱的蟑螂」這句詩讓詩人喪命。但許多人都與他一樣，對於由一名喬治亞人領導的「外來」政權對俄國人施加權威這件事感到恥辱。[14]但德軍攻勢猛烈，希特勒屠戮占領地帶，以及蘇聯政權有能力迎擊外來侵略者，凡此種種（尤其是最後一點）都大大改變了國內民情。一九四五年，史達林的獨裁政權之所以能代表俄國，也就是因為與德軍作戰，最終並戰勝了德軍。就連一九一七年布爾什維克四處焚毀其教堂及信眾的俄國東正教會，到了一九四五年都予以蘇聯政權祝福。「俄國人民接受這場戰役為聖戰，」一名教會領袖說道，「一場為信仰、為國家而戰的戰爭……愛國主義與東正教旨二者合而為一。」[15]

俄國人戰勝納粹德國的驕傲，也可從其他人如何看待蘇聯反應出來。在歐洲許多地方，紅軍被視為將歐洲大陸從納粹統治解放出來的解放者。在蘇聯軍隊一九四五年進駐挪威北部時，漁民和他們的家人從藏匿處紛紛探出頭來，揮舞著讚美史達林與紅軍的布條。蘇軍行軍穿越遭到德軍占領長達六年的捷克斯洛伐克時，人們上前擁抱他們。在東歐，許多人視紅軍為將他們從德國的種族壓迫下解放出來的斯拉夫軍隊。即便在他們所占領的地帶以外，也擁戴史達林和蘇聯為歐洲大陸的解放者。在法國，許多在三〇年代曾經譴責共產主義的人，如今都予以更為正面的評價，因為蘇聯在對希特勒作戰的過程中傷亡慘重。在西歐對共產黨的支持從未如此之高。許多新的共產黨員都是成長於戰爭中的年輕人。在他們眼裡，共產主義和蘇聯為他們本國國內樹立了改革的典範。他們要求完整的就業與社會福利。在戰爭中參與工作的女性不想被迫回到父權家務當中。許多人由於共產主義者在抵抗德國占領期間所扮演的角色，對他們投以孺慕的眼光，包括那些後悔沒有拿起武器作戰的人。如今，納粹與法西斯主義陣亡，歐洲得以重生。儘管蘇聯有著血腥的過往，共產主義為歐洲準備好了轉型的模範。

在二戰即將告終之際，在歐洲以外，變革的需求也顯而易見。如果說一戰為歐洲的全球霸權敲響了喪鐘，那麼二戰更是證明需要廢除歐洲的霸權，即便對歐洲人自己而言亦復如是。比起他們的殖民地，在兵燹中倖存下來的歐洲年輕人更關注自己國內的福利。要緊的是，他們大多數不再相信自己的收入與身分仰賴於掌控海外的殖民。同時，反殖民的抵抗活動也日漸壯大，尤其是在亞洲。對德、日作戰驚魂未定的英國，於一九四二年提議讓印度在戰爭結束時自治。但獨立領袖「聖雄」甘地（Mohandas Gandhi）要求即刻獨立，拒絕退讓。一九四二年，他發起退出印度運動（Quit India Movement），旨在利用英國國力被戰事削弱之際，將他們趕出印度次大陸。甘地不願妥協。邱吉爾的提議「以前所未見的方式，赤裸裸地暴露出英國的帝國主義」，甘地寫道。英國「唯有在把我們當成奴隸時，才可求我們的幫助……將外國士兵引進印度，於印度之利益有損，也危及印度的自由」，即便是為了打擊希特勒和日本人。[16]

殖民主義在更東方也似乎呈自由落體之勢陡降。在印尼（印尼是東南亞南方群島以及說馬來語的陸面地帶民族主義者所發明出的新領土概念），反殖民領袖蘇卡諾（Sukarno）與日本占領者合作，以確保印尼自荷蘭獨立的地位。在越南（越南也是一個新的詞，包含所有曾被法國殖民的說越南語的地區），共產黨人胡志明創建了一個獨立國家，自任為總統。美國政府在開戰前承諾讓菲律賓獨立，以此承諾來動員抵抗日本占領群島。在伊朗、埃及，民族主義者抗議英國強加統治。對這些國家的許多人來說，納粹和日本不是主要問題，問題是歐洲殖民主義的各種形式。與柏林、東京合作，甚至有助於加快獨立與民族自決的到來。羅斯福與邱吉爾於一九四一年八月發布的《大西洋憲章》（Atlantic Charter），對有些人來說似乎與威爾遜一戰時的理想主義太過相似，儘管對他人仍有所啟迪。在憲章中，兩國宣示「尊重所有民族選擇他們願意生活於其下的政府形式之權利；他們希望看到曾經被武力剝奪其主權及自治權的民族，重新獲得主權與自治」。[17] 印度、印尼和阿爾及利亞的民族主義者認為這對他們的國家來說，與對捷克斯洛伐克、波蘭、丹麥、法國等白人為主的歐洲國家來說，都一樣真切。

對多數美國人來說，《大西洋憲章》總結了他們為之奮戰的原則。美國人認為日、德之所以攻擊美國，是因為這些國家的領導人痛恨美國所獻身致力的原則。在美國的觀點看來，二戰是為個人自由而戰，為憲政秩序而戰，為美式生活而戰。一如在一戰時，也是與這些原則敵對的人率先開戰，而美國再次必須犧牲壯丁的性命以將世界導回正軌。二戰邁向尾聲時，橫跨美國政治光譜兩端的人都深感美國贏得了作為世界表率的權利。世界應當按照美國的路線來改革，才能避免又一次的戰爭。

戰事即將告終之際，在各項重大議題上，面對來自甚至是盟軍的挑戰時，美國漸感不耐，這也反映了美國的國力。美國無論在生產還是在作戰上都優於對手。及至一九四五年中，美國海軍比全世界其他地方的海軍勢力加總起來還要龐大。美國的轟炸機摧毀了柏林、德勒斯登、東京、橫濱。

終戰之時，全世界的重型軍機有六〇%以上來自美國。從未有轟炸機能夠對美國本土出擊。由於美國的生產能力，加上未受戰事侵擾，在一九四五年，美國的經濟稱霸全球。此時美國已囊括全球一半的製造。所有的財政儲備有三分之二把持在美國手中，讓它持有全球唯一穩定的貨幣，因此美金宰制了全球所有貿易。

對於戰爭結束之後，世界應當何去何從，羅斯福總統並未擘劃鴻圖偉業。在他於一九四五年四月十二日驟然辭世前，仍專注在打仗上面。歐洲大陸的爭端尚未敉平，儘管德軍已一敗塗地。日本則尚未有投降之兆。羅斯福仍然希望將蘇聯納入對日作戰，以便如有必要入侵日本本土，可以拯救一些美國士兵的性命。到最後一刻都仍志在必得的小羅斯福，深信能夠在戰爭結束時處理與盟軍的關係。儘管與蘇聯的關係日益緊繃，尤其是在對於波蘭事務上，羅斯福相信戰時的同盟關係總能化險為夷，何況再加上他個人的領袖魅力，政治手腕高明，以及避免全盤衝突的能力（有時是透過對盟軍以及自己的國民不透露太多真相）。機關算盡，在國內的政治失勢卻沒有出現在他的算計之中，更遑論料想到死期之將至。

小羅斯福個人的政治生命堪稱經久不衰，他順利將此轉化為對其政權的信心。因此，當副總統杜魯門在羅斯福驟逝之際宣誓就職時，惶惶不可終日。這位新任美國總統此前只踏出過國門一次，曾於一戰期間在法國以上校身分目睹戰爭。小羅斯福從未將杜魯門納入對外政策決策中，而如今他卻突然必須在終戰之際執掌世界上最強大的國家。一如他的前任總統，杜魯門也相信在德國戰敗後，大同盟仍將存續，但他缺乏小羅斯福賴以實現的利器：個人魅力、策略上（和道德上）的彈性及對全球事務的知識。杜魯門是接地氣的中產階級，換言之，比起出身貴族世家的小羅斯福，杜魯門的言行與國人的舉止更為接近。他也更相信美國有權力將世局導入正軌，但也因為這樣的信念，使得他在遭受挑戰時更耐不住性子。小羅斯福與杜魯門都憎厭共產主義。從他任期之初，這位新任總統就視共產主義為對本國的挑戰，若要充當美國所領導的世界秩序之替代方案，差強人意，毫不可取。杜魯門意欲與史達林談條件，但唯有在史達林依照美國的世界觀行事為前提下，才願意這麼做。

希特勒於四月三十日自殺，德國於一九四五年五月七日無條件投降。群龍無首，國土滿目瘡痍，希特勒的眾將士氣委靡。戰局的告終來得迅雷不及掩耳，蘇軍從東邊大軍壓境，美、英自西南包抄而來。儘管各方都希望掌控愈多土地愈好，但只要戰事仍然持續，通常軍事上的考量還是優於領地的競逐。美蘇在萊比錫北邊的易北河會師時，雙方士兵相互擁抱，一同酣飲，互相教對方唱自己家鄉的歌謠。往後，要再等四十年，美軍和蘇軍才有辦法再次這麼交誼。

一九四五年七月十七日至八月二日間，三個主要的戰勝國首腦在戰敗國德國首都柏林外的小鎮波茨坦會晤。如同在雅爾達和德黑蘭一樣，史達林在此普魯士國王夏季行宮的所在地再度扮演東道主。但即便是蘇軍占領了德國首都，史達林也希望避免就德國占領政權與盟軍發生衝突。在波茨坦，蘇聯領導人主要只希望美英接受俄國主導東歐。羅斯福與邱吉爾都讓史達林有理由相信會如此進行。但在波茨坦，三國領袖只剩下史達林屹立不搖。小羅斯福已經身故，杜魯門繼位。在會議期間，保守黨在大選中輸給了工黨，因此在七月二十六日，克萊曼．艾德禮拜相，取代了邱吉爾的位置。從一開始，史達林就不信任杜魯門和艾德禮——不信任杜魯門是因為蘇聯情報強調杜魯門的反共傾向，不信任艾德禮則是因為他代表英國工黨的右翼，右翼是各地共產主義的敵人。然而蘇聯領導人知道他手握兩張王牌，一是他的軍隊占領了歐洲大半，二是東亞的戰爭還沒結束。新任美國總統與前任同樣需要蘇聯的協助，以擊敗日本。

波茨坦會議見證了全球事務如何以迅雷不及掩耳的速度演變，尤其是在大戰告終之際。與會者不再執迷於德國情勢。希特勒已死，他的國家已敗。關於臨時占領區的劃定、去軍事化、去納粹化、德國兼併區歸還、將波蘭的邊界往西移（以便讓史達林保留他一九三九年征服的地帶）等決議都輕易達成。德黑蘭、雅爾達已經為這些事務樹立典型，史達林私底下很慶幸這些協議仍然成立。主要三方與會者都已經把注意力轉移到東亞以及歐洲解放區的政治解決方案。史達林深知杜魯門亟欲將蘇聯拉進對日作戰，因而或許在歐洲的事務上也有機可乘。杜魯門在言談之中提及美國核武的發展，而史達林毫不訝異；自一九四二年起，他的間諜就已經在追蹤美國原子彈的發展。未有證據顯示蘇聯領導人在一九四五年感到被美國對原子彈的壟斷所威脅，但也許這使他也加快了自己的核武項目。紅軍在歐洲有上千萬名士兵，儘管史達林為了準備攻擊日本，在波茨坦會議之前就已經開始將軍隊移往東亞。史達林甫從人類歷史上最大的戰爭中存活，並以勝者之姿站上舞臺。對未來，他也許有不祥的預感（畢竟他生性多疑），不過在波茨坦，他煥發著自信的神采。杜魯門認為可以打量這號人物，且與蘇聯之間或許有協商空間。「我可以對付史達林，」杜魯門在日記中寫道，「他很誠實——但見鬼地聰明。」[18]

波茨坦會議曠日持久，時間卻都花在避免為未來做出決議。這是一場空等的遊戲：亞洲的戰事仍在進行，杜魯門與艾德禮新官上任，史達林則想要穩固他已經在歐洲戰場上以及德黑蘭、雅爾達會議上取得的利益。英美兩國期待蘇聯占領的東歐舉行選舉，或者至少在形式上依循民主原則。但此際對和平的挑戰真實而巨大。整個歐洲大陸上因戰火而四散各地的大批群眾亟欲返家，大城市已成斷垣殘壁，數百萬人挨餓受凍。因此，人們普遍覺得政治上的議案可以再等一等，也就不足為奇。但當上面的領導人還在重大議題上猶豫不決時，下面已經開始做起各式決議，部分是由於各方對於戰爭結束之後社會應當如何重組，意見彼此扞格之故。

各式各樣的競逐遍布整個歐洲，但我們仍然可以說冷戰起源於波蘭。史達林在當地厲行蘇聯統治，這違背了盟軍以及絕大多數波蘭人的意願。英國於一九三九年就已經與德國為了波蘭的命運開戰，因此對任何一屆的英國政府來說，都很難接受蘇聯占領該國實行專政。在戰事告急之下，邱吉爾誤以為史達林會接受由波蘭人領導波蘭政府的計畫。但這不過是蘇聯要讓波蘭俯首稱臣的第一步。當波蘭人在一九四四年夏天反抗華沙的德軍時，紅軍刻意駐足波蘭首都外，停止攻勢，讓納粹把波蘭家鄉軍（Polish Home Army）給殲滅。史達林估計，愈少波蘭將領存活，對蘇聯掌控波蘭就愈有利。當紅軍終於被下令拿下華沙時，德意志國防軍（Wehrmacht）和黨衛隊（ＳＳ）已經殺害二十五萬名波蘭人，城市夷為平地。即便如此，在進軍波蘭首都之後，史達林的祕密警察仍然綁架了許多倖存的反抗軍領導人，並將他們遣送到莫斯科進行典型的史達林式的公審。史達林為了給盟軍一個交代，指示蘇聯法官「從輕發落」，但反正大多數在關押的過程中就已身亡。

當這些事情在華沙發生時，美國開始對蘇聯改觀。羅斯福時期就已經漸漸憂心波蘭的議題；他主要憂心蘇聯在處理華沙問題時蔑視外來的意見。他的繼任者看事情的方法又更為具體。杜魯門相信雅爾達協議在波蘭問題上確保民主自由，以及過渡時期的政府會兼容並蓄，預備自由選舉。杜魯門認為蘇聯並未遵守承諾，因此他在小羅斯福逝世後十二天、波茨坦會議的三個月前首度與蘇聯外長維亞切斯拉夫・莫洛托夫（Viacheslav Molotov）會晤時，氣氛很僵持。「總統渴望與蘇聯政府維持友好關係，」美國的官方紀錄記載，「但唯有建立在雙方都遵循協定的情況下，而非一廂情願。」[19]「我跟他正面對決，」杜魯門事後對一位友人說，「我給他來這麼一記，這是對下巴的一記左勾拳加右勾拳。」[20]

波蘭似乎成為同盟國領導人之間的分歧點。在亞洲戰事進入尾聲之際，承擔風險不那麼大的邱吉爾又回到了他早期對蘇聯的看法。五月十二日，邱吉爾發送個人電報給杜魯門，這當中是首次有西方領導人使用日後將定義冷戰的用詞——「鐵幕」（Iron Curtain）：

> 鐵幕已經在〔蘇聯〕的前線拉下。我們不知道幕後的發展。隨著莫斯科大幅推進歐洲的中心，呂貝克（Lübeck）－的里雅斯特（Trieste）－科孚島（Corfu）這條線以東的整片地帶，無疑都將完全落入他們的手中……要是他們選擇北海和大西洋的水路，俄羅斯人很短暫的時間內就可以如入無人之境……在我們致命地削弱兵力或者撤回占領區之前，現在了解俄羅斯，看清楚我們之於她的位置，肯定至關重要。[21]

邱吉爾對蘇聯在東方的舉措日漸憂心，他希望美軍、英軍在戰爭結束時留駐原地。杜魯門加以拒絕，遵照先前與蘇方的協議，下令撤軍。結果有數十萬德國人往西逃出蘇聯的占領區。但杜魯門憂慮的程度，也足以令他差遣小羅斯福的心腹顧問哈里・霍普金斯（Harry Hopkins）前往莫斯科勸服史達林。霍普金斯向來支持與蘇聯合作，此際由於癌症已性命垂危，前往俄羅斯的旅途舟車勞頓，更是令他氣力放盡。但他仍然勉力與蘇聯獨裁者溝通。「我告訴史達林，」霍普金斯向杜魯門彙報，「我個人覺得我們之間的關係受到了威脅，老實說，我對此頗為不滿。依我對時局的知識來看，老實說，我對正在發生的某些事感到困惑。」[22]史達林並不讓步。他指控英國在美蘇關係上攪渾水。杜魯門在一九四五年五月贏得歐戰後旋即對蘇聯終止《租借法案》，儘管主要是為了削減戰後美國的開支，但也讓史達林確信華府的態度有異。他不知道是歐洲終戰還是新總統就任所致。史達林在波茨坦已盡力自持，但他已開始狐疑。「波蘭！有什麼大不了！」蘇聯外長莫洛托夫在一九四五年二月注意到，「我們並不知道比利時、法國、德國等政府是如何組織的。」他繼續說道，「也沒有人向我們徵詢，儘管我們並沒有表示偏好哪個政府。我們並未加以干預，因為那是英軍和美軍的占領地！」[23]

在東歐其他蘇占區，史達林對盟軍強權的憤懣更是溢於言表。一九四五年年初，他接受保加利亞當地的共產黨人更為激進的路線；數百人因反對（在紅軍入侵之後統治國家的）共產黨領導的保加利亞祖國陣線（Fatherland Front）而遭到處決，上萬人遭判刑入獄。這些人大都在戰爭期間的保加利亞政府述職，而戰爭期間的政府與希特勒的德國結盟。因此，同盟國與保加利亞的大眾對此多默不作聲。但這些並不像在西歐發生的審判協力者那樣。在保加利亞，根據蘇聯與當地的共產主義者確立下的模式，所有反對共產黨掌政的人，都由於被定義為法西斯主義者而獲刑，甚或遭到更慘烈的處境。在蘇聯內部，終戰之際，逾百萬名波羅的人、高加索人以及包括車臣全部的人口都遭流放到西伯利亞和俄國的極東。蘇聯政權不願冒險讓任何不可信賴的人口組成存在於其邊境地帶。

戰爭結束時，史達林對於要如何處置東歐，並未擘劃一套遠大的宏圖。但要是與美、英的關係生變，當地的共產主義者只效忠於他，並提供蘇聯統治最穩固的靠山。一九四五年春，史達林逐漸回到馬克思主義那套對他前盟友的敘述。早在元月，他就警告不能輕信莫斯科與西方之間還剩下什麼共同利益。「資本主義的危機從資本主義者分裂為兩個派別已昭昭可見——一個是法西斯主義的，另一個是民主的，」他告訴一群從南斯拉夫、保加利亞來訪的人士，「我們自己與資本主義的民主派別之所以結盟，是因為後者須防止被希特勒宰制，那種慘酷的狀態將會把工人階級逼入絕境，並且會推翻資本主義自身。我們現在與一派結盟，對抗另一派，但將來我們也會與第一派的資本家對抗。」[24]

蘇聯在一九四五年最大的驚奇就是工黨在英國大選中勝選。史達林也許不信任邱吉爾，認為他代表英國上層階級統治，但至少他對邱吉爾知之甚詳，一如他也透過間諜得知，與他自己一同挺過二戰、取得勝利的保守黨「老邱」也對自己產生了一些感情。此外，英國工黨與蘇聯布爾什維克之間也已經開始有些嫌隙。工黨領袖艾德禮如今官拜首相，另一位領袖貝文（Ernest Bevin）則出任外交大臣，他們蔑視自己工會運動當中的共產主義者，因為他倆都認為支持莫斯科的黨員造成了二、三〇年代運動的分裂。貝文過去是一名非技術性工人，卻一躍成為英國最大工會——運輸和工聯會（Transport and General Workers' Union）——的頭目，並不遺餘力地在工會內外打擊共產勢力。貝文在戰後與史達林和莫洛托夫交涉時，把這些戰役看成是在國際規模上重複過往這些戰鬥。貝文後來曾表示，莫洛托夫就像工黨地方分部的共產黨人一樣，如果你虧待他，他就會利用申訴的管道；如果你待他不薄，隔天他就會漲價擺你一道。一位內閣成員認為貝文「聰明絕頂、接地氣，但對共產黨人執迷到了危險的地步」。[25]

蘇聯對英國工黨痛恨的程度也不遑多讓。從當時蘇聯的文件看來，幾乎沒有任何跡象顯示他們能預料到左翼的政黨能贏得英國大選，即便左翼政黨當中不乏重要的工會領袖及知識分子長期與莫斯科互通聲息。史達林及其中尉認為，工黨致力於建立一個社會民主福利國家，對於共產主義的抱負而言恐怕是最糟糕的挑戰，不只是在英國——他們還沒有不切實際到認為共產主義革命短期內能在倫敦實現的地步——在西歐其他地方亦然。蘇聯的國際事務專家假設資本主義國家在戰後會遭到一波經濟危機打擊，因此，各國彼此之間的競爭會愈演愈烈，就像在一戰之後所發生的那樣。歐洲共產主義政黨遂可從接踵而來的工人貧困狀況中獲益，因為這將證明資本主義體系不能滿足工人階級的需求。因此，在蘇方看來，社會民主黨人企圖改革資本主義無關痛癢，甚至可能有百害而無一利。唯有有意識地追隨蘇聯經驗的那些國家，才能從終戰中獲得經濟上的成就，因為蘇聯已經證明了他們可以提供完整的就業以及經濟成長。

對於戰爭結束後歐洲的狀況，美國的觀點與蘇聯幾乎南轅北轍。美國人害怕歐洲經濟崩潰、長期貧困所產生的效應，可能會擴散至全球。由於一戰之後促成了俄國革命，蘇聯預期二戰後也會發生革命，但美國人大都害怕這樣的革命前景。在他們的心目中，一戰和經濟大蕭條導致了共產主義與法西斯主義，兩者都是美國的敵人。一九四五年秋天舉行的投票結果顯示，大多數美國人希望國家出手緩解困苦貧窮問題，因為那曾經製造出美國人所反感的意識形態。

但美國的輿情也顯示與這種參與全球事務截然相反的潮流。戰後初年，大多數美國人覺得國家為了阻止歐亞的事態惡化，已經犧牲了太多的鮮血。如同歐洲人和亞洲人一樣，戰後的美國人也希望政府專注在提升國內的生活環境。基本上，他們希望讓服役的男丁返家，愈快愈好。這種一戰後浮上檯面的孤立主義（isolationist）思維令人憂心，且美國在受到日本攻擊之前並沒有投入二戰，杜魯門政府意圖在戰後參與國際事務的顯著需求與平息國內選民兩者之間達成平衡。美國總統自己相信，只要透過龐大的經濟資源來幫助其他地方紓困，讓外國的經濟再次運轉，他們就可以做到這一點。

二戰造成全球經濟全盤轉型。如前所見，自從二十世紀初，美國已開始躍居為全球經濟的中心，在戰間期更是加速發展。然而是二戰讓此一長期變化的過程急遽轉型。在戰爭期間，美國的經濟成長幾乎翻倍。相較而言，幾乎所有其他地方都遭到摧殘殆盡。日本全國有四分之一的建築物被炸個稀爛——在東京，半數以上的建物盡成斷垣殘壁。其工業產出數值是戰前的三分之一以下。在中國，工業生產與一九三七年相比下降逾六〇％。在全亞洲被摧殘得最嚴重的菲律賓，經濟產出的總量只比一九四一年的二〇％多一點點。

戰爭期間，羅斯福政府知道需要運用自己的獨特地位打造一個讓美國在戰後更好運作的世界。小羅斯福的重點是要貫徹戰爭期間聯手對抗德、日的盟軍關係，同時也成立一個所有國家都能參加的全球組織。聯合國於一九四五年成立，總部先是設在倫敦，後設於紐約。在羅斯福的用語中，聯合國一詞時而與同盟國混用，時而用來指稱他希望集結起來的諸國。在形式上，聯合國是先總統想法當中的兩股思潮之間的妥協。一是理想主義的：打造一個真正全球的論壇，可以協助各地的進步改革，同時維持和平。另一個是現實主義的：打造一個論壇讓同盟國的強權可以彼此合作，如有必要，甚至可以強迫其他國家配合。第一個目標是透過聯合國大會（UN General Assembly）實現，起初有五十一個會員國，當中有二十個拉丁美洲的共和國。第二個目標是透過聯合國安全理事會（UN Security Council）實現，只有五個常任理事國——美國、英國、蘇聯、法國、中國——當中任一國都對任何議案有否決權。只有安理會可以發布能約束所有會員國的議案，包括制裁或軍事行動。史達林和英國對這個新的組織都信心不足，但仍雙雙參與，以取悅美國老大哥。一九四五年，還沒有人能預見冷戰生根時聯合國在全球扮演的角色。

這個新的世界組織的主要任務之一是處理全球的經濟議題。作為最強大的經濟體，美國想要自由貿易以及通往海外市場的管道。但美國也希望全球的經濟體系日趨穩定。一九四四年七月在新罕布夏州的布列敦森林（Bretton Woods），主要的同盟工業國簽署若干協議，致使後來成立國際貨幣基金（International Monetary Fund, IMF），提供貸款來彌補一個國家的國際收支不平衡，以及成立國際復興開發銀行（International Bank for Reconstruction and Development），後來成為世界銀行（World Bank）的一部分。但後世所稱的布列敦森林體系的基本元素，是要將所有其他主要的兌換貨幣與美金之間以固定平價綁定。布列敦森林協定給予美國從事國際貿易以及影響他國經濟的良機。不過也別忘了，就像在歐亞的政治分野，這些協定是戰爭已經奠定的結果。長期而言，美國並未得到他希望從布列敦體系獲得的機會或穩定。但無論如何，這些協議仍然提供了一套體系，讓美國以全球的經濟巨獸之姿登場。

有鑑於其特殊地位，美國是否能夠多做點什麼，以避免二戰之後的國際爭端？許多不同的國家對美國崛起後造成的結果感到忿忿不平，但為了政治與經濟的考量，也學會與之和平共處。一九四五年，有一首曲子在英國外交部傳誦，歌詞大概是這樣的：

在華盛頓，哈利法克斯伯爵
在凱恩斯伯爵的耳畔嘀咕：「他們固然
有一袋袋的錢
但我們有腦子」[26]

但到了一九四五年，倫敦不得不接受已被華府大幅超越的事實。如今華府才是全球權力的中心，英國需要美國的金援。如果可以，也需要美國防止蘇聯勢力在歐亞崛起。一九四五年，與莫斯科關係變質的杜魯門政府，已經不需要特意將自己的觀點加諸西歐和英國的領導人，他們自己憂心史達林政策的程度，不亞於在華府的任何團體。英國外交大臣貝文於一九四五年告訴所有願意聽他說話的人——包括蘇聯外長莫洛托夫——「是蘇聯政府讓情況變得窒礙難行」。[27]

儘管美國與蘇聯在戰爭期間是盟軍，但戰後幾乎無可避免要以某種形式爆發爭端。兩國領導人自從一九一七年俄國革命以來（或甚至可以追溯到更早）就視彼此為寇讎。史達林優先考量對東歐的控制，勝過與盟軍維持良好關係，在戰事告終之際，這項政策以及他在戰爭期間的暴行（例如對波蘭）和他剛愎自用的傾向，在在削弱了同盟關係。蘇聯的意識形態也成為同盟關係的絆腳石，因為它認為未來與資本主義世界發生衝突是勢不可免，並預測戰後將會發生革命風暴。美國這邊，對於蘇聯遲遲不願承認美國在國際事務上的優勢，頗感不耐。杜魯門總統缺乏政治上的敏銳，也沒有羅斯福總統的個人魅力，他的主要顧問長期以來都倡導對蘇強硬的路線，這也讓他做出圍堵而非涵納蘇聯的決定。如我們所見，正是圍堵政策讓戰後的爭端變成了冷戰。杜魯門未能理解小羅斯福企圖以國際協定與條約綁住莫斯科的政策。作為強權之首，美國理應力保溝通、貿易、文化科學交流的管道暢通。可能史達林終究會選擇孤立，但若是強權的那方更努力吸引莫斯科加入合作，那麼衝突的強度以及後來雙方陣營內部的偏執程度，也許可以大大銳減。

當然，這種判斷只是後見之明。毫不意外，儘管美國取得了絕對的宰制地位，許多人（尤其是在歐洲）仍害怕蘇聯的勢力。一九四五年紅軍在歐陸上仍有大批駐軍。就數量與能力來說，他們比其他任何人都還裝備齊全。蘇聯在東歐的行徑讓恐懼蔓延。有些人說史達林確實對自家人民多行不義，但在對外方針上卻頗為畫地自限。也許在某些方面是如此，但及至一九四五年，史達林的個人行徑已經深入了歐洲的心臟地帶以及中國、伊朗。蘇聯在這些地方的作為加速了美國政策的變遷，也讓從遠方管窺蘇聯的人驚駭不已。就這些行為本身，也許還不足以加速冷戰，但也確實使得戰後更有可能採取圍堵蘇聯的策略。

第三章
歐洲的不對等

五年的總體戰所造成的毀滅程度，對任何了解一九一四年或甚至三九年的歐洲的人而言，都教人望而生畏。希特勒好大喜功，試圖征服歐陸，其摧枯拉朽之勢，就連在漫長歷史上烽火連天的歐洲，都不曾見過這等規模。從希臘群島到斯堪地那維亞北方，城市遭到轟炸，農田果園焚毀，人們被屠戮埋在亂葬崗。四千萬人死亡，難民和來自德國集中營的人數更多。六百萬猶太人遭到納粹種族屠殺，這是二戰最大的罪行，難以歸類至其他任何死因。猶太大屠殺也導致在猶太人口被清除的地區，大批人潮流離失所，混亂失序。在蘇聯、匈牙利、波蘭與德國部分地帶，路有餓殍，過半人口在終戰之際在飢餓中緩慢死去。

即便歐洲在一九四五年泰半陷入饑饉、疲勞與恐懼，在東歐的狀態仍最為慘不忍睹。從北極圈的挪威至巴爾幹半島南方的廣袤地帶，德蘇之間的戰爭導致城市盡成斷垣殘壁，人們若非已葬身兵燹，就是性命垂危。蘇聯逾一千七百座城鎮幾成廢墟。布達佩斯、明斯克（Minsk）、基輔等城逾八成地帶一片焦土。有一位來自美國幫忙紓困救濟的年輕人，試圖於家書中將他在華沙所目睹的慘況形諸文字：「走在路上，隨處可見成排少了屋頂或牆壁的建築物兀自挺立，裡面的住戶歷歷可見。在貧民窟則只是成堆的磚塊，變形的床、浴缸、沙發、相框、行李箱等各式各樣的東西散落在磚頭間。我無法理解這是怎麼造成的……慘烈到難以相信。」[1]歐洲人一九一四年前棲息生活的那個歐洲氣數已盡，取而代之的是死亡與毀滅，人們難以再信任舊式觀念。

在資本主義與共產主義之間、美蘇之間的冷戰對歐洲的災難來說是個恰如其分的結果。不僅是戰爭的結果導致在軍事上美、蘇掌握了歐陸，且歐洲人民如飢似渴地企求一個奇蹟——抑或只是對食物如飢似渴。他們將目光投向華府與莫斯科，尋求解方。這個片刻在歐洲現代史上獨一無二，整個歐洲大陸癱軟無力，只能放眼寄望自己所不能掌握的外在力量。歐洲人民希冀長治久安，想要快速重建，想要一個公平有效、經濟發達的未來。換言之，他們想要遠離三、四〇年代的災難，而共產主義或美國資本主義各自提供了一條出路。

歐洲在一九四五年已經陷入停滯，亟需一條出路。物質的基礎建設容或可以重鑄，但總深感窒礙難行，情況在戰爭之後每況愈下。整個歐陸陷入人道主義的危機，規模是十七世紀以來僅見。以戰前德國的國境範圍來看，就已經有一千七百萬民眾流離失所，包括集中營倖存者、奴工、東德難民，或者家破人亡、不得已只能逃難的人。他們一個個都陷於饑饉，想去到一個無由企及之處。所有秩序蕩然無存，男女老少盡皆如此。有一名想要返家的波蘭女孩眼見毀滅的規模，震驚不已：「一九四五年的德國是一個巨大的螞蟻窩，所有人都在流竄。這是德國東境的樣貌，有逃離俄國人的德國人，有戰犯，有我們這些〔波蘭〕人——不是很多，但也有……充滿著人潮流動，很不可思議。」[2]

即便在三個世紀以來都未曾遭受過饑荒的富國，情勢也近乎絕望。在尼德蘭，主要城市的人口人均每天能攝取的卡路里不到八百；戰前的平均值則是將近三千。一九四四至四五年間，荷蘭嚴冬的饑荒造成至少兩萬兩千人死亡，即便過了許久，還是能感受到其震盪。[3]不論是在尼德蘭還是其他地方，讓挨餓的人們為生產做出貢獻無異於痴人說夢，所以只能仰賴外在救濟。但儘管聯合國新成立的救濟和復原署（Relief and Recovery Administration, UNRRA）傾力相助，及至一九四七年，歐洲大半地帶仍然缺乏糧食。

降臨在歐洲的災難，更加凸顯了歐洲大陸上新的主人翁——美國人和蘇聯人，或者，歐洲人開始稱他們為強權（Superpowers）——的威望。他們的軍事實力毋庸置疑，而跟在一九四五年仍坐擁頗為龐大的軍事力量，但卻已日薄西山的日不落帝國相比，美蘇還可以提供未來發展的新模式。改變的希望仰賴來自外在的啟發。即便美國人可以在物質補給上提供更大的貢獻，蘇聯的優勢和史達林的個人地位奠基在紅軍擊敗納粹德國之上。許多歐洲人士相信，任何可以擊敗德國戰爭機器、進而征服柏林的國家，肯定是個更加先進的國家。

二戰讓國家社會主義與法西斯主義全盤潰滅。西班牙的佛朗哥大元帥與葡萄牙的薩拉查（António de Oliveira Salazar）的右翼法西斯主義極權政府之所以能夠存活下來，也只是因為他們在戰爭期間維持中立。為了集體主義與反資本主義，僅存共產主義這個選項。不只有蘇聯在擊敗德國中扮演要角，其他地方的共產黨往往也站在力抗納粹統治的前線。在戰爭中，四年是很漫長的時間。許多人已經原諒或者忘記了史達林與希特勒的條約，而過去共產主義對抗「帝國主義侵略戰爭」的口號，到了一九四一年以後，也已經被淹沒在紅軍與在地共產黨游擊隊員的英雄主義之下。

在西歐，正是對改變的渴求驅使人投向共產主義的訴求。幾乎沒有歐洲人希望復歸造成兩次世界大戰及嚴重經濟危機的體系。人們希望迎接更好的將來，而共產主義者——結合了反法西斯主義、社會正義以及蘇聯在戰事中的努力所帶來的光環——高舉了希望的大纛。他們是當前在法國（九十萬黨員）與義大利（一百八十萬黨員）最大的政黨組織。西歐在戰後的第一波選舉當中，共產黨員旗開得勝，在挪威取得了一二％的選票，在比利時有一三％，在義大利一九％，在芬蘭二三．五％，在法國將近二九％。他們的領導人堅持在政府當中取得代表的路線，也的確在戰後形成的民族團結內閣中取得席位。他們希望對未來的政治有決定性的影響，為符合工人階級需求的社會革命鋪路。但共產黨領袖並不相信在戰後的西歐能立即發動革命騷亂。這反應出從莫斯科發來的建議，他們並不打算即時對現存政府發動挑戰，因為美、英的軍隊仍然保持控制，隨時可以粉碎這樣的叛亂行動。

但歐洲全境都一貧如洗，一落千丈，即便是西歐最強大的共產黨領袖——法國的莫里斯．多列士（Maurice Thorez）、義大利的陶里亞蒂（Palmiro Togliatti）——也無法阻擋社會動盪的浪潮。在義大利，工人占領廠房，農民竊據良田。在義法兩地都發生了針對建制派精英、與納粹和法西斯主義協力者，以及雖然未與之合作但擁有廠房或貴族頭銜的政治暴力事件。有些人從自家被拖出來毆打致死。各地都把精英分子看成是造成國家失靈的罪魁禍首。

共產政府的官員為了謀求社會穩定，忙於呼籲眾人回到工作崗位。一九四五年十月，多列士在一場演講中說道，重振法國「仰賴我們自己的努力，工人階級的聯合促成所有共和國民的聯合」。[4]這位共產黨領袖認為重建第一，透過重建，左派便能稱霸政壇。但有些在地的共產黨人見解有異。「〔政府〕還有其他人都死不足惜。我只有一個頭頭，那就是史達林」，南法的一名共產黨員和他的黨羽抓獲一名當地貴族時，一面圍毆他一面嘶喊道。[5]

但和多列士、陶里亞蒂一樣，史達林起初認為在西歐發起革命行動將會招致共產黨毀滅，並為蘇聯和美英之間已經岌岌可危的盟友關係敲響喪鐘。史達林固然預期有朝一日要與資本主義國家正面衝突，並且最終在歐洲發動共產主義革命，但在終戰之後，蘇聯自己先成廢墟一片。史達林無法冒險在蘇聯孱弱之際與盟友發生衝突。他心想，不如先表達日後合作的意願，等美、英帝國主義者彼此之間先開始爭奪戰利品。史達林認為蘇聯的最大威脅是帝國主義勢力聯手對付他。起初，蘇聯戰後在西歐的政策是設計來避免讓敵方聯合起來。

對於蘇方和歐洲的共產黨人而言，在希臘持續不斷的內戰無疑是項警訊，告誡他們如果太急功近利會發生什麼事。軸心國於一九四一年占領希臘時，希臘的左派成立民族解放陣線（National Liberation Front），並逐漸由希臘共產黨所控制，其武裝旁支希臘人民解放軍（Greek People's Liberation Army, ELAS）與德國人和其他希臘黨派作戰。一九四四年末德軍撤退時，英國安排一個聯合政府讓希臘人民解放軍逐漸融入希臘正規軍。但共產黨單位拒絕解散，因此聯合政府告吹。一九四四年十二月，警察朝雅典的左翼集會開火，造成二十八名市民死亡後，希臘人民解放軍回擊。英國再以空炸共產黨在雅典的堡壘回應。在首都武力不足的情況下，經蘇方建議妥協，希臘的共產黨領導人於一九四五年春同意解散希臘人民解放軍。某些地區仍持續有打鬥，多數是右翼試圖把農民驅離他們於戰爭期間占領的土地所致，或是為了懲罰曾經與右翼作戰的希臘人民解放軍。六萬名希臘民族解放陣線的運動人士往北穿過邊境，逃到共產黨把持的南斯拉夫。

希臘的災變讓史達林要求東起中國、西迄義大利的共產黨員不得魯莽躁進。儘管蘇聯相信二戰會帶來革命，如同列寧對一戰的指示，他們預期革命會發生在紅軍保護網內的歐洲其他地方，也就是東歐。史達林的觀點是：其他共產黨對掌權既沒有經驗，也沒有足夠的理論了解。唯有在蘇聯的引導和紅軍的保護下，他們才有可能持續退敵。史達林仍然記得一九一八年以後從芬蘭、匈牙利到巴伐利亞在歐洲遍地開花的「蘇維埃共和國」，並且常常解釋道：在帝國主義國家的支持下，他們很快就被武裝、組織力量更佳的右翼給撲滅了。史達林相信，四〇年代的不同之處在於蘇聯此際已成政治、軍事上的強權。

相較於俄羅斯在一九一八年或者拿破崙戰爭結束之後的任何時間點，一九四五年的蘇聯在歐洲的戰略位置確實不容小覷。在一九四四年春之後，一年多的時間內，紅軍就從俄羅斯大草原深處打向呂貝克和丹麥的博恩霍姆島（Bornholm），一路到中德和奧地利到亞得里亞海，所向披靡。蘇聯如今在中歐。希特勒的第三帝國一夕之間潰敗，在紅軍隊伍之後方，對蘇聯的掌控幾乎毫無招架之力。一些國家如保加利亞、南斯拉夫、捷克斯洛伐克普遍歡迎解放者蘇聯，其他國家如匈牙利、波蘭、波羅的海小國則視蘇聯為征服者，這些都是根據當地在跟蘇俄之間的歷史淵源而定，當然也是根據在地高層與人民跟德國人之間協力的程度。但隨著希特勒的帝國瓦解，蘇聯在東歐的軍事霸權在握。在一九四五年，即便是有理由痛恨蘇聯或者持保留態度的人，在對蘇聯下戰帖之前，也必須三思而後行。

不過，史達林對於如何處置現在歸他所管的廣袤地帶，尚未下定決心。儘管他的政治判斷告訴他，這些國家當中沒有任何一個成熟到足以發動蘇聯式的革命，但他希望紅軍的存在和蘇聯的民間顧問能強化左翼，讓共產黨員增加影響力。領導人在克里姆林宮中盤算，蘇聯的案例也許可以把這些國家導向社會主義。但與此同時，東歐是抵擋英美可能對蘇聯發起帝國主義攻擊的重要緩衝區。史達林相信蘇聯必須在當地維持影響力，儘管他希望在不與英美決裂的狀態下維持此影響力。蘇聯必須重建，在百廢俱興之前，史達林希望能避免與二戰期間的盟軍發生衝突。

蘇聯戰後在東歐的計畫尚有許多不足之處。克里姆林宮忙於戰事，使得他們鮮有機會思考戰後的光景。蘇聯在前進東歐時，如同美國和英國一樣，擘劃了一些避免當地陷於饑饉、人民四下逃竄的應急計畫——只不過其計畫程度遠不如英美巨細靡遺。然而，戰爭的軌跡使得當地情況比西歐更加難以評估，即令最翔實的計畫也徒呼負負。及至一九四五年中，紅軍在歐洲控制的領地範圍之大，連身在莫斯科的高層都未能預料。紅軍指揮官找出能夠稍加建立秩序、協助提供補給（包括提供紅軍補給）的當地高層。在某些戰事稍微不那麼慘酷的地區，或者是當地人民歡迎蘇聯，認為他們是將斯拉夫人從德國暴政下解放出來的地帶，這些策略頗見成效。但紅軍在戰區的暴行，使得在反蘇的非斯拉夫國家（如匈牙利、羅馬尼亞以及德國）當地，即便有人想要與蘇聯合作，也礙難從命。

紅軍士兵對平民百姓的姦淫擄掠使得蘇聯在東歐難以風行草偃。在德國，蘇聯士兵強暴了數十萬（甚至可能多達兩百萬）名婦女。這些暴行駭人聽聞已極，更何況還加上對手無寸鐵的平民恣意殺人越貨。到了一九四五年中，蘇占德區（以及其他蘇方進駐的地區）中，鮮少有家庭完全沒有遭受到紅軍的魔爪。有一名來自東普魯士的年輕德國女孩，就身處遭到侵害的一群難民之間：

接下來的時間度秒如年，尤其是對婦女而言。官兵時不時進來把女孩、少婦帶走。任憑她們怎樣尖叫求饒都沒用。他們一手拿著槍，一手拽著女人的手腕把她們拖走。有想要保護女兒的父親被帶到院子裡射殺。這名女孩成了這些野獸的獵物。將近清晨時，她回來了，恐懼布滿她童稚的雙眼。一夕之間，她蒼老了好幾歲。[6]

蘇聯領導人試圖以德國人和德軍盟友戰爭期間在蘇聯內部犯下的體制性暴行，來為己方軍人的行徑開脫。有些蘇聯的政治宣傳家和軍官鼓勵軍人的野蠻行徑。對他們來說，這是復仇的問題。當史達林發現下屬的行為無助於他達成目標時，他可以輕易地針對下屬發難，但其實對他來說，蘇聯的戰爭罪行根本不成問題。當一些南斯拉夫的共產黨人向他抱怨紅軍的行徑時，史達林說：「你們必須了解一名從史達林格勒一路跋涉三千公里來到布達佩斯的軍人心理。他們自認是個英雄，一切都可以被允許，他可以為所欲為。他今天活著，明天可能便從容就義，他做什麼都會被原諒。軍人們累了，他們在漫長艱辛的戰事中疲憊不堪。不應該用什麼『知書達禮的知識分子』觀點來看待他們。」[7]美軍、英軍、法軍到了歐戰的尾聲都犯下過戰爭罪行，但跟蘇軍比起來，簡直小巫見大巫。蘇方的行徑影響了數以百萬計的家庭，並且接下來世世代代都懷恨在心。

因此，東歐共產黨人在戰後要煽動的時候，面臨的處境艱難。除了在戰前選舉能吸引到約一〇%選票的捷克斯洛伐克共產黨以外，共產主義在東歐各地從不占優勢。[8]在其他地方，對共產黨的支持少之又少，在東歐專政的是右翼、民族主義、反共的威權。雖然蘇聯領導人在話語中對己方軍隊行徑的效應輕描淡寫，但他們很清楚共產主義在東歐的弱勢。他們相信社會和經濟條件尚不足以支撐發達資本主義。在某些國家，就算有蘇聯的奧援和指揮，也很難達到發達資本主義。一九四五年第一波發自東歐的報告，對當地的政治條件並不樂觀，在波蘭、匈牙利更是如此，合乎預期。史達林自己用了頗接地氣的隱喻，來說明土生土長自發性革命之不可行：「共產主義適合波蘭的程度，就像把馬鞍裝在牛身上。」他在一九四四年對羅斯福的使節霍普金斯如是說。9

那麼蘇聯在東歐所企求的政府形式究竟為何？蘇聯內部沒有多元主義的經驗，又視「布爾喬亞民主」為冒牌貨，他們自然而然要排除蘇聯在戰爭期間以及戰前的敵手，尋求聽命於史達林以及包含當地共產黨的極權政權。有鑑於當地過往對史達林並不傾慕，共產黨又勢單力薄，意味著統治的基礎薄弱。到了一九四五年秋季，蘇方已經意識到在紅軍撤離後，他們並沒有合宜的工具可以確保日後在東歐維持影響力。

可舉保加利亞為例說明這在實踐上的意義。在擁德派的舊政權垮臺後，倉卒成軍的祖國陣線聯盟政府日漸受到保加利亞共產黨人所掌控。儘管人數不多，但他們利用與紅軍的特殊關係來指揮內政部以及警察單位。數以千計與共產黨人為敵的右翼人士，遭到新政府或當地共產黨人所組織的人民法庭審判，許多人鋃鐺入獄或者遭到處決。但即便共產黨的影響力與奧援日漸壯大，多數的保加利亞人仍然偏好加入了祖國陣線的左翼農民改革團體農民黨（Peasants' Party）。在一個八成人口是農民的國家裡，很難想像有其他方案可行。

因此，保加利亞的共產黨面對一道難題。蘇方告知他們，以此刻的發展階段而言，保加利亞正確的政府形式是「民主」的聯合政府，也就是可有效統治且聽命於莫斯科的左派政府。前共產國際頭子季米特洛夫此刻已返鄉執掌保加利亞共產黨。他被告知共產黨須在不與農民黨以及其他「進步」勢力切斷「連結」的情況下發展影響力。但同時，農民領袖對共產黨及其計畫——包括保加利亞快速工業化——愈來愈批判。一九四五年五月，共產黨人策動農民黨內部分裂，讓其中親共的派系脫離。由威震天下的佩特科夫（Nikola Petkov）所領導的多數從政府辭去職位，並且在一九四五年十月的選舉中獨立參選。在許多選民受到威脅以及赤裸裸的舞弊影響下，共產黨人主導的祖國陣線勝選，從此季米特洛夫掌權。他把國家變成人民共和國，也就是由共產黨控制的共和國，並迫使社民黨人併入共產黨，以及拘捕反對共產黨勢力的主要領導人。同時，佩特科夫遭到逮捕，判處死刑，並於一九四七年處以絞刑。

「人民共和國」（People's Republic）的概念是蘇聯一九二四年的發明，用在紅軍掌控的外蒙上，莫斯科無法在不與已統治外蒙長達數世紀的中國發生嚴重衝突的情況下將外蒙併為完整的蘇維埃共和國。但人民共和國的概念也適用於東歐。史達林並不想將東歐國家併入蘇聯，因為這會造成蘇聯境內大批民眾怏怏不樂、心生抗拒。人民共和國成為某種中途之家：他們可以全面走向共產主義，卻不是走進蘇聯。甚至到了一九四七年初，史達林對於今後東歐政府組成的模式，都還沒有下定決心。他偏好由強而有力的共產黨領導的聯合政府。馬列政治理論告訴他，東歐的「革命」是「民族－民主」革命，不是社會主義革命。情況許可時，也就是說當共產黨全盤收編工人階級時，自然會發生全面的共產主義統治。

羅馬尼亞對蘇聯的政策造成了特殊的挑戰。羅馬尼亞也曾經是德國盟友，曾模仿納粹殺害數以十萬計的猶太人與吉普賽人，直到一九四四年八月戰局對希特勒非常不妙時才換邊站。當地的共產黨積弱不振，派系林立，並沒有像保加利亞的季米特洛夫那樣的領導人。更糟的是，在史達林看來，羅馬尼亞的黨是由「非羅馬尼亞人」——基本上也就是猶太人和匈牙利人——所主導，他們無法被認可為「民族」領袖。到了戰爭終了前，蘇聯有百萬軍人駐紮在羅馬尼亞，紅軍在軍事上擁有完整的掌握。但要靠誰樹立當地的領導班子？蘇聯決定像在保加利亞那樣安插一個聯合政府，由共產黨掌握司法部，進而掌握警方。年輕的羅馬尼亞國王麥可（Michael）抗議。麥可在免職親德領導人後被視為民族英雄，但蘇聯使節維斯辛基（Andrei Vyshinskii）沒有給他任何選擇。「你有兩小時五分鐘向大眾宣布〔政府〕已經解散，」蘇聯副外長對國王大吼，「八點之前你必須告知大眾由誰繼任。」[10]一九四五年十一月，共產黨領導的聯合政府透過大規模的恫嚇與造假贏得選戰。兩年後，該政府迫使國王遜位，並宣布新的羅馬尼亞人民共和國成立。

對蘇聯來說，保加利亞和羅馬尼亞可能有點弔詭，但跟波蘭這個真的試煉比起來，還是小巫見大巫。在由蘇方軍事掌控的歐洲國家中，波蘭領土最大，對蘇聯普遍仇視。十八世紀起，就已有部分波蘭領土在帝俄轄下。蘇共曾於二〇年代初敗於波蘭之手。史達林與希特勒曾於三九年發動侵略並瓜分波蘭。在恭賀德軍攻克華沙後，外長莫洛托夫向幕僚解釋道，蘇聯「意圖利用德軍進犯的契機，宣布波蘭瓦解，因此蘇聯有必要援助烏克蘭與白俄羅斯」。[11]在「援助」的過程中，蘇方在他們占領的地帶對波蘭實施恐怖統治，直到一九四一年遭到德國人背叛為止。一九四四年，當德軍屠殺波蘭苟延殘喘的抵抗勢力時，紅軍袖手旁觀。有這樣的不良紀錄，如何能夠與鄰國締結友好的關係？

但史達林仍相信他的政權可以打造一個新波蘭，讓波蘭共產黨（Polish Communist Party）扮演重要角色，無論其根基如何脆弱。其中一項要務涉及組成一支微妙的雜牌軍。希特勒侵略蘇聯後，紅軍開始招募波蘭軍人對抗納粹，當中多數從一九三九年開始就在蘇聯的監牢服刑。毫無意外，史達林很快地意識到在蘇聯的土地上保留這樣一支軍隊是個壞主意。他悄悄讓英國人把這些波蘭人多數送往地中海，在波蘭流亡政府的指揮下作戰。但有些人留了下來，在蘇聯內部組成波蘭軍，在紅軍的指揮下作戰，由共產黨、左派、東波蘭人以及那些想要就近抗德、而非遠赴北非或義大利與德軍作戰的人所組成。

一九四五年元月，在雅爾達會議之前，蘇聯成立了波蘭共和國臨時政府，罔顧與之交惡的流亡政府。這也情有可原。在雅爾達，列強協議要兩個政府盡速合併並舉行自由選舉。此舉意在達成妥協，卻沒人買帳，卻是根據當地軍事現況——紅軍完全掌控了波蘭——做出的決議。羅斯福的首席參謀長李海（William Leahy）私下對總統指出，史達林的承諾「太過彈性，讓俄羅斯人可以把範圍從雅爾達一路延伸到華盛頓，都沒有間斷」。[12]華沙的新「聯合」政府是共產黨表裡不一、口是心非的集大成者：就事實而言，多數是非共產黨員，包括一些從倫敦歸來的部長，但實際上是由聽命於蘇聯的波蘭共產黨所把持。

戰爭結束後，對波蘭共產黨來說，如何取信於大眾是一大問題。歷史形勢對他們不利，紅軍的暴行對他們當然更是毫無幫助，就連蘇方欽定的波共領導人瓦迪斯瓦夫·哥穆爾卡（Wladyslaw Gomulka）都指出：「蘇聯的機關對波蘭人所犯下的錯誤（流放）對民情影響很大……民情如此，我們可能有被指為蘇聯特工之虞，因而遭到孤立。」[13]不過共產黨員也有顯著優勢。倘若遭遇困難，他們有紅軍和蘇聯境內的波蘭軍坐鎮。他們的政府在國際上受到認可。儘管共黨或許體質不佳，但反正其他政黨也好不到哪去。他們的優勢在於，在聯合政府執政前，在前德國領土併入波蘭以及雅爾達會議上列強將波蘭東邊土地割讓給蘇聯之前，就已經先與蘇聯簽訂條約了。因此波共與其側翼可以宣稱，他們已是在危急存亡之秋做出對波蘭最有利的決定：他們宣稱自己不僅讓一個被戰火蹂躪的國家快速現代化轉型，也代表穩定與獨立。

波共想傳達的訊息聽來也許不合理，卻仍然有人買單。如同在東歐其他地方一樣，人們厭倦了戰亂饑饉。也許他們不屬意新的政府，但它代表權威與穩定。到了一九四五年年末，史達林告知波共他們對自己達成的成就不夠居功。「你們居然害怕別人指控你們反獨立，這很荒謬……你們才是打造獨立的人。要是沒有波蘭人民共和國，就沒有獨立。你們整軍經武，乃是立國中樞，穩固財政、經濟、國家……你們非但沒對他們曉以大義，反而只說自己支持獨立。波蘭人民共和國把蘇聯變成波蘭的盟友。這麼好用的論點就擺在你們眼前，你們卻不知善加運用。」[14]不過，並不只有史達林認為波共的處境大幅改善，就連許多憎惡蘇聯的波蘭人和當地共產黨員也都調適自己適應了新政權。後來寫出對東歐知識分子遭到收編的現象最入木三分的波裔立陶宛作家米沃什（Czesław Miłosz）時年三十五歲，他同意在新政府的外交部述職。「我很高興，」米沃什寫道，「看到波蘭的半封建結構終於被粉碎，大學向年輕的工人、農民敞開，農業改革得以發展，國家終於步上工業化的軌道。」[15]

同時，共產黨員持續嘗試確保對波蘭國家社會的掌控。一九四六年中，他們無所不用其極成功地在一場公投中得到多數支持土地改革以及基礎工業國有化。同年，在蘇聯的協助下，共產黨員逐漸智取其左翼合作夥伴並將他們邊緣化。少數勇敢的政治家如中間派的波蘭人民黨（Polish People's Party）黨魁米科瓦伊奇克（Stanisław Mikołajczyk）試圖箝制他們。波蘭天主教會則抱怨國家受到無神論的共產黨員統治。但波蘭境內沒有人有辦法避免共產黨的宰制，英美也束手無策。英國外交大臣貝文和美國國務卿伯恩斯（James F. Byrnes）持續提醒蘇聯，他們有義務安排在波蘭舉行自由選舉，但兩人都認為就算史達林有意舉辦選舉，他也不會知道如何舉行。且史達林也無意讓波蘭人自由投票，因為他知道就算共產黨有所進展，他們的黨羽也絕無勝算。當史達林終於在一九四七年元月同意舉辦選舉時——諷刺的是，此舉主要是為了安撫其他強國，雖有點為時已晚——蘇聯和波蘭的共產黨員確保沒有任何一張不該被計入的選票被計入。靠著欺詐、威嚇，藉不實指控來排除反對黨的候選人，共產黨領導的民主黨團宣稱贏得了超過八成的選票，反對黨的領導人則要不是遭到監禁，就是遭到流放。但蘇聯仍然缺乏安全感。一名在波蘭負責文化的蘇聯官員向莫斯科匯報，儘管他持續努力「向波蘭人灌輸以下觀念：唯有與蘇聯友好，才能達成和平與經濟繁榮，其他任何道路都荊棘遍布……要提升蘇聯的經濟、軍事實力；要戳破中傷蘇聯文化科技落後的不實言論」。但進展牛步。[16]

一九四四年後紅軍所占領的國家中，捷克斯洛伐克與匈牙利是發展程度最高的。一九一八年以前，匈牙利是主宰中歐的奧匈帝國之重要組成。二戰時，右翼的極權政府與納粹德國結盟，在戰爭結束時帶來了慘烈結果。蘇聯穿過匈牙利東部一路長驅直入，首都布達佩斯遭到嚴峻的包圍。當匈牙利政府試圖安排停火時，當地的法西斯主義者起義與德軍並肩作戰，直到德國於一九四五年五月投降。比起鄰國來說，匈牙利更如強弩之末：不僅國家受戰火摧殘，精英階層也未能即時站對邊。結果，匈牙利不只被紅軍占領，也被有許多領土糾紛的羅馬尼亞人占領。

受到一九一九年匈牙利短命的蘇維埃共和國影響，史達林對匈牙利的看法戴上了有色眼鏡，並受到政治右翼的力量所左右。他指示從莫斯科回去重組黨的匈牙利共產黨領導人要小心，「不要節省唇舌，但也別嚇著任何人，」領袖告誡道，「一旦你發展了羽翼，就可以再向前一步。」[17]德國投降後，接手治國的聯合政府所施行的土地改革政策的確頗受歡迎，共產黨人認為他們可以居功，於是向史達林矜誇自己的影響力。然而，儘管史達林有多麼不信任匈牙利共產黨領導階層的猶太背景，還是於一九四五年秋允許匈牙利舉行選舉，因為他相信共產黨大有可為。也可能是由於史達林希望在對匈國的未來還拿不定主意前，先藉著對匈牙利人表示寬大為懷，減緩與盟軍間的緊張關係。

一九四五年的匈牙利大選，對共產黨員來說是一場災難。以常理來說，幾個月前匈牙利還沒有共產黨存在，如今他們已取得一六%的選票，成績頗為可觀，但斬獲仍不如蘇方預期。且最糟的是，右翼的小農黨（Smallholders’ Party）得到超過五〇%的選票。史達林對於可能失去對匈國的控制憂心忡忡，而匈牙利位處他勢力範圍所能及的邊陲。他指示駐匈代表老同志伏羅希洛夫（Marshal Kliment Voroshilov），堅持「共產黨須拿下內政部；建議新增兩名副首相的職位分別由共產黨員與社民黨員出任；注意確保從小農黨和社民黨進入政府的人，必須也是蘇維埃政府所接受的人選」。[18]

透過這則通牒，蘇聯在新政府內部維持了顯著的共產黨影響力。儘管小農黨獲取了多數的選票，但在蘇聯的操弄之下，仍然被共產黨的政策所裹脅，因為他們認為與共產黨員正面衝突，會讓莫斯科不對匈牙利領土動手的善意陷入危殆。匈牙利的經濟狀況堪憂。由於莫斯科阻擋布達佩斯向美國申請貸款，外援只能來自蘇聯。到了一九四七年中，由死忠的史達林主義者拉科西（Rákosi Mátyás，譯者按：匈牙利人名順序為先姓後名）所領導的匈共自認透過逮捕、流放、威嚇等手段，已大幅削弱聯合政府的夥伴，可以再舉行一次普選。一九四七年八月，在大規模作票之下，匈共及其左翼側翼贏得了六〇%的選票。就在與過去的盟軍之間的關係逐漸蒙上陰影之際，史達林為新政權致上賀電，儘管他對於匈共是否能夠掌握局勢，仍然未有十足把握。

一九四四年至四七年間，蘇聯在東歐的政策造成美蘇與英蘇之間許多衝突。但美、英的政策——一部分是為了回應莫斯科在東歐的行為——也讓史達林更加確信，唯有透過共產黨的政權才能確保蘇方對東歐的控制。蘇聯的軍事掌控已經就位，不論其他地方的政策如何，東歐很有可能在某個時刻蘇維埃化。在蘇歐邊境有一些非常孱弱的國家，大都是一九一八年瓦解的奧匈帝國之殘餘。在一九四五年德國垮臺後，蘇聯似乎有可能取得掌控權。但對莫斯科來說，美蘇冷戰的降臨無疑使得共產黨更加迫切需要完整接收東歐。及至一九四七年，史達林仍然相信鄰國尚未準備好接受社會主義，但他的結論仍然是唯有共產主義的統治可以提供蘇聯想要的那種保障。

在波茨坦會議之後，英美屢次抗議蘇方在終戰之時占領的國家內的行徑。盟軍外長之間常規的會議中衝突愈發頻繁，儘管杜魯門政權明白他們沒有權力改變蘇聯在紅軍控制的地帶實行的政策。杜魯門希望戰後開始撤軍，把美軍撤出歐洲。但英美之間合作日漸緊密，與蘇方就從德、義撤軍，就羅馬尼亞、保加利亞、匈牙利的和平協議內容，以及就南斯拉夫共產黨終戰時占領的義大利的里雅斯特問題發生口頭衝突。一九四六年夏天，在一場巴黎的會議上，英國外務大臣貝文性格暴烈，對蘇聯外長莫洛托夫大發雷霆。貝文覺得「這場會議的程序什麼都決定不了」。莫氏冷淡地反駁道：「結果如此，貝文自己也厥功甚偉。」[19]在華府，杜魯門總統寫道，他已經「厭倦了總要對蘇聯連哄帶騙」。[20]

到了一九四七年春季，許多歐洲人和美國多數政策家已經注意到蘇聯在東歐似乎永無止境地擴張。就莫斯科來看或者從東歐國家自己的角度看來的實情如何，似乎並不重要。在這些地方的發展瞬息萬變，且往往混沌不明。然而在西方，許多經歷過三〇年代的人都注意到了現狀與納粹擴張有所雷同之處，並且其規模也令人側目：蘇聯的控制似乎席捲了歐洲大半。儘管史達林只有在紅軍掌握之處有所行動，但在歐美人士的心目中，「東歐」似乎沒有一個明確的界線。芬蘭、挪威與捷克斯洛伐克有根本上的區別嗎？希臘、土耳其與保加利亞、南斯拉夫是否有所不同？以今天的後見之明來看，似乎確實不同，因此蘇聯的目標顯得較為局限。但對於那些成長於一個更為多元的歐洲的人來說，東西的界線並不存在，上述的分野也更難以識別。

自他上任以來，杜魯門總統即認定蘇聯本質上就持擴張主義，但也認定他們不會干冒與美英決裂的風險。但接下來的兩年，杜魯門開始懷疑自己原先的判斷。他對蘇聯在東歐的行徑感到震怒，認為史達林違背了他對小羅斯福做出的承諾——在當地建立民主制度。他也認為蘇聯不僅在歐洲，在亞洲的衝突態勢也逐漸升高。許多杜魯門敬重的領導人也助長他的疑心。一九四六年三月，前英國首相邱吉爾在密蘇里州富爾頓鎮（Fulton）的西敏學院（Westminster College）發表演說，由杜魯門本人親自開場。邱吉爾暢談危險當前，其中的母題——「一幅橫貫歐洲大陸的鐵幕已經降落下來」——在一年前寫給杜魯門的信上已經演練過了，但這次是公開演講。邱吉爾如同一頭耄耋的雄獅嘶吼道：

> 從波羅的海的什切青（Stettin）到亞得里亞海邊的的里雅斯特，一幅橫貫歐洲大陸的鐵幕已經降落下來。在這條線後面坐落著中歐和東歐古國的都城。華沙、柏林、布拉格、維也納、布達佩斯、貝爾格勒、布加勒斯特和索菲亞——所有這些名城及其居民無一不處在蘇聯的勢力範圍，不僅以這種或那種形式屈服於蘇聯的勢力影響，而且還受到莫斯科日益增強的高壓控

制……在橫跨歐洲的鐵幕前面，還有其他令人焦慮的因素……義大利還是前途未卜……不過在遠離俄國邊界、遍布世界各地的許多國家裡，共產黨第五縱隊已經建立。它絕對服從來自共產主義中心的指令，完全協調地工作著……上一次我目睹大戰來臨時曾對自己本國同胞和全世界大聲疾呼，但是人們都聽不進去……我們絕不能讓這種事重演。[21]

邱吉爾的忠告在一位美國青年才俊外交官凱南（George F. Kennan）那邊得到了回響。戰爭期間，凱南曾在莫斯科服役。一九四六年二月二十二日，凱南從莫斯科發出的長電報（Long Telegram）成為杜魯門政權內部極具影響力的文件，廣為傳播。在長電報中，凱南形容莫斯科的政策由於馬列主義的意識形態，本質上就好勇鬥狠，鯨吞蠶食。儘管俄羅斯人民愛好和平，但黨利用傳統上俄羅斯對歐洲更先進的地帶之忌憚裹脅人民。歷史的教訓告訴俄羅斯人，唯有摧毀敵人才能保障安全。而眼下蘇聯的目標是透過分裂與顛覆來削弱外國勢力，直至莫斯科雄霸天下：

我們所面對的是這樣一個政治力量，它堅信與美國的妥協根本不可能，堅信為了蘇聯權利的安全必須破壞我們社會的內部和諧，必須消滅我們賴以生存的傳統生活方式，必須摧毀我們國家在國際上的權威。這個政治力量孕育並成長於極其深厚、極其強烈的俄羅斯民族主義思潮之中，完全控制了世界上最偉大之一的民族和人民的能量，以及世界上資源最為富饒的國土。此外，這個政治對手還擁有一架能夠在其他國家發揮影響力、經過精心製作的龐大組織機器，這部機器具有驚人的靈活性和持久性，操縱這部機器的人，他們採用地下方式的技巧和經驗是史無前例的。[22]

但如同他在華府的上級長官，凱南相信戰爭是可以避免的。史達林並不想冒不必要的風險。蘇聯仍遠比美國脆弱，且內部問題嚴重。然而，圍堵蘇聯的威脅意味著杜魯門政權在外交政策上須更加積極進取：

我們必須對其他國家展現和描繪出一個我們所希望看到的，但要比以前更加積極、更加富有建設性的世界之前景。只是希望別人按我們的政治模式發展是遠遠不夠的。不少的國家與人民，起碼在歐洲，由於過去的經歷已經疲憊不堪，而且（對歷史的重演）懼怕萬分，因此，他們對自身安全的興趣遠比對抽象的自由要大得多。他們需要的是領導，並非只是責任。我們必須比蘇聯提供更多他們所需的領導。如果我們不這樣去做，俄羅斯人是一定會責無旁貸的。[23]

與其說凱南的信息是要創新的政策，不如說是總結了許多美國決策已經在走的道路。這套說法說來也矛盾：蘇聯生性好戰，卻又能夠讓步。但聽在亟需方法來解釋世局的官員耳裡，還是頗能獲得共鳴。儘管在巴黎的會議上，外長之間達成了某些讓步，但烽煙四起的希臘內戰、蘇聯對土耳其的要求……等等新的憂慮，使得一九四六年的年末籠罩在陰影之下。杜魯門日漸擔憂蘇聯計畫要掌握黑海海峽，並幫助共產黨在希臘取得勝利，這樣的突破會讓蘇聯得以掌控地中海東部，也會對在當地的傳統勢力英國造成嚴重打擊，而英國國內經濟已每況愈下。在經過充分計算後，為了謀求美國在言行上支持倫敦，英國工黨政府正式向杜魯門求援。

美國總統如今面對一些困難的選擇。儘管避開了許多人所預測的經濟低谷，杜魯門的民主黨在一九四六年十一月的中期選舉仍差強人意，共和黨則是自一九三二年以來首度取得參眾兩院多數。在選戰中，對手陣營斥責杜魯門太過執迷於幫助他國，對史達林和共產黨則又太軟弱。民意四分五裂，杜魯門認為時勢造英雄。儘管杜魯門不諳外交，其稟性與政治直覺提供了一條出路。杜魯門尋求正面迎擊蘇聯，並且在希臘、土耳其事務上找到了契機。一九四七年三月，他對美國國會聯席會議發表講話，要求撥款四億（相當於今天的四百三十億）美元對兩國提供經援與軍援。「在恐怖活動的威脅下，數千名武裝分子由反叛政府的共產黨領銜，今日的希臘處於危急存亡之秋，」杜魯門說道：

> 除非我們願意幫助各自由民族維護他們的自由制度和國家完整，對抗把極權政制強加於他們的那些侵略行動，否則我們將無從實現我們的各項目標。通過直接或間接的侵略強加在自由民族頭上的極權政制，破壞了國際和平的基礎，因而也破壞了美國的安全，這是顯而易見的……我相信，美國的政策必須是支持各自由民族，他們抵抗著企圖征服他們的掌握武裝的少數人或外來壓力。24

被杜魯門譽為全美最受愛戴的一號人物、新任國務卿喬治·馬歇爾（George C. Marshall），在一場與國會領袖的閉門會議中更是慷慨陳辭。「我們已屆自古以來所未有之局，」馬歇爾與溫和而自信的副國務卿迪安・艾奇遜（Dean Acheson）根據會議的總結告訴他們，「世界由兩大強權宰制。這種權力的二極化是自從雅典與斯巴達、羅馬與迦太基之後僅見。所以這不是要否替英國涉險的問題；這是保衛美國的問題。是要不要讓全世界三分之二……落入共產黨控制的問題。」[25] 杜魯門政府是在遵循共和黨國際主義參議員亞瑟・范登堡（Arthur Vandenberg）給杜魯門的建議：唯有「把美國人民嚇到屁滾尿流」，白宮方面才能夙願得償。而杜魯門的演說內容——後來被稱為杜魯門主義（Truman Doctrine）——讓國會大受震動，准予了總統的要求。

當蘇聯正忙著綏靖東歐，美國人正論辯在海外應扮演何種角色時，西歐的經濟則持續惡化。與華府和倫敦的期望大相徑庭的是，在法國和低地國家的大半地帶，供輸的情況並未隨著軍事與政治的情勢穩定下來而有所進展，更遑論德國與義大利了。事與願違，一九四六至四七年間的冬天是歐洲史上僅見的絕境，糧食匱缺，貨幣欠穩，工業輸出銳減。經濟事務助理國務卿克萊頓（William Clayton）在彙報國務卿馬歇爾的便箋中，陳述了一九四七年五月的現實之嚴峻：

> 事已至此，我們明顯低估了戰爭對歐洲經濟的摧殘。我們明白實質上的摧殘，但未能評估經濟上解體對生產影響甚鉅……歐洲正每況愈下……城市中數以百萬計的人口正在挨餓……若美國不伸出援手，經濟、社會、政治解體之兆將會席捲歐洲。這除了會對世界未來的和平與安全有負面的啟示之外，對我國國內經濟也會有立即的災難效應：我們多餘的生產將會沒有市場，以及失業、經濟蕭條的問題。[26]

為了緩解情況，以及拯救西歐與美國的經濟，杜魯門決定放手一搏，向國會要求前所未見的金額來重建歐洲。一九四七年六月，國務卿馬歇爾發表了後來所稱的「馬歇爾計畫」（Marshall Plan），該計畫將分四年提供有意願接受的歐洲國家逾一百二十億（相當於二〇一六年的一千三百二十億）美元，條件十分優渥，不加限制：接收的國家要彼此合作，敞開經濟大門讓外界彙報，並接受美國使節一同決定如何分配經援。華府方面知道，透過歐洲人用收到的款項購買美國的產品，最能確保美國的控制（與獲益）。西歐主要的國家紛紛把握良機。同月，法、英邀請其他國家於巴黎集結，商討歐洲要如何回應美國的提案。蘇聯和東歐諸國也在受邀之列。有鑑於既存的緊張關係，杜魯門預期蘇聯會拒絕提案，但他願意冒此風險，因為要是不這麼做，就會讓馬歇爾計畫看起來太明顯是對莫斯科發動冷戰的工具。

史達林踟躕不前。一方面，比起西歐諸國，蘇聯與東歐更需要經費重建。另一方面，他意識到這是一個陷阱。史達林先是派遣外長莫洛托夫率領龐大的代表團到巴黎，旋即又在數日之後命令他們離開。莫洛托夫在巴黎宣稱，要是接受計畫，就會讓美國制霸歐洲，分裂歐洲。當捷克斯洛伐克似乎對美國的提案興致勃勃，史達林譴責他們的親蘇首相哥特瓦爾德（Klement Gottwald），教對方不寒而慄：「他痛斥我接受參加巴黎會議的邀請。他不明白我們怎可如此行事。他說我們的行徑似乎像是準備要背叛蘇聯了。」[27]莫斯科向東歐各國政府傳達明確的立場：接受美援會被視為反蘇行為。

史達林對馬歇爾計畫的一個主要焦慮來源是德國的未來。戰爭結束以後，德國及其首都柏林被分為四塊占領區，蘇聯控制東德。史達林認為蘇聯對歐洲影響力的一大關鍵在於一個中立的——當然，最好是一個社會主義的——德國。儘管他常對外人表示憂心德國的復仇主義（revanchism），但其實他並不擔心；他知道德國短期內不會成為需要嚴陣以待的軍事力量。但他憂心西方列強——尤其是美國——會將他們轄下的德國領土變成日後對付蘇聯的兵工廠。其他人統領著德國較為富裕的地區。如果他們將之整合進馬歇爾計畫，他們將會永遠地控制它。史達林希望避免這樣的結局，即便這意味著要剝奪蘇聯自己以及東歐諸國人民所亟需的援助。

圍繞在馬歇爾計畫上的爭議，提醒了史達林須得讓捷克斯洛伐克徹底臣服。就算他不這麼做，捷克斯洛伐克的共產黨員也會提醒他。捷共是東歐至此最有勢力的共產黨，一九四六年在普選中獲得三八％的選票，使其成為捷克（包括在首府布拉格）最大的政黨。在捷克斯洛伐克，共產黨獲得熱烈的支持，是由於一九三八至四五年間德國占領時，英法未能支援該國所致。當地咸認西方列強不足為信，而蘇聯則是不可或缺、乃至值得景仰的夥伴，這種感覺不徒為共產黨人所有。自從一九四五年起，黨領導人就意欲推動捷克斯洛伐克革命——由黨及其側翼全面奪權——但直至一九四七年秋天，史達林都拒絕開綠燈而偏好聯合政府。隨著蘇聯主張更為強硬的政策，捷克斯洛伐克的共產黨員認為時機已經成熟，於一九四八年二月發動奇襲，以內戰和蘇聯的干預要脅現任總統貝奈斯（Edvard Beneš）指派全由共產黨掌控的政府。已落入共產黨手中的警察及國安單位開始圍剿「人民公敵」。

西歐對捷克斯洛伐克的政變大感震驚，不只有對反共的右翼來說如此，在其他歐洲人士看來，捷克斯洛伐克被劃歸蘇聯的勢力範圍並非理所當然。許多人——尤其是在英法——認為有必要為捷克斯洛伐克人民挺身而出，因為他們在一九三八年遭到無情的背叛。至關重要的是，對西歐的非共產主義左派內部——社會主義者與社民黨人——而言，此刻的蘇聯擴張和共產黨的武裝已非只是針對舊式精英，對他們也是近在眼前的威脅。例如，挪威的執政黨工黨傳統上是歐洲最左傾的社民黨派，但首相基哈德森（Einar Gerhardsen）發言斥責蘇聯與當地的共產黨員：「發生在捷克斯洛伐克的事件不只是激發挪威人群情悲憤，也造成恐懼與警戒。挪威的問題在我看來主要是國內的問題。足以威脅挪威人民自由民主的是挪威共產黨隨時代表的危險。對挪威的獨立、民主、法治來說，最重要的鬥爭任務是盡可能減少共產黨與共產黨員的影響力。」[28]

挪威共產黨員人數不多，在政治上已經頗遭疏離，全無可能抵禦組織嚴明的社民黨運動。在捷克斯洛伐克政變之後，這種模式遍及全斯堪地那維亞半島、低地國家以及奧地利。

許多西歐共產黨的弱點部分源於史達林新下達的指示。對史達林來說，顯然戰後主要的衝突不會是資本主義殘存勢力之間的衝突，而是美國領導的資本主義世界與蘇聯之間的衝突。在此新局之下，舊瓶須裝新酒。共產國際（Communist International, Comintern）於戰爭期間出於善意解散，畢竟戰事正酣之際，在盟軍之間煽動革命毫無道理可言。但共產國際於一九四七年九月借屍還魂，改組為共產黨和工人黨情報局（Communist Information Bureau, Cominform）。於波蘭、捷克斯洛伐克邊境的什克拉爾斯卡－波倫巴（Szklarska Poręba）召開的首次會議上，史達林在意識形態議題上的代表日丹諾夫（Andrei Zhdanov）明確表明領袖現下的思路：

在資本主義的壟斷集團撐持之下，由美國統治圈所宣稱對抗共產主義發動的十字軍東征，在邏輯上只能導致對美國勞動人民基本權利與利益的侵犯……以沙文主義和軍事主義的病毒，荼毒政治上蒙昧無知、民智未開的美國群眾，以形形色色的反蘇、反共宣傳如電影、廣播、教會及媒體使美國一般民眾停滯不前……美國的計策乃是在承平之日，在幅員遼闊的美洲大陸上以及新的民主國家內建設多個基地和制高點來與蘇聯抗衡。美國已經或正於阿拉斯加、日本、義大利、南韓、中國、埃及、伊朗、土耳其、希臘、奧地利及西德建造空軍和海軍基地……經濟擴張乃是為了實現美國計策的一項重大輔助。美帝國主義企圖……利用歐洲諸國，尤其是受戰火摧殘的同盟國戰後的艱困條件，原物料、燃料、糧食稀缺等，以援助來敲詐勒索它們。[29]

史達林懷疑西歐諸共產黨受到美國人與當地精英階級所蠱惑。法國共產黨的領導人「害怕要是沒有美國的信貸，法國就會瓦解」，史達林於一九四七年八月在達恰（dacha）的宴會上酒酣耳熱之際對親信說道。隔月在什克拉爾斯卡－波倫巴的會議上，言詞交鋒未有止歇。蘇聯委任南斯拉夫朝西歐同志開砲：「戰爭結束之後，有些共產黨人認為階級鬥爭的和平、議會綏靖階段就在眼前──在法共、義共以及其他黨內，有一股導向機會主義與議會主義的歪風。」[30]

到了一九四八年初，冷戰的國家體系已在歐洲逐漸確立。許多事項固然猶在雲裡霧裡，其主要特徵則已可見一斑。終戰之際由蘇聯占領的國家將落入共產黨的政治控管。美國將持續涉入歐洲事務。英國的輝煌一去不復返。西歐左派泰半站在自己的政府這邊對抗共產主義者與蘇聯。縱然美蘇雙方都不想在歐洲內部開戰，軍事上的緊張關係卻有可能升級。美國政府逐漸以圍堵蘇聯與共產主義的方式在思索歐洲與世界政局。蘇聯領導人──主要是史達林本人──選擇國安與意識形態的正統，勝過於任何與美英之間有限度的合作。歐洲的政局詭譎多變，經濟與社會結構的重建則比任何人所預期的都漫長。

第四章 重建

在世紀之初，無法預料歐洲與全世界其他地方在四〇至五〇年代初重建的方式。物質上的重建是由於戰火的摧殘，百廢待舉，但政治與智性上也正經歷重建，這使得共產主義與資本主義之間、蘇聯與美國之間的冷戰躍居全球事務的中心。對世上大多數人來說，強權之間的爭端漸漸彷彿與自身休戚與共。起初只是在地的特定事件一再幻化為全球衝突的表徵。主因是美蘇雙方——一如凱南在長電報中所指出的——都把自己所代表的模式視為放諸四海皆準。納粹乃是透過滅絕來統治，殖民帝國是透過剝削與種族壓迫。儘管浮上檯面的兩大強權無疑都有能耐造成生靈塗炭——用核武把城市夷為平地，或者將數百萬人送進勞改營——但它們各自也許諾更好的生活，讓全世界許多於二十世紀開始的幾十年間生活在煉獄當中的人來說，兩相抵銷。戰後數年間的重建，既是在心理上重整旗鼓，也是物質上百廢待興，且冷戰的競賽首重贏得民心。

起初，議程的轉變過程頗為細緻，但當戰爭期間種種合作的嘗試都從記憶褪去，變化就日新月異。一個案例是羅斯福總統構想出的聯合國，是他在一戰之後為了想彌補美國未能打造和平繁榮的遺憾而生的世界組織。起初，聯合國聚焦在救濟歐亞；在資金主要源於美國的聯合國救濟復興委員會挹注之下，仍然成果頗豐。處理糧食與衛生的聯合國機構——糧食及農業組織（Food and Agriculture Organization）與世界衛生組織（World Health Organization）——在兩大強權的奧援之下，開始研究緩解饑荒與疾疫之道，並沒有遭到冷戰太多的干預。即便是新的經濟機構國際貨幣基金與世界銀行起步也頗為平順，儘管美國作為最大的資金來源掌管了補助流向何方。史達林最初只把聯合國當作對戰爭時的美國盟友做的讓步，對聯合國事務並不甚感興趣，除了在安理會上會透過否決權來阻擋蘇聯不中意的決議案。

最先發現聯合國可以服膺冷戰之用的是美國人。聯合國的《世界人權宣言》（Universal Declaration of Human Rights）於一九四八年由美國的新政派、西歐自由派、後殖民精英分子聯手通過，蘇方阻擋無門，最終與另外七國一同棄權，四十八國投下同意票。智利的代表總結出兩造的衝突點：「波蘭代表所表達的觀點獲蘇聯代表團贊同，是源於不同的人生觀與人性觀。宣言的草稿預設了個人利益優先於國家利益，國家不應剝奪個人的尊嚴與基本權利。與此截然不同的觀念是個人權利應該讓位給社會的利益。」[1]在冷戰的頭幾十年，宣言容或沒有實質的意涵，但採用這份宣言本身，已經是美式權利觀對蘇聯權利觀的勝利。

筆鋒在聯合國可以化為利刃，科學則可以在世界頂尖學府和實驗室裡轉化為槍砲。一九四五年，一批觀察家認為核武的發明可以防止日後發生軍事衝突。戰爭的後果太過慘烈。聯合國呼籲應分享對這項駭人的武器控制，但杜魯門政權對此置若罔聞。美國的軍事單位反倒漸漸在基礎計畫裡打算於戰爭中使用原子彈。一九四七年十一月的「波勒計畫」（Plan Broiler）是美國參謀長聯席會議（US Joint Chiefs of Staff）最早對蘇聯策劃的戰爭計畫之一。該項計畫想將三十四顆原子彈投在二十四座蘇聯的城市。儘管有些官員與國會議員呼籲，在可能與蘇聯兵戎相見的戰事前線，要讓原子彈更嚴陣以待，但核武與傳統武器殺傷力的差異有天淵之別，白宮與高層軍官知之甚詳。杜魯門讀過廣島、長崎生還者受試的醫療報告。原子彈不僅是一項武器，而杜魯門政府對於生產武器與加以控制都無甚把握。但核壟斷仍然讓美國信心大增，也讓他們更加願意發展全球戰略。到了一九四九年年底已生產出兩百顆核彈，改造了二十架B－29轟炸機用以裝載核彈。

對蘇聯來說，美國的核壟斷是立即的威脅，儘管史達林和美國的領導人都不相信光有原子彈就足以贏得戰爭。對外，蘇聯利用美國拒絕對「和平行動」（peace campaign）分享核子科技這一點，把杜魯門政府描繪為尚武好戰的政權，不惜一切代價要動用核武同歸於盡。對內，史達林已經開始發展蘇聯核武的緊急項目。蘇聯本身的物理成就斐然，加上透過間諜從美國蒐集情報，兩相結合之下，該計畫突飛猛進。一九四九年八月的第一次測試，昭示了蘇聯科學的成就。儘管蘇聯最初幾年只能發展五、六枚原子彈，也已足以開啟軍備競賽，莫斯科似乎有迎頭趕上華府的態勢。一九五二年十一月，美國試爆第一顆氫彈，即所謂的H-bomb，威力比一九四五年摧毀廣島的原子彈還強上四百五十倍。蘇聯在僅僅九個月之後就測試了類似的武器。

美國研發出核武後，許多美國人覺得自己的國家有舉世無雙的權力與責任。在蘇聯研發出核武之後，也讓美國感到一絲脆弱。美國人的態度從二、三〇年代的孤立主義發生了顯著的改變，政府的政令宣傳只解釋了這種態度轉變的一部分。珍珠港遭襲、二戰時參加歐戰與太平洋戰爭，以及新政時國內運動的遺緒，都使得美國人變得更為介入。儘管入主白宮的是民主黨自由派，共和黨人也參與在他們的冷戰策略當中。為了歐洲斥資鉅款的馬歇爾計畫也在共和黨控制的議院通過了，只有七十四票反對票。援助希臘、土耳其的計畫則遭到一百零七名議員反對。就連像塔虎脫（Robert Taft）這樣在三〇年代堅守不干預主義（後來也反對北約和韓戰）的共和黨員，也投票贊成杜魯門的經援、軍援計畫。對美國而言，冷戰是一個同時獲得兩黨支持（bipartisan）的議案。

杜魯門要與蘇聯正面抗衡的主要挑戰反而來自左派，不過他們並不構成威脅。羅斯福的前農業部長、民主黨亨利・華萊士（Henry Wallace）自視為左派領袖，他決定另立政黨競逐一九四八年的總統大選。「一九四八年，有愈多的和平選票，」華萊士在競選時稱，「全世界肯定就愈是知道美國並不支持兩黨合謀的反動戰爭策略，這把世界劃分為兩個武裝陣營，這樣下去，美國士兵有朝一日終會穿著他們的北極大衣倒在俄國的冰天雪地中。」[2]儘管有些民主黨人覺得杜魯門與戰時盟友蘇聯決裂，是背棄了新政的遺緒，因此支持華萊士的說法，但華萊士在競選活動期間厄運纏身，又為美國共產黨的支持所害。出乎意料地，杜魯門在選戰中險勝共和黨的杜威（Thomas Dewey）。華萊士的進步黨取得二・五%的選票，比瑟蒙（Strom Thurmond）的南方分離主義選票還少。

杜魯門第二屆任內，外交上與蘇聯的關係愈發緊張，加上美國所支持的中華民國政府垮臺以及韓戰爆發，這段期間的冷戰從美蘇雙方看來都是戰雲密布。所有人都希望對蘇聯之間的爭端維持在影子戰爭（shadow war）的格局，但杜魯門政府在擘劃通盤的全球策略上頗感吃力。在這位總統的心目中，這場鬥爭無疑同時針對蘇聯與全球的共產主義。他能給予自己的顧問——例如曾經告誡不應使全球衝突軍事化的凱南——的時間不多。凱南的國務院政策規劃辦公室主任一直遭到撤換，繼任者是更為鷹派的保羅・尼澤（Paul Nitze），他整理出一份試圖提出美國冷戰策略的文件，[3]這份文件後來通稱為NSC－68，當中提出的建言十分激進。要不是韓戰在文件提交的三個月後爆發，NSC－68可能也不會被拿來當作杜魯門政府政策的代表。

NSC－68聚焦的方向是必須大幅增加美國的防禦開支，以及提升美國介入全球事務的意願。該文件鼓吹瞄準蘇聯及其盟友發動經濟戰、心理戰以及祕密行動，希望美國情報蒐集能力大增，國安、防禦亦有充沛的預算，甚至還有勇無謀地建議，為了這些開支，有必要增加徵稅、削減國內其他項目，其目的在於讓美國為了可能要持續長時間的衝突枕戈待旦。

不過，NSC－68最顯著的面向並非其實務方面的建言，而是其所代表的對敵觀點。「德、日的敗戰，英、法帝國的衰落與美、蘇的發展息息相關，權力逐漸流向這兩個中心。」尼澤與他的幕僚解釋道。

> 與過往尋求霸權的國家有所不同，蘇聯是由一種嶄新的狂熱信仰所驅動，與我們自己的信仰背道而馳，並且試圖將其絕對的權威加諸全世界。因此，衝突已成為一種常態，且蘇聯會伺機而動，以暴力或非暴力的方式發動衝突……〔蘇聯〕的制度設計……要全盤顛覆或者強加搗毀非蘇方的國家政府機關、社會結構，使其屈從於克里姆林宮，直接受克里姆林宮控制。為此，蘇聯現在力謀宰制歐亞大陸。美國乃是非蘇方的強權之中心，是蘇聯擴張的主要敵對勢力，因此美國是主要敵人。倘若克里姆林宮要實現其根本的計畫，就必須無所不用其極地顛覆摧毀美國的完整性與生命力……我方自由社會正面臨蘇聯體系的致命挑戰。不曾有過其他的價值體系與我方如此格格不入，且意欲消滅吾人的價值體系，如此能夠將我們自己社會中最危險和最具

分裂性的趨勢轉化為其自己的用途。沒有其他人能嫻熟有力地召喚出人性當中非理性的元素一至於斯，也沒有其他體系有如此強大和不斷增長的軍事實力中心的支持。[4]

NSC－68文件認定美國的長期目標在於造成「蘇聯體系本質根本上的變化，當中第一步、也是最重要的步驟是使其計策挫敗。如果這種變化在最大程度上是由蘇聯社會內部的勢力所致，顯然更能事半功倍」。但首先，美國應該專注於內外防禦：

就蘇方的理論與實踐而言，克里姆林宮試圖以冷戰的方法將自由世界納入其麾下。慣用的伎倆是透過滲透與威嚇來顛覆。我們社會的所有機構都是他們試圖癱瘓我方以及用來對付我們自己的工具。與我們的物質力量與道德力量關係最為密切的顯然是主要目標——工會、公司行號、學校、教會以及所有能影響輿情的媒介。這不是讓這些用以服務於蘇方的目的，而是為了避免它們服務於我們的目的，以使它們成為我們經濟、文化及主體政治當中混亂的來源。[5]

就一份文件而言，NSC－68本身就是以白宮為主的美國新對外政策協調過程的產物。美國國家安全會議（National Security Council, NSC）是杜魯門總統於一九四七年設立，用以在行政部門之內聯繫各種對外政策、軍事、情報單位。起初，國安會議主要是用來為總統提供更為完善的建議。不過，鑑於官僚方面的需求，國安會議也逐漸開始承擔諮詢、審議以及某些政策決議的功能。隨著冷戰風雲密布，國安會議成為在美國政府內部主要負責協調如何加以執行冷戰的單位。同樣地，杜魯門對情報的要求目的在集中化與效率化。中央情報局（Central Intelligence Agency, CIA）是由設立國安會議的同一法案所創立，旨在將美國政府內部各個蒐集情報的局處整合為一。就這方面而言，中情局仍未能全面整合，因為軍事情報以及訊號情報局的不同分支（後來更名為國家安全局〔National Security Agency, NSA〕）仍然在中情局所能掌握的範圍之外。但透過間諜活動與祕密行動，此一新局處仍然成為美國冷戰的關鍵工具。

隨著美國國力看漲，英國的國勢則一去不復返。儘管英國在二戰中勝出，但在四〇年代末、五〇年代初，英國政府的議程遠比勝戰理應給予的空間還要狹隘許多。英國仍然是個強權，動見觀瞻仍攸關全球利益，但其經濟能力已無法維護這樣的地位多久。戰爭結束後，英國國庫耗盡，失去了國家四分之一的財富，這意味著二戰的支出幾乎是一戰的兩倍。當邱吉爾說要對納粹全面動員時，他的政府真的遂行其志：英國（向美國）舉債，拋售海外資產，犧牲了市民的家戶生產，只為了支應軍用。英國固然勝利了，但其代價對於英國戰前的地位而言過於龐大，難以負荷。為了清償債務，重建家園——更不用說還要為了工黨政府所承諾的福利國家做足準備——英國必須開始對大多數的貨品實行配給制度，並鉅額縮減海外的軍事開支。然而這些都還不夠。人們須得排上數小時隊，才得以獲得基本的供給品。空襲過後的倫敦市民平均需要七年才能等上一間新房。[6]

艾德禮的政府在政治上陷於泥淖。表面上，政府還持續佯裝英國在歐陸可以充當一股平衡四面八方的勢力，幫助圍堵共產主義，同時逐漸在帝國內部開放更多的自由，並在國內打造一個福利國家。實際上，政府必須二選一，並且（可以理解地）選擇了後者。到了一九五〇年，英國從蘇伊士運河東岸大舉撤軍；一九四七年印度、巴基斯坦獨立，東南亞尾隨在後，且英國在中東、地中海的地位也大不如前。但也無需將英國在五〇年代的國際地位描述得彷彿積弱不振：英國仍然坐擁全球數一數二龐大的陸軍、海軍，光是能夠挺身抵禦希特勒進犯這點，就鮮有其他國家能望其項背，並且還有全球首屈一指的強權美國為靠山。英國人也許自覺受到強大的盟友睥睨，又對國際地位衰落心有不甘，但無論他們票投工黨還是保守黨，都很清楚能從中拿到些許好處：在這個仍然是全球最階級分化之一的社會，全民醫療照護、全民補貼、家庭津貼等還是至關重要。

要是說英國在戰後天翻地覆，其敵手則幾乎摧殘殆盡。一九四五年的德國盡是斷垣殘壁，德國人得花上許久才能從希特勒留下的殘骸與創傷中走出來。儘管德國在一九四五年的工業生產僅有戰前的二〇%不到，但比起物質上的消耗，心理的傷痕有過之而無不及。一九三三年，德國人參與在災難性的政治計畫當中，他們擁抱這個謊言直至終戰方休，因此，納粹的覆滅更是教人士氣低迷。如果工作換來的報酬是死亡與毀滅，那麼工作又有何益？在戰後德國要從事任何的經濟活動都困難重重，頭幾年還得仰賴戰勝國伸出援手。取得任何生活必需品以外的貨物唯一管道就是黑市。

對於要如何處置德國，盟軍委實傷透腦筋。法國人與有些美國人建議乾脆將整個國家大卸八塊；美方有一項方案是廢除德國在工業上的能耐，將德國重新打造為一個農業經濟體。同意如何劃分占領區起初並非難事。蘇聯在東邊得到四〇%（史達林將德國領土轉讓波蘭後剩下二八%）。其他地帶由英（西北部）、美（南部）瓜分，西南一隅交付法國。未久，有關日後德國的種種就被各國自身即刻的需求給掩蓋過去。所有占領國都不希望自己為德國經濟付出的比得到的多——用國庫耗盡的英國人的話來說，「賠款給德國」。對西方同盟國國家而言，更糟糕的是，波茨坦協定讓蘇方也能從西德收受些許好處。因此，當事實上是美國人在為過去的敵人付錢續命時，蘇聯——在他們自己的那部分貢獻甚少——卻忙著肢解魯爾區（Ruhr）殘存下來的德國工業，運往東方。

一九四六年五月，美國的軍事司令克萊（Lucius D. Clay）將軍單方面終止了從美占區輸出的賠款。三個月後，英國也起而效尤。蘇方火冒三丈，但也只能摸摸鼻子。蘇聯也無法阻止美、英為了經濟目的於一九四六年底把兩國占領區合而為一，稱為雙占區（Bizonia）。這理應只是暫時的方案，但事實上這為西德分離出去立下了基礎。在一九四七年三月莫斯科外長會議上，西方同盟的兩強顯然漸漸趨向凱南一九四五年以來的觀點。凱南斷言：「須讓我方所占之德國……形成繁華、安全、優越的獨立狀態，讓東〔德〕無法威脅之，除此之外別無他法。」[7]及至一九四七年中，在雙占區的當局實際上揚棄了使德國工業去納粹化之後，有些經濟活動在西德重新開始，但仍然並未顯露經濟復甦之兆。

如同其他許多事項一樣，史達林關於戰後蘇聯對德應採何種政策躊躇不決。他師法列寧所思，認為德國是社會主義在歐洲的大獎；列寧相信，唯有德國走向共產主義，蘇聯才能長期存續。但德國非但沒有走向社會主義，還在三〇年代遭到納粹占據，且在史達林嘗試妥協未果後，還與蘇聯開戰，讓蘇聯險些投降。因此，即便德國戰敗了，但德國既是良機，又是威脅。要是一個中立的德國能夠漸漸與蘇聯為伍，那麼冷戰在歐洲算是贏了。但要是美國人成功地把他們所占領的那部分德國——也是最富裕發達的部分——變成美國對蘇聯發動攻擊的兵工廠，那共產主義就會消亡。史達林因此必須警戒，不能再一次地在德國事務上踩錯步伐。

猶豫不決往往導致喪失先機。在關鍵的一年，史達林讓德國的情況恣意發展。他讓士兵在東德開啟恐怖統治，卻也不見得有益於日後建立社會主義。他似乎意在劫掠可以為蘇方所用的物資，而非在占領區建立秩序。要是說蘇占區在起初的一片混亂之後，短期內情況似乎優於西德，那也不能歸功於史達林，而是因為紅軍的行政官員與德國的共產黨捲土重來。他們早已準備好要接收存在於納粹德國的中央化計畫體制，以此在任何可行的地方發展基礎建設。過一陣子之後，未受到蘇聯審判的低階納粹前軍官也覺得合作愉快；原來共產黨對計畫的觀念與他們過去的主子並無二致。

然而，在公開場合，新的德國官方高舉反法西斯主義的大纛。他們是「好的德國人」；許多壞的德國人都在西方占領區合作，至少德國共產黨的政治宣傳是如此宣稱。有許多德國左翼輕信這些假訊息，尤其是知識分子與藝術家，當中有些人搬到東德，包括德國文學巨擘如史蒂芬・海姆（Stefan Heym）和貝托爾特・布萊希特（Bertolt Brecht），兩人都於戰爭期間流亡美國，嗣後搬到東德。一九四六年春，蘇聯與德國共產黨人迫使社民黨人加入德國統一社會黨（Socialist Unity Party, SED），在威廉・皮克（Wilhelm Pieck）與瓦爾特・烏布利希（Walter Ulbricht）的領導下，共產黨員對此黨全面掌控。有些非共產黨的左翼分子再度踴躍參與，相信他們以此彌補了德國左翼在一九三〇年代未能聯手對抗希特勒的遺憾。然而，多數社民黨人不屈不撓，為了維持黨的獨立性格而奮鬥，即便代價是要遷移到占領區西邊。

史達林希望德國統一的原因，恰恰正是美國到一九四七年為止不希望德國統一的原因。華府方面發現要德國能順利運作，就得把德國整合進西歐才能成功。要是蘇聯的影響力在國內蔓延開來，便難以成事。這不只攸關國安，也關乎經濟成長。馬歇爾計畫意欲透過市場整合來刺激西歐的成長，而計畫若要成功，德國境內西邊的占領區至關重要。因此最好能令東德（也就是蘇方施加的壓力）無法並駕齊驅。在一九四七年兩度召開盟軍外長會議，皆未能達成德國和平條約（也就是德國統一）原則的協議之後，美方於一九四八年二月於倫敦召開會議，並未邀請蘇方參加。顯然在會議開始前，美、英已經談妥德國貨幣改革以及美英占領區的選舉，法方則是心不甘情不願地加入。貝文對國會解釋道：

不能允許德國在歐洲的中心地帶還是一片貧民窟。相反地，根據我方政策，德國必須自力更生，並為歐洲的復甦盡一份心力。這是讓德國彌補自己在戰爭中造成的毀滅之上策。因此，在倫敦的推薦之下，德國已經整合進歐洲復興計畫（European Recovery Programme，即馬歇爾計畫）……德國將透過這項計畫獲取援助，但相應地，德國也須生產，同舟共濟。除非我們著手重振經濟，否則德國無法做到。要使德國貢獻一己之力，我們必須給予德國足堪使用的工具。[8]

因此，德國的分裂某些方面來說是馬歇爾計畫的結果。美國認為讓歐洲經濟再度運轉起來攸關自身的安危。蘇聯與共產主義政府無意加入由美國主導、美國官員執行的歐洲復興計畫，也可以理解。因此，將西方同盟國控制的西德納入馬歇爾計畫意味著將之與東德分隔開來。新的德國馬克是此一分裂的象徵，也是一步險棋。首先，西方同盟國一致同意成立新的德國中央銀行。然後於一九四八年六月為舊幣完整兌換馬克設立上限，以此把公債與私人債務一筆勾銷，再以低匯率將新幣與美金掛鉤，同時在西德廢除價格控管。政策立竿見影，黑市幾乎一夕之間消失，商品重新陳列於商肆，生產亦開始增加。工人心懷不滿，因為他們的工資並未上漲。存戶大發雷霆，因為他們的存款庶幾歸零——對有些人來說，這已經是生平第二次。但最怒不可遏的莫過於蘇聯，他們此際被迫在東德也引入另外的貨幣，以免現在在西德分文不值的舊幣湧入蘇占區。

西德的貨幣改革是馬歇爾計畫的重要一環，這本身即是將西歐整合進美國領導的資本主義經濟體的一部分。這使得從二十世紀之初即開始逐漸轉移科技、生產、管理方式、投資貿易工具的過程臻於完善，但這也是對經濟蕭條與兩次大戰所造成的危機之回應。如同美國的新政，馬歇爾計畫也無所不用其極力圖讓生產重返正軌。美國許多顧問本就是過去的新政派，只要有助於讓人們回到工作崗位，讓商品流向市面，他們願意接受歐洲政府的經濟控制、計畫乃至國有化。然而此計畫的核心在於了解歐洲在戰爭期間並不存在的資本主義市場，在戰前也一片狼藉。若要重振市場、銀行業以及對私有財產制的信念，美國就必須經援歐洲。

即便挹注了一百二十億（約當今日的一千五百億）美元——約當美國每年國內生產毛額的一．五%——馬歇爾計畫對戰後歐洲的復興究竟有多大幫助，卻難以準確估量。各國各地無論如何也許或多或少都會開始有所成長，但其心理效應在各地都無比龐大。西歐人民再次開始相信公私部門，使他們再次能夠掏腰包，增加就業、產能。經濟上，這彌補了歐洲對美國的貿易逆差，否則逆差將會敗壞歐洲經濟。這使得向德國索取賠款顯得不那麼重要，也減緩了歐洲國家彼此之間的付款困難，讓歐洲貿易重新步上軌道。一九四七至一九五一年間，馬歇爾計畫涵蓋的國家平均增加了五五%的生產量。[9]

收受援助的國家起初對美援懷著戒慎恐懼的心態。有些國家不樂見德國也被包括進來，其他國家則認為這代表美國全面接收歐洲經濟。抵抗通常來自左右翼兩極。共產黨員不時表達抗議——有時激烈抗議，如同馬賽與那不勒斯的碼頭工人阻止美國船隻卸貨時。「歐洲的工人心不在焉地聽我們說我們是在拯救歐洲，不相信我們在救的就是他的歐洲。」有一位馬歇爾計畫的官員如是說。[10]但傳統歐洲精英分子也不甚歡喜，覺得美國人是來搗亂既有的社會秩序，把他們的地位從自己的社會中抹除。他們視美國的餐桌禮儀、低俗音樂與黑人士兵為對歐洲文化的威脅。

心意相通的通常是美國官員與浮上檯面的歐洲基督教民主黨（European Christian Democrat）或社民黨領導人。美國人堅稱，在華府給定的框架之內，歐洲人應該自己決定馬歇爾計畫的金流細節。在英國，某些資金用來進口糧食以緩解戰爭帶來的短缺。在德、法，許多資金用於進口重型機器以便重啟工業。各地政府都使用新的資金重建戰火波及之處。家家在從斷垣殘壁中樹立起的新公寓前合影，面帶微笑，這種相片時常被用來對抗共產主義，共產黨的口號稱馬歇爾計畫不過是為了備戰。預算確保美援俾使歐洲政府能夠開始打造他們的福利國家；少了經援，絕對不會有足夠的剩餘足以應付新的社會開支，或者讓政府可以投資基礎建設，而這可以讓西歐唇齒相依。

對美國人與西歐政府來說，馬歇爾計畫的重點之一在於打擊共產黨。有些時候是透過政治宣傳直接出擊，其他時候對政治平衡的效應則是附加的，甚至事出偶然。蘇聯式的共產主義在法國、義大利失勢，主要只是因為他們的工人階級起初透過政府的社會政策，再由於薪水看漲，開始能過上更好的生活。共產黨在政治算計上的偏誤以及莫斯科施壓讓他們支持蘇聯，罔顧在地政治形勢，也都造成了共黨失勢。像義大利這樣的地方，在二戰期間自作自受，招致劫難，卻仍不足以使義大利亡國時，美國就開始實驗以祕密行動來分化共產黨的影響力。一九四八年四月在義大利的選舉，美國資助的天主教民主黨（Christian Democracy）有天主教會與梵蒂岡的強力支持，與蘇聯資助、共產黨領導的人民民主陣線（Popular Democratic Front）對壘。兩陣營都是由義大利境外的義大利人領導：天主教民主黨領導人加斯貝利（Alcide De Gasperi）出生於奧地利，年屆不惑以前都還不是義大利公民；共產黨領導人陶里亞蒂在蘇聯流亡近二十年。中情局驅策義裔美國人寫家書鼓吹鄉親對抗共產主義威脅，同時靠骯髒的伎倆對付共產黨候選人。最終，天主教民主黨贏得幾乎五〇%的選票。其實他們可能無論如何都會選贏，因為兩個月前在捷克斯洛伐克的共產主義政變讓許多選民遠離左翼。但一九四八年的選戰象徵第一次中情局大幅涉入抗敵祕密行動，且情報局相當滿意他們的成果。

在法國，在拒絕支持法國再次征服印度支那殖民地後，共產黨於一九四七年五月被政府掃地出門。法共在多列士領導之下，長期在要當責領導國家還是要激進變革兩端之間游移不定。他們在法國的地位堅若磐石；青年有感於老派精英分子在戰爭期間的失敗，對共產黨趨之若鶩。法共尤其受到知識分子與學生的強力支持，在工會之間亦有穩固的工人階級基礎。此外，許多蘇聯對法國人的正面形象也對法共有所助益——畢竟蘇聯擊敗了納粹德國（而法國無法靠自己力退納粹）。即便是反共的知識分子如雷蒙．阿隆（Raymond Aron）也承認「在二十世紀中葉，所有行動都必須以在對待蘇聯事業的問題上持何種立場為前提」。[11]但蘇聯政策朝令夕改，法共仍一逕支持，使得他們自己陷於孤立——即便他們是最大的政黨，也是唯一有群眾支持的政黨。他們並未獲得史達林的援助。領袖「認為法共的政策錯誤連篇」，前共產國際總書記季米特洛夫在史達林的達恰夜飲後，於日記中寫道：「其領導人害怕要是沒有美國的貸款，法國將會亡國。法共應該申明反對背叛法國之獨立，主動離開政府，而不是等到被踢出去。」[12]

史達林給法國人的提議顯示出他最危險的一面。一九四五年，他建議法共在議會體系當中行事。隨著強權之間的關係危如累卵，他現在卻因為法共遵循蘇聯的指示而針鋒相對。但他對法國政治其他部分倒是判斷準確（除了對無論如何詈罵仍對他忠心不貳的共產黨）。新的法國領導人——於一九四六年憤而請辭的夏爾・戴高樂（Charles de Gaulle）將軍以及追隨他的第四共和——完全仰賴美援。由於幾乎所有的法國人都還相信他們自己的國家位列強權，領袖的位置並不好坐。德國在一九四〇年已經羞辱了法國一輪。在許多法國人眼裡，美國現在又在羞辱法國，只因美國的國力遠強於法國。「美國……熱愛自己的分量，」哲學家尚-保羅・沙特（Jean-Paul Sartre）寫道，「愈是富有，愈是有分量。美國被脂肪與自信壓垮，閉著眼睛滾向戰爭。」[13]

儘管共產黨以外的許多法國人都分享反美主義，法國政府卻與美國愈走愈近。馬歇爾計畫對法國至關重要。法國多將之用於早該挹注的法國工業，從而為五〇年代的工業復興奠定基礎。但第四共和的領導人知道要是戰爭爆發，紅軍將會長驅直入巴黎。美國的影響力也許危及法蘭西的靈魂，但蘇聯勢力會直接危及法蘭西的心臟。而法國需要援助來抵禦領導人眼中顯著的安全威脅。一九四八年三月，政府與英國、尼德蘭、比利時、盧森堡簽訂《布魯塞爾條約》（Brussels Pact），在遭受攻擊的情況下守望相助。但對於許多非共產黨的法國領導人來說，在萊茵河畔以外一百英里處就有蘇聯大軍壓境，顯然這還不夠。在捷克斯洛伐克政變以及德國危急之後，起初有意與共產黨員合作的法國領導人——例如戰爭期間領導法國反抗的皮杜爾（Georges Bidault）堅持他的戰後政府要有共產黨人參與——此際也尋求美國投入法國的國安。皮杜爾成為歐洲天主教民主黨內與美國討論西歐防禦條約的關鍵人物。

蘇聯對西德經濟政策的反應讓法國領導人深信，日後國安的最大威脅將來自蘇方，而非德國。史達林對馬克的發行感到震怒，認定美國試圖讓德國維持分裂，以服膺己方目的。他意欲反擊，但又不想與西方國家撕破臉。一九四八年在莫斯科達成的對德策略，分裂為許多不同的部分。史達林希望藉由完整控制柏林來鞏固對東德的掌握。他也開始透過蘇聯在德國境內許可的反美宣傳，將觸角伸向他所稱的「真正的德國人」，也就是那些追隨希特勒與納粹的德國人。倘使日耳曼民族主義可以防止美國對西德的控制，那客觀來說就可以為蘇方所用。在東德共產黨控制下成立的德國國家民主黨（National Democratic Party of Germany）是用來吸引前納粹分子呼應蘇聯的號召，其黨章宣稱：「美國違反了波茨坦條約，使我等德國人……深陷史上最大的民族困境……但美國不應開戰！德國千秋萬世！因而我等國家民主黨人要求：美國人回美國。德國是德國人的德國……願我祖國德國和平、獨立、繁榮。」[14]

在全民表決德國統一、中立的政治宣傳之餘，蘇聯與德國共產黨人發展出將西方列強逐出柏林的草案。史達林強調共產黨控制柏林的重要性，以便向德國人昭示，統一唯有在蘇聯的授意之下才有可能發生。一九四八年春，紅軍指揮官開始騷擾西方同盟國進出德國首都的交通運輸。六月，在新貨幣發行之後，蘇聯禁止在柏林使用，並威脅制裁西德。在柏林已成蘇占領地中的荒島之際，蘇方的示警頗有威脅。當德國馬克開始現跡柏林，蘇方將西德與首都之間的陸地交通全數截斷。接下來幾天，他們也終止糧食、電力輸送到西柏林。史達林決定發起冷戰期間第一度的攤牌。

持續整整近一年的柏林封鎖，自始至終都是蘇方在政治上的敗筆，並沒有讓西柏林陷入貧困；

美英的空中橋梁提供足夠的補給讓西邊的部門運轉。有時飛機再三分鐘就要起降滕普爾霍夫機場（Tempelhof Airport），莫斯科並未冒險將飛機擊落。但對史達林來說更糟糕的是：長期的僵持對峙，讓即便先前有所懷疑的德國人，如今也確信蘇聯並不是他們提升的途徑。他們的認知是史達林讓柏林人陷於饑饉，而美國人則試圖拯救他們。超過五十萬人在柏林街頭抗議蘇聯的政策。當德國統一社會黨把他黨的議員逐出位在東柏林的市議會時，他們重新在西德集結，並選出社會民主黨令人望而生畏的工會成員恩斯特・羅伊特（Ernst Reuter）為市長。共產黨與社民黨的工人在街頭鬥毆，社民黨員毫不示弱。年輕的德國社民黨員布蘭特（Willy Brandt）曾經起身對抗希特勒的政權，並於一九四六年以挪威官員的身分返回柏林，幫助組織抵抗。但就連他也懷疑最終的結果：「西方民主國家真的會願意為幾百萬柏林人的利益冒世界大戰開打的風險嗎？」布蘭特寫道。[15]

有鑑於需要向不只是柏林人、還有其他的歐洲人確保美國勢力會駐留，杜魯門政府於一九四八年秋開始商議與西歐國家建立正式的盟約。對於這樣的流程有多麼困難，美國總統知之甚詳。美國人並不習於在承平之日締結外盟——其開國之父告誡「不與任何國家結盟」（entangling alliances，譯按：傑弗遜〔Thomas Jefferson〕總統就職演說），尤其是與歐洲列強。許多選民厭倦美國涉入歐洲問題，痛恨他們繳的稅拿去為歐洲買單。泰半美國人仍反對美軍常駐在外。西歐輿情也陷於分裂。有些人認為自己的國家應該試著扮演美蘇之間的橋梁，不要選邊站。尤其對左派而言，很難考慮加入他們視之為毫無拘束的資本主義的美國，來對抗精於社會主義之道的東歐人民。

但到了一九四九年，恐懼似乎排除了其他任何考量。杜魯門在國會成功為北大西洋公約組織（North Atlantic Treaty Organization, NATO）取得聯盟。北約是包含共同防禦義務的整合聯盟。儘管華府耗費多時決定讓歐洲哪國加入，最顯著的現象是歐洲政府搶著擠進北約。在義大利和法國，天主教民主黨政府和自由派政府把國家送入北約。在英國和低地國家，工黨和保守黨都支持。就連在長期維持中立的斯堪地那維亞，丹麥和挪威的社民黨人在議會勢不可擋，申請成為北約會員。挪威駐美大使解釋道：「挪威在一九四〇年已經學到教訓……今天，我們不相信中立的地位與現實生活相關。」[16] 最莫名其妙的入盟成員，是既非民主政體也不是二戰盟軍的葡萄牙。但英美都認為，要是對蘇戰爭發生，葡萄牙在大西洋上的島嶼是至關重要的基地。公約於一九四九年四月在華府簽訂。

北約在歐洲最初的效應既非軍事上的，也非政治上的，而主要是心理上的。非共產黨人的西歐人士開始相信美國短期內不會從歐陸撤軍，這意味著歐洲會維持分裂，但也意味著安全不受蘇聯侵擾。北約的設立無關歐洲核心文明的定義（有人稱「從柏拉圖到北約」〔from Plato to NATO〕——雖然希臘直到一九五二年才加入），而是攸關這塊已經超過一個世代的人都生活在煉獄的大陸之穩定。要是北約的目的——如同其首任祕書長伊斯梅（Lord Ismay）所諷刺的——是要「防止俄羅斯進入，讓美國人進來，壓制德國」，那麼這也是一九五〇年左右大多數西歐人士所同意的目的。唯一的例外當然是四處抗議的共產黨人士。陶里亞蒂在義大利國會中譴責政府：「我們對北約說『不』，因為這是一條備戰的條約。我們對你的政策說『不』，你的政策是對蘇聯的敵視與侵略。我們對帝國主義的陰謀說『不』，你們正在謀劃的帝國野心傷害了義大利人民的獨立與自由，我們會盡我們所能來揭發你們這項政策的醜惡，讓它告吹。」[17]

北約成立的速度一部分反應出美國與在歐洲當地的新盟友軍事力量不足。杜魯門總統從參謀長聯席會議那邊獲取的建議清楚表明：即便用上原子彈，美軍也無法為西歐防禦紅軍。最好的情況下，美國人可以穩固義大利法國西岸的橋頭堡，確保以英國作為空軍基地以便空襲蘇聯，等待北美援軍抵達。參謀長聯席會議回報，蘇方可以在兩個月內全面控制歐洲全境。柏林封鎖劇烈改變了美軍的觀點，比方克萊將軍告知在華府的上級，他覺得戰爭「隨時可能會爆發」。[18]儘管歷史學家並未找到蘇聯在五〇年代以前計畫開戰的證據，且包括克萊在內的美軍將領示警，也可能是出於他們希望國會通過更高層級的軍事開支，但無疑從一九四八年年中起，為美軍運籌帷幄的謀士真切地憂心戰爭。他們預期這會是一場全球性的戰爭，蘇聯不會只在歐洲發動攻勢，還會進攻中東、東亞等地。美國自身的戰爭計畫也逐漸拓展到全球，意味著美方感到全面性的威脅，以及美國尤其在空戰方面軍事能力的擴張。不過在這一切的表象之下，也意味著美國益加肩負全球的利益，歐洲與北美事務系統性地與發生在世上其他地方的事件休戚與共。

隨著美國進入備戰狀態而來的是擔憂國內政局顛覆。在美國歷史上，攘外與安內多次彼此交織，最近期的案例是一戰之後的紅色恐慌（Red Scare），以及二戰期間關押日裔美國人的集中營。四、五〇年代對共產黨人及其他左翼人士的公開獵巫，同樣造成巨大的傷害。不實指控他人不忠，讓許多有志之士及專家學者不再為政府效力。威斯康辛州參議員約瑟夫・麥卡錫（Joseph McCarthy）善於以浮誇的辭令煽動群眾，他在參議院內的演說象徵了反共的偏執，對美國的利益造成比史達林任何祕密行動都還多的傷害。一九五〇年二月，麥卡錫宣稱掌握兩百零五名——後來下修至五十七名——共產黨人在國務院任職的證據，並譴責總統是叛徒，「把基督教世界賣給無神論的世界」。[19]麥卡錫等人的指控所導致的一系列聽證與調查毀了許多人的生涯。即便是在洗刷冤屈之後，例如著名的中亞學者歐文．拉鐵摩爾（Owen Lattimore），有些指控仍然無法擺脫，讓他們難以找到工作。猶如拉鐵摩爾在他一九五〇年出版的著作標題一樣，這是一場「誹謗造成的磨難」（*Ordeal by Slander*）。對其他較沒名氣的箭靶——工人、演員、教師、律師——這就猶如卡夫卡的世界。他們的言詞遭到扭曲，並且被一些壓根不認識受害人、不清楚他們活動的人在公聽會上引以為證加以攻訐。這背後的目的是要傷害政府，雖然有些民主黨人士一頭熱栽進去，且總統自己也優柔寡斷，沒有公開對麥卡錫發難。迅即被命名為麥卡錫主義（McCarthysim）的局面削弱了美國在世局上的立場，且大幅幫助了蘇聯的政治宣傳，尤其是在西歐。

麥卡錫主義的效應之一，是大眾的歇斯底里反而使得真正的間諜網絡調查變得更為棘手。自從三〇年代起，蘇聯情報在美國就像在其他歐洲國家一樣，諜影重重。這些特工——有些是基於意識形態投誠，有些是被恐嚇或者賄賂——在二戰時為莫斯科提供了重要線報。隨著冷戰發展，他們的行動又進一步升級。史達林要求蘇聯情報單位——在冷戰期間多以國家安全委員會（Committee for State Security, KGB）之名聞名，以及軍事單位格魯烏（Main Intelligence Directorate of the Red Army, GRU）——傳遞美國對蘇聯的作戰計畫。由於在美國局勢顛狂，共產黨人或前共產黨人很容易接受招聘。有一位德國出身的英國間諜物理學家克勞斯．富赫斯（Klaus Fuchs），提供了他自己參與其中的美國核能計畫相關線報。一九四六年返回英國之後，富赫斯仍持續間諜工作，直到一九五〇年束手就擒。在美國境內有數百名這樣的間諜，雖然很少人如富赫斯一樣這麼重要。四〇年代後期，美國的反情報逐漸破解了蘇聯的密碼——一項被稱為維諾納計畫（Operation Venona）的最高機密——隨後許多間諜遭到逮捕。但由於維諾納計畫必須保持機密（甚至連對杜魯門總統都保密到家），所以該計畫斬獲的成果並沒有多少減輕大眾對共產黨密謀顛覆的恐懼。

美國的冷戰警戒跟蘇聯與東歐時不時發作比起來，則小巫見大巫。流放、清洗、批鬥日復一日，未有止歇，直到史達林一九五三年逝世。當然，這在蘇聯史上並非新鮮事；這類情事自從布爾什維克革命以來已屢見不鮮，於史達林三〇年代的大恐怖臻於高峰。二戰更加深史達林的狐疑，冷戰讓他的疑心病來到另一高峰。首要問題是數十萬從德國監獄回來的士兵；他們能信任嗎？這些人有超過三分之一從德國的監獄直接發監轉送到蘇聯的監獄。然後是那些在德國占領下生活的人；大部分都受到偵訊，許多人（包括所有當地共產黨官員）都被送進監獄。就連從戰場前線凱旋而歸的紅軍士兵也被懷疑。他們可能管窺海外生活方式，這與蘇聯的願景扞格不入。對德國生活水準或者捷克文化漫不經心的一句評論，都有可能使他們在歸國之際淪為階下囚。[20]

四〇年代蘇聯最嚴重的罪行，是從蘇聯西邊把成批的人口大規模遣送到東邊。在戰爭期間，逾百萬蘇聯境內的德國人再加上高加索、克里米亞的百萬穆斯林（車臣人、印古什人〔Ingush〕、卡爾梅克人〔Kalmyk〕、韃靼人、土耳其人及其他）被流放到東邊，他們被視為國安威脅。當中有五分之一的人在流放的三年內死亡。然後，隨著紅軍於一九四四年揮軍向西，又開始大規模流放波羅的海國家、烏克蘭、白俄羅斯的人口。在此際已經併入蘇聯的東波蘭，共產黨員完成了一九四一年被希特勒中斷的、對傳統精英分子的流放。五〇年代初，古拉格（Chief Directorate of Camps, GULag）控制的蘇聯人口達到巔峰，有超過兩百五十萬名囚犯。

有些集團持續抵抗，尤其在烏克蘭和波羅的海小國。烏克蘭曾為帝俄的一部分，一九一七年革命後為共產勢力把持。一九四一年落入德國控制時，烏克蘭民族主義者藉機宣布從蘇聯獨立。烏克蘭自治在德國的控制下仍然只是假的自治，許多烏克蘭民族主義者在紅軍撤退之後仍持續對紅軍作戰。烏克蘭民族主義者組織（Organization of Ukrainian Nationalists, OUN）在蘇聯境內存續到一九五〇年舒赫維奇（Roman Shukheyvch）遭到殺害為止。儘管烏克蘭民族主義者組織由於與納粹合作的過往，以及對波蘭人、猶太人犯下的罪行，教人害怕不已，有些烏克蘭人仍將之視為獨立主權的捍衛者。蘇聯的反制手段相當酷烈。一九四四至五二年間，多達六十萬人在烏克蘭西部遭到逮捕，其中三分之一左右遭到處決，其他人則遭到監禁或者流放。蘇方殘暴的回應方式，可能和烏克蘭民族主義者組織式微的軍事力量一同讓反抗勢力持續存在。

在波羅的海小國——愛沙尼亞、拉脫維亞、立陶宛——紅軍的復歸也同樣激起持續的反抗。這三個國家於一九一八年從俄羅斯獨立，一九四〇年在史達林與希特勒簽訂條約後又被蘇聯占領。占領的過程相當暴虐無道，因此一九四一年德國侵略時，許多波羅的海人張開雙臂歡迎，此刻他們把氣出在俄羅斯人以及其他少數民族身上，包括猶太人。德國的敗戰意味著紅軍又要回來，又要展開新一輪的血債。在波羅的海三小國中，抵抗行動圍繞著過往的軍官，其中許多人曾經與納粹合作過；他們被通稱為「森林兄弟」（Forest Brothers）。戰鬥持續將近十年，造成近五萬人死亡，多半死於立陶宛。一九四〇至五三年間，波羅的海成年人口中大約一成被流放到蘇聯的勞改營。

如同在三〇年代一樣，外在壓力使得共產主義於四〇年代對內開刀。這些內部的清洗始於南斯拉夫衝突。這場衝突毫無必要，完全只是出於史達林的優柔寡斷與偏執。南斯拉夫共產黨是二戰後東歐唯一自力掌權的政黨。黨員不只是憑一己之力抗德，也擊退了克羅埃西亞的民兵，並在戰爭結束之後力抗米哈伊洛維奇（Draža Mihailović）麾下的切特尼克支隊（Chetniks）。切特尼克是一個多為塞爾維亞後裔的保守派保皇運動。南斯拉夫共產黨是由自稱狄托（Tito）的布羅茲（Josip Broz）領導。狄托花枝招展，精力充沛，是克羅埃西亞和斯洛維尼亞混血，曾混跡蘇聯數年，在組織方面經驗老到。一九四六年，狄托宣布成立南斯拉夫社會主義聯邦共和國，在意識形態上朝蘇聯靠攏。

狄托對史達林滿是溢美之詞，希望成為在東歐最熱切追隨領袖的強大門徒。戰後幾年間，每當史達林認為有必要批判時，不管是美國的歐洲政策，還是西方共產黨的弱點，南斯拉夫共產黨總是第一個跳出來。但狄托的走向也引起了史達林的猜忌，南斯拉夫共產黨在國內並非仰賴蘇聯奪權這點也同樣令人不安。一九四五年，史達林批評狄托占領的里雅斯特地區導致與英美發生危機。同時，他也覺得南斯拉夫人在支持希臘共產黨叛亂上太過激進。但最根本的原因恐怕是狄托自身招搖的個性惹惱了史達林，而他在南斯拉夫極受追隨者愛戴，功高震主。共產主義只能有一個頭子，史達林心想，於是開始要讓狄托知道自己有幾兩重。

痛斥狄托明著來的理由是巴爾幹半島的聯邦計畫。這項計畫由來已久，而一九四五年之後區域內部有諸多國家轉向共產主義，讓這個點子起死回生。狄托和保加利亞的共產黨領導人季米特洛夫曾與蘇方討論過這些計畫。一九四六年九月，史達林告訴季米特洛夫「保加利亞與南斯拉夫會合併為單一國家，且在巴爾幹半島扮演一致的角色」。[21]當計畫成熟時，南斯拉夫人與保加利亞人知會蘇方，徵詢意見。接著，史達林出乎意料地針對他們發難。在一場於一九四八年二月倉卒召開的會議上，蘇聯領袖指控他們錯誤百出、「左翼痴迷」（leftist infatuations），在商議統合時採取了一條「不適切的道路，是可忍，孰不可忍」。[22]保加利亞人瞬間屈膝，南斯拉夫人則躊躇不決。在他們回過神來之前，蘇聯單方面將所有顧問撤出南斯拉夫。一週之後，史達林與莫洛托夫發出信函，宣稱狄托已經變成反馬克思主義者，忽視階級鬥爭，中傷蘇聯。巴爾幹聯邦的計畫如今成為用來當作狄托意欲拿下鄰國的證據。狄托予以回擊。曾在史達林大清洗的三〇年代莫斯科生活過的狄托認為，如果他不回擊，不只是他的政治生涯要告吹，他的性命也堪憂。一九四八年六月，共產黨和工人黨情報局將南斯拉夫人逐出，控訴他們犯了修正主義，煽動恐怖主義政權。決議案聲稱他們已「背叛國際工人團結」，呼籲南斯拉夫共產黨內部的「健康分子」推翻狄托。共產黨內部的第一場決裂變得舉世皆知。

史達林預期狄托的政權在他的指揮下瓦解，就算不是馬上崩盤，也會在他與南斯拉夫決裂後的數個月內發生。當情況並未發生時，蘇聯開始在東歐其他地方的共產黨內部對假以時日可能不服從的黨員進行一系列的清洗。受害者的選擇頗為隨機，但一概是曾經自行其是或者在黨內頗受愛戴的黨員。有時他們被盯上，只因要把他們描繪為外來者更為容易，例如猶太人、少數民族，或者曾流寓他鄉的人。在匈牙利，曾在西班牙作戰的猶太共產黨員拉斯洛（László Rajk）簡直完全吻合。曾以內政部長身分下令處死數千人的拉斯洛，被指為狄托主義的間諜、帝國主義的特工，並於一九四九年十月遭到槍決。兩個月後在保加利亞，季米特洛夫的副手特拉伊喬・柯斯托夫（Traicho Kostov）被處以極刑。在波蘭和羅馬尼亞的另兩名主要目標哥穆爾卡及安娜・波克爾（Ana Pauker）僥倖逃過一劫，只因為「搜證」的過程費時，在他們的公審開始之前，史達林就逝世了。南斯拉夫共產黨總書記魯道夫・斯蘭斯基（Rudolf Slansky）就沒那麼幸運了。在他公審前多番演練的陳辭中，神色痛苦的斯蘭斯基對一切訴狀上的罪名認罪：「身為共產黨與人民民主政權之敵，我成立了反國家密謀中心，並擔任領導數年。我召集多名資本家與布爾喬亞民族主義分子在此中心。我的合作對象成為帝國主義諜報特工，效力於力圖粉碎人民民主秩序、讓資本主義復辟的法國、英國、尤其是美國的單位……」斯蘭斯基於一九五二年十二月遭到處決。

是類陳辭全然不可信，荒謬至極，因而導致東歐對共產主義失去信心。但很難說這些陳辭在東歐及在蘇聯自身的內部有沒有造成什麼不同。除非親友直接受害於清洗、公審，否則大多數人還是選擇專注在重建國家上，即便不能自己受惠，也許可以庇蔭後人。共產黨似乎穩坐江山，雖然偶有抵抗獨裁的小打小鬧，但多數人還是順服從眾。人們默許的原因之一是，共產黨當局能夠將某些社會與經濟上的許諾付諸實行，尤其是在重建的階段。共產黨員善於協調資源，因為他們沒有市場或公民社會來攪局。舉例來說，房屋在東歐更容易重建，即便大部分的建築都品質堪虞。社福如年長者健保發展得更快速。整體而言，戰後初年，東歐經濟成長得比西歐快速。但他們的出發點要低得多，在最不發達的經濟體（如保加利亞）成長幅度最大，而在最發達的地方（如捷克斯洛伐克）幅度最小。但凡經濟有任何起色，都既能證明一般老百姓願意工作，也能說明即便在蘇聯的劫掠與失去西歐市場和科技輸入之後，共產黨還是有組織調配的能力。

在蘇聯內部本身，改善民生曠日持久。任何國家在戰爭期間喪失的生產力都不如蘇聯。戰後初年尤其百廢待舉；一九四六年，國境內部分受饑荒所苦（當然，蘇聯的媒體沒有加以報導）。即便蘇聯當局並未預期新的戰局開打，至少不會馬上開戰，但是他們喜歡戰爭時期的統御經濟制度，因此予以保留。結果，經濟體系控管的程度更勝於三〇年代，生產的額度以極其精細的程度控管。重工業優先；煉鋼廠與機械生產永遠高居首位。不過，以蘇聯自己的標準而言，產出量以驚人的速度回到了戰前的量能，主要的原因就只是因為天下無戰事：自一九一四年以來，俄羅斯就不斷處於戰事紛擾當中，不論是攘外還是安內，是戰爭、內戰、集中化還是清洗。儘管史達林並未放棄政治活動，他也清楚在二戰後礙難馬上發動下一輪政治活動。在和平的表象下，自從四〇年代末開始，蘇聯的生產得以彌補過往尚未兌現的潛能，並且似乎大步向前。23

對許多人來說，二戰後的重建也意味著習慣新的世界觀。冷戰的根源固然在於二十世紀初期，而作為意識形態的分化，冷戰的陰影籠罩在歐洲與全球歷史之上。但是在戰後風雲密布的頭幾年，共產主義與資本主義的爭端才以全球衝突之姿施加在世上幾乎所有地方。就當人們忙於重整旗鼓——覓得棲身之所，餵飽子女，找到工作——之際，他們逐漸是在冷戰所給定的架構下行住坐臥。他們也許並不覺得自己是衝突的一部分，但卻無法避免受到波及。這創造出此前在戰爭與和平中皆未曾見過的限制與契機。冷戰逐漸以過去模糊未明的方式和目的，將世界上不同的地帶聯繫起來。

第五章 新的亞洲

二戰結束後，日本戰敗奄奄一息，而亞洲大陸多數國家正面臨激烈的革命浪潮。在中國、韓國與越南，共產黨於戰爭期間崛起，已經蓄勢待發，枕戈待旦。在印尼和印度，極端民族主義者正鼓吹著徹底脫離荷蘭和英國殖民母國，全面獨立。風暴席捲了整個歐亞大陸：不僅日本的擴張主要強權一去不復返，而且歐洲帝國正迅速崩解。這是至少百年來首次亞洲人可以決定自己的命運，而且這次他們豎起了民族主義和民主的旗幟——這些概念一開始由歐洲引介而來，已經經歷形變，發展出當地特色。新的亞洲革命不再以退為進，而是正面迎向獨立自主、現代化和國家的形成。

戰後席捲亞洲的革命風暴共有三個主要核心。殖民者和他們的本地盟友透過將政權移交給能與之協商的精英階級，以求穩定自己的地位，或至少試著保有一部分的經濟利益。但其前線已被攻破：在中國，所有外國領地（除了香港和澳門之外）已經在戰爭時歸還；由於日本從東側大軍壓境，情急之下，英國也已承諾在戰後讓印度主權獨立。兩大新強權美國、蘇聯都聲稱反對殖民主義（至少只要不是由他們殖民），敦促歐洲迅速全面地撤出殖民地。最重要的是，所有歐洲國家對於延續既有的殖民體制，都力有未逮。歐洲人民殷殷企盼重建家園，不願再將資金揮霍在看來毫無益處、道德上又難以自圓其說的海外政權。就在十年之內，殖民主義從大多數歐洲人的驕傲淪為燙手山芋。

亞洲各地的民族主義運動已經蓄勢待發，要奪取政權。許多領導者往往將昔日榮光所代指的民族概念，與現代化和國家計畫兩相結合。其中為數不少有傾向社會主義，雖然他們與蘇聯的聯繫相當有限。兩個最大的亞洲國家中國、印度，其主要的民族主義政黨（中國國民黨和印度國民大會黨）都是有著許多派系的大組織，由具有群眾魅力的領袖領導。兩者都計畫組建有著強大執行力的中央集權政體，但是在其國境內都遭逢共產黨的挑戰。印尼是由一萬七千個小島所組成的列嶼，風俗民情各異，他們想像的新國家是奠基於全新的民族觀念，一個所有印尼當地人民共有的民族家園，其核心乃是荷蘭於十九世紀所整合的殖民地。印尼民族概念的創造者認為在東南亞，所有穆斯林土人都一樣，且所有東南亞穆斯林都同屬一個中央集權國家。正是此時，當冷戰主導國際事務之際，亞洲民族主義者看見他們的新民族有了重大突破。

二戰後，在所有主要的亞洲國家中，東起日本，西迄伊朗，共產黨都成為民族主義運動的主要替代方案。在共產國際全面抗日的指導下，大多數共產主義者於二戰期間得以豎起愛國的旗幟。但儘管如此，他們卻未能順利與當地民族主義領袖合作。諷刺的是，這有一部分是由於某些愛國主義者認為，共產黨戰爭期間的奉獻乃是聽信蘇聯的緣故，並非完全是為了守護民族。有些地方將日本人視為反抗歐洲的先鋒，共產黨在這些地方被看作是亞洲民族主義的損友，不可輕信。儘管如此，共產黨仍四處擴張。在中國，黨聲稱擁有百萬成員，坐擁大軍。在印尼（儘管共產黨領導者缺乏政治手腕），共產黨仍是國內規模最大的政治組織。在印度，共產黨統御了商會，且在人口最稠密的孟加拉地區擁有相當大的影響力。就連在日本，新憲政後的首度選舉，共產黨也獲得了超過一〇%的選票。即使共產黨仍屬少數，但他們有理由自信對國家未來的命運扮演舉足輕重的角色。

一九四五年亞洲的政治策略現況可以簡單概述如下。在亞洲東部，美國軍力已經占領日本，派遣五萬人的大軍登陸中國，並且控制了韓國境內北緯三十八度線以南的地區。從沖繩到婆羅洲乃至橫跨整座太平洋，美國也在全境的各個島嶼部署軍力。在澳洲的協助下，英國從日本手中接管了東南亞主要城市。一九四五年八月九日，蘇聯終於加入戰局，抗擊日本後，蘇聯派出陸軍執行為期三週的閃電作戰策略，最終取得日本在中國東北（滿洲）、日本北方群島（譯按：千島群島）以及朝鮮北半部的統治。在西方，一九四一年年中，英國和蘇聯入侵並占領伊朗，蘇聯並且領有德黑蘭以北的地區，英國則統治中東其餘區域。日德倒臺的最大受益者是帝國主義者，但顯而易見地，一九四五年時，英國勢力已經過度擴張，他們甚至無法有效統治自己既有的亞洲殖民地，更遑論已經獨立的亞洲國家或那些原先屬於其他列強的殖民地。就像在歐洲一樣，英國需要與其他強權合作——尤其是美國——以便在亞洲尋求利益。

一九四五年戰後，美國政策制定者所面臨最直接的挑戰不僅僅來自歐洲，也來自亞洲。畢竟美國之所以加入二戰，也是由於遭到亞洲強權襲擊。太平洋戰爭期間，美國傷亡人數總計高達三十五萬，這重大犧牲是難以輕易釋懷的。一九四五年年中，高達兩萬人在日本南方的小島沖繩戰役中喪生。對美國而言，日本投降後的未來自然極其重要，但中國的未來也相當令人憂心，之所以如此，是因為中國在戰爭期間是與美國密切合作的盟友。在歐亞大陸西部，美國將伊朗視為未來發展的關鍵國家；伊朗與蘇聯接壤，國界線相當長，且是盛產石油的波斯灣地區國力最強的國家。美國領導人相信他們可以幫助伊朗從帝國主義者手中解放出來（不論這帝國主義國家指的是英國還是蘇聯），並藉此穩定供給歐洲盟國重建時所需的石油資源。除了歷史、政策方面的考量之外，美國領導人往往認為，他們可以幫助亞洲政治與經濟的現代化，而這是沒有任何歐洲強權有能力或者願意做的。如果亞洲革命已經水到渠成，那麼他們希望能站在最前線，引導全世界人口最稠密的大陸走向主權獨立、富裕和現代化。

冷戰期間，美國是西歐國家最主要的盟國，尤其是英國和法國這兩個最大的殖民帝國。但是一九四五年，殖民主義在美國並未受到歡迎，因為大多數人認為它與民主政治和自由的原則相悖，而美國之所以參與二戰，打的就是民主與自由的旗幟。如同其前任總統，杜魯門政府在太平洋戰爭落幕時，想要見到的是快速將殖民政權移交給亞洲本地的精英，美國政府願意對其歐洲盟友施壓，以達到目的。但是美國政策制定的方向並非總是基於這類高遠的理想。美方也想要有機會進入亞洲市場，而在戰間期，殖民體制的優先策略就已經造成他們的阻礙。他們也擔心一直延宕殖民地獨立的進程，會給極端分子和共產主義者製造崛起的機會。美國國務院往往指稱自我中心的歐洲人看不見他們的行為對冷戰造成的影響。在冷戰的普世角度驅使下，美國人對於過往幾乎微不足道的地區和國家產生了強烈的主導意見。

對蘇聯而言，亞洲的革命既是轉機，也是危機。列寧有言，雖然馬克思將歐洲的革命放在對抗資本主義的核心位置，但是支持亞洲的民族運動則是全面帝國主義施壓的方法。如此一來，可以加速歐洲革命的發生，這對蘇聯的安全和整體人類的未來至關重要。史達林也接受這種觀點，但更強調蘇聯的安危。由於戰間期各地革命未獲捷報，加上二戰勞民傷財，史達林並不想為了邊陲地帶與美國和英國發生不必要的衝突。一九四五年，這位蘇聯領袖仍然希望能在不發生激烈衝突的情況下，達到蘇聯在歐洲的些許目的。若是如此，就不必為了蘇聯外交政策中較不重要的議題，激化與盟國之間的衝突。

但是戰後蘇聯領袖也了解到，亞洲革命因日本倒臺而燃起生機，這是蘇聯外交政治中不可忽視的議題。他們當中大多數認為，莫斯科的角色應該是將力氣花在整合反日國家，並在世界資本主義和社會主義的長期抗爭中，至少維持中立。亞洲新萌芽的共產主義運動需要時間建立合適的組織、教育幹部，並且向蘇聯學習。許多共產主義領袖認為，莫斯科應從有限資源中撥出一部分去協助他們發展壯大。蘇聯也需要花更多時間研究亞洲地區的階級組成、民族主義者和左翼政黨的意識形態，以避免下錯指導棋。由於史達林生性多疑，亞洲這些團體不值得信任，政治又前景不明，所以他往往贊同那些力主要謹慎使用蘇聯金錢、資源的人。根據史達林對蘇聯（和俄國）歷史的解釋，短期內只有一個國家對莫斯科有意義，那個國家就是日本。諷刺的是，戰爭結束時，蘇聯對日本的直接影響力微乎其微。

一九四五年八月，日本百廢待興。城市往往是以木造建築為主，在美國燃燒彈的摧殘下已遭祝融吞噬。在東京，僅有三分之一的房屋免於全毀。即使如此，僅剩的房舍建築也已經被炸彈破壞得盡成斷垣殘壁。一九四五年三月九日當晚，在B－29堡壘轟炸機空襲之下，城市陷入一片火海，超過十萬人葬身火窟，其中包括大量平民。南方的城市廣島和長崎遭受原子彈轟炸，十二萬人瞬間斃命，還有更多人因放射線緩慢、痛苦地死去。各地基礎建設都失靈，數百萬人無家可歸，或者在國境內過著難民般的生活。帝國傾頹後，近三百萬日本難民從海外遣返，回到的卻是疏離且並不歡迎他們的祖國。若有什麼是一九四五年的日本最不需要的，那就是更多張口要吃飯的人。食物配給量已經遠遠低於飢餓線，比帝國倒下前政府所配給的粗食還要稀少。

可以理解地，日本人既將這場降臨到他們頭上的災難咎責自己的領導人，也非難外國人。當局許諾百姓繁榮、土地、榮耀，卻只換來死亡和痛苦。戰爭期間，日本人民聽信了當局者，展現出紀律、凝聚力，為了當局者灌輸的共善（common good）而大無畏地犧牲。如今，一九四五年帝國坍塌後，他們的忠誠換來的報償也變得清晰無比。這個三百年來未有大規模征伐的國家，如今尸居餘氣。無怪乎位於東京城中心的皇居門外，總有著大批示威人潮，人民向天皇呼喊著：「您晚餐吃什麼？」一九四六年五月，日本左翼領導者組織的名為「給我們米飯」（Give Us Rice）大規模集會，要求「革命性的變革」和一個「民主政府」。大多數的這些左翼領袖才剛被從前政府的政治獄中釋放出來。[1]

杜魯門政府打從開始就清楚表明不願與其他盟國共同統治日本。這位總統相信，美國經受了抗日戰爭的嚴酷考驗，也是唯一有能力加以改造的國家（中國人只能咬牙同意）。的確，委任事項已經就緒，其他盟國（包含澳洲和紐西蘭）的參與只是走走形式而已，真正的實權都在美國人手中。道格拉斯．麥克阿瑟（Douglas MacArthur）將軍二戰時一路將戰場打回亞洲，同時對抗著日本人和美國陸軍部高層，他如今被指派為駐日盟軍總司令，占領日本時，所有職權都在他的轄下，受他指揮。麥克阿瑟想看到日本的改變；他相信這個國家在戰爭時期的罪行來自於文化底蘊中的暴力傾向、獨裁主義，以及「螻蟻般的行為」，這是日本人與美國人（以及其他國家的人）的不同之處。日本的政治和經濟需要徹底重建，才能讓他們與過去的行為習慣完全區隔開來，進而使他們成為美國對抗全球共產主義陣營時可信任的盟友，麥克阿瑟將軍預見了與共產主義的角力必然發生。

美國強加在日本身上的改革極端主義，今天看來往往令人費解。一九四五年八月，杜魯門總統最早下達的投降後指令要求日本完全解除武裝，其國土限縮回日本列嶼，並由占領者制定憲法。這部憲法包含「宗教、集會、言論、新聞自由……〔美國會〕傾向解散大型工業或銀行經濟體……〔並鼓勵〕在民主的基礎上發展勞工、工業、農業組織」。[2]麥克阿瑟也許是相當保守的美國將軍，但他的指令是要推動日本改革，帶著鮮明的羅斯福新政意味。

出乎美國人意料之外的是，日本人熱切擁抱新賦予他們的自由。得到集會結社自由後，日本男人與女人即刻組織了商業公會、互助組織和政治團體。學校和大學開始教授強調民主與公眾參與的課程，這與戰爭期間的民族主義和天皇崇拜主旋律大相徑庭。日本的舊精英由於過往支持招致災難的擴張政策，如今其地位已失去了合法性。許多人認為他們雖自稱民族主義者，卻招致了民族的毀滅。儘管發動侵略戰爭一事，天皇難辭其咎，但是杜魯門的日本事務顧問堅持維持裕仁天皇的位置。他們相信罷黜天皇會讓整個日本失控。然而，這種觀點更多是本於東方主義式的觀念，認為日本人奉獻於絕對皇權——當然這種觀點也因戰爭經驗而更加堅固——而未能真正了解到戰後日本社會的迅速改變。

一九四七年，在冷戰的影響下，華府當局開始改變了對日本處置的心意。一九四七年四月，日本左翼的支持率已經從二二％攀升到超過三〇％，雖然其中僅有不到四％支持日本共產黨，但是政治極端主義儼然已經蔚為風尚。大多數日本人相信，主要戰勝國美國和蘇聯都肩並肩支持著民主。東京記者寫道，若非如此，美國人何以主張改革，給予左派機會竄升？但早在一九四六年，麥帥便已對日益增長、搖旗吶喊的社會主義者發出了嚴厲警告：「若日本社會的少數分子無法自制與自重，那麼我將被迫採取必要手段，以整治這種教人遺憾的現況。」[3]一九四八年凱南訪日時，震驚於日本缺乏政治穩定與經濟發展的現況，害怕這可能成為美國全球政策的累贅。他呼籲盡快結束改革，並「延緩」對戰犯的清算。他也呼籲，若蘇聯還未被「全面弱化或清醒過來」，或「日本社會在政治上仍然極度脆弱」，那麼在簽訂和平協定時，應「有限度地讓日本重新武裝」。[4]

美國所謂的「逆進程」（reverse course）讓日本保守派重拾些許自信。日本社會大多數人都愈來愈憂心於應如何阻止經濟下滑，而此情況對美方有利。右派領袖似乎更有手腕，能讓工廠復工，並組織、發配到各城市的糧食供給。戰爭時期非主戰的右派少數變得尤其受歡迎。前外交官吉田茂曾因促動提早投降而被逮捕。一九四六年，他變成了首相，儘管不斷受到左派挑戰，仍一直連任到一九五四年。一九四八年年末，數千位左翼教師、公務員和商業公會成員在反向的「紅色清算」（Red purge）中失業。他們的成員被列入黑名單，而那些曾經的戰犯如今卻行動自如：這激怒且激化了日本左翼。在一九四九年的選舉中，共產主義者得到了超過一〇%的票數。

占領日本後，美國就得以將原先的敵人改造為長期的附庸。不論是改革時期，還是反激進政策時期，美國治理都依循同一原則：依照美國形象來重塑日本。當然這之所以可能，是由於美國在太平洋戰爭的軍事勝利。但這也有賴於將其他戰勝國強權——最主要的就是蘇聯——拒於門外，使之在占領期間沒有任何實質的影響力。這明目張膽將蘇聯排除於占領軍外的作風，讓史達林憤怒不已，但他並不訝異。畢竟，他自己在東歐也採取了同樣的模式。他並不期待杜魯門略施小惠。史達林的政策旨在指導日共對抗美國占領，並宣稱唯有日本發動社會主義革命，並與蘇聯聯手，才能重新獲取國家獨立。但他也對日本保守派伸出手：如果他們想要拿回戰爭結束時已被蘇聯占領的千島群島，以及想要與共產中國做商業交易，那麼必定要經由莫斯科才能達成協議。

一九五〇年夏天，中共的勝利和韓戰的爆發改變了東亞的戰局。在此之前，日本被美國視為資產，主要是因為它有著長期的經濟（乃至軍事）潛力。然而，尤其在北韓發動攻擊之後，日本變成了美國在東亞唯一的據點，對美國來說至關重要，讓在韓美軍可以反攻，並提供後勤供給。這場戰爭讓華府決定盡快與日本達成和平協議，讓美國能在日本有永久的據點，而日本也可以善盡自我防衛的責任。杜魯門堅持要日本政府先與美國簽署一個雙向安全協議，讓東京方面承諾以美國為唯一的盟友，並讓華府在日本有權使用基地，不受當地政府管轄。協議中提到美軍將致力於「保護日本國境安全，抵禦外來攻擊，包括對於日本政府的緊急要求給予協助，以撲滅日本境內大規模的暴亂和動盪」。[5]吉田也必須宣布日本不會與中共政府達成任何協議。唯有如此，才能簽署和平協議。不出意料地，蘇聯拒絕簽署，中國甚至沒有受邀與會。

時間一長，日本將會變成美國冷戰時最重要的盟友。它不僅是亞洲大陸之外擊不沉的航空母艦，而且從四〇年代末期就成為美國軍事部署的核心之一，其海戰的重要地位，讓美國能維持在東亞區域的軍事優勢。隨後，美日聯盟最重要的部分是經濟共榮以及東京方面對美國冷戰策略的支持。當然，在盟約締結的頭幾年，這些都尚在未定之天。當亞洲在美國對外政策中變得益發重要時，美國人的主要擔憂卻仍是如何維持日本政治體系穩定，以及東京當局是否願意對抗國內外的共產主義。

對大多數中國人來說，二十世紀是天翻地覆的時代。國家從二十世紀初的帝國變成了共和體制，再變為幾個政權相互競爭的無政府狀態，再到另行共和。三〇年代恢復國家體制，但卻是由蔣介石和國民黨所領導的現代化獨裁政體。一九三七年日本侵華，讓蔣政權受到挑戰，也給予了其政敵崛起的機會。正當國民黨在抗日前線拋頭顱、灑熱血時，其政敵逐漸站穩腳跟。而其中最主要的就是三〇年代中期已經幾乎被蔣介石撲滅的中國共產黨。在與莫斯科無直接聯繫管道的情況下，中共在戰爭期間轉型成為規模遍及全國的黨派。左手抗日，右手伺機抵抗國民黨，一九四五年終戰時，中國共產黨已經準備好迎戰蔣介石的國民黨，爭奪中國領導權。

抗日戰爭給予了中國共產黨崛起的機會。但確保他們能抓緊機會的，是其領袖毛澤東。毛澤東是一名絕頂聰明、神氣活現的指揮官，致力於實現社會正義，且對於他所謂的落後、迷信又父權的「舊中國」深惡痛絕。他想要創造一個既現代又公平的「新中國」。他的主要目標是像史達林的蘇聯一樣。他未曾涉足蘇聯，但總是將之理想化一個為反帝國、革命且進步的國家。及至一九四五年初，毛澤東的軍隊已經準備好要與中國北方的蘇聯紅軍聯合（他們預期蘇聯將介入戰爭），然後再挑戰蔣介石的主導地位。

但是戰爭結束後，中國的演變令毛澤東和其政敵始料未及。史達林對於對日出兵一事始終舉棋不定，使得毛澤東幾乎要陷入絕望。中國共產黨開始被迫要去思考戰後，若是美國成為主要的外國勢力，那肯定不會是他們所樂見的。然而一九四五年八月，所有事情卻一次爆發。日本遭到原子彈空襲。蘇聯終於對日出兵，並占領當時被稱為滿洲國的中國東北以及朝鮮北部。日本投降了。把中國逼到亡國邊緣的勢力一夕之間蒸發。毛澤東指揮共軍潛入滿洲國，盡可能地從戰敗的日本人手中獲取土地。他的政黨似乎已經勝券在握。

但中國共產黨的情勢急轉直下。美國命令還握有廣大中國領土的日本只能讓渡給蔣政權。蔣介石利用其國際認可的中國政府領袖地位與史達林協議，以蘇聯在當地的經濟與軍事活動作為交換條件，讓國民黨取得滿洲國土地的統治權。更糟的是，人口最稠密的東部沿岸地區戰爭期間被日本占領，如今當蔣介石的軍隊搭乘美國運輸機抵達時，人們都舉雙手歡迎，將之視為解放英雄。毛澤東近乎全盤皆輸。

共產黨人顯然不願意接受這次挫敗。共軍罔顧蘇聯的命令，長驅直入東北。一九四五年秋季，情勢變得更為詭譎，杜魯門總統派遣美國首屈一指的戰爭英雄馬歇爾將軍赴華調停。史達林最初基於兩個理由要求中國共產黨配合：其一，蘇聯領導人不認為中國有機會革命成功，其二，他當年稍早才從中國手中取得租界，需要持續與蔣合作。史達林的用意並不是為了蘇聯的利益而犧牲中國革命，而是想要為蘇聯（也是為了共產主義整體）多少獲取一些利益。但是中共不願合作。由於共產黨拒絕讓步，國共間的軍事衝突一觸即發。在美方予以蔣介石的奧援與日俱增下，蔣氏刻意延緩執行與蘇方的協定內容。由於來自美方的壓力攀升，且世界各地都在爆發冷戰衝突，史達林突然決定於一九四六年三月從東北撤軍，很可能是因為他知道，這麼做可以帶給此處共軍最大的軍事利益。他也許想以此迫使蔣介石重回談判桌。然而這麼做卻引爆了長達四年、遍及全境的中國內戰。

蔣介石不計代價地想殲滅東北的共軍，目的是想將全國收於囊中，好將之重建為政治與軍事強權。為達此一目的，他認為必須一舉殲滅共產黨。一九四六年末至四七年間，他在美軍援助下發動的全面攻勢幾乎要成功了。但是他和他的政黨卻操之過急，以至於適得其反。在蘇聯的增援下，共軍——現在重組為人民解放軍——開始攻擊國民黨在滿洲的補給線。就在蔣介石精銳盡出，派遣配有美國裝備的軍隊進入當地之際，軍事平衡逐漸改變了。及至一九四七年末，人民解放軍元帥林彪的軍隊發動了全面攻擊。一九四八年初，國民黨的主要軍力坐困東北，遭到解放軍各個擊破。戰爭情勢對蔣介石愈來愈不利。

蔣介石在戰場上舉步維艱之時，他在國統區的城市與其他地帶的地位開始弱化。蔣氏急功近利，操之過急。首先他最想要的是建立一個中央集權的強大政府，主導並協助中國經濟和社會的復甦。事與願違，他的躁進卻反而加速政權覆亡。一九四八年年中，農民階級背棄了他，因為他們不樂見自己的兒子被迫從軍，只是為了似乎愈來愈無望的戰事。地主放棄了國民黨，因為蔣介石似乎屬意指派自己的人馬去各省統治他們。資產階級亦反對國民政府，因為通貨膨脹和官僚貪腐使他們的財富大為縮水。城市中的工人階級有一部分支持國民黨，而無人支持共產黨，他們是最後背棄國民黨的，但是到了一九四九年，當共軍已遍布中國各處時，願為國民政府慷慨赴死的工人卻寥寥可數。

雖然杜魯門政府對蔣政權向來意興闌珊，但相較於共產黨，他仍較鍾意由蔣氏執政，但現在他也要放棄這個並肩作戰的盟友了。早在一九四八年，杜魯門的國策顧問就已清楚表明，倘若美軍未出面干預，國民黨不可能贏得內戰。然而面臨他國（尤其是歐洲）的壓力，即使美國總統相信可能打贏這場戰爭，也不可能同意派遣美軍到中國大陸參與內戰。馬歇爾如今以國務卿的身分返回華府，他警告中美雙方，僅僅提供蔣介石軍火設備亦於事無補。馬歇爾冷漠地告訴中國大使顧維鈞：蔣介石所面對的「後勤問題極為特殊」。「他已經被敵軍攔截了四〇%的軍糧補給。如果損失的比例達到五〇%，他就必須思考繼續給自己的部隊提供補給是否是明智之舉了。」6

正當對蔣介石的美援將斷未斷之時，蘇聯與中共的關係則日益緊密。一九四八年年初，蘇聯軍援進入東北，紅軍教員在當地和蘇聯訓練解放軍軍官。即使沒有紅軍協助，解放軍也很可能贏得勝利。但蘇聯的援助對於中共有著政治上的重要性。它證明莫斯科的共產黨「偉大領導人」史達林接受了中國共產黨的路線，且會幫忙建立一個新的共產主義國家。

此刻，蔣介石敗走十九世紀末起就受日本直接統治的中國沿海島嶼——臺灣——而毛澤東則於一九四九年十月在北京成立了新政府。儘管蘇聯呼籲要謀定而後動，但毛澤東仍然執意仿效蘇聯在東歐的衛星國家，於一九四九年宣告成立人民共和國。就在新的中華人民共和國宣告成立後，他堅持即刻出發到莫斯科朝聖，公開慶祝史達林七十歲壽誕。事實上，毛澤東的目的是聯合蘇聯對抗想削弱其革命勢力的美國。蘇聯領導人咬牙同意了。史達林並不相信中國共產黨的「階級基礎」。他判斷：他們都是農人，不是工人。他們的革命是「民族革命」而非「社會主義革命」，且至少在開始時，他們應該與資產階級共同治理國家。在內心深處，史達林並不信任未借助蘇聯紅軍，靠自己力量贏得政權的中國共產黨。隨著年紀漸長，他對無法直接控制的人事物變得益發多疑猜忌。毛澤東雖然成為了蘇聯的盟友，但不想只被當成奇珍異獸，而想要被當成是偉大領袖的高徒。

中國共產黨在形式上依照蘇聯的指示建立新中國。為了取悅史達林和蘇聯顧問，中共佯裝成一個聯合政府。然而其憲法明文強調中國共產黨的領導地位，矜誇「與蘇維埃社會主義共和國聯盟堅若磐石的友誼」。事實上，中國共產黨無疑統治著中國，並且在進程中一路清算異己。「我們代表的是共產黨領導下的無產階級專政與農民專政。我們代表人民專政，因為中國人口有九〇%由工人和農民組成。」毛澤東告訴蘇方，「這樣的政府可以給人民予民主。我們稱之為基於無產階級專政下工農聯盟的新民主。無產階級專政由其先鋒部隊共產黨來代表。」[7]

中國新政府所釋放出來的革命暴力有三個主要目的。毛澤東想要粉碎農村裡傳統仕紳和城市資產階級的勢力。透過趕走外國人，查禁他們的書報、電影，他意欲讓中國脫離非共產主義的外來勢力之影響。然後他還想透過大型集會運動，動員中國的青年建立如蘇聯一樣的新社會主義共和國。一九五〇年夏天韓戰爆發，使得這些肅清異己的行動變得更加血腥。但打從一開始，這些關鍵元素就都存在著，三〇年代史達林在蘇聯的政治運動也不遑多讓，規定每個省分都要揪出多少反革命分子，並加以殲滅，中共也有樣學樣。即使蘇聯顧問警告中共切勿魯莽行事，但是在中共統治的頭兩年，就有幾乎兩百萬人遭到殺害。[8]

儘管新政府創立以來有諸多暴虐無道又無意義的惡行，但是中國人仍然嘯聚雲集於其旗幟之下。許多人對毛澤東的說詞堅信不疑，相信經歷了數百年積弱不振，中國人民終於站起來了。民族主義大行其道，中國人渴盼著一個能讓他們引以為傲的國家。他們心想，如果共產主義將在未來蔚為風潮，那麼中國必須加以接受，甚至站到風口浪尖處。抗美援朝可以激化中國的民族主義，但是毛澤東的大業吸引力之深遠，則不僅止於此。談笑之間，他稱中國過去種種都指向共產主義今朝得勝。這與中國歷代領導人喜於宣揚的集體行動與集體正義若合符節。有些人覺得二十世紀前半葉硝煙四起，使中國一蹶不振，對他們而言，共產主義革命是某種洗滌：其理念或許教人費解，甚至泯滅人性，但革命給予他們機會犧牲小我，完成大我，最終將把中國導向正軌。

革命的力量也撼動了中國以外的地方。在東南亞，反殖民革命政黨受到了鼓舞，變得更加勇往直前。在韓國，金日成的共產黨覺得他們也可以武力統一全國了。在日本，即使精英們都認為中共是個致命威脅，但民族主義者看到亞洲人不顧美國反對靠一己之力取得政權，仍然心下竊喜。離散異鄉的華人中，許多雖然無涉共產主義，仍為中國建立了強有力的新政府普天同慶。[9]印度和歐洲視中國革命為世界政局之大變。在剛獨立的印度，民族主義首相賈瓦哈拉爾．尼赫魯（Jawaharlal Nehru）對議會說：「這是基層的革命，數百萬人參與其中……這使得新政權穩如泰山，備受擁戴。」[10]來自政治光譜兩端的法國報紙編輯群對此番政權遞嬗指點江山，說明這如何強化了其他地方的共產主義意識形態。在《費加洛報》（*Le Figaro*）中，法國反共知識分子阿隆敏於局勢觀察到：「革命黨的意識形態源於西方，現在卻變成了這座歐亞帝國的官方宗教信仰。這起歷史事件乍看之下相當矛盾，後果則仍然不明……在俄國之後，中國的案例顯示馬克思為後資本主義社會創立的馬克思主義學說在前資本主義社會中更容易成功。」[11]

美國大抵對此極度震驚。從二十世紀之初，少數關注此事的美國人都認為美國嘉惠中國，並協助中國進入國際社會。此一觀點在二戰時達到鼎盛，當時美國和中國是盟友，攜手對日作戰，以便——感興趣的美國人士認為——將中國解放出來，進而加入美國的行列，成為一個能挑起大梁的世界強權。富蘭克林．羅斯福將中國形容為未來的「世界警察」（world policemen）之一，而聯合國體制應圍繞在這種國家上建立。如今，美國的迷夢已碎，投資似乎都要打水漂了。但許多美國官員不是自責外交政策失準，而是宣稱中國人難辭其咎，認為中國人恩將仇報，對美國幾個世代之間的協助不屑一顧。

共產黨接收中國的冷戰意涵對杜魯門政府而言，顯而易見。中國已經與蘇聯聯手，站到美國的對立面。雖然有些人相信民族主義的壓力終將使同盟關係破裂，但大多數人視之為警鐘，大表失望，認為中方背信棄義。當然，韓戰也讓他們對中共的厭憎有增無減；杜魯門於一九五一年寫下這段筆記：「只要我當總統的一天，若我有能力阻擋，就永遠不會承認那個暴虐無道的組織為中國政府。」[12]但即便在韓戰爆發之前，NSC－68號文件就已發出警告：「共產黨在中國的勝利，加上南亞、東南亞其餘地方的政經情勢，為進一步入侵這個多事之地提供了跳板。」[13]

杜魯門政府的戒備顯然難杜悠悠眾口。及至四〇年代晚期，大多數共和黨人褪去孤立主義的外衣，變成了熱烈的冷戰戰士。他們指控杜魯門不論在海內外，都對共產主義過於軟弱。美國「失去中國」這件事讓他們批評的砲火更加猛烈。就在杜魯門為他的冷戰信念尋求國會核准經費時，第一任共和黨國會議員理查．尼克森（Richard Nixon）大做文章。他認為民主黨政府忽略了國際共產主義的全球威脅：「共產主義在中國的蔓延和在地中海東部的赤色影響有何不同？……〔我們〕要繼續犯下跟處理中國事務時同樣的錯誤，派遣思想左傾者和同路人去對抗共產主義，然後砸了我們自己的招牌嗎？還有，如果要對抗希臘和土耳其的共產主義，我們不也應該要整肅一下內部，將共產主義者和同路人從政府部門和勞工組織的權位上拉下馬？」[14]尼克森與參議院同僚麥卡錫聯手，為中國赤化一事向民主黨興師問罪。[15]

當東北亞因遍地烽火、革命起義而地動山搖時，東南亞也同步蛻變。不若其北方的區域，幾乎所有東南亞的地區都曾經在十九和二十世紀遭到外國勢力殖民。印度尼西亞被法國統治，而大多數南部群島則被荷蘭人占領。英國統治馬來亞、緬甸。而美國則姍姍來遲，強占菲律賓。只有泰國的獨立命懸一線。但是一九四五年之後的幾年間，這些既定秩序翻天覆地。經驗老到的共產主義者胡志明於一九四五年八月宣布越南獨立。同一個月，蘇卡諾宣告成立主權國家印尼，領土遍及所有荷蘭前殖民地。一九四七年一月在緬甸，翁山（Aung San）透過協議讓英軍撤離。蘇卡諾和翁山都曾經與日本聯手。翁山曾為共產主義者，也是一個激進民族主義團體的領袖，他在日本建立了緬甸國民軍，直到一九四五年三月才倒戈。彼時，他與緬甸共產黨聯手成立了反法西斯人民自由聯盟（Anti-Fascist People's Freedom League）。在日本占領的雅加達，蘇卡諾啟動了他賦予新印尼國家的五個原則——國家、國際主義、民主、社會主義、信仰，並且持續與日本合作，直到日本宣布投降。然後他直接創立了一個新國家，罔顧荷蘭在日本戰敗後計畫回到他們的殖民地。

但是印尼的案例顯示獨立建國之路荊棘滿布。就在日本投降後，英軍占領了印尼的主要城市。倫敦方面決定讓荷蘭取回他們的前殖民地。印尼的反抗與日俱增，最後於一九四五年十一月爆發了泗水之戰。包含其指揮官奧貝廷・馬拉比准將（Aubertin Mallaby）在內有六百名英軍為了荷蘭取回殖民地一事喪生。超過九千名印尼人死亡。對英國和美國而言，泗水象徵東南亞民族主義的力量，他們敦促荷蘭跟印尼建立較為寬鬆的關係。一九四七年，當荷蘭試圖以武力顛覆這個新成立的共和國時，英國拒絕予以支持，美國則進退維谷。他們擔心若逼迫荷蘭從東南亞撤離，會使荷蘭本地政府失去威信，進而促發社會經濟動盪。但他們更擔心隨著荷蘭持續在其前殖民地的「警察行動」（police operation），蘇卡諾一類的民族主義者會對強大的印尼共產黨策略讓步。最後，印尼共產黨替美國解決了這個難題，他們針對印尼共和國的領導人發起了註定失敗的武裝暴動。當荷蘭試著趁亂干預，逮捕若干印尼領導人時，杜魯門政府採取強硬立場。華府一面威脅斬斷對荷經援，一面支持聯合國安理會的決定，要求讓印尼共和國領導者復位。到了年底，荷蘭點頭答應讓印尼獨立。

印尼這段建國血淚史顯示了從冷戰到迅速解殖的世界兩者之間兩個重要的連結。首先，在中國以外的大多數地方與中國的鄰國，共產黨都難以與更受歡迎、組織更嚴明的民族主義者抗衡。而中國成為例外的原因，很可能僅僅是因為日本人已經使其敵營——蔣介石的國民黨元氣大傷。其次，一般來說美國更在意的是如何阻止共產黨拿下更多地區，而非支持其西歐盟國重掌殖民地統治大權。當美國政府相信後者會成為前者的障礙時，會不惜站到盟友的對立面。在冷戰日益升溫時，對美方政治領導人而言，問題在於難以以意識形態區分激進民族主義和共產主義。兩者看起來都是反美的，而且激進民族主義政策疑似在為共產黨鋪路（儘管許多證據與此觀點背道而馳）。

除了朝鮮以外，在亞洲殖民地中，只有占主導地位的越南獨立運動領袖選擇共產主義。諷刺的是，其中一個理由是越南的精英分子充分融入了法國文化和教育，一九一四年以後的世代是以此出發，採用了在法國青年間也相當盛行的激進觀點。蘇共的國際主義對許多越南獨立運動分子來說相當具有吸引力，讓他們有機會展現越南緣何為爭取自治奮鬥，怎麼奮鬥，其重要程度在全球也不亞於在法國本土所發生的事情。胡志明是將越南與冷戰扣連起來的關鍵領導人物，也象徵了越南民族主義與國際共產主義的連結。胡志明出生於一八九〇年，就讀越南順化市的法語高中。胡志明對於越南以外的世界饒富興趣，所以他旅居法國、英國、美國，勤工儉學。例如，他曾在倫敦的卡爾頓酒店（Carlton Hotel）擔任服務生，一邊利用空閒時間讀書。一戰後，他曾在凡爾賽會議宣揚越南獨立運動未果，爾後他成為法國共產黨的創黨黨員之一，並於一九二三年至四一年間在莫斯科、中國、東南亞為共產國際效命，在那之後才回到越南。在當地，他意識到法國於二戰期間的挫敗給予他的國家脫離殖民統治的機會。胡志明和他所領導的組織越南獨立同盟會（Viet Minh）同時抗擊法國維琪政府和日本人，他們從不相信東京所給的戰後讓越南獨立的承諾，而是遵從莫斯科的指示向日本皇軍施壓。

一九四五年八月，日本突然投降，胡志明和蘇卡諾一樣，立刻開始爭取越南獨立。胡志明企圖仰賴與戰時的強權合作，避免美國支持其敵人。他在宣言中加入了國際面向：「『人人生而平等，造物主賦予他們若干不可剝奪的權利，其中包括生命權、自由權和追求幸福的權利。』這不朽的金句引自美國一七七六年《獨立宣言》。更廣泛地說，這意味著：在地球上的所有人類都生而平等，所有民族都有生存、追求幸福和自由的權利。」如同中國的毛澤東，胡志明相信由共產黨領導的越南獨立同盟會取得政權之後，越南的共產主義革命便會發生，唯有美方干預才能加以阻止。胡志明也許從他所研讀過的法國歷史中看出相似之處。要是巴黎值得新教國王亨利四世（Henry IV）做一次彌撒（譯按：典出法國國王亨利四世為了爭取天主教徒支持皈依天主教），那麼越南革命也值得胡志明從《獨立宣言》中擷取隻言片語。

若戰後法國沒有堅決要取回越南，那麼胡志明很可能是正確的。美國沒有介入越南（與印度支那的其他地方）問題的其中一個關鍵理由是：韓戰爆發前，法國軍隊仍舊持續與胡志明的越南獨立同盟會作戰。華府自始便不看好法國重新殖民印度支那，即使接連幾任法國政府都費力說服杜魯門這是關於共產主義和「自由世界」的衝突。但是隨著韓戰甚囂塵上，且中共支持越南獨立同盟會的態勢益發明顯，不論是杜魯門還是其繼任者艾森豪都不認為將越南交給胡志明是個牢靠的選項。問題是，北越的戰局對法國愈來愈不利。一九五四年五月，法國在奠邊府被越南獨立同盟會軍人和中國猛烈的砲彈夾擊，損失慘重。[16]

新的艾森豪政府將奠邊府視為冷戰期間的重大問題。在這場勞民傷財的戰事中，美國或直接或間接地支援法國，提供法國武器、戰機，且在最後關頭甚至派出配有兩架B－26轟炸機的空軍中隊，攻擊越南戰場附近的標的物。儘管如此，法國仍然戰敗，法國政府因此倒臺，新的左傾首相皮埃爾・孟戴斯－弗朗斯（Pierre Mendès-France）想要盡早從印度支那撤離。艾森豪拒絕派出空軍，說道：「任何干預內戰的國家都很難獲得勝利，除非它所支持的那一方將士用命，士氣高昂。」私底下，他批評法國人「含糊其辭地給予獨立的承諾，也是因為如此，以及其他眾多原因，使他們反而深陷泥淖。這件事他們實在責無旁貸。」[17]但他也警告莫使越南陷共。「你有一個地方在生產世界需要的材料方面具備明確價值，」在一九五四年一場關於印度支那的國際會議上，艾森豪這麼告訴記者，「然後你也有可能將許多人推入對自由世界有害的獨裁政權中。最後你從全局的角度考慮到，接下來可能發生所謂的『骨牌效應』。你已經把一整排的骨牌排好，你扣倒第一個，尾端的骨牌的命運就幾乎確定了，而且這會發生得迅雷不及掩耳。所以我們可能遭逢了解體的開端，這個開端影響深遠。」[18]

杜魯門和艾森豪擔憂的另一張可能倒下的骨牌是印度。華府大致讚賞英國首相艾德禮的決定——英國國內經濟衰退，加之印度對英國統治的抗議聲浪日高，促使艾德禮在二戰後及早准予印度獨立。杜魯門認為，將政權移交給印度民族主義者總比讓共產黨壯大要好得多。但是打從一九四七年印度獨立之初，美國人就開始對於其領袖的政治傾向感到懷疑，尤其是其最大黨——印度國民大會黨。「他就是不喜歡白人。」杜魯門與尼赫魯首次見面後就抱怨道。19

對於尼赫魯而言，美國問題比美國人眼中的印度問題更為嚴重。他所代表的印度國民大會黨創立於一八八五年，是一個反殖民運動，旨在爭取印度獨立，反對帝國主義，建立亞洲團結。它對於社會和經濟成長的主張無疑是社會主義的；大會黨信仰中央計畫與國家領導經濟，其主要政治訴求是改善印度農村赤貧的問題。尼赫魯既有劍橋大學的學歷帶給他的優越感，也有對社會正義與民族問題深刻的使命感。他也堅信亞洲領袖必須攜手屏除殖民主義，肩負起國際事務的責任。雖然他從未受到共產主義吸引，但是尼赫魯和他的同儕都久仰蘇聯的發展模式，認為這比任何形式的資本主義都還適合印度。打從擔任總理之初，尼赫魯就將美國看作是急功近利、心浮氣躁的世界強權，本著傳道士般的熱情，是後殖民亞洲可能的問題製造者。

尼赫魯希望印度以立意良善的方式取得獨立，站上國際舞臺，卻因從英國獨立衍生出的暴力事件而信譽受損。隨著印度的穆斯林少數顯然要與印度分道揚鑣，建立自己的國家巴基斯坦，國家的西邊和東邊國界充滿著雙向流徙的難民。一千七百萬人流離失所，至少五十萬人因為族群之間的暴力而罹難。特別是在旁遮普省，手無縛雞之力的印度教、穆斯林、錫克教難民被不同宗教的暴民攻擊。強姦婦女屢見不鮮。印巴關係也因此而惡化。其他脫胎於英國解殖的南亞國家——緬甸、尼泊爾、不丹、錫蘭（今斯里蘭卡）——都警戒地看著與他們比鄰的老大哥印度。尼赫魯的國民大會黨政府就在舉步維艱的外交區域中誕生。

艾森豪擔憂印度在冷戰中的忠誠度，雖然他也對斥資幫助印度半信半疑。美國國務院聲請對印度增援。「已經沒有時間了，」國務院南亞事務處於一九五二年表示，「從最近印度選舉中共產主義的成長就可以清楚看出我們的計畫所要對抗的狀況，已經被共產主義者成功利用了……如果南亞情勢逆轉，那麼亞洲大陸其他國家跟進，就只是時間早晚的問題而已。屆時會有超過十億人受到共產主義統治，我們的國家安全就會面臨空前的威脅。」[20]美國對印度（以及其鄰國）的經援的確漸漸增加。但是這兩個（同為英國政治文化的民主繼承者的）巨頭之間的政治關係卻無好轉跡象。

西亞的發展對於美國的情勢更具威脅。自從二戰開始，華府便相當留意中東原油出產是否能穩定供給其歐亞盟國。法、英在區域內解殖的浪潮造成政局不穩，可能導致石油的穩定供給出現問題，而冷戰使石油供給變得更加舉足輕重。杜魯門政府仍然希望權力能移交給溫和的民族主義者，當中有許多都來自本地貴族世家，可以倚重他們對抗共產主義，並且持續與外國石油公司合作提供石油。沙烏地阿拉伯和伊拉克承諾願意合作，兩國都是保守君主領導。雖然敘利亞和埃及似乎愈來愈靠攏西方，巴勒斯坦的衝突卻對美國在中東的利益造成了威脅。如同巴基斯坦的穆斯林於一年之前所做的，巴勒斯坦的猶太人於一九四八年宣布建國，聯合國大會表決建議劃地分治，美國和蘇聯都投下了贊成票。杜魯門獨排眾議，認為不論基於冷戰或因應國內政治狀況，盡早承認以色列的地位都是勢在必行。杜魯門屬意巴勒斯坦行聯邦制，或由兩個民族（binational）組成。他在私人日記痛陳：「我發現猶太人非常、非常自私。只要能得到特殊待遇，他們不在乎有多少人遭到虐殺。但一旦他們掌握實權，取得金融或政治勢力，那他們對待落水狗的殘酷程度或者虐待，連希特勒與史達林都望塵莫及。」[21]儘管他的態度反猶，他還是擔心，若不承認以色列，會給予蘇聯可乘之機，並讓他失去同年秋季總統大選的選票。

一九四八年五月，以色列剛剛宣布建國，就遭到來自阿拉伯國家的軍隊攻擊。巴勒斯坦的內戰變成國際戰爭，以色列獲得勝利，占領了根據巴勒斯坦分治計畫本應屬於當地阿拉伯人的大片領土，而約旦和埃及則占領了約旦河西岸和加薩走廊。因此，巴勒斯坦內戰變成國際事務中懸而未決的問題，而這對於冷戰將造成極大影響。同時，這也將冷戰迅速帶入中東，因為以阿都在找尋盟友支持己方戰事。當然，冷戰在中東不只有巴勒斯坦問題而已。但是長久無解的衝突，確已成為所有外國勢力介入此區域時難以迴避的面向。

然而在一九四五年，對雙方陣營而言，阿拉伯世界最大的憂慮是伊朗問題。一九四一年，德國攻擊蘇聯後，蘇聯和英國占領了伊朗，以避免德國和伊朗民族主義者合謀。其主要目的是透過獨霸英伊石油公司（Anglo-Iranian Oil Company，後來改名為英國石油公司〔British Petroleum〕），取得伊朗石油生產的控制權。這次占領更進一步疏離了大部分伊朗人，給予蘇聯機會支持其占領區北方的亞塞拜然和庫德族分離運動，對抗德黑蘭中央政府。由於英國已經簽妥英伊石油公司獨攬協議，英軍於一九四六年早春撤離。但是如同在中國一樣，史達林決定繼續駐軍，以便跟伊朗爭取更優渥的條件。同時，亞塞拜然人和庫德族人在蘇聯支持下，於伊朗北方宣布成立主權獨立的共和國。

一九四六年春天，美國和英國逼迫蘇聯從伊朗撤軍一事成為冷戰的首波危機之一。由於紅軍仍未在聯合國限期內撤退，杜魯門指示駐蘇聯大使：「告訴史達林，我一直認為他會信守承諾。三月二日後，要是軍隊還在伊朗，就代表我看走了眼。」大使如實傳達，並補充道：「我們基本上愛好和平，關心世界安全，但如果因此就誤解了美方的性格，認為我們意見分歧、軟弱無力，或者不願面對責任，那就大錯特錯了。如果美國人相信我們正面臨來自某個強國、或者某些國家聯合起來得寸進尺地侵略，我們會做出像過去一樣的反應。」[22]史達林火冒三丈。當伊朗的民族主義首相艾哈邁德・蓋瓦姆（Ahmad Qavam）堅持否決蘇聯在經濟協議中的要求時，史達林命令其外交官「不要對蓋瓦姆讓步，給他支持，孤立親英美人士，然後為伊朗民主化打下基礎」。[23]史達林自相矛盾的命令對蘇聯外交政策毫無助益。一九四六年五月，當紅軍終於在美方的壓力下撤離時，蓋瓦姆立刻反悔曾對蘇聯做出的每一個承諾。同年十二月，伊朗軍隊攻下北方，未逃到蘇聯的亞塞拜然和庫德族領袖遭到公開處決。中東最大的共產主義團體伊朗共產黨（Tudeh）遭受重大挫敗，難以復原。

在伊朗，如同在亞洲其他地方，蘇聯的政策總是自相矛盾，難以捉摸。史達林意欲支持共產黨，卻從不相信它們已經準備好自行實現革命。當事實證明並非如此時（如同中國的例子），他又花上更多時間擔憂這些政治巨變「真正的」（也就是潛在與他唱反調的）內容為何，而非協助他們擘劃未來的發展。但他也想要利用蘇聯的勢力從亞洲國家獲取物質利益。由於他猜忌他們的革命是資產階級民族主義的革命，而非社會主義革命，他施壓要求他們讓步，因而使當地的共產主義者樹起了防衛心。對伊朗而言，很難向民眾解釋為何共產主義者反對給予外國石油特許權，卻給蘇聯特殊待遇。或者對於毛澤東而言，也很難向中國人民解釋為何蘇聯同志想要繼續保有在東北的特權。

在許多案例中，蘇聯似乎更在意要破壞美國或英國的利益，而非發展自己的長期政策。儘管他內心有著根深柢固且益發嚴重的反猶主義，史達林仍然認為撼動英國在中東的地位比堅持早先蘇聯支持巴勒斯坦成立世俗統一國家的政策更為重要。蘇聯的聯合國大使安德烈・維辛斯基（Andrei Vyshinski）可能對莫斯科在想什麼也摸不著頭緒，但是基於史達林的指示，不該「因猶太國家中有著為數眾多的阿拉伯少數族群而感到警戒，只要其比例不超過五〇％。這並不會危及一個獨立猶太國家的存亡，因為以色列境內的猶太人口必然會增加」。[24]史達林的冷戰觀點對於以色列建國至關重要，而這將使蘇聯悔不當初。

當然，對亞洲來說更重要的是蘇聯成長的模式，而非史達林的外交政策。從中國到以色列，執政黨受到的影響來自蘇聯在經濟、社會成長上的成就。在亞洲各國的政府政策中，國家計畫、國有企業、集體農業都扮演了關鍵角色。可以看到，這樣的政策對於西歐國家並不陌生——至少在戰後剛開始重建時。但是後殖民的新興國家往往更直接受到蘇聯經驗所啟發。儘管尼赫魯對蘇聯缺乏自由頗有微辭，但他仍然以其「教育、文化、醫療、體育以及為民族問題提出解決方案」為例，稱蘇聯「以其異乎尋常的努力，從舊世界的渣滓中創造出一個新世界」，以此盛讚蘇聯「為人類社會推進了一大步」。[25]尼赫魯引用印度詩人和諾貝爾獎得主羅賓德拉納特・泰戈爾（Rabindranath Tagore）臨終之語。泰戈爾在病危之際，讚賞「俄羅斯聚精會神地對抗痼疾，提升識字率，並且成功逐步消除教育不足與貧窮問題，洗刷了廣大的亞洲大陸所蒙受的屈辱。她的文明中，沒有有害的階級分別，沒有派系割裂。她的進步之快速，令人驚詫，叫我羨煞不已」。[26]

美國在新亞洲議題上與蘇聯一樣舉棋不定，但又更加受到歐洲的殖民史所箝制。諷刺的是，戰後美國這個常常強調其反殖民遺緒的國家，卻往往將冷戰置於首位，而非優先考慮反殖民主義。即便在美國的確敦促歐洲強權去殖民（像是荷蘭之於印尼），但那主要是因為美方推測不這麼做的話，對冷戰造成的後果將更嚴重。美方想像力之匱乏有諸般原因。歐洲至上的種族階序影響了美國政策的制定。宗教概念亦同：必須保衛（在歐洲以及那些在亞洲皈依基督的）教徒，抵禦異教徒。經濟利益也扮演著一定的角色——雖然逐漸變成了系統性的考量。華府想要為美國和其盟國爭取更多取得原物料資源和未來市場的途徑。在亞洲和在歐洲，美國在冷戰初期的政策更傾向於擴張資本主義本身，而非為美國取得獨有之經濟優勢或者為特定美國公司獲得利益。

中國內戰告終之際，不論是美國政府還是國內批評的聲浪，都將所有關於亞洲的考量納入冷戰的迫切需要之下。對大多數美國領導人來說，亞洲的未來不容樂觀。在韓戰爆發前，甚至早在他開始競選總統前，艾森豪將軍就記下此筆記：「要是日本、菲律賓群島、荷蘭東印度、乃至澳大利亞面臨威脅，亞洲就失落。印度本身也不安全！」[27]這種末世論的冷戰考量，導致他害怕越南獨立同盟會勝利會造成的後果。而介入韓戰的決定亦同，雖然韓國也給予了美國一個機會，反擊在他們看來像是蘇聯無所不在的侵略模式。韓戰讓強權的衝突與亞洲的民族主義合流。這是亞洲內戰，但也是冷戰中最大的戰役。

第六章 韓國的悲劇

韓戰和隨之而來的效應也許是冷戰中最大的災難，毀滅了一個國家，使其人民陷於枷鎖之中，直接導致的後果至今仍然與我們休戚與共，且會延續到久遠的未來。更糟的是，因為意識形態衝突攀升，以及冷戰情勢給予外國強權機會干預，才導致了這場完全可以避免的戰爭。韓戰象徵著冷戰衝突最令人畏懼的一面——手法極端、作風野蠻，戰事似乎永無止歇，使韓國滿目瘡痍。全世界人民都在想：會不會他們的國家就是下一個遭殃的？循此，這也讓冷戰在全球規模上愈演愈烈，更加軍事化。

韓戰肇因於十九世紀末中國在東亞的失勢，成熟於冷戰意識形態衝突的興起。朝鮮長期與中國親善，但清朝的覆滅為日本帝國主義在東亞的擴張打開了道路。中國於一八九四至九五年的甲午戰爭敗給日本之後，朝鮮成為第一個被日本接管的東亞國家。及至一九一〇年，朝鮮已經完全遭到日本兼併，成為其帝國的一部分。日本政府無所不用其極撲滅朝鮮民族意識。位於首爾的王宮遭到拆除，日文成為所有高等教育所使用的語言。東京方面甚至試圖強迫朝鮮人穿上日本服飾，在社會規範和家庭生活方面實行同化政策。但同時，就如同日本既嚮往又忌憚的歐洲帝國，當地殖民者與被殖民者之間涇渭分明。多數韓國人都清楚，即使他們願意，也永遠無法成為真正日本帝國的一員。

打從一開始，日占朝鮮就引發了民族主義抵抗。許多韓國青年認為日本接管最大的屈辱，在於那就發生在他們正在為民族之未來沉吟思索之際。他們之中有些人被迫離鄉背井，而在異地所醞釀出的民族主義熾烈，毫無妥協空間，但凡在他鄉形成的故國之思，大抵總是理想如是。朝鮮民族主義者不僅致力於打敗日本，解放故國，也期許能打造一個未來，統一朝鮮，建立一個現代化、中央集權、國力強盛且德行崇高的國家。他們相信朝鮮不僅可以解放自己，而且可以為其他水深火熱的人們樹立榜樣。

貫穿整個一戰期間乃至戰後，朝鮮民族主義者主張民族自決原則也應於亞洲一體適用。但由於日本屬於戰勝國一方，他們的訴求被接受的機會渺茫。在外流亡的朝鮮民族主義者跋涉到一九一九年巴黎和會現場，卻大失所望。他們不僅無法取得他國承認，而且日本對朝政策似乎已經取得美國、英國支持。由於日本加入了英美陣營，孤立甫建國的蘇聯，不論是華府還是倫敦方面都不想為了朝鮮而失去東京的支持。在朝鮮當地，失望之情導致了叛亂，但叛亂很快就被日本敉平，喪生的朝鮮人不在少數。

其中一位去巴黎發動請願的朝鮮民族主義者是李承晚。李承晚生於一八七五年，因參與民族主義活動而入獄六年。此後他移居美國，並成為第一位取得美國博士學位的朝鮮人（一九一〇年畢業於普林斯頓大學）。流亡美國期間，李承晚孜孜矻矻，編輯出版民族主義作品。這一切的核心都是要取得美國對正義凜然的朝鮮理念的支持。一九一九年，受到威爾遜的啟發，李承晚呼籲道：「你已經成功地為受壓迫的人們伸張正義，也對世界上弱勢的民族伸出了善意的手。你的國家是人類的希望，所以我們來到你的面前。」[1]二十年後，李承晚仍未放棄向美尋求支持。就在珍珠港事件爆發之前，他曾出版一本著作，預測日本對美國發動攻擊，而美國的勝利應該寄望於與亞洲本土的民族主義者合作，顯然其中也包含朝鮮。

李承晚所想像的韓國是一個現代國家，擁抱其儒學傳統。他現在以在外流亡的大韓民國總統自居，期許建立透過美國科技和管理方法所策動、但仍受到傳統價值所約束的韓國。他厭惡日本人，但也同樣輕蔑希冀解放後成立社會主義國家的韓國激進主義者。李承晚認為，他們不外乎是俄羅斯人的走狗。如同某些韓國人與日本人合作一樣，這些人也終將與蘇聯同流合汙。對李承晚而言，他們是逃兵，必須回到真正的韓國民族主義，並（在美國的協助下）成立一個以他為首的新民族國家。

讓李承晚愈來愈絕望的是，他二戰期間在美國發動的政治運動並沒有比二十年前一戰的時候進步多少。美國心繫戰事，和中國結盟，沒有時間搭理李承晚和他的友人，畢竟他們似乎無法為戰事帶來任何重大助益。國務院將李承晚視為麻煩。但他仍與美國情報單位保持聯繫，他們相信李承晚的反共立場在戰後必然會派上用場。及至一九四五年，李承晚的注意力已經從日本轉移到蘇聯。「現在，」他告訴他的美國友人，「唯一避免美蘇最終發生衝突的辦法，就是在所有可能的地方扶植民主，而非共產主義分子。」[2]

關於韓國在戰後結盟的對象，李承晚的判斷準確。一九一九年開始，朝鮮共產主義就已在極為不利的情況下脫穎而出，成為李承晚所代表的韓國民族主義的替代方案。跟亞洲各地一樣，蘇聯革命給予了現代性和平等的承諾，以及對國民權利的尊重，使之成為許多朝鮮人心中的楷模。一九一八年，第一個朝鮮人組織的共產主義團體成立於西伯利亞，及至二〇年代，運動擴展到朝鮮本土，成為地下抗爭的一部分。一九二五年，朝鮮共產黨在首爾成立，但旋即成為日本警察的眼中釘，數百位黨員遭到逮捕。這次鎮壓很快便導致黨派內部鬥爭，在二〇年代末和三〇年代被捲入史達林在蘇聯內部整肅異己的清算行動。朝鮮共產主義命運多舛。

二〇年代晚期，有一位朝鮮的共產國際特務被祕密派遣回朝鮮，報告當地的情況。他發現為數眾多的青年準備加入共產黨。「他們將蘇聯和共產國際視為脫離日本帝國主義的救世主」，他如此匯報。但不幸地，他們「對馬克思主義只有膚淺的認識」，主要是「來自資產階級的獨立運動的學生和知識分子」。他們的運動病根在於「理論上的混亂，長此以往缺乏原則的派系爭鬥」。[3]一九二八年，共產國際解散了朝鮮共產黨，認為由莫斯科來教育朝鮮幹部後，再將他們送回發起適切的共產主義運動，會更加穩妥。但是在三〇年代末的肅清時，所有在莫斯科的朝鮮共產主義高層都被指控為日本間諜，而遭到逮捕槍決。一九三七年，近二十萬原本住在太平洋岸的在蘇朝鮮人，被迫遷居中亞。對史達林來說，對蘇聯內部第五縱隊的恐懼更勝於他對朝鮮革命的決心。

在日本與史達林鎮壓的雙重打擊之下，倖存的朝鮮共產主義者寥寥可數，他們流亡到鄰近的滿洲，加入了中共地下組織。其中一位是出身長老教會的青年金日成。一九二〇年，他落腳滿洲，那年他僅有八歲。金日成十七歲時加入了第一個馬克思主義團體，並因參與運動而屢次被捕入獄。十九歲時，他成為中國共產黨員，隨後很快便加入抗日游擊戰。五年之後，他已經成為在華朝鮮人中小有名氣的神祕英雄，而這很大一部分是因為他如今指揮的游擊隊數次從日本的攻擊中倖存下來。但在日本人步步進逼之下，一九四〇年，金日成和倖存的同志越過了蘇聯邊境。當德國翌年對蘇發動攻擊時，金日成自願加入紅軍。一九四五年，他以蘇聯官兵的身分班師回「朝」，驕傲地展示素來只頒布給戰功彪炳武將的紅旗勛章。

金日成回國時，朝鮮正動盪不安。在兩年前的開羅會議，同盟國已同意戰後恢復朝鮮獨立。當蘇聯在最後一刻出兵攻擊日本時，華府和莫斯科也同意朝鮮半島將以三十八度線為界：蘇聯領有北方，而美國統領南方。分界線僅僅應該是戰時因應日本投降的權宜之計。一九四五年時，沒有人會認為這道分界線會永久撕裂國土，朝鮮人民尤其難以相信。

在南北兩方，解放者都尋求舊識來幫忙組織行政和民生供給。即使美國人往往覺得李承晚既不可靠，又令人生厭，但是美國占領區卻難以避開這個選項。他有著相當的民族主義正當性，並掌有一個可以即刻在當地運作的組織。在美國的援助之下，李承晚成為了南韓的核心政治人物。但儘管如此，他與美國金主之間的政治衝突卻日益升溫。李承晚希望透過他所謂的韓國獨立快速實現民族協會（National Society for the Rapid Realization of Korean Independence）運動，使其政府得到國際承認。華府方面一直到一九四七年年中都仍希望與蘇聯的協議可以為實現韓國統一和全面普選鋪路。

在蘇聯託管區，則沒有可以匹敵李承晚在韓國及國際地位的角色。蘇聯轉而扶植年僅三十三歲的金日成，主因相信他會順服於蘇聯利益。但他們選擇他也是由於他的領導能力出眾，並且他身上沒有朝鮮共產主義者的政治缺失。朝鮮共產黨要不於二〇年代涉入派系爭端，要不就是三〇年代遭到蘇聯清洗。金日成上位數個月，就已經展現出忠誠和敏銳——雖然他也清楚表明他和共產主義同志嚮往的是統一全韓國，而非只領有部分。

韓國交付國際託管是為了避免兩大強權為了控制朝鮮半島發生爭端，而直至一九四七年底，美蘇雙方就韓國自治的提案上都持續你來我往。直到一九四八年年底之前，史達林很可能都未完全放棄武力統一南北韓。讓韓國分裂更為僵化的，是李承晚和金日成雙方都堅持不願妥協，除非朝鮮是在他們自己的統治下統一，再加上四〇年代晚期，其他各地的冷戰情勢也愈演愈烈。一九四八年五月，當美國禁不起李承晚和其他反共人士的壓力而讓步，讓南韓施行自己的選舉時，就已覆水難收。李承晚已經開始迫害共產主義者、工會成員以及其他左翼分子。他的選戰幾乎未戰先捷。

美國對韓國想法的改變，並不僅僅是全球冷戰情勢的被動反應而已，而是也受到朝鮮半島鄰近中、日地理位置的戰略考量所影響。在中國的內戰，美國的盟友蔣介石大勢已去，中共開始透過占領意圖瞄準政權。在日本，美國必須創建一個可以擊潰境內左派勢力、並與華府維持長期盟友關係的政權。兩相看來，韓國都舉足輕重。萬一中國落入共產黨之手，駐軍朝鮮半島能為美國保留進入亞洲大陸的門戶，也能幫助美國協防日本。長期下來，這也能讓日本政府對保衛戰略位置更為自信。因此，在南韓有個與美國互通聲息的領導人，對四〇年代晚期美國在軍事和民生上的運籌帷幄愈來愈重要。

一九四九年以前，史達林較少將注意力放在韓國，主要是因為他正在重整蘇聯之於中國的角色，畢竟共產黨跌破了他的眼鏡，在中國內戰中占了上風。對於這位蘇聯領導人乃至所有其他人而言，中國加入共產主義陣營是件需要花些時間適應的事情。史達林不相信中共，儘管他們公開對蘇聯和史達林表示忠誠。但他當然警覺到中國的共產主義政權可以帶來巨大的戰略機會。他在內戰最後提供中共援助取得政權的政策也將韓國整合了進來。蘇聯控制的北韓可以是中共軍隊的後勤基地，而在東北的戰役的確對共產黨的勝利至關重要。蘇聯也幫助組織朝鮮志願者為中國共產黨而戰。

一九四八年五月大選後，李承晚在首爾宣布大韓民國成立。金日成緊接著在同年九月於北部首都平壤宣布成立新國家。對金日成而言，僅僅成立「人民共和國」是不夠的；他因應當時使用的口號，定國號為朝鮮民主主義人民共和國。兩造新政府都得到了各自強權靠山的祝福。諷刺的是，史達林和杜魯門當時似乎都相信各自成立政府就能避免戰事發生。無論如何，在新政權建立後，蘇聯和美國軍隊都從朝鮮半島撤離了。

當他們組建政府時，兩韓都為了彼此衝突而未雨綢繆。在蘇聯指導下，北韓共產主義者恢復了日本曾集中建設發展的工業生產能力。他們也實施土改計畫，將土地從過往與日本人過從甚密的地主手中釋出，將之分配給耕者。土改政策為新政府贏得農民的支持，也改善了北韓境內的食物供給狀況。但這和其他共產主義運動卻也造成了數十萬難民逃到南方。

在南韓，李承晚持續打擊異己，現在已經殃及了許多對共產主義並不認同的自由派領導人。他鎮壓共產黨在濟州島南部領導的叛亂，死傷無數。韓國陸軍不僅處決涉嫌參與游擊隊的人，還有他們的家人，有時甚至連坐殲滅一整座村莊。這些游擊隊大都是當地人，認同這座小島，在叛亂結束前已苦戰超過一年。在南韓的其他地方，抗議事件遭到打擊，獨立組織則在《叛國法案》（National Traitor Act）下變成非法組織。

一九四八年末開始，三十八度線兩邊變得更加劍拔弩張。兩方政府都試圖跨過分界線發動攻擊，而許多間歇不斷的小摩擦導致首爾和平壤長期處於緊急狀態。箝制著李承晚和金日成的是其靠山不會支持他們以武力統一全國的計畫。美國認為維持現狀已教人滿意，而蘇聯則專注在中國問題。一九五〇年六月以前，金日成已向史達林呈遞了至少兩個（可能有三個）對南韓發動攻擊的具體方案。一九四九年九月，在莫斯科的偉大領袖否決了其中一項。他告訴金日成：「不可能認可已經完全準備好以武力攻擊南方，因此，從軍事的角度來看，無法允許」：

> 我們當然贊同你的看法，南北兩方的人民都在等待國家統一……然而，迄今都無人鼓動南韓大眾主動發動抗爭，發展全南韓規模的黨派運動，在當地創造解放區，並組織軍力廣泛發動起義……更重要的是必須考量到，如果北方主動採取持續性的軍事行動，將給美國人理由以各種方式介入韓國事件。4

金日成當然怏怏不樂，但是他不可能在沒有蘇聯的協助下貿然行動。共產黨勝利之後，史達林慢慢地開始改變心意。根據蘇聯文獻，這可能有至少五個原因。中共的勝利改變了整個戰略圖景，也顯示美國人不太情願干預亞洲大陸的事務。再加上史達林對於歐洲反美進展牛步愈來愈感到厭煩，從柏林封鎖的失敗就可以一覽究竟。史達林在平壤的代表捷連季．什特科夫（Terentii Shtykov）是蘇占朝鮮的領袖，後來成為第一任駐北韓大使。根據他從平壤發給史達林的彙報指出，如今共產主義在南北勢力的平衡上已經居於上風。史達林根據美國對歐洲的行動模式推斷，此情勢並不會持久。最後，韓國也是對新中共政權「國際主義」的一個最佳試驗。如果他們為金日成的軍事行動開綠燈，那麼便能證明自己是革命的實踐家，而非僅是革命的理論家。

史達林亟欲讓中國人證明他們堅忍不拔，主要導因於他知道毛澤東對韓戰並不熱衷，這位中方領導人曾如此多次告訴蘇聯。如果要毛澤東選擇在亞洲的首要幫助對象，那將會是幫助越南獨立同盟會在印尼重要戰役中大破法國，取得關鍵勝利。在毛澤東心裡，韓國可以暫緩行事。中國人需要時間重建家園和軍力，而韓國距離礦產豐饒的東北太近，離中國首都北京也僅咫尺之遙。所以當一九五〇年四月金日成初訪莫斯科，史達林接受了其緊急武力統一韓國的提議時，也告訴金日成要立刻趕往北京取得毛澤東的贊同。這是標準的史達林式試驗，令人想起兩年前他給予南斯拉夫狄托的就是這種進退維谷的選擇：要是毛澤東答應了，那麼他就必須投入發生在自己國境上的攻勢，卻又不能置一詞；要是他拒絕，那麼就證明了毛其實是不如中國政治宣傳那樣的國際革命領袖。

但毛澤東無法說不。他是一位共產國際主義者，他認為中共對幫助其他地方的革命責無旁貸。他也將史達林視為理所當然的國際共產主義運動領袖，不會願意讓這位領袖的權威受到挑戰。更重要的是，中國人才剛剛已經以武力統一了自己的國家，他怎能否決韓國共產黨的小老弟這麼做的權利？[5] 一九五〇年五月，當金日成抵達北京時，毛澤東先再三跟莫斯科確認史達林已給了金日成綠燈。莫斯科確認了。「在與朝鮮同志的會談中，菲利波夫〔作者注：Filippov，史達林的祕密代號之一〕同志和他的朋友們提出，鑒於國際形勢已經改變，他們同意朝鮮人關於實現統一的建議。」[6] 毛澤東對金日成說，韓國人也會得到中國的支持。但他警告金日成，外國帝國主義的干預會使任務變得超乎想像的困難。

史達林一開啟了綠燈，攻擊南韓的準備就如火如荼地展開了。當時還有數百位紅軍軍事顧問旅居北韓，五、六月間又有更多紛至沓來。主要擬定攻擊戰略的是蘇方，他們以二戰末期對抗德、日的高機動性軍事行動為基礎發展戰略。蘇聯送來大批移動火砲、坦克以及技術要員協助備戰和維護軍武。史達林清楚地讓韓國人知道，這是他們的戰爭，但是蘇聯會傾巢而出。金日成向史達林保證數週內就能贏得勝利，因為當北方軍隊越過三十八度線時，成千上萬的南韓人民會起身對抗南方政權。預計六月底發動攻擊。

通常行事謹慎且務實的史達林怎麼會批准對華府的羽翼發動攻擊呢？主要原因是這位年事已高的蘇聯領袖愈來愈陷溺在自己的妄想中。四〇年代晚期的東歐共產主義者被整肅，蘇聯許多反史達林的「陰謀」被發現，以及對南斯拉夫和中國的處置，在在指向同一個方向。雖然這位蘇聯領導人可能一直都多少有些瘋狂——從他經常謀劃反制其幕僚、草菅人命都可以看出——但是至少在過去，他的瘋狂還自成邏輯。史達林能廢寢忘餐地工作，能取得需要的資訊，了解他人的想法，這至少能稍加彌補他錯綜複雜的心理。但是及至四〇年代晚期，他已經開始不再能依循過去做決策時雖有漏洞但尚稱周詳的思路，漸漸任由起伏不定的脾氣駕馭其行為，並自視無所不知、無所不曉，至少在策略上是如此。其他像是華府的跡象顯示種種保衛南韓的計畫、蘇聯的第一次核子試驗，以及蘇聯在柏林深陷泥淖帶給蘇聯的憤怒等等理由，可能都在此決策中扮演著一些角色。但是韓戰來自史達林的心境轉變，如果他沒有給金日成開綠燈，戰爭可能不會發生。

六月二十五日清晨，北韓在三十八度線全面發動攻擊。其計畫是攻占首爾，然後在南韓中部包圍敵軍。第一週，南韓方面難以招架。首爾在第三天的攻勢中淪陷，李承晚敗走南方。南韓失去了四分之三的兵力，而其中絕大部分是叛逃。雖然李承晚的兩萬兵力成功逃到東南岸，但是包圍計畫毫無必要，因為反抗如螳臂當車。戰事蔓延之際，兩方軍隊都犯下暴行。李承晚政權屠殺大牢裡的左翼分子，北韓則沿途處決南韓官員。美國軍事顧問從一開始就與南韓並肩作戰，少部分美國支援軍在第二週時從日本抵達。七月底，金日成仍然向莫斯科報告戰爭將在一個月內結束。

雖然北韓在軍事中占了上風，但是國際上對於戰爭的反應，讓金日成的預測顯得過於天真。國際上將這次攻擊視為冷戰的一環，而不僅僅是韓國內部的事務。從冷戰在國際事務上舉足輕重的程度便可見得，這樣的反應並不意外。在華府，杜魯門總統立即聲明這次戰事是共產主義明目張膽的攻擊，要更進一步減低美國在亞洲的影響力，考驗美國和其全球盟友的意志力，他下令美軍抵抗。總統也在聯合國安理會上正式決議，譴責北韓攻擊，視之為「破壞和平」，命令北韓立刻撤退。蘇聯正因美國拒絕讓中共代表的中國政權入聯而杯葛聯合國安理會，因此此決議一致通過。隔週安理會通過了一項附加決議，呼籲聯合國會員國「為南韓提供必要協助，以擊退武力攻擊」。安理會在南韓建立了一個聯合國軍事指揮部，由美國領導。聯合國決議是杜魯門政府的巨大勝利，不僅正當化了美國在韓國的攻勢，也要求其他國家協助作戰。

同一時間，蘇聯隔岸觀火。他們主張北韓的「反擊」僅是對美國／南韓進犯北韓的計畫做出反應。即使他的外交官請求，史達林仍拒絕派遣他的聯合國大使回到安理會阻止第二項決議，蘇聯本可如此輕易否決此項決議。史達林發布指令要在外交上維持低調，用軍力一較高下。儘管如此，史達林很顯然被華府方面快捷的反應嚇到了。蘇聯一直希望攻擊會在美國軍事介入前結束，但他們和中國人開始了解到這結果是不可能發生了。

因為儘管他們擊潰南韓軍隊，北韓也無法成功殲滅全軍。殘餘的南韓軍人抵達東南岸時，加入了從日本來的美軍，軍容壯盛。雙方一起在釜山城周圍建造了一個外圍陣地，以防禦北軍進犯。拿下釜山行動失敗令北京警鈴大作，毛澤東現在已經預期美國會反擊，蘇聯則維持樂觀。遲至八月中，紅軍總參謀部向史達林匯報，他們預期戰爭很快會結束。但他們錯了。到了九月初，美國和南韓軍隊開始突破防線，向北推進。

然後，九月十五日，以美國為首的軍隊在鄰近首爾的仁川，成功地以兩棲作戰的方式登陸。在這一著險棋之下，消解了北韓的斬獲。日占區的司令美國將軍麥克阿瑟受杜魯門任命指揮這次韓國攻擊行動。為了政治和戰略上的考量，麥克阿瑟堅持在如此北部的地方登陸。他想要解放首爾，但是也威脅要攔截在半島南端的北韓軍隊。麥克阿瑟的成功超乎他的想像，仁川登陸讓金日成的軍隊措手不及。然後他們將防禦首爾視作首要任務，而非保護其更南邊的戰略走廊。首爾在一週的艱困作戰後失守。是時，金日成的南方軍隊已經與北方補給失聯。遭受來自西方、南方的壓力，以及益發密集的美軍空襲，深入南韓的共軍開始潰敗。十月一日，他們逃回三十八度線，其中僅有幾支部隊得以從容撤離。將近十萬人投降。

軍事大權在握的麥克阿瑟現在要求北韓無條件全面投降。十月七日，在華府的授權下，美軍和盟軍越過分界線進入北韓。在莫斯科，史達林異常震怒，痛斥北韓無能，以及己方軍事顧問怠忽職守。但他仍然不願意出手幫助金日成，而是於十月一日捎信給毛澤東。史達林在訊息中一如既往，每每收到壞消息時就聲稱自己在休假，與事態進展脫節。但他知道「我們的韓國友人現在情勢危急」。「我想以現在的情勢，如果你可以派遣部隊幫助韓國人，那麼你應該即刻調遣至少五、六師部隊到三十八度線。」史達林如是說。[7]

毛澤東當然知道金日成現在處境危險。他也知道國人同胞已厭倦戰爭，而委婉地說，抗美援朝是一項有風險的行動。但是這位中國領導人剛剛打贏了內戰，仍情緒激昂。雖說他必須努力爭取，但他已經得到了他所企盼的莫斯科領導人的認可。更重要的是，他也相信革命中國假以時日必然得與美國作戰。毛澤東認為，帝國主義者厭惡且恐懼中國革命。他就是不相信身為帝國主義陣營首領的美國會在未動干戈的情況下，讓如中國一樣重要的國家全身而退。

早在北韓進攻之前，中方領導階層就已經為了可能需要介入韓國事務未雨綢繆。毛澤東一知道戰事箭在弦上，就將南方軍力調到滿洲里，並且在當地安插了他最好的指揮官。只是，新中國仍然有許多更要緊的軍事任務，而韓戰讓其中一些任務變得更為艱巨，例如即刻攻下蔣介石政府餘黨避走的臺灣。當毛澤東知道韓戰爆發之後，美國已將海軍戰艦開入臺灣海峽協防蔣政權時，並不感到驚訝。畢竟，毛澤東跟杜魯門一樣，將戰爭視為全球共產主義與資本主義的衝突。但令他擔憂的是，中國本該優先處理其分內事務，但如今卻必須將幫助金日成放在一切他心中更重要的事情之上，例如收復臺灣、協助越共，或者更進一步收復西藏、新疆。

一九五〇年十月二至五日，中共領導階層緊急召開會議，決定介入韓戰。打從一開始，毛澤東就清楚表明他希望中國軍隊進入北韓。史達林做出過要求。中共內戰時，北韓於中共有恩，毛澤東自己也承諾金日成，如有必要將兩肋插刀。而且毛澤東認為中國不該怯戰。現在打仗，總好過美國人打到中國邊境時才抵抗。毛澤東的一生都在作戰。他按兵不動，靜待事情結束的機率不高。

但是在美國反擊、北韓抵抗瓦解時，中共政治局的其他領導人產生遲疑。十月二日第一次會議時，許多人表達不贊同毛澤東已經寫好的電報，答應史達林的要求。經過多番討論後，毛澤東必須改變說詞，通知莫斯科大老「我們現在忖度著，這樣的行動必然造成嚴重後果」，因此婉拒即刻干預的要求。[8]毛澤東也許是中國革命的領袖，但是在政治局，他仍然只是身分平等的同志之首而已。但這情勢很快會改變。證據顯示毛澤東隔天早晨已經後悔屈服於政治局多數，並且召開了中央委員會延伸會議，以進一步討論。他也邀請銜命為遠征隊指揮官的彭德懷將軍參與，以爭取軍事干預。加上史達林又發送了緊急干預要求，十月五日，毛澤東令政治局翻轉上次的決策，轉而同意派遣多達九師軍隊參與韓戰。

史達林熟知北京決策的過程。在十月五日的訊息中，他贊同毛澤東的態度，說道：「如果戰爭無法避免，讓它現在發生，總好過數年後，等日本軍事力量恢復，變成美國的盟友時才爆發。」9 史達林也全力支持中國干預。毛澤東以蘇聯將派軍協助作為商談籌碼，說服其同儕，並派遣總理周恩來到史達林位於黑海的鄉下宅邸，以直接與老大哥協商細節。史達林仍然擔憂蘇聯的參與若太顯眼，會致使蘇聯直接捲入戰爭。儘管他早先對毛澤東做出了承諾，但是一直未派出空軍支援，直到中國軍事干預了好一陣子之後。中國人遲疑了。十月十二日，史達林告訴金日成，由於中國人不願出兵幫忙，北韓領導人和剩餘兵力必須離開南韓，退避北方。隔天毛澤東又獨排眾議，做出軍事介入的最終決定。

在史達林和毛澤東躊躇不定之際，聯合國軍隊持續進攻。十月一日，南韓軍隊已經進入北韓境內，十月九日美軍也緊接而入。十月十九日，平壤落入聯合國手中。十月三日，中國曾對美國示意，若美軍越過北韓，他們將會介入，但華府似乎並不以為忤。杜魯門和麥克阿瑟的目標是逼迫北韓投降。名為人民志願軍的中共軍隊於北韓首都平壤淪陷時入境，兵力約二十萬。美國情報單位知道他們的動靜，但並不知道確切人數。中國沿著邊境首次對南韓軍隊開火，並加以殲滅。十一月一日，他們在雲山攻擊了美國陸軍第一騎兵師，完全攻美軍於不備。美軍有超過一千人戰死。毛澤東喜出望外，命令中共軍隊等待增援再前進。這使得麥帥做出了這次戰爭最大的誤判，下令對他以為只有寥寥數人的共軍發動攻擊。

結果，聯合國軍隊栽了大跟頭。中方的反擊不僅消滅了進攻勢力，兩方均消耗甚巨，而且逐漸迫使聯合國軍隊撤退。十二月時，聯合國軍隊被完全趕出了北韓。一九五一年一月四日，首爾再度落入共軍之手。麥帥愈來愈公開主張要美國將戰事延燒到中國本土。在華府，美國參謀長聯席會議開始討論是否使用核武結束戰爭。杜魯門遲疑了。他擔心韓戰將主要的美軍資源從歐洲移開，以冷戰而言，歐洲對杜魯門來說更為重要。他也擔心麥克阿瑟挑戰其總體指揮官的權威。當麥克阿瑟致共和黨黨魁的批評政府信件在眾議院被宣讀出來時，杜魯門受夠了。四月十一日，他解除了這位喋喋不休的將軍的職務。稍後杜魯門一如往常解釋道：「我辭退他，是因為他不尊重總統的權威；我不辭退他，是因為他是個笨蛋狗娘養的，雖然如此，但也並不犯法。若這犯法的話，他們二分之一到四分之三都要被關進大牢。」[10]

三月中，聯合國軍隊重新取回首爾，並且得以在接近三十八度線之處建立並維持一個微弱的前線。四月，中國人試圖驅逐他們未果，因為美國空軍居於優勢。中方持續損兵折將。一九五一年春天的攻擊行動中，死傷人數高達聯合國軍隊的十倍。在五、六月間，中國軍隊於兩週內就損失了四萬五千至六萬人。中國部隊也開始面臨軍糧補給窘迫的問題。及至六月，毛澤東已經準備好維持現狀停戰。但是史達林反對。「持久戰讓中國軍隊有機會在戰場上體驗現代軍武，」蘇聯領導人恣意主張，「並且……動搖杜魯門在美國的政權，使英美軍隊的威望折損。」[11]毛澤東不想要看起來比蘇聯老大還急於妥協。李承晚現在又再度回到盡成斷垣殘壁的首都視事，囑咐聯合國不要在韓國人民被全部解放前捻熄戰火。韓國的和平並非易事。

一九五〇年秋天，當中方攻擊美軍時，世界各地的人們都認為這將快速導致第三次世界大戰。一位住在康州的十五歲青少年在開戰時，寫信給杜魯門，告訴他每晚聽到飛機從上空飛過，她都輾轉難眠，「擔心我們所有人會隨時被殺」。[12]在北美、歐洲和亞洲，肯定有無數人深有同感。美國政府希望縮小戰事範圍。杜魯門了解到他必須在利用韓國取得國內輿論支持國際圍堵政策與日漸繁重的軍事支出，以及避免引發全面戰爭的恐懼兩者之間取得平衡。由於杜魯門總是誇大其詞，一開始這個平衡掌握得並不好。十二月，在一次對全國人民的談話中，總統宣稱「我們的家園、我們的國家，所有我們相信的事物，都處於極大的危險之中」，「這個危險是蘇聯領導人製造出來的……六月，共產主義的帝國主義軍隊在韓國引發戰爭……然後十一月，共產黨將中共軍隊拽入與自由世界的戰事之中。此舉顯示，他們現在想要將世界推到全面戰爭的臨界點，以達目的。這是在韓國爆發的事件真正的意義。這是為什麼我們都面臨著極大的危險。」[13]

隨著愈來愈多美國人認為全球戰爭即將爆發，一九四〇年代即開始的反共，在美國本土變得更加失控。麥卡錫參議員和其支持者，例如加州新進參議員理查·尼克森，指控政府在國內縱容共產主義。政府因此調動忠誠委員會調查上百萬名雇員，質問他們歸屬於哪些民間組織，他們的閱讀習慣，以及是否認識任何共產主義者。數千名記者、藝術家、普通工人因為拒絕加入這個瘋狂的陣營而被列入黑名單，難以找到工作。教師和其他公務員——在其中一州，甚至連郵務工作者和掘墓人——都被要求要對美國憲法立誓效忠。

在歐洲，韓戰也導致冷戰加劇。西歐領導者擔心韓國只是蘇聯的試驗場。法國的夏爾·戴高樂在猜想，是否「這些當地行動只是初試啼聲……就為了最終長驅直入歐洲的『大震撼』做準備。蘇聯要統一歐亞範圍，歐洲是理所當然的核心中樞，其結果是失去自由」。[14]法共沿用蘇聯的說詞「華府在韓的傀儡政權公然挑釁」，在北韓開戰隔天，在其《人道報》（*L'Humanité*）頭條強調：「人民軍成功反擊南韓軍隊的進犯！」

但是衝突也有其他效應。對於核武的恐懼蔓延了開來。像在美國一樣，在一些西歐國家，激進分子被列入黑名單，不得工作，雖然在西歐政府的迫害行為遠遠不及共產政權在東方陣營的迫害程度。對於協助南韓，西歐從來就興趣缺缺，而蘇聯和共產主義的政宣說韓戰是美國在攻擊無辜人民，確乎造成些許影響。大多數人僅希望衝突能在蔓延到他們的世界之前結束。

由於鄰近南韓，且有殖民主義的歷史，日本對於韓戰的反應既是恐懼，又是天賜良機。多數日本人擔心戰爭波及國土，不論是因為蘇聯的核武攻擊還是中國的進犯。反戰示威活動聲勢浩大。畢竟，日本是世界上唯一遭受過核彈攻擊的國家。但對於政治領袖和商人而言，這同時也意味著機會。他們知道戰爭會使美國更依賴日本的支持，而且日本企業會是在韓美軍無人能出其右的補給來源。在戰爭期間，日本的確回收了豐厚的經濟報酬。更重要的是，戰爭讓美國託管日本畫下句點，讓日本成為了美國珍貴的盟友。李承晚和其他南韓領導人雖然厭惡這種想法，但事實上，他們的政府的確無法在沒有日本支援的情況下全身而退。

第三世界沒有國家或運動贊同美國出兵。印度從一開始就堅持應結束戰爭，並且撤回三十八度線。其他國家甚至更為不滿。中東的評論和社論以及非洲解放運動的聲明都切中要害。為何美國急於介入北韓問題，卻對法國在阿爾及利亞或非洲的種族隔離政策視而不見？第一個主要的種族隔離法《人口登記法》（Population Registration Act）是在韓戰爆發的同一週簽署的。然而南非軍隊卻參與聯合國在朝鮮的行動。雖然當時人們並不知道，但是一九五〇年十一月殺死毛澤東的兒子、駐韓官員毛岸英的，就是南非作戰中隊的戰機。

對杜魯門政府來說，成功召集國際陣營比誰在其中更重要。因為前所未有的聯合國指令，十六個國家派兵到韓國。其中最大的組成來自英國、土耳其、菲律賓、泰國。法國、希臘和低地國家也派遣了部隊，還有一些大英國協國家（加拿大、澳大利亞、紐西蘭）。但在韓聯合國軍隊中幾乎有九〇％是美國人。更重要的是，聯合國軍都在美國指揮之下作戰。

雖然韓戰有助於美國的國際盟友，但也可能更強化了中俄合作。在中國干預開始後，蘇聯跟進支援，供給中韓軍隊許多需要的物資。蘇聯也派遣更多軍事顧問，以及更重要的是更多戰機和反導彈。一九五一年四月，史達林同意蘇聯飛行員出動空戰，只要他們仍留在北韓領空即可。約有八百位蘇聯飛官飛行在朝鮮上空，大都是米格15戰鬥機，那是當時蘇聯可調用的最先進戰機。戰爭期間，中蘇之間的合作和互信有實質上的成長，儘管有時三方盟友在戰略上仍會有意見分歧之處。

韓戰也對中國國內有著深刻影響。一九五〇年，中國人已經經歷了二十年的戰事，都渴望和平，對於又要送年輕男子上戰場，而且這次還是去國外打仗，相當不滿。甚至有些軍人也發出異議，他們問道，為什麼在國內已經獲得勝利了，還需要從華南一路行軍北上到韓國參與他國戰役。隨著傷亡人數攀升，有些人問了更辛辣的問題。有一位參加長津湖戰役的陸軍大尉記得：「二十天前，當我們爬上這座山丘時，兩百位年輕人在跑跑跳跳，充滿士氣和遠大夢想。」

> 今晚只剩下六個人。他們負傷又疲累，緩慢地爬下山丘。他們的臉和手臂被塵土和鮮血染汙了，看起來猶如黑炭。他們的制服都殘破不堪，手肘處都撕裂開來了。他們看起來就像在黑暗中行走的鬼魂……我的中尉、中士和士兵們都跟隨我從中國一路到韓國來。大多數都永遠無法回家，再見到他們的家人了。他們年僅十九、二十歲，在這異鄉流乾了他們的最後一滴血。[15]

在韓國造成的破壞是相當廣大的。大多數國土都被戰爭蹂躪了至少兩次。所有城市都成斷垣殘壁，超過半數人口成為難民。幾乎所有生產都被摧毀，戰爭期間遍地饑荒。那些試著在城市中堅持著的人們，在戰爭捲土重來時面臨慘澹的命運。根據新聞報導，在第二次首爾戰爭中，「兩方大砲競相轟炸，造成韓國平民嚴重傷亡」。「老弱婦孺沒日沒夜不斷被用手推車、牛隻、擔架扛到團師指揮所，急切希望已經分身乏術的醫生可以在他們床前駐足足夠的時間，照料他們的傷勢。」[16]

儘管一九五一年夏天，休戰協議就開始了，但是戰爭卻繼續拖沓了兩個恐怖的年頭，兩方都未取得有意義的軍事勝利。不論是聯合國軍隊，還是中朝指揮官都不願意冒險發動可能一無所獲的大規模攻擊。但是停戰協議也進展無多。其中一個膠著點是如何處理戰俘問題。中國和北韓堅持要送回所有戰俘，即使是不想回國者。美國人認為應該只遣返那些想要回國的戰俘。同時，南韓的戰俘營變成了一個實質的小型戰場。營裡的共產黨群體對抗美國和南韓安插的反共典獄長。在其中一場衝突當中：

> 在一九五二年初，旅長李達安（音譯）想要在第七十二號戰俘營中為每個戰俘刺上反共標語

的刺青……他下令讓獄卒懲罰那些拒絕刺青的人……然而其中一個戰俘林學僕（音譯）堅決不從……李達安最後把林拽下臺……「你要不要做？」林年僅十九歲，還只是大一學生，他滿身鮮血，幾乎站不直，大聲回答：「不！」作為回應，李達安用他的匕首砍斷了林學僕的手臂。林學僕尖叫，但當李達安繼續問他時，他仍然搖頭。李達安羞憤交加，於是用匕首擊刺林學僕。林學僕最後終於倒下了，李達安剖開林學僕的胸膛，掏出他的心臟，李達安握著這個血淋淋且還在跳動的心臟，對廣場內所有戰俘喊道：「誰敢拒絕刺青，就是這種下場！」[17]

無論是李承晚還是金日成都不想停戰。他們仍然堅持要達成全國「解放」。而且關鍵是，史達林也無意結束戰爭。美國人在亞洲愈難以抽身，他在歐洲的位置就更為穩固。

一九五一年初，韓戰在美國就已經愈來愈不待見。有三分之二的美國人認為美軍應該完全撤出韓國。[18]新聞媒體持續追問諸如戰爭目的的尖銳問題。一九五三年元月，有一位記者稱呼韓國是「悲慘的葬身之地」，他讓讀者感受當地：「我們三人昨晚抵達」，其中一位「去年八月剛從一間西南部的大學畢業。十月抵達韓國，一月葬身於此……他們在臨津江拐彎處遭到殺害，地處兩個我們稱為禿頭中國佬和帶骨豬排的山丘之間」。[19]一九五一年二月中，在四天之內，美國就有高達一千三百人傷亡。

一九五二年，戰爭現況讓杜魯門決定不競選連任總統。德懷特．艾森豪將軍代表共和黨參選，承諾盡早結束戰爭，必要的話，透過強硬手段也在所不惜。但他對於如何達成這個目的毫無頭緒。當他獲選時，艾森豪軟硬兼施——一方面威脅考慮動用核武，一方面施壓南韓接受停火協議。就職典禮之後，艾森豪同意無條件交換戰俘。他也對印度的全面停火提議表示興趣。

然後在三月五日，一則新聞的面世改變了一切。史達林逝世。三月一日，這位獨裁者一如往常，在位於莫斯科郊外的一間別墅與密友們共進晚餐。隔天，寓所外一片沉寂。由於嚴令禁止未受邀的訪客進入，衛兵直到晚間十點才敢開門。他們發現史達林躺在地上，嚴重中風使他立刻失去行動能力。當其繼任者試著收拾殘局，同時提防彼此時，他們的共識就是要結束韓戰。他們認為繼續戰爭既危險又毫無必要，並且希望結束戰爭能向美國傳達緊張關係緩解的訊號。

史達林的蘇聯共產主義繼任者對於韓戰變得愈加危險這一點判斷相當正確，即便衝突線已不再遷移。韓戰對於冷戰最重要的影響是讓軍備衝突上升到全球的規模。美國防禦預算增加了不只一倍，而其中只有一部分增加的預算用在韓戰之上。北約組織在一九五〇年夏天之前都還僅是政治組織而已，如今已將軍事也整合進去了。美國對英、法的軍事支援增加，就如同美國也堅決重新武裝西德。核武計畫也蓄勢待發。也許最重要的是，艾森豪政府給人的印象是美國致力於全面保護其海外聯盟。冷戰是一個零和遊戲，任何進一步的想法都可能引來敵方攻擊。

韓戰的休戰協議幾乎是在戰爭爆發整整三年後簽署的。共產主義勢力接受大多數此前僵持不下的提案。對於所有受到波及的人來說，這都是一場無謂、可怕的戰爭。當然，韓國自己面臨的情況又更糟糕。舉國千瘡百孔。三百五十萬人因戰爭或死或傷，高達一千萬人需要仰賴食物救援。光是在南韓就有至少十萬名孤兒孤苦無依。[20]那些能回到自己城鎮或村莊的韓國人，看見的盡是死亡和絕望。他們的外國盟友試圖改善狀況，以便將「他們」版本的韓國整合進各自的同盟體系。但對於韓國人自己而言，戰爭是一場國難，留下至今仍難以癒合的傷疤，揮之不去的悲痛。

第七章
東半球

從四〇到六〇年代，有另一個遍布全球的世界，從北極經中歐到亞得里亞海，然後從那裡經過高加索和中亞到太平洋岸的朝鮮和海參崴市。海參崴的市名原意為「東方的征服者」，現在則象徵著共產主義在歐亞大陸大面積土地上的勝利。但是共產世界並未停在那裡。以海參崴為起點，它向南經過世界上人口最多的國家——中國，到越南的南海岸為止。這個世界最令人驚嘆之處是它連接的方式。那不僅僅是透過北約之於北大西洋的國家那種國安聯盟，而是一種整合主義式（integrationist）的政治與經濟計畫，對於世界應該如何運作、如何加以改變，有所共識。其基礎是馬克思和列寧的教誨，奠基於史達林在蘇聯所發展的實踐。它偏執地維護其完整性，並且致力於支持冷戰中的蘇聯。它（似乎）提出了一種異於資本主義的成熟替代方案，駁斥那些認為美國是二戰的最大勝利方的看法。

所有共產主義統治都奠基在軍事力量上。在東歐和北韓，蘇聯紅軍幫忙共產政權上位。在中國、南斯拉夫、阿爾巴尼亞，當地共產黨軍隊自行取得了政權。[1]但是在其他所有案例中，領導人都將共產主義的軍事接收視為社會主義革命。馬克思的概念原是資產階級領導的資本主義會逐漸發展成社會主義的基礎，但他們將其教誨拋諸腦後。就像史達林，他們相信共產主義政權會在其各自國家創造社會主義，尤其因為蘇聯已經為此發展軌跡開鑿出了一條道路。因此，這些政權都必須被迫主張他們首先代表「民族」革命，然後繼續發展社會主義，因為這對整個民族最好。就如同私有企業謊稱自己所作所為都是為了公眾利益一樣，共產主義者主張所作所為是為了整個民族，兩者顯著地相似，即使他們的政策毫不保留地強化某些社會階級，又邊緣化其他階級。對各地共產主義當權者而言，最大的困難是他們主張代表整個國際。他們說未來是屬於無產階級和農民的——屬於階級，而非民族國家。問題是，對於四、五〇年代的尋常百姓而言，強大的民族國家就是他們的心之所繫。戰爭已經揭示沒有自己國家保護的人民有何下場。東歐血流成河，猶太人和吉普賽人大規模屠殺，邊界線的移動讓波蘭人、匈牙利人、羅馬尼亞人得以主張其國家為民族國家。即使當共產主義者已經對發動「民族」革命得心應手，也必須支持國際主義，尤其因為莫斯科讓這變成試驗每個共產政權忠誠度的試金石。從一開始，共產主義者就對於民族（nation）、國家狀態（nationhood）乃至國家獨立（state independence）等概念充滿矛盾。

共產黨在世界各地都是少數。例如，匈牙利共產黨在戰後僅有三千黨員。[2]因此，他們必須仰賴監控和軍力來維繫政權。他們所用的伎倆都是效法俄羅斯革命後的布爾什維克黨，或者有時來自戰間期的納粹或其他專制政權。雖然各地都使用解雇、沒收資產、祕密逮捕、勞改營，和威嚇或虛或實的敵手等手段，但是死亡人數卻有著天壤之別。在中國，如同我們所見，有超過兩百萬人在共產黨統治的頭兩年喪命。在匈牙利，死亡人數大約是五百人，而捷克斯洛伐克僅有不到兩百，箇中差別大概是因為政權的特性和領導人的處境不同。中國經歷了很久的內戰，爾後變成了在朝鮮的國際戰爭，但在捷克斯洛伐克，取得政權時的暴力是相對輕微的。但是中國共產黨也相信快速改變其國家，並且喜歡使用「不打破雞蛋就不能做歐姆蛋」這樣的話語。[3]就如在布拉格，共產主義的實現是一個緩慢的過程。

當然，所有共產主義國家都會因時制宜。即使共產黨掌權時，也仍必須建設國家，並與人民達成某種形式的合作。史達林還在世的時候，這些重要任務難以執行，因為這位年邁的獨裁者發動一連串愈來愈無邏輯可循的運動、清算，政策朝令夕改。一九五三年史達林死後，東歐政權益發穩定，經濟開始成長。共產黨刻意緩解緊張關係，這使得抗議變得更加活躍，例如一九五三年在東德和一九五六年在波蘭、匈牙利。但這也讓人民更易於與政府合作。畢竟對大部分人來說，共產主義政府只不過是一個新的政權，而社會主義愈來愈變成新的常態。過一段時間之後，統治者和被統治者發展出一定程度的相互關係。低階的官員得調整官方政策以因應自身需要。工人之間靠著彼此團結合作，爭取不被共產主義干預的自由空間。但也有愈來愈多人參與政府組織、活動、慶典。及至六〇年代初，在蘇聯本土和東歐（當然中國除外，史達林式的政治操作在那不減反增），統治者和被統治者之間終於達成了某種形式的休戰。

儘管不同的新共產主義國家之間地理、經濟條件迥然不同，各地共產主義者卻都朝著相似的方向前進。開始時，有許多共同的模式可以借鑑，而且往往直接套用蘇聯的實踐方式。許多共產主義國家都是農業社會，所以他們的領導人想要最大程度地以土地充實國庫。因此他們信仰集體化，認為國家可以以此維持農產利益，並且在政治上掌控農民。他們也認為蘇聯模式顯示集體農作更有效益、更工業化，也因此比自耕更為現代化。但是集體化往往令農民不滿，他們相信耕種自己的土地更得心應手。就如同他們與民族的關係一樣，共產主義者在農業議題上也陷入困境。他們聲稱集體農作才是未來，但在同一時期，從東歐到中國的許多農民已經開始販賣自己的農產品，換取現金，由此看見了與資本主義市場接上線的機會。

史達林和其忠實信眾推廣三〇年代蘇聯集體化農耕的方式，是他掌政時期最嚴重的罪行之一。沒有其他任何共產主義國家倒行逆施的程度能夠與之匹敵，也許是因為即使是蘇維埃國家也被其代價所警醒。所有東歐的集體化農耕都進展牛步，而在波蘭，這個過程完全失敗；在廣大農民的反抗下，當地共產主義政府也只好作罷——波蘭集體農場幾乎從未覆蓋超過該國一〇%的可耕地。集體農耕在其他地方則如火如荼地繼續發展，往往憂喜參半。尤其是在開發程度較低的國家的許多農民，主要誘因是可以取得科技。新政策也對農村社會的某些集體價值觀有吸引力。但沒有任何地方的農民願意毫無抵抗地放棄土地所有權。即便在中國，紀錄顯示一九五五年農業生產集體化的主要進程就已完成，且過程中對大地主施行了大規模恐怖手段，但是許多農民仍心懷猶豫。若有選擇，他們會更希望擁有自耕地。

共產主義經濟變革的核心原則是工業化，此一模式又是來自蘇聯。唯有透過快速工業化，一個國家才能變成社會主義且現代的國家。這項政策有明顯的吸引力：歐洲邊陲國家普遍瀰漫著深刻的落後之慨，而在歐洲以外的國家如中國、朝鮮、越南，快速工業化似乎的確是進步之道。所有人都被蘇聯工業生產在摧毀納粹德國時扮演的非凡角色所惑。重心總是放在重工業：鋼鐵、機械、造船廠，以及開礦鑿井，以供應此種工業所需。大企業優先，且幾乎所有投資都進入資本計畫。共產主義政府執政之初，消費品總是匱乏，那些市面上有的產品都免不了短缺，不然就是要排隊等待。

理想狀態是所有經濟活動都由國家主導，而且經濟模式應該是大規模生產，而非競爭或交換。因此計畫經濟和集中化在所有共產主義經濟中都扮演著重大角色。如同我們看到的，計畫經濟元素在戰後非共產主義國家也不少見。但不同之處在於計畫的整體性：在共產主義世界，它無所不包，從家庭消費到鋼鐵生產。及至六〇年代初，蘇聯和保加利亞的國家收入百分之百都來自國營和集體企業，而其他共產主義國家的數字也相去不遠。[4]私有財產透過收歸國有的方式被廢除了。

一個完整的計畫經濟的基礎是政府決定生產的優先次序，然後政府單位發布生產配額給工廠，工廠必須盡力達標。原物料、能源、勞力的分配也完全由中央決定，計算方式是要在時間內達到生產預期額的相應需求量。個別工廠會要求運輸、修繕和新機器，國家體制會根據政治上的優先順序來決定分配。投入和產出在想像上處於完美平衡，因此資源必須發揮最大效益。產出的區分機制上，分配取代了市場。沒有工廠關門，沒有工人被解雇，因此所有人隨時都有工作。國家是社會主義經濟機器，其目的是最大化生產。

當然事實往往與經濟理想背道而馳，就如同非社會主義國家的自由市場理念也與資本主義的實踐相去甚遠。雖然全盤計畫經濟的頭十年，工業為主的（社會主義農業永遠是墊後的）產能確實大增，但後來成長速度趨緩，無庸置疑，可以將之解釋為不過是因為前幾十年未發揮的潛力現在被推進了。在低開發經濟中，中央化資源管理在早期的成功中扮演著一定的角色，而工人們也興高采烈地重建工廠，因此國家整體獲取了成功。但計畫經濟中低效率問題也積年累月地累積，在經濟漸漸成熟後，這也成為了難以忽視的問題。缺乏有效分配、創新、產品區別，同時工人也缺乏動力，缺乏對自然資源和工業資源的撙節與保護。

隨著工業化而來的是都市化，以及農民以前所未見的規模搖身一變成為工人。例如，一九四五年時，保加利亞普遍是農村，只有少於四分之一的人口住在城市。及至一九六五年，這個數字成倍增長，超過半數人口以工業維生。所有共產主義國家都不斷複製這個過程——儘管經常是以更緩慢的速度。就如同所有快速的社會變革過程一樣，有著推力和拉力。對許多人來說，住在城市和學習新技能更有吸引力。但許多人是在集體化的影響下，或者受到共產黨施壓加入工人階級，才被迫離開農村。在所有共產主義國家，成為工人是一種榮耀。

共產主義政權建立了新的生產中心，這本應成為對工廠和工人而言理想的地方。在波蘭的諾瓦胡塔（Nowa Huta）、保加利亞的季米特洛夫格勒（Dimitrovgrad）和匈牙利的多瑙新城（Sztálinváros，史達林市）等新城鎮，社會主義計畫被推展到極致。城市中建造了大型工廠，鄰近地區也為工人建造了高樓中的現代公寓。學校和幼稚園由政府與工人就職的工廠合作管理，診所、運動場、音樂廳亦是如此；那些想要獲得更多教育的工人也有夜間課程可參加。這些都是免費的，或者只需要繳納報名費。無怪乎像是波蘭導演安德烈・華依達（Andrzej Wajda）的著名電影《大理石人》（*Man of Marble*），片中貧窮的主人翁布爾庫特（Mateusz Birkut）要蜂擁而至新式社會主義城鎮。雖然他們的許多希望都註定破滅，但是對於東歐和中國新興的工人階級而言，這象徵著令他們嚮往的未來。

對於大多數工人而言，通往社會主義的轉型帶來的報償寥寥無幾。雖然每個人都為工作安全和穩定的收入感到高興——尤其是那些經歷過三〇年代的人——但是生活條件仍然貧困，日用品短缺，有時候甚至連食物供給都不足，這與社會主義豐衣足食的理想大相徑庭。更糟的是勞動階級缺乏自主。在戰後幾年，所有東歐工人都初嘗自己的權力與影響力。有些地方，工廠協調會接管了工廠營運，或者與廠主協商交易。四〇年代末，共產主義工會進入地方，接管了工人組織，政府所指派的官員如今成了新老闆。他們根據上面的指示訂定生產預期額，工人們幾乎無置喙餘地。到處都有工人抗議，有些甚至指責共產黨是偽裝的納粹。漸漸地，在後史達林時代，政府開始透過調降生產率和增加食物和房租補助，來收買抗議的工人。

共產世界中一個最大的改變是婦女的地位。在東歐和東亞各地，女性總是由父權傳統所掌控，無力左右資源、工作或者家庭事務。在某些資本主義滲透的地區，給予女人新機會總是伴隨著更多的社會和經濟剝削。共產黨著手改變這種不幸的情況。最初，婦女透過新政策而得到利益。教育、工作、幼童照護等在許多地方都有著顯著成長。女人對於自己生命的掌控也是如此。離婚的權利和生育控制大幅改變了兩性關係。但是女人仍然與政治領導地位無緣。隨著政府增加生育率的號召，許多女人發現她們在工作和家庭義務之間，愈來愈蠟燭兩頭燒。在社會主義社會中，女人的雙重負擔變得跟資本主義社會一樣難解，進步思想和傳統規範之間的衝突更加劇烈。

之所以社會主義政權在起初給女人其他選擇後，傾向讓她們回歸家庭，是由於社會的逐漸軍事化。冷戰在其中扮演著重要角色。就如同在資本主義社會一樣，共產國家需要新的軍人從軍，而生育率下滑與此目標背道而馳。但是共產主義尚武的傾向並不僅是為了防禦。許多共產黨人喜愛軍事組織，視之為現代性的極致形式。對他們而言，或者至少對那些從未從軍的人而言，軍事組織代表效率和最大化資源的使用。這是生產線原則和規劃的大規模實踐。巨大的新閱兵場成為了共產主義國家的地標。對許多共產主義者（尤其是史達林的俄羅斯和毛澤東的中國）而言，社會應該被組織成機械，如同軍隊一般地工作，執行命令、攻城略地、消滅敵人。有自己議程的人、懷疑論者或異見分子都無法為社會所用。

國家社會需緊密組織的概念，往往導致最高領導人偶像化為集體奮鬥的象徵。這種崇拜深植於共產主義系統中，雖然在不同情況下會以不同的形式顯現。最糟的狀況是，領導者會利用它來建立自己的獨裁地位，例如史達林或毛澤東，或者在蘇聯統治下東歐各地都湧現的「小史達林」。金日成統治的北韓是另一個暴虐的例子。蘇聯國歌唱道：「史達林教導我們應忠於人民；並激勵著我們去建立功勛！」但是即使在對領導人的狂熱減退時，階級和權力仍然持續著。許多儀式、節日乃至神殿都為了崇拜領導人而建。雖然共產主義在原則上持無神論，但很難不懷疑共產主義者對於最高祭司和他們所代表的政治理論之神聖性有某種渴盼。

對那些無法認同這些理念，或者被這個圈子排除在外的人而言，共產主義暗無天日。監控是當時的秩序。政府雇有間諜幫助他們控制人民。僅是說錯了一個字都可能讓你陷入大麻煩。總會有些人透過舉報他人來挾怨報復，如同麥卡錫時期的美國也會。但是共產黨遠遠超過純粹統治的程度。整個社會團體或族群都遭到猜忌是否在為敵方進行活動，並且被排除在社會之外。當然，階級敵人包括舊貴族或者私有地地主、商店店家、工廠廠長，除此之外還有教師、作家或那些有外國或少數族群背景的人。在史達林時期的最後幾年，猶太人往往成為箭靶，遭到迫害。這麼做的重點在於迫使所有人都服膺於社會主義理念，雖然時間一久，僅是被動服從也漸漸差可接受。在蘇聯，即使在大規模處決結束後，清算敵人的運動還是於四〇年代末達到頂峰，同時冷戰也變得更加壁壘分明。五〇年代初，在古拉格系統的勞改營人口達至前所未有的高峰，約達兩百五十萬人。

即使抵抗是困難的，但是人們顯然確實做出了抵抗。在大獨裁者史達林、毛澤東或甚至金日成的領導下，在多數人的心中，服從一次次戰勝了抵抗，因為秉持異議要付出的代價太大了。但是一九五三年史達林死後，人們開始群起反對當權者，尤其是蘇聯剛剛贏得的東歐帝國。許多抵抗活動都來自平民工人：逃避工作、偷竊工廠資財、杯葛共產黨行軍、節慶、閱讀禁書，或者在家中餐桌圍坐著一起咒罵政府。有些人甚至更進一步組織地下會議或分發傳單。對當權者而言，這令人相當苦惱，因為這些惡行往往不是來自千夫所指的資產階級。這是工人階級的兒女們，是共產黨聲稱自己代表的階級群體。有時候政府出手鎮壓，這些小越軌行為的犯行者最後遭到監禁或送入勞改營。然而大體來說，東歐政府試著自制，僅僅是對人民發出警告，或者炒作人們對於蘇聯干預或德國復仇主義的恐懼。

但是在一九五三年，東德的抵抗已經沸騰至公開叛亂了。這於六月揭開序幕，當時柏林工人要求更好的工作條件和更好的薪資待遇。共產主義政府支吾其詞，致使四萬名抗議者集結於東柏林，一路步行至共產黨中央黨部。大規模罷工發生了。六月十七日，共產黨人驚惶失措，找來了蘇聯軍隊所支持的武裝警察。在衝突中至少一百人喪生，數千人被捕。奔逃到西德的技術工人本來已經不少，現在數字又更急遽攀升。在莫斯科，史達林之後的新領導人知道他們的德國問題還懸而未決。

在東德工人的抗議背後，是醞釀數年對於共產黨的不滿。首先，一九四五至四六年有紅軍的恐怖行動，並且工業機械遭到拆除，送到蘇聯作為戰爭賠償。隨後，一九四八年的柏林封鎖更增添了蘇占區的孤立感。一九四九年十月，當蘇聯和德國共產主義者同意在紅軍的占領區建立新德國時，他們是基於國家分裂、貨幣改革已成既定事實（de facto）的現狀立國。雖然在東德的大多數德國人都渴望在沒有外國占領的情況下統一德國，但是過去經歷的磨難也讓他們變得相當實際。這新的共產主義德意志民主共和國應該是一個社會主義工人國家，他們想要盡可能從中得到好處。當地有些工人希望增加自主權、提升生活品質。著名的德國作家如布萊希特和海姆回到東德定居。海姆在戰爭期間參與美軍，他寫了一封信給艾森豪總統，信中說道他放棄自己的美國國籍、譴責韓戰，並且歸還他因驍勇善戰而獲頒的銅星勛章。對布萊希特和海姆而言，德意志民主共和國是美好的德國。

但是如同其他政府的共產黨人，德國共產黨人在意生產更勝於工人的參與。他們並不十分熱衷於讓知識分子參與，除了讓他們為政權喉舌之外。東德領導人奧托．格羅提渥（Otto Grotewohl）在東德肇建的談話中對聽眾說，新政權的首要之務是重建：「如果德國人民只是守株待兔，被摧毀的德意志城鎮和鄉村，被毀的房子和工廠是不會自己再生的。因此，每個真正的德國人都必須攜手合作，盡快克服戰後的困境，重建一個自由、民主、愛好和平的德國。」[5]

一九五三年，柏林和其他東德城市的動亂正是導因於新政權急功近利。共產黨人再度增加工業生產預期額，提醒工人們共產黨會在他們的努力下建立社會主義。在第一階段的示威遊行中，工人的要求主要是經濟上的：「撤銷虛誇的預期額！」「立刻提高工資！」「調降食物價格！」但很快地口號變成政治上的：「自由選舉！」「釋放所有政治犯！」「言論自由！」在暴動被鎮壓後，東德共產黨人將動亂歸咎於外國勢力的挑撥，聲稱暴動是「法西斯主義試圖發動政變」：「透過他們的特務或者他們買通的人……西德和美國獨占的首都勢力成功入侵、影響了首都柏林和共和國其他地方進行攻擊和示威。」共產黨中央委員會說道。[6]他們想要人民回去勤奮工作。布萊希特在一首未敢發表的詩中痛陳，共產黨領袖聲稱人民辜負了政府，他們必須更努力重獲政府的信任。這位年邁的諷刺家寫道，如果「政府解散人民／選擇另一群人」，不是更簡單嗎？[7]

滿足工人們高舉的需求和防禦社會主義國家的兩難，是史達林身後蘇聯領導層的挑戰。這群繼位的領導人——總理格奧爾基．馬林科夫（Georgii Malenkov）、祕密警察首腦拉夫連季．貝利亞（Lavrentiy Beria）、共產黨第一書記尼基塔．赫魯雪夫（Nikita Khrushchev）、外交部長莫洛托夫、國防部長尼古拉．布爾加寧（Nikolai Bulganin）——對共產黨統治倒臺的恐懼跟他們對彼此的猜忌不相上下。史達林透過其殘酷手段和博得的尊重，確保了共產黨統治和所有政務的最終決策。他逝世後，續掌克里姆林宮的人都一致同意應該緩和緊張關係，且若蘇聯和其盟友未遭嚴重威脅，可以適度妥協。新政策的第一砲是釋放史達林所逮捕的猶太籍醫生，這名醫生曾被控試圖謀殺史達林和其他蘇聯領導者。貝利亞是前任祕密警察首腦，他可能透過宣布這個案件和其他相關案件是違反「社會主義合法性」，試圖掩蓋自己涉案的證據。因貝利亞在政策制定上大加干涉，令其他領導班子深感不安，因此共謀剷除他，一九五三年七月他被捕入獄，並於當年年底遭到處決。根據多位目擊者證詞，在貝利亞不願走到刑場時，莫斯科國土防空軍司令帕維爾．巴季斯基（Pavel Batitskii）將軍近距離射殺了這位全蘇聯最令人懼怕的人。[8]

處決作為史達林壓迫象徵的貝利亞，對還活著的領導人制定新政策助益不大。甚至釋放史達林的某些囚犯也惹來爭議。聽到醫生被釋放，一位女性鐵道工寫信申訴，信中透露著反猶主義和對偉大領導人的忠誠：「我們失去了偉大的朋友和父親，我們敬愛的約瑟夫．維薩里奧諾維奇（史達林」，我們臉上的淚尚未風乾，人民對我們未來的焦慮不安也尚未被撫平，卻聽到了令人震驚的消息傳出，可怕的想法鑽入人們腦中——人民的敵人被釋放了。他們又有權利再度作惡，摧毀人類和平的努力，以接受其英美主子的讚揚與獎賞。」9

儘管如此，在新任領導班子當中脫穎而出的赫魯雪夫慢慢浮出水面，成為新的領導人。他漸漸釋放那些被禁錮在古拉格勞改營的囚犯。雖然勞改營持續存在，直到蘇聯解體，但赫魯雪夫不再依賴他們作為國家經濟來源。在史達林的時代，國家經濟曾經完全依賴囚犯勞力。成千上百的囚犯——政治抗議人士、小偷、外國軍人，那些屬於「錯誤」國籍的人，和那些丈二金剛摸不著頭腦就鋃鐺入獄的人——開始從勞改營回到社會，努力找到回家的路，或者試圖在社會上重新立足。這就是俄羅斯的諾貝爾獎得主亞歷山大・索忍尼辛（Aleksandr Solzhenitsyn）在其《伊凡・傑尼索維奇的一天》（*One Day in the Life of Ivan Denisovich*）中刻畫的人們。這過程也是伊利亞・愛倫堡（Ilya Ehrenburg）所稱的「解凍」（The Thaw）。但是赫魯雪夫本人後來承認，新的領導人「很恐懼——非常恐懼。我們害怕解凍會造成我們無法控制、且反過來將我們淹沒的大洪水」。10

赫魯雪夫於一八九四年生在俄羅斯－烏克蘭邊境，他十四歲時從家鄉搬到工業城市頓涅茨克（Donetsk）。受正式教育不滿四年後，他幸運找到金屬鉗工學徒的工作。一九一七年，他加入蘇聯在當地剛成立的組織，加入紅軍參與內戰，在此期間他的元配過世了。內戰後，他將烏克蘭的政治崗位與技術性課題的晚課結合在一起。他積極參與執行三〇年代的史達林大清洗運動，並且於二戰期間成為對抗德國的前線政治官員，最後身居黨魁和烏克蘭總理。他在當地對曾服務德國人或尋求獨立的人士實行了共產主義式的報復。在史達林的最後幾年，他是莫斯科的共產黨領導人，且與史達林相當親近。由於教育程度低下，言行舉止笨拙，他往往被其競爭對手低估、嘲弄，但赫魯雪夫在政治權謀中勝出，於一九五三年搖身一變，成為最高領導人——現稱共產黨第一書記——並於五年後成為了政府最高首長。

赫魯雪夫在位的頭幾年，曾密切與同僚商議政策的制定。他們最大的挑戰來自東歐和中國。赫魯雪夫志在拉攏中國。他常常向其顧問批評史達林理智不在線，才會不立刻擁護中國革命。「我們跟中國會像兄弟一樣」，他很喜歡這麼說。他的第一個主要的國外行程便是出訪北京，在當地，他大幅增加了蘇聯對中國的經援。[11]東歐似乎更加棘手。新的蘇聯領導人了解到，有些史達林政策在他死後，已經導致抵抗浮出水面，不僅是東德，在其他地方亦同。但他們也擔心若不小心行事的話，東德的叛亂會在其他地方重複發生。因此，到了一九五三年末，他們發展出所謂的「新手段」（new course），在不弱化共產主義獨掌大權的情況下進行改革。

改革的重點是減少逮捕的人數或者以其他形式排除在社會之外的人數，赦免多數政治犯，縮減重工業和國防工業生產輸出，改善食物和日用品的生產狀況。並非所有做法都受到東歐共產黨領導人的歡迎，赫魯雪夫往往戲稱這些人為「小史達林」。他們當中只有一人蘇聯得以直接加以限制：匈牙利的老史達林主義者拉科西。他已經在貝利亞干政時期被迫與曾被批評為「民族主義偏離分子」的納吉・伊雷姆（Nagy Imre）共享權力。即使在匈牙利，這些改變仍僅是暫時的。一九五五年，拉科西透過政治操作取回政權。[12]但是赫魯雪夫仍然力推政治改革。他會見了東歐領導人，並且警告他們若不改革，將會蒙受災厄。但是多數東歐共產主義者還是加以拒絕，憂心若發動改革，人民會將之解釋為政府有缺失。他們經常向憤怒的赫魯雪夫解釋道，他們之前僅是遵照莫斯科的命令執行，這種解釋也並沒有錯。

儘管他的新道路並未得到東歐領導人全心全意的支持，又或者正因如此，赫魯雪夫和其他蘇聯領導人決定擴大東方集團的整合進程。克里姆林宮的新主子已經仔細觀察西歐和北約組織的崛起，也想與其盟友得到相同的優勢。結果是一九五五年反制北約的華沙公約（Warsaw Pact）的設立，透過共同經濟援助議會（Council for Mutual Economic Assistance）來增進經濟協調。起初，許多東歐領導人認為這些只是莫斯科控制他們的新方式，但他們旋即了解到赫魯雪夫心中有著更為真誠的共同整合計畫。雖然他堅持蘇聯以最大的元老共產主義國家之姿，必須享有至高無上的地位，但這名新蘇聯領導人也了解到，要達到有效的軍事和經濟合作，必須有來有往。[13]及至五〇年代末，在東方集團高峰會中不再只是其他盟國受命於蘇聯而已。實質的討論開始浮現，目標一致，但也時有齟齬。[14]

赫魯雪夫早年執政最出人意表之處，就是一九五四年與南斯拉夫建交的決定。史達林晚年大為光火的對象之一就是南斯拉夫領導人狄托。蘇聯宣傳文把他說成「臭味四溢的法西斯黨羽首領」和「英美帝國主義的妓女」。[15]所有史達林所清洗的東歐領導人眾多稱號之一都統稱為狄托主義者。大獨裁者至少兩次認真考慮過入侵南斯拉夫。但是其他緊急事項干預了這項行動，狄托則心不甘情不願地向美國和西歐尋求協助，讓他的政府一息尚存。因此南斯拉夫領導人對莫斯科的提議躑躅再三，直到赫魯雪夫於一九五五年五月現身貝爾格勒，親自為蘇聯的行為道歉。「我們謹慎地研讀了過去的檔案，當時對於南斯拉夫領導人的嚴重指控和冒犯都是從此處而來，」他告訴狄托，「事實上，這些材料都是人民的敵人所偽造的；可憎的帝國主義特務使用欺騙手法潛入我們黨中央。」[16]

赫魯雪夫指責貝利亞。狄托對他的到訪表示歡迎，但是他沒有被此說法說服。他說，要怪就要怪史達林自己。[17]

赫魯雪夫自己也漸漸達到相同的位置，而且不只是在跟南斯拉夫的關係上。一九五五年二月，他讓最有威脅力的競爭對手馬林科夫卸下總理一職。七月，從貝爾格勒回國後，他攻擊莫洛托夫，指他太過堅持史達林路線。「我坦白說，」赫魯雪夫告訴中央委員會，「我相信莫洛托夫的所有說詞，且如同我們當中的許多人一樣，我認為他是一位精明幹練的外交官。有時你會看著，然後想了又想：天啊，也許有些東西我沒發覺！」[18]翌年，莫洛托夫卸下外交部長一職。儘管內鬥固然有之，但並沒有任何失勢的領導者遭到處決、逮捕或者遭到中央委員會驅逐。赫魯雪夫的視野更加宏大：與史達林式過去決裂，復興列寧的政黨，藉此直抄社會主義的捷徑。

一九五六年二月，共產黨第二十次代表大會中，他的機會來了。這是史達林逝世後第一個代表大會，史達林從未將這些會議放在心上——在一九三九至五二年間，沒有召開任何代表大會。赫魯雪夫準備了一場演講，讓雲集此處的蘇聯和外國共產黨人都瞠目結舌。這場演講發生於代表大會結束時的閉門會議中，與會者包括各地代表和剛從史達林的大牢中獲釋的高階黨員。因此，這也被稱為「祕密談話」，但赫魯雪夫無疑期待這場演講終能為世人所知。午夜過後，他起身發言。「對於個人崇拜和它所造成的有害後果已談了很多，」他開始說道，「史達林的一些負面特徵……在以後年代裡已經發展到嚴重地濫用職權的地步，因而給我們黨造成莫大的損失……史達林不是透過說服、解釋和耐心地同別人合作，而是把他的思想強加於人，要別人無條件接受他的意見。凡是反對他這種做法的人……都必然會被開除出領導機關，接著就會受到精神上的折磨和肉體上的消滅。」

聽眾無不倒抽一口涼氣，感到訝異和驚恐，而赫魯雪夫持續控訴。雖然史達林一開始是黨的僕役，但他已經變成了一名暴君。這位第一書記曾「破壞革命法制的一切準則」，「實施最殘酷的迫害」。他言及史達林缺乏耐心、殘暴、冷血，並指出一九三四年共產黨第十七次代表大會的大部分與會者後來都以反革命的名義遭到逮捕。赫魯雪夫羅列出那些遭到不公義逮捕或處決的人名。赫魯雪夫認為，這些人都不明就裡地犧牲了。史達林讓俄羅斯在毫無準備的情況下加入二戰。一九四五年的勝利是人民的、共產黨的、紅軍的，不是史達林的。

但是赫魯雪夫最嚴重的指控是史達林戰後的行徑。這位新任領導者接著說道：「史達林變得愈來愈喜怒無常、易怒且殘暴；尤其是他的猜忌心愈來愈嚴重。他的被害妄想症達至難以想像的程度。許多工人在他眼中都變成了敵人……所有事情都由他擅自決定，毫不為他人或其他事情考慮。」與南斯拉夫決裂是史達林的錯，戰後的大清洗也是。「你看見史達林對於獨尊地位的執迷導致什麼後果。他已經完全失去現實意識；他不僅對蘇聯個人展現猜忌和傲慢，對整個黨和民族也是。」[19]

聽眾中有些人昏厥了，但大部分人都喜出望外。波蘭共產黨黨魁博萊斯瓦夫．貝魯特（Bolesław Bierut）閱讀這篇文稿時心臟病發逝世。在聽到這場講話時，各地共產黨人都深受震撼。終其一生，他們都在捍衛史達林和蘇聯，以防遭到詆毀。如今，他們的主要領導人告訴他們和全世界，指控史達林的人都是正確的。在可以自由選擇的西歐，有些人選擇退出共產黨。其他人樂於回歸列寧主義。毛澤東告知蘇聯大使，史達林總是對中國「不信任和猜忌」。史達林「始終認為國民黨權力大過共產黨」，毛澤東說，他自己就被看作「中國的鐵托」。[20]然而對毛澤東和其他共產黨人，有些艱難的問題必須追問，即使他們一開始聽到史達林被批評時感到如釋重負。在史達林「違反所有規範時」，其他蘇聯領袖——包含赫魯雪夫自己——在哪裡？對史達林的批評會不會如星火燎原，讓整個共產黨的統治原則——更別提他們自己的地位——受到威脅？

一九五六年夏天，共產黨領導人最深層的恐懼兌現了，這一如往常從波蘭發端。六月二十八日，十萬名工人集結在波茲南（Poznan）市中心，要求降低工作預期額、調降食物價格以及允許共產黨外的結社自由，他們遭到波蘭軍隊殘酷鎮壓，軍隊司令是國防部長康斯坦丁・羅科索夫斯基（Konstantin Rokossovsky）。他從一九四九年開始就在紅軍擔任上將。高達一百名罷工工人喪生，將近一千人被捕。但是鎮壓無法平息動亂蔓延至國內其他地方。從蘇聯的角度，最令人擔憂的是有一部分波蘭共產黨人要求改革、更換黨領導人。危機於十月八日中央委員會時爆發，剛獲釋的共產主義改革者哥穆爾卡當選波蘭共產黨領導人。人們要求自由選舉、宗教自由和蘇聯軍隊撤軍，面對全國事件叢生，哥穆爾卡承諾結束鎮壓、打造一個更為開放的社會，包含與教會商談。他也想令蘇聯顧問離開波蘭，並且增加工人的食物補貼。

赫魯雪夫警鈴大作。十月十九日，他夥同蘇聯共產黨領導高層代表出訪華沙，與哥穆爾卡和新的波蘭領導層面對面協商。蘇聯方面指控波蘭人竟允許批評蘇聯的相關故事得以出版問世。哥穆爾卡反擊道：這件事在第二十次代表大會後，在蘇聯本地就已經發生。「他們怕什麼？」哥穆爾卡在他自己的簡短總結中寫到赫魯雪夫的回應，「侮辱並非重點，重點是對我們〔波蘭共產黨〕失勢的威脅。年輕人的口號：羅科索夫斯基滾出去，這是對軍隊的打擊。面對撤離蘇聯官員的要求，我們〔蘇聯〕應該怎麼協調〔蘇聯－波蘭〕友好關係？不能就這樣突如其來地趕他們走。蘇聯官員有危及波蘭主權嗎？如果你們〔波蘭人〕認為華沙公約是不需要的——告訴我們。反蘇宣傳大張旗鼓如入無人之境。」[21]但是哥穆爾卡不願妥協，雙方都知道公開破局會危及各自的地位。隨著局勢愈來愈緊張，波蘭青年在街頭高喊反蘇口號，為哥穆爾卡歡呼，紅軍部隊在波蘭已經蓄勢待發。

及至一九五六年十月下旬，蘇聯領導人發現匈牙利形勢之嚴峻更甚波蘭。一九五三年時，史達林主義領導者拉科西政權受制於貝利亞的命令，如今他在當地打敗了改革主義者，重拾往日威權。在赫魯雪夫的二月講話後，共產黨的多數在莫斯科的支持下推翻了拉科西，扶植格羅（Gerő Ernő）為黨領導。他同樣是史達林主義者，但是更受到蘇聯青睞。當地街頭一直波瀾不驚，直到赫魯雪夫同意與哥穆爾卡妥協的消息傳來，妥協內容包括撤離蘇聯顧問，允許更公開自由的辯論。十月二十三日，匈牙利作家聯盟與一些學生社團一起在一八四八年波蘭－匈牙利革命英雄的紀念碑前獻上鮮花。他們朗讀一首愛國詩歌：

在您的腳下，馬札兒人，故鄉呼喚著！
時機已經到來，現在，不然就永不會再來！
我們應該當奴隸還是自由人？
這就是問題，選擇您的答案！——以匈牙利的上帝名義
我們起誓
我們發誓，不再當奴隸，永不！[22]

隨著人潮聚攏，有些人扯下了匈牙利國旗上的共產主義標誌，大約兩萬人跟隨著新旗幟一路遊

行到議會大廈前。夜色降臨時，人數已經多了十倍，他們高喊反蘇聯占領與政治自由的口號。當格羅在廣播中指責集會遊行時，示威者以推倒布達佩斯市中心的大型史達林銅像作為回應。另一個抗議者團體襲擊廣播總部。國安警察對民眾開槍，揭開匈牙利革命的序幕。

隨著布達佩斯和匈牙利其他城市情況愈加失控，蘇聯領導人在克里姆林宮會晤東歐共產主義領袖。格羅聲請紅軍介入。十月二十四日清晨，蘇聯軍隊已經開始越過國界線。在莫斯科，領導人討論著事態的發展，試圖找出避免武裝衝突的方法。「波蘭的事，」赫魯雪夫說，「必須避免緊張和急躁。我們必須幫助波蘭同志整併黨的路線，盡可能加強波蘭、蘇聯和其他人民民主群體的連結。」但是匈牙利的情況極為嚴重。赫魯雪夫仍然期待能在不流血的情況下加以控制。他說各地共產黨人需要「更深度思考問題。我們必須了解到我們不再生活在只有一黨獨大的〔共產國際〕了。要是今天我們想要以下達命令的方式來運作，就必然會造成混亂……如果我們不確保提升生活水準，意識形態的工作就如同緣木求魚……在我們的國家，他們也聽英國廣播公司或自由歐洲電臺。若他們三餐飽足，聽聽也無妨。」[23]

在蘇聯的支持下，匈牙利共產黨擁立納吉為新總理。這位共產黨領袖雖然不按牌理出牌，但是相當高效，過去他曾多次遭到共產黨清算。但在布達佩斯和各地的情況卻每況愈下。大規模罷工發生了。工人議會和革命委員取得當地權力，占領了軍火補給站和警察局。在僅保護主要公共機構的命令下，紅軍對此袖手旁觀。納吉認為需要與抗議者達成妥協，希望他們能與他一同合作，尋求和平改革的方式。抱著這種想法，他要求蘇聯讓步：撤離紅軍，赦免革命者，合法化他們的組織，解散為人所厭惡的國安局。

但是讓步來得太遲。布達佩斯和其他城市的人民已經開始自行組建政府和軍團。尤其是年輕人歡慶著他們新獲得的自由。有些匈牙利部隊開始向叛軍投誠。蘇聯軍隊在議會大樓前向抗議者開火，導致至少一百人死亡後，民憤變得更加蒸騰。紅軍和匈牙利反抗人士在布達佩斯數次衝突，平民為了保護街壘，不願投降。納吉在使用拖延戰術。他請求蘇聯立刻撤軍，稱他和匈牙利共產黨有能力自行恢復秩序。赫魯雪夫想減少暴力、避免全面入侵。一九五六年夏天，新的蘇聯外交部長德米特里·謝皮洛夫（Dmitri Shepilov）取代教條主義的莫洛托夫，於十月三十日宣布「根據與匈牙利政府的協議，我們準備撤軍。我們必須長期與民族－共產主義鬥爭」。[24]

匈牙利和蘇聯政府在協商時，人民的力量正逐步遍及匈牙利全國。革命委員會開始掌管基本服務並組織戰鬥。舊政黨重新組建。許多共產黨總部遭到攻擊、被人縱火，其餘的維安辦公室也遭人突襲。許多維安官員被當眾處決。布達佩斯維安總部周邊的戰火尤為激烈。當紅十字會人員試著撤離傷者時，他們也在建物中遭受戰火襲擊。然後一則報導寫道「年輕人接手了」：「他們真是太棒了，十五、十六、十七歲的孩子們。他們毫無任何掩護直接衝了進去。一個孩子壓低身子跑進去。他將一個男人扛到背上，一路拉到庇護所。現在許多人都加入了。年輕男孩們兩兩趴在地上，有些拉著擔架，想辦法靠近傷者，將他們拉回來。什麼都阻擋不了他們。」[25]

當革命者終於占據了千夫所指的維安單位主建物時，他們毫不手軟：「六名年輕官員出來了，其中一位長得相貌堂堂。他們的肩章被撕扯下來，沒有戴帽子。他們連忙說『我們沒有你們想的那麼壞。給我們一個機會』，突然其中一人躬身彎下腰，像是割玉米那樣彎了下去，非常優雅。他們緩緩地彎身下去，像是慢動作一樣。當他們完全趴到地上時，暴動者還在裝填子彈。」[26]

共產主義者遭到攻擊的報導，令蘇聯領導人改變了他們的心意。很顯然納吉無法擺平現況，而且不論是匈牙利的共產黨政權還是蘇聯陣營的完整，都在短時間內削弱許多。就在他們決定撤軍的隔天，蘇聯反悔了，命令大舉干預，鎮壓暴動。赫魯雪夫的想法是由其他東歐共產黨和中國所策動的，他們都支持介入，而且這正巧在北約列強被蘇伊士運河危機牽制的時候。整體而言，美國和西歐具體的回應相當有限。對艾森豪而言，介入蘇聯陣營是禁忌中的禁忌，即使有些外國電臺如自由歐洲電臺（Radio Free Europe）正在鼓動匈牙利革命分子。

蘇聯的入侵迫使納吉做出他人生中最艱難的決定。最後，儘管他的人生反覆多變，甚至一度擔任蘇聯祕密警察的線民，但他仍決定跟革命者站在一起。他的政府單方面讓匈牙利退出華沙公約，宣布國家中立。[27]納吉也請求聯合國干預。當然，這猶如石沉大海。十一月四日清晨，納吉最後的廣播說道：「今天日出時，蘇聯軍隊攻擊了我們的首都，顯然意在推翻合法的匈牙利民主政府。我們的軍隊正在戰鬥，政府也堅守崗位。我將這個事實告知我國人民和整個世界。」[28]這個廣播電臺發出最後求助後立刻斷線了。傍晚，電臺重新面世時，已經易主到蘇聯擁立的卡達爾・亞諾什（Kádár János）所帶領的新匈牙利政府。

鎮壓匈牙利革命的後果對歐洲人來說極為令人沮喪。它顯示歐洲大陸內部分裂為不同權力陣營的情況將持續下去。美國和其盟友對「解放」東歐意興闌珊，即使在某些場合他們會高喊「擊退共產主義」。赫魯雪夫想要解放蘇聯內外的意圖，也在他自己的手中遭受重大打擊。二十萬匈牙利人逃到西方，兩萬人被捕，兩百三十人遭到處決，其中包含總理納吉和他的多位親信。在西歐，匈牙利事件的直接結果是共產黨逐漸失勢，覆水難收。在東方陣營，政權的反對勢力得出的結論是不能公開叛亂對抗莫斯科。除非國際局勢改變，否則改革的道路必然只能是漸進式的。

但是東歐共產主義政權也從匈牙利學到了教訓。壓制的同時也必須實質改善人民的生活狀況。食物、住房補給和醫療體系都必須再升級。要避免任何工作預期額的增加，即使那意味著必須向國外舉債來平衡國內低落的生產力。在波蘭，哥穆爾卡採用更為民族主義的辭令來回應德國復仇主義的威脅——當然他強調所指的是西德，而非「友好的」鄰國東德。但他也讓波蘭社會變得更開放，讓人民感覺比過去更自由。在匈牙利，新的領導者卡達爾本來被大多數匈牙利人抨擊為賣國賊，但隨著蘇聯同意與史達林式的恐怖統治分道揚鑣後，卡達爾逐漸讓他的國家變成東歐諸國中最「自由開放」的，比其他地方有更大塊的自耕田，更少的政府干預，和更多的旅行自由。但哥穆爾卡或卡達爾都不想廢除共產主義專政，也不想與蘇聯的緊密聯盟關係分道揚鑣。他們常被戲稱為包心菜或匈牙利燉牛肉式的共產主義者。但他們還是共產主義者。

經歷了波蘭和匈牙利事件，赫魯雪夫的政治地位雖然一度危險，但仍維持了下來。一九五七年，中央委員會中大多數史達林餘黨同夥合謀對付他，但政變企圖遭到他的壓制。這讓這些人的（而非赫魯雪夫的）政治生涯從此告終。莫洛托夫被派駐蒙古擔任大使。馬林科夫和史達林的老同夥拉札爾．卡岡諾維奇（Lazar Kaganovich）分別變成哈薩克和烏拉山的工廠管理人。一九六一年，他們全體的共產黨黨籍都遭到撤銷。赫魯雪夫政治生涯中最具象徵性的作為是將史達林的遺體從紅場的陵墓中移走。他原先葬在列寧身旁，然後被倉卒地重新葬在克里姆林宮牆外。蘇聯領導人依然相信他可以建立新的、改革的共產主義，回歸往昔列寧的理想。但是波蘭和匈牙利事件告訴他，這些政治改革不能危及整個共產主義體制。

赫魯雪夫轉而擴大蘇聯農業、科學和科技計畫。儘管蘇聯幅員遼闊，但卻總是面臨食物供給的問題，主要是因為集體農場的生產力低落。除此之外，生產力也受到他們自己的生物學家所害。他們主要由於意識形態的關係而堅持著蘇聯遺傳學家特羅菲姆．李森科（Trofim Lysenko）的後天性遺傳說。赫魯雪夫相信更大更好的集體農場可以解決此問題。他提議開墾哈薩克和西伯利亞西部的「處女地」以增加小麥的生產。一九五四年初，將近兩百萬人從蘇聯西部移居到東部的大型農場。有些是政府遣送過去的，有些則是聽到能有更優渥的薪資和生活條件而被吸引。還有一部分人則是出於意識形態狂熱，想為共產黨和國家開發新土地。他們面對的任務相當艱巨，必須在一片比加州或瑞典大一倍半的地方，從無到有將農場建立起來。列昂尼德．布里茲涅夫（Leonid Brezhnev）是從烏克蘭來的年輕的共產主義科技專員，後來成為蘇聯共產黨的總書記，他敘述他和其他人所面對的挑戰：「選擇新國家農場中心的地點；在完全無人居住、毫無準備的地方，接待、安排成千上百位志願者的住宿與生活；緊急建造數十座乃至後來變成數百座國家農場屯墾區；選擇數千名專家；將生活習慣迥異的一群人凝聚為緊密和諧的集體；親身下田開墾荒地和開春播種。而這些並不是漸進式達成的，而是全部同時進行。」[29]

荒地運動一開始屢傳捷報，但終究以失敗作收。麥種的選擇並不適合新區域乾燥寒冷的氣候。灌溉廠並未送達足夠的用水，而基礎建設又發展遲緩。土地逐漸貧瘠化。有些區域由於風蝕而飽受大規模沙塵暴侵襲。環境狀態酷烈不堪，湖泊乾涸、土壤流失，單一作物制也造成雜草滋生與蟲害問題。一九七〇年代，有些新的集體農場看起來猶如鬼城，等待食物救濟的人又再度回到蘇聯城市中。荒地拓墾運動和蘇聯在中亞、西伯利亞、高加索地區和東歐的其他類似運動所留下的影響，是在史達林以流放人民到蘇聯全境創造出真正多文化的地域之上，又再添一筆各地人民與文化的混合。在一九七〇年的哈薩克，俄羅斯人比哈薩克人還多；土庫曼和愛沙尼亞僅有三分之二是當地人。其餘都來自蘇聯各地的族群，雖然最主要的移民多半是俄羅斯人。

但是荒地的利益本應不只是農業。赫魯雪夫的宏圖是要在西伯利亞、阿卡登哥羅多克（Akademgorodok）打造新型的科技城。「透過開墾荒地，我們迫切希望可以以國際科學標準從頭開始，而非等待莫斯科古老的既存機構，天曉得那要多久。」一位一九六一年抵達阿卡登哥羅多克的年輕物理學家說道：「我們想要趕超西方。」[30]至少在某些領域他們的確追上了，例如蘇聯的核子科學。一九五〇年代末，蘇聯的電磁學、流體力學、量子電子學都與其他國家並駕齊驅。在如太空探險等領域，蘇聯甚至拔得頭籌。一九五七年，他們發射了第一枚人造衛星史普尼克一號（Sputnik），可在九十六分鐘內繞行地球一圈，總共可繞行一千五百圈。這項功績使得蘇聯領導人興高采烈，且令美國和西歐人士膽寒。他們認為共產黨能使人造衛星變成他們的軍火，進而贏得冷戰。他們似乎忘記為數眾多的蘇聯人民都僅能從他們排隊領取食糧的隊伍，或者遺棄了的集體農場上，看著衛星從天空劃過。

第八章
製造西方

共產主義重塑了東歐，而資本主義則重塑了西歐。一九五〇、六〇年代，西歐城市在大規模社會經濟變遷中，變化的程度不可同日而語。對許多人來說，改變的步調令人目眩神迷。歐洲作家和小說家如法國的阿貝爾．卡繆（Albert Camus）或是德國的海因里希．伯爾（Heinrich Böll）都描述到過去的生活如何被遠遠拋在後頭。有一位挪威詩人將之比作一條巨河，將所有事物連根拔起，沖刷到下游，進入更廣大的世界。對許多西歐人來說，這條河流是抵達更好生活的入口：更富裕、更健康的生活，比之前擁有更好的工作、教育和社會福利。即使是緬懷往日榮光的人，往往也享受新時代帶來的好處：罷工的碼頭工人喝著可口可樂，英國貴族享受著美式中央暖氣系統。美國與西歐的緊密接觸促發了這些變革，有些改變看似表淺，卻仍永遠改變了歐洲大陸。

新事物成功的原因部分源自舊事物的災難。在歐洲經歷了半世紀的劫難後，任何形式的安定都為人所歡迎，即便是冷戰期間那種由外力賦予的安定。雖然為過往錯誤承擔責任的歐洲人寥寥可數，但是大多數人仍明白已不可能繼續因襲陳規。即使幾乎所有人都企盼著福利國家，由政府占據經濟的制高點，但多數人也認為在未來的經濟中私有企業應當據有一席之地。甚至連左派對此問題都莫衷一是。當然共產主義者想要使政府統有生產工具，但社會主義者、社民黨人、工黨人士有時想要的卻是關鍵的民生服務與工業的國有化，鮮少有人希望連街角的商店都由國家接管。所有西歐國家都規定市場在他們的經濟體中的角色，但他們希望的是資本主義成功（而非如二、三〇年代那樣失敗）以助長整體經濟。

因此，拯救西歐資本主義和其市場的整合擴張，相當大的程度仰賴某種混合的形式。歐洲政府想要透過自己所設定的明確法規來擴張市場，較之羅斯福新政時的美國更甚。儘管新政總是被看作緊急措施，在歐洲，國家控制的資本主義卻應成為國家、資本、勞力之間持續不斷的妥協。甚且，其部分權力正源於這種妥協的意念，這正是過去兩代的歐洲人所欠缺的。不論是基督教民主黨還是社民黨的政策都訴諸於國家的組織合作和團結，這是他們力量的核心。

在這一切的發展中，美國的角色固然至關重要，但其角色並不總是如批評美方的人士或支持美方的人士所想像的那樣。如我們所見，歐洲本身從世紀之初就開始經歷一連串社會道德觀、產品、消費等方面的重大變遷。一九一四至五三年從塞拉耶佛到首爾發生的困厄前所未見，災難似乎總是在不遠處（而且往往真的接踵而至），使得這些變革一度停滯。與蘇聯在東歐的角色相比，要在西歐辨別哪些是受美國影響、哪些是無論如何都會發生的變遷，並非易事。透過馬歇爾計畫，美國幫助歐洲精英重新站穩腳跟，並協助他們防衛歐、美視作顯然是來自蘇聯的威脅，在這些事情上，美國扮演舉足輕重的角色。除此之外，很難區分什麼影響來自內部，什麼影響是由外部所造成。

因此，戰後西歐的美國化重點與其說是其普及的程度，不如說是美國化發生得相對突然。戰間期時，美國和歐洲經濟的整合就已經開始了，但是三〇年代的挑戰遏阻了這個進程。投資歐洲的美國私人企業極其有限（且直到六〇年代都是如此）。即使美國的企業經營模式和產品在戰間期的歐洲激增，但是雙方對彼此的認識極為不足，尤其歐洲方面幾乎不了解美國歷史和政治。在歐洲的主要國家如法國、德國、英國尤其如此。斯堪地那維亞、希臘、義大利人較可能有親戚居住在美國，因此對美國較為了解。整體而言，歐美關係很重要，但並不緊密。

因此，「西方」的概念在一九五〇年代以前毫無意義。的確存在眾所周知的共同傳統：希臘、羅馬、基督教和拙於掩飾的種族言論。但在戰後的軍事、經濟、政治和文化加速交流之前，並沒有加以整合的手段。透過音樂、電影、流行文化和政治理念，美國打入了西歐消費革命的核心。許多西歐人士透過對美國的想像來逃避階級、性別或宗教上的限制。因此美國在歐洲改革所扮演的角色，在許多方面都與蘇聯對歐洲大陸東半部的影響一樣深遠。

有三個主要原因加速了五〇年代西歐的經濟變遷。其一不過是經過先前的停滯狀態後急起直追。一九一四年，歐洲是世界經濟的中心。歐洲既有意圖，也握有足以讓經濟與科技重回領先地位的知識。使他們裹足不前的是惡劣的政治，導致了歐洲大陸從十七世紀以來前所未見的大規模災難。因此住房、商品、民生服務和高質量且穩定的食物供給需求都居高不下。一旦取得足夠的信貸和能發揮作用的貨幣，生產就能夠繼續下去。透過馬歇爾計畫、國際金融機構和雙邊協議，美國的存在迅速穩固了這兩項條件。

美國也完善地提供經濟轉變所需要的國家安全。雖然國安與其說是實際上的需求，毋寧是心理上的需求——畢竟蘇聯並未計畫對西歐發動攻擊——但是要向前邁進，滿足這個條件仍是必要的。過去人們動輒被告知要建設，卻突然眼見建設的成果遭到摧毀。歐洲人需要的是對未來的信心，而美國的維安協助正提供了這樣的信心，至少在歐洲發展的基礎階段。

最後，過往涇渭分明的歐洲人，如今有了跨域合作的能力。其中有些純粹出於需要。當人們處於挨餓邊緣時，往往更難訴諸罷工，尤其政府已經透過社會妥協的形式盡力整合勞工和資本了，全盤不信任資本主義、非主流但為數不少的西歐人士中，幾乎沒有能成氣候的領導者。就連共產黨也請求其支持者參與民族重建，而他們的唯一途徑就是透過其政府所策劃的政經體系。逐漸地，歐洲跨國整合的理想和實踐開始進行，為歐洲從重建到重新嶄露頭角提供了關鍵要素。

儘管在與歐洲上一代的經驗對照下，很容易將此呈現為成功的故事，但是實情當然並非總是如此。遵循冷戰模式，意味著異議分子時而受到打壓。昨日種種往往被掃到檯面下，不僅在德國和義大利如此，在法國亦復如是，維琪政府的罪行被英雄式抵抗的統一敘事所遮蔽了。西班牙和葡萄牙仍在法西斯政府的統治下，過去還未成為過去。如同在歐洲其他地方，少數人面臨時而以維護國家安全名義執行的嚴酷同化政策。許多女人和青年感覺到，重建與經濟成長的需要使他們更難擁有發言權，這情況較戰時和大蕭條期間更甚。最重要的是，轉變僅發生在大陸的西半部，這也許較為容易達成，但也引發了其長期重要性的問題。

冷戰西歐主要仰賴兩個國際支柱。第一個是透過北大西洋公約組織與美國進行軍事合作。另一個則是西歐國家之間的政治經濟整合協議。有些時候北大西洋與歐洲的連結是密不可分的。美國的軍力自從一九四四年開始就對西歐至關重要，且由於韓戰的緣故，北約組織更進一步整合了歐美的軍事聯盟，美國的領導地位被體制化。然而美歐雙方都成立審議單位來營造民主同盟的形象，在其中，所有成員都有平等的發言權。但是除了獨步天下的美軍所帶來的安定感之外，北約最重要的歐洲面向是使成員國有管道購買武器（多數往往透過向美國借貸），並在國際上訓練其軍隊。北約變成一間學校，在其中西歐諸國逐漸有了目標一致、並肩同行之感。

並非所有軍事合作都一帆風順。一個重大問題是要如何處置西德。韓戰爆發後，美國愈發堅持應當重新武裝西德，使其成為西方聯盟的一分子。但想當然耳，其他歐洲人對此頗有疑慮。一九五〇年他們所構思的規劃歐洲防務共同體（European Defense Community）便是要克服此一問題，它能在歐洲共同指令下整合德國軍隊，但實際上卻因為過於複雜而難以實現。一九五四年共同體解散，原本提案的法國拒絕加以承認。翌年，西德加入了北約，成為正式會員國。

另一項重要的議題是如何控管西歐的核武。一九五〇年代晚期，歐洲在北約想要有更多軍事策略的發言權，尤其是關於核武的計畫。一九五四年開始，借鑑韓國的經驗，北約決定將以下情況納入其政策中：若蘇聯以非核方式攻擊西歐，他們可以使用核武還擊。這一部分是出於威嚇，一部分是由於蘇聯在傳統武力上的優勢。一九五二年，英國變成了坐擁核武的國家，一九六〇年，法國第一次實行核武測試。不論在西歐還是美國，有些政治領導者希望歐洲能有更多核武合作，一部分也因為他們擔心西德會想發展自己的核武。美國提議以海洋為根據地的多角核戰力（Multi-Lateral Force, MLF），由美國和西歐聯合指揮與運作，但是一九六四年此機構解體。英國和法國想要維持他們的核武自主權。有些擔心德國與核武發生任何關聯。如同美國的喜劇演員與歌手湯姆・雷勒

（Tom Lehrer）在他所創作的〈MLF催眠曲〉中寫到的：

> 曾經所有德國人都好戰，不懷好意，但那不會再發生。
> 我們在一九一八年教了他們一課，他們從此不再打擾我們。[1]

該拿德國如何是好，也占有歐洲經濟復甦計畫的核心地位。及至一九五〇年，西歐經濟在馬歇爾計畫的大力幫助下似乎漸漸回穩，但是所有的經濟體卻都離大幅度且穩定的成長目標還有一段路。有些歐美領導人認為要創造這種成長的唯一方法，是更緊密地整合歐洲經濟。多年戰爭和經濟蕭條的影響之一，是打亂了一開始讓歐洲致富的跨國市場。但是有鑑於四〇年代晚期西歐國家的經濟狀況，這樣的市場要能在短時間內靠自己的力量復甦，似乎不太可能。因此，各國政府以類似於處理國家經濟的方式組織國際經濟合作（和競爭）能夠繁榮的架構。

歐洲經濟整合的道路是從許多不同路徑而來。一個出發點是馬歇爾計畫本身的機構，尤其是歐洲經濟合作機構（Organization for European Economic Cooperation, OEEC）。歐洲經濟合作機構於一九四八年創立，以助於管理跨國美援，該機構也幫忙取消私營貿易配額，使貨幣轉換流通。它也協助降低關稅，使關稅同盟的構想得以付諸實行，而這可進一步促成歐洲乃至大西洋地區成為自由貿易區。後者對於五〇年代初大多數的歐洲政治領袖而言有些遙不可及，因為他們擔憂著貿易平衡與貨幣限制。但在韓戰的國安緊急狀況與北約的成長（一九五二年開始，希臘和土耳其也成為了會員國）下，歐洲經濟合作機構成為了歐洲大規模整合的起始點。

更重要的是一九五一年，由法國、西德、義大利和低地國家所組成的歐洲煤鋼共同體（European Coal and Steel Community, ECSC）。這個計畫是前任法國總理羅貝爾．舒曼（Robert Schuman）的構想。舒曼於一九四八至五三年曾任外交部長。他和其合作對象構思了這個超國家的機關，以控制所有會員國煤礦和鋼鐵生產的共同市場，而會員國在此指的主要是法國和德國。歐洲煤鋼共同體本意在成為法國長期占領德國某些地方的替代方案，以持續控制其工業產能。但取而代之的是，舒曼認為，所有西歐都能從德法合作中獲利，不論是就冷戰而言（透過增加且控制策略性的生產），還是就經濟成長而言皆然。法國人讓．莫內（Jean Monnet）是第一位歐洲煤鋼共同體首長，他也確保歐洲煤鋼共同體能透過給予礦工和工人補助兼顧社會福利，並且放眼更廣泛的、其他領域的歐洲整合。

西歐的整合起初約有三分之一是出於理想主義，三分之二基於實際需要。打從一開始，這就是個冷戰計畫，尋求在面對來自東方的威脅時，促進西歐的戰略生產和團結。由於莫內曾經旅居美國數年，許多整合模式也都仿效自美國。歐洲的經濟復甦是此計畫的核心考量，因為擘劃這項計畫的人相信若沒有高度整合，歐洲經濟就不可能恢復。但是這也是相當理想主義的計畫，將一八七〇年至今的德法對立擱置一邊。冷戰的壓力使得在歐洲制定政策的人眾志成城，使合作變得益發必要。對親自在德法邊界區域歡呼的舒曼和自二〇年代起便是歐洲聯邦主義者的莫內而言，合作的形式取決於他們的泛歐願景。「若沒有付出與危及和平勢力相當的創新努力，我們便難以守護世界和平，」舒曼在一九五〇年宣言開頭便說道，「煤礦與鋼鐵合營即刻便能提供經濟成長所需的共同基礎……在此所建立的生產團結直白地昭示了德法之間的任何戰爭不僅無法想像，而且在物質條件上也完全不可能……這個提議會實現歐洲聯邦的第一個具體基礎，而這是維持和平必不可少的。」[2]

雖然多數西歐領導人都對全面歐洲聯邦化持保留態度，但是他們之中的一大部分（尤其是基督教民主派）都一致肯定歐洲煤鋼共同體打造了可持續發展的基礎。甚至連一九五〇年勝選後再度成為總理的邱吉爾都稱之為「歐洲合眾國」（United States of Europe），雖然他懷疑大英國協會是其中之一。一九五六年，以比利時外交部長保羅－亨利．斯巴克（Paul-Henri Spaak）為首的委員會擬定了一份提案，隔年這份提案變成了創立歐洲經濟共同體（European Economic Community, EEC）的《羅馬條約》（Treaty of Rome）。歐洲經濟共同體以歐洲煤鋼共同體為基礎，兩個組織有著同樣的會員國，也使用相同的超國家權威方式整合經濟。但它觸及的面向更為廣泛，而且在下個世代將西歐重整為更團結的經濟區域。

在西歐內部最大的冷戰問題是如何處置德國。從一九四九年創立德意志聯邦共和國之後，各方對於西德領導人會背棄西方陣營、與蘇聯達成統一協議的疑慮未曾稍減。這個疑慮其來有自。與蘇聯達成冷戰協議是實現（其他歐洲人士認為）德國人最重視的目的之方法。但是這個德國親蘇的推測被西德總理艾德諾打碎了。艾德諾來自德國西部的萊茵蘭（Rhineland），是一位保守的基督教民主派，艾德諾想要統一，但又更希望他的德國整合入西方強權。統一的鐘聲（即便是以共產主義為先決條件）對其同胞來說有多麼誘人，艾德諾知之甚詳。因此不論何時，他都優先與法國和美國合作。「對我們來說，我們的文化遺產和稟性無疑都屬於西歐世界。」他在擔任德國總理的首次聲明中已經如此說道。[3]艾德諾變成了西德政治中的長青樹，直到一九六三年他以八十七歲高齡從大法官職位退下為止。

但是對於德國人乃至其他歐洲人士而言，真正使得艾德諾的融入西方（Westbindung）值得信賴的因素，是西德經濟從一九五〇年開始以前所未有的速度復甦。德國的經濟奇蹟（Wirtschaftswunder）有許多原因。馬歇爾計畫的支援和德國馬克跟美元的掛鉤是其中一個原因。而西德經濟逐漸整合入西歐框架中則是另一個原因。也許最為重要的是美國決定減免德國的戰爭債務和戰後賠償。德國需要負擔一部分戰爭賠償，且到一九五〇年代初之前，一些德國工業還持續遭到解體，專利和科技也遭到接收以作為戰爭補償。但是龐大債務的沉重負擔從未真正兌現。因此在經濟開始成長後，西德甚至比某些新的西歐國家更有餘裕擴張市場。

德國經濟奇蹟所導致的社會變遷是戰後歐洲最令人津津樂道的故事之一。一九四五年，德國全境都因大規模轟炸而滿目瘡痍。十年後，多數人都有了工作，而且收入足以支撐家庭消費與儲蓄。工業革命和基礎建設漸漸達到戰前的水平，房子重建的速度令人眼睛一亮。西德銀行有可運用的信貸額度，國家貨幣和利率也相當穩定。一九五〇、六〇年代，西德經濟每年以五%的速度成長，這成長速度是所有主要歐洲經濟體中最高的，比方說是英國的兩倍。

雖然結構性的因素能解釋西德在冷戰時的經濟擴張基礎，但經濟奇蹟能夠達到最大效益且長時間維持下來，卻是導因於心理因素。距離德國人相信靠著勤奮的工作就可換來家庭的財富、幸福、穩定，已經是一個世代以前的事。一九五〇年代，他們終於再度感覺到這是可能的，於是他們報復性地將自己投入生產中。西德人民的工時比多數歐洲人都長，生產力快速擴張。結果是，從一九五〇年到六〇年，他們的購買力也幾乎翻倍，這快速成長持續到六〇年代。

但是德國並非一九五〇、六〇年代西歐唯一經歷高度成長的國家。儘管第四共和政治現況並不穩定，法國仍然維持實質成長，荷比盧和斯堪地那維亞國家亦同。義大利的經濟擴張勢頭強勁，儘管各地和社會各階層獲益都分布不均。整體來說，西歐經濟變遷的效應並不僅是拯救了四〇年代成為眾矢之的的資本主義，也在於使資本主義戲劇性地擴張，成為人們生活的一部分。隨著持續的工業化和都市化，愈來愈多人以工人和消費者的身分參加經濟交易。一九五〇年，法國有三分之一人口從事農耕。二十年後，農耕人口減少了一〇%。但是不同於十九世紀晚期的工業化浪潮，這次鮮少有政治激進化的狀況。法國共產黨在戰後二十年間失去了三分之一的選民。

共產主義在西歐失去作為政治替代方案的地位，原因眾多。冷戰加劇之時，共產黨黨員不論在職場上還是在社會上都遭受迫害。當史達林和其同儕的罪行被昭告天下後，特別是一九五六年匈牙利革命爆發後，共產黨開始流失黨員。除了義大利由於國內不平等的程度超出國外動亂的程度之外，共產主義不再是民主國家內部具有吸引力的選項。但是歐洲共產主義發生危機的主要原因與其說是政治性的，不如說是社會性的。由於許多西歐國家開始為其市民急遽擴大社會福利範圍，多數勞動階級對革命便顯得更加意興闌珊。

如我們所見，歐洲福利國家的起源可以回溯至十九世紀晚期和二十世紀初期的意識形態衝突。但其主要擴張發生在五、六〇年代。對某些人（包含歐洲和蘇聯的共產黨員）而言，有鑑於美國在西歐的主導地位，這發展無疑令人訝異。他們過往認為馬歇爾計畫意圖為了美國企業的利益，也為了推動自由市場經濟使歐洲經濟美國化。相反地，在美國的庇蔭下，西歐卻發展出以國家為中心的解決方式，在其中國家經濟的形式由政府規範來決定。西歐戰後數十年間快速的經濟成長皆導因於國家控制的環境。

這之所以可能，主要原因是冷戰緊急狀況和過去所帶來的教訓。不論是在西歐內部的冷戰，還是東西陣營的對壘，都使得各國必須行中央集權，方能為了保護既有的政治秩序而快速做出決定。但是它同時也需要強大的歐洲工人階級能在社會進步的保證下，遠離工業動亂和獨立政治運動。基督教民主黨人和社會民主人士一致認同，過去一整個世紀歐洲大陸之所以陷於困頓，部分是由於無法將工人階級整合到政治主體中。現在政權穩固了，他們認為要改善此一缺憾的唯一方式，就是透過社會福利政策讓工人在國家中占據一席之地。雖然基督教民主黨派與國家精英（而非社民黨人）更親近，但至少他們最終達成了共識，實現大規模的社會安全政策，並透過政府委任的地方支部協調工業從業人士的工資和工作條件。工作天數、給薪假、法定退休金給付等等規定都由政府出面制定，後來的全民健保和身障保險亦同。

也許是由於杜魯門政府了解到四〇年代的歐洲情勢有多麼慘不忍睹，所以美國支持這樣的政府集權發展計畫。儘管這與美國的意識形態偏好有所不同，但若只有政局混亂讓蘇聯趁虛而入和政府強力維持秩序兩個選項，那麼做出這樣的選擇也不難理解，無論是杜魯門的對歐政策還是後來歷屆美國政府在世界上其他地方的政策，皆是如此。許多戰後駐歐洲（和日本）的美方代表都經歷過新政時期美國本土由國家領導各項方針的實驗。當然，西歐的方針大幅朝向國家計畫發展，其規模遠比任何美國實行的長期計畫為大。即便如此，美國人卻並非完全不習慣國家規範經濟活動的措施。當時在西歐，這些控制的手段是合理的：限制私人獲利有助於穩住必要的再投資。提供福利可防止政治激化。而北約盟國中的經濟多樣性則意味著美國的主導地位變得更加不明顯，也可能因此更為有效。

隨著西歐經濟成長而來的消費者革命中，美國的支配地位變得愈加鮮明。這並非由於歐洲人想要的產品總是美國製造的。那些產品往往在他們母國即有生產，或者愈來愈常由日本生產。但是賣給他們的商品和市場往往都是美國商標。對許多歐洲人而言，美國似乎是相當有吸引力，富饒豐足，而且往往比傳統又守舊的歐洲領先一步。對美國的正面看法似乎讓更多歐洲人想要了解這個國家。以此而言，跨大西洋旅行的拓展以及美國情報單位、學術著作如雨後春筍般出現，都體現上述的重要性。

更重要的是美式音樂、電影、時尚對歐洲所帶來的影響。不若蘇聯取得文化影響力的努力，美式的影響鮮少由中央計畫實行。美國國務院和中情局確保「健康」的美國影片、文學能傳播到國外，但其效益卻相當有限。反而是私營市場和消費者的回應帶動風潮。在歐洲各式商品普遍短缺的情況下，美國片廠和唱片製造商能持續提供低廉且充足的商品，便成為進口的優勢。例如，一九四七年，法國只有四十部電影問世，卻進口了三百四十部美國電影。貓王艾維斯・普里斯萊（Elvis Presley）的音樂，或者馬龍・白蘭度（Marlon Brando）、詹姆斯・狄恩（James Dean）的電影雖然並未以宣傳美式生活為目的，但是歐洲青年喜歡他們，一部分也因為他們的叛逆。身著T恤和藍色牛仔褲變成一種認同美國電影、反抗傳統的方式。五〇年代中，與其說美國和歐洲青少年是因北約而團結，不如說是白蘭度把他們凝聚在一起。

美國官方有較大影響力的是支持歐洲組織機構。在政府的鼓勵之下，美國慈善事業如福特或洛克斐勒基金會，為許多西歐大學和研究中心提供修繕重建的費用。中情局提供經費給某些機構，例如為了抵抗共產主義影響而設立的文化自由協會（Congress for Cultural Freedom）。有官方支持的美國勞工聯盟，乃至美國勞工聯合會和產業工會聯合會（AFL／CIO），協助說服某些歐洲社會民主派，讓他們相信美國社會並非如他們想像的那麼右派和反勞工。即便如此，在冷戰時期的西歐，非官方的文化連結卻比任何政府作為更能推進美國軟實力。

冷戰期間，歐洲世界經歷了翻天覆地的改變。除了歐陸意識形態割據與愈來愈受美國影響之外，逐漸流失海外殖民地這點也深深改變了西歐。一九四五年，英國、法國、葡萄牙、西班牙、比利時、荷蘭都領有實質的海外領地。歐洲殖民地的人口是西歐本土人口的三倍。及至一九六五年，除了葡萄牙之外，殖民地已經所剩無幾。在歐洲內部，這改變所需的適應與調整，不論是經濟上還是概念上的，都不可小覷。其中一個議題是如何容納旅居前殖民地的歐洲人士回到歐陸本土或者選擇留在歐洲本土的殖民地人民。另一個挑戰是各國要適應自身大幅銳減的全球地位和影響力。對英國和法國而言，這點尤其困難。但是這些國家卻無力負擔死命撐持其霸權表象所需付出的代價。「我們絕不可能採取不抵抗的道路，讓法國成為明日黃花。」戴高樂將軍於一九六三年如此告知國人。[4]然而對於冷戰時期的前帝國來說，明日黃花確實是很精確的描述。

除了歐陸自己的情況之外，二十世紀中葉全球的經濟變遷也讓歐洲退居第二順位。一九五〇年，美國是全世界的資本主義霸權，生產量高居全球經濟輸出的三分之一。美金是大型國際交易可用的唯一貨幣。流向國際銀行的資金往往都來自美國。美國企業的科技與生產力都遙遙領先歐洲諸國。儘管歐洲戰後復甦，但是美國人均壽命仍較歐洲人長，生活品質也較高。

美國獨特的地位是發生在一個貿易、投資受到管理的世界。政府設定進出口配額和關稅，管制資金流向和貨幣價差，並且決定如何使用國家收益。繼任的美國政府推進自由化貿易和投資，但也小心避免過度施壓可能影響華府方面在冷戰情勢下拉攏的資本主義盟國。因此美國居於全球資本主義經濟的中心，必須以服膺冷戰的目的來管理。重建此一經濟體系於美國有利，即使這代表在海外牟利的美國人必須擱置某些近在眼前的機會。美國的霸權時代受限於蔓延全球的冷戰情勢，與西歐的連結在這當中至關重要，但並非總是決定性的因素。

繼任的美國政府相信西歐的整合符合美方的利益。他們協助經濟重建並且加強歐洲對其他多邊機構的投入程度，尤其是北約。美國從未過度擔憂一個更為團結的歐洲會變成美國的競爭對手，那在五〇年代一時還不太可能發生。至少短時間來看，歐洲經濟成長能促進共同安全，比起狹隘的美國自利重要多了。如果透過仿效美國模式建立更大的整合市場，西歐能變得更加富裕，那不啻為皆大歡喜。如同一九四八年即將上任的美國國務卿約翰·福斯特·杜勒斯（John Foster Dulles）宣稱的「健康的歐洲」不能「被切割成小碎塊」。它必須被組織成一個市場，這市場要「大到足以支持以現代化方式大量生產的廉價產品」。[5]

如果說歐洲人對重建如飢似渴，那麼美國人渴望的就是穩定。超過二十年來，美國選民面對著此起彼落的緊急狀況：大蕭條、新政、在歐亞的戰爭，以及冷戰。一九五二年，他們將票投給了艾森豪將軍所代表的穩定與常態，他是一八七〇年代尤利西斯·格蘭特（Ulysses S. Grant）以來首位入主白宮的職業軍人，也是國家危機爆發以來第一位共和黨總統。艾森豪是一位國際主義者，也是冷戰戰將，他認為美國必須對抗蘇聯和全球共產主義。在他的競選造勢活動中，他主張必須要贏得韓戰，並「擊退」歐亞的共產主義。但他的主要辭令是為了向美國人保證，在其領導下，他們將平安無虞，只要透過全國團結，國人照顧好各自的家庭、財政紀律、堅強的國防軍力和清楚的國際戰略，美國會力退強敵。

由於艾森豪亟欲結束冷戰下的國家緊急狀態，他訴諸於政策和教條。在韓戰上，這位新上任的總統只不過是走運而已。史達林之死清除了停火協議的最後一道障礙。但艾森豪認為對美國軍力的推估能防止他所謂未來蘇聯的冒險主義。艾森豪肯定杜魯門的全面圍堵政策，並且希望透過增強美國的核武實力與備戰狀態來強化它。他也升級了中情局的機密行動，利用他們推翻他認為對美國冷戰利益有害的政府，例如一九五三年的伊朗，和翌年的瓜地馬拉。艾森豪將冷戰看作持久的全面競賽，美國的目的和備戰的程度扮演關鍵要角。

但是新總統也堅信美國可以在不過度犧牲本國利益的情況下贏得冷戰。艾森豪對財政極為保守，比起大費周章地組織龐大的軍隊和大量的傳統武器，他更鍾意成本較低的核武威嚇。如同杜勒斯於一九五四年一月解釋道：「為了我們自己與他人，我們想要在可負擔的成本上達到最大的威嚇作用。」「本土的防禦永遠都是重要的，但沒有任何本土防禦可以憑藉一己之力阻擋共產世界聲勢浩大的地面勢力。本土防禦必須更進一步透過核武反制的力量來強化自身……自由的共同體必須有意願且有能力在自己所選擇的地點和方式回擊，才能威嚇牽制住侵略行為。」[6]

趨向大規模核武制裁的政策意味著準備用至此難以想像的規模進行戰略部署。艾森豪開始在其所謂的新面貌戰略（New Look policy）中，迅速增進原子軍備能力。在他主政下，美國發展了洲際彈道飛彈（intercontinental ballistic missiles, ICBMs）和潛射彈道導彈（submarine-launched ballistic missiles, SLBMs）。五角大廈也展開大規模情報蒐集計畫，包含祕密飛越蘇聯領空，以蒐集敵方軍力與目標資訊。除此之外，在歐亞的美軍基地部署戰略性的中程核子飛彈。當被批評美國戰略立場過於強硬時，艾森豪回答，美國已經有效遏止了蘇聯對美國本土或美國盟友的攻擊。艾森豪堅信美國對蘇發動核戰的能力大大超出敵方對美國發動攻擊的能力。他的新面貌戰略使他能在成本較低且不需大規模武裝美國社會的情況下威嚇住敵方。

艾森豪的整個總統任期都害怕著讓他的國家進入軍備狀態的政治後果，其預算有許多花在增加軍備之上，其政治由外國威脅所左右。參議員麥卡錫原本在選戰中支持艾森豪，但就在一九五四年麥卡錫把砲火對準美軍對共產主義的屈從時，艾森豪開始與之針鋒相對。總統「異常震怒且受夠了——這是他的軍隊，而且他一點都不喜歡麥卡錫的戰略」。[7]到了年底，麥卡錫已經被參議院噤聲，並且在美國政壇中銷聲匿跡。

對麥卡錫的嚴厲批評清除了美國冷戰政治歇斯底里風格最主要的象徵，儘管對反共宗旨的損害有限。在美國的政治光譜中，麥卡錫已經變得令人難堪。他下臺後剩下的仍然是要在全球的規模代表民主、宗教、自由市場的使命感。對於多數美國人來說，與共產主義正面交鋒是五〇年代美國的根本特質，也是不論在國內外都必須要贏的政治運動。由自稱自由派或保守派（顯著的少數）的人所組成的廣大共識是，贊成打冷戰是美國矢志推進全球事務的部分組成。許多人認為：根據自然法則與上帝的神諭，共產主義者試圖接管的世界應由美國人負責現代化它們，讓它們變得更好。因此，冷戰是一場前所未見的為了人類靈魂的鬥爭。

對許多美國人來說，在海外贏得冷戰的需要與在國內的成功感相互貫通。經濟狀況蒸蒸日上，薪水、住房改善，消費品也更容易取得。中產階級迅速擴張，愈來愈多人從城市遷出，搬到市郊的新房子。兩黨的政治領袖都將反共抗戰描繪為防禦美國所取得的一切，不論是物質上的、社會上的，還是政治上的。在冷戰辭令中，宗教扮演著重要角色。共產主義被描繪成無神激進主義，在東歐被迫害的神職人員和宗教運動人士往往受邀訪美，以指認證實鐵幕後所發生的事。有一大部分美國人認為他們的家庭和社區遭受共產主義顛覆的威脅，儘管很少人能想到確切發生過的例子。由於到了五〇年代中期，美國共產黨已經縮小到僅存約五千位現役成員，遇上他們任何一人的機會都相當渺茫。

艾森豪的美國穩定可期，戒慎恐懼，卻並不適合所有美國人。有些人認為他們被排除在經濟和社會進步之外，而這想法其來有自。非裔美國人從廢奴之後就遭受歧視，不論是新政還是五〇年代的繁榮都未改善他們的處境。民權運動蔓延開來後，愈來愈多人拿美國在世界各地所發動的自由政宣，與其國內顯而易見的對於非裔美國人和有色人種的壓迫做負面比較。民權運動的主要組織美國全國有色人種協進會（NAACP）的領導者羅伊．威爾金斯（Roy Wilkins），正確但相當寬容地描述艾森豪：「一位好將軍，也是個好人，但如果他打二戰時用他面對民權運動的態度，那麼今天我們講的就都是德文了。」[8]非洲新興國家的外交官在華府和美國各地都遭受種族騷擾和隔離，他們返國後的報告就沒有這麼寬厚了。

冷戰期間，另一個從艾森豪主政的美國獲益無多的群體是女性，想要擁有在家庭和家事之外打造自己生活的女性。戰爭期間，許多婦女在製造業和服務業找到滿意的工作，但是冷戰期間，強調家庭的價值和養育下一代，使得為數眾多的女性被迫離開職場，回到原本妻子和母親的性別角色中。對有些女性來說，五〇年代美國社會的從眾氛圍令人感到窒息。直到五〇年代末，女性就業率、公眾參與和參政率才逐漸提升。但是大幅度的突破是在一九六〇年，當避孕藥可以廣泛取得後，女性得以自己決定生育與否一事，轉變了冷戰中的美國家庭生活，且漸漸為更多主動的社會參與敲開大門。但是社會保守主義者批評避孕藥所帶來的人口數與對青少年性行為的影響。基督教傳教士無分天主教還是福音派，都認為生育控制是惡魔的行為，與共產主義、「自由戀愛」和同性戀屬一丘之貉。

五〇年代強調物質條件的豐足和社會服從導致人們蠢蠢欲動，不只是弱勢群體而已。許多年輕人看著父母這一代的人生在自己面前開展，想著是否有可能做到更多或者經驗到更多。這種不安是政治上的，也是文化上的。隨著時代變遷，對音樂、電影、文學、流行服飾的品味都比過往還要大膽。有些人在思考是否可能為自己的國家做更多事，包含更有效地打贏冷戰。許多自由派害怕美國會在國際競爭、贏得民心上落後蘇聯。畢竟冷戰不僅是保守派的政治計畫，也同樣是自由派的。一九五八年，一位來自麻州的年輕民主黨參議員約翰・F・甘迺迪（John F. Kennedy）主張相較於擊敗蘇聯，艾森豪總統對預算平衡更加執迷。結果蘇聯軍力正在趕超美國，導致的「危機較過往任何我們所知道的戰爭危機更為致命」。[9]總統對此不屑一顧，認為甘迺迪參議員只是位稚嫩的政治機會主義者。

人們贊許艾森豪使美國脫離冷戰初期的政治歇斯底里狀態，這看法其來有自。可是即使總統不是一位對冷戰歇斯底里的人，他也無法想像一個不與蘇聯對抗的世界。艾森豪缺乏想像力和政治意圖去思考如何結束史達林死後的冷戰。當新的蘇聯領導人透過結束韓戰、減少在歐洲的駐軍，以及和平共處之說，企圖正常化他們與西方的關係時，艾森豪猶豫了。杜勒斯和他的胞弟、中情局局長艾倫・杜勒斯（Allen Dulles）認為赫魯雪夫口蜜腹劍：蘇聯企圖讓西方放鬆警戒，卻暗中施力顛覆世界。由於國內反共意識堅強，其政黨也不遑多讓，艾森豪不想冒險與蘇聯人進行無用的會晤——即使身經百戰的邱吉爾鼓勵總統對蘇方伸出善意之手。一九五三年四月，他問艾森豪：「在你我的決心屹立不搖之餘，也傳達出一些對於進入新時代的希望，加以平衡，這樣不是很好嗎？我覺得在這個不幸的瘋狂世界出現了一絲新希望。我們應該可以在堅決反共暴政與反侵略的同時，另外宣布我們有多麼高興知道有轉圜的可能，而非使人認為我們直接關上了大門。」[10]但是艾森豪不相信蘇聯領導人的意圖有什麼改變，他抗拒任何把他推上高峰會的壓力，直到一九五五年中。

一九五五年二戰同盟國領導人在日內瓦的磋商，是一九四五年以來首次有這樣的會議發生。艾森豪同意參與峰會，因為蘇聯願意支持尋求印尼的解決方案，以及讓二戰以來便被雙方勢力劃分的奧地利歸於統一。雖然對話過程都平和守禮，但是並沒有重大突破。美方下的結論是，史達林死後，蘇聯領導人之間的權力鬥爭仍在進行，而這觀察其來有自。與蘇聯總理布爾加寧會面時，艾森豪總統「提起了衛星國的問題」：「他解釋道，有數百萬美國人來自中歐。因此他非常關切現在的衛星國狀態。這不是我們可以保持緘默的問題。布爾加寧指出，在此次會議中不適合談論這個主題：這需要時間和氛圍的改善。」[11]

在艾森豪的第二任任期之初發生的匈牙利革命對東西之間的關係造成重挫。直到總統任期的尾聲，艾森豪才開始設想蘇聯政策可能的改變。在一九五九年的國情咨文中，他高談強化和平體制。翌年，也就是其任期的最後一年，艾森豪同意了五月在巴黎與赫魯雪夫進行一場高峰會。會議的宗旨在於討論減緩歐洲的緊張關係，尤其是德國的議題。艾森豪也希望透過把高峰會安排在巴黎，可以將此際重返法國總統崗位、變幻莫測的戴高樂拉進北約，就歐洲安全問題對蘇聯一致槍口對外。

艾森豪與其親近的國策顧問開始準備要對蘇聯禁止新型核武試射的提議給予正面回應。總統當時可能希望在巴黎的這些協商能有所突破。

即便如此，艾森豪從未得到機會試探蘇聯意圖。一九六〇年五月一日，蘇聯空軍擊落一架從巴基斯坦的柏夏瓦（Peshawar）出發、正穿越蘇聯領空飛往挪威的博德（Bodø）的美國U－2偵察機。赫魯雪夫非常震怒。但蘇聯領導人也知道如何譁眾取寵。當美國人拙劣地謊稱這只是氣候觀測任務出意外時，蘇聯釋放被捕的飛行員，並在莫斯科讓他曝光於大眾之前。蓋瑞．包爾斯（Gary Powers）坦承他受雇於中情局，當時正在進行偵察敵情的飛行任務。赫魯雪夫藉機大肆宣傳。但他對於取消兩週後的巴黎高峰會猶豫不決。最後赫魯雪夫飛至巴黎，但是滿載著黨內強硬派的壓力，終於在最後一分鐘拒絕面見艾森豪。蘇聯領導人已經被中國人批評對帝國主義態度疲軟，在這種情況下，萬萬不能再冒險進行高峰會。

中國和亞洲對蘇聯和快結束任期的艾森豪都舉足輕重。美國總統覺得他必須團結西方，給予他們共同理由對抗蘇聯和其盟國。但他對於美國在亞洲的定位尚不確定。總統擔心中國勢力擴張，認為北京會試圖將共產主義擴散到東南亞。「如果共產主義者在寮國站穩腳跟，西方就輸了整個東南亞地區。」艾森豪在下臺前如此告訴其首席國策顧問。[12]他對中蘇徹底且持久分裂的報告並不採信。冷戰在亞洲「就如同以艱難的賭注打撲克牌一樣……沒有簡單的解決方法」。總統於一九六一年一月在白宮告訴其繼任者甘迺迪。[13]艾森豪感嘆：「共產主義對中共軍隊的影響，指出他們比西方盟國更能夠成功激發底層人民的鬥志。」[14]鞏固了西方之後，美國如今似乎準備好要翻開冷戰的新一章。

第九章 中國的災禍

中國的二十世紀有種奇怪的對稱，而這與意識形態冷戰關係匪淺。二十世紀初，中國的國民革命被共產主義和內戰所取代。二十世紀末，共產主義則被金錢和市場所取代。而這中間經歷的是可怕的毀滅和重建，狂熱和嘲諷，以及汩汩流淌的鮮血，近乎未曾停歇。中國革命幾乎最代表性的標記就是其嗜血若渴的程度：根據最近研究估計，一九二〇至八〇年代，七千七百萬中國人因軍事或政治大規模屠戮而死於非命，而這當中絕大多數死於其他中國人之手。[1]

毛澤東和其政黨於一九四九年所建立的中華人民共和國是一個共產主義國家，承諾以和平與發展為其主要目標。然而，他們卻幾乎是立刻派遣國民參加朝鮮半島發生的新戰爭，造成了至少八十萬人傷亡。一九五三年夏天，韓戰結束時，中國精疲力竭，必須面對近二十年來不斷戰爭後的大規模重建。中國領導階層決定要師法蘇聯，堅信全球性的未來屬於社會主義，而中國與蘇聯的結盟可以幫助他們的國家在世界前進的道路上占得先機。毛澤東和他的同志當然也相信莫斯科的軍事協助可以保護他們對抗強取豪奪的美帝，韓戰足以為明證，儘管他們對蘇聯戰時的支援程度從未感到滿意。毛澤東指出，畢竟是中國在為了包括北韓與蘇聯他們自己的社會主義陣營作戰犧牲。

根據共產黨的政令宣傳，共產主義會成為中國現代化的武器。它會讓國家富強起來。但是毛澤東的計畫比打造一個現代化的富裕國家還要更深遠。他想要改變中國社會和人民的思想。毛澤東認為，是「舊中國」而非英、日、美帝國主義者導致了國力衰微。他喜歡將傳統、儒家思維比喻為纏足的婦女，裹足而行，受人輕蔑。相反地，他的「新中國」應當年輕、進步、好勇鬥狠。那些阻礙改革的都是需要除掉的「害蟲」；地主、神職人員、資本家為了自身利益故意阻撓中國前進。他們就跟所有阻擋共產黨打造新社會的勢力一樣，都必須滾蛋。對毛澤東來說，這是上下千年的鬥爭。這是中國救贖自己重新在世界中站對位置的最後機會。

起初，在五〇年代，毛主席和他的領導團隊認為，中國的進步唯有在蘇聯領導的共產主義國家陣營才可能實現。但是及至五〇年代後期，疑慮漸漸浮現。對毛而言，蘇聯式的發展似乎過於緩慢，他想要在他這一生看見中國趕超。一九五六年後，毛主席一度相信赫魯雪夫改革蘇聯陣營、使蘇聯更為平等多元的企圖能夠滿足中國的需求。但是蘇聯對中國快速發展計畫的批評使他從這種想法中醒悟過來。由於充斥著國內發展與國際事務的各種衝突，中蘇之間的同盟關係舉步維艱。及至六〇年代初期，「情同手足」的概念已經不翼而飛，取而代之的是恨之入骨的敵意，使得雙方在六〇年代末幾乎要開戰。

六〇年代的中國踽踽獨行，不僅被國際社會孤立，且又為了滿足毛澤東對社會變革的渴望，身陷空前的政治運動泥淖。經濟停滯不前。毛澤東於一九六六年宣布發動的無產階級文化革命，讓政治成為所有事物的裁判。「要紅不要專」是口號之一。結果導致社會一片混亂，暴力叢生。掌權將近二十年之際，中共所統御的國家幾近瀕臨內戰。中國進入冷戰的方式，似乎與多數中國人的期望大相徑庭。

中國共產黨創黨以來多數時候是一個作戰組織。雖然在一九四六到五〇年的內戰中，漸漸在獲取的領地上有了些許行政管理的經驗，但是顯然尚未準備好要掌管一個複雜的社會，人口逾六億，至少有六十個民族，幅員從乾燥寒冷的北方到亞熱帶的南方。在一九四六年取得位於中蘇邊境的哈爾濱之前，共產黨從未執政管理過任何城市。由於一整個世代的共產黨人的根據地在農村，他們對於大都會城市如上海、武漢、廣州的影響力有限，因此難以信任這些地方。有些共產黨員對上海的藏汙納垢、道德淪喪厭惡至極，以至於一九四九年攻陷上海後，他們甚至想要將城市廢除，將人民趕往農村，讓他們可以透過繁重的手作勞動來接受改革教化。毛澤東最終決定不採取這些極端措施；他意欲利用這些城市來展示中共改變的力量。

韓戰結束時，毛澤東已是花甲之年，他估計自己還有十年的時間可以影響中國，所以想要加快腳步。及至一九五三年，毛澤東已經完全擁抱了他的左右手劉少奇與周恩來所代表的蘇式中央計畫的原則，樂見讓受過蘇聯教育的年輕專家來管理經濟的例行面向。雖然在軍事活動上毛澤東是個完美主義者，但是在承平之日，他是個不拘小節的人。他不想要讓年輕同志感受到他對時間迫近的焦慮。中國需要趕超西方，並藉此成為對其他共產主義國家有助益的夥伴。毛澤東感覺中國應該要執共產陣營的牛耳，並且成為蘇聯最為親近的盟國，儘管他努力克制，沒有大肆宣揚。但是毛澤東心想，中國——以及他自己——必須贏得這樣的地位。而一個迅速的社會主義改革將是中國致力於此的最佳明證。

中共必須從城市開始。雖然毛澤東主掌的是一支由農民組成的軍隊，但他從不懷疑在中國的工人階級成熟後，他的政黨會變成一個無產階級的政黨。現在，頃刻之間，共產黨員發現自己掌理了城市，但在城市中，他們對工人的組織相當有限。有些工人在戰爭和內戰幾近結束時奪取了所屬工廠的管理權，就像在東歐一樣。共產黨員面對雙重任務，一方面必須恢復工業生產，另一方面又要在共產黨領導的工會組織工人。在蘇聯顧問的影響下，他們所選擇的策略是威脅利誘並施，承諾一旦工業生產恢復，會給予工人物質的報償。所有工業都必須遵循國家計畫，黨會指定管理人和領導。若工廠的老闆已逃之夭夭，或者有親日、親蔣之嫌，廠房便會被收歸國有。但是在中共執政初期，計畫比所有權更重要。一直到五〇年代末，工業才全面收歸國有。

在城市中的運動，中共受到許多熱血澎湃的城市青年中產階級協助。雖然他們當中有些人已經在內戰中加入了共產黨，但是大部分並沒有，如今他們積極想要亡羊補牢，展現他們的愛國情操及為共產主義奉獻的精神。在公眾健康、公共衛生、教育運動或者在共產黨掃蕩賣淫、販毒、賭博等社會罪惡時，他們往往走在最前線。這些受過良好教育的青年與那些戰時在共產黨的根據地受訓打磨出來的人，一同成為了中共政府部門與機構的幹部。老幹部支持清算、逮捕、處決，青年追隨者則展現出共產主義浪漫的一面，以及他們對於改革、重建充滿民族主義的熱忱。

若是沒有蘇聯的援助，五〇年代中國的快速變遷就不可能發生。蘇聯的援華計畫不僅是莫斯科境外最大筆的金援，相較於所有類似的經援計畫（包含美國對歐洲的馬歇爾計畫），規模也最大。從一九四六到六〇年，金援金額高達兩百五十億美元，幾乎是蘇聯每年國內生產毛額的一%。但是在現實上的成本又遠比這高昂。這個總數不包括技術轉移、在華蘇聯專家的薪資或中國學生訪蘇的生活費。即使減去可能來自蘇聯盟國的一八%，以及中國最後償還的約一五%，這仍然是數量相當可觀的補助，以至於對兩國都有巨大的影響。

儘管第一項蘇聯對華援助協定於中國內戰時成形，但是赫魯雪夫才是真正將這項計畫推展到前所未有的規模之人。對赫魯雪夫而言，史達林不願與中國建立親近關係，是老大哥愈發昏聵的一個徵兆。赫魯雪夫自己從中看到無止境的機會。他認為，全世界幅員最大的國家與人口最多的國家結盟，能將共產主義推進到全世界。資源和人才合作的潛力是無遠弗屆的。中國可以透過其領導人和人民的自由意志轉變為共產主義的形象，也就是蘇聯的形象。對赫魯雪夫而言，這是一個不容錯過的大好機會。

因此，蘇聯新領導人一九五四年首次出訪的第一站選擇北京，也就不令人驚訝。此前，出身農村的毛澤東在共產黨勝利後，心不甘情不願地移駕北京。而此際中國的首都為了迎接貴賓蒞臨，做足準備。對毛澤東來說，赫魯雪夫選擇中國作為出訪的第一站是件舉足輕重的事。蘇聯領導者來見他，而非如同四年前史達林在位時一樣，是他出訪蘇聯，也同樣至關重要。但是更為重要的是赫魯雪夫選擇帶來的禮物。他承諾大幅增加蘇聯對中國的援助，不論是民生物資方面還是軍事方面。第一個中國五年計畫中的三分之一是來自蘇聯或東歐的經援，或由他們打造。但是赫魯雪夫也接受兩國更為平等的關係：蘇聯在中國邊境的特權會作廢，史達林堅持下成立的「聯合公司」（joint companies）所有權將會被移轉給中國。他甚至承諾與中國分享蘇聯的核能科技。

赫魯雪夫也同意派遣更多的蘇聯顧問到中國。整個五〇年代，這些顧問在中國的中央、地方、省政府各處以及重要的工業事業都扮演著關鍵角色。年輕的蘇聯專家對於前往中國趨之若鶩。他們在那裡備受禮遇。但他們也填補了中方因為戰爭和流亡的損失。蘇聯專家為新中國的各個面向提供諮詢——從如何凝聚青年和婦女、少數民族，或者法律和關押犯人，到教育、科技、軍事訓練。總體而言合作愉快。中國視蘇聯人士為榜樣：受過良好教育，熱心奉獻且有效率。當然也不免有些文化衝突，且有時中方憎惡蘇聯對自己作威作福。但整個來說，中蘇同盟對於西方制霸的地位而言是冷戰時不容小覷的挑戰。[2]

蘇聯造成的一個關鍵影響是軍事方面。人民解放軍中有超過一萬名軍官在蘇聯受訓，另外還有難以計數的軍人在中國受訓於紅軍教官，打造出一支看起來愈來愈像紅軍的中國現代軍隊，對內也為同樣的目標服務，打仗的方式也多少雷同。這支新的解放軍有三個主要用處。第一，它作戰精良，受最新的蘇聯軍事教條訓練，配有蘇聯和東歐願意給予的最精良武器。第二，它是一個實驗室，教育中國青年男子為社會主義新世界而戰的實驗室。第三，軍隊旨在打造中國民生發展項目，就像過去紅軍在蘇聯一樣。

教育改革是蘇聯帶來的另一個主要影響。中國人想要效法蘇聯所發展的教育，強調科學和科技，且同時在掃盲、算術、政治方面也有著廣泛的草根計畫。有一項要點是將教育嵌合進五年計畫。政府設定目標，決定每年需要多少工程師、化學專家和其他專業人員。根據政治、階級、過去的表現來選擇合格的候選人，他們都必須是根正苗紅、天資過人。教育部強調預期每年能立刻投入工廠和礦場的人數——就如同在三〇年代的蘇聯，學生往往在大學二年級時，就被指定好未來的工作（儘管政府不太覺得需要事先通知學生未來有什麼在等著他們）。

蘇聯意識到中共管理城市的問題。他們為都市計畫獻策。對共產主義精英來說，社會主義城市必須現代，經過通盤計畫，生產效能高，且有安全保障。寬廣的大道和大型都市廣場能方便工人往返住家和工廠，且如有必要，解放軍也隨時能開進市中心鎮壓反革命叛亂。用以展示共產主義計畫的新首都北京，是以一九三五年莫斯科重建總體計畫為具體模型。有一次，中國都市計畫者僅是將莫斯科規劃圖的透明製圖紙覆蓋上舊北京地圖而已，就令蘇聯顧問大驚失色。這座明代的城市必須讓步給社會主義的高度現代主義。市中心會被重建，在其心臟地帶擴建大型中央集會廣場（即今天安門廣場）。一條新建並利於行軍的大道會將舊城區一分為二，不無諷刺地叫作長安街。每年，北京整體約有百萬戶老舊房舍被拆毀，兩百萬新住房建造起來。這座城市目標是達到與莫斯科相同的人口密度，其中主要的居民會是工人（工人人口數在一九四九年僅占整體勞動力的四%）。

除了國家的中心以外，邊陲地帶也根據蘇聯的建議重建。針對少數民族的政策對中共而言特別重要。中共想要統計分類，且更重要的是要加以控制。格外受到關注的一點是這些少數民族當中，過半數分布在不只一個國家。顛覆中國利益的可能似乎無處不在，尤其是中共與西藏、蒙古、維吾爾族、哈薩克族和其他族群的關係自古就相當複雜。他們想要借用蘇聯經驗，以符合自己利益的方式處理少數民族議題。但是處理這項議題必須要雙方小心謹慎，因為這些少數民族中也有些住在中蘇交界。

中共堅持要「重新分類」少數民族，加上二十世紀初的戰爭讓區域與地方取得前所未有的自治，造成了五〇年代難以預見的成果。在計算民族數量的過程中，地方上的機構有時與馬列主義理論的縝密之處相結合，讓邊緣團體獲取更多機會。將中國分為五十六個民族是相當偶然的，且往往是北京會議桌上討論出來的結果。但這同時也意味著有些未曾擁有自己機構的人們突然發現自己也是中國民族之一，擁有直達中國人民大會（中國的議會）的代表權。雖然共產黨的政治壓迫可能降臨在中國境內的任何人身上，但是被承認為不同民族給予他們某些程度的保護，得以避免中共政治運動中最為惡質的面向，至少直到一九六六年的文化大革命之前。

儘管中共是在農民兵的基礎上奪權，但還是花了不少時間處理農村問題。例如，它等待了六年才進入全面的集體農耕，步步為營，背後有許多原因。蘇聯的建議是慢慢推展，且不要重蹈蘇聯和東歐集體農耕的覆轍。中國許多農民領導人對此都頗有疑慮。他們很清楚農民加入革命是為了得到自己的土地。就政治上來說，將土地從他們手中拿走是非常危險的。但是毛澤東沒有耐心，加上年輕的黨員認為集體農耕在共產主義國家必不可少，在他們的支持下，毛澤東取得了勝利。及至一九五六年，核心地帶大多數的土地都已告集體化，生產全中國農穫量的幾乎九〇%。從任何指標看來，中國的集體化不論在政治上還是在經濟上都是一大勝利。

毛澤東思考著集體農產顯而易見的成功後，卻從中汲取了錯誤的教訓。他開始認為中共對於重大經濟改革的實踐太過裹足不前。毛主席認為，也許中國太過瞻前顧後，對於受蘇聯教育的經濟學家與規劃者的建議太言聽計從了。也許他必須勇往直前，就如同中共和共軍在戰爭中所表現的一樣？[3]此時至少在公開場合他仍三緘其口。但是一九五六年蘇共第二十次代表大會上，赫魯雪夫批評了蘇聯過去的教條主義，強調所有共產主義國家都必須找到自己的社會主義道路後，毛主席變得愈來愈敢於強調中國的特殊地位和加速其社會經濟轉變的需要。

一九五六年秋，刺激毛澤東採取行動的是波蘭和匈牙利的危機。他和許多顧問認為，東歐工人之所以反叛是因為共產黨沒有注意當地情況。他們對於提出能贏得工人支持的進步社會主義形式踟躕不前。換句話說，匈牙利問題的解答並非減少社會主義的比重，而是要更加社會主義，尤其是因為中共領導班子憂心中國自己會由於如同東歐一般的動亂而變得岌岌可危。在新中國，工人對於自己的待遇尤其感到不滿，在匈牙利革命後，罷工頻仍，幾乎天天上演。針對這些示威活動，黨中央寫下：「有些是由黨員和年輕聯盟成員所領導；工會主席……也參加一些活動；有些則是……由反革命分子煽動。在許多案例中，大眾熱血沸騰，有些領導者喊出『我們要奮戰到底』。」[4]

毛的反應首先是開放各界對黨的批評，即所謂「百花齊放」。一九五七年春天，在令人迷醉的幾週中，各行各業的國人都被允許——乃至被鼓勵——表達自己的意見。然後，對於一波接著一波的批評聲浪感到害怕，黨領導退卻了，發動「反右」運動以懲戒那些敢於出頭的人。百花齊放的批評主要有三種。有些人認為黨太官僚主義與教條主義。其他人批評中國缺乏基本的政治自由。還有第三類聲稱黨還不夠民族主義；他們指稱中國共產黨把蘇聯的利益放在中國之前。如今，敢於發言的人都在前往勞改營的路上，或者下場更慘，毛主席開始準備推進他一直嚮往的、能讓共產黨重新如戰時般受人民愛戴的社會主義。

他所謂的大躍進變成了共產主義運動史上最具毀滅性的一項運動，雖然起初僅是為了增加工業生產而做的休克療法。毛擔憂中國超英趕美的速度不夠快。起先五年計畫的穩定成長好則好矣，但是毛澤東認為還差強人意。中國若能憑藉一己之力必定能做得更好。其他中共領導人如劉少奇主席、周恩來總理和鄧小平總書記本該知道後果，但卻愈來愈被捲入輕率的發展計畫，毛澤東承諾這計畫能快速將中國拋入社會主義中。

大躍進是奠基於毛澤東對於人類意志的執迷。毛澤東從來不是馬克思主義意義上的唯物論者，他總是認為所有進步都仰賴人民實踐社會主義變革的意志與能力。如果是類計畫的結果差強人意，那必定是因為人的潛力尚未完全被激發出來。毛澤東相信透過勞動，中國可以結合快速發展的農業和大幅進步的工業產出。「我國在工農業生產方面趕上資本主義大國，可能不需要從前所想的那樣長的時間了。」他於一九五八年春天解釋道，「十年超過英國，再有十年趕上美國，也是比較現實的設想。」[5]

人民公社是大躍進的核心單位，於一九五八年夏天在全中國各地成立。過去幾年的計畫經濟方案已經被拋到腦後，新的人民公社被賦予完全不切實際的生產目標。國家的鋼鐵生產量必須在一年內翻倍，而農村的人民公社必須達成生產鋼鐵的目標。有時無計可施，他們只能將自己的農具拿去煉鋼。數以百萬計的農民在播種與收割的季節無法耕種，必須參與規劃粗糙的營建或灌溉工程。受到蘇聯的處女地運動所啟發，中共時而強迫農人離開自己的農地，到他們沒有謀生工具的新地點去。人民公社中將紀律與集體主義推到了極致。孩子被帶到另外的宿舍居住，好讓雙親全力奉獻於生產。

一九五八年冬，當人們為了毛的新計畫做牛做馬時，許多人開始挨餓。一九五九年春，他們開始死於飢餓。及至一九六一年情況改善時，至少已經有四千萬人死亡，大多數人的死因是積勞成疾，加上食物短缺。目擊者詳述慘況。在河南省信陽地方，凍僵的餓殍橫陳荒野。許多屍體已經肢體殘缺。活下來的當地人將之歸咎於野狗。但是狗和其他動物已經被吃光了，是人們轉而吃同類的血肉續命。[6]

毛澤東不願屈服。當黨員如實呈報這些災難時，他便鬥爭清算他們。其中一位是朝鮮戰爭英雄彭德懷元帥，他於一九五九年夏天站出來諫言。有些蘇聯顧問一開始認為中國可能在大躍進中取得成功，但很快就開始悄聲警告將出現的後果。毛澤東對此置若罔聞。「蘇聯已經經營社會主義四十一年了，他們無法在十二年內轉變為社會主義。他們現在已經落後我們，而且開始焦慮了。」毛主席說。[7]一九五九年，在蘇聯的第二十一次共產黨代表大會中，赫魯雪夫警告道：「在沒有經歷社會主義發展的情況下，一個社會無法直接從資本主義躍進為共產主義……平等主義並不代表轉變為共產主義。這反而只損害了共產主義的名聲。」[8]

在毛的中國左傾以追求快速發展和政治上正確路線的同時，中蘇關係在外交事務上開始變質。在中蘇同盟的高峰，蘇聯人和中國人在國際舞臺上合作無間。一九五四年，他們迫使越共接受日內瓦會議的處置。一九五五年，中國在亞非萬隆會議中成為共產主義陣營的發言人。一九五六年，他們不僅同意入侵匈牙利事宜，而且由於北韓的黨內清洗而聯手教訓金日成。但是毛澤東愈發反美的辭令和堅信開戰，無可避免開始激怒蘇聯。他們擔心中國在對抗西方的千秋大夢中荒腔走板了。

莫斯科疑慮的一點是中國拒絕更進一步被整合入蘇聯陣營，不論是在軍事方面還是經濟方面。直到一九五八年之前，中國都渴盼著這種整合，是蘇聯始終裹足不前，一部分由於他們擔心中國的龐大人口會拖垮蘇聯和東歐的經濟。但是一九五八年夏天，當蘇聯國防部提議幾個相對來說只是例行公事的軍事合作程序，像是在中國的蘇營預警系統和海軍通話傳輸，毛澤東卻憤怒地回應「我不能吃也不能睡」，他告訴這位驚訝的蘇聯大使帕維爾·尤金（Pavel Iudin）：

你們就是不相信中國人，只相信俄國人。俄國人是上等人，中國人是下等人，毛手毛腳的，所以才產生了合營的問題。要合營，一切都合營，陸海空軍、工業、農業、文化、教育都合營，可不可以？或者把一萬多公里長的海岸線都交給你們，我們只搞游擊隊。你們只搞了一點原子能，就要控制我們。9

不出意料，蘇聯對毛的大吼大叫頗為忌憚。赫魯雪夫不顧其同僚的勸告，逕自飛奔北京安撫這位怒氣沖沖的革命同志。毛讓蘇聯領導者聆聽了美帝無能的數場談話，卻不願意進入具體討論。赫魯雪夫回莫斯科時，認為他已經將危機控制住，卻發現他離開北京兩週後，中共開始砲轟國民黨領政的沿岸小島（譯按：金門），刻意與美國人挑起事端。儘管毛曾暗示他渴望「解放」臺灣，但是共軍的行動在這次訪華行程中並未被談及。其目的似乎在於警告蘇美兩方中國有能力獨立行動。赫魯雪夫再次公開為中國站臺，但是私底下他非常憤怒。在數個月的衝突後，毛澤東突然喊停。他疏懶地宣布中共未來將單打雙不打，所以蔣介石的軍人有時可以探頭出來享受陽光和新鮮空氣。在莫斯科，有些蘇聯人士開始懷疑毛主席的精神是否穩定。

即使中蘇聯盟似乎至少表面上仍然可行，但其他危機卻接踵而至。在中國，毛澤東須處理大躍進的後果，無暇顧及外交事務。然而從一九五九年夏天開始，毛主席似乎在心中把自己國內的問題與蘇聯問題連結了起來。他認為那些挑戰他大躍進政策的中國人之所以如此，是因為他們太過信奉蘇聯的發展軌跡。如果他們成功地使社會回歸蘇聯模式，他們會摧毀他的革命。因此毛澤東開始傳信息給他的親信，批評蘇聯，但也將矛頭指向那些懷疑大躍進的人。「蘇聯在建設初期，工業發展速度很快，後來……速度就逐漸下降。蘇聯的計畫工作者，在遠景規劃中也把發展速度訂得愈來愈低，存在著右傾思想。」[10]

如果蘇聯犯了「右傾主義」，那麼中蘇的結盟顯然就陷入些許麻煩。這是對馬克思主義同志所能做出的最嚴重指控。毛澤東隨後加上了更多類似的指控。赫魯雪夫在經過周全的準備後，於一九五九年第一次出訪美國（是為蘇聯領導人首次訪美），中國媒體或多或少不置可否，卻同時加強了他們的反美宣傳。更糟的是，北京同時還與印度發生邊界爭議事件，為亞洲和華府的反共聲勢雙雙提供火力。雖然北京與德里在此事上似乎都有責任，但赫魯雪夫對此震怒不已，不僅因為發生在這個時間點，也因為衝突的對象。蘇聯已經花了許多時間和盧布討好尼赫魯和印度的反對勢力，如今莫斯科的中國盟友卻似乎決意要讓它打水漂。

赫魯雪夫再度堅持出訪北京將局勢拉回正軌，此舉非常不智。一九五九年十月的這次出訪事與願違。上回來訪時，毛澤東就已經試圖羞辱赫魯雪夫。在眾多特意安排有失禮儀的行程中，毛主席明知蘇聯領導人不諳水性，還慫恿赫魯雪夫下到游泳池。這回的屈辱更是直白的唇槍舌劍。在與中方最高領導層級的會晤中，所有人（想當然耳除了毛自己之外）都輪番羞辱赫魯雪夫。外交部長陳毅稱他為機會主義者，因為支持印度，所以也是布爾喬亞階級。赫魯雪夫以牙還牙。「你只是一個元帥，而我是主席，你沒有資格這樣和我說話。」他對中國內戰十大元帥之一的陳毅怒言，「你還不夠格！我們不會被你嚇到！好極了，你們一邊用蘇聯領導的〔共產陣營〕的道理，一邊卻不給我說話的機會！」[11]會議在煙硝味中結束。

一九五九年末，毛決定結束中蘇聯盟。他在自己的記事本中寫到蘇聯「修正主義」「可能要堅持一個長時期（例如十年以上）……〔我們〕抵制了朋友〔譯按：蘇聯〕的謬論……〔但現在〕我們朋友與帝國主義、反動民族主義和狄托修正主義組織一次反華大合唱」。但即使被孤立，「八年內，中國完成工業體系的初步建設……中國的大旗則是鮮紅的」。[12] 一九六〇年春天，國際共產主義會議中，中國公開攻擊蘇聯。同年夏天，赫魯雪夫的耐心戛然而止，他突然將大多數駐中蘇聯顧問調遣回國。毛公開批評，卻對其對手的魯莽反應暗自竊喜。這能抹除蘇聯對中國的影響，讓他能向自己的人民解釋為何中蘇合作——這個共產黨的基礎原則——破局了。

六〇年代初，對蘇聯、中國或任何人來說，都難以預見中蘇聯盟是否真的已經走到盡頭。大多數人——除了毛自己和他的年輕支持者外——都預期這只是暫時的齟齬。人們認為兩方都是徹頭徹尾的馬克思主義者，因此會再度攜手合作。有些合作持續了一段時間。一九六一年，當大躍進的災難揭曉後，蘇聯還提供了糧食援助。軍事和情報合作至少持續到一九六三年。但是赫魯雪夫仍然惱怒，且發現與中國溝通無門。毛方面則沉迷於中國的孤立地位。在大躍進之後，他稍作猶豫，但於此際宣布要回歸設定黨的意識形態議程，更進一步左傾。如同過去，毛的詩作說明了他想走的方向：

獨有英雄驅虎豹，更無豪傑怕熊羆。
梅花歡喜漫天雪，凍死蒼蠅未足奇。[13]

民族主義助長了毛的宏圖。他的說詞是，所有其他國家都失敗的地方，中國終將成功。這是多數中國人所喜聞樂見。即使是那些跟著毛打天下的一代人，都無法理解到與蘇聯決裂會將中國帶向水深火熱之中，更無法預見這決定了他們的命運。人民對毛主席熱烈崇拜。那些毛澤東懷疑想要回歸五〇年代式保守經濟計畫的領導人，像是劉少奇或鄧小平，毛將他們推向批評蘇聯的高臺上。透過公開攻擊溫和路線、漸進主義和傳統馬克思主義經濟，這些領導者近乎自掘墳墓，在有些案例上的確是如此，同時中國也進入了一九六〇年代另一輪互相殘殺的流血運動中。

同時，中國的外交政策舉步維艱。毛澤東聲稱要讓中國擔綱第三世界的領導，但是真正的第三世界卻愈來愈懷疑中國，部分是由於他經常企圖指導他國應如何行事。北京對於少數共產黨的支持，往往都與蘇聯支持的「官方」共產黨人與民族主義政體有著激烈衝突，這也同樣無濟於事。儘管如此，中國的第三世界政策一開始的確有所斬獲。越共、北韓以及古巴感覺中方對國家主權和民族發展的強調比整天接受莫斯科的訓示更適合他們，因此有段時間，這些政權與北京的觀點更為接近。溫文儒雅的周恩來出訪非洲，給出了大躍進後的中國幾乎無法負擔的金援，但是毛澤東卻堅持如此，以便與蘇聯競爭。然而及至一九六五年，中國與幾乎所有第三世界盟友關係都走調了。毛澤東堅持與中國合作意味著與蘇聯決裂，這令其他領導人無法接受。而只要有人不採納中國的觀點，就立刻會如一九六五年阿爾及利亞激進領導者艾哈邁德・本・貝拉（Ahmed Ben Bella）一樣，被北京方面形容為「非常狂妄自大」。[14]

但對中國的第三世界關係真正的災難，是一九六二年中印邊界戰爭，這是醞釀了許久的衝突。雖然一九四〇年代晚期他們各自的國家重組後，中印曾經一度合作，但是十年後，他們卻成了死對頭。原因有很多。中國猜忌尼赫魯的政府支持西藏民族主義者，而這其來有自。印度擔憂中國控制了喜馬拉雅山脈，會讓新德里處於戰略上不利且危險的處境。但是最基本的問題是，中國共產主義者總是將尼赫魯的印度國家視為僅是殖民建置，不是一個真正的國家。尼赫魯這方則將中國式的革命視為威脅，不僅因為他心繫印度的發展，也因為全亞洲的安全。「印度人，」一九五九年，周恩來告訴赫魯雪夫，「已經操弄大規模的反中宣傳長達四十年了。」[15]

當一九六二年十月，印軍的山地巡邏隊進入喜馬拉雅山脈的爭議區時，戰爭一觸即發。中國士兵試圖將之趕出境外，雙方開始交火。印度人率先出擊，但是解放軍成功得到強大後援，逼退了印軍。衝突結束時，印軍已經徹底潰敗，中國取得了爭議區的控制權。這場戰爭震驚全亞洲，最近組織的不結盟運動會員國也受到不小驚嚇，印度是其主要會員國之一。但是主要的影響卻是更孤立中國，大都因為其挑釁言語，人們多半認為中國是侵犯方。

中國開始愈來愈與世隔絕，權傾一人，進入了長時間的文化大革命。首先，毛澤東轉而對付那些在大躍進後試圖穩定情勢的人，以及那些不理解為何要與蘇聯決裂的人。毛澤東說：「修正主義在國內和國外是相互勾結的。」[16]一九六二年，他嚴責劉少奇開始了修正主義路線。敢於諫言說中國不該同時樹敵太多的資深外交人員王稼祥被指為「右傾」。[17]但是毛澤東自己不知道如何重新喚醒如今已沉睡的革命靈魂。一九六三、六四年，毛主席枕戈待旦。他專注在強化個人專政，同時在中國的科學與技術進步上饒有斬獲，這些方面的進步多半是蘇聯援助的結果。一九六四年，中國第一次核武試射是一項重大里程碑。那個過去在中國尚未坐擁核武時曾譏笑核武是「紙老虎」的人，如今向其同僚承認，當他國對中國愈恐懼，他就覺得愈安全。

一九六五年，毛澤東首度開始秋後算帳。一九五九年，一位歷史學家暨劇作家寫了一個劇本（譯按：即吳晗的《海瑞罷官》），透過暗喻意指大躍進期間，正直的官員被迫害，而奉承讒佞的人卻升官——這是對事實相當正確的描述。六年後，毛想要懲罰他，還有他的上級、擇善固執的北京市長彭真。彭真是位強硬的老革命，甘冒不韙。憤怒的毛決定要「矯正」中國的知識圈，打擊首都的「右傾」分子。一九六五年十一月，毛離開了北京，開始走訪全國各處，在一地都僅短暫停留。直到九個月後他才回到北京。在杭州他的主要住處之一，他對人民講話：「你們必須漸漸認識事實，來鄉下住一段時間，學習一下……不必讀大部頭的書。讀一點書、得到一點常識就夠了。」18

當毛澤東不在北京時，他的下屬盡力揣摩上意。彭真遭到解職，中共黨高層與解放軍的參謀也被解職。毛澤東的妻子江青以及毛的年輕親信對政策制定的影響力節節高升。雄才大略但心性不定的內戰謀略家林彪在大躍進中被任命為國防部長。一九六六年，他還成了毛的副手。新領導階層對舊的黨體制發動了攻擊：「混進黨裡、政府裡、軍隊裡和各種文化界的資產階級代表人物，是一批反革命的修正主義分子，一旦時機成熟，他們就會要奪取政權，由無產階級專政變為資產階級專政。這些人物，有些已被我們識破了，有些則還沒有被識破，有些正在受到我們信用，被培養為我們的接班人，例如赫魯雪夫那樣的人物，他們現正睡在我們的身旁。」19

這聽起來與史達林的戰後清算如出一轍。但是毛澤東不甘止步於此。一九六六年七月，他在鏡頭前游渡揚子江，似乎想要顯示雖然他已經年屆七十二，身體仍然硬朗矍鑠。然後他回到了北京。學校停課，讓學生閱讀新的指導，並攻擊他們懷疑反革命的老師。毛澤東強勢回歸。

與學生見面時，毛指示讓他們「砲打司令部」並且組成紅衛兵捍衛革命。他說，那些追隨資本主義道路的人正在謀劃顛覆政權。但是毛主席最令人驚訝的指示是關於去何處找尋敵人。毛說，他們在黨的內部。一九六六年秋天，毛自己所任命的資深黨領導們在自家遭到紅衛兵青年攻擊。劉少奇主席被拽著遊街，並且受到公開羞辱。鄧小平稍微幸運一點。他被層層禁錮，然後下放到南方，在一家拖拉機廠做勞力活。從頭到尾，警察和軍隊都隔岸觀火，混亂主宰了街頭巷尾。

在混亂已極之際，劉少奇的妻子王光美被紅衛兵綁架、虐待。他們要她「穿上去印尼的衣服」。

王：那時是夏天……。

問：滾你的吧！什麼夏天、冬天、春天的……，資產階級的一套我們不懂。……給你十分鐘……你對把劉少奇拉下馬怎麼看？

王：這是大好事，中國可以不出修正主義……等會兒……（……王光美耍賴，一屁股坐在地上不讓穿〔裙子〕，後來她還是被拉起來套上了。）

（〔紅衛兵〕眾念：「革命不是請客吃飯，不是做文章，不是繪畫繡花……」）

王：反對毛主席指示就……（被打斷）……（王光美無奈，只得自己動手，老老實實地穿上透明絲襪和高跟皮鞋。大家給她戴上特製項鍊，照相。）

……

問：你穿上這套衣服去印尼與蘇加諾勾搭，丟盡了中國人民的臉，你侮辱了全中國人民。……對你這個反動的資產階級分子……就是要強制。

……

〔紅衛兵〕眾念〔毛語錄〕：凡是反動的東西，你不打，他就不倒。這正如地上的灰塵。掃帚不到，灰塵照例不會自己跑掉。[20]

毛澤東對於無產階級文化大革命（以此來稱呼他的新一輪清洗）的計畫是要透過汰舊換新，將老幹部領導摘除，以及直接邀請全國青年起來革命以深化變革的進程。他想要徹底重塑中國和中國人。他的理想是一種沒有家庭、宗教、舊慣束縛的新式男女。毛澤東聲稱這樣的人足夠強壯去完成中國的轉型。他斥責自己領導了三十年的黨阻礙了他，導致整個國家停滯不前。現在已經沒有時間了。毛澤東感覺到必須完成這個他從年少時期就開始的大業。

從中國社會的高層和底層出發來看文化大革命會迥然不同。從高層來看，這就如同發生在蘇聯和西歐的清洗一樣。領導者被革除權力、儀式性地羞辱，並且被殺害或流放。但從底層來看，它變成一場釋放壓力的嘉年華，個人的快意恩仇可以藉此在數十年的激烈改變中實現。有些人反抗威權和極權主義，幾乎忘卻他們是為了支持毛澤東的統治（最為絕對的威權）而這麼做。其他人可以僅是表現出他們對鄰居、同學或者同事的不滿。社會上各種派系叢生。例如在武漢，一九六七年夏天，兩團紅衛兵為了爭權而相互征伐，一開始僅是口頭衝突，然後就是拳腳相向，進而刀光劍影，最後甚至用上了從兵營和軍火庫劫掠的機關槍和一二二毫米榴彈砲。

毛澤東文革的意圖之一是讓青年與長者敵對。在一個敬老尊賢的國家，毛澤東認為「新中國」要能實現，必須打破長者盤據的社會。有時年僅十二、三歲的紅衛兵被鼓勵去舉報自己的父母和祖父母。有時候，家中的長輩因此遭到抓捕、毆打或者送到勞改營。我所認識的一戶北京人家因為最小的兒子舉報，父親和祖父被紅衛兵帶走。當時這位男孩才十四歲，他加入了群眾一起羞辱、虐待自己的長輩。祖父因此一命嗚呼。這套模式在全中國上下反覆發生了上百萬次。儘管那些被「鬥爭」的人多半能倖存，可以想見正常的家庭生活卻是一去不復返。

在文革期間，少數民族是受到衝擊最大的群體。在中國統治的內蒙地區，至少兩萬人在紅衛兵獵殺「內蒙古人民黨」成員時被殺。這個可能從來沒有存在過的幽靈政黨被指為反革命、分離主義的組織，專門暗殺紅衛兵領導。在西藏，共產主義暴政更加變本加厲。佛教僧侶被拳打腳踢或殺害。古蹟藝術品被縱火焚毀。紅衛兵搭直升機進入藏地，設置炸彈或以飛彈轟炸寺院和僧寮。在西藏團體反擊時，全國的部分進入了內戰狀態長達數年。在南部的廣西，壯族人（和一些漢人）在事先安排好的吃人事件中，大啖他們視為反革命的人。21

可以想見，中國在文革期間陷入混亂，也造成外交政策一團混亂。毛澤東認為外交官和國際事務專家屬背叛其革命最為罪大惡極的人士。所有大使都被召回北京接受政治再教育，其中大多數未曾回到原來的崗位。外交部被一群年輕的外交官和雇員取代，其中包括過去曾建立紅衛兵團的門房，他們花時間在進行政治學習會，「鬥爭」其上位領導者。中國外交部長陳毅在大批群眾面前被批鬥。英國駐北京大使館被縱火攻擊，而蘇聯和東歐大使館則遭到上千名紅衛兵包圍，日夜透過擴音機高喊反修正主義口號。甚至中國最親近的盟友北越和北韓都對此混亂狀態感到不耐。他們立刻逮捕在其國內組織文革遊行的中方顧問，並將他們遣送回中國。在平壤一次極其嚴重的事件中，中國學生批評金日成不夠認真研讀毛澤東的著作，北韓人爆發了。「我們的人民對於中國人自大的行為感到憤慨。中國人……行事歇斯底里——他們對損害北韓利益的犯罪行為責無旁貸。」22

正當中蘇關係惡化時，中蘇之間綿延的邊界更加緊張。早在一九六二年，中國的哈薩克人為了避免大躍進的後續影響，企圖逃到蘇維埃哈薩克時，就已經與戍守邊界的衛兵發生了衝突。兩年後，毛澤東針對邊界問題對蘇聯發難。「一百多年前，」他告訴日本共產黨人（譯按：應為日本社會黨員），「已經把貝加爾湖以東，包括伯力、海參崴、堪察加半島（Kamchatka Peninsula）都劃過去〔俄羅斯〕了。那個帳是算不清的，我們還沒有跟他們算這個帳呢。」[23]毛澤東利用與蘇聯的衝突以爭取國內支持，穩定自己的地位，儘管他並未預期中蘇要開戰。

當文革開始時，中國紅衛兵開始在邊境架設擴音設備，斥責蘇聯追隨其「修正主義」的領導人。但是一九六九年，這些緊張關係突然一觸即發。中蘇士兵不斷於烏蘇里江上的小島發生衝突，雙方都聲稱對此擁有主權，但這之後，中方於三月二日伏擊了蘇聯一支邊境巡邏隊，殲滅了約六十師。在莫斯科的命令之下，紅軍於兩週後發動反擊，但是無法在仍然結冰的河域成功驅離中國人。繼之而來的是雙方大規模的砲火轟炸。在莫斯科，人們普遍對戰爭心存恐懼。有些蘇聯軍事專家建議搗毀中國的核武設備，以防萬一，但是政治局持保留態度。蘇聯首長試著與中方領導人通話，但年輕的中國接線員拒絕將電話轉接給周恩來或毛澤東。接線員被告知，不論何時，只要蘇聯試圖打來，就對他們高喊反修正主義口號然後掛電話。

但在毛澤東的恫嚇之下，隱藏著深切的恐懼，勝似莫斯科方面所感受到的怖畏。中國領導人命令己方停火。但他也擔心蘇聯會對中國發動大規模核武攻擊。挑釁中蘇邊境的紅軍以對內展示文革讓中國變得多麼強大是一回事，但要危及中國的存續又是另一碼事。蘇聯增援鞏固邊界，並警告若再有更多挑釁行為，莫斯科必當睚眥必報，包含使用核武。一九六九年秋天，對於全面戰爭的恐懼席捲中國。儘管周恩來和蘇聯首長商談緩和緊張關係，但是同年十月初，毛澤東命令所有黨政軍領導離京。全國上下的中共幹部都離開城市，進入田野備戰。林彪比平時更氣急敗壞，突然命令中國軍隊進入最高警戒狀態。危機過去了，卻迫使毛澤東了解到，要面對一場真正的戰爭，中方的準備是多麼不足，而其新的領導班子又是多麼雜亂無章。

毛主席已經開始約束一些最糟的文革極端分子。軍隊被派遣入城市和大學院校重整秩序，有些最風口浪尖的紅衛兵在前三年虐待、鬥爭了許多人後，如今換他們自己被送去監獄或勞改。對蘇聯戰爭的恐懼迫使毛澤東朝降低國內衝突的方向推進。但毛主席也擔心會有任何對大躍進或文革的他所謂「翻案」的政策。毛澤東仍堅持這兩個運動都是正確的。他現在依靠的顧問是由文革當中的領導所組成，例如他的妻子江青和上海左派張春橋、姚文元，以及在六〇年代的災難中對毛歌功頌德的更為傳統的中共幹部，例如總理周恩來。被清算的領導們被下令要消失在其視野之內，但詭異的是，毛澤東有時又會私下在其密居中召喚他們來給予意見。

因為中國既貧窮又孤立，也因為與蘇聯之間戰雲密布，讓冷戰的陰霾漸漸襲上毛澤東心頭，這位中國領導人暫緩革命的狂熱氣息，同意多將重點放在生產和整體經濟發展上。七〇年代早期，國際上的氛圍劇變，在毛澤東所主導的運動後，中國的官員試圖將局勢重新拉回正軌。但是整個國家仍然處於接踵而至的危機當中。最糟的是一九七一年九月，當副主席和國防部長林彪——毛欽定的接班人——試圖倉皇逃往蘇聯的時刻。毛主席那愈發精神錯亂的「親密戰友」與妻兒一起登上一架軍機，命令飛行員航向國界處。當周總理詢問是否將飛機射下來時，毛聳肩：「天要下雨，娘要嫁人，無法可設，由他去吧。」[24]林彪的飛機在外蒙古墜毀，機上無人生還。

若還有人仍企盼文革能漸入佳境，那麼林彪的背叛葬送了這樣的希望。接續而來的是深遠的憤世嫉俗感，尤其在青年之間。他們截至如今的生命都參與在毛澤東的政治運動中，這些運動一個比一個更加劇烈，徹底改變了他們的人生。他們學會敬毛如神。他們的角色是要幫助他建立一個更好的新中國。現在一切似乎都如灰飛煙滅。儘管少數人準備反抗，但多數人們一有機會就想要回歸舊制。腐敗和走後門的狀況層出不窮。雖然北京來的命令持續指示要加強革命，但是人們已經意興闌珊了。毛澤東所夢想的那種力拔山兮的新中國人已經成了洪水猛獸。

共產主義革命和冷戰改變了中國，雖然並非總是服膺於其領導人或人民所期待的方向。最重要的改變是「舊中國」的消亡，所謂舊中國指的是農民、商人、官員所組成的父權社會，從十九世紀起便逐漸日薄西山，最後終結於共產主義者之手。取而代之的是一個混雜的社會，參雜著中國和外國元素。其統治者的政治理論——馬克思主義自然是舶來品，共產黨也是。關於家庭、教育、科技、科學的新思維都來自外國。在中國革命中最中國的部分，是它執迷於人的轉變、意志力和需要找到「正確」觀念和方法治癒社會痼疾的解決方案。對七〇年代許多中國人而言，愈來愈顯而易見的是，毛澤東對於社會精神的重視大過於實際的效益，正是這樣讓革命走上歪路。在冷戰將屆之際，中國對其他形式的外國影響毫無抵抗力，便是與自己造成的創傷直接相關。

從更高的角度觀之，毛澤東的政治運動有著一切史達林主義式清洗的特徵，與蘇聯和東歐所經歷過的幾乎如出一轍。共產黨領導人成為眾矢之的，以遊走在法律邊緣的方式遭受批評、當眾羞辱、處決或放逐。那些罪名往往完全是子虛烏有，旨在集中權力。國家主席劉少奇對黨忠貞的程度難有人能出其右，卻當眾被拳打腳踢、虐待，然後於一九六九年的戰爭恐慌中押送至開封，在照護不周的情況下逝世。毛澤東想要獨攬大權。

但是文革還有另一個面向。當街頭巷尾愈發混亂，當局就開始難以駕馭。毛澤東當然贊成紅衛兵攻擊那些他想清算的人。但是及至一九六六年，數百萬年輕人開始為了革命而旅行全國各地。雖然他們的日子大都花在高唱低能的口號或者妨礙農事，但旅行的確讓他們更大略了解全國的狀況。對於大多數人，尤其是年輕女人來說，這是他們第一次脫離父權控制。他們當中有些人利用機會開始自主思考性、性別角色乃至經濟與政治，甚至是不能公開討論的禁忌議題。中國後冷戰的變革的一部分也導因於紅衛兵世代和他們的經驗。

在中國以外的地方，毛澤東的文革狂熱被叛逆的學生和其他人視為挑戰自己國家威權的方式。中國的史達林式清洗因此有時候莫名其妙地與他國六〇年代青年世代的反叛結合在一起。其中一個最為奇怪的扭曲現象在西歐，有些知識分子組織了毛主義團體。他們認為可以同時崇拜毛主席卻又反威權。例如，在富裕的挪威，學生組織了一個叫作工人的共產主義黨（馬克思－列寧主義）。他們相信「中國共產黨和人民的中國，不論是中國本身或在國際上都前所未有地強大……〔挪威〕從未對中國的興趣與情誼如此普遍且高漲」。[25]但是即使有些知識分子歡慶中國的悲劇，大多數歐洲人卻毫不在意。在選舉中，沒有任何毛主義政黨得到超過一％的票數。

中國的毛主義時代最為重要的國際影響，是讓人從此打消共產主義均是團結一體的概念。當然這在一九四八年，史達林將南斯拉夫踢出東方陣營時，對許多人而言就已經顯而易見。但是中國帶來的認識在規模上完全不可同日而語。中蘇共產主義交惡一事有轉變國際政治，並打破冷戰的二元對立的潛力。若中國僅關心如何在文革中自我撕裂，那麼這件事就不可能發生。但是就在這個國家開始從泥淖中再度站起來時，新的全球布局潛力也變得昭然若揭。

第十章
打破帝國

冷戰的起源是發生在歐洲與歐洲的旁支美、俄的意識形態競爭。在二十世紀下半葉，那樣的競爭開始與圍繞在歐洲海外帝國崩頹的過程中所發生的事彼此勾連。歐洲制霸國際事務已有至少兩個世紀。但是二戰後亞洲重整旗鼓顯示，這項優越的地位已經不能再被視為理所當然。且五、六〇年代去殖民進程加速，及至一九七〇年時，獨立國家的數量已經比一九四五年增加了將近四倍。它們都想在國際舞臺上有自己的發言權。且他們不願在未有爭取自己利益的情況下遵循冷戰的二元體系。

冷戰遇上去殖民運動，觸發了第三世界運動。第三世界的名稱是其主要倡導者為向一七八九年法國大革命的多數抗暴平民——第三等級（Third Estate）致敬而以之命名，但其目的卻非常當代。新興獨立國家的領導人，如印尼的蘇卡諾或印度的尼赫魯，認為是時候該讓他們的國家占據國際舞臺的中心位置了。歐洲人是世界的少數，他們已經主宰世界太久了，且並未好好善盡其責。他們不僅造成了殖民主義以及兩次世界大戰，而且在殖民主義中還創造了一個只有利於歐洲人士的政經體系。全世界廣大人民的才華、輿情、文化、宗教都遭到忽視。現在該是時候讓那些被剝奪權利的人管理自己剛被解放的國家，乃至掌理全世界了。

對於第三世界的領導人而言，冷戰是殖民主義體系的產物。這是歐洲人企圖規範與主宰他人事務，告訴他們應該如何行事、做些什麼的嘗試。儘管在新興獨立國家中，有許多人並不信任資本主義，因為這是他們的殖民主試圖加諸於他們之上的體系，但是大多數情況是，他們並未準備好要擁抱蘇聯式的共產主義作為替代方案。蘇聯共產主義似乎控管太過密不透風、太過專制主義，或者總之對於後殖民國家而言太過歐化了。儘管如印度、印尼等許多國家試圖學習蘇聯經驗，但是第三世界的議程往往獨立於這兩造的權力陣營之外。這項議程脫胎於一九五五年的亞非萬隆會議，強調完全的政經主權、前殖民地國家之間的團結與解放運動，以及解決爭端的和平方案，然後廢除核武。

對於超級強權而言，這是個惱人的局面。美國愈發將自己的民族經驗置於理解全球局勢發展的核心。隨著冷戰局勢僵固，不順服於美國自由和經濟成長願景的國家就被認為是傾向蘇聯。蘇聯那方則認為，所有「第三」的立場都僅是通往社會主義的舞臺，最終都會導向蘇式共產主義。這也無怪乎非歐洲人視這兩方強權如出一轍——儘管他們在意識形態上對立。誠然，領導者像是阿爾及利亞的本·貝拉或者迦納的夸梅·恩克魯瑪（Kwame Nkrumah）都將兩方強權對他們的要求比喻為晚期的殖民主義。美蘇兩方都想要掌控政治和外交，但同時也在強權可提供的既有框架中尋求發展。在同一個市場上，他們都是竊賊，儘管美國在爭取管控上更加強而有力，也因此較蘇聯所能調集的資源更加無孔不入。

五、六〇年代去殖民運動遍地開花有兩個主要原因。首先是殖民強權在社經方面力量枯竭。若在一九一〇年，任何一位歐洲人（尤其是法國人或英國人）仍然可以穩妥地自視身處全球之巔。他也許在自己的國家身無分文，或感覺到來自婦女參政運動者或革命分子的威脅。但是就他記憶所及，全球的議程是由他的母國所設定。世界經濟體系是為了讓他生產和消費而創造的。他的文化和宗教舉世歆羨。而那些非基督教歐洲人的人，那些並未擁有歐洲科學、科技、軍事能力，沒有四通八達且目標明確的行政體系的他者，都被看成顯著地低人一等。

將這種狀況與下一個世代相比，在一九四五年，歐洲國家已被戰事消磨殆盡，他們的居民都開始懷疑自己是否身處世界核心地位。若他們無法避免一而再、再而三地把自己的大陸大卸八塊，那麼他們有何權利統治他人？那些種族優越的原則——至少是公開聲明的部分——現已聲名狼藉，希特勒便是一例。而且，一名英國青年或法國青年的當務之急，難道不是照看他們自己已經千瘡百孔的國家，而非遠在天邊的他鄉嗎？資源有限，而幾乎所有歐洲人都希望這些資源是用在自己國內。

去殖民運動的原因之二，是反抗殖民地的外國統治。雖然任何反殖運動都不太可能僅靠武力就將歐洲人趕出殖民地，但是這些運動讓殖民主義代價愈來越愈高昂，也使這件事在殖民母國愈來愈不受歡迎。像是印度國民大會黨或者非洲民族議會都倡導民族獨立和基本的經濟重整，以更好地服務其國家的原生居民。他們希望其人民被認可為推動世界歷史的新驅力，而非僅是自己國家的二等公民。

兩次世界大戰的災難和全球經濟蕭條，使得政治焦點集中在這些運動上，並且使得這些運動得到廣大的支持。凡此種種，在二〇年代以前幾乎都是少數人的現象，運動領袖很難說服國人冒險挑戰殖民統治。但是那之後，他們的規模和重要性都與日俱增，尤其是因為殖民力量試圖用武力加以撲滅。印度的尼赫魯曾被英國人關押，其政治精神導師甘地也是。蘇卡諾、胡志明、本．貝拉都曾身陷囹圄，流放外邦。他們變成人民的英雄，反殖辭令開始在許多青年男女間傳唱，這些青年男女往往出身顯赫，在歐美最好的大學受教。

這些內線防禦和抵抗的過程於世紀之初就開始在進行，即便直到一九四五年才蔚為勢力。冷戰雖然並未是這兩者的決定性因素，卻也帶來了影響。全球經濟重構逐漸以美國馬首是瞻，這變成了帝國形式傾頹的重要因素。而蘇聯支持解放運動和某些運動在蘇聯範例影響下的激化，也對此造成影響。但是至為重要的是在歐洲內部發生的冷戰，英法需要強化自己的國防，與美國結盟，它們（特別是法國）憂心殖民地長期的混亂狀態會導致宗主國國內自己的激進化。及至六〇年代初，當冷戰的焦點轉移到了第三世界，殖民者與被殖民者之間的衝突早已行之有年。

冷戰如何從經濟方面影響去殖民的這段歷史相當詭譎。十九世紀末和二十世紀初英法帝國主義高張的意識形態，是建立在改善其帝國所有居民生活的前景之上，這意味著要告別早年赤裸裸的剝削。但是戰爭和經濟蕭條使宗主國在經濟上對殖民地的依賴有增無減。因此他們企圖重構某些機制，使之更為嘉惠歐洲人，卻發現這麼做困難重重。帝國優先體系在美國人看來是殖民主義的問題所在——限制了自由市場，也令美國難以進入外國市場——不僅如此，這套體系也與原先相信帝國改革派的殖民地本地精英漸行漸遠。但是整體而言，這些方法並不適合變化中的全球現實。美國和其他（非英法的）國家在殖民地經濟發展中變得愈來愈重要。同時西歐的經濟合作和貿易也對英法愈來愈重要。這是無法持續下去的齟齬。

冷戰期間，美國在去殖民過程中的角色舉足輕重。多數美國人認為殖民主義不足取法。美國透過反抗英國得到自己國家的獨立地位。帝國控制意味著自由和自由貿易受限，而這兩個概念都是美國人所珍視的。但是大多數美國白人也懷疑有色人種無法在沒有歐裔人士的協助下治理自己。這種恐懼在冷戰的第一階段與日俱增。由於有另一超級強權爭奪著這些國家的目光，華府方面害怕這些後殖民領袖會輕易受到蠱惑，投效蘇聯陣營。因此，在美國的外交政策上，反殖民本能在冷戰的考量下必須加以淡化。

有美方的支持，是歐洲的殖民帝國何以在四〇年代並未全數傾頹，反而還持續了二十年（葡萄牙的例子是三十年）之久的主因。一九四五年後，由於經濟貧困，加上歐洲內部亟需自我防禦，沒有任何歐洲國家在財務上有能力維護其殖民領地。唯有在美國願意為這些國家的國內開支買單的情況下，殖民主義的假象才能苟延殘喘。對此，所有殖民宗主國當然都了然於心，並且盡可能地將他們對解職心不甘、情不願的態度，表現為共同對抗共產主義的一部分。美國政策制定者習於在北約和其他國際組織與西歐同盟共事，鮮少懷疑其盟友的動機。華府自己對反共的專注遠遠超出對反殖民主義的關注，除非一旦解殖失敗就會助長共產主義團體（例如印度和印尼）。當英國聲稱肯亞民族主義者喬莫・甘耶達（Jomo Kenyatta）被共產主義者控制，或者法國聲稱幾內亞領導者塞古・杜爾（Sékou Touré）亦是如此時，美方並未抗議，儘管他們自己的情報單位表示這並非事實。

在杜魯門和艾森豪政府時期，美國人也憂心一旦失去殖民地，會致使歐洲強權失去優勢地位。這一發展可能威脅到歐洲的穩定，使西歐在對抗歐陸或國際共產主義上勢力更為單薄。這些政府完全依賴向美方借貸，這一點對於形式而言有害無利。經濟上的疲軟導致英法只能向美國卑躬屈節，這讓他們滿腹怨言，並且猜忌美國人對他們的海外領地有所圖謀。儘管宗主國內部貧弱，但是帝國仍然讓他們身居強權地位。失去帝國的英國，用一名英國殖民地官員的話來說，就僅是「某種窮人版的瑞典」。[1]

然而，一九四五年後，歐洲帝國註定走下坡。儘管有著強大的美援，國內經濟疲弱與殖民地日漸高張的反抗局勢已經決定了結果。完成去殖民程序的英法政府並非社會主義左翼政府，而是邱吉爾、安東尼・艾登（Anthony Eden）和哈羅德・麥米倫（Harold Macmillan）所領導的英國保守派，以及法國戴高樂的民族主義右翼政府。他們固然遺憾失去殖民地，但也了解他們別無選擇。正如末代英領奈及利亞將軍詹姆士・羅伯遜爵士（Sir James Robertson）一九五九年的洞見：「問題是我們沒有足夠的時間；一部分是因為經歷了兩次大戰，我們已經不再強大到能堅持花更多時間來打造政府的民主形式；一部分也是因為美國透過訓練幾世代的人們自己管理自己，反對我們的殖民主義；另一部分是因為來自共產主義勁敵的威脅，我們必須比我們所設想的更快行動。」[2]

在美國這一方面，軍事政策逐漸遍及全球，亟需取得關鍵資源和原物料，這些在去殖民的過程中是重要的考量。美國領導人愈發將他們的國家看成是勾連在全世界反共運動中的一員，有責任打造出一套讓全球資本主義得以順利運作的體系。在冷戰對峙中，美國軍事基地網絡是不可或缺的，而確保歐洲與日本經濟重建所需的資源也同等重要。及至一九六〇年，美國已經在全球都部署了軍事基地，進一步提升了其軍事優勢，其中許多基地都來自殖民強權的首肯與禮遇。若戰爭發生，美國可以使用英法遍及全球的基地。除此之外，美國在殖民地（從阿森松島到亞速和百慕達）也長期租用自己的基地。法國控制的摩洛哥有美國基地。位於印度洋的英領迪戈加西亞島（Diego Garcia）在去殖民運動後仍然是英國的領地，主要就是為了讓美國得以在當地建造大型軍事基地，原本住在該島上的一千兩百人則遭到驅離。

整個冷戰期間，美國領導人擔憂蘇聯會直接或間接控制美國盟國經濟所依賴的原物料。出於這種恐懼，提出經濟國有化、生產計畫、出口限制的第三世界民族主義，總是被與共產主義或蘇聯影響混為一談。從資源的角度來看，冷戰就是關於絕對的控制。任何有助於敵人取得無論經濟還是戰略上關鍵資源影響力的事物，對美國都是一大挑戰。對於軍工業極為重要的金屬自然是重中之重。在一九四〇年代，最為重要的金屬資源是用以製造核武的鈾。美國試圖壟斷比屬剛果和南非的鈾礦，雖然人們很快就發現鈾金屬分布相當分散，難以壟斷。

冷戰最為重要的戰略資源是原油。二十世紀前半葉見證石油從少數能源躍升到讓現代國家正常運作的主要能源。一九五四年，蘇聯變得可以自給自足，如此一來它就不必為了自己國內需求與西方爭奪外國石油。但是後史達林時代的莫斯科領導人深知美國的盟國仰賴進口石油來滿足經濟成長需求。西歐對石油能源的依賴從一九四五年不到一〇％，到一九六〇年的三分之一。在日本，數字更為驚人：從六％到四〇％。到了一九五〇年，八五％的西歐進口石油已經都來自中東。對美國而言，美國及至一九七〇年都還主要仰賴國內生產的石油，因此控制中東油田仍然只是出於戰略的重要性。

中東原油的主要生產國有伊朗、伊拉克、沙烏地阿拉伯和波斯灣沿岸國家。在二十世紀前半葉，英國都還是宰制這些國家的主要外國強權。英國國力日益衰退，英領原油公司也為了維持其地位而掙扎不已。例如在伊朗，全國最大的原油生產者英伊石油公司（AIOC）坐擁位於阿巴丹（Abadan）的全世界最大煉油廠。民族主義者試圖推動伊朗增進自身利益。儘管利益分配與伊朗員工的工作條件都明顯不公，英伊石油公司和英國政府仍拒絕改變。結果導致伊朗選出了由穆罕默德・摩薩台（Mohammed Mossadegh）所領導的民族主義政府，致力於將原油事業國有化。

起初美方建議英國人妥協。在沙烏地阿拉伯，主要原油生產商是阿拉伯－美國石油公司（Arabian-American Oil Company, ARAMCO），美國政府成功推動阿拉伯君主制政府與美國企業主五五分帳。但是不論是伊朗人還是英國人都不接受美國的提議。相反地，衝突愈來愈白熱化。一九五一年五月一日，伊朗國會（Majlis）表決通過國有化石油企業，給予現任公司所有人補償。英國人發動禁運伊朗石油，並且訴請美國支持。倫敦方面稱伊朗石油國有化將為西方帶來戰略上的危險。他們稱強而有力的伊朗共產黨——伊朗人民黨（Tudeh）——正在德黑蘭的政治側翼蓄勢待發。伊朗人民黨將受惠於國有化。

杜魯門政府遲疑了，雖然它逐漸傾向英方。儘管如此，伊朗首相摩薩台並非共產主義者。他一直強硬抨擊蘇聯占領伊朗北方，並且為一九四四年之事攻訐伊朗人民黨：「如果你們主張自己是社會主義者，那麼為何你們願意為蘇俄犧牲自己國家的利益？」[3]但華府方面擔憂其長期效應以及地區不穩。隨著禁運令開始造成伊朗內部嚴重的經濟問題，反對摩薩台的聲浪愈來愈高漲。他的反應是暫時停止國會運作，加緊依賴包含伊朗人民黨在內的伊朗左翼，尋求其支持。

艾森豪政府決定加入英國發動祕密行動，令摩薩台政府倒臺。透過伊朗線民與雇請的特務，中情局散布了一連串的假消息與示威活動。中情局所雇請的伊朗人有時會喬裝成伊朗人民黨成員，攻擊伊斯蘭傳道士或沙王（Shah）的顧問，目的是製造社會動亂，並凝聚保守派反對摩薩台的勢力：沙王、伊斯蘭神職人員和軍方。一九五三年八月，在年輕的沙王禮薩・巴勒維（Reza Pahlavi）驚惶失措地逃離伊朗後，精心策劃的政變本來幾乎功敗垂成。但是軍方介入，逮捕摩薩台，並鎮壓了伊朗人民黨。巴勒維在美國中央情報領導人杜勒斯的陪同下回到德黑蘭。在接下來的二十六年間，沙王與美國緊密結盟，專制統治伊朗。

儘管美方猜忌英方的動機，但是由伊朗政變一事可看出兩國合作無間。在英國宣布馬來亞進入緊急狀態一事，兩國也合作緊密。從四〇年代晚期開始，英軍便持續對抗並擊敗共產黨領導的工人叛亂。就在美國支持英國在馬來亞的軍事行動時，華府方面也在菲律賓發動對付左派的叛亂行動。儘管美國反對殖民主義，從一八九八年開始，菲律賓實際上便被美國當成了殖民地。日本占領期間，菲律賓左派進行了大量抗日鬥爭；戰爭結束後，他們則為工農爭取更公平的待遇。一九四六年，美國給予菲律賓獨立地位，菲律賓領導者拒絕左翼的要求。稍後，美軍和菲軍聯手對抗人民解放軍虎克軍（Huks）發動的動亂。但是到了一九五四年，馬來亞國民解放軍（Malayan National Liberation）和虎克軍雙雙失敗。

就是這些在國家獨立建國過程中，西方屢屢介入，才催生了第三世界運動。反殖運動者逐漸開始使用這個字眼，而一直到馬丁尼克（Martinican）的運動人士弗蘭茲・法農（Franz Fanon）在其《大地上的受苦者》（*The Wretched of the Earth*）一書中大量使用這個詞彙才使之普及。但是其內涵卻老早就昭然若揭：相信非歐洲人士現在不僅對自己的國家負有首要責任，也肩負整個世界的未來。新興去殖民國家之間相信團結可以創造出一個涵蓋全世界多數人口的新的權力陣營。冷戰顯示出美國和其歐洲盟國是多麼狂妄自大，又推諉卸責，且與全球的發展脫節。蘇聯陣營也受到了批評。但第三世界的眾矢之的卻是艾森豪政府。

一九五五年在印尼萬隆舉辦的亞非會議變成了第三世界思想的會合處。萬隆會議的系譜其來已久。自二十世紀初開始，反殖民運動人士便一起創建了跨國抵抗網絡。到了五〇年代，許多關鍵領袖都有著跨國背景：來自馬丁尼克的法農到阿爾及利亞抗擊法國殖民主義者，千里達人喬治・帕德莫爾（George Padmore）在迦納獨立建國中扮演關鍵角色。但是在萬隆，新興國家才是焦點所在。在開場的演講中，蘇卡諾強調後殖民國家必須合作，對抗殖民主義，阻止核戰發生。「我們常常被告知『殖民主義已經消亡』，」這位印尼總統向來自二十九個國家的聽眾說，在場還有更多政黨和解放運動者。

我們不能被這種話所欺騙，甚至感到安慰。我告訴你們，殖民主義還未消亡。廣大的亞非地區長久以來都還未獲自由，我們怎麼能說它已經消亡……戰爭不僅威脅我們的獨立，甚至足以終結文明，滅亡人類。世界上有著一股勢力，沒有人真正知道這股勢力的邪惡力量有多大……沒有任何任務比維持和平更為緊要。沒有和平，我們的獨立毫無意義，我們國家的振衰起敝將了無意義，我們的革命將無法進行。4

那些在萬隆會晤的人背景殊異。代表中國的是作風溫和的周恩來，但其他人都與中國保持距離，因為中蘇關係密切。伊朗、伊拉克、土耳其和日本在會議上攻訐他們所認為的反美觀點。但是各區域真正的龍頭是印尼、印度和埃及。他們的意見對最後的公報具有決定性的影響，公報上強調人權、國家主權、反干預和反強權支配。他們的領袖——蘇卡諾、尼赫魯、納賽爾（Gamal Abdel

Nasser）——希望萬隆僅是第一步，為了讓後殖民國家之間可以合作，好為冷戰另一替代方案鋪路。

一九五六年夏天在中東，萬隆精神首次受到試煉。經過與美國冗長而徒然的借貸協商後，埃及新的極端軍政府領導人納賽爾感到相當失望。埃及在長久屈居英國的淫威之下後，仍被迫接受外國的實質影響，他為此感到憤憤不平。納賽爾希望將他的國土一分為二的蘇伊士運河能夠擺脫英法控制，重歸埃及，特別是埃及也能藉此得到可觀的運河收益。美國敦促他們展開協商。但就在倫敦和巴黎方面相繼拒絕後，納賽爾於一九五六年七月二十六日發動突襲，奪取運河區的控制權。納賽爾於亞歷山大港的長篇演說中，精心包藏了發動突襲的暗語——雷賽布（Lesseps），這是一八六〇年代設計運河的法國工程師的名字。

在蘇伊士演說中，納賽爾回顧帝國主義對埃及乃至整個阿拉伯地區的不公不義。阿拉伯人在自己的國家就猶如二等公民，被分裂，被驅逐，就如同巴勒斯坦人一樣。但一切要到此為止。在一場提及萬隆與反殖勢力團結的演說中，納賽爾號召一種新的阿拉伯身分，由埃及、敘利亞打頭陣，但所有阿拉伯國家都能參與其中。「如今埃及自行宣布了自由政策與獨立政策，全世界都將眼光集中在埃及。」納賽爾說，「現在所有人都不敢小覷埃及和阿拉伯世界。過去我們在〔外國〕使館浪費了太多時間……但今天，在我們團結起來組成一個反帝國主義和外國干預的單一民族陣線後，那些曾經輕蔑我們的人開始害怕我們了。」[5]

英法憤怒以對。對英相艾登而言，納賽爾是另一個希特勒，或者至少是墨索里尼。倫敦與巴黎方面與以色列合謀策劃出一個輕率的計謀，由以色列率先侵略埃及，然後英、法將聲稱為了隔開雙方，出兵介入。最後，他們再順手取回蘇伊士運河。一九五六年十月二十九日，以色列率先行動，同時——在另一個戰場——匈牙利危機正處於白熱化階段。英法兩軍於十一月五日侵略埃及。隨著運河地區戰雲密布，危機愈演愈烈。艾森豪總統大感震怒。盟國的計畫完全把他蒙在鼓裡，此刻他覺得自己「從未見過強權把事情弄得如此糟糕拙劣」。[6]尤其除去摩薩台後，華府方面極力避免在此區域樹敵。中情局特別擔心英法殖民主義的任何風吹草動，在阿拉伯國家都可能給當地共產主義者藉口，鼓動更「健全」的民族主義勢力。[7]

美國要求立刻停火，撤回所有外國軍隊。美國總統讓英方了解到，要是他們不配合，美方會拒絕販賣或運送石油給他們，並取消未來用以振興英國經濟的貸款。如今蘇伊士運河關閉了，美方石油供給對英國人而言更加緊要。就在艾登猶豫的時候，美國財政部暗示，他們將開始兜售英鎊，此舉將更進一步削弱已近乎一蹶不振的英鎊。艾登在法國的同夥居伊・摩勒（Guy Mollet）也被以類似的手段威脅，雙雙屈服，同意撤軍。接下來的幾個月，以方更是遭到美國總統以令首相大衛・本－古里昂（David Ben-Gurion）驚詫不已的方式懲戒。但他們直到艾森豪公開批評之後才配合。在一場對美國人民發布的電視演講中，艾森豪問：「當一個國家在聯合國不支持的情況下，攻擊且占領外國領地時，他們是否應該對撤軍設下條件？如果我們贊同武力進犯可以正確合理地滿足進攻方的目的，那麼我擔心國際秩序的進程將走上倒退之路。」[8]

艾森豪的憤怒其來有自。盟國並未事先告知就出兵，他被背叛的感受猶如芒刺在背。畢竟，美國將自己視為「自由世界」的領袖。艾森豪猜想入侵者刻意將行動時間選在美國總統大選、他尋求再度連任之時，藉此減少美國對此次軍事行動的反應。無獨有偶，同時又發生了蘇聯入侵匈牙利一事，讓全世界的人們有機會相互比較。艾森豪的助理擔憂攻擊埃及將給予蘇聯在中東發展的踏腳石。但是更要擔心的是，歐洲強權願意犧牲冷戰利益以換取短視近利的民族獲益。對艾森豪而言，這是致命死罪，因為在他的心目中，這使美國參與冷戰的目的失焦了。

蘇伊士危機的影響也有許多層次。它清楚表明英法已不復能夠在違背美方意願的情況下自行其是，在外交事務上採取獨立行動。這令英法兩國顏面掃地，儘管十多年來，現實也已經清晰可見。但是蘇伊士事件也顯示後殖民世界的民情不容小覷，且太過公然地展示赤裸裸的強權就像匈牙利事件一樣，是需要付出代價的。尼赫魯在印度國會發言時總結道：「大國使用武力，儘管顯然可以〔達成〕一些事情，但確實也顯現出它無力掌控情勢，顯露出來的反而是弱點。」[9]以一貫的誇飾作風，尼赫魯說，「整個世界經受的危機來自冷戰。因為冷戰所築起來的意識路障比鐵幕或磚牆或任何監獄都還要高大。它製造了人心的隔閡，拒絕理解另一方的立場，將世界區分成天使和惡魔。」[10]

去殖民在蘇伊士事件後加速進行，一方面是因為英法國力日衰，一方面也因為兩國日益清楚他們的未來在歐洲和跨大西洋聯盟，而非亞洲或非洲。一九五四年，法國被趕出印度支那，且在阿爾及利亞的殖民戰爭中愈來愈聲名狼藉，遭受美國輿論一輪猛轟。法國心不甘情不願地撤離其他殖民地。第四共和政府陷入了抉擇困難：反共（卻同時希望表現得更為激進）；反對美國支配（卻同時害怕美國背棄自己）；擁抱歐洲整合（卻也害怕損及法國的獨立行使權力和名聲）。法國政府想要美國的支持，因此呈報從塞內加爾、馬達加斯加到大溪地的獨立運動都有著共產主義威脅。但他們也害怕美國會取代法國在這些前殖民地中的地位。法國知識分子譴責美國的帝國主義，但當中有些人也發現難以揚棄法國自己的殖民主義。在他們巧妙地變換用詞之下，法國殖民主義彷彿比其他國家的殖民主義更講仁義道德，更加融入，更致力奉獻，也更「道地」。法國了解非洲，美國人則對非洲一無所知，這種論調在法國的報紙上反覆出現。但是這底下的潛臺詞——「知識」讓他們有權利持續剝削——卻沒有和盤托出，在這點上，巴黎與倫敦方面作風一致。

有些法國人和其他歐洲人以及少數的非洲人認為，殖民帝國仍然可能從內部轉型。他們相信大英國協或法蘭西聯盟（*Union française*）的某種整合主義形式可以創發出巴黎知識分子命名為歐非洲（*Eurafrique*）的概念，宗主國的民主價值與文化在此可以受到前殖民地的歡迎。它的論調是所有人無分種族，都可以是擁有平等權利的合法公民。殖民者和被殖民者的緊密程度遠比歐洲國家之間更甚。為何進步派贊同歐洲整合，卻鼓勵海外分崩離析？有些人不知道這種論調已經過時。比方說，法共在此議題上仍然荊棘遍布。法共想要見到殖民地的「解放」，但又不希望它們脫離法國。法國共產黨黨魁多列士宣稱：「分離的權利不必然接續著分離的義務。」[11]

對五、六〇年代被殖民世界的主要領導人而言，重點並非未來整合的願景，而是去殖民與反殖民團結。種族議題至為關鍵。究其本質，殖民主義是一個種族主義的計畫，而美方未支持完整的去殖民一事，令第三世界領導人憶起非裔美國人在美國本土受到的種族壓迫。但歐洲左派也是譴責的對象。馬丁尼克黑人作家艾梅．賽澤爾（Aimé Césaire）雖然於十年前由法共選為國會代表，但是在一九五六年脫離法共時，他痛斥歐非洲的想法：「看看吹遍所有黑人國家的團結氣息！看看在這裡、在那裡被撕裂的纖維正在重新被織接起來！經歷，那受過痛苦淬礪的經歷教會我們，我們能使用的唯一武器，唯一有效且無損的武器，就是團結一致，所有意欲反殖民的人匯聚一堂，當我們因宗主國政黨的分裂而渙散時，就是我們脆弱和失敗的時候。」[12]

團結一致的武器，在阿爾及利亞解放鬥爭中受到前所未有的考驗。英國擁有的殖民地都遠在海外（除了——有些人會說——愛爾蘭、蘇格蘭和威爾斯之外）。與此不同的是，阿爾及利亞與法國僅隔著地中海一衣帶水。一八三〇年代，阿爾及利亞遭到法國入侵，而到了一九五〇年代末，已經有超過一百二十萬歐洲殖民定居者移居，而當地總人口數約八百萬。反殖動亂此起彼落。一九五四年，民族解放陣線（FLN）開始反法武裝抗爭運動。法國政府以大規模反游擊行動回應，雙方在交火過程中都犯下了許多暴行。法國在阿爾及利亞駐紮人數曾一度高達五十萬大軍，大部分軍人的薪餉都是因為有美國的支持，法國政府才發得出來。儘管如此，軍事行動仍未能成功剷除民族解放陣線。到了一九五七年，民族解放陣線已經控制了阿爾及利亞大半地區。

一九五八年五月，駐阿法國軍官發動了一場軍事政變，企圖同時脫離阿爾及利亞與法國。這些軍官和支持的法裔移民者堅稱與民族解放陣線不可能有協商空間。他們要求戴高樂將軍違憲復行視事，重新就任法國總統。為了強調他們的軍力，叛變方取得了科西嘉島，並威脅要行軍至巴黎。自一九四六年便已下野的戴高樂以法國民族救世主之姿重返政壇，宣告他反共的主張，並堅決將阿爾及利亞保留為法國的一部分。但是儘管給予了他近乎獨裁的權力，卻也無力改變阿爾及利亞戰爭的風向。

戴高樂耗時四年試圖避免阿爾及利亞脫離法國，最後卻終歸失敗，因為美方將冷戰視為優先考量，無暇顧及法國最後的殖民戰爭。相反地，美國人認為戴高樂難以相處，且懷疑他的戰爭早已全盤皆輸。民族解放陣線巧妙地發動外交攻勢，挑戰美國在反殖民上的聲譽。為何一個脫胎於反帝鬥爭的國家不譴責法國占領阿爾及利亞？對於華府方面舉棋不定，戴高樂予以反擊，宣布法國必須擁有自己的核武，因為美蘇顯然正在瓜分世界，使法國失勢。艾森豪政府不認為戴高樂能承受與西方陣營決裂的後果，但他擔憂跟法國的盟友關係會影響到其他方面。「只要阿爾及利亞衝突持續下去，」一九五九年美國國家安全會議的一份報告如此下結論道，「法國就會成為美國與亞非陣營關係的累贅，以及與中東關係的累贅。」[13]

英國保守黨政府曾起誓絕不放棄大英帝國，一九五八至六二年間卻有八個國家從中獨立。獨立的過程大都和平，然而新的後殖民政府往往難以維持其政權。一九五七年，迦納是第一個獲得獨立的非洲殖民地。具有領袖魅力的民族主義領導者恩克魯瑪成了迦納首任總理，但他雄心壯志，不滿足於擔任區區小國的領袖，意圖在非洲解放過程中扮演更為顯赫的角色。戴高樂雖然宣誓其決心，但他之於法國殖民地的角色也與英國保守派的所作所為類似。在法屬西非，幾內亞於一九五八年取得獨立後，不願再與前殖民母國有所瓜葛。一九五八至六二年，又有十四個法國領地取得獨立。在阿爾及利亞，戴高樂最後也只能退讓。戰事久攻不下，國際輿論壓境，使巴黎同意撤軍，承認前殖民地的獨立地位。一九六二年夏天，民族解放陣線在阿爾及爾取得政權，組建了一個激進反殖政府，意欲作為第三世界權力的象徵。

五〇年代晚期，蘇聯的世界觀也開始改變。蘇聯的立國之本在於發動世界革命，推翻帝國主義以及其他形式的封建、資本主義壓迫。蘇聯統治的第一個十年，在「西方革命」落空後，對「東方革命」的期待方興未艾。共產國際在蘇聯為歐洲以外的共產主義者成立學校和訓練機構，他們協助在亞、非、拉組織政黨和共產主義團體。亞洲革命分子的最高學府東方勞動者共產主義大學（The Communist University of the Toilers of the East）於一九二一年在莫斯科建立，並在巴庫（Baku）、伊爾庫次克（Irkutsk）以及塔什干成立分校，作育領袖無數，人才輩出，包括印尼共產黨領袖陳馬六甲（Tan Malaka）、中國的鄧小平、越南的胡志明（他後來還成為共產國際特派員，在東南亞和中國南部執行任務）。在戰間期，蘇聯的大學吸引了一眾反帝國主義的學生，他們大都來自亞洲，也有些來自非洲國家，其中以中國、越南、印度、中東和土耳其為大宗。並非所有人都是共產主義者，但是蘇聯所宣稱的反殖民主義與反歐洲宰制立場，令他們心生嚮往。

列寧所明言的政策——與非共產主義左翼和反帝國主義者建立「統一戰線」，尤其是在被殖民世界——令蘇聯外交政策與反殖民運動的激進化產生極大效益。即使在二〇年代晚期，當史達林穩固對蘇共的掌控時，共產國際內部翻天覆地，也無損於他人為了共同的宗旨與蘇聯共事的吸引力。對於反殖民人士而言，蘇聯既是社會與經濟模式的楷模，又給予了實際行動的支持。對許多特別是年輕一代的蘇聯人士來說，協助反帝鬥爭令他們臉上有光，而這份榮耀在國內愈發難以獲得。對於共產主義領導班子來說，就算反殖民革命並非由他們在意識形態上的同志所領導，支持反殖革命仍有其戰略意義。這是一種打擊歐洲帝國中心——倫敦、巴黎、布魯塞爾——的方式，在歐洲內部的共產主義運動勢單力薄，類似的鬥爭難以達成。

共產主義與反帝兩者之間的緊密關係，可以透過二〇至四〇年代之間數場會議中看出端倪。一九二七年在布魯塞爾舉辦的第一次反帝反殖民國際會議是一個起始點。該會議是由性格鮮明的德國共產國際特派員威利・明岑貝格（Willi Münzenberg）籌劃，他擅長組織設立統一戰線機構。明岑貝格利用中國國民黨領導的反帝運動作為契機，召開會議。該會議吸引的與會者來自全球四面八方，從反帝國主義的歐洲人如阿爾伯特・愛因斯坦（Albert Einstein）、亨利・巴布斯（Henri

Barbusse）到尼赫魯、中華民國首任大總統孫中山的遺孀宋慶齡、其他亞非和加勒比海的運動分子等。包括非裔和波多黎各群體等數個美國民權運動組織也派員代表。很快事態就超出共產國際主事者的掌控了，會議變成了對歐洲控制加以撻伐，而非他們原先所期望的歡慶反殖民主義與社會主義的連結。塞內加爾共產主義者拉明・森戈爾（Lamine Senghor）強調他的首要目的是以提倡種族平等的民主來取代帝國：「奴隸制度並未被廢除。相反地，它被現代化了……當他們需要我們拋頭顱灑熱血、做牛做馬時，我們是法國人。但是當要給我們權利時，我們就不再是法國人，而是黑人。」[14]

蘇聯掌控全球反帝國主義上的困難，在掌理從沙皇那裡繼承下來的多民族帝國中也可一窺端倪。起初，共產主義鼓勵俄羅斯人以外的人種（尤其是非歐洲人士）取得其所在地區的領導地位，以便轉型為蘇維埃共和國或自治區。像是十九世紀曾被帝俄攻克的塔吉克族或烏茲別克族等族群，此際他們被告知應該在蘇聯內部運作自己的共和政體。即使是未曾有過任何形式獨立的小群體如卡爾梅克人或烏德穆爾特人（Udmurts），也分得自己的領地。俄羅斯民族志學者孜孜矻矻地識別民族，在共產主義顧問的指導之下，給予他們應得的權利、推廣他們的語言並提供教育。列寧曾說，蘇聯的主要一個敵人是大俄羅斯沙文主義。他害怕自己死後，「在蘇維埃的和蘇維埃化了的工人中，會有很少一部分人沉沒在這個大俄羅斯沙文主義垃圾的大海裡，就像蒼蠅沉沒在牛奶裡一樣」。[15]儘管史達林對這些共和政體的獨立政權心存忌憚，但是大多數時候，民族化（*korenizatsiia*）政策持續到三〇年代。

但當史達林於三〇年代轉向大規模恐怖統治以維持專政時，就為蘇聯境內的亞洲族裔敲響了喪鐘。那些為民族、宗教或文化自主原則挺身而出的人都被送入勞改營，銷聲匿跡，許多他們的俄籍顧問，以及為數頗眾到蘇聯避難的外國反殖主義者下場亦同。有些聲名顯赫的蘇聯穆斯林反帝國主義者，例如巴什科爾（Bashkir）領導人米爾賽德・蘇丹－加里耶夫（Mirsaid Sultan-Galiev）在獄中遭到處決。史達林想要的是由他個人領導的統一蘇聯國家，一個終將挑戰歐洲強權的國家。對出身喬治亞的共產主義者史達林而言，歐洲是決定世界未來的地方。殖民世界說好聽一點充其量只是餘興節目，說難聽一點則是讓人心有旁騖。在蘇聯境內，過去的俄羅斯殖民地居民應被整合入蘇聯國家。而蘇聯境外，唯有能夠帶來蘇聯安全利益的反殖民者才有價值。儘管戰後在印度、印尼和中國轉而傾向推翻歐洲勢力，史達林也不為所動。雖然他在一九四五年後也談及反帝國主義能如何削弱美國和其盟友，他的目光還是牢牢緊盯著歐洲。

無怪乎史達林的繼任者會覺得領袖好像錯失第三世界的良機。赫魯雪夫和同僚在史達林死後幾年間出訪了亞洲和中東國家，而這也逐漸導致了對於前獨裁者直接但隱誨的批評。一九五五年，赫魯雪夫本人出訪了印度、緬甸、阿富汗。在訪問這些剛獨立的國家時，赫魯雪夫傳達的訊息都如出一轍：所有與殖民主義分道揚鑣的人都可以獲得蘇聯的支持。蘇聯只是單方面對其他國家說教的日子已經過去了。現在強調的是實際的合作，雙方都能得利，而這最終會有益於促進全世界過渡到社會主義的進程。「那些實現民族獨立的人們已經在和平與社會進步的鬥爭中，成為了既年輕又強猛的力量。」赫魯雪夫於一九六一年元月，對莫斯科的黨高層學校如是說：「民族解放運動對帝國主義發動一次又一次的猛攻，有助於鞏固和平，在社會進步的道路上加速人類的發展。亞洲、非洲和拉丁美洲現在都是反帝革命鬥爭最重要的核心。」[16]

及至一九六〇年，蘇聯已經在第三世界中廣布觸角了。即使是反對冷戰分裂的國家和那些宣示對萬隆議程效忠的國家，都樂於向蘇聯尋求實質的支持。在蘇伊士危機後，埃及開始了蘇聯資助的長期發展計畫。印尼、古巴和包含迦納、幾內亞、馬利在內的數個西非國家也開始與蘇聯密切合作。儘管與中國關係變質，蘇聯似乎在與第三世界締結友邦上無往不利。印度也是重要的斬獲，儘管印度奉行不結盟方針，尼赫魯的政府仍開始參照蘇聯經驗以建造自己的社會主義形式。然而他們期待這影響能是雙向的。印度駐蘇大使K．P．S．梅農（K. P. S. Menon）報告道，印度「與蘇聯的友好不僅在……技術協助上有所斬獲，而且也軟化了共產主義的輪廓，開鑿一條道路。透過這條管道，善意可以在兩大陣營間流動」。17

而發生在剛果的危機行將顯示蘇聯在第三世界的權力與限制。這個貧窮且多遭剝削的比利時殖民地於一九六〇年突然取得獨立，當時幅員如此廣大的國家卻沒有互通各地的道路系統，除了歐洲人持有的礦區外，經濟發展也相當有限。剛果當時僅有十六位大學畢業生，沒有醫生，沒有高校教師，沒有軍官，乃至沒有全國性的政黨。所有事物過去都由比利時人掌控。當殖民行政人員離開後，以首相帕特里斯．盧蒙巴（Patrice Lumumba）為首的新領導團隊盡力避免政府垮臺。郵務人員出身的盧蒙巴是一位激進的剛果民族主義者，他發起剛果獨立運動，並領導當時唯一在該國中數個省分有曝光度的政黨。比利時人憎厭他，更希望與分離主義團體合作，以確保他們的礦業利益毫髮無傷。美國人反對他，因為他們將左翼的盧蒙巴看作莫斯科與剛果豐富礦脈間的導管。獨立後幾週內，剛果就支離破碎了。盧蒙巴懇求美軍入境，美軍也應聲而來，卻不是為了幫助他們保持國土完整。無計可施之下，他公開向蘇聯求援。

打從剛果危機開始，艾森豪政府就認為盧蒙巴會威脅到美國在非洲的利益。國務卿杜勒斯說：「可以保險推測盧蒙巴被共產主義者收買了。」[18]美國試著阻止他取得政權，而當他取得政權時，則試圖策動軍事政變拉他下馬。同時，盧蒙巴譴責西方政策：「我們知道西方的目的。昨天他們在部落、親族、村莊的層級上分化我們。今天，非洲解放了自己，於是他們在國家的層次上面分裂我們。他們想要創造相互敵對的陣營和衛星國，且從冷戰就開始深化這些分裂，以維持他們的統治。」[19]但是盧蒙巴請求的蘇聯支援姍姍來遲地抵達金夏沙（Kinshasa），他們唯一做到的僅有簽署盧蒙巴的死亡證明。一九六〇年九月，中情局策劃了一場謀殺，但是在付諸實行之前，這位首相已經被軍方推翻。他們將他交給喀坦加（Katanga）省的分離主義敵營嚴刑拷打，並於三個月後殺害。

剛果危機令赫魯雪夫和他的顧問大開眼界。一個非洲的合法政府請求蘇聯支援，而一九六〇年七月，赫魯雪夫承諾提供援助：「如果有國家真的對剛果民主共和國發動帝國主義侵略……持續他們的犯罪行動，那麼蘇聯將不惜祭出關鍵手段，遏止侵略行為。剛果政府可以確定蘇聯政府會提供剛果民主共和國所需的支援，以達到您們正義的勝利。」[20]六個月後，盧蒙巴死了，剛果落入美國支持的軍事獨裁者手中，蘇聯唯一能做的只是大加撻伐，並且以這位剛果義士之名命名莫斯科一所專收外國學生的新大學——盧蒙巴大學。蘇聯當時尚未擁有在中非施展拳腳的後勤補給或軍事力量。這是中央委員會成員、紅軍軍官和參與此事的蘇聯國安委員會官員永誌不忘的教訓。

對於其他第三世界國家而言，剛果的悲劇也是他們自身孱弱的表徵。迦納和埃及曾希望幫助盧蒙巴維持政權，但是他們力量太薄弱，反應也太慢了。恩克魯瑪和納賽爾下的結論是：加強自己國家的經濟發展乃是唯一的出路。其他主要的第三世界政府如阿爾及利亞的本·貝拉，也心有戚戚焉。唯有當全國經濟發展可以透過政府介入和計畫而快速啟動，他們的國家才能壯大，同時滿足人民的期望，又能與友邦同舟共濟。蘇聯的經濟經驗掌握了經濟成長之鑰，但這些都必須透過新興國家自己的人民去積極推動，並將效應發揮到淋漓盡致。第三世界共通的信念是，透過去除殖民控制、建造一個為自己人民謀福利的國家，就可以達成快速的經濟成長。反之，許多領導人發現他們的國家缺乏快速進步（尤其是在設立新產業上）所需的專家，而他們得以出口的少數資源卻仍然被多國企業和國際貿易體制所設下的條件所挾持。幾乎打從一開始，許多國家就發現國家發展的努力遭到貪汙腐敗日甚一日的官僚所牽制。及至六〇年代中，許多非洲人民甚且發現他們的生活變得比殖民時期更加貧困。他們開始尋求穩定、秩序和長足的進步，而非後殖民政權所能給予的事物。

阿爾及利亞是一個好例子。在獨立運動中逐漸嶄露頭角的民族解放陣線關鍵領導人本・貝拉在加入法軍、乃至後來在法國變成政治犯時，變得愈發激進。當國家終於獲得獨立時，本・貝拉的政府將幾乎所有產業國有化，並企圖逐漸將阿爾及利亞的原油產業（全國最重要的經濟活動）變成國有企業。一九六二年，歐洲地主多半逃到法國，其土地被分給農民與工人自組的團體。由於缺乏農事專家、設備和投資，農產品產量大幅下降。打造新企業的計畫泰半無法兌現，尤其因為那些應該建造新企業的人在物價攀升、房租高漲的情況下，為家庭生計忙得分身乏術。在本・貝拉執政期間，阿爾及利亞的成長率仍然不低：平均接近五個百分點。但這主要是來自原油輸出。其他企業全都面臨衰頹，國家使用原油收入的方式毫無效率和原則可言。隨著猜忌不信任感蔓延，本・貝拉自己變得日益獨裁，發表公開演說尋求立即執行某些政策（從報業國有化到強迫穆斯林男童義務參與童子軍）。群眾高喊「本・貝拉萬歲」，但是當軍隊於一九六五年罷黜他時，大多數阿爾及利亞人似乎如釋重負。

然而，儘管國內連連挫敗，本・貝拉的阿爾及利亞變成從非洲到中東的第三世界的要津。在葡萄牙還緊抓著非洲殖民地不放時，兩個主要對抗葡萄牙的團體——安哥拉人民解放運動（Popular Movement for the Liberation of Angola, MPLA）和幾內亞和維德角非洲獨立黨（African Party for the Independence of Guinea and Cape Verde, PAIGC）——都在阿爾及利亞設置總部。南非民族議會（South African National Congress, ANC）領袖尼爾森・曼德拉（Nelson Mandela）也曾駐足阿爾及爾接受軍事訓練，並且參與剛果、羅德西亞和巴勒斯坦革命。麥爾坎・X（Malcolm X）和其他非裔美國武鬥派也曾到訪，黑豹黨運動的領導人稍後也來到此地尋求庇護。本・貝拉的許多重要顧問都來自西歐或者南斯拉夫（但是很少是蘇聯人士）。阿爾及利亞領袖與埃及人、印尼人和印度人同聲強調，唯有廣泛的國際團結合作可以完成非洲去殖民，並且脫離冷戰的束縛。

一九六一年，阿爾及利亞取得獨立的前一年，為數眾多的國家聯合起來組織了後來為人所知的不結盟運動。當中所有國家都認為冷戰危及他們的國際利益，阻礙其國家發展計畫。這些國家當中有許多是六年前參與過萬隆會議的元老級成員。但是不結盟運動並非僅僅是萬隆會議的後續。人民團結，尤其是種族團結顯然缺席。會議轉而強調萬隆會議議題當中的某些部分，像是國家主權，以及將國際和平的需求視作廢除所有形式的殖民主義和外國干預的條件。首次會議在南斯拉夫首都貝爾格勒舉行，其新提案本來意在含括比亞、非獨立國家更廣泛的群體，目的在於透過新的國際合作形式挑戰冷戰體系。中國沒有受邀，但是古巴打從一開始就是會員國，塞浦路斯亦同，乃至更為保守的君主制國家像是衣索比亞、沙烏地阿拉伯也位列其中。蘇卡諾在演說中如此總結道：

不結盟運動並非直接針對任何國家，或任何集團，或任何個別的社會體制。我們共通的信念是，不結盟策略是我們為維持和平、緩和國際緊張局勢所能做出的最佳貢獻。讓我們開誠布公：我們這些國家今日齊聚一堂，共同發起不結盟運動，並非偶然……這是新興國家的時代，這是反民族主義風暴、建國、帝國分崩離析的時代。21

到了六〇年代早期，去殖民已經改變了世界，幅度之大超出一九四五年大多數人所能想像。不僅有更多獨立國家出現，而且這些新興國家都由非歐洲人領導。相反地，歐洲已經大不如前，尤其是因為後殖民國家要求在國際事務上能為自己發聲。多數後殖民國家都厭惡冷戰創造出的國際秩序。他們感覺綁手綁腳，而且認為這不過是另一種形式的歐洲控制。但是與此同時，冷戰卻勢不可擋，透過國內外的衝突將他們吞噬。及至六〇年代，不論是採取蘇聯模式還是美國模式，第三世界統治者正在尋求穩定和經濟成長的新形式。他們這一代有許多領導人是軍事強人，但他們更希望秩序改革，而非革命。第三世界轉瞬即逝；萬隆會議十五年後，愈來愈多新國家覺得在沒有依附強國的情況下難以運作。

第十一章
甘迺迪的偶發事件

艾森豪將軍在美國冷戰任職總統期間的紀錄相當毀譽參半。經過充足的國際經驗洗禮，艾森豪避免了前任總統恆常不斷的危機感和頻繁的焦慮。他將美國拉出韓戰的泥淖，而同樣重要的是讓美國避免直接涉入亞洲的新戰場。但冷戰的大幅軍事化也是在艾森豪的監督下完成，美國兵工廠的彈頭從一九五〇年的三百七十顆增加到一九六〇年的四萬顆。他透過在伊朗、瓜地馬拉發動祕密行動疏離中東與拉美。並且——主要是出於國內的意識形態的原因——他未能利用史達林過世帶來的契機，緩解與蘇方的衝突。

艾森豪最先進的那些想法似乎多半是他的突發奇想。他在總統任期屆滿之際嘗試與第三世界的領導人接上線。頗富象徵意味的是，由於蘇方把蘇聯領空的美國偵察機擊落，他與赫魯雪夫最後的會晤也被取消。統御美國史上最壯盛軍力的艾森豪在告別演說中，警告美國人民：

我們已被迫創建一個規模宏大的永久性軍事工業。此外，三百五十萬男女直接服務於國防機構。我們每年在軍事安全上的開支超過了美國所有公司的純收入。一支龐大的軍隊和一個大規模軍事工業相結合，在美國是史無前例的。它的全部影響——經濟的、政治的，甚至精神的——在每個城市、每座州議會大樓、每一聯邦政府機構內都能感覺到。我們承認這種發展絕對必要，但我們不應忽視其重大影響。它涉及我們的人力、資源、生活，乃至我們社會的結構。在政府各部門，我們必須警惕軍事—工業聯合體取得無法證明是正當的影響力——不論它這樣追求與否。極不適當的權力惡性增長的可能性目前已經存在，並將繼續存在。[1]

因此，艾森豪所遺留給繼任者的政治遺緒複雜難解。前朝政府所遺留下來的諸般不測加上世局瞬息萬變，對年輕的總統當選人甘迺迪而言，即便在他一九六一年元月就任以前，就已經是塊燙手山芋了。他戮力了解進而處理寮國危機，當地的叛亂分子對美國支持的政府造成威脅。他試圖接洽國會讓民主黨領導人支持美國多涉入海外事務，增加國防開支，援助發展中國家。這位年輕的民主黨天主教徒總統嘗試向懷疑他的軍情單位表現，不僅局勢在他的全盤掌握之中，而且比起身經百戰的前任總統，他更能夠贏得冷戰。就任的第一年可謂兵荒馬亂，願景與挫敗相繼而來。

甘迺迪是美國首位出生於二十世紀的總統，也是以最年輕的年紀當選的總統。四十三歲當選時，比起前任總統年輕近三十歲。身為第一位天主教徒的總統，甘迺迪的當選意味著美國政治精英的觸角漸漸伸進新的人口組成。出身愛爾蘭移民的波士頓富裕家庭，在一座崇尚家底殷實的城市，甘迺迪仍然知道瞄準他新貴身分的攻擊不在少數。但他透過颯爽的個人特質與戰鬥型的政治態度彌補過來。ＪＦＫ（他如同有些美國總統一樣以姓名字首縮寫名世）生來就是要贏，在人生與政治的道路上皆然，而他的智識與魅力也往往讓他無往不利。

甘迺迪的選戰在舉國激起了一波熱潮，儘管與艾森豪的副總統尼克森互有拉鋸，最終以險勝作收，不過甘迺迪的青春活力，魅力無邊（加上賈桂琳〔Jacqueline〕隨侍在側也大大加分），讓人激昂的程度，範圍遠遠超過那些僅是在政治上支持他的人。他的辭藻華麗，機智橫生。甘迺迪高談改變的必要以及美國的勝利，兩相結合總是美國政壇的常勝軍（同時也與前任總統一板一眼的風格大相徑庭）。在他的就職演說中，新任總統對蘇聯發出警告，說他——

> 不願目睹也無法容許人權逐步被踐踏。對於這些人權，我國一向堅貞不移，當前在國內和全世界，我們也是對此力加維護……在世界的悠久歷史中，只有很少幾個世代的人負有這種在自由遭遇最大危機時保衛自由的任務。我絕不在這責任之前退縮；我歡迎它。我不相信我們之間會有人願意跟別人及別的世代交換地位。我們在這場努力中所獻出的精力、信念與虔誠，將照亮我們的國家以及所有為國家服務的人，而從這一火焰所聚出的光輝必能照明全世界。[2]

甘迺迪在競選之時與勝選之後都曾言及美國輸給蘇聯的可能性。他宣稱穩定是不夠的，這是在對前任總統指桑罵槐。甘迺迪希望美國贏得冷戰，儘管他也並不清楚勝利的元素為何。競選過程中，他曾宣稱蘇聯增長的武力與美國的核武實力之間有「飛彈鴻溝」（missile gap），這項宣稱頗為失準。事實上，情況恰恰相反，甘迺迪可能也知之甚詳。但他用這個虛構的「鴻溝」來表明他願意在全球競爭中戰勝蘇聯。對甘迺迪而言，六〇年代既是重大危機的年代，也是機遇橫生的年代。

世界有待形塑，要靠美國將之模鑄成新的形狀。

隨著時間推移，甘迺迪的好戰之姿被接踵而來的事件所淬鍊。在這段因悲劇猝然收場的總統任職期間，最決定性的片刻就是古巴飛彈危機，這是冷戰期間蘇美最接近核戰的一次。在一九六二年十月的危機之後，他更認真地尋求妥協，維持長時段的和平。但他總是意識形態掛帥。相較於歷屆美國總統，甘迺迪更像是一名知識分子，他熱衷於激辯思想並試圖理解變革。他相信威爾遜式的信條，即唯有讓其他國家仿效美國，美國才能安全完成其歷史使命。對這位年輕的總統來說，比起其他年代，六〇年代似乎提供了更多良機。

甘迺迪所必須處理的第一個偶發事件是美國與第三世界國家的關係。擔任參議員時，甘迺迪高聲支持美國加強涉入新興獨立國家的問題，反對例如在阿爾及利亞的殖民主義。但他這種立場不只是出於意識形態或者道德上的牽扯。他也憂心美國要是沒有與這些新興國家更加緊密地結盟，就會錯失良機，蘇聯將利用美國的不作為。他讀過麻省理工學院的經濟歷史學家羅斯托（Walt Rostow）的《經濟成長階段》（*The Stages of Economic Growth*），書中論證「傳統」社會在過渡到現代性的時刻尤其容易受到共產黨滲透。他也讀過赫魯雪夫在一九六一年元月的演說中聲明對非共產主義國家以及第三世界運動的支持，並大加批註。甘迺迪幾乎將這場演說視為對美的宣戰檄文，這也反應出他在對外政策上有多麼缺乏經驗。他指示顧問要「閱讀、註記、學習並且吸收」赫魯雪夫的訊息。「你們必須加以了解……」甘迺迪不斷重複，「這是我們所掌握的蘇聯線索。」[3]

甘迺迪相信，為了贏得冷戰，美國必須防止後殖民國家落入蘇聯的圈套。新總統心想，艾森豪在這方面太過被動。他的政府設計出一項結合增加經援及訓練美國和當地軍隊對抗叛軍的政策。美國大幅增加發展援助的支出，雖然也只占國民生產毛額的〇・六％而已。[4]上任幾個月，甘迺迪就發起美國和平工作團（US Peace Corps），作為協助全球發展宏圖的一部分。該項計畫招募美國青年在亞非拉擔任志工，為當地人口提供技術訓練。一如甘迺迪所倡議的許多提案，和平工作團呼籲透過身體力行，讓事情步上正軌來贏得冷戰：「每一位參加和平工作團的美國青年都將知道，他正參與在偉大的共同任務當中，將正派體面的生活方式帶給全人類，這是自由的基礎，和平的要件。」[5]到了一九六六年，已有一萬五千名美國人在智利、奈及利亞、伊朗、泰國等各色國家服務過。

就國安而言，甘迺迪起初的焦點是東南亞。自從一九五四年越南分裂以來，東南亞當地就有對美國支持的政權加以反抗的活動在醞釀當中。對甘迺迪來說，寮國危機就揭示了冷戰會在第三世界帶來何種挑戰。寮國共產黨及其盟友北越、中共、蘇聯在他看來是直接對他就任總統發起的挑釁，甘迺迪樂於接受挑戰。他對顧問表示「願意在寮國無所不用其極」，但也對使用地面美軍兵力小心翼翼，希望藉著威脅要發動美國干預，迫使共產黨在政治上解決。[6]這項策略的一部分是白宮批准中情局一項對寮國的祕密行動項目，目標是針對中寮邊境地帶。甘迺迪也派遣美國第七艦隊到南海，並讓在沖繩的軍隊進入戒備狀態。隨後，他將美軍派至泰國。甘迺迪自認是在以戰爭的威脅換取和平，在他任職總統的期間，也會在其他更為嚴峻的爭端中使用邊緣政策（brinkermanship）。

在寮國，甘迺迪軟硬兼施的伎倆至少一時得逞。赫魯雪夫無意為了寮國開戰，他認為寮國不過是邊陲中的邊陲。中國在大躍進之後已元氣大損，在北京短暫掌權的劉少奇、周恩來意欲用寮國危機向蘇方輸誠，表明願意繼續在國際事務上合作。北越儘管亟欲馳援寮國的激進分子，卻沒有自行其是的本錢。結果，在日內瓦召開的會議尾聲，所有與會的強權——以及寮國自己——都同意寮國中立化，成立聯合政府。在華府和河內都鮮有人認為這會為故事畫下句點，在寮國更是沒人買帳。此次危機的結果，甘迺迪對南越更加投入。但至少在目前強權之間的角力中，已經有一顆棋子被踢出局。

甘迺迪對歐洲的展望比他對第三世界的展望還要狹隘得多。他無意嘗試改變歐洲當地的權力平衡，猜想赫魯雪夫至少對歐洲當下的安排還算滿意。主要尚未解決的問題是分裂的德國首都柏林的控制權歸屬，甘迺迪並未清楚了解到這個問題對蘇聯而言有多麼棘手。柏林是德國全境唯一人們仍然可以穿梭於東西之間的地方，赫魯雪夫將之視為二十五萬紅軍駐紮的德意志民主共和國的傷口。問題在於東德人民——尤其是受過教育或特殊訓練的人——持續蜂擁前往西德。一九六〇年，十九萬人到城市西部尋求更多的自由與更佳的待遇。

東德領導人與赫魯雪夫自己的領導團隊都在問他打算如何處置柏林。情況對東德共產黨而言站不住腳：不只是許多才華洋溢的人士離開，且他們抗命擅離不啻為打在烏布利希（Walter Ulbricht）和東德政府臉上的一巴掌。但他們能做的不多，比方說，只要地鐵還是在全市暢行無阻，他們也莫可奈何。烏布利希於一九六〇年十一月對赫魯雪夫解釋道：「柏林的情形變得複雜，對我們不利。西柏林在經濟上強化，從有約五萬工人自東柏林……去到西柏林就可以看得出來，因為那裡的薪資更高。為什麼我們無法加薪？……首先，我們沒辦法。其次，就算我們加薪，我們擁有的貨物也無法滿足他們的購買力，他們還是會用那筆錢去西柏林購物。」[7]赫魯雪夫於一九六一年夏在維也納的峰會首次會晤甘迺迪，要求召開這次會議的是甘迺迪。他告知顧問他意欲向蘇方的領袖展示「我們可以表現得跟他們一樣強硬」。[8]但是他們的會談不歡而散。赫魯雪夫的情緒高昂，也有傷神的跡象。他仍然對盧蒙巴的謀殺與蘇聯失去在剛果的地位心懷不滿。但蘇聯剛把第一個人送上太空，美國則在古巴失足，與歐洲的盟友之間也關係生變。赫魯雪夫頗為不智地試圖威嚇比他年輕得多的美國總統讓步。柏林問題如鯁在喉。

起初，赫魯雪夫給甘迺迪上了一堂意識形態的課。他說美國總統指控蘇聯提倡世界革命是「下錯了結論」：「他相信當人們起身抗暴，那都是莫斯科在背後運作的結果。然而實情並非如此。美國未能理解到這點將導致危險。蘇聯並未煽動革命，反而是當特定騷亂發生時，美國成天向外尋求武力。」[9]話題轉到柏林，赫魯雪夫暗示願意協商，但到年末「蘇聯將單方面簽署和平協定，所有通往柏林的權利將會失效，因為戰爭狀態將會結束」。甘迺迪的回應也同樣直截了當：「美國無法接受別人下達最後通牒。我們一旦離開西柏林，就會讓美國陷於孤立。」「蘇聯會簽署和平協定，」赫魯雪夫說，「東德的主權將會維持。任何對該國主權的侵犯都會被蘇聯視為公開進犯一個愛好和平的國家，並將導致相應的結果……蘇方並不希望發生任何改變；只希望將二戰導致的情形正當化。事實就是西德位列西方國家，蘇聯對此表示認可。東德是社會主義國家的盟國，而這也應該被認可為既定事實。」甘迺迪總統以「這將是一場嚴冬」的觀察，為這次對話作結。[10]

「我從未碰過這種人。」甘迺迪在與赫魯雪夫會晤後疲憊地感嘆道。[11]他覺得蘇聯領導人妄自尊大，但同時也對重大事件明察秋毫，極力避免戰爭。返回美國後，甘迺迪向國會要求增加三十五億美元軍事支出，以在陸軍增設六個師，海軍增設兩個師。他也計畫增加三倍徵兵人數，讓後備軍備役。赫魯雪夫氣得跳腳。「我們去年幫甘迺迪勝選，」他一面表達要恢復自一九五八年兩國就懸擱的核武測試，一面對一群科學家自吹自擂道，「然後我們在維也納碰頭，這本可以是一個轉捩點。但他說了什麼？『不要向我要求太多。不要置我於險境。要是我讓步太多，我就會被趕出總統辦公室。』好個傢伙！他前來會談卻不能照章行事。我們為什麼需要這種人？何必跟他浪費唇舌？」[12]

赫魯雪夫低估了甘迺迪，這導致他對柏林採取的行動自食惡果，猶如史達林一九四八年發起的封鎖。到了一九六一年夏末，雙方領導人都說服自己對德國採取危機模式。雙方都不想要發生軍事衝突或對峙。但赫魯雪夫必須解決東德人口移出的問題，甘迺迪則必須對西德政府和北約同盟展現決心。赫魯雪夫先聲奪人。他重拾烏布利希先前建造一道圍牆將東西柏林區隔開來的提案。在簽署通過這項計畫之前，赫魯雪夫微服出巡德國首都，駕車進入西柏林訪查。「我沒下車，」他事後回憶道，「但我逛了個遍，整座城市盡收眼底。」[13]一九六一年八月十三日，鐵絲網開始在把柏林一分為二的分界線上圍起來。地下鐵的隧道很快地遭到封阻。東德警察開槍射殺那些膽敢越境的人。柏林這座城市再度淪為冷戰的魚肉。這一次似乎將永遠維持分隔之勢。

但築起柏林圍牆顯示出東方陣營的脆弱，而非其堅強的一面。柏林居民盡可能地反抗。「那裡本來有一條我們常去的街道，」其中一人回憶道，「現在被圍牆從中一分為二。街道在西邊，但房屋在東邊。士兵在前門堆砌磚頭，但人們從窗戶跳下。在西邊，我們有一群人成天在水泥乾掉前試圖把圍牆的頂端敲下來。我們就像一群暴民，會聚集在一起砸牆。」[14]西柏林市長社民黨人布蘭特稱圍牆「不公不義，令人髮指」。但在他對全柏林市民的廣播演說中，布蘭特也警告東德後果：

他們在柏林的中心畫下的不只是一條邊界，也是一道藩籬，就像在集中營裡一樣。在東方陣營的支持之下，烏布利希的政權加速惡化柏林的形勢，並再次違反了法律的協議及人道的義務。柏林的參議會向世人展示其控訴分裂德國、壓迫東柏林、威脅西柏林的非法、非人道的行徑……他們不會得逞。我們將來會把更多人從全世界帶到柏林來展示，一個曾向人承諾會把天國帶到世上的體制，其冰冷、赤裸、殘酷的現實。[15]

然而，赫魯雪夫認為他發現了不用直接與美國衝突就能解決柏林問題的方法。他告訴東德官員：「我們不該迫使西德達成和平協定，而是應該要持續前進……我們應該要持續施壓……我們應該對西方國家的權利採取漸進戰術（salami tactics）……我們必須分進合擊，利用各種可能分化他們。」[16]甘迺迪拒絕讓美國勢力離開柏林，堅持美國軍官要有通往東柏林的途徑。美國、蘇聯、東德三方在柏林貓捉老鼠長達數月。圍牆築起後，有十三人因為試圖離開東柏林遭到殺害。其中一人是二十五歲的布羅普斯特（Werner Probst），他試圖泳渡施普雷河（Spree River）。東德邊境守衛就在他正抓住西岸的梯子時將他射殺。布蘭特下令沿牆裝置擴音器，不斷重複說道：「任何射殺想從德國一地前往德國另一地的人都犯下了謀殺罪。沒有人可以以為自己哪天被傳喚時，能夠宣稱只是奉命行事。謀殺就是謀殺，就算是奉命行事也還是謀殺。」[17]東德以向西邊發射催淚瓦斯作為回應。

對甘迺迪和赫魯雪夫來說，僵局維持數月。十月二十七日，美蘇的坦克就在柏林市中心腓特烈大街（Friedrichstrasse）上的查理檢查哨（Checkpoint Charlie）對峙二十四小時。白宮漸漸了解到，即便蘇方加緊對城市的控制，也並不會將美方趕出柏林。甘迺迪立即看出了圍牆的政治宣傳價值，但認為美方也愛莫能助，只能向布蘭特、西德政府及北約盟友確保假使東方陣營發動攻勢，美國將會防衛西柏林。私底下，總統思索道：「雖然這不是很好的解決方案，但圍牆總比戰爭好得多。」[18]布蘭特認為美國總統怯懦，對此心生反感，並憂心他自己那一半的城市。其他的西歐領導人，尤其是法國的戴高樂，也認為甘迺迪示弱。戴高樂說德國人民「會覺得自己遭到背叛」。他「不樂見這樣的安排。日後德國人會覺得他們在西方至少被一位朋友拋開」。[19]

儘管批評未有止歇，但甘迺迪除了威脅開戰之外，其實也很難想見他還能對柏林議題做什麼。甘迺迪不想被赫魯雪夫唬得團團轉。在甘迺迪的觀點看來，他已經比歷任總統還要更能以宏觀的視野，盱衡冷戰當中孰輕孰重。他對維也納峰會的解讀是，赫魯雪夫對柏林施壓，是為了解決東德的問題，而不是因為他打算要全面攪亂歐洲的穩定局面。威望對甘迺迪甚為關鍵，對他來說就跟讓戴高樂把西德留在北約中一樣重要，以免年邁的德國總理艾德諾禁不住誘惑，要為了換取德國在冷戰中的中立地位，完成統一，不惜直接與蘇方妥協。但甘迺迪的結論是，無論把西柏林圍起來在人權來說是多麼驚世駭俗，這畢竟沒有攪亂歐洲的平衡。

從他就任總統時的思維就可以預期，甘迺迪對歐洲事務臨危不亂，但對第三世界卻未必。迄今他面臨的最大挑戰是古巴革命。艾森豪雖亟欲處理此一區域問題，卻未曾當成是他的當務之急。古巴逐漸成為冷戰當中的重要一員，是主要的第三世界國家、蘇聯的盟友。但當甘迺迪入主白宮，白宮的問題在於如何應對古巴革命，因為古巴革命已在佛羅里達海岸九十英里外全加勒比人口最多的國家打造出一個激進尚武的政權。

古巴革命是民粹主義總統巴蒂斯塔（Fulgencio Batista）手段日漸獨裁，官逼民反，積年累月下來的結果，也反映出普遍農村貧困、社會不公的問題，雖然跟拉丁美洲其他國家比起來，問題也未必更加惡劣。從最初開始，反對美國控制的民族主義就在革命中扮演要角。古巴歷史上屢次遭到美國占領，且美國企業宰制了一些古巴的產業例如糖業。巴蒂斯塔在任職後半段與美方更加親近，部分也是為了抵銷他在國內的弱勢。到了五〇年代末，古巴似乎已為了政治變革一切就緒。

填補這個權力空缺的是菲德爾・卡斯楚（Fidel Castro）與一票從古巴及其他拉美國家流亡而來的革命家。卡斯楚於一九二六年出生於一個西班牙裔移民的家庭，後來在古巴務農發家致富。卡斯楚自從年少起便是激進的學生領袖，反對政府，為社會正義與拉美團結發聲，反對美國對古巴的宰制。與其說他是共產主義者，毋寧說他更是一位叛亂分子，年少輕狂時，他曾對一位友人說過，唯有在「可以當史達林」的情況下，他才會成為共產主義者。[20]卡斯楚進行的活動迫使他一九五五年流亡到墨西哥。翌年，他與一票革命分子試圖暗中從墨西哥回到古巴。他們駕著一艘購自一名在維拉克斯（Veracruz）的美國人、名為「格蘭瑪號」（*Granma*）的漏水輕舟，於一九五六年十二月靠岸，只有十九名革命分子順利登陸，倖存下來的人以古巴東南方的馬埃斯特臘（Sierra Maestra）山脈為基地。卡斯楚和胞弟勞爾（Raúl）、阿根廷共產黨人恩內斯托・切・格瓦拉（Ernesto “Che” Guevara）證明了自己領導游擊隊的本領，運籌帷幄，組織反抗巴蒂斯塔政權的活動，從當地農民、蔗園工人、從城市風塵僕僕前來加入的青年中招募徒眾。一九五八年，當巴蒂斯塔政權開始因為經濟失能、內部分裂以及與艾森豪政權的衝突而深陷泥淖時，卡斯楚的軍隊開始在古巴東部興風作浪。在政府分崩離析之際，巴蒂斯塔捲款逃之夭夭。一九五九年元月二日，革命分子凱旋進入首都哈瓦那。

倏忽贏得勝利，對卡斯楚自己和其他所有人而言都是意料之外。在對執政毫無準備的情況下，革命家試圖仰賴自由派及反巴蒂斯塔的職業人士幫助掌政。卡斯楚自己曾受馬克思主義所吸引，在胞弟勞爾的影響之下，他自己也開始與古巴共產黨員合作。有游擊隊武略而無經濟學文韜的切・格瓦拉出任中央銀行首長。但是究竟由誰掌舵、由誰為新政府所開啟的社會變革定調，則殆無疑義。卡斯楚意欲清除古巴的賭博、娼妓以及其他被他認為是美國人帶進來的沉痾。他下令發動激進的土地改革、租稅減免以及最低基本工資。他也讓新政府大展鴻圖，擴張教育和醫療照護的方案。前政府高層遭到清算，數百人在短暫的「革命」公審後槍決。卡斯楚政府集權，有時甚且暴虐。數名過去的友人而今與他決裂，遠走他鄉。卡斯楚兄弟及其追隨徒眾宣稱革命必須自我防衛，抵禦外侮。

艾森豪政府對新政權的激進威權面向憂心忡忡，並擔心共產黨在其中發揮的影響力。但他們起初也希望這股浪潮有可能隨著時間的推移失勢。卡斯楚在革命成功後馬上作客美國收視率最高的電視脫口秀節目，用英語高談其天主教成長背景與他對棒球的興趣。一九五九年四月他訪美時受到媒體如流行明星般地追捧，無論到哪都受到大批群眾擁戴。他接受《華爾街日報》訪問時表示，歡迎美國投資古巴工業，並承諾對美國企業減免租稅。「他堅稱，」一位記者如是說，「他是我國的朋友。他宣稱實際上他只不過是指出美國過去對古巴政策的『錯誤』。」[21]但當遭到卡斯楚流放的政敵開始從佛羅里達機場起飛，滲入他的國家進行軍事行動，加上美國對其經濟政策的批評與日俱增時，這位古巴的領導人耐心盡失。一九五九年十月，他在哈瓦那的一場群眾集會中說：

世界各地都有移民到美國……儘管如此，卻只有古巴受到移民飛機攻擊。為什麼是古巴？如果說美國應當小心哪個國家，那就非古巴莫屬。古巴才剛遭受兩年的戰爭侵擾，在戰爭過程中，美國製造的炸彈、飛機、燒夷彈轟炸我們的城市與農田。數以千計的人民被來自美國的武器殺害。在我們摧毀了傭兵，將我們的人民從暴政下解放出來之後，至少可以期望我們的人民不用再受到從美國境內基地發射出來的炸彈轟炸。[22]

到了一九六〇年，古巴和美國的關係急遽惡化。艾森豪對卡斯楚想要除之而後快，並下令中情局的特工抑制卡斯楚在古巴的勢力。當古巴把美國擁有的蔗糖公司的土地收歸國有時，美國以縮減古巴糖的進口配額作為回應。卡斯楚轉而靠攏蘇聯。也許他對正統馬克思列寧主義的喜好本來就會將他導向蘇聯，但與華府之間的緊張關係更加促使他走上這一步。一九六〇年二月，蘇聯第一副主席阿納斯塔斯．米高揚（Anastas Mikoyan）出訪古巴時，應允提供貸款，並簽署協議，以廉價原油向古巴換取蔗糖。米高揚送回莫斯科的彙報欣喜若狂。「這是一場真正的革命，」他告訴隨行的國安特工，「就像我們的革命一樣。我彷彿又年輕了起來！」[23]當美國在古巴持有的煉油廠拒絕處理蘇聯的原油時，卡斯楚將之收歸國有。艾森豪於一九六〇年十月對古巴施行貿易禁令。然後卡斯楚將美國在島上剩下的所有財產都收歸國有。一九六一年元月，在離職前夕，艾森豪與古巴斷交。

當甘迺迪就任時，他發現從一九六〇年三月起，就在米高揚訪古之後，艾森豪已展開對古巴的祕密行動計畫。中情局為古巴流亡分子提供軍事訓練，並出動特工破壞武器輸送和島上的工業。他們也計畫假手那些在島上行動遭到革命擊沉、心懷不滿的古巴人或者美國黑幫的協助，來暗殺卡斯楚。艾森豪尚未決定發動全面行動來推翻卡斯楚，儘管他顯然對於採取類似一九五三年推翻瓜地馬拉總統哈科沃．阿本斯（Jacobo Arbenz）的計策頗為心動。相關人士向甘迺迪獻策入侵，彷彿這是前朝政府留下的既成定局似的，讓新任總統即便想採取不同方案也礙難出手。

事實上，幾乎沒有證據能證明甘迺迪想要對古巴採取與前任總統不同的策略。在競選過程中，甘迺迪攻擊尼克森（也是指桑罵槐批評艾森豪）支持巴蒂斯塔政權，在對抗共產黨未能「取得成果」，才讓古巴淪陷。「我們從未站在自由的這邊；我們在可以有效使用我們的影響力時未曾加以使用——如今古巴失去了自由。」甘迺迪候選人如是說。[24]軍事單位與中情局都建議入侵，但當甘迺迪總統下達指示，說他希望美方的介入不要太張揚時，軍情與情報單位都展現出修正計畫的意願。甘迺迪頗為欣賞情報機構內部人才多才多藝，智識精準，並留下了艾森豪的中央情報總監杜勒斯在新政府繼續擔綱。「如果我需要快速掌握一些資料或想法，就應該去中情局。國務院會花上四、五天回答一個簡單的是非題。」甘迺迪說。[25]

該項計畫從一九六一年四月十七日實行起就是一場失敗。甘迺迪亟欲剷除卡斯楚，卻又得否認美方直接參與，左右為難的情況下，從瓜地馬拉派遣了一千四百名美國訓練的古巴反革命戰士到島上。但除了古巴流亡分子駕駛的美國軍機所發動的空襲之外，總統並未授權美國空軍支援。在古巴，沒有政治組織負責掌控行動。中情局預期要是登陸不順利，甘迺迪會批准美方直接涉入。但甘迺迪並未授權。結果，距哈瓦那一百五十英里的豬玀灣（Bay of Pigs）入侵人員遭到古巴軍隊圍剿，在電視上示眾，並送到監獄。卡斯楚告訴階下囚：「人們希望所有的入侵者都遭到處決……要處決你們很容易，但這只會消滅我們的勝利。最無罪的人反而要為最有罪的人付出代價。」[26]

對革命分子而言，豬玀灣入侵的失敗開啟了新的契機。切．格瓦拉當年夏天會晤美方代表時，說他「想要感謝我們〔美方〕入侵，這對他們來說是重大的政治勝利，讓他們可以鞏固勢力，並讓他們從一個忿忿不平的蕞爾小國，一躍與強國平起平坐」。[27]卡斯楚知道威脅並未消散，也知道如今他可以更加高唱自己的政治傾向以及他的國際歸屬。「這次入侵失敗後，直接侵略的危險有可能捲土重來，」他在收音機講話中對古巴人民說道，「我們曾說帝國主義會消失。我們不希望它自殺；我們希望它壽終正寢……但他們的體系需要製造戰爭，而非和平。與蘇聯是多麼不同……」[28]

在卡斯楚利用豬玀灣事件來在工業與國安上親近蘇聯之際，甘迺迪也生聚教訓。「行動開始失敗五分鐘後，我們面面相覷，自問：『我們怎麼可以這麼愚蠢？』」總統對一位親信說，「當我們看到兵敗如山倒時，我們自問：為什麼我們沒有從一開始就了然於胸？我猜，當你太想要讓某件事情成功時，你就與現實脫節了。」[29]總統的胞弟、銜命擔任司法部長的羅伯特．甘迺迪（Robert Kennedy）鼓吹應當推翻卡斯楚的進一步行動。「必須即刻嚴正注意這項問題，而不是等到美國已經被打得落花流水，抱頭鼠竄時，才來期待古巴回到承平之日，」羅伯特．甘迺迪對他的兄長大聲疾呼，「攤牌的時刻已經到了，不然再過一兩年，情況只會更加惡化。要是我們不想要俄羅斯在古巴設立飛彈基地，我們最好現在就決定為了阻止這件事情發生，我們願意做到什麼程度。」[30]

除了逐漸陷入越戰泥淖之外，豬玀灣入侵是甘迺迪任職總統期間所犯下的最大錯誤，讓卡斯楚政權鞏固的程度甚至超越了卡斯楚自己的能力範圍所及，並且把甘迺迪導向與蘇聯最危險的一次衝突。甘迺迪的問題有一部分在於優先順序。他認為前朝政府遺留下許多挑戰，他新官上任三把火，必須處理許多事項。

縈繞在這位年輕總統心頭的一項關鍵議題是，核武武器庫在兩大超級強權都已日新月異。不只是美國的核彈頭在十年間成長了十倍，及至一九六二年，蘇聯已有自己的洲際彈道飛彈（ICBMs），雖然數量遠比甘迺迪在競選活動時所稱蘇聯擁有的數量少。赫魯雪夫坐擁約百枚可以飛抵美國大陸的飛彈，其中大約三十枚是裝置在蘇聯的潛艇上。由於美國在洲際導彈武力方面優勢卓著，加上從格陵蘭、德國、土耳其到南韓一路在蘇聯周邊部署短程核彈，且共計約有一百四十四艘核潛艇，因此甘迺迪可能不須過於擔憂。但他逐漸憂心美國的戰略計畫。美方預設任何與蘇聯之間的戰爭終將升級為全面的核武衝突。

艾森豪仰賴大型核報復（nuclear retaliation）來威嚇蘇聯，甘迺迪想要擺脫這種模式，以更靈活的回應方式取而代之。一旦開戰，他（至少在歐洲）將採取國防部長羅伯特・麥納馬拉（Robert McNamara）所策劃的綱領，分為三個部分。首先以傳統（非核武）的手段試圖擊退華沙公約國的軍力。麥納馬拉預期有可能失敗，因為傳統上來說蘇聯在歐洲占得先機。要是失敗了，美國將動用較小的策略性核武。美方唯有在最後關頭才會以全面進攻蘇聯城市、軍事基地作為回擊。甘迺迪政府發展出單一統合行動計畫（Single Integrated Operational Plan, SIOP），計畫的假設是戰爭的結果未必非要同歸於盡。

赫魯雪夫對美國在核武方面的優勢了然於胸。他的回應方式是將虛張聲勢與心理戰結合。蘇聯持續宣稱擁有比實際持有量還要更多的核武能力，並且試圖透過發展更大型的核武來彌補準確性和彈道學專業的不足。蘇聯於一九六一年十月測試的 AN602 氫彈——也就是所謂的「沙皇炸彈」（*Tsar Bomba* 或Emperor of Bombs）——是史上生產出最大型的核武，其爆炸的威力是摧毀廣島、長崎的武器加起來的一千五百倍，也是二戰時所有其他武器加總起來爆炸力的十倍。赫魯雪夫並不在意沙皇炸彈幾乎不能供任何軍事目的使用。「我認為神經最大條的人就會是贏家，」他說，「那就是我們這個時代權力鬥爭最重要的考量。神經衰弱的人會未戰先敗。」[31]

一九六二年四月，赫魯雪夫靈機一動，意欲對古巴革命果斷發起馳援，因為他對德國的事件感到挫敗，受夠了中國人嘲笑他謹小慎微，且他相信雖然甘迺迪還在猶疑不決，卻對共產主義的反對與日俱增。他對米高揚建議，要是蘇聯「飛快地」將核飛彈部署在古巴會如何？[32]美國已經將核武放置在接近蘇聯邊界的土耳其，為何他不能把自己的武器送到島上來確保卡斯楚的生存？赫魯雪夫認為哈瓦那太靠近美國，一旦發生入侵，蘇聯沒有辦法以傳統手段保衛哈瓦那。

取得莫斯科領導班子的批准後，雖然卡斯楚也有被徵詢意見，但也只是流於形式，只不過是為了讓赫魯雪夫的計畫得以付諸執行。卡斯楚起先懷疑進一步觸怒美國的做法是否明智，憂心其他拉美國家的反應。但他也對蘇聯如此重視古巴的地位感到欣慰，準備好要與新結交的莫斯科同志「團結一致」。計畫逕行開始。第一批蘇聯的軍事人員在強大的戒護下於一九六二年七月抵達古巴。飛彈於九月初開始運抵。最多曾有超過四萬名蘇方人員在建造飛彈基地，既是為了防禦，也是為了進攻。一九六二年十月，在古巴可以使用的最大核彈其最大半徑長達一千二百英里，足以飛抵從休士頓到巴爾的摩的美南、美東城市。

早在一九六二年夏天以前，美軍和中情局就都開始懷疑蘇聯考慮把飛彈放在古巴，但蘇聯外交人員被指示要是遭到質疑要說謊以對。十月中，一架美國的間諜機U－2飛過古巴並呈報飛彈基地正在建造的顯著證據。總統受到警示後需要時間來考慮美國要如何回應。從危機的開頭，甘迺迪就確定他必須把所有的蘇聯飛彈都弄出古巴。問題在於如何在避免美蘇全面核戰的前提下做到這一點。十月十八日，甘迺迪在事先安排好的白宮會晤上，蘇聯外交部長安德烈・葛羅米柯（Andrei

Gromyko）再度隱瞞蘇聯的軍事部署。蘇聯「僅尋求幫助古巴防禦」，葛羅米柯說。[33]

葛羅米柯厚顏扯謊令甘迺迪覺得他必須訴諸公眾。十月二十二日在對全美大眾發表的收音機與電視講話中，甘迺迪就古巴帶來的立即危害發表聲明。「在過去一週內，」總統說道，「有無懈可擊的證據足以證明，一系列進攻型的飛彈基地正在那座受到禁錮的島上籌備中。這些基地可能的目的就只有提供核武攻擊西半球的能力……三〇年代為我們帶來的顯著教訓是：要是允許侵略性的行為不受控制，不受挑戰，就終將導致戰爭。」他「堅定不移的目的」，甘迺迪說道，就是要「避免這些飛彈被用來對付我國，或其他任何國家，並且確保它們從西半球撤離」。在這場危機公開之際，甘迺迪賭上了自己的信用：「我呼籲赫魯雪夫主席廢止這項對世界和平、對兩國穩定關係暗中進行、魯莽行事的挑釁威脅。我進一步呼籲他放棄以這種手段制霸世界的道路，並且加入足以名垂千古的努力，力圖終結這場危險的軍備競賽，改寫人類的歷史。他現在有機會把全世界拉拔出毀滅的深淵。」[34]

在閉門會議中，人們的態度則趨於強硬。甘迺迪在演說中宣布對武器輸送到古巴進行「隔離」（quarantine）。他也宣布升級對這座島嶼的監視，指任何企圖阻止美國進犯古巴領空的行徑都會被視為戰爭行為。在他設立用來處理危機、由最高顧問組成的所謂行動委員會（Executive Committee, ExComm）當中，甘迺迪及其他任何人都未明白蘇聯對保衛古巴革命的決心，或者了解古巴對防衛自己主權的需求。總統和華府所有人都將蘇聯的行為視為要攻擊美國的準備，以及阻撓美國對西半球的（合法）控制。在危機之初，他們甘冒戰爭的風險，也不願意接受妥協。

在一九六二年整起古巴飛彈危機當中，甘迺迪主要的強項在於儘管他整體而言採取強硬態度，但他仍然會給外交一絲機會。十月二十三日，美國海軍攔截蘇聯駛往古巴的船艦，當全世界都屏息以待會發生什麼事時，甘迺迪私下則在探索可以如何解除危機，避免核戰。一方面，他也需要避免己方的好戰分子躁進，想立即發動空襲來解除蘇聯在古巴的飛彈；另一方面，他需要找到移除飛彈讓美國成為贏家的解決方案。赫魯雪夫自己也承受著必須避免衝突的壓力，當他讓蘇聯的船艦掉頭時，甘迺迪認為形勢有所進展。

然而赫魯雪夫也沒有退讓之意。他和甘迺迪一樣需要可以喘息的空間，但他也傳達訊息給美國總統，表示拒絕所有要求，並譴責美國違法封鎖古巴。蘇聯和美國在全球的軍力都枕戈待旦。在聯合國，美國的大使阿德萊·史蒂文森（Adlai Stevenson）槓上蘇聯代表瓦萊里·佐林（Valerii Zorin）：

史蒂文森：好吧，先生，讓我問你一個簡單問題：佐林大使您是否否認蘇聯有在古巴放置中長程飛彈並設立基地？有還是沒有？不要等翻譯：有還是沒有？

佐　林：先生，我不是在美國的法庭上，所以我不打算回答一個像是檢察官傳喚我一樣的方式提問的問題。時間到了你就會得到答覆。35

到了危機的第二週尾聲，美軍持續在佛羅里達以及墨西哥灣沿岸地區加強入侵古巴的軍力。美國軍機頻繁飛越古巴領空。恐懼開始蔓延在美國各大城以及世界各地，就連在蘇聯也是，當局試圖避免大眾接觸到有關危機的新聞。負責實時播報危機發展的哥倫比亞廣播公司（CBS）的主播華特·克朗凱（Walter Cronkite）開始尋思，當核戰爆發時，他在攝影棚內應該怎麼反應：「我們有個放置鍋爐的雜物間，我們在想是否可以把那做成某種防空洞。這是我們生平首次學習爆炸之後，在煙霧……和熱浪襲來之前，我們會發生什麼事。」36

十月二十七日，一架美國U－2飛越古巴領空，遭到蘇聯飛彈擊落。所有相關單位都認為戰爭箭在弦上。卡斯楚給赫魯雪夫寫了一封像是訣別的信，敦促赫氏在美國人入侵古巴後對美開啟核彈的第一擊。「我相信帝國主義者的好戰使得他們極為危險，要是他們能夠入侵古巴……那將會是以最合乎法統的自我防禦來一勞永逸根除危險的時刻。無論解決方案如何殘酷，都別無他法。」37

但甘迺迪仍然在爭取時間。與先前所發出的命令相反，他拒絕授權美國空軍摧毀把U－2擊落的蘇聯飛彈基地。行動委員會的成員整整一週的時間都沒有離開過白宮。當天傍晚，甘迺迪讓他們回家。麥納馬拉事後回憶道：「當晚夜色優美，一如華府的秋夜。我走出總統的橢圓形辦公室，就在我步出門口之際，心想，我可能再也看不到下一個週六的夜晚了。」38同一天傍晚，羅伯特·甘迺迪密會蘇聯駐美大使阿納托利·多勃雷寧（Anatolii Dobrynin），提議美方承諾不入侵古巴，並且最終將美國的飛彈撤出土耳其，以換取蘇聯撤回所有的飛彈。知道全球局勢已如箭在弦上的赫魯雪夫決定接受這個提案。他知道時間不多，因此讓莫斯科電臺公開宣讀他的接受發言，甚至讓廣播重複了兩次。十月二十八日早晨，即刻的危機告解除。

古巴飛彈危機是冷戰期間美蘇之間最嚴峻的核衝突（雖然並非唯一一次）。歷史學家長期論戰孰勝孰負。真正的答案當然是所有人都贏了，因為避免了核戰。但要以這麼公開透明的方式被迫將飛彈撤出古巴，顯然赫魯雪夫受到的損失最大。他為何退卻？他知道一旦核戰開打，蘇聯會折損更多，因為蘇聯能傷敵的程度遠遠不及自損的程度。他也害怕戰爭之下政權危如累卵。但真正的原因可能是他的馬克思主義信念。赫魯雪夫相信共產主義在全世界後勢看漲，而他的歷史任務就是讓蘇聯度過這個時段，透過歷史的定律本身，全球勢力的平衡將會傾向他這方。核戰將會摧毀這項歷史成就。赫魯雪夫希望慶祝共產主義的勝利，而非在共產主義的葬禮上高唱悲歌。

在危機的過程中，甘迺迪總統證明了自己是一名幹練的領袖和外交長才。他鋌而走險，要是赫魯雪夫並未退讓，他也很有可能把國家帶向核戰。但是他所冒的風險是多數美國人為了維繫全球霸權似乎都願意承擔的。甘迺迪善用飛彈危機，因為他的態度大致與他的選民一致，並且還加上了公開與祕密的外交手段。正是透過這些手段，最終才找到了一個變幻無常、殘缺不全、站不住腳的「解決之道」。

卡斯楚自己的證詞顯示他氣急敗壞。「我們氣壞了。我們是怎麼知道的？是二十八日早晨聽收音機才知道的。廣播說美蘇之間已經達成協議，甘迺迪向赫魯雪夫提出保證。這真的是一項不光彩的協議。我從來沒想到他們會這麼做。」[39]對古巴領導人來說，寧鳴而死，不默而生。他與蘇方之間的關係自此無法回頭，儘管在冷戰接下來的時間裡兩國還是維持緊密的盟友關係。[40]

一九六三年十一月，甘迺迪遇刺，得年僅四十六歲。要是他活下來並於一九六四年連任，是否能成為將冷戰終結的總統呢？很少有證據可以佐證，儘管在一九六二年十月以後，甘迺迪沉著謹慎地回到對外政策的議程。然而他的目標還是要贏得冷戰，雖然他必須得在避免危機導致全面衝突的情況下贏得勝利。甘迺迪持續相信蘇聯對美國在全球的利益造成挑戰，而美國在面臨挑戰時必須予以還擊。一年之後，在一場公眾演說中回顧飛彈危機時，總統說他「希望與蘇聯的關係穩定進展朝向較不那麼危機四伏的走向，但對共產主義的方法或目標則不抱任何幻想」。[41]

古巴飛彈危機所披露的一個關鍵轉變是，雙方都透過間諜行動與公開的資訊來源知己知彼。間諜在冷戰中總是至關重要，但到了六、七〇年代又更加別具意義。緊接在一九四五年後，蘇方在此方面成效卓著。克勞斯·富赫斯和其他的原子間諜提供史達林所需的美國核能項目相關資訊。當英國外交部美國部門的唐納德·麥克林（Donald Maclean）於一九五一年被發現是蘇聯間諜時，英國的外交部徹底受到影響。麥克林與劍橋間諜五人組（Cambridge Five spy）的其他人潛逃至莫斯科，五人組包括英國情報單位對美主要窗口的金·費爾比（Kim Philby）。很難想像比這更慘的情報災難了。

在六〇年代，間諜的權力平衡開始改變。一個重要的理由是蘇聯在匈牙利事件之後對西方受過教育的人士失去了一定的吸引力，使其難以招募到服膺其意識形態的人才。同時，西歐與美國似乎都能比過往更好地處置社會不平等的議題：像是富赫斯、麥克林這樣的人三〇年代被招募為蘇方效力，部分是由於他們對剝削式的資本主義作嘔。然而，六〇年代最重要的間諜是對自己的社會無法忍受的蘇聯人士。阿納托利·戈利岑（Anatolii Golitsyn）、奧列格·潘科夫斯基（Oleg Penkovskii）、狄米崔·波里亞各夫（Dmitrii Poliakov）及其他對西方提供重要線報的蘇聯情治人員都希望西方贏得冷戰。潘科夫斯基解釋說，他自視為「為真理、為真正自由的世界、為民主奮鬥的勇士……我希望為我們共同的宗旨貢獻一己之力，或許是微薄的貢獻，但在我看來是重要的貢獻」。[42] 根據與最終成為格魯烏少將的波里亞各夫接頭的美方人員，波里亞各夫是「我們王冠上的珠寶……至少就我所知，是美國情報單位所擁有過最好的情報來源，甚至是……任何情報機構所擁有過的最好的情報來源」。[43]

儘管他在對手身上取得了優勢，甘迺迪在位的最後一年為了回應國內的政治危機分身乏術，例如風起雲湧的非裔美國人的民權運動、在越南擴大的戰線，以及尋找與蘇聯之間維持穩定的形式。他與赫魯雪夫達成禁止核武測試的協定；誠然這是一小步進展，而中方則認為此舉是針對他們，因為他們才開始要測試自己的第一批武器。即便如此，這顯示了美蘇之間還是能就某些事項達成一致。和艾森豪一樣，甘迺迪認為中國共產黨比他們的蘇聯同志更不講理。一九六三年元月，他向國家安全會議闡釋道，中國將會是「我方六〇年代之後的勁敵」。[44]

柏林與古巴的危機是冷戰的分水嶺嗎？有人說是：前者是因為歐洲冷戰至此明顯趨於穩定，而後者則因為美蘇雙方都認為某種緩和政策（detente）有其必要，或者至少必須避免日後極端的核戰危機。但在六〇年代之初看似並非如此：冷戰仍在持續，新的危機隨時可能降臨，儘管危機看起來會降臨在第三世界而非歐洲。甘迺迪在任的時候，冷戰變得在全球無遠弗屆，而冷戰為主要參與其中的各方在物質上、心理上帶來的負荷也不斷加重。

第十二章
遭逢越南

越南革命始於對殖民壓迫的反叛，終於深深嵌合在全球冷戰當中的一系列戰爭。其起源是十九世紀法國對印度支那的殖民，或者說更久遠以來中國對越南長年的支配。在整起事件的核心是一群越南民族主義的革命家，在他們青春正茂時成為致力獻身的馬克思主義者，崇尚蘇聯經驗。對這些青年男女而言，民族主義與馬克思主義合而為一。他們相信，唯有根據馬克思主義的定律發展他們的運動、民族與國家，越南才能真正地在現代世界立足。他們的計畫曠日持久，規模宏大，又帶有烏托邦色彩，但將之付諸實行，首先須達成獨立與民族統合。正是為了這些目標，將近三百萬越南人民在二十世紀慷慨就義。[1]

儘管全世界負責制定政策的人當下並沒有看出來，但越南在許多方面都與亞洲其他地方不同。這是唯一一個自始共產主義就是民族主義出口的地方。就連在共產主義運動壯大的中國、韓國、印尼等國家，這是逐漸發展的現象，競逐權力的對象也更頑強。但在越南，共產主義者的敵手由於與法國的合作而聲名狼藉，胡志明可以將他的越南獨立同盟會呈現為代表越南文化及政治正統的運動。儘管長期擔任共產國際的特派員，在一九四五年以後，他重新將自己塑造為民族獨立的象徵，是值得所有越南人民敬重乃至遵奉的長者。

因此，美國在越南的戰爭自始即愚不可及，不是因為沒有反共的越南人會願意為他們打仗，而是因為他們是少數，在任何民族主義正統的競賽上都敗局已定。越南共產黨人也可以仰賴鄰國中共與蘇方援助。但連續幾屆的美國政府都相信美國必須避免共產主義在印度支那取得勝利。起初為了中國發明的骨牌效應理論，現在轉移到了越南。對他們來說，冷戰是一場零和遊戲，不是你死就是我亡。而他們認為蘇聯——或甚至更糟的是，中國——控制了越南共產黨，並透過越共的成功來從中漁利。

在越南境內，情況看起來則略有不同。對胡志明以及自二〇年代就與他一同共事的越共同志來說，一九五四年的日內瓦會議猶如一場災難。他們相信在戰場上的驍勇善戰可以為他們贏得大一統的社會主義越南，但奮鬥的結果卻沒有得償所願，反而只得到了半個國家，且知道短期看不到統一的前景。更糟的是：他們的兩大支柱莫斯科與北京都一同迫使他們接受分裂分治。儘管河內方面被知會說這只是革命成果暫時性的「鞏固」，但所有的越共都深信他們國家的統一被大國政治的殿堂給犧牲了。但領導人也知道，單憑他們自己的力量，是不可能擊敗有美國撐腰的南越新政權。胡志明相信重新統一需要時間。首先，共產主義北越必須成立國家，厲兵秣馬，並與共產主義盟友建立牢不可破的關係。胡志明從年輕一輩的領導班子那邊受到很大的壓力，尤其是那些從南方起義來歸的青年。與其說他是個建國者，毋寧說他更是一個象徵。隨著五〇年代末北越的發展，他的權力已逐漸傾頹，民情日漸不耐。

北越的正式名稱為越南民主共和國（Democratic Republic of Vietnam），打從一開始就是共產主義政權。一九五一年，胡志明成立越南勞動黨（Vietnam Workers' Party）作為越南獨立同盟會陣線內部的核心。從一九五四年的日內瓦公約起，勞動黨就負責打造國家，而以緯度十七度為界以北立國，是依循蘇聯一九四九年以後在中國施行的模式。黨控制軍警，在全國（包括在南越大部分地區）握有龐大的線民網絡與在政治上衝鋒陷陣的人。它將政敵囚禁於類似史達林式的勞改營，其中約一萬五千人遭到處決，大部分是在師法中國匆促執行的土地改革運動中喪命。至少百萬人逃往南越。就連蘇聯與中國都批評北越操之過急。

但越共利用民族主義的面紗克服了他們自找的問題。胡志明宣稱一切作為都是為了民族的利益，使之富強統一。共產主義在北越、南越的政治宣傳都抨擊河內政府在民族主義上的公信力，以及南越政府在公信力方面的匱乏。北越領導人相信要是舉行一場越南全境的選舉，北越能夠「勝出」，而北越方面的這個判斷有可能是準確的，這也是為何就算有日內瓦公約，艾森豪政府仍反對這樣的選舉。到了一九五七年，全國選舉顯然窒礙難行，美蘇雙方都輕易地接受了越南現狀與印度支那其他地方的現狀。已經發動和平攻勢的赫魯雪夫最不樂見的就是在亞洲又發生一場戰爭。

然而，美方確實需要思考如何處置南越。法國人在潰不成軍後已黯然離境。末代君王保大帝（Bao Dai）由於與法、日合作聲名狼藉。保大帝與美方顧問共同決議讓吳廷琰擔任首相。吳廷琰是反對越南獨立同盟會的越南民族主義者，自從一九五〇年起多半在美流亡。他的政治觀是親天主教的本土保守派：吳廷琰相信，為了讓越南變成實至名歸的強權，必須以嶄新的天主教形式回到傳統的根基。他的新越南得要是依循西方準繩的現代越南，但也要善於發揮越南人特有的稟賦來打造一個公正穩定的社會。未久，吳廷琰廢黜保大帝，在南越肇建越南共和國，自立為總統。美國開始向新的南越政權挹注大筆援助，但吳廷琰所許諾的改革卻進展牛步。他主要的目標是鞏固自己的政權不受侵擾，例如像是留在南越的共產黨人。

越共不顧國際盟友的告誡，逐步開始發展反抗吳廷琰南越政權的活動。一九五六年，赫魯雪夫採行去史達林化（de-Stalinization）政策，並堅持各地共黨必須找到自己通向社會主義的道路。受此鼓舞，南越共產黨人黎筍手書一份雙言巧語（doublespeak）的精妙宣言。他在宣言中堅稱蘇聯觀點的正確：「目前世上所有的爭端都可以透過和平的手段解決。」但他也警告道，在南方，「人民的革命運動絕對會奮起。」換言之，共產黨必須支持南越自發性的群眾運動，並加以模塑，加以領導。[2]到了一九五七年，為了對吳廷琰試圖撲殺南越的共產主義加以回應，越共開始暗殺與轟炸的行動。黎筍成為黨魁，漸漸取代胡志明成為真正的權力中心。一九五九年元月，越南勞動黨批准在南越發動「人民戰爭」，並開始讓幹部透過寮國的「胡志明小徑」滲透進南越。一九五九年七月，南越的共產黨人就在南越首都西貢外殺害兩名美軍顧問，他們也是在新一輪的戰爭中最早死於越南的美國人。

一九六〇年，河內之所以大舉組織對吳廷琰政府的反抗行動是由於中蘇分裂。越方巧妙藉由鷸蚌相爭坐收漁利。就意識形態而言，比起蘇聯，黎筍及其領導班子無疑更親近中方，而毛澤東愈趨激進的路線也啟發他要更加強勢行動。但赫魯雪夫並非只是受到競爭與情勢所驅動。由於古巴、阿爾及利亞與剛果的局勢，到了一九六〇年，蘇方對於「民族解放戰爭」能帶來的潛在好處變得比幾年前更加戒備。因此，河內在南越策動叛亂的時機可謂完美，雖然此際黎筍和他的境外金主預期鬥爭將會持續漫長，且結果不明。

甘迺迪從艾森豪總統那裡繼承下來越南的困局，且他未曾有充裕的時機集中精力來找到固定方案。相反地，甘迺迪的對越政策變得漸趨主張美方更大規模地介入，即便甘迺迪不願固定派軍至印度支那。他參與在寮國中立化的協商當中，使得區域內一度顯得穩定。但甘迺迪最主要的介入方式與他對第三世界整體的手段一致，是試圖改造南越，加強南越陸空軍的戰力。及至一九六三年，美國在南越的顧問人數從甘迺迪接手時的區區六百名增加至一萬六千名。所有主要的越南軍事單位都有美國軍官隨侍在側，儘管美國的顧問照理說不應直接參與在對河內或南越共產黨控制的民族解放陣線（NLF）作戰當中，但對南越的戰局而言，美方逐漸成為不可或缺的一部分。美國以軍機與直升機輸送越南的軍隊，包括突擊北越的行動。美方也開始使用除草劑摧毀作物，以使南越叛亂分子及其支持者陷入斷糧危機，且開始設置「戰略村」（strategic villages）以安置從民族解放陣線控制下出逃的農民。

儘管美方增援，到了一九六三年，顯然吳廷琰政權自顧不暇。除了民族解放陣線在主要是南越首都西貢附近的地帶擴展其行動之外，南越總統也與非共產黨的政敵、佛教團體與學生組織槓上。他與美方靠山的關係也開始惡化：吳廷琰堅持南越是一個主權國家，他自己手握軍民計畫的主導權。大批佛教僧侶在西貢當街自焚，以示對政府的抗議，他們著火的屍身出現在美國的電視新聞裡，讓許多美國人開始懷疑美國涉入越南究竟是否成功。情急之下，甘迺迪政府悄悄鼓勵南越軍官對吳廷琰發動政變。一九六三年十一月一日，南越總統遭到部下綁架謀殺。三個星期後，甘迺迪在達拉斯遇刺。

甘迺迪對越南最大的錯誤就是始終把南北越視為兩個不同的國家。用這種觀點來看北方對南方的軍事行動，就是侵略行動，而共產主義的強權——尤其是中國——則在背後撐腰。甘迺迪的繼任總統林登．詹森（Lyndon B. Johnson）蕭規曹隨，將越戰直接與冷戰聯繫起來。這條思路也可溯及韓戰、中國內戰與二戰。從中生聚的教訓應該是，假如美國並未起身對抗共產主義的侵略，那麼美方的決心將會受到質疑，且美國的地位（包括其意識形態立場）會站不住腳。但甘迺迪與詹森都相信，要是美國政府（尤其是民主黨政府）沒有起身對抗共產主義的侵略，就會被意見領袖和選民制裁。甘迺迪與詹森兩者各以不同的原因害怕示弱。根據詹森在德州老家的朋友所述，詹森總說，美國人「會原諒你做的任何事情，除了軟弱」。[3]

就國內形勢而言，詹森是美國歷來準備最充分的總統。他自從一九三七年就在國會任職，是參議院的能手。當時身為多數黨的領袖，他支持小羅斯福模式的進步主張。任甘迺迪的副總統期間，他被發落到權力的邊緣，鬱鬱寡歡。總統遇刺後，他躍居為美國政壇的第一把交椅。新官上任三把火，有些是在甘迺迪政府期間就已經發展的計畫，但多數是詹森自己的目標，他有經驗、有膽識、有財力可以讓計畫強渡關山。就立法層面而言，詹森可能是美國歷史上最成功的總統，主要的項目如扶貧、民權、健保等，以及移民改革、教育改革都在他手上通過，他得要應付既往者（與開來者）都窮於應付的棘手問題。在一九六四年的總統選舉，他力壓共和黨對手並以史上最高的得票率連任。

但詹森對於如何解決升級的越戰，也捉襟見肘。儘管他的政治本能告訴他要盡快找到出路，但他也擔心後果。他的優先考量是國內的改革，但他自忖要是對外政策沒有完美的戰績，會無法完整地施行改革。詹森在討論該如何向美國人民報告戰爭形勢時，向參議院時代的親信如實說道：

我想我必須說，不是我害你在這裡，但我們是因為〔與南越〕的條約才會在這裡，我們國家的榮譽命懸一線。如果這個條約沒有用，那所有的都沒什麼用。所以我們才在那裡了，我們就必須表現得像男子漢一樣。這是第一點。第二點，在我們自己的革命裡，我們想要自由，所以我們自然而然會同情其他也想要自由的人，要是你放著他們不管，給他們自由，我們明天就能離開。4

一九六四年，詹森政府漸漸開始相信美國正在面對來自越南共產主義陣營全面的挑戰。針對吳廷琰發起的政變，除了造成政局動盪之外，一無所獲。越南共和國的叛亂持續蔓延。愈來愈多證據指出北越補給叛軍、指揮叛亂。在河內背後的先後分別是北京與莫斯科。儘管有充分跡象指出中蘇的分裂正愈演愈烈，詹森還是把越南問題歸咎為共產主義陣營的問題。根據詹森政府的認定，共產主義強權之間的差異在於蘇聯實際、理性，中共則蠻不講理，愈趨顛狂。不難看出這種思維背後的種族刻板印象：畢竟蘇聯還至少是由歐洲人所領導，而中國則是不諳強權之間的應對進退——或說不願意照章行事——的東方人。詹森的國防部長麥納馬拉相信，正是這種非理性的因素讓戰爭持續不斷。

到了一九六四年中，總統相信贏得越戰的唯一方法就是在當地展現出軍事意願。要是美國向河內與莫斯科證明它們步步進逼也未能有所斬獲，它們就會不理會中方的抗議，坐上談判桌。麥納馬拉與總統國家安全事務助理麥喬治・邦迪（McGeorge Bundy）雙雙提議轟炸北越，派遣美軍地面部隊，與南越部隊大舉並肩作戰。在一場總統演說的草稿中，邦迪認為美國無法「保證不會對侵略者採取聯合且有必要的報復行動，因為他們一再對南越的自由人民發動戰爭行為。在南越以外下令的事，可以透過各國的法律在南越以外加以懲戒，或者說是人本來就應為自己下令所造成的後果負責。河內的侵略者也心知肚明，全世界都知道他們的罪過」。[5]就連在對外事務上相對算是鴿派的迪安・魯斯克（Dean Rusk）也鼓吹總統。「是戰是和，關鍵就在太平洋，」他對詹森說，「要是我們在蘇聯與中共面前顯得步履蹣跚，將會被解釋成是在犒賞他們所遵循的蹊徑，這將會增加開戰的機會。要是我們的一舉一動向北平〔北京〕釋放出我們示弱的信號，將會增加我方的危險。」[6]

一九六四年八月，詹森以北越船隻向美國海軍軍艦開火的不實報告，藉口讓國會當局同意擴大戰事。所謂的北部灣（Gulf of Tonkin）議案授權總統「動用一切必要手段，以擊退任何對美軍的攻擊，防止進一步侵略」。[7]一九六五年，美國空軍開始空襲北越，美軍數量增加到將近二十萬。到了年底，將近兩千名美國人死於戰事，對國內多數人來說逐漸了解這是真槍實彈，不是美國過去十年在全球涉入的那種代理人衝突。

今天，我們知道美方在政治與軍事上關於越戰當中北越、蘇聯、中共的許多假設與算計都有所差池。北越領導人視戰爭為民族解放的鬥爭。他們劍指軍事勝利，並理解到唯有美國脫鉤後才能達成。蘇聯理解到越戰會對美國在全球冷戰的鬥爭中造成傷害，因為越戰讓第三世界國家與第三世界運動疏離，使蘇聯像是一個支持和平的國家，並且幫助越南對抗美國巨怪。無論以任何標準而言，越南對蘇聯的風險都極低，但對美方而言卻扶搖直上。只是莫斯科向來憂心戰事蔓延到東南亞，迫使蘇聯必須更加主動明確地防禦在地革命。在這樣的情況下，赫魯雪夫的繼任者樂於譴責美國的侵略，對北越提供有限度的援助（部分是為了把它從與中國的盟軍關係拽開來），私底下則告訴詹森說，莫斯科是在節制河內的行徑。蘇方給予美方傳達的並不那麼細膩的訊息是，唯有在華府願意與莫斯科在又一冷戰議題上合作的前提下，才能解決越南問題。

中方在越南的角色是改變最多的，與北京六〇年代混亂不堪的政策一致。在六〇年代的前半，尤其是在一九六二年以後，毛澤東愈加利用越南當作對付蘇聯的武器。毛澤東宣稱，在河內快速通往共產主義以及解放南越的嘗試上，中共給予全面的支持。主席釋出的訊息是，當莫斯科推諉卸責時，中國義無反顧。中國對北越的援助年復一年顯著增加，因為在中蘇意識形態的爭端上，河內站在中國這邊。但當一九六四年美國的介入日深時，毛澤東亟欲避免與美方直接發生如同在朝鮮的衝突。北京向華府示意說，除非美方入侵北越，否則中國不會動用自己的軍力。儘管在國內外的立場愈趨激越，毛澤東對美國的勢力還是敬畏三分。此外，隨著他與蘇方的衝突日漸惡化——必須說，是因為他自己的行徑——毛澤東並不想在印度支那全面開戰。因此，中國的政策包括援助北越與越南南方民族解放陣線，並慫恿他們「持續不懈」地對抗美方，永不妥協。但北京也從韓戰的教訓學到不要涉險。到了一九六七年，中國有十七萬軍隊駐紮在越南，幫助北越防禦，也為美方跨越南北越分界線備戰。「我基本的想法，」周恩來總理對北越代表（譯按：范文同）說，「是我們應該要有耐心。耐心意味著勝利。耐心會帶來更多困難，更多折磨。但是天不會塌，地不會陷，人不會滅。所以耐心會換來勝利，帶來歷史變革，鼓舞亞非拉，限制美帝國主義。」[8]

詹森政府也從國際角度來看待越戰。整個一九六五、六六年，總統相信美方在越南表現出脆弱會轉換成在第三世界其他地方的重挫，甚至也可能影響到歐洲。詹森主要是從結盟的角度來看：要是美國的承諾在東南亞並未兌現，其他地方的盟友與敵人會怎麼想？但在顧問的鼓勵之下，他也嗅到亞、非、拉某些重要地區情勢開始對美方有利。詹森心想，重要的是要在越南堅守堡壘，同時讓其他國家——透過美援項目的幫助與鼓勵——遠離激進主義，朝向自由與經濟成長。認知到對外援助在國會與民眾之間並不受到歡迎，總統發布了一條特殊訊息，就形式與內容而言都非常能夠代表詹森。「對於那些確實致力於在自由之下前進的國家，來自我方以及他國的幫助可說是勝負之間的一念之差，」詹森說道，「這是事物的核心……要是我們閃躲處理全球共同體中的貧窮問題與教育不足問題，我們會為自己及我們的孩子招致厄運。這些會為共產主義不懷好意的招聘軍士所用。我們每錯一步，他們就前進一步。要是我們未能落實我們的義務，共產主義的野心就會更加擴張。那是宰制我們時代的守恆定律，無論是從邏輯上來說，還是從榮譽的角度來看，都無法迴避這條定律。」[9]

在視六〇年代中為第三世界的轉捩點這點上，詹森政府並未誤判形勢，儘管這個轉捩點在越南與印度支那其他地方究竟「轉」往什麼長期效應這點，他們看走了眼。在長期以來都是第三世界革命聖地的阿爾及利亞，一九六五年六月，軍隊針對總統本·貝拉發動政變推翻他，幾乎未遭逢抵抗。大多數阿爾及利亞人認為貝拉光說不練。他們想要更實際的經濟發展之道，對那些長期為國而戰的軍民帶來實質的結果。人民反對的不是阿爾及利亞民族解放陣線的項目內容，而是其執行不力，新的革命精英分子又愈發剛愎自用。軍頭胡阿里·布邁丁（Houari Boumedienne）的軍隊佯裝在拍攝吉洛・彭特克沃（Gillo Pontecorvo）《阿爾及爾之戰》（*The Battle of Algiers*）的花架，結果奪下阿爾及利亞首都。布邁丁承諾會少說話，多做事，接下來的幾年也確實如此。在對外政策以及大部分的經濟計畫上，阿爾及利亞與蘇聯愈走愈近，並與第三世界理想主義漸行漸遠。

類似的事件也在迦納發生。長達近十年未受挑戰的國家領導人恩克魯瑪是第三世界的發言人，卻於一九六六年遭到軍事政變推翻。恩克魯瑪由於經濟政策成效緩慢，並且變得愈發獨裁，因而失去了群眾的支持。一九六二年，他開除了大法官，兩年後，他禁絕所有的反對黨，讓迦納變成一黨獨大的國家，自己則成為終身總統。政變發生在恩克魯瑪前往中國與越南的路上，奪權的軍事將領宣稱他們的目的之一，是不要讓迦納落入共產主義的掌控。在他被推翻六個月後出版的《新殖民主義：帝國主義的最後階段》（*Neo-Colonialism, the Last Stage of Imperialism*）中，恩克魯瑪控訴國內的政敵被「從西方首都散發出來的反自由宣傳浪潮」所淹沒，這些宣傳「針對中國、越南、印尼、阿爾及利亞、迦納以及所有把自己通往自由的獨立之路斬斷的國家……無論哪裡有針對反動勢力的武裝鬥爭，民族主義者就被稱為叛亂分子、恐怖分子，或時常被稱為『共產主義恐怖分子』」！[10]

阿爾及利亞與迦納的政變對詹森政府而言是意外的收穫。儘管並沒有證據顯示中情局直接涉入這些事件，但美國政府明言鼓勵支持這類軍事行動。發生在迦納的結果是產生出親美的軍事獨裁政權，在阿爾及利亞的結果從美方來看則曖昧不明。布邁丁在國際事務上不是耳根子軟的人，美方也深知他親近蘇聯式的計畫。即便如此，比起第三世界主義者本・貝拉，華府還是更屬意他。中情局在彙整政變的報告中評論道：「在阿爾及利亞的許多領域，軍隊或許已經提供比本・貝拉政府或民族解放陣線更完善的領導與治理。」[11]對於詹森政府而言，在歐洲以外，反帝國主義的革命分子以及中國、古巴的朋黨所帶來的挑戰已經超過了蘇聯式的思維。儘管冷戰仍方興未艾，莫斯科已成為某種「正常」的敵手——古板拘謹、相對容易預期的歐洲人——第三世界則一片混亂，矯枉過正。美方恐懼的核心在於，日後美國在全球霸權上的敵手可能不是蘇聯，而更像是中國或者古巴的樣貌。

要說是什麼事件讓華府暫停這種思路，那就是一九六五年左派在印尼、剛果的失敗。至少以共產主義所帶來的挑戰來說，兩者都顯示未來的挑戰可能不是來自北京與哈瓦那。它們也各自以不同的方式點明作為全球政治反對勢力的第三世界正開始走向終結。對華府來說，在印尼與剛果——以及後來在玻利維亞——的反革命確認了，只要在當地有足夠強悍的盟軍會出於各自的原因對抗激進分子，美國對付第三世界的計畫就還行得通。這一套從觀念上就無法適用於越南，因為當地並不存在這樣的盟友，並且中國就在一旁虎視眈眈。從這樣的落差看來，合乎邏輯的結論是美國應當把軍隊撤出越南，但這也同樣窒礙難行，因為從冷戰的角度看來，美方害怕被人視為軟弱、優柔寡斷的失敗主義者。

自從一九六〇年盧蒙巴遇刺後，在剛果，由美方、比利時以及亟欲剝削該國豐厚礦藏的歐洲公司所支持脆弱的中央政府，就陸續遭到零星的左派或分離主義的團體攻擊。到了一九六四年，大規模的叛亂在剛果東部爆發，激進分子占領了金夏沙（當時稱雷堡市〔Leopoldville〕），並宣布成立人民共和國。當歐洲與南非傭兵與美方顧問馳援的剛果軍隊接近金夏沙時，叛軍俘虜歐洲人質，威脅要是繼續逼近就要處決他們。處決盧蒙巴也有份的首相莫伊茲・沖伯（Moïse Tshombe）請求西方介入。一九六四年十一月，詹森總統決議動用美方軍機輸送比利時軍隊到剛果東部去撤離人質。「我們不能就這麼讓食人族殺死一堆人」，總統在他位於德州的牧場說道。[12]共計上千人被救援出來，但兩百名人質還有數千名剛果人遭到撕票。在中情局領導的外來行動支援下，剛果政府逐漸掌握了叛軍的領地，並血債血還。

美國對剛果政局的介入導致非洲其他地方火冒三丈，不是因為他們對常被視為雜牌軍的剛果叛軍情有獨鍾，而是因為美方與前殖民主的勾連。人民共和國殘餘的部將自稱「辛巴」（獅子），他們取得了埃及、阿爾及利亞方面的援助，古巴方面則於一九六五年四月派遣切．格瓦拉與超過百人的精兵前來並肩作戰。格瓦拉在剛果東部的叢林中耗了七個月，未見成效。他對於叛軍猶如一盤散沙，叛軍領袖卻在開羅醉生夢死，不願在剛果鏖戰感到忿忿不平。到了一九六五年年底，反叛勢力已被撲滅。美國在「舔舐剛果叛亂」，詹森的副國家安全顧問羅伯特．科默（Robert Komer）回報：「我們與比利時幾乎在幫沖伯發號施令，提供所有他需要的東西——金錢、武力、顧問。」[13]

在地球的另一邊，印尼在美國的國際多事地帶名單上榜上有名，甚至比剛果排名更高。善變的蘇卡諾領導的印尼民族主義者於一九四九年從荷蘭取得獨立，美國居中促成解放。華府之所以決議推一把讓荷蘭允予前殖民地完全的獨立，部分是因為蘇卡諾似乎是個硬派的反共主義者。一九四八年，他的軍隊在內戰中與強大的印尼共產黨（Indonesian Communist Party, PKI）短暫交火，取得決定性的勝利。但當蘇卡諾開始對全球反殖民鬥爭興致盎然，在國內推行激進的經濟政策時，印尼就失寵於美國了。在華府，蘇卡諾所主持的萬隆會議被視為對美國對外政策的挑戰，因此對艾森豪政府來說，蘇卡諾如鯁在喉。當一九五七年，印尼總統更加集權，並與捲土重來的共產黨合作時，美國的耐心耗盡。有英國、荷蘭緊跟在後，艾森豪政府執行祕密行動，協助在蘇門答臘的反蘇卡諾伊斯蘭叛軍。「我們應該避免印尼走向共產主義，」杜勒斯告訴英方，「要是爪哇被共產黨人給宰制，我方能做得最好的事，就是從蘇門答臘開始讓外島獨立，來破壞他們的體系。」14

中情局針對蘇卡諾的行動失敗了，但可以理解的是，這也讓印尼領導人意識到美方正在盯梢他。六〇年代，他的政策變得更堅決要為印尼人打造一個中央集權的國家。在他看來，這個國家應該要包含婆羅洲、新幾內亞甚至馬來亞半島。他試圖將讓他穩坐江山的合夥關係常態化，宣布他的政府是奠基於「納沙貢」（*Nasakom*）：民族主義、宗教、共產主義（譯按：分別為nasionalisme、agama、komunisme）。當馬來西亞於一九六三年獨立，一如預期地，蘇卡諾批判馬國為新殖民主義的英國傀儡國家，並發動三年的低度戰爭，馬來語中稱之為衝突（*konfrontasi*）。印尼軍隊在婆羅洲對抗英國、澳洲，共產黨在印尼立足之際，美國亟欲找到一個適切的政策。詹森政府舉棋不定。總統希望撤除所有援助，但五角大廈和中情局建議繼續與軍隊聯繫，冀望軍官將領會對抗蘇卡諾。

但在與第三世界惹事生非的人的關係中，華府並非唯一受挫的勢力。蘇聯人士受夠了老是被蘇卡諾批評又老又白，又無精打采；印尼共產黨對蘇聯的批評則類似中方，說他們走修正主義道路。然而至此蘇聯仍是最大的武器供應方。如同美方一樣，莫斯科對印尼軍官敞開談話的線路，但在政治上對他們並沒有直接的影響力。另一方面，中方似乎與蘇卡諾和印尼共產黨兩造都過從甚密。到了六〇年代初期，當中蘇交惡已昭昭可見，印尼的總統設想可以把北京拉到第三世界反帝國主義、反冷戰的平臺上。他在演說、寫作中謳歌中國的重要地位。但毛澤東對此一關係並未禮尚往來。毛主席於六〇年代中更趨左傾，蘇卡諾和他的政權似乎愈來愈不可信，只因為那是一個「資產階級」而非真正社會主義的政府。

印尼形勢愈演愈烈，蘇卡諾似乎在惴惴不安的政治形勢中雄起。他稱一九六五年為「危險年代」（the year of living dangerously），並加強投入在政經改革上的心力。他的魯莽惹禍上身。一九六五年夏，總統提案創建武裝民兵與傳統軍隊相輔相成，此舉讓高階軍官如芒刺在背。同時，共產黨人根據中國醫生的信息，憂心蘇卡諾的健康狀況。他們認定一旦蘇卡諾逝世，軍事將領又將再次針對他們。印尼共產黨率先開了第一槍，准予一九六五年九月三十日共產黨的低階軍官發動政變，過程中六名將領遭到殺害。但蘇哈托（Suharto）率領剩下的將領反擊，控制了雅加達，「保護」蘇卡諾並讓印尼共產黨非法化。

緊接在雅加達政變之後的是整場冷戰中最不堪的平民屠殺場面。軍隊的右翼民族主義者與某些穆斯林宗教領袖煽動組織對共產黨人大肆屠殺。對這場殘暴的攻擊，共產黨人似乎毫無防備。被懷疑與共產黨人合作（通常毫無根據）的少數民族也遭池魚之殃。華人社群尤其傷亡慘重。總計至少有五十萬人遭到殺害，多數被砍頭或者割喉。「就像一道閃電，」一名目擊者說，劊子手的「開山刀劈開受害者的脖子，受害者是一名手無縛雞之力、瞎了一隻眼的腳踏車修理工。他的頭被裝進沙袋。然後他綁起來的雙手被解開，讓他看起來好像死前沒有先被綑綁。一開始他的無頭屍身消失在水面之下，最後又浮了起來。下一個被殺的是一名婦女；我不知道她是誰。」[15]在印尼的某一區，屍體多到河川的水流受阻。美國大使館在這場殺害中也有份，提供給軍隊共產黨人的名冊。[16]

在國際上，持各方立場的人似乎都因為蘇卡諾的離去鬆了一口氣。美方最有理由感到如釋重負。「至少我們讓蘇卡諾逃難去，」科默寫給詹森總統說道，「軍隊打贏了蘇卡諾的潛在重要性難以估量。印尼……原本正要成為另一個擴張型的共產主義國家，這本將會嚴重威脅到整個西方在東南亞大陸的地位……這股潮流已經戛然翻轉。」[17]蘇聯舔舐傷口，但責怪蘇卡諾與印尼共產黨造成這場災難。持褊狹毛主義觀點的中方也無動於衷。「我認為蘇卡諾被推翻可能是件好事，」外交部長陳毅說，「蘇卡諾可以協調左右派。但印尼的未來仰賴印尼共產黨的武裝鬥爭。這是最重要的事。」陳毅的迷夢旋即破碎。蘇聯集團以外最強而有力的共產黨就此一蹶不振，印尼進入三十年的右翼獨裁統治。[18]

六〇年代中如此多的第三世界領袖遭到推翻，意味著運動整體的危機。原訂一九六五年於阿爾吉爾舉行的亞非會議從未上場，這一點也饒富意義。有一名代表說這場取消的會議是「亞非世界的墓碑」。[19]亞非集團愈來愈多國家如埃及、阿爾及利亞、敘利亞、伊拉克、印度等，至少就接受援助與發展模式而言開始倒向蘇聯。以迥異面貌成為共產主義國家的古巴與南斯拉夫，影響力也與日俱增。其他第三世界國家開始更加強調他們自己的經濟利益，通常與諸如原油等資源的出口關係密切。對美方來說，這無疑如釋重負，但仍必須奠基在這些勝利上繼續前進。「在您向國務卿和其他人表達樂見印尼、迦納政變的結果時，」科默建議詹森總統，「您要明白表示，我們必須利用這樣的成果，愈快、愈有技巧愈好。」[20]

亞非遠離第三世界理想的傾向，使得美國對越南、印度支那採取強硬態度。回頭來看，很容易看出詹森政府從六〇年代中的巨變裡總結出錯誤的教訓。他們以為美國在越南的決心讓各地都叛離了激進主義，儘管即便是中情局也沒有找到相關的佐證。美國自從六〇年代中開始，對越南政策就驚人地缺乏想像力。面對南越的政局持續不穩，國務卿魯斯克於一九六六年四月總結道：「面對在亞洲備受威脅的國家，在越南的失敗，顯然是因為非我方可以控制的政治困境所致，但我們必須自問，如果沒有這項因素，就比較不嚴重了嗎？」

> 一如既往，這個問題最終歸結到：要是越南淪陷了，在東南亞是不是還有一道守得住的防線。在此，我們必須認知到，在印尼的反共政權對我們來說是讓我們喘了一大口氣……但未來一兩年內，讓東南亞其他地方也能穩住，端看一年以前所評估的那些要素，首先是泰國、寮國，再來是馬來西亞、新加坡、緬甸緊追在後——要是美國在越南不論任何理由失敗了——中共可能將會施加壓力，屆時看這些國家是否還有殘存的意志抵抗中方的壓力……在這種情況下，不可能穩住泰國，東南亞其他地方可能遲早尾隨其後。換句話說，東南亞的戰略利害關係從根本上說，沒有因為越南失敗的原因之政治性質而改變。幾乎可以肯定的是，其他自由國家——韓國、臺灣、日本和菲律賓——在更廣泛的東亞地區也會受到同樣的衝擊。[21]

因此，美國繼續在越南作戰，即便勝利似乎並不在望。在五角大廈的建議之下，詹森政府於越南挹注更多的人力和資源，建造機場、深水碼頭、基地、醫院，並對南越政府提供平民援助。此時的南越政府似乎愈發陷於內鬥，無法防禦自身。美國加大空中作戰行動，用B－52轟炸機瞄準北越境內的目標。其戰略——如果稱得上是戰略的話——是把美軍部署在南越防衛的周邊，以對越南南方民族解放陣線和北越的軍事單位造成最大的傷害。然後，南越軍隊就能在南越的核心地帶處置南方民族解放陣線的戰士。隨著共產黨的傷亡增加，理論上河內有朝一日將別無選擇，只能坐上談判桌接受美方的條件。

這項策略一敗塗地。在威廉·魏摩蘭（William Westmoreland）將軍的指揮下，美軍大幅破壞共產黨勢力。八十萬北越與南方民族解放陣線的士兵死於作戰，美軍則折損五萬八千人。但美方在戰場上的勝利並未能轉換為對領土的掌握。美軍一移師他處，共產黨的單位就捲土重來。有時一整區在白天由南越、美方控管，到了晚間就由南方民族解放陣線把持。全國人民對西貢政府的忠誠度有待考驗。儘管多數農民只想要避開戰事，也有大批青年男女志願為共產黨作戰。為了解決管控上的問題，美方與南越開始把農民搬到戰略村，表面上提供他們更好的住宿與教育，實則是為了避免農民接觸到南方民族解放陣線。但結果看來，這種戰爭期間的社會工程往往事與願違，因為南越人民並不願意遷出祖傳的田產與村落。

一如所有冷戰期間發生的爭端一樣，平民百姓生靈塗炭，約有五萬北越人民死於美軍空襲。美國在北越投放的炸彈數量比整個二戰期間轟炸日本的數量還多。南北加起來逾二十萬人死於共產主義的政治活動。數十萬人成為在自己國家境內的難民，數萬人受到凝固汽油彈或橙劑毒害。越戰揭示了冷戰最悲慘的一面，從現在的眼光看來，這場造成巨大傷亡的戰役根本毫無開打的理由。

美國戰略未能施展的一個關鍵理由，是北越背後有中蘇撐腰。黎筍與盟友協商，縱橫捭闔，儘管莫斯科與北京在美國對越南作戰期間始終不和，不過即便是在一九六九年中蘇幾乎瀕臨開戰時，河內政府卻仍持續從兩方都取得援助。河內之所以能左右逢源，部分是透過讓支持北越成為為國際主義宗旨奉獻的試金石，部分則是讓兩個共產主義強權鷸蚌相爭，坐收漁利。到一九六五年為止，中方軍民對北越的馳援遠比來自蘇聯的還多。北京與河內在政治上也更為緊密，越共領袖支持中國對蘇聯「蘇修」、「右傾」等指控。但毛澤東文化大革命的激進主義改變了中越關係。越共不滿成天要被提點在國內政治應當如何行事，又要慎防同時提及中蘇援助會「侮辱」中國。中方顧問組成的紅衛兵集結於河內、海防，勸告越南人民要譴責修正主義，向毛主席學習。同時，毛派分子攔截借道中國的蘇聯軍事補給。在北京，毛主席仍然堅持他才應當是對越南如何揮軍運籌帷幄的人。一九六七年與北越總理范文同、武元甲將軍會晤時，毛澤東對他們說：「打消耗戰就像吃飯一樣，一口別吃太多。和美軍作戰，你們可以一口先吃個一排，一個連，或者一個營。和偽軍作戰，可以一口吃一個團。就是說，戰爭就像吃飯一樣，得一口一口地吃。打仗並不是那麼難懂的。打仗和吃飯是一個道理。」[22]

不教人意外的是，在河內的政治領袖的印象裡，中國打算讓越南人戰至最後一兵一卒。因此，他們逐漸向蘇聯靠攏，蘇方也願意投桃報李，當作羞辱美方、斥責中方的大好機會。蘇聯對北越在軍事與民間方面的援助於一九六七年激增。[23]但同時，莫斯科指示黎笋和他的心腹，要是出現契機，應當適時協商。蘇聯的目的是確保美國在越南的戰爭失利，同時讓莫斯科方面成為潛在促成談話的和事佬。可以理解的是，北越決定要嘗試快速在戰場上取得實質的勝利，以便讓自己在靠山的面前可以抬頭挺胸，也在與南越、美方的對抗中取得先機。黎笋認為，要想開始協商，就必須先在戰場上小有斬獲。但他也希望南越政權垮臺，全面取勝。

北越與南方民族解放陣線發動的新春攻勢（Tet offensive）於一九六八年元月展開。河內下令掃蕩並在南方發動起義。儘管離預定的目標還有一大段差距，這波攻勢還是動搖了南越的權力結構，也使人更加質疑美國留在西貢的效益。共產黨小組在全國包括在首都市中心地帶發起攻勢。他們闖進美國大使館，占領了主要的廣播電臺，在總統府附近械鬥。這些行動以及其他蔓延在南越類似的「奇觀」，實質上是自殺式的任務，共產黨的戰士往往在幾小時內就陣亡。規模更大的部隊從未增援，起義也告失敗。但在西貢及其他城市發生的械鬥在美國黃金時段的電視上播出，新聞主播開始質疑戰爭的效果。甫自越南歸來的哥倫比亞廣播公司主播克朗凱告訴收視觀眾：「無論是在越南還是在華府，美國領導人的樂觀主義太常讓我們失望了。對於他們撥雲見日所尋覓出的那一絲曙光，我們難以再有信心……現在似乎比以往可以更加肯定的是，在越南的血腥經驗將會以僵局收場……對本臺記者來說，顯然唯一合理的出路是協商。不是以勝利者的姿態協商，而是以宣誓要捍衛民主、並且全力以赴的光榮人民之態度協商。」[24]

在新春攻勢中，有一千五百名美軍陣亡，七千名重傷。儘管共產黨折損的人數是這個的二十倍之多，但在美國境內及其盟軍之間，已經開始意會到這是一場久攻不下的戰爭。自一九六七年起，學生組織或獨立社運團體組織的大規模反戰示威行動蔓延全美，同時非裔美籍運動也日趨激越尚武，許多美國人開始覺得國家失去方向，暴亂叢生。對多數抗議者來說，反越戰與國內的種族壓迫是一體兩面。「為什麼射殺他們？他們可從沒叫過我黑鬼。」[25]重量級拳擊世界冠軍穆罕穆德．阿里（Muhammad Ali）這麼對那些試圖徵召他參戰的人說。就連溫和派的民權運動領袖馬丁．路德．金恩（Martin Luther King Jr.）都於一九六七年四月宣告「沉默就是背叛的時刻已經到來」：

與越南休戚與共的時刻已經到來……我們把那些被我們社會致殘的年輕黑人送到八千英里之外，以保障他們在東南亞享有在喬治亞州西南部和東哈林區所沒有的自由……我試圖向他們表達我最深切的同情，同時保持我的信念，即透過非暴力行動最有意義地實現社會變革。但他們問「那越南呢？」他們問我們自己的國家是否沒有使用大量的暴力來解決它的問題，以實現它想要的改變。他們的問題一針見血。我知道，如果沒有先與當今世界上最大的暴力傳播者——我自己的政府——明確交談，我就再也無法大聲反對貧民窟中被壓迫者的暴力行為。26

越戰毀了詹森的總統政績，讓他決定一九六八年不尋求連任。從各方面來說，這都是一場悲劇：一屆如此有心致力於美國國內變革並成效卓著的政權，遭到一場境外的戰爭所摧毀，而究其參戰原因，只不過是出於無知或者基於冷戰的慣例出兵。但詹森的世界觀之穩健程度，遠比他所獲得的肯定還多。對他來說，就像對甘迺迪而言，國內的改革與冷戰是攜手共進。美國無法顧此失彼。美國捲入越戰真正的悲劇，就在於這成為兩方面失敗的催化劑。與二十世紀相比，詹森留給他的國家是更多的迷茫，不知道在國內能取得什麼成就，也不知道如何對國外發揮影響力。

越南真正的悲劇當然終歸還是越南自身。越南像韓國一樣被冷戰分裂，共產黨的暴行與失敗的發展計畫、美國的占領與轟炸都難辭其咎。但跟韓國的差別在於，越共幾乎壟斷了整個民族主義運動，南越領導人從來未能自行建立足堪重任的政府。要是南越有更充裕的時間站穩腳跟，會否有所不同？沒有證據能夠證明。相反地，美國在越南上耗費金錢與心神的程度，比冷戰期間任何其他的介入行動還多。未能成事的原因並非因為努力不夠，而可能是因為越南自始至終就不是個適合干預的地方。

隨著越戰朝向真正的協商方向發展，美方對當地的干預顯然意味著全球對美國角色的支持顯著下滑。諷刺的是，就當非洲、亞洲開始遠離第三世界計畫，古巴未能革拉美之命時，美國卻被困在少數他們打不贏的衝突當中。在感知上來說，為自己的愚蠢所須付出的代價甚巨。戴高樂在法國深陷印度支那危機後，還自鳴得意，稱越戰為越南對美國的「民族抗爭」，美方升高戰事則是激起中、蘇回應的「幻象」，並且「遭到歐洲、非洲、拉丁美洲許多人的譴責，對世界和平造成的威脅與日俱增」。[27]

就全球冷戰而言，美國對印度支那的干預，給予蘇聯一個將自己樹立為異於美式宰制、資本主義剝削的替代性方案。從匈牙利起義到柏林圍牆到剛果危機，蘇聯似乎落居人後。在美國的強權以及東歐的民怨挑戰之下，與中國的決裂，第三世界的出現，蘇聯及其體系似乎已跟不上世界的節奏。越南給了他們一個重整旗鼓的機會。事已至此，儘管是透過他人的失敗而非自己的斬獲東山再起，也無關緊要了。要是以雙極的思維來想——冷戰期間許多人都是這麼想的——這兩件事也相去不遠。美國的損失就是蘇聯的獲利。

雖然有來自戴高樂及其他人的挑戰，北約在歐洲仍然頑強。即便聚焦於越南並未顯著轉移美國對歐洲的關注，可以說越戰也讓詹森政權避免再捲入其他浮上檯面的危機。其中一項危機是巴勒斯坦的難民問題浮現在緊張關係再度升高的中東。詹森對以色列增援，他把以色列看作是在一團混亂當中的一座西方式穩定孤島。以色列人接收到更多的民間資助以及轟炸機、坦克等軍事硬體設備。詹森也刻意對以色列的核武項目視若無睹。一九六五年，美國總統對一位猶太裔內閣成員亞伯拉罕·魯比科夫（Abraham Ribicoff）說，與以色列合作愉快。「昨天我生日收到〔以色列總理列維·〕艾希科爾（Levi Eshkol）一封長長的電報——文情並茂。我拯救了他，為他的器械助一臂之力之類的。我低調行事，而且覺得頗見成效。」[28]巴勒斯坦人在這對等關係當中彷彿完全不存在。

另一個被忽略的是南非的發展，葡萄牙人在此緊緊抓著他們百廢待舉的帝國，白人優越的政權在南非與羅德西亞發展。南非是去殖民化的最後議題，詹森極盡迴避之能事。縱然他無疑對南非的種族隔離政權頗為反感——畢竟詹森是美國史上最在意民權的總統——但他覺得以冷戰來說，他同時需要南非人民和葡萄牙人同舟共濟。科默言簡意賅地總結詹森面臨的困局：美國向葡萄牙租借亞速基地（Azores base），「使他們很難反對葡萄牙人，而英國在羅德西亞和南非的經濟投注也讓我們不願意對他們施壓……要是我們可以有效控制這些議題，而非心不甘情不願地被拖到無可救藥的境地，我們就能讓非洲事務保持在合理範圍內」。[29]

但南非形勢的發展並未等待美國在去殖民化、種族平等上的緩慢步調。到了一九六八年，解放運動已經對安哥拉、莫三比克、幾內亞比索的葡萄牙人發動武裝抗爭。在南非，主要的反種族隔離運動非洲民族議會（ANC）也已致力於對普利托利亞（Pretoria，譯按：南非行政首都）政權的武裝鬥爭。詹森政權並未展現與被壓迫者團結，而是憂心蘇聯與中國對解放運動的影響。詹森心想，非洲人和非裔美國人一樣，都應該感謝總統為他們鞠躬盡瘁。當他的總統職位在國內黑人、學生騷亂的烽煙中化為灰燼，在越南又久攻不下，詹森哀嘆道：「我要求的不多。」他對顧問說，「只要一點感謝，一點謝意，也就夠了。但看看我得到什麼？暴亂蔓延一百七十五座城市，燒殺擄掠，毀了一切。」[30]就在詹森納悶為何全美城市烽煙四起之際，冷戰在海外又翻過新的一頁。

第十三章
冷戰與拉丁美洲

在古巴革命之後，拉丁美洲大概沒有比一九七三年智利的政變還要更「冷戰」的事件了。智利軍官以反共之名推翻民選政府，將發生在全球範圍的衝突帶回國內，其程度遠比國內同胞所能設想的還深遠。他們也將恐怖與違反人權的情形帶進此前在二十世紀鮮有這類犯行的國度。民選政府的支持者被關押在體育館和集會廳，然後未經合法審訊過程就被送進監獄。許多人遭到虐待。「每天都發生虐囚，」一名女囚犯回述道，「我們眼睛被蒙住，被綁在床上，然後就開始了。我們全身都被電擊，然後被強暴。」[1]就算是承平了一個世紀之久後，智利人仍可以意識形態之名對彼此犯下可怕的犯行。

到了一九七三年，南美在冷戰的隊伍中早已非遲來後到者。從美國在南美大陸上已經建立起來的霸權應運而生，南美冷戰可回溯至十九世紀晚期，美國逐漸取代英國成為該區域的關鍵強權之時。但冷戰在拉丁美洲的起源並不全是美國至上（US supremacy）的效應，也是源於拉美共和國內部的階級和族群衝突，以及攸關民族主義、民粹主義、左翼的發軔。總體而言，也許拉美冷戰的根源是高度的不平等和社會壓迫。該區域最大的挑戰，來自於要克服長期不公平情況下所造成的收入極端不均以及政局不穩。

在宰制與抵抗你來我往之外，冷戰加諸在拉美之上的，還有美方自從四〇年代後期以降對共產主義愈發不可收拾的偏執。連續幾屆美國政權都把拉美的激進主義與蘇聯式的共產主義視為天生的盟友，在古巴革命之後，這種執迷益加縈繞美方心頭，但是在此之前也已經斑斑可見，比方從一九五四年美國對瓜地馬拉的干預就能看得出來。這導致美國與整個大陸上的軍事政權都狼狽為奸，這些政權才是冷戰在拉美造成的最大悲劇。即便在某些案例中，他們統治的時期與經濟成長期有所重疊，這些政權還是讓南美大陸武功盡廢。這些軍事政權不讓人民參與政治，失去對國族的認同，阻卻了本可能催生更兼容並蓄的中產階級，促成社會進步。這些政權對各自所在的國家有百害而無一利，對於美國與各國的關係也同樣乏善可陳，形成一種共生的壓迫關係，最終各方都不能從中獲益。

美式霸權在拉美的興起過程遠比多數人以為的還要慢。到了一九三九年，儘管美國的投資在戰間期強勢增加，但比起美國，歐洲的主要國家對拉美總體貿易而言還是更為重要。二十世紀早期，在美國於一八九八年入侵古巴之後，美國的影響力逐漸從加勒比、墨西哥、中美洲擴散到南美。但是美國在二戰取得重大突破，美國至上的優越地位貫穿了整個美洲大陸。到了那時，不只是美國的經濟宰制了所有拉美貿易夥伴的經濟體（阿根廷的人均國內生產總值在一九〇〇年是美國的三分之二，及至一九五〇年已縮減到只剩一半），戰爭也再次切斷了美洲大陸與歐洲的貿易。華府試圖鞏固政治控制，以便使德國領導的軸心國勢力被拒於美洲的共和國外。因此，美國在美洲大陸霸權的開展與冷戰並肩同行，也必須從此一觀點來理解。

戰後的美國政權特別害怕共產主義蠱惑拉美遠離美式的發展模式。美國普遍視拉丁美洲人民如稚孩，在政治與經濟上必須道之以政，而北美人民必須負責引導拉美到正確的軌道上。如果美國式的宗旨失敗了，那麼蘇聯及其盟國就可以像德國、日本在二戰期間試圖做的那樣：引誘易於激動的拉美共和諸國，朝著對美國的經濟利益、戰略效益以及對拉美自身都是災難性的方向發展。就像在歐洲一樣，在美國的政策決策與大眾想像中，可以輕易地把納粹的亂局與共產主義的顛覆性勢力混為一談。及至一九四八年，國會與中情局都開始盯上共產主義在拉美的勢力，但就如同他們如實彙報給杜魯門總統的一樣，跡象其實並不多。

對冷戰期間的美國總統來說，拉美位於一個特殊區域，美國必須在此風行草偃，才能保障美國基本的國安議題以及美國的全球目標。猶如對蘇聯的俄羅斯人來說，東歐的斯拉夫區域有著族裔與文化上的特殊關聯一樣，許多美國領導人設想母國與南方國家的特殊關係，只是關聯的基礎並非文化，而是政治。拉美諸國跟北方的老大哥一樣，是共和政體，已將自身從歐洲的勢力中解放出來，起初前景看好。但在華府眼裡，拉美所有共和主義的願景都被拉丁美洲民族的好吃懶做、反覆無常、道德淪喪給揮霍殆盡了。要避免拉美被蠱惑背離其宗旨，就有賴一劑美國的父權主義。

但是美國將拉美導向正軌的使命感受到北美的種族、帝國觀念所挑戰。自十九世紀伊始，美國白人就對拉美是否能複製美國現代性的模式持保留態度。北美的美洲人所建構出的拉美「種族」在種族階序上遠遠低於北美美洲人自身。就算往秩序與繁榮的標準引導，種族是否會阻止拉美人民達成目標？此外，在美國與拉美的關係中，國與國的正常界線是否適用？這些名為「共和」的政體在美國眼裡毫無有效治理的美德——個人自治、法律、財產權——作為基礎，這樣是否還能與獨一無二的美式共和等量齊觀？截至一八六四年，美國國務卿威廉·西華德（William Seward）都相信「五年、十年、二十年後，墨西哥會像現在的蒙大拿州、愛達荷州一樣敞開雙臂歡迎美國移民」。[2]在二十世紀，即便拉丁美洲人士希望美國逐漸在國際事務上更加社會化，舉止更像一個正常國家，但許多北美人士仍然質疑其鄰國的民族願景是否有效。

拉美方面似乎也很在意美國對自己的藐視，因此自從十九世紀起，拉美的政治議程就由民族主義所宰制。與其他許多地方相仿，拉美民族主義與大眾政治的浮現密切相關，並且為想要自己把持權力的精英分子所操弄。格蘭德河（Rio Grande）以南形形色色的民族主義共同的關切是如何對抗外來壓力，尤其是來自美方的壓力，並且深信軍事實力的民族權威。尤其說西班牙語的美洲國家有強烈的文化整體感，某種強而有力的泛拉美主義，儘管同時也受到特定國族議程及其運動分子的地理位置所制約。二十世紀前半葉，拉美民族主義變得愈趨民粹，民粹的內容往往左右翼元素兼而有之，就和約當同期的歐洲一樣。當美國的經濟影響力激增之際，拉美國家的內部政爭也甚囂塵上。

若我們相信冷戰在拉美的重要組成是來自國內的影響，以及為意識形態所驅動，那麼二、三〇年代肯定是開冷戰時期之先河。[3]工人與佃農抗議特權與壓迫時，俄國革命樹立了榜樣。到了一九二九年，小規模的共產黨已經在此地區的十五個國家出現。於巴西、智利、墨西哥、瓜地馬拉等地，它們的影響力是數字無法估量的。[4]

巴西成為南美洲階級戰爭的焦點。在當地，一九二四年控制主要城市聖保羅的年輕軍官受到共產主義知識分子的支持。在被逐出城市之後，革命分子在國境內長途跋涉，最終於一九二七年在玻利維亞落腳。率領軍隊的路易斯．卡洛斯．普列斯特斯（Luís Carlos Prestes）後來成為巴西共產黨的頭子，也是共產國際的核心人物。但即便他們在當地受到一些支持，擁有國際共產主義的信徒，並建立起他們試圖建立的陣線，但他們在政治敵手的面前卻往往不堪一擊，時時遭受殘酷的鎮壓。此一時期新冒出頭、受到擁戴的拉美政治主要領導人並非共產主義者，而是激進的民粹主義者，他們受到歐洲激進左右派的啟發程度不相上下。巴西的瓦爾加斯（Vargas）、阿根廷的裴隆（Perón）、墨西哥的卡德納斯（Cárdenas）固然可能不時與共產主義者以及其他左派分子合作，但他們的目的是強化國家與他們自己的權力。

但當拉丁美洲在民粹主義厚植實力時，美國在此區域的經濟勢力也與日俱增。在二、三〇年代——往往被視為美國外交事務孤立主義的時期——受到一九一四年開通的巴拿馬運河之新貿易裨益，美國對南方諸共和國的經濟干預程度陡增。美國在此地的投資增加幅度比世界上其他地方都還高。政治上的聯繫也是，但並非所有與美方的政治牽扯都受到新興的拉美激進民族主義者所激賞。在像智利這麼天高皇帝遠的國家，北美人士試圖用經濟的遮羞布來控制原物料的價格或者干預選舉。在中美洲以及加勒比海，美國在世紀的頭三十年就發動了不下十三次的軍事干預行動。在國內的政治壓力之下，墨西哥、阿根廷及其他拉美國家在一九二八年於哈瓦那召開的泛美會議（Pan-American Conference）上抗議美國的干預主義。在會議之前，阿根廷報紙《新聞報》（*La Prensa*）寫道，美國的「帝國主義摘下了面具，自由的人民將會加以拒斥……一個政府發出的命令〔現在〕

彷彿舉世通行」。美國試圖充當「全球正義的分配者」以及「經濟控制的無上主宰……以泱泱大國所不應有的傲慢態度羞辱他國主權」。[5]

一九三三年以後，小羅斯福政權試圖透過「睦鄰政策」（good neighbor policy）來平息南方共和諸國的怒氣。就與拉美諸國的關係而言，成效頗豐。南方共和諸國察覺到在白宮的政權更願意合作，或者說好歹更加和藹可親，也更願意加入二戰，孤立敵國。在珍珠港事變後，九個拉美國家對日、德宣戰。到戰爭結束之前，另有十一個國家加入美國陣營，儘管阿根廷遲至在歐戰已經結束的一九四五年三月才加入，而智利則是隔月加入。

美國國安體系在戰爭期間的主要考量是墨西哥。墨西哥與美國接壤處綿延兩千英里，移民人口龐大，歷史上反對美國對外政策所在多有，凡此種種，都使得墨西哥成為敵軍特工可以暗渡陳倉的國度。墨西哥於一九四二年五月對軸心國宣戰，但美國政府仍然對這個南方鄰國的政治取向持懷疑態度。要是墨西哥顯得可疑，那阿根廷就教人戒備：阿根廷起初拒絕參加同盟國，阿根廷被實施禁運，華府方面於一九四四年與阿根廷斷交。布宜諾斯艾利斯的政治亂局也驚動了美方，尤其是在裴隆於戰爭尾聲就任副總統之後。在美方的心目中，裴隆上校就是典型的群眾煽動家。他曾涉入多場軍事政變，大肆打造效忠他個人的各色組織，且曾大力讚揚歐洲的法西斯主義與納粹。裴隆於一九四六年當選阿根廷總統時，大開阿根廷門戶，讓逃離納粹歐洲的人有棲身之所，導致與華府之間又一場外交危機。

美國對付裴隆統治下的阿根廷所採取的政策，為冷戰期間對拉美國家的政策奠定了基石。美國對南方諸共和國的顛覆勢力的焦點於四〇年代末從法西斯主義轉移到了共產主義，但大部分的取徑則大同小異。美方無法信任拉美人民能夠自己當家作主——即便是透過選舉。國內外的顛覆分子在側翼虎視眈眈，以激進的民粹主義者作為前菜，準備接收政治舞臺。美國因此必須戒備在美洲共和國中任何有可能使共產主義者接近權力中心的變革。為美國圍堵政策運籌帷幄的凱南，於一九五〇年觀察道：「這些共產主義活動潛在可能使得拉美在我方全球政策中……關係陷入危殆……與其說危機在於〔共產黨〕擄獲群眾的支持，不如說是關鍵的職位被滲透，不管是否為政府的職位，然後再從那破壞美國與這些國家之間的關係。」[6]

在冷戰的脈絡下，美國對拉美的關切第一個考驗來自一九五四年的瓜地馬拉，艾森豪政權該年干預人民選出的激進改革派政權，該政權受到微不足道的瓜地馬拉共產黨支持。民選政府由出身富裕的阿本斯領導，試圖在這個恐怕是全拉美最不公平的國家引入勢在必行的社會改革與土地改革。在瓜地馬拉，二．五%的人口握有超過七〇%的可耕地，大多數人口則是不擁有土地的農民。自十九世紀晚期起，由於瓜地馬拉盛產熱帶水果，工資低廉，美國的公司——包括強大的聯合果品公司（United Fruit Company）——靠著瓜地馬拉的產品發家致富。一九五二年，阿本斯總統以地主認為價格過低的補償費用強徵包括一些屬於美國公司的未耕地。瓜地馬拉政府將強徵來的地分給十萬無地可耕的農民家庭。華府方面抗議未果。

然而，美國政府之所以決定出面干預，並非是由於聯合果品公司的抱怨或者其公關部門在北美報紙植入的報導，而是出於對共產主義的恐懼。「赤匪控制了瓜地馬拉，」艾森豪總統告訴國會代表團，「他們試著要把影響力擴大到聖薩爾瓦多（譯按：薩爾瓦多首都），當作突破進入……到其他南美國家的第一步。」[7]到了一九五四年春，艾森豪對推翻阿本斯開了綠燈。中情局策劃一項行動，把瓜地馬拉總統的政敵以及部分民間的反對力量吸收進來。美國組織訓練叛軍，設立宣傳廣播站，並在瓜地馬拉政府試圖透過向蘇聯集團的成員捷克斯洛伐克購買軍武以擴充其軍事實力後，宣布封鎖瓜國。

一九五四年六月，美國訓練的叛軍帶著被中情局打上「消滅」字樣的左翼成員清單進入瓜地馬拉。美軍駕駛的戰鬥機砲轟首都。戰鬥進行數週之後，阿本斯請辭，認為這是唯一避免美國全面入侵的方法。接替他的是一個又一個由美國庇蔭的軍事頭子。軍隊撤銷了阿本斯多數的社會變革項目。從六〇至九〇年代，瓜地馬拉的社會不平等狀況觸發了讓全國烽火連天的內戰。由美國所策劃推翻阿本斯的計畫，造成美方與瓜地馬拉右翼皆無法掌控的衝突。遜位的前總統在古巴流亡時曾總結道，促成美方干預的是反共主義，而不是為了保護美國的投資。「就算我們沒有種香蕉，他們還是會推翻我們。」阿本斯的心腹何塞・曼努埃・富杜尼（José Manuel Fortuny）如是說。[8]

誠然，阿本斯對美方干預的動機判斷正確。國務卿杜勒斯歡慶推翻阿本斯，稱之為「過去五年對抗共產主義的最大成功」。[9]但美國為自己對瓜地馬拉的武力行徑付出了重大的外交代價。即便是在進口捷克斯洛伐克的武器為人所知之後，華府仍然難以讓盟國歸隊。烏拉圭外長胡斯蒂諾・希門尼斯・德・阿雷查加（Justino Jiménez de Aréchaga）盛讚「不干預原則」「無形之中見偉大」，並痛斥那些沉溺於「歇斯底里的恐懼」或「太過寬泛使用『冷戰』一詞」的人。[10]阿本斯的外長吉列爾莫・托里耶洛（Guillermo Toriello）「說了許多如果我們有膽量也想說的話」，某位拉美外交人員對《紐約時報》如是說。[11]就連邱吉爾的英國政府也反對：「美國人搞得烏雲罩頂。他們的所作所為很可能會讓世界上其他地方的人無法同理。」[12]艾森豪總統惱羞成怒，對部屬說他們「對英國佬太好了」，並下令國會「讓英國佬知道他們無權過問這個半球的事……讓我們給他們一點教訓」。[13]

蘇聯對瓜地馬拉的事件不置可否；距離太遙遠，而且瓜地馬拉當地的共產黨對莫斯科方面而言又太弱了，不值一哂。是美方的干預讓蘇方開始感到一點興趣。但即便在瓜地馬拉事件之後，莫斯科的直覺是除了對當地的共產黨稍加援助外，對拉美的革命分子愛莫能助。在歐洲以外，蘇聯的重心放在亞洲。在中共的革命之後，蘇方預料將來的重大事件會發生在亞洲。在全局如此之下，拉美共產黨人只得孤軍奮戰。他們幫忙組織國內的勞工運動，有時影響固然甚巨，但離掌握政治實權或者指點江山，仍差得遠。

古巴革命的果實鞏固改變了這一切。到了一九五九年，在拉美出現了一個與當地共產黨人合作的激進革命政府。即便古巴共產黨在內戰當中無足輕重——並且旋即被卡斯楚自己的革命組織給蓋過鋒芒，進而於一九六一年與卡斯楚的組織合併——但共產黨人自始即在新政權裡位居要津。蘇聯成為與古巴關係密切的盟友，儘管貫穿六〇年代雙方在政策上的歧異若隱若現。受到多數主要拉美共產黨人支持的莫斯科方面，希望對拉美其他國家的革命採取漸進式手段，且對古巴所代表的那種游擊隊起義手段，態度遲疑。在南美的激進分子之間，也有一種態度認為對於南美大陸的主要發展而言，古巴無論在地理上還是歷史上都地處邊陲——顯然，阿根廷、智利、巴西許多左翼分子至少起初都對哈瓦那的新領袖嗤之以鼻。但這些爭端與懷疑跟大局比起來都無足輕重：社會主義革命在拉美取得前所未見的成功，且——在蘇聯的奧援之下——可以抵禦美國的進攻。

古巴革命啟發了其他各地的激進分子，但並不是所有人都隸屬共產黨。在委內瑞拉，一九五九年民選讓羅慕洛・貝坦科爾特（Rómulo Betancourt）總統領導的改革派同盟上臺，是總統所屬政黨當中的年輕側翼脫黨組建革命左翼運動（Movimiento de Izquierda Revolucionaria, MIR）。在古巴的支持下，革命左翼運動當中的年輕馬列分子指控貝坦科爾特與美方、軍方及右翼妥協，因此對他發動武裝起義。共產黨加入叛軍，但旋即遭到委內瑞拉的軍隊擊潰。兩黨轉而發動城市內的恐怖攻擊以及鄉間的游擊戰。他們的策略包括搶銀行、殺警、焚燒政府大樓、綁架富商等。儘管兩黨起初還有些民間的支持，但他們的計策使其在這場政治遊戲中敗下陣來。工會與農民組織要求對叛軍採取更嚴厲的措施。在反叛分子試圖攪局的一九六三年選舉中，九二％的選民投下選票。及至一九六七年，委內瑞拉極左派被擊敗，而往往與古巴經驗掛鉤的反叛運動似乎在拉美人民之間失去吸引力。

然而，美國憂心在其他地方複製出的古巴經驗無遠弗屆。共產黨勢力可能揮軍南進的想法在甘迺迪政權的考量中陰魂不散。但甘迺迪政府也比前幾任政府更清楚，是貧困與社會不義為激進政治運動的成功運作提供了土壤。一九六一年四月，就在入侵古巴豬玀灣的幾週前，這位年輕的美國總統啟動了美國與拉美之間的爭取進步聯盟（Alliance for Progress）。甘迺迪的計畫著重在發展與經濟援助，包含十點項目，同時也承諾防禦任何「獨立受到威脅」的國家，目標是在十年間根除拉美的貧窮問題。

> 要是我們成功了，要是我們所做的努力夠有膽識，堅忍不拔，那麼十年之後將會揭開美式經驗的全新序幕。美洲每個家庭的生活標準都會有所提升，全民都能享有基礎教育，人們將會忘了饑荒，不再需要龐大的外來幫助，所有的國家都能夠自給自足、持續增長。儘管還是會有許

多需要完成的事，每個美洲的共和國都會是自己革命的領頭羊，掌握自己的希望與進步。[14]

儘管總統說得天花亂墜，但爭取進步聯盟的目標過於寬泛，以至於難以落實。在地智士憂心甘迺迪的「革命」對自己的既得利益會造成什麼影響。左右翼的激進分子視此聯盟為美帝國主義以其他途徑施加影響。天主教教會憂心美國和平工作團志願者與其他北美專家紛至沓來之後，會造成道德淪喪、宗教式微。但即便如此，爭取進步聯盟的某些項目的確造成了影響，相當重要的原因是，這些項目協助說服了正在興起的拉美中產階級，由冷戰所啟發的美方政策也可以為他們帶來好處。這些項目當中最好的部分——教育、衛生、交通、住房——也顯示了美國更為兼容並蓄、願意為了互利而與拉美夥伴合作的面向。

然而，美國在此地區支持違背民主的軍方政權，使得爭取進步聯盟的正面意義完全蒙塵。從一開始，提供對抗共產主義的軍事援助就是進步聯盟至關重要的組成。在接替甘迺迪的詹森治下，進步聯盟在平定叛亂的面向上往往壓過了其他民間項目。受到越戰蔓延的影響，詹森極力避免在他眼皮子底下有任何共產主義勢力在拉美推進。對於把南美年輕人逼到揭竿起義的社會情況，美國總統知之甚詳。但要是在又一場「卡斯楚革命」與右翼獨裁者兩者之間只能擇一的話，那麼詹森相信美國毫無疑問應該要選後者。

要是說有哪一個南美的國家似乎傾向於純粹為社會上的原因掀起反抗，那就非巴西莫屬了。巴西的社會不平等程度在全球高居第二，僅次於獅子山共和國。[15]一小部分白人的收入水平遠超過歐美白人，而絕大部分的白人和黑人則一貧如洗，要不在鄉間出賣勞力，沒有自己的土地；要不就是在快速發展的都市如聖保羅、里約的貧民窟苟活於棚戶。在多年的獨裁政權與軍事干政的統治之下，巴西於五〇年代開始民主實驗。一九五六年當選的總統儒塞利諾・庫比契克（Juscelino Kubitschek）開啟了一系列國家領導的發展計畫，促成經濟大幅成長，但也造成劇烈的通貨膨脹。然而庫比契克及其繼任者鮮少針對似乎是巴西各種問題根源的社會不平等狀況。甘迺迪政權在爭取進步聯盟發展之初，就常常針對巴西需要社會改革這點發表評論。

當若昂・古拉特（João Goulart）於一九六一年出任總統，甘迺迪派得到了比他們所爭取而來的還要多。從上任開始，古拉特總統就試圖動員工人組織，並對在巴西短暫的民主期間成長於農村的新武裝農民團體予以支持，藉此處理巴西的社會問題。他的目的是反制巴西政壇（包括自己黨內）的許多保守勢力。他也圖謀更多的政治權力——古拉特素來缺乏耐心，也有很多事務讓他無法耐心以待。在外交政策上，巴西總統想要更加獨立於美國之外，但也對古巴與蘇聯有所忌憚。古拉特出身巴西南部地主富裕家庭；他希望改革但不樂見革命，並嚴厲控制共產黨。然而他的項目——包括土地改革與公用事業國有化——遇到來自右翼的抵抗與日俱增。一九六四年三月，天主教神職人員組織反對古拉特的大型示威，宣讀了以下宣言：「這個上帝賜予我們的國度……面臨了極度的危險……野心勃勃的人士……讓陌生又對我們蠶食鯨吞的極權主義之僕役……滲透了我們的國家……聖母守護我們免受古巴、波蘭、匈牙利和其他被奴役國家的烈女之命運與磨難！」[16]

隨著示威與反示威群眾在巴西各城市正面交鋒，詹森政權在那個月分鼓勵支持對古拉特的軍事政變。「我認為我們必須採取任何我們可以採取的行動，準備好做任何我們必須做的事」，以支持發動政變的人士。詹森下令道：「我們不能忍受。」[17]美國對古拉特造成恐懼推波助瀾已達數月，讓政變水到渠成。總統任期過去十八個月來的經濟下滑，也讓軍頭可以推翻他。一九六四年開啟的軍事獨裁維持了二十年，巴西的基本問題遭到擱置，內部的冷戰則節節高升。

若說美國在讓巴西獨裁持續掌權上扮演要角，那麼美方在玻利維亞的位置更是重要。玻利維亞是拉美最貧困的國家之一，由一九六四年藉著政變上臺，兩年後當選總統的雷內．巴里恩托斯（René Barrientos）將軍統治。巴里恩托斯是很美式的將軍，年輕有為，想法摩登，廣受民眾愛戴，著重靠科技與土地改革來重塑國家。美方的顧問紛至沓來玻利維亞。但玻國總統在政治上維持自己的班底。巴里恩托斯是個民粹分子。他以虔誠的基督徒自居，但同時又在婚外有十幾個私生子；他說一口克丘亞語（Quechua），是南美洲原住民的好朋友，卻又在農民、礦工反對其統治時將他們趕盡殺絕；他是受美方訓練的空軍機師，受美式現代化觀念影響，但又可以為了政治口惠搬弄反美的辭藻。到了一九六七年，他權傾一時——自行駕駛直升機飛遍全國，四處發放足球、收音機，與民眾握手言歡。

當古巴人決定用玻利維亞來測試他們的叛亂信條時，上述情況就是玻利維亞的政治情勢。該次行動由切．格瓦拉領軍，此時，切．格瓦拉在古巴已經愈來愈按捺不住，自命為國際革命家，與泛拉美主義和共產國際主義都有所掛鉤。到了一九六六年，切．格瓦拉與古巴情報單位已經開始準備支持在玻利維亞發動的武裝叛變。切．格瓦拉頗為魯莽地不顧玻利維亞共產黨的建議，決意親自領導叛亂。他於一九六六年十月被偷渡進玻利維亞鄉間，數名特工已在當地準備月餘。由於玻利維亞共產黨決定為古巴的行動撐腰，切．格瓦拉的游擊隊對玻利維亞的正規軍隊旗開得勝，叛亂取得一些武鬥派礦工的支持。但除此之外，游擊隊幾乎自始即一步錯滿盤輸。他們很快地就在一些農村遭到孤立，無法招募到玻利維亞的農民，也與哈瓦那失去聯繫。

與古巴人的正面對決，巴里恩托斯樂在其中。他自認代表玻利維亞的「革命」，也把他的計畫稱為革命，並與外來入侵勢力作戰。他也樂見只要共產勢力叛亂繼續下去，他就能接收更多美方提供的軍事與經濟支援。「祖國在危急存亡之秋，」巴里恩托斯宣稱，「由國際極端主義所計畫資助的廣大共產主義陰謀已經利用一些勞動部門的善念，試圖讓人民與武裝勢力針鋒相對。」[18]一九六七年十月，彈盡援絕的切．格瓦拉遭到巴里恩托斯的特種部隊捕獲處決。他對包含中情局特工在內的偵訊人員說，他的落敗是由於「巴里恩托斯政黨的有效組織……他們向軍隊警告我方的行蹤」。[19]切．格瓦拉以革命偶像之姿長存，但他在玻利維亞的敗北，對那些相信可以透過先鋒叛變通向拉美社會主義革命的人士來說，無疑是又一挫敗。這也顯示在南美大陸，民粹民族主義與共產主義針鋒相對。只是巴里恩托斯也無福消受勝利的果實，一九六九年，他的直升機於玻利維亞中部山區墜毀，機上人員無一倖存。

切．格瓦拉之死象徵了通往革命的重點（*foco*）途徑破滅——「重點」一詞指相信一小撮武裝革命分子本身就能為民眾的不滿提供一個焦點，並領導一場叛亂。但不同人從這次挫敗當中生聚的教訓也有所相異。比方在智利，社會主義者與共產主義者強調唯有和平通往社會主義社會的道路才可行。美國政府相信，切．格瓦拉的失敗，意謂著美方對強而有力的在地領袖提供武裝支持的方針收到成效。跟美方的干預比起來，反共的民族主義者更能擊潰左派。這項結論與被越戰弄得對干預感到疲憊不堪的這個世代的美國領導人相當契合。這也與一些美國人的想法呼應，他們認為從迦納到印尼，六〇年代中期所帶來的教訓是，在地的軍隊在美國鼓動下推翻了左翼政府，但美方卻鮮少給予直接支援。同時，一九六五年美方以反共的辭藻成功直接干預多明尼加共和國，但這可以視為早在冷戰萌生之前就已經開始的一系列入侵加勒比海的行動之一，華府認為並不能在南美大陸輕易複製多明尼加經驗。

激進左派的小組從格瓦拉的失敗中汲取的教訓也不同。他們成立意圖透過武裝鬥爭摧毀既有秩序的新祕密組織，但這些組織如今多在城市而非鄉村。在格瓦拉的家鄉阿根廷，有一些青年運動挑戰政府，其中一些開始採取都市的游擊戰術。他們的意識形態背景包羅萬象。有些是托派或馬列主義者，有些則受到民族主義或激進天主教所啟發。最大的運動蒙托內羅斯（Montoneros）是裴隆主義者（Peronists），領導人往往從民族主義右翼冒出頭，但到了六〇年代末開始採取左翼革命的話語，為求他們流亡在西班牙的英雄歸來。他們的領袖馬里奧・菲爾門尼克（Mario Firmenich）鍾愛的口號是「既沒有北方佬，也沒有馬克思主義者的社會主義國家」（*La patria socialista, sin Yanquis ni Marxistas*）。[20]在他們之間，這些團體與軍隊日漸高張的暴力鎮壓，使得阿根廷陷入一段恐怖時期。

起初，蒙托內羅斯靠著一九七〇年綁架撕票阿根廷前軍事獨裁者佩德羅・阿蘭布魯（Pedro Aramburu）的豐功偉業，取得一些公眾支持。阿蘭布魯於一九五五年推翻裴隆，因此不得民心。但隨著城市游擊戰開始一系列的謀殺、綁票、炸彈攻擊、搶銀行等行動後，民眾的支持也煙消雲散。但他們還是能招募到足夠的支持者來發動接連不斷的恐怖行動，在七〇年代之初幾乎每天都有一起攻擊案件。[21]沒有人能全身而退。左派游擊隊暗殺軍官、實業家、工會分子、神職人員、外交官等，一九六九至七五年間幾乎共有七百人遭到暗殺。這層恐懼即便在裴隆於一九七三年果真復行視事後也並未消散。到了一九七五年，阿根廷似乎已無法控制，鄰國烏拉圭亦不遑多讓，民族解放運動——圖帕馬羅斯（Tupamaros）游擊團體也在烏國發動類似的攻擊事件。

不過拉美冷戰爭端的第一部分，於安地斯山脈另一側的智利臻至巔峰。智利的工人階級剽悍，其中一部分從戰間期早年就已經被組織進工會。左派的政黨社會主義者與共產主義者也追隨者眾。在一九六四年的選舉中，他們聯盟的候選人薩爾瓦多·阿葉德（Salvador Allende）取得了超過三八%的選票，輸給了中情局大力支持的基督教民主黨人愛德華多·弗雷（Eduardo Frei）。但是儘管詹森政府憂心左派上臺造成的結果，基督教民主派的弗雷也並非自動就站到美方利益這邊。在總統任內，弗雷展開許多重要的國內改革，後來在七〇年激烈的選戰中，儘管中情局試圖從中作梗，阿葉德還是當選了總統，並且在弗雷的改革基礎上行事。

新任政府是社會主義者與共產主義者的結盟，致力於克服智利的資本主義。儘管師法俄國革命，政府力圖透過阿葉德於總統就職演說中所提到的「合法性的原則，體制的發展、政治的自由、暴力的防治，以及生產工具的社會化」，朝向社會主義國家和平轉型。[22]但智利是個極其保守的社會，無論轉型的過程和平與否，舊的布爾喬亞與新的中產階級都無意轉型為社會主義。阿葉德政府的改革遭到抗議，智利人民一分為二。工人階級與農民組織支持阿葉德的國有化政策及土地改革，但所有左派以外的政治團體包括基督教民主派人士都反對。反對派宣稱政府「尋求征服絕對權力，顯然要讓所有的公民都屈從於國家嚴苛的政治、經濟控制，以此達到建立極權體系的目標」。[23]

阿葉德在一九七〇年的勝選讓華府方面如坐針氈。尼克森總統認為智利會變成第二個古巴，會為拉美以及世上其他受到冷戰影響甚巨的地方帶來不堪設想的後果。與莫斯科之間的緩和政策也未能消除這種疑慮。尼克森與季辛吉（H. Kissinger）反而相信，要是阿葉德在智利取得成功，那麼蘇聯在其他地方就會更不願意與美方合作。尼克森事後斷言，阿葉德在民主選舉中勝出，使得蘇聯在哈瓦那與聖地牙哥之間形成一道足以吞噬整個拉美的「紅色三明治」。美國國安顧問季辛吉的警戒有過之而無不及，宣稱阿葉德勝出的方式比卡斯楚更危險。季辛吉表示，智利所代表的模式「陰險狡詐」，讓大陸上其他共產主義者——或者甚至西歐的共產主義者——可以起而效尤。[24]

到了一九七三年，顯然智利的未來端視武裝勢力是否會繼續忠於憲法來決定。智利的右派與美國想推動政變。華府透過中情局大量撥款創造軍事接收的條件，並傾全力破壞智利的經濟，用尼克森對中情局局長理察・海爾姆斯（Richard Helms）說的話來概括，就是要「讓經濟鬼哭狼嚎」。[25]蘇聯與古巴都懷疑阿葉德的政府是否能夠存活下來，古巴建議阿葉德政府武裝人民來對抗政變的威脅。南美洲最強大的右翼軍事政權巴西為聖地牙哥一小群開始計畫以武力推翻阿葉德的叛將提供情報。中情局知道政變計畫正在醞釀，但並未直接參與其中，直到政變發動的前一天才知道計畫的確切日期。

阿葉德政府於一九七三年九月十一日被軍事政變推翻（因此，九一一在拉美與在美國的重要性不同）。謀反成功主要的原因在於他們取得了奧古斯圖・皮諾契特（Augusto Pinochet）將軍的支持。在此之前，甫被阿葉德指派為陸軍總司令的皮諾契特一相信政變有機會成功，就輕易背叛了他的總統。這位總司令相信，對外，智利正遭遇共產主義帶來的存亡之秋；對內，則面對造反分子帶來的生存戰鬥，因此全力把砲火對準政府。阿葉德在大軍湧入總統宮殿時自盡。在華府，鬆了一口氣的尼克森政府為新政權提供奧援。

皮諾契特在智利的獨裁政權維持了十七年。以一個民主傳統源遠流長的國度而言，其任期之長，行徑之暴虐教人震驚，連某些支持政變的人士都未能逆料。超過三千人未經任何法律程序就遭到殺害。逾四萬人遭到逮捕，大多數是在政變後的前三個月被捕，當中許多人遭到軍方的酷刑。[26]「他們把我們塞到一間房間內，強迫我們站著，手放在頸後，不許說話，」一名囚犯回憶道，「任何移動或者說話的人都被摔到地上，用槍托擊打，用腳踹……〔在囚犯當中〕有一位是智利大學的文學教授，還有天主教神父，然後還有一位在瓦爾帕萊索（Valparaiso）工人區頗有名的叫作璜（Juan）的男人被刑求致死……哀嚎聲此起彼落，不分晝夜。」[27]

到七〇年代末，拉丁美洲泰半陷入軍事獨裁。在烏拉圭，軍方也於一九七三年取得控制。在阿根廷，他們推翻了裴隆的遺孀伊莎貝爾（Isabel），並在了無生氣卻殺人如麻的豪爾赫·魏地拉（Jorge Videla）將軍座下建立軍事獨裁。七〇年代結束前，總計在二十一個主要的拉美國家中，有十五個是由軍事獨裁者領導。他們多數動用權力來攻擊左派。在阿根廷，將近一萬人在一九七六至八三年間的「骯髒戰爭」（dirty war）被軍頭殺害。受難人大半與讓全國陷入恐怖的游擊隊毫無瓜葛；多數是勞工組織者、記者、學生領袖、人權運動家。從烏拉圭到瓜地馬拉的軍事獨裁者都有樣學樣。他們施加的暴力遠比挑戰既有秩序的左翼團體更為致命。且他們之所以能為所欲為，乃是由於軍方獨裁者知道就算他們侵犯人權，美國也不會斬斷與他們的聯繫。就連昏庸無道的阿根廷軍頭都知道怎麼用冷戰的術語來包裝他們的恐怖統治。阿根廷空軍指揮官奧蘭多·阿戈斯蒂（Orlando Agosti）將軍相信，他與他的軍官打贏了一場「國境之內的〔戰爭〕」，但侵略者只是一頭怪獸的觸角而已，我們的劍無法觸及牠的頭和軀體……武裝戰鬥也許結束了，但是全球衝突仍在持續」。[28]

可溯及一九六四年的巴西軍方獨裁則遵循不同的軌跡發展。起初，它對左派發動的恐怖行動牽連極廣，數百人遭到殺害，數千人遭到監禁，時而遭到刑求。小型的左翼團體以恐怖攻擊回擊，包括綁架美國、歐洲、日本外交人員。但在七〇年代之初，隨著對左派發起的戰爭獲得勝利，緩和政策在全球蔚為主流，巴西政府開始啟動更為獨立的外交政策，與更以國家為中心的經濟發展計畫，在計畫部長裘奧・黑斯・弗洛索（João Reis Velloso）的領導下，實施進口替代與國家發展計畫。巴西是目前為止拉丁美洲最大的國家，巴西的將領都是意欲讓國家實力增強、促進國際地位的民族主義者。他們受到其他第三世界政府的啟發，這些第三世界國家儘管意識形態殊異，但都視國家計畫、資源國有化以及更為公平的經濟世界秩序為其國家進步的重點。巴西不僅在聯合國支持第三世界的索求，且在保守反共的普魯士裔埃內斯托・蓋澤爾（Ernesto Geisel）總統治下，巴西承認美國試圖要推翻的安哥拉的馬克思主義政府，這教美方怒不可遏。巴西想要在葡萄牙語世界以外也被視作世界強權。美方則於一九七七年不與該國繼續軍事合作。

蘇聯除了在古巴之外，在冷戰拉丁美洲多是積極的旁觀者，而非主要的參與者。蘇方資助共產黨及其前線和盟國（包括阿葉德在智利的人民團結〔Unidad Popular〕），為他們提供金錢和建議——有時受到歡迎，有時則否。蘇聯的國家安全委員會與格魯烏探員在即便最小的拉美國家都布有眼線。然而他們的任務是向莫斯科匯報，而非影響當地事件。「主要的任務是，」國家安全委員會主席尤里・安德洛波夫（Iurii Andropov）建議在拉美的行動幹員，「掌握事件的脈動，取得有關當地情勢諸多面向的客觀資訊，盱衡各方局勢。」[29]蘇聯已經準備要試圖影響事件的走向，取得先機。但實際上，兩地之間的距離、事態的輕重緩急、權力的相對平衡使得莫斯科在冷戰期間對拉美的影響力有限。

但要是說蘇聯在拉美的影響有限，美國其實在不同的意義上來說也是如此。北美的勢力當然遠比蘇方優越，且美軍在加勒比海和中美洲總是有可能出兵干預。在美洲大陸上的其他地方，美國的經濟影響力卓著，華府反覆試圖以信用、投資、貿易的予奪作為政治工具，不時也試圖透過操弄拉美經濟所仰賴的原物料價格來取得政治優勢。美方訓練拉美軍官，提供軍隊武器。中情局買通政客和軍官，斥資資助美方偏好的政治活動。但凡此種種，皆不足以確保美國可以在任何拉美國家自行其是。拉美的民族主義——包括右翼——對美方的全面宰制有所防範。不若（常與美國之於拉美相提並論的）蘇聯之於東歐的地位，美國在拉美並沒有相應的意識形態盟國屈從其下。貝坦科爾特、巴里恩托斯乃至於其他宵小如魏地拉、皮諾契特等人，都不是美方的稻草人。他們是拉美民族主義者，是基於他們自身的原因才反對左派。

與美國接壤的墨西哥可能是最佳範例。墨國自一九二九年起就被革命制度黨（Institutional Revolutionary Party, PRI）統治，二戰之後的墨西哥是個由資本主義與社團主義（corporatism）組成的混合體，焦點放在執政黨內部左右翼的政治協商。但同時，墨西哥的精英分子逐漸憂心政治體系以外的左派挑戰所帶來的威脅。革命制度黨打造了一個強國，使經濟取得實質進步，抵禦美方的政治與財政壓力，因此儘管腐敗極權，仍沾沾自喜。但未能打造一個更為平等的社會，或者創造出更兼容並蓄的政治是其痛腳。當學生與工人於六〇年代末期開始抗議時，革命制度黨政權以鎮壓行動回擊。軍隊被用來對付抗議人士，數百人遭到殺害。在墨西哥城特拉特洛爾科（Tlatelolco）住房項目中，一九六八年十月二日有數十人遭到槍殺。總統古斯塔沃・迪亞斯・奧爾達斯（Gustavo

Díaz Ordaz）的新聞祕書宣稱，「全世界都應當知道」，這起「騷亂」是受到「境外利益影響下的國際共產主義者鼓動」。[30]在美方援助之下，革命制度黨組織反共民兵對抗「古巴滲透」墨西哥。在一九六八年的一場示威中，他們呼喊：「我們要一個、兩個、三個死掉的切（格瓦拉）！基督萬歲！迪亞斯．奧爾達斯萬歲！」（譯按：可能是在諷刺切．格瓦拉一九六七年針對越戰的演說當中發表的「要創造兩個、三個……許多個越南」〔create two, three... many Vietnams〕。）[31]

與其說冷戰是舶來品，倒不如說冷戰內在於拉丁美洲。冷戰漸漸聚焦在左右翼之間逐日高張的暴力衝突，其中的某些部分變得漸趨極端。但右翼與左翼在拉丁美洲是複雜的分類。在左翼內部，有蒙托內羅斯這樣心術不正、惹事生非之徒，也有阿葉德這樣克盡職守的改革家。這兩條道路之間的分裂，到了冷戰後期鴻溝愈來愈大。但右派本身也分崩離析。有些人只是為了保留自己那一大份錢財、資源而戰，其他人則是在意識形態上全心奉獻於宗教與民族的概念。也有些人——尤其是在南錐體（Southern Cone，譯按：阿根廷、智利、烏拉圭）的小中產階級——在政治與社會組織上直接受到美國啟發。

如同許多其他事件一樣，七〇年代成為拉美這些政治傾向的分水嶺。軍事獨裁的到來往往並不意味他們所宣稱的「民族統合」，反而益加造成分崩離析。左派內部也分裂為民主道路的信徒以及致力於革命暴力的人。有時這些分歧肇因於不同的歷史或民族背景：比方說，在有數代議會統治的烏拉圭，儘管蒙德維的亞（Montevideo）的軍事統治如此醜惡，但相較於尼加拉瓜，還是更容易相信烏拉圭和平回歸民主。

但左派內部的分裂通常是政治或者意識形態的分裂；受到古巴或者切．格瓦拉啟迪，或者受到非洲、亞洲為自由鬥爭所啟發的人，往往選擇武裝抗爭。在工會或教會組織以及隸屬老派共產主義政黨的人，則傾向於和平活動。成績名列前茅、畢業於布宜諾斯艾利斯大學的馬里奧・菲爾門尼克，因崇拜切・格瓦拉（與裴隆），而成為蒙托內羅斯游擊團體。綽號魯拉（Lula）的路易斯・達席爾瓦（Luiz da Silva）未受教育，他成為了巴西汽車生產城鎮聖貝爾納多杜坎普（São Bernardo do Campo）的鋼鐵工人聯盟領袖，崇拜甘地與雷西非（Recife）激進的大主教埃爾德・卡馬拉（Dom Helder Camara）。魯拉成為巴西第一位左翼總統。菲爾門尼克則在西班牙成為經濟學講師。[32]

但如果說左翼分裂，右翼也是如此。七〇年代宰制拉美的軍事獨裁，除了同樣對左派反感、高唱「秩序」與「基督教文明」之外，在政治上鮮少有相似之處。雖然他們全都實施血腥鎮壓，但他們對於如何真正治理國家卻毫無概念——以至於有些人甚至向與左派思維模式一致的知識分子尋求建言。比方說，巴西的軍事獨裁政權也因而於七〇年代中期開始強調中央計畫經濟與有第三世界色彩的外交政策。

皮諾契特治下的智利路線截然不同，他將經濟的未來與激進右翼的美國經濟學家勾連在一起，就連許多美國人都認為太過極端。其政策導致工人階級陷於貧困，讓勞工組織瓦解。但當全球多半開始朝同樣的新自由主義方向邁進時，在智利的「芝加哥男孩」（Chicago boys，譯按：指在芝加哥大學受教育、支持新自由主義的經濟學者）讓國家的經濟居於優勢地位。然而，出乎政權意料的是，它一手扶植的新興中產階級幾乎從一開始就在政治上反對執政者。到八〇年代中期，不只是工人階級和左派鄙視皮諾契特；就連那些從智利經濟私有化政策中獲益的人，此刻都不齒這位獨裁者的苛政，認為他原始的暴力手段讓他們的國家顏面盡失。

在軍事獨裁期間，美國大幅導致拉丁美洲政局不穩、暴力橫生。美國這麼做是出於冷戰的優先考量。華府將拉美左派的失敗視為莫斯科的失敗，因而願意支持軍事獨裁政權取得勝利，即便這些政權採取血腥暴力的行動。華府也願意忽視過程中自身的經濟利益；巴西的軍頭發展出國有工業、從事進口替代、操弄貨幣以取得對美元優勢。凡此種種，只要軍隊是對抗共產主義勢力在巴西的中堅，華府都欣然接受。如同在冷戰期間常見的現象，衝突的邏輯壓過了自利，也壓垮了共同的人性尊嚴。

第十四章　布里茲涅夫時代

當我稱六〇年代末及七〇年代為「布里茲涅夫時代」時，學生往往會遲疑。他們會爭辯道，總有更值得拿來為這個時代命名的重要人物吧？詹森、尼克森、季辛吉呢？或者布蘭特、貝蒂·傅瑞丹（Betty Friedan）、朱利葉斯·尼雷爾（Julius Nyerere）？就像學生常會犯的錯那樣，他們把握了實質但未能把握表象。或許尼克森與布蘭特各自從不同的方面貢獻更多。但是，象徵冷戰此一時期精神的人，是布里茲涅夫。在社會與經濟現實快速變遷的年代，這位蘇聯領導人不願順服於新的境況，堅守他的國家在冷戰體系中的位置，以此出類拔萃。布里茲涅夫是一名審時度日、反應被動、墨守成規的技術官僚，是冷戰中期各國領袖試圖為不定的年代強加秩序時的標竿人物。

布里茲涅夫於一九〇六年出生於東烏克蘭一座貧困的小鎮，父母為工人階級的俄羅斯人。他的年紀大到足以依稀記得革命之前的歲月；終其一生，他都在蘇聯度過。他是家中第一位上大學的，以電機學位畢業。十七歲時參加共產青年團，一九二九年二十三歲時加入共產黨。在史達林大清洗的時候，儘管多名友伴遭到逮捕，布里茲涅夫卻毫髮無傷——他事後承認只是僥倖。戰爭期間，他起初在高加索地區擔任政治委員，隨後被派往烏克蘭前線。德國投降時，布里茲涅夫尚未滿四十歲，就已經在他服役的第十八師一路打進捷克斯洛伐克西部後晉升少將。

二戰對於布里茲涅夫而言就像對同代的蘇聯人一樣，是個決定性的經驗，教會他組織、紀律以及保持冷血無情的重要。二戰也教會他戰爭的恐怖。儘管布里茲涅夫鮮少近身肉搏，但戰爭所帶來的毀滅，無疑終其一生都在他的心懷留下烙印。「我不希望災難再降臨在我的人民身上」，他於一九七四年對美國總統傑拉德・福特（Gerald Ford）說。[1] 布里茲涅夫說在戰爭當中「眾人皆輸」。[2] 但儘管害怕戰爭帶來的浩劫，他也相信共產主義在全球的任務，以及必須保衛蘇聯的成就，包括對東歐的掌控。「當社會主義的敵對勢力試圖將社會主義國家的發展帶往資本主義，就不只是該國的問題而已了，而是所有社會主義國家的問題。」他以一貫詰屈聱牙的文句對波蘭人如是說。[3]

布里茲涅夫於一九五六年成為蘇聯領導班子的一員，主掌防禦工事。一九六〇年，布里茲涅夫回到烏克蘭，赫魯雪夫授意他出任蘇聯最高蘇維埃主席團（Presidium of the Supreme Soviet）主席，亦即名義上的國家領導。赫魯雪夫以為這是個安全的選擇，因為布里茲涅夫行事作風低調又為人忠誠。但隨著黨內對赫魯雪夫擔任黨魁的不滿逐漸升高，愈來愈多領導人把布里茲涅夫視為可能的接班人選。一九六四年十月，蘇聯領導班子的大多數人對赫魯雪夫窩裡反，最終儼然成為宮廷政變。這次，第一書記赫魯雪夫無意抵抗。「感謝你們給予我退休的機會，」他對同僚說，「我只請你們為我撰寫一篇合宜的聲明，然後我會簽署。」[4] 布里茲涅夫被推舉為新的共產黨總書記。赫魯雪夫則退隱至莫斯科近郊的達恰。

這是蘇聯史上第一次和平的權力轉移，對未來的寓意之深遠難以估量，其意義不僅止於發生的始末，也在於共同謀劃者加諸其上的意義。針對赫魯雪夫的指控主要稱他難以共事，行事魯莽，對其他領導人恣意批判，自行其是。赫魯雪夫的作風善變，凡事都要參一腳，剛愎自用的態度對他們來說難以忍受。他們想要更為集體主義的領導權，以黨組織作為關鍵的體制。針對赫魯雪夫的控訴多半是國內事務的誤區，但在準備的資料當中也涉及外交事務。資料上說，赫魯雪夫於一九六一年下達「最後通牒：要不柏林在某月某日之前成為自由之城，要不就連戰爭也無法阻擋我們。我們不知道他憑藉的是什麼，因為我們當中沒有人傻到認為有必要為一個『自由之城柏林』而戰」。資料繼續說道，赫魯雪夫「想要嚇跑美國人；然後他們沒被嚇跑，我們只好撤退，我們國家、政策、武裝軍隊的權威與聲望備受打擊」。[5]

因此，布里茲涅夫及其同僚的諭令頗為明確。那些協助他們上位的人想更強調計畫、生產成長與福利。他們想要一個能避免與西方發生不必要危機的領導班子，但也能為蘇聯以及全球共產主義的利益挺身而出。布里茲涅夫是不二人選。以一位領導人而言，他廣開言路，樂於向他人諮詢意見，即便只是為了讓這些人加入已經做好的決議。在威逼恫嚇的史達林與善變無常的赫魯雪夫之後，布里茲涅夫是頗受愛戴的「同志」；他將幕僚的生日銘記在心，也記得他們妻小的名字。他最喜歡的句子是「正常發展」以及「根據計畫」。即便整體改革計畫有些許模糊之處，也很容易原諒這位新的領導人，只要他強調蘇聯經濟的穩定以及年復一年的成長。

在布里茲涅夫以及他的領導班子在位的長時間內，蘇聯經濟並非一場災難，這與一般的認識截然相反。證據指出，在計畫經濟體制提供的框架內，成長雖然緩慢有限，卻是連綿不斷。現有最佳的估算是蘇聯經濟整體在六、七〇年代平均每年成長二・五%至三%，雖較同期的美國與西歐為低，更是遠低於東亞經濟體，但也足以讓經濟勉力撐持，並提供至少某些部門有限的實質成長。此外，蘇聯計畫經濟提供（儘管牛步但）平均的擴張，不像在資本主義經濟體，年復一年愈發不均等是遊戲規則的一部分。

但蘇聯體系也有某些天生的缺陷。中央化資源分配之不精確造成高度的生產浪費。且經濟受阻於長年不彰的生產力，這在經濟成長、資本相對於勞動變得更充足時尤為顯著。及至七〇年代，計畫經濟的獲利衰退這點變得明顯，即便蘇聯領導人希望選擇性的改革可以重振經濟，但實際上，趨緩的成長率難以翻盤。蘇聯早年的高成長可能是剝削充足資源的結果，只不過是彌補了連年烽火造成的落後。由於蘇聯經濟自絕於全球科技、教育、資本、投資市場之外，極難創造出更多成長。以一個自命代表世界未來的國家而言，這種相對停滯顯然構成挑戰。

蘇聯經濟的產出方向幾乎完全由政治上的優先考量來決定。如同前任領導班子，布里茲涅夫的領導團隊將重工業與軍事硬體放在首位，其次才是消費品，即便他們宣稱有其他的優先考量。因此，儘管經濟整體有所擴張，商店內有時仍難以找到消費品與某些種類的食物。有一則著名的笑話是這麼說的：有一名婦人走進商店問道「你們有肉嗎？」「沒有。」「那牛奶呢？」「我們只賣肉。沒有牛奶的牛奶店在對街。」

到了六〇年代，人民想要更好的生活。新任蘇聯總理亞歷克賽．柯西金（Aleksei Kosygin）於一九六五年嘗試改革，要使資源分配更合理，增加工廠對工作方式與生產剩餘的控制，讓工作辛勤的人可以得到更多回報。但即便柯西金的改革小心翼翼，仍未能取得同僚的全面支持。負責中央計畫的蘇聯官員積習難改。有些人覺得這種創新的制度會威脅到他們的位置，另一些人則憂心理性化與利潤會妨害意識形態的純淨。結果就是計畫體制無法因應逐漸複雜的經濟的考驗。而當一些老闆想回頭用史達林主義的威逼恫嚇時，也不見成效。一九六二年，在新切爾卡斯克（Novocherkassk），抗議的工人高呼「牛奶、肉、調漲薪水」口號。他們占領了黨與警察機關部門。KGB在試圖恢復秩序時射殺了至少三十人。蘇聯當局不樂見新切爾卡斯克的案例在他處蔓延，因此也不敢對他們號稱代表的工人階級要求太多。

儘管蘇聯經濟的結構性問題到了六〇年代尾聲已經顯而易見，市民整體的生活條件與軍事實力似乎都有所進步。與五〇年代相比，一般蘇聯市井小民在布里茲涅夫的治下生活無虞，更不用說與戰爭期間或者與史達林的恐怖統治比較了。較為昂貴的消費品如汽車、冰箱、電視等雖仍供不應求，有時卻也能買得到。多數人賺進可以接受的薪水，住在體面的公寓內（所謂體面也是與過去相比）。國家提供免費教育、醫療照護、住房，甚至休假。多數家庭可以讓孩子參加免費的托育與課後活動。人民全面就業，身障保險免費慷慨，可以在低齡退休（女性五十五歲、男性六十歲），並享有完整的國家津貼。「感覺非常穩定有保障，」我有一位於六〇年代成長於基輔的朋友如是說，「我們幾乎享有所需的一切。沒有人挨餓。我們總是相信明年會更好。」

及至七〇年代，社會主義已經成為蘇聯的新常態，鮮有反對跡象。如同在歐洲與北美，青年為政府加諸的整齊畫一感到憤怒，但在這個要把自己樹立為全球眼紅對象的國度裡，極度缺乏民主與相應的法律程序這點似乎並未困擾太多蘇聯人民。儘管到處都是政令宣導，布里茲涅夫的體制在壓迫上頗有選擇性。猶太人有時會被選出來迫害，部分由於根深柢固的反猶主義，部分則由於他們與此際已成為蘇聯勁敵的以色列暗通款曲（但多半只是欲加之罪）。政治上的異見者遭到囚禁或者其他形式的懲處，就如同非俄羅斯的共和國內的民族主義者或宗教運動人士一樣。但總體而論，布里茲涅夫時代的蘇聯似乎獨樹一幟，儘管相較於俄羅斯的過往有些死氣沉沉。

蘇聯治下的東歐也似乎進入一種新的常態，即便不是多數東歐人所想要的常態。大多數人仍然認為蘇聯與共產主義的控制是被強加在他們身上，但各地人民都已經習得了要與政權妥協，盡可能在既有的境況中隨遇而安。穩健而顯著的經濟成長也推了一把，各地的生活水準都在提升。儘管東歐經濟如同蘇聯一樣面臨消費品短缺，他們仍然有著比更東邊還佳的生活水準。在最為先進的蘇聯陣營的國家如東德、捷克斯洛伐克尤其如此，在這些地方，技工的平均月薪遠比在蘇聯還高。就連在波蘭，在一九六四年，工程師的收入也比蘇聯的工程師高出一五%。[6]但人民仍然希望不論就民族而言還是在經濟上能擁有更好的生活。地下刊物與禁書如雨後春筍，即使政府試圖禁絕並對散布者加以懲處。許多東歐人士仍然對自己的命運憤憤不平，不過儘管如此，他們所身處的世界走向也已經變得更加可以預期，也比過往舒適不少。

即便如此，東歐的社會經濟進步幅度與西方相較還是小巫見大巫。自四〇年代起，西歐與資本主義陣營內部的其他國家（包括希臘、土耳其）經歷深刻的轉型，從以往以農耕為主的地方社會，只著眼於自己的傳統與文化，到了六〇年代都變得更為都市化、工業化，更加有機動性，識字率也有所提升。這都仰賴經濟的強勢成長。六〇年代西德的經濟每年平均成長五．五%，法國七%，義大利更是高達八%。對多數國家而言，六〇年代是成長最密集的時段，是法國所稱的「輝煌三十年」（*Les Trente Glorieuses*）的一部分。

在西歐經濟體的核心國家，經濟成長創造高就業率，工人至少就購買力而言生活條件提升。邊陲區域也受惠，雖然途徑有所不同：它們是受惠於勞力外銷與當地工業化。土耳其、希臘、南斯拉夫、義大利南部以及伊比利半島的全境都將工人送出國門，幫助西歐打造奇蹟。一九七〇年左右，從海外匯回的工資占希臘、南斯拉夫、葡萄牙逾半數的出口所得，在土耳其甚至占九〇%。是冷戰的結盟關係讓人口能夠這樣流動；蘇聯統治下的東歐則沒有這種現象。

隨著就業率提高，工會的角色變得舉足輕重，不過在多數情況下（除了英國以外），工會的角色不像在戰間期那麼好勇鬥狠。多數工會從自己有本錢的立場出發協商，隨著工會成員整體的生活水準提升，多數工會都樂見被融入資本主義體系內部的集體協商機制，而非從外部挑戰這個體系。在這個轉型過程中，他們受到歐洲政治精英打造的社會福利國家之助益。希望國家改頭換面的動機源於戰爭與蕭條的經驗，但這也意味著，當經濟開始成長，歐洲左右派的主要人馬在戰後都願意致力於新的社會安全網絡的形式。誠然，西歐的經濟復甦使得打造先進的福利國家成為可能。及至一九七〇年，所有西歐國家都已經發展出照應老病的社會安全體系；有到大學程度的免費教育，保障退休年齡的福利，醫療照護要不是免費，就是有重點補助。

是人口增長、美方的首肯，以及對害怕過去的幽靈借屍還魂這三者相結合，才造就了六〇年代西歐的福利國家。且這也需要強而有力的政治領導，以及科技、產品、觀念的跨界交流。在西歐全境，社會民主黨人與基督教民主黨人提供了領導團隊來創造提供基本福利的高度共識，同時也準備好要打這場冷戰。與西歐領導人一樣害怕歐洲過往的美國領導人，並未阻攔歐洲國家擴張，也沒阻止隨之而來的歐洲整合，儘管過去這種措施對美式思維而言是陌生的。反過來說，及至六〇年代中期，詹森總統自己許多的美國福利項目似乎是師法歐洲的典型。

在六〇年代，對西歐創造出的新型資本主義來說，唯一的政治挑戰來自法國與義大利的共產黨。另外可能的反對勢力如西班牙與葡萄牙的右翼獨裁政權，早已向消費主義與福利制度投降——在社會安全體系盤根錯節、必須面面俱到的情況下，很難當一個法西斯主義者。法國共產黨人輕易地被戴高樂玩弄於股掌之間，戴高樂披上了民族主義與集體主義兩者的面紗。唯有在義大利，共產黨人才在選舉上帶來挑戰。在一九七二年，他們獲得了二七%的選票。其領導人是薩丁尼亞的貴族恩里科・貝林格（Enrico Berlinguer），從六〇年代末起就是全國最受歡迎的政治人物。

但儘管在工人階級之間仍飽受歡迎，義共正從內而外改組。由貝林格所象徵的新領導集團相信，義大利必須找出自己通往社會主義的道路。蘇聯在這個過程中漸漸地從墊腳石變成絆腳石。一九六六年的黨綱強調選舉政治、漸進改革，以及共產黨人、社會主義者、「進步」天主教徒之間的聯盟。儘管義共仍持續與莫斯科密切溝通，也從蘇聯取得大量經援，但顯然義共希望設立自己的優先順序，包括外交政策。貝林格的外交政策開始淡化義共對義大利北約會籍的反對立場。

義共的立場對東西歐其他地方的共產黨人政治觀有顯著影響。流亡的西班牙共產黨人開始思索，如何從佛朗哥的獨裁轉型至多元主義的民主。當義共受到莫斯科攻擊時，在國際共產主義運動當中仍具影響力的法共為義共的立場辯護，儘管許多法共領導人認為貝林格對共產主義傳統的批判稍嫌過頭了。但顯然到了六〇年代末，至少有些西歐共產黨人認為他們彼此之間的共通點比他們與蘇聯之間的共通點多，於是「歐共」（Eurocommunism）之名不脛而走（義共、法共、西共從未給這個詞具體的定義，但是當這個詞符合國內的目的時，他們很樂於以此自居）。

有些東歐共產主義者也開始質疑黨的未來。捷克斯洛伐克強力的國內共產主義傳統可溯及遠比一九四八年的政變還久遠的時間，年輕的黨領導人意欲發展出一個與大眾的優先考量更步調一致的共產主義國家，這在過往並非如此。首先，他們有來自莫斯科布里茲涅夫領導班子的支持，布里茲涅夫的團隊認為捷克斯洛伐克的共產黨魁安東寧·諾沃提尼（Antonín Novotný）有點老土。改革派於一九六八年元月拱上臺的新任黨領導人，是受到布里茲涅夫祝福的斯洛伐克共產黨人亞歷山大·杜布切克（Alexander Dubček）。起初他試圖控制人民的期望，聚焦在與蘇聯柯西金倡議的路線一致的經濟改革上。但很快地，他就遭受到開放政治體系與開放言論自由的壓力。教人吃驚的是，黨內多數似乎都贊同這些要求，連杜布切克都甚感意外。

一九六八年四月，杜布切克發起他稱之為黨的「行動綱領」（action program）。捷克斯洛伐克共產黨人確信共產黨在家國社稷中扮演的「領導角色」，指稱他們的國家應該要找到自己通往先進社會主義的道路：

> 民主應當提供更多的空間給所有個人、所有集體，以及管理層不論高層、低層還是中間階層的所有節點。人們應當要有機會為自己著想，表達他們的意見。我們只是把人民由下而上發出的行動、批評和建言形諸於文，然後充耳不聞。我們必須根本地改變自己的所作所為。我們必須確保能力不足的人……被那些為社會主義努力、憂心社會主義成敗的人取代。[7]

杜布切克及其幕僚的目標在於漸進式的經濟、政治改革，並希望他們當年春天取消媒體審查，可以為他們爭取到所需的時間。他們也相信大多數人民都支持社會主義，儘管他們希望看到社會主義的改革。但對政治制度排山倒海而來的批評，讓他們措手不及。蘇聯方面十分震驚，尤其是當有些捷克與斯洛伐克的評論家建議退出華沙公約時。莫斯科方面心不甘情不願地開始對布拉格新領導班子的軍事行動做應急準備。

開始稱自己的改革為「帶有人性面孔的社會主義」（socialism with a human face）的杜布切克確信可以控制情況。但納悶自己是否就代表「非人性的社會主義」的蘇聯方面可就不那麼確定了。與其他害怕「布拉格之春」會擴散到自己領土的華沙公約國家領導人一起，他們制定計畫要迫使杜布切克下臺。在七月一場匆匆於蘇聯－捷克斯洛伐克邊境地帶召開的會議中，布里茲涅夫要求布拉格與布拉提斯拉瓦（Bratislava）的「反蘇宣言」必須停止。杜布切克及其代表團保證他們會停手。捷克斯洛伐克試圖說服蘇聯，「我國的事件並非往摧毀革命果實的方向前進，更絲毫沒有離開社會主義陣營或者撼動社會主義根基的跡象。」柯西金譏諷道，比起捍衛華沙公約的共同邊界，捷克斯洛伐克人似乎更在意要吸引西方遊客。[8]回到莫斯科以後，蘇聯的領導班子起初決定不要再更進一步。儘管已經萬事俱備，布里茲涅夫還是希望不需要大規模的入侵。他認為這樣的行動也許有其必要，卻會帶來昂貴的政治代價。

到了八月中，蘇聯領導人感覺陷於窘境。他們想要阻止預計於九月召開的捷克斯洛伐克共產黨大會，因為他們害怕這會導致進一步的自由改革。布里茲涅夫最後一次致電杜布切克。他堅持要求捷克斯洛伐克的領導人立即禁止最好發議論的報紙，並將持異見者趕出黨。杜布切克要求更多時間，布里茲涅夫打斷了他。

布里茲涅夫：薩沙，我不能同意。這兩三天我提到的報紙一直不斷刊登詆毀蘇聯和其他兄弟之國的文章。政治局的同志堅持我們應該緊急與你洽談……這是你們在欺騙我們的又一明證，老實跟你說，除此之外別無其他解釋。如果你連這件事都無法馬上解決，那看來你的主席團已經失勢。

杜布切克：我不覺得有什麼欺騙。我們在嘗試執行我們所承擔的義務。但我們在形勢發生根本性變遷的情境下，盡可能執行這些義務。

布里茲涅夫：但你肯定明白這種安排，這種完成義務的方法……會迫使我們重新評估整個情況，並且另外訴諸新的措施……[9]

布里茲涅夫與杜布切克同意重啟談話。但八月二十一日清晨，蘇聯、波蘭、匈牙利、保加利亞的軍隊開進捷克斯洛伐克，並占領主要城市。杜布切克、盧德維克·斯沃博達（Ludvik Svoboda）總統以及其他政府成員遭到逮捕，押解至莫斯科，然後被迫簽署協定，同意蘇聯駐軍、關閉報社，並終止最具爭議的那些改革方案。在城市當中有些許稀稀落落的抵抗，七十名捷克斯洛伐克人遭到殺害，七萬人越過邊界逃往西歐。在監禁時間長到蘇聯希望足以使他被痛恨入侵的捷克斯洛伐克人淡忘之後，杜布切克被送往斯洛伐克林務局。他的繼任者是蘇方欽定的古斯塔夫·胡薩克（Gustáv Husák），他讓捷克斯洛伐克成為蘇聯集團最壓迫的政權。

國際上對蘇聯入侵捷克斯洛伐克的反應，顯示全世界在六〇年代末朝向不同的方向發展。與一九五六年的匈牙利事件有所不同，美國完全噤聲，幾乎是不置可否。當蘇聯的大使多勃雷寧在白宮拜會詹森總統告知入侵情事時，深陷越戰泥淖的詹森沉默以對，幾乎是事不關己，還敬他一杯薄荷茱莉普，令蘇聯大使頗感震驚。西歐一般人反應較大，大規模抗議入侵行為。就連西歐的多數共產黨也譴責蘇聯的行徑，義共公開稱之「有欠正當」並表達「強烈的反對」。[10]讓布里茲涅夫驚駭的是，連華沙公約成員國羅馬尼亞也反對，其政治強人尼古拉·希奧塞古（Nicolae Ceaușescu）稱這次入侵為「重大的錯誤，對歐洲和平與世界社會主義的命運造成嚴重的危險」。[11]

當蘇聯掙扎地要把集團內部維繫在一起時，美國對西歐的影響力仍然很高，儘管美方的耐心有時也受到考驗。美國被視為歐洲對抗蘇聯的安全保障，而歐洲對美軍駐防也甚表支持。但西歐人民（尤其是年輕人）也在社會潮流、流行、音樂、舞蹈、電影等方面從美國尋求靈感。顯然美國的宣傳單位如美國新聞處（United States Information Agency, USIA）試圖進一步強化這種偏見。但事實是他們根本不需要這麼做，有時當他們試圖這麼做時，他們拙劣的技法反而弊大於利。比美新處更重要的是美國的商業電視節目，到了六〇年代中，多數歐洲觀眾已經可以收看到這些節目。在五〇年代，貓王和馬龍·白蘭度儼然已經成為美國在歐洲的明星，尤其是因為他們反叛的姿態。當搖滾樂於六〇年代征服全世界時，就連反體制的藝術家也大多都借鏡美國。巴布·狄倫（Bob Dylan）或吉米·罕醉克斯（Jimi Hendrix）所代表的人物多反對美國政府所代表的種種，但對六〇年代的歐洲青年而言，他們卻打開了通往美國的一扇窗，對局外人而言，他們即便在政治上未必嚮往美國，在文化上也想要成為美國的一分子。

詹森的越戰打擊了這種形象，但並未加以摧毀。老一輩的歐洲人至少最初都支持美國在印度支那的作為，因為他們將之比擬為二戰後美國在歐洲的所作所為。但年輕一輩逐漸無法苟同，尤其是大學生開始發動抗議，有一部分是受到美國的同代人所啟迪。許多人認為，美國越戰根本的錯誤是富國欺侮窮國。但有些學生認為美國在印度支那的行為是美帝國主義的一部分，就他們的看法而言，歐洲也是處在接收美帝國主義的位置。因此，歐洲反越戰的抗議至少有部分原因是有些人認為美式影響在自己的國家無孔不入，他們對這種指導姿態厭惡不已。

但六〇年代在西方青年之間擴散的抗議行為不僅與師出無名的越戰有關，也是出於某種無力感，以及在他們各自的社會缺乏真正的民主。由於戰後的嬰兒潮，年輕人為數眾多，其中更高的比例上了大學，歐美的大學對這一股入學潮應接不暇。原先針對大學老舊的學習和管理發出的抗議，往往演變成反對社會與國家對年輕人壓迫的不平之鳴。逐漸地，至少有些青年抗議人士開始把未竟的平等夢想、自身的話語權與其他的邊緣群體聯繫在一起，其中又以少數族裔（尤其是美國的非裔美籍人口）與婦女為甚。他們認為，資本主義社會也許造就經濟成長，但並非真正的民主或平等。由學生民主聯盟（Students for a Democratic Society, SDS）於一九六二年發表的《休倫港宣言》（Port Huron Statement）總結了他們的控訴：

> 有些人要讓我們相信，美國人對繁榮的景象感到心滿意足——但這種滿足難道不是對他們在這個新的世界上該扮演什麼角色深感焦慮的表象嗎？……尋求異於現狀的真正的民主替代方案，致力奉獻於社會實驗，這是值得一試、教人心滿意足的人類志業，這推動我們前進……在這個基礎上，我們努力理解、試圖改變人類在二十世紀晚期的境況。這項努力根植於仍未實現的古老概念：人可以決定性地影響他的生命條件。[12]

儘管在六〇年代，年輕人抗議行動出現在所有的西歐國家，但一九六八年的巴黎迅即成為學生與青年可否自行其是的象徵。學生從春季開始在當地抗議大學的狀況，逐漸地演變成抗議消費主義、父權社會，以及普遍缺乏民主的狀態。警察對抗議人士施加暴力，引發更多人走上街頭。「在一九六八年，自由意味著參與！」是口號之一。「老闆需要你，你不需要他！」「給予想像力力量！」以及獨特的口號：「要實際，也要知其不可為而為之！」到了五月底，數百萬工人也不顧工會的意見參與罷工，要求要在工作場合有更大的影響力以及加薪。戴高樂總統嚇壞了，前往駐紮在德國的法軍，希望軍隊仍然效忠於他。權力似乎在街頭；對有些人來說，這似乎是經典的法國革命。

但這並不是。在六月的新一輪選舉，戴高樂贏得了決定性的勝利。雖然在政治上被年輕人攻擊但仍試圖加入青年運動的法國共產黨人失去了一半的席次。對於從一九四五年以來經歷過深刻社會經濟變遷的多數法國人而言，抗議提供了他們一個機會，可以發聲反對壓迫、生活的無趣或者教人困惑的情況。但在投票亭裡，他們還是確認了對既定秩序的信念，就像許多在街頭穿著李維牛仔褲、對警察投擲可口可樂罐頭的青年街頭鬥士，也間接地確立了既有秩序。

一九六八年五月的真正輸家可能是共產黨。對年輕人來說，法共顯得老派、怯懦又逐漸脫節。有些巴黎的五月抗議人士及其他地方的同路人轉而支持新左派，對他們而言，馬克思主義除了是社會解放的工具，也同樣是個人解放的工具。他們想像中的英雄是托洛斯基和切．格瓦拉（兩者都在一九六八年以前身亡，所以可以穩坐英雄形象），或者崇拜毛澤東，將毛的文化大革命與自己在國內對抗權威的反叛行動等而視之。第三世界的符碼與觀念在西歐主要是資產階級的青年當中借屍還魂，他們在歐洲被看成是代表了全球造反行動的一部分，有些歐洲青年也渴望在其中有自己的角色。當縮水的工人階級主要仍支持法國與義大利的舊式共產黨、西德或斯堪地那維亞的社民黨，反叛的青年則自行組織小型的毛派、托派政黨。冷戰期間，這些激進的黨派——例如法國的托派工人鬥爭（Lutte Ouvrière）或荷蘭的（馬列主義）毛派共產黨、挪威的（馬列主義）工人共產黨——在大學校園外都並未取得顯著的支持。

六〇年代對冷戰影響深遠的一項社會政治活動是婦女運動。儘管西方經濟在戰後呈爆炸性的成長，婦女在這波成長當中，在社會上、在工作場所中、在家庭裡的地位仍然薄弱。共產主義者常見的論點是蘇聯集團使對婦女的歧視絕跡（這個論點難以成立，但對政治宣傳目的而言很有用）。到了六〇年代，西歐與北美的自主婦女團體開始提倡婦女在各行各業當中都應該扮演更重要的角色。儘管職場對婦女的歧視仍然持續，尤其是在薪資平等方面，但這些婦女運動在法律權利、家庭計畫、性解放方面取得驚人的成果。美國女性主義者傅瑞丹是為這些團體給予指導的眾多女性之一。傅瑞丹在一九六三年問道：在工業社會，受過教育的婦女明明有資格，卻不配既要持家又有令人滿意、收入頗豐的工作，這是可以接受的嗎？「當她整理床鋪時，當她去商店買日常用品時，當她選配沙發套時，當她跟孩子們一塊兒吃花生醬夾心麵包時，當她開著汽車去接送童子軍的小傢伙時，當她夜裡躺在丈夫身邊時——她甚至不敢在心裡對自己發出無聲的詰問：『這就是生活的全部嗎？』」[13]

到了七〇年代，西方世界數千名女性領袖要確保這不是生活的全貌。婦女在技術性勞動與職業工作的代表比例有爆炸性的成長。一九八〇年，西德有三二%的女性律師（相較於一九六〇年只有七%）。政治上的變化也同樣戲劇性。在芬蘭，一九八五年國會中有超過三〇%的女性成員（相較於一九六五年少於一五%）。隨著在政治上——橫跨政治光譜——的代表權增加，對於婦女尤其重要的議題也獲得更多關注，例如孩童照護、避孕、墮胎、離婚權等。到了冷戰的尾聲，就薪資與職涯而言，婦女仍然受到差別待遇（即便在今日，美國領銜的公司當中只有不到一五%的高階管理人員為女性）。但共產主義者宣稱唯有社會主義可以終結婦女的不平等待遇這一點，也已經被證實為錯誤的。

資本主義西方的社會運動成果，並不足以讓許多政治領袖不把六〇年代視為失序的年代。許多運動團體所尋求的自主，使精英階層憂心社會變得難以統御。隨著時間的遞嬗，這使得局勢朝向要找到讓冷戰穩定化的新方向，使冷戰在至少歐洲以及列強之間不要那麼搞破壞，導致危機重重。六〇年代末的事件中，並沒有任何事件讓強權之間一觸即發，或者導致歐洲分界線兩側的爭端。沒有美國人認為蘇聯會干預把他們吞噬殆盡的越戰。蘇聯於一九六八年對捷克斯洛伐克的入侵顯示，即便西歐人士抗議蘇聯的罪行，他們也不會插手。許多西歐的激進學生在一九六八年高呼的是毛澤東，而非杜布切克，顯示了他們對捷克斯洛伐克的興趣缺缺。

從西歐和強權的角度而言，透過漸進削減集團之間的緊張關係以讓冷戰趨於穩定的觀念，在六〇年代晚期合乎情理。這樣的緩和政策可以讓領導人處理各自社會內部的問題，穩定盟友關係，以及處置第三世界的問題。這能減少核戰爆發的機會以及降低軍事競逐的花費——這在美、蘇雙方都感受到軍費開支的沉重時，尤為重要。也有人（至少在西方）認為兩個意識形態體系會隨著時間的遞嬗殊途同歸。這種思維認為工業社會似乎對東西方都帶來類似的挑戰。透過科技、社會工程的解決方案似乎也雷同，因此，實行這些解決方案的國家終究也會趨同，容或政治脈絡彼此殊異。

透過長遠的緩和政策來讓冷戰趨於穩定，這樣的嘗試在歐洲於六〇年代初期開始。法國總統戴高樂總是對強權雙元結構感到不滿，希望讓法國在國際事務上扮演更重要的角色。他試圖自行與東方接觸。一九六〇年法國成功試射第一發核彈之後，戴高樂認為就算是在北約內部，法國也應該捍衛自己獨立的外交政策。這位法國總統是保守派，對歐洲文化統合的觀念根深柢固，他認為美國在與合作夥伴的關係上已經變得太過強勢。他想要看到的是一個在法國領導下更為獨立的西歐，可以平衡美方在北約中的角色。戴高樂對英國試圖加入逐漸統合的歐洲經濟共同體峻拒，是因為他認為倫敦是華府的特洛伊木馬。戴高樂認為，法國是唯一一個可以領導更獨立的西歐的國家，同時能維繫美國的安全保障，並築起與東方之間的橋梁。

一九六四年，法國總統展開一項與東歐和蘇聯在技術、文化方面更積極合作的計畫。就他於一九六五年雅爾達會議二十週年所稱，他的目標是超克「雅爾達」並終結歐洲的分裂狀態。「國家以無拘無束的姿態重新出現——我們終於再次變得如此——這顯然改變了全球的遊戲。自從雅爾達以來，整個全球遊戲似乎從此只剩下兩組夥伴關係。」[14]這位法國總統緊接著出訪莫斯科、華沙、布加勒斯特，在他突如其來於一九六六年讓法國退出北約整合型的軍事號令後，受到當地政權英雄式的歡迎。戴高樂將軍稱歐洲的未來不是由強權宰制的雙元結構，而是仰賴「緩和、協約（entente）、合作」。然而戴高樂政策的實際效應少之又少。及至一九六八年，莫斯科與華府雙方都樂見戴高樂被五月事件挫挫銳氣。當他翌年因輸掉行政改革的公投而請辭時，那些安於歐洲現狀的人士不約而同鬆了一口氣。

儘管美方不勝其擾，但卻對戴高樂的把戲不屑一顧，原因是北約的歐洲組成在未來似乎仍然地位穩固。詹森總統知道，儘管戴高樂總統抱怨雅爾達會議，但他最不樂見的就是美國撤出歐洲。詹森所希望的是（尤其隨著美方在印度支那的軍費開支升高）讓西歐（和日本）為他們自己的防禦多分擔經濟壓力。但詹森不認為美國應該將軍力撤出歐洲。當參議院的民主黨魁麥克・曼斯斐（Mike Mansfield）提出裁減在歐洲的軍隊的議案時，詹森對他的幕僚表示不以為然：「我才不像那些被俄羅斯人吸收的傢伙。我才不他媽的相信事情已經完結了……那些王八蛋只要一有機會就想把我們吞了。」[15]

然而詹森的確相信由於西德在北約的地位穩固，德國相對來說不是立即的冷戰議題。當戴高樂支吾其詞，學生（在西德亦然）抗議美帝國主義時，德意志聯邦共和國的兩大政黨基督教民主黨、社會民主黨都認為，讓國家繼續融入西方對德國的將來至關重要。誠然，戴高樂堅持沿著法德的軸線打造他的「新歐洲」似乎確保了西德的地位。西歐的經濟統合成為日後增長的工具，並能促進冷戰統合。歐洲整合的計畫逐漸以西德工業、商業耀眼的成就為中心。到了一九七〇年，西德經濟幾乎比法國高出四〇％，也比英國經濟高出六五％。

把德國經濟動能放在歐洲整合的心臟地帶，就經濟與政治方面而言都恰如其分。一九五七年的《羅馬條約》創造出歐洲經濟共同體（EEC），要求會員國——比利時、法國、義大利、盧森堡、荷蘭、西德——建立共同的商品、資本、工人市場。儘管有來自戴高樂的挑戰，以及緩慢惱人的協商過程，但十年之後終於完整移除了內部的關稅，且在當時名為歐洲共同體（European Communities）的內部設立完整的關稅同盟。這次的成功有兩個層面，一是內部的：讓西德可以自由輸出其工業品，讓它可以為法國、義大利的農民補貼做出重大貢獻，也就是所謂的共同農業政策

（Common Agricultural Policy）；另一個是外部的：所有西歐的首都都感知到，唯有在更加團結的前提下，歐洲才能在冷戰中重新擁有話語權。

因此，在冷戰的情境下，是德國的經濟力量結合了戴高樂式原則的歐洲化，讓歐洲的整合推進了一步。在戴高樂於一九六九年請辭後，英國被允許重啟加入歐洲經濟共同體的協商，並在公投後與丹麥一同於一九七三年加入。至此，歐洲經濟共同體儼然成為歐洲整合的未來，而英國所發展出的、較缺乏整合意向的歐洲自由貿易聯盟（European Free Trade Association），顯然未能達成英國所想要的與歐洲市場之間的連結。英國的正式加入也讓美國更加相信他們毋須畏懼西歐進一步整合，也許除了在經濟方面以外。英國在歐洲經濟共同體中讓共同市場更像是北約的歐洲經濟圈，讓西歐的模式對更東邊的國家增加吸引力。

讓西德在歐洲扮演更重要的角色，也是該國國內政治議程的一部分。在一九六五年的選舉中，社會民主黨的黨魁布蘭特主張，應該要搭建與東歐和蘇聯之間的橋梁，既是為了進一步降低歐洲在軍事上的緊張關係，也是為了歐洲重新統一的協商鋪路。一九六六年，基督教民主黨和社會民主黨形成同盟後，布蘭特出任外長，有立場將他的政策付諸實行。在擔任西柏林市長期間，布蘭特已經樹立了反共的標章，因此他認為可以向東德釋出善意，而不會在西德人士之間造成反效果。整體而言，相較於七嘴八舌地談論德國的統合，西德人首重進一步的經濟成長以及福利保障的增加。布蘭特於一九六七年對社民黨同僚說和談並不容易，必須按部就班，而非一蹴可幾。而新一套西德的東方政策（*Ostpolitik*）仰賴「朝向歐洲和平解決方案的西方政策」。[16]

一九六九年西德的選舉讓布蘭特成為總理（*Bundeskanzler*），這是自一九三〇年以來社民黨首次在德國執政。布蘭特堅決利用這次機會實行國內改革以及與東德之間的緩和政策。在與幕僚親信的談話間，他逐漸發展出東方政策。在柏林期間就與布蘭特共事的埃貢·巴爾（Egon Bahr）成為他與東德之間的窗口。巴爾的口號是「以接近求變化」（*wandel durch annäherung*），言簡意賅地概括了布蘭特的政策：審慎在東西歐政府間建立信任，終將促成解除武裝，增進貿易、旅遊、文化的接觸，最終迎向德國重新統一，全面敉平歐洲的冷戰分裂。這並非革命，如同批評布蘭特的左右翼論者所指出。但這也已經遠比幾年前歐洲所能設想的還要多了。

布蘭特知道莫斯科是通往東柏林的道路。一九七〇年與布里茲涅夫協商時，布蘭特承諾會增加貿易、經濟合作，以及與蘇聯協定雙方都同意戰後歐洲的國界——包括新的波蘭、德國邊界以及東西德邊界——不可侵犯。布里茲涅夫喜不自勝，歡欣鼓舞。與西德簽訂條約意味著不用那麼憂心德國復仇主義（revanchism），而更加重要的是也許有朝一日，一個中立的德國可以把冷戰的平衡關係導向對蘇聯有利的位置。有些幕僚害怕反共的布蘭特心懷不軌——亦即逐漸鬆綁東歐與蘇聯之間的聯繫——對此布里茲涅夫火冒三丈。即便布蘭特在簽署協定前交給布里茲涅夫的備忘錄上表示「本協議不違背德意志聯邦共和國的政策目的，即邁向歐洲和平。德國人民將在歐洲和平之下，透過自由的自決重新統一」，布里茲涅夫也沒有表示異議。[17]布里茲涅夫認為這不過就是文字。德國需要蘇聯的程度遠比蘇聯需要德國的程度還多。

要不是尼克森政府本身也重新對蘇聯方面展開緩和政策，布蘭特的政策有可能就會被視為背叛了北約組織。德國總理可以宣稱他是奠基在由法國開啟、然後美方也跟進的動議之上行事。即便如此，在歐洲其他地方與在華府，對布蘭特的行動仍憂心忡忡。問題不在於布蘭特此刻的作為，而是他的終極目標究竟為何？德國社民黨為了統一，是否想要與蘇方進行大規模的協商？若是如此，北約同盟的未來就岌岌可危。但精明如布蘭特懂得運用他親美的背景，以及曾於二戰期間為國作戰的資歷來化解這些質疑，即便這些質疑從來不曾消逝。

緊接著與莫斯科的協定，在一九七〇年稍後，布蘭特與波蘭訂定另一項協定。德意志聯邦共和國（西德）再次聲明接受波蘭西邊的國界，並承諾兩政府之間進一步的和平合作。但這些協商最重要的面向是一九七〇年十二月布蘭特出訪華沙。布蘭特堅持前往一九四三年反抗德國占領華沙猶太人區的起義紀念碑，並為這些戰士獻上花圈，然後在電視攝影機前跪在雪堆當中默哀。對波蘭人民以及其他收看的東歐觀眾來說，這是一個嚮往和平、由一個不涉及德國戰爭罪行的新世代所率領的新德國政府的有力象徵。對東歐的人民來說，這在塑造一個新的西德形象上比任何條約都來得有效。

在這個多事之秋，德意志民主共和國（東德）的共產黨人從旁緊張地注目局勢的變化。儘管他們對較不針鋒相對的西德政策表示歡迎，但也憂心布蘭特在德國人之間以及在東德廣受歡迎。他們也害怕在與莫斯科、華沙交涉時，他會越級呈報。對他們而言，東方政策的成就有點像史達林時代晚期莫斯科有關東德的討論。他們拒絕會晤布蘭特，除非他先給予東德完整的外交上的承認。然而到了一九七二年，為了避免莫斯科方面的不快，也為了避免他們自己在國內的地位不保，烏布利希和東德的領導班子必須與布蘭特協商，他們也了然於胸。

這些協商主要由西德方面的埃貢．巴爾來主持，其結果是一九七二年十二月兩德之間達成的基本條約（Basic Agreement）。對東德方面來說，「基本」一詞意味著包含了他們所需要做的底限。對布蘭特而言，這釋出了東西德和解的信號。條約承諾尊重對方在領地內的司法管轄權，以及彼此在國際事務上的獨立。兩造也承諾在包羅萬象的議題上合作，包括科學、體育、郵政與通訊。條約真正的重要性在於這是二十五年來兩德第一次彼此直接交流，即便還未完整承認彼此。布蘭特在認定這是邁出第一步這點而言正確無誤。雙方於七〇年代達成許多其他協定，大概不會回歸冷戰早期那種全面衝突。

因此，布蘭特嘗試在歐洲搭建橋梁，固然成果豐碩，但要不是七〇年代初期緩和政策的整體氛圍，是否還能達到一半的成果，就很難說。這位德國總理也難逃批評，有些人稱他對東德讓步太多，沒有為人權、言論自由挺身而出。在布蘭特和他的繼任者與東德協商時，有四十八人因試圖進入西柏林遭到射殺，一萬一千人因為發聲批評共產黨政權鋃鐺入獄。批評家問道：和解帶來了怎樣的改變？也許真正的改變來自西德。一小撮西德極端左翼恐怖主義團體——在東德的祕密援助下——是否讓整個國家更加難以治理？

布蘭特的答案是，倘若公開積極鼓吹東歐人民推翻政府，是不可能有效與東歐政府交涉的。他認為，要瓦解歐洲的冷戰分裂需要時間。同一時間重要的是避免戰爭並促進人與人的接觸。在聯合國討論讓兩德加入的場合（最終於一九七三年加入），布蘭特宣稱歐洲需要的是「每日每夜的和平狀態」。雙方龐大的軍費預算必須縮減：「敵對的體系之間彼此缺乏信任，導致了揮霍無度的浪費。如果我們成功透過加強彼此的信心來裁減支出，那麼我們就會創下一個歷史的範例……在冷戰終結時……不會有勝者，也沒有人被征服。事實是，要想達到和平，就不該拚個你死我活，而是要為理性與節制而奮鬥。」18

布蘭特對於一個和平的歐洲願景大幅奠基於他自身在二十世紀的體驗，也促成了無疑是歐洲緩和政策中最偉大的成就——歐洲安全與合作組織（Conference on Security and Cooperation in Europe, CSCE）。回首五〇年代，蘇方曾發起一項包含全歐洲的安全組織計畫以取代權力集團。那次是為了把美國這個「非歐洲」勢力從關於歐洲未來的相關討論趕出去，頗為不假修飾。西歐人士也眼睛雪亮，遂不假思索地拒絕了。但到了六〇年代末，蘇方提議的會談在東西歐之間取得更好的回響。隨著華府與莫斯科雙雙嘗試在強權之間實行緩和政策，歐洲的領導人也極力避免決議在他們以上的層級達成。布蘭特的東方政策從東歐內部緩解了對德國的恐懼。詭異的是，捷克斯洛伐克入侵讓許多人相信，要想超克歐洲的分裂，除了與蘇聯交涉之外，沒有其他替代方案。

歐洲安全與合作組織牢牢地奠基在北約與華沙公約的賡續上。但儘管尼克森政府對東方政策與歐洲安全與合作組織都有所懷疑，還是從善如流，讓歐洲盟友自行探索可能。條件之一是把美國也納入談話當中，對此蘇聯也只能無奈接受。另一項條件則是固定與北約就程序與立場問題磋商。西歐領導人對這個框架並無異議。儘管各國亟欲探索在東歐可以達成哪些目標，但也沒有哪個國家想在西方盟國之間造成內部矛盾。

在通往歐洲安全與合作組織的道路上，最出人意表的莫過於來自東歐政府的行動。羅馬尼亞本來就是東歐集團中的異議分子，所以他們自己提出議案並不意外。但就連一九六八年聯手入侵布拉格、宣誓效忠蘇聯的波蘭與匈牙利，也亟欲就逐漸瓦解歐洲冷戰的分界提出各自的計畫，這就教人大吃一驚了。一如西歐，東歐也透過與華沙公約國和其他的共產主義論壇磋商來切入談話。但到了七〇年代早期，顯然倘若蘇聯方面要單方面終止程序的話，就必須在東歐付出顯著的政治代價。

到了一九七三年，蘇聯發現自己深陷泥淖當中。他們原先主要想利用協商程序當作對付美國的政治宣傳武器，但隨著他們自己與美方的交涉持續深化，加上歐洲普遍期待歐陸安全會議，蘇聯也別無選擇，只好參與其中。一些西歐小國（法國追隨在後）堅持除了在軍事上建立互信與經濟合作之外，也要將人權、言論自由議題納入協商。出人意表的是，蘇方同意將這些議題納入，使這些議題成為協商過程的「第三個籃子」（Basket III，譯按：下段所提到的《赫爾辛基最終法案》包括三個「籃子」〔即三組議程〕。第一個籃子包含下段所述的宣言，第二個籃子包括商業、科技、交通等方面的合作。第三個籃子主要是人權議題，包括與家人團聚、通婚、記者與文化的交流等）。布里茲涅夫認為讓步討論第三個籃子的議題只是其他事項的墊腳石。就連知悉總書記有多想達成協議的國家安全委員會都總結道：「第三個籃子會根據我們的詮釋……這些議題會是黨的實際的步驟與國安的部分。第三個籃子不會給他國機會介入本國事務。當中有許多提及國內法規之處。」[19]

一九七五年中，歐洲安全與合作組織批准《赫爾辛基最終法案》（Helsinki Final Act，又名赫爾辛基協議），是歐洲緩和政策的高峰。對布里茲涅夫而言，這是其政治生涯的亮點。三十五個國家同意參與國間關係指導原則宣言（Declaration on Principles Guiding Relations between Participating States）。這些原則包括主權平等、不可侵犯邊界、不干預內政等。所有議案都是蘇聯成立後提出過的。但《最終法案》也包括有關個人權利的重要段落，宣稱簽署國家——

會尊重人權和基本自由，包括思想、良知和信仰自由，含括所有人，不分種族、性別、語言或宗教。它們會提倡並鼓勵有效執行公民、政治、經濟、社會、文化和其他的權利與自由，所有這些都源自於人類與生俱來的尊嚴，並且對他的自由和完整發展至為關鍵……參與國認可人

> 權與基本自由的普世重要性，對之加以尊重是和平、正義、福祉的關鍵要素，可以確保國家之間友誼關係與合作……它們確認個人有權在這個領域知道並實行他的權利與義務。[20]

布里茲涅夫告訴自己也告訴他人這只是文字罷了，無足輕重。但以冷戰來說，《赫爾辛基最終法案》行將造成遠比任何人在一九七五年所能預見的還要深遠的影響。

就在歐洲人還在為如何處理他們冷戰的遺緒倍感掙扎的時候，第三世界的大計則更加分崩離析。一度對自由追逐的情熱以及看似嶄新的機會，如今都為嚴峻的後殖民現實環境給澆熄。反殖民鬥爭期間發展出的連帶概念與跨國南南合作（South-South cooperation）也已是明日黃花。在六〇年代中期的政治轉變後，多數後殖民政府都優先考量自己國內的利益與經濟發展計畫，優於尼赫魯、恩克魯瑪、蘇卡諾所設想的更廣泛的合作和凝聚力。亞非拉諸國仍可逆著冷戰的緊收、違逆歐洲宰制，繼續彼此合作，但這樣的合作如今已不免狹隘，且主要是基於個別國家自身策略性或經濟上的利益。

在一九六四年聯合國貿易和發展會議（United Nations Conference on Trade and Development）首屆會議上，由七十七國組成的團體承諾在內部將會就貿易相關議題進一步磋商。三年後，七十七國集團（Group of 77）的第一次會議中，這個新的組織發布《阿爾吉爾憲章》（Algiers Charter），呼籲更為平等的原物料價格、在全球貿易中接受政治主權與法律主權的原則，以及更為公開平等的世界市場。「由於國際經濟關係的潮流，開發中國家逾百萬人的狀況持續惡化，」憲章提到：

> 發展中國家的經濟成長速率已經趨緩，與富國的差距正在加大……國際社群有義務匡正這些不利的趨勢，創造出所有國家都能享有的經濟與社會福祉的條件，讓各國有方法發展各自資源，俾使其人民過上免於匱乏、恐懼的生活。在一個逐漸相互依賴的世界，和平、進步、自由是共同的，彼此不可分割。結果，開發中國家的發展也會對已開發國家有所助益。[21]

西歐政府自己希望減少冷戰在歐洲的緊張關係，他們認為這與亞非拉期望更穩定的經濟發展之間彼此相關。一則是避免革命騷亂進一步讓全球冷戰形勢更加複雜；二是（尤其對歐洲社民黨人如布蘭特和瑞典的奧洛夫．帕爾梅〔Olof Palme〕來說）七十七國集團認知到，無論政經體系如何，全球發展相互扣連，這一點誠然不假。在一九七三年聯合國演說中，布蘭特也強調這個面向，指出要是東西衝突被南北的對立取代，對西方——尤其是歐洲——有百害而無一利。

到了七〇年代早期，七十七國集團與其他共同合作的組織已發展出一套計畫，要透過聯合國來開啟更公平的世界經濟。一九七四年，聯合國大會高票通過名稱頗為浮誇的國際經濟新秩序（New International Economic Order, NIEO），呼籲各國應當有權透過國家管理的資源同業聯盟（cartels）控制天然資源的汲取。國際經濟新秩序也希望讓跨國公司有所規範，科技從北到南移轉，貿易優惠、債務豁免。總體而言，國際經濟新秩序憲章的目的，在於創造出坦尚尼亞總統尼雷爾所稱的「窮人的貿易工會」。其他人則發明出不那麼慈善但或許更為精準的詞：「國家間的社會主義」。可以預期地，美國拒絕了這些要求，美方大使斥責這項議案為代表「多數獨裁」的「高壓手段」。[22]

國際經濟新秩序的要求確實有一些正面的效應。在布蘭特和其他人的推動之下，歐洲經濟共同體與歐洲在非洲與加勒比海的前殖民地進入一系列的公約關係。所謂的洛美公約（Lomè Conventions）是以多哥（Togo）的首都命名，允許免稅進口到歐洲經濟共同體，並發起三十六億美元（將近今日的一百三十五億美元）的援助和投資。但總體而言，立即的效應是負面的。聚焦在經濟上的需求，本已風中殘燭的第三世界聯盟內部更加分崩離析。仰賴進口便宜原物料以支撐發軔的工業的國家（如新加坡）發現，它們與仰賴提高原物料價格的國家（如贊比亞）之間沒有共通點。原油出口商的利益往往與仰賴便宜原油的國家衝突。因此，七〇年代成為一個全球經濟與政治角色變化劇烈的年代，深遠地影響了冷戰的打法。

第十五章
尼克森在北京

如果說六〇年代開始了讓歐洲轉型的變化，那麼七〇年代則見證了讓亞洲——並進而擴展到全世界——的變化。儘管中國在文革期間自外於世，但其他的亞洲國家已經開始為了在美國所宰制的資本主義世界體系中經濟起飛做足準備。日本首當其衝。在六〇年代，日本經濟每年成長一一%，以已開發國家經濟體而言，其成長率之快速，歷來僅見。但自六〇年代末起，其他亞洲國家亦加入日本的快速成長腳步，借鏡其出口導向的經濟原則。在十年之間，南韓、臺灣、新加坡都從資源匱乏的窮國搖身一變躍居經濟火車頭，這主要得力於它們工業企業的整合、政府的指導，以及勤奮、受過良好教育的勞動力。

不意外地，快速成長中的東亞經濟「小龍」都是美國的政治盟友。像日本一樣，在冷戰中與華府結盟意味著能夠以優惠待遇進入美國與其他西方市場。這是國內的要素使然。有些人稱美國的越戰為亞洲其他地方成功的資本主義工業化爭取時間，這樣的說法是不正確的。從執行面來說，以及從結果而論，這些都是彼此無涉的現象，即便在印度支那的戰爭所創造出對商品的需求，的確刺激了區域內其他的經濟體。但總體來說，冷戰的確讓出口導向的成長成為更確切加速經濟轉型的道路，從而創造出全球更大規模的經濟互動。

在七〇年代，許多美國人憂心西歐復甦、亞洲雄起意味著美國的失業問題與收入減少。相對來說，美國的經濟變得不再那麼獨霸。一九四五年，單單美國就貢獻了全球經濟的三分之一。一九七〇年，這個數字低於四分之一，並且還在下滑。這也不令人意外。二戰結束後，所有主要的競爭對手都灰飛煙滅。經過一個世代之後，他們已經完成重建，因此足以匹敵。真正使制定政策的美國人憂心的是國內成長率低，政府的支出（尤其是國防支出）又居高不下。一九七〇年，日本經濟成長了一〇．七％，西德成長二．六％，美國經濟則只成長〇．五％。在整體生產力上，競爭對手也正在迎頭趕上。

一九七一年，美國政府為捍衛自己的經濟利益做出行動。突然停止了美金兌換黃金的固定匯率，這在實際上讓美元對其他幣別貶值，幫助到美國的出口商與國內商業。以此，美國刻意摧毀了布列敦森林制度。多數幣別在布列敦森林制度下與美元以固定的匯率掛鉤。自一九四五年以來，美國領導人首次對自己的底線重視的程度超過了保持、整合世界經濟體系。當然也可以說接下來的美國政府都支持這套體系，是因為該體系首先是服務於美國的經濟。但到了七〇年代初，已經不再是如此。全球經濟進入了一個新的動盪時期。

布列敦森林制度的崩塌對冷戰影響甚鉅。全球經濟自從四〇年代末起，以結構而言就已維持穩定。當然在經濟體量與獲益上有上下起伏，但就資本主義經濟體逐漸透過共同依賴美元整合而言，尚稱穩定。這促進了西歐、日本的復甦，儘管過程緩慢。這也讓原物料的價格緊縮，給予已經工業化的國家優勢。因此，即便保護、擴張全球資本主義體系是美國在冷戰中的核心目標，美國所追求的是霸權，而非特定的目的。資本主義的成功驅策的是美國的政策，而非意在美國公司的獲益或甚至美國在國外的開銷。

所有這一切到了「漫長的七〇年代」——從一九六八到八二年——都改變了。在印度支那不成功的戰役使得美國在政治與軍事上顯得脆弱，單方面支撐自身經濟利益的行徑使得美國顯得不再那麼優越，而是顯得更為自私自利。整體而言，這些感知也許並不那麼符合事實，但卻是當時在美國國內外普遍的認定。而比感知更為重要的是經濟、科技變遷所創造出的新現實。布列敦森林協定的崩盤以及匯率的浮動並非全球改頭換面的原因，而是其徵候。在資本主義的西方，國家中心、關稅為主、資本控制所宰制的戰後世界正在讓位給國際貿易。六〇年代中期至八〇年代之間，在貨暢其流、大批的貨幣（尤其是美元）在發行國之外流通的助益之下，世界貿易成長了三倍。海外投資也劇烈增長，部分是由於溝通方式有所進步，讓投資者能取得更多資訊，因而更加有信心。在七〇年代，資本主義全球化帶來鮮少有人能夠預見的結果。隨著時間的遞嬗，美國將成為這波所謂「全球化」的受益人。但在全球化的過程之初難以料想，尤其是對於感覺自己的國家正在下滑的美國人來說，更是難以預見。

一九六八年的美國選舉——如同同年在法國的選舉——在社會的動盪中迎來了保守的結果。民權運動領袖馬丁・路德・金恩博士與民主黨總統提名領跑人、已故總統的胞弟羅伯特・甘迺迪都在接近選舉的時刻遭到暗殺。曾擔任艾森豪的副總統八年的共和黨候選人尼克森在一場三強鼎立的選戰中驚險勝出。尼克森的得票率是自一九一二年威爾遜以來最低的。在選戰中，他訴諸害怕改變、動亂、戰爭的「沉默的大多數」。「我們夜晚聽到警鈴，」他在黨內會議中說，「我們看到美國人死在海外遠方的戰場上。我們看到美國人在國內彼此憎恨、彼此對打、彼此殺戮。」尼克森承諾維持美國的穩定以及在越南取得「值得榮耀的和平」。他說他的支持者會是「被遺忘的美國人的大多數——不是那些大喊口號、上街示威的美國人。他們不是種族主義者，也不病態」，尼克森向他們保證，「他們並不用為這些讓這片土地備受煎熬的罪行感到歉疚」。[1]

在認識他的人眼裡，尼克森往往顯得心胸狹隘、疑神疑鬼，但到了一九六九年，他擁有豐富的政治經驗。對國家的絕望感使他在制定外交政策上願意打破藩籬、發揮創意。尼克森想要打這場冷戰並且獲勝。但他認為美國只是國際體系中許多國家當中的一個，這在最近幾任的美國總統當中是個異數。美國至少當下是最強盛的國家，但尼克森並不相信美國人民（尤其是年輕人）會願意付出作為一個強國在往後所需要付出的代價。他憂心將來內有不和加上外有勁敵，挑戰者來勢洶洶，將會摧毀美國的宰制地位。他的緩和政策是為了延後那一天的到來，讓充滿未知數的將來變得稍加可以預期，對美國來說也可以不那麼危險。

尼克森以身為保守的冷戰鬥士聞名。他的選戰念茲在茲的是要重振美國雄風，當然對國內少數族裔和外國人的種族偏見也同樣不勝枚舉，認為他們想要來壓榨美國。但他知道若要治理，就必須把選戰時定調的言論拋諸腦後。在國內，這位新任總統保留了詹森時期多數的社會改革，甚至擴充了其中一些。在國際上，從總統任期的一開始，他就想要重塑全球框架，俾使美國可以較為低廉的支出維持其優勢。尼克森知道，要做到這一點，就必須與蘇聯領導人坐下來談，協商出某種暫時的冷戰停戰協議。

在他第一次對國家安全顧問、哈佛教授季辛吉的指示中，尼克森強調所有外交政策都是彼此關聯的。新任總統的當務之急是讓美國從印度支那的戰爭脫鉤。但他認為通往停戰的道路主要不是經由與河內和談，而是透過莫斯科與北京。在他成為總統之前，尼克森就已經開始思考探索某種與中方緩和緊張關係的形式。在一篇寄稿於影響力龐大的《外交政策》（*Foreign Affairs*）的文章中，他論證，除了印度支那以外，從美方的觀點來看，亞洲誠然是一個成功的故事，有快速現代化的國家與強勁的經濟成長。中國遲早也會加入其他國家的行列。「我們無法負擔讓中國永遠被屏除在國際大家庭之外的代價……不可能讓這個小小的星球上十億最有能力的人生活在憤怒的隔絕當中。」尼克森說道。[2]要是中國想要對談，尼克森已經準備好傾聽。

尼克森對於亞洲其他地方——至少對東亞一些國家——的判斷相當準確。那裡花了比歐洲更長的時間來克服戰爭造成的後果。但到了尼克森當選之際，在南韓、臺灣、香港、新加坡由國內所驅動的市場經濟開始改變民生。在當時還難以看出這件事情的重要性。越戰大幅掩蓋了其他地方的發展。且有些更大的國家幾乎沒有受到這些變化所影響，至少在一開始是如此：中國是自己的選擇，其他國家則是因為貧困。但亞洲四小龍進入資本主義經濟改變了全局，尤其是就東亞在全球經濟的重要性而言。要是沒有冷戰的此消彼長，這些都不可能發生。

在這種發展態勢上，日本是領頭羊，提供了一個模式，儘管其他市場經濟體也並非只是複製日本經驗。當美國於一九五一年結束對日本的占領，亞洲及其他地方鮮少有人會預料到這個島國在經濟上會有如此輝煌的未來。當時年度成長正在緩下腳步，而左右翼之間的政治僵局讓國家難以治理。但正在發生的兩件事改變了未來。日本右翼開始擱置內鬥，意味著支持戰爭的保守派與視戰爭為災難的少數人攜手入黨。名不副實的自由民主黨力退左翼，打造出持續三十五年的政治霸權。新任政府的工業政策強調增加生產力（部分透過抑制貿易工會的力量），以及國家要在指揮投資、生產、外銷方面扮演強而有力的角色。

同時，隨著日本擁有強調長期經濟成長的穩定政府，一些私部門的擴張基礎也開始聚攏。美國在韓戰期間的需求使得日本工業的一些部門變得非常有利可圖。在政府的指導之下，財閥運用他們的獲利來投資理性化與新科技。同時，懼於日本左翼影響力的艾森豪政府不只為日本外銷到美國，也為外銷到西歐、東南亞的道路剷除障礙。這些接收端的國家多半不樂於對來自過去敵人的便宜進口貨敞開市場，但美方堅稱策略性的利益必須優於短期的貿易差額議題。根據一則一九六〇年的國家安全會議指示，美國對日政策鼓勵「一個強大、健康、自持與擴張的經濟體，能讓日本的生活水準進步，為較為開發的國家提供更多資本，為自由世界的力量創造更多貢獻」。[3]

一九六〇年是一個決定日本未來的年分。在美日安保條約是否重新簽訂尚在未定之天時，日本左翼動員他們已在衰退的勢力，企圖在國會力退該項條約。國會內就條約的衝突觸發了貿易工會、學生、政府職員的抗議，他們覺得自民黨不顧他們的利益一意孤行。這場危機導致街頭暴力，讓艾森豪總統取消了訪日計畫。儘管最終沒有推翻政府，也未能阻擋安保條約，但六〇年的危機讓自民黨的高層意識到，他們必須讓日本的再工業化更為兼容並蓄。自民黨與戰爭期間擔任商工大臣的首相岸信介分道揚鑣，因為岸信介太過執著於與左翼秋後算帳。新的自民黨政府堅稱其經濟政策的目的是讓所有人享有福利，並承諾所有人的個人收入都會在十年之內翻倍。

結果隨著日本經濟每年成長達兩位數，只花了七年就實現了收入翻倍的計畫。六、七〇年代，日本從一個工業化世界中的東亞病夫，一躍成為首屈一指的經濟強國。受到自由化貿易體制、政府信用與出口指導，以及強而有力的公司之助，進軍國際市場促使日本成為全世界第二大經濟體。到了一九七〇年，日本在科技、產能方面成為全球第二。一九六〇年，戴高樂曾蔑稱來訪的日本首相（譯按：池田勇人）為「電晶體推銷員」（transistor salesman）。二十年後，日本的經濟規模是法國的兩倍，生產力則是高出令人咋舌的二五%。[4]

對西方許多人來說，日本仍是一個例外，只是更加證明了亞洲低度發展的通則。到了六〇年代中期，當詹森總統做出下場註定慘烈、派遣美軍地面部隊到越南的決定時，一般認為亞洲其他地方會被北美、西歐甩得更遠，甚至追不上資源豐沛的中東與非洲。美國專家認為亞洲國家人口過剩，資源不足，又治理不彰。某方面來說，這也是它們成為共產主義進犯的主要目標的原因，必須受到美國保衛。亞洲之所以是冷戰擴張的區域並非因為它很重要，而是因為它很孱弱。

看看南韓、臺灣或者香港、新加坡城邦，持這種觀點的人顯然沒有做足功課。一九五四年，南韓是東亞最窮的國家，舉國上下都受到災難影響，其人均國內生產總值比迦納、肯亞還低，也絲毫沒有進步的跡象。但六〇年代風雲變色，為七、八〇年代經濟擴張打下厚實的基礎。同樣的情況也發生在由中國大陸難民所統治的偏安中國政權——臺灣。他們的故事有些部分與日本雷同：由國家領導的發展、出口導向成長、國內儲蓄率高。但其他部分則迥異：強調打造教育，有時幾乎是從零開始；「發展獨裁政府」的統治，由他們各自的軍頭以鐵腕治理。

南韓與臺灣都是冷戰前線國家，美國對兩者都斥資提供援助。一九四六至七八年間，南韓接受的美援幾乎與整個非洲加起來一樣多。[5]但能夠藉此取得通往美、日市場這點，重要的程度也不亞於美援。一九七〇年，南韓的出口有四分之三外銷到美、日。[6]冷戰中期的形勢顯然為兩者帶來它們在其他情況下不會有的經濟良機，但也帶來挑戰。獨裁政權仍穩坐泰山，部分就是因為他們能取得美援，其中也包括顯著的軍事協助。不過最重要的一點是，南韓與臺灣都把握良機，並且善加運用他們未曾預見的優勢。

新加坡與香港更是如此。兩座爹不疼、娘不愛（甚至有些人會說地位卑下）的城市隨著大英帝國的沒落，失去了各自在戰略上的重要性，如今因冷戰再度復甦。香港成為針對中國的情報站，一直到冷戰之終都由英國統治，部分是為了與美方分享情報。新加坡首先心不甘情不願地成為馬來亞聯合邦的成員，然後從一九六四年被馬來亞逐出之後，就成為獨立的城邦。從新加坡成為主權國家開始，領導人李光耀就相信隨著英國人的離去，唯有美方的在場可以拯救他的新國家。「任何不是共產黨員卻想看到美國離開東南亞的人都是傻子」，李光耀對印度總理英迪拉·甘地（Indira Gandhi）如是說。[7]儘管他自己也是華人血統，但李光耀相當畏懼中方宰制他的管區。

但新加坡在冷戰中真正的重要性（至少象徵性來說），是前勞工組織者李光耀與第三世界團結理念決裂的程度之深。在李光耀的青年時期，第三世界的理念曾經相當吸引他，而今他轉向市場導向的國內發展。獨立的新加坡一貧如洗，除了人口之外別無資源。美方在此地為李光耀提供了安全與經濟上的契機。到了七〇年代初期，他無暇再理會第三世界要求更高的原物料價格以及政治上的不結盟運動。李光耀決定唯有擁抱全球市場才能讓新加坡富裕起來，也讓自己獨攬大權。

當其他東亞國家在美國領導的世界體系中享受增長時，毛澤東的中華人民共和國則在探索馬克思主義政治正確信念的深度。文化大革命雖不是像近十年以前的大躍進那般的經濟災難，卻也進一步使中國與世界隔絕。在國內也很快地遇到麻煩。隨著口號喊得震天價響的學生執行毛澤東「砲打司令部」的命令，把資深共產黨員拖行遊街，當作罪犯一般懲罰，全國變得愈來愈難以治理。隨著鐵路、電話等服務因為員工被拖出去政治再教育而變得愈來愈失靈，毛主席開始擔心中國是否能準備好抵擋外敵入侵。到了一九六九年，文革最瘋狂的許多面向——公開刑訊、全天候的政治會議、呼喊口號——都遭到中止，部分是透過軍隊來針對紅衛兵。勞改營和再教育營仍然維持運作，裡面許多人一度是文革開始時毛主席最忠實的擁護者。即使毛主義的恐怖仍然在施行，中國的政治景觀已逐漸改變。

毛澤東改變心意的原因之一是他對冷戰改觀。一九六五年，毛澤東對國外主要的執迷是美國對越南的干預。但儘管他預期到美國會進一步涉入，但還是為其涉入的規模大感震驚。毛澤東相信北越在沒有中方的支持下毫無勝算，就像當年的韓國一樣。且在文革方興未艾之際，他不願意捲入與世界上最強大的國家的戰爭。但就像史達林之於韓戰一樣，毛主席也樂見美方在印度支那被拖垮。新春攻勢失敗之後，當河內於一九六八年同意與詹森政府短暫展開談話時，中國總理周恩來痛斥他們妥協了，讓自己陷於危殆。「在他們的脊骨被打斷前，或者五、六根指頭被打斷前，〔美國人〕是不會接受失敗的，也不會離開。」他對北越主要的談判家春水如是說。他甚至控訴河內方面的讓步造成了馬丁・路德・金恩遇刺，乃至美國的股票上漲（在中方的眼裡看來非常糟糕）。[8]無怪乎相信北京方面希望在越戰上把越南人戰至最後一兵一卒的黎筍，如今逐漸向他們的另一座靠山——蘇聯——求援。

就如同在其他許多事項上一樣，毛澤東自己的行為導致了他最恐懼的後果。到了一九六八年末，他把注意力幾乎完全放在蘇聯對中國的威脅上。他相信蘇聯是雄起的強權，而美國則江河日下。兩者攜手完成對中方的包圍之勢，而中國必須突圍。毛澤東決意要向莫斯科展示中國並不害怕其軍事力量，下令軍隊巡守中蘇邊境的爭議地帶。蘇方的反制行動造成了北京方面一九六九年對戰爭的恐慌。

同年夏天，害怕蘇聯發動核武攻擊的毛澤東把四名在文革期間被下放到牛棚的軍事元帥召回，並下令他們就中國在國際上有什麼選項撰寫祕密報告。在這份題為〈對戰爭形勢的初步估計〉的報告中，開頭就戒之慎之，肯定毛澤東的世界觀：強權痛恨中國，是因為中國共產主義之成功，以及在文革期間的收穫。此時的蘇聯對中國來說比美國更加危險。跟蘇聯開戰也是箭在弦上，儘管未必馬上交鋒。美方樂見鷸蚌相爭，「自己坐山觀虎鬥，使中、蘇互相削弱」。

四名老帥強調當前形勢的迫切，將之比擬為中國在一九三七年日本侵華前夕之勢。他們稱中國必須加強其防禦態勢。儘管蘇、美分享某些利益，雙方的衝突仍「真實而具體」。心繫越戰的尼克森認為中國是「『潛在的威脅』，而不是現實的威脅」。[9]陳毅、聶榮臻與其他元帥（譯按：葉劍英、徐向前）知所進退地讓毛澤東自行下結論，不過他們暗示中國應該會想要減少與美國之間的衝突，以便對付蘇聯這點，仍清晰可見。

在華府，尼克森馬不停蹄地讓新的中國方針齊備。一九六九年春中蘇邊境衝突，尼克森害怕這會導致核戰的同時，他也從中看出美國的契機。到夏天時，他已經指示美國外交人員示意美方願意與北京談話，也減少對中共的貿易、旅行限制。眼見從印度支那撤軍有望，與中方的關係也有所進展，尼克森告知南越總統阮文紹美國將來會持續支持亞洲的反共政府，但不會出動自己的軍隊干預支援。隨後他旋風式出訪全球，會晤巴基斯坦與共產主義的羅馬尼亞領導人，成為第一位與羅馬尼亞領導人會晤的美國總統。在兩個場合，尼克森都以非常直白的語言告知東道主，他有意願與北京談話，並且請他們協助向毛澤東、周恩來傳達訊息。

隨著秋季新一波的中蘇衝突到達新高，在中方尚未回應前，尼克森開始思考，要是主動向中方接洽，長此以往會代表著什麼？多半著眼於國內政治的尼克森總統如今理解到，蘇聯對中國的威脅會讓修改美中政策更能為美國大眾接受。但他也對國安會表示，長期來看，唯一能威脅到美國的國家是蘇聯。因此，尼克森問他的團隊：「我們必須思考：中國垮臺的世界會更安全？還是我們應該力圖讓中國維持強盛？」[10]以一介美國總統而言，這些儼然是革命性的思考，其計畫的內容也唯有在此之前抱持保守派國內方針的尼克森才有希望達成。

在一九六九年的戰爭恐慌煙消雲散後，中方領導人並未太過熱烈歡迎尼克森的主動提議。毛澤東把重心重新放在國內的事務和文革的騷亂。北京方面憂心尼克森是在請君入甕，他的中國政策真正目標只是為了讓美國更容易贏得越戰。一九七〇年尼克森為了切斷北越對南方的補給線，而對柬埔寨、寮國發動進攻，似乎確認了這種觀點。毛澤東譴責尼克森的「法西斯主義侵略」，並且同意在北京接待柬埔寨流亡的國王西哈努克（Sihanouk）。因此中美關係最初少有實際的進展，儘管顯然已經為日後打下了新的基礎。

某些方面來說，尼克森總統的中國方針有時間自行出爐，實屬幸運。畢竟他所設想要緩解全球緊張關係的主要目標是蘇聯而非中國。而蘇聯相當直白地告訴他，蘇方對美國與蘇聯過去的扈從中國眉來眼去這點相當憂慮。蘇聯老牌駐美大使多勃雷寧給美國總統捎來來自莫斯科的訊息中，表達嚴正的警告：「要是美國有人受到蠱惑，要從中蘇關係中獲利，犧牲了蘇方的利益，並且有此跡象，那我們事先嚴正警告，要是採取這種行徑，將會導致非常嚴重的失算，且與改善美、蘇關係的目標並不一致。」[11]尼克森希望蘇方與中方會嘗試在尋求迎合美國下彼此試圖贏過對方。但同時他也得小心打他的中國牌，以避免攪亂了更重要的牌局，就是與蘇聯的這場牌局。

尼克森想要至少就短期而言找到一個與蘇聯關係的穩定平衡。他的目標是減少戰爭的風險，以及長期來說讓莫斯科也加入美國創造出的國際體系。尼克森相信蘇聯是一個後革命國家，其國家利益比意識形態還重要。只要蘇聯沒有挑戰美國在全球的勢力，尼克森總統就樂意承認它是另一個強權，讓它保持在東歐的霸權。尼克森總結道，畢竟蘇聯內部的俄羅斯領導班子也是歐洲同胞，比起第三世界（包括越南）的激進分子，跟他們還是比較容易對談。

但尼克森對蘇聯的緩和政策也花了一些時間才就位。儘管布里茲涅夫亟欲與美國發展穩定關係，但有許多要素礙事。布里茲涅夫堅持蘇聯不會為了換取和平屈從於美方，而會繼續在全球政治當中設定自己的位置，在國際上保衛包括古巴、中東等社會主義國家。就連布里茲涅夫自己過去曾呼籲的限制戰略核武器數量協定，蘇聯也不願被催促。在莫斯科，領導人相信局勢是站在他們這邊。「我們有時間，」布里茲涅夫告訴他的同僚，「美國人……想要催促我方。現在我們不會放棄談話，但我們也不會推動談話。」[12]到了一九七一年，隨著他的連任競選活動開始，尼克森開始失去耐心，尤其是就核武談話這點。「就他媽隨便做出任何協議就好，」他對季辛吉說，「你也知道都沒差，我們反正會答應讓事情塵埃落定。」[13]

布里茲涅夫的躊躇不決，把尼克森推向他政治生涯中最大的一場豪賭。一九七一年四月，毛澤東終於決定回應尼克森的提議，透過巴基斯坦邀請美國總統訪問北京，與中方領導人直接談話。尼克森立即決定接受。他認為與北京接洽可以對蘇聯與北越施壓。「〔中國人〕與俄國人的不同，」季辛吉解釋道，「在於要是你掉了一些零錢，在你伸手去撿的時候，俄羅斯人會踩你的手指，中國人不會……俄羅斯人在每一步上都擠壓我們，這簡直太蠢了。」[14]

儘管尼克森對他的國安顧問的談判技巧存疑，但還是決定把季辛吉送往北京作為前導。這項準備任務必須祕密執行，尼克森知道派出季辛吉是暗渡陳倉的最佳選項。一九七一年七月八日，季辛吉飛往巴基斯坦與當地領導人會晤，這項活動舉世皆知。在第一晚的接風洗塵後，季辛吉佯裝生病，發言人告訴記者，他需要在伊斯蘭馬巴德外休息一兩天。但其實季辛吉當晚就偷偷搭乘巴基斯坦飛機直達北京，受到周恩來總理的款待。身為美國領導團隊人員當中首名出訪共產主義中國的人，季辛吉肅然起敬，正當開始要閱讀準備好的稿件時，周恩來打斷了他，說道：中國希望「共存、平等和友誼」。但要如此，美國「必須承認中華人民共和國是中國的唯一合法政府」。「就像我們承認美國是唯一合法政府，不認為最後一個加入美國的州——夏威夷或者（面積）更小的長島不屬於美國主權範圍內。」換言之，美國必須斬斷與臺灣的關係。

七月十五日，季辛吉旅途歸來後，尼克森在電視直播中宣布他將出訪中華人民共和國，震驚全球。他說他的目的是進一步促成世界和平。在北京方面，這項公開宣布對那些以反美為基本信念成長的一代人來說，也同樣駭人聽聞。但在文革導致中國的政權陷入激烈的內鬥當中，這件事確乎強化了周恩來的地位。周恩來一如既往成功執行了毛澤東的心願。由於與美國和談的結果，毛澤東的指定接班人林彪懷疑自己失勢，出逃中蘇邊境，結果在蒙古飛機失事死亡。一九七一年九月林彪叛逃延誤了尼克森的出訪行程，也讓毛澤東更加痛恨蘇聯。就如同劉少奇案件一樣，毛澤東把林彪的背叛與蘇聯的社會帝國主義（social imperialism）聯繫起來。毛澤東宣稱林彪「想要與蘇修妥協，違背黨揭露批判蘇修的路線」。[15]曾協助聯繫美方的羅馬尼亞希奧塞古問道，中國假以時日是否也能夠與莫斯科重修舊好時，毛主席義正辭嚴：「我們不會改變任何東西，而且會繼續我們的教條主義；甚至是一萬年。」[16]

一九七二年二月二十一日，尼克森飛抵北京，成為首位訪華的美國總統。與蘇方的武器限制談判尚在進行，越戰又未嘗止歇，美國總統急需一場外交政策的成功。他銳意決定，勢在必行，就是這一場了。毛澤東病懨懨地，正從嚴重的肺臟感染中復原，只短暫露面，就喋喋不休抱怨自己體弱多病。當尼克森總統吹捧道：「毛主席的著作感動了全國，改變了世界」，毛澤東說：「沒有改變世界，只改變了北京附近幾個地方。」（譯按：中共中央文獻研究室，逄先知、金沖及主編，《毛澤東傳（第六卷）》香港第一版。香港：中和出版，二〇一一）看著尼克森，毛澤東宣稱自己喜歡他。「我喜歡右派，」毛主席說道，「比較高興這些右派當政……從杜魯門到詹森，我們也都不那麼高興。」[17]毛澤東把協商交給周恩來，但仍密切緊盯事態的發展。

尼克森把周恩來當作總統必須拉攏的國會議員那樣對他講話，強調中國必須直接與他——總統本人——對話。尼克森稱其他美國政治人物會反對了解中國，只有他能夠使命必達。但為了做到這點，他甚至必須讓他自己的一些閣員都被蒙在鼓裡，包括國務卿威廉・羅傑斯（William Rogers）。尼克森懷疑羅傑斯的部門為了破壞總統名聲，把文件洩漏給媒體。周恩來始料未及地聽著尼克森這番逢迎討好的表現，默不作聲。

然後美國總統直接單刀直入美、中為何應當合作的話題。蘇聯正在威脅世界和平。「我相信，」尼克森對周恩來說道，「中方利益與美方利益迫切要求美國的軍事維持在差不多目前的規模，並〔……〕在歐洲、日本，以及當然在太平洋也維持我們的海軍勢力。我相信就這點來說，中國的利益與美國不相上下。」總統解釋道，對他來說，這不是關於臺灣、東亞或甚至越戰，而是關於全球穩定。[18]

由於毛澤東緊盯事態發展，即便是像周恩來這樣身經百戰的外交人員，除了攻擊蘇聯以外，也還是難以提出美方想要聽到的內容。周恩來對尼克森說，美國應該從印度支那撤軍，但中國會持續支援北越、民族解放陣線（FNL）、柬共與寮共。周總理說日本應該變得「和平、獨立、中立」。韓國是由韓國人自行決定的內部事務。臺灣在美方打破與蔣介石政權的軍事聯繫後會被中共「解放」，周恩來希望這在尼克森的第二任任期發生。

但周恩來其實也毋須多做承諾。尼克森為了己方的因素，也需要與中方取得突破性的進展。他希望美國國內媒體對他的出訪會做出正向報導，能讓他連任成功。但他也希望蘇聯、北越會由於憂心中美接觸，以至於與華府尋求解決方案。訪問行程的最後一份聲明——也就是《上海公報》——

開頭先分開陳述中、美政府的觀點，但在結尾處聲明兩國將持續為雙邊關係的正常化努力，並就貿易與科技方面合作。在重要的臺灣議題上，《上海公報》明確指出雙方都不希望這座島嶼的將來成為中美互動上的障礙：

> 在臺灣海峽兩邊的所有中國人都認為只有一個中國，臺灣是中國的一部分。美國政府對這一立場不提出異議。〔……〕確認從臺灣撤出全部美國武裝力量和軍事設施的最終目標。在此期間，它將隨著這個地區緊張局勢的緩和，逐步減少在臺美軍設施和武裝力量。[19]

就如同所有的外交突破性進展一樣，雙方都沒有完全達到他們所想要的。但就張開雙臂讓中國加入賽局以服務於美方利益的這點，尼克森是正確的。毛澤東這方面則增加了抵禦蘇聯方面的安全，以及至少維持了不久後收復臺灣的希望。然而，毛主席對於美方終極的目的為何仍然滿腹狐疑。他無法理解尼克森為何會支持「真正的」共產主義革命——亦即他的革命——反對在莫斯科的偽共產主義分子。毛澤東於一九七〇年對北越代表說：「季辛吉是臭知識分子……大學教授根本不懂外交。」[20]五年後，毛澤東又指季辛吉「從我們的肩膀跳到莫斯科去」。[21]在這份關係當中或許有有限度的合作，但幾乎完全沒有信賴，就連在美方開始與中方分享極為敏感的情報之後，仍是如此。

對世界上其他地方來說，尤其是對亞洲其他地方而言，中美關係的突破讓各國戰略地動山搖。逾二十年來，華府都在告訴日本、南韓、東南亞人民，美國人是來亞洲保護他們免受中共擴張計畫之苦的。在歐洲與其他地方，每逢美國的盟友或者中立國家要承認中華人民共和國時，美國就會發出抗議。如今美國總統面帶微笑出現在北京，舉手敬禮，與毛澤東和周恩來相談甚歡。日本首相佐藤榮作直到一九七一年尼克森電視談話的前幾分鐘才被通知，淚流滿面。「我做了一切他們〔美國人〕所要求的，」佐藤說，「他們讓我失望了。」[22]

一九七一年的「尼克森衝擊」（Nixon Shocks）導致日本國內對本國未來議論紛紛，就連在自民黨內部亦復如此。這是日本的冷戰轉捩點。尼克森之所以與布列敦森林體系分道揚鑣，很大程度上是直接針對日本的商業利益。從華府的角度來看，日本在美國的庇蔭之下已經春風得意。而尼克森的中國歷險在外交上使得日本孤立無援。同時，日本國內的冷戰——自民黨與共產主義者、社會主義者、貿易工會的對壘——也已式微（儘管兩造之間仍有嫌隙）。倒楣的佐藤於一九七二年被田中角榮取代。田中即刻動身前往北京來彌補失落的時間。中、日同意締結完整的外交關係，承認臺灣為中共的一部分，並共同力抗區域「霸權」（即蘇聯）。

亞洲其他地方也緊追在後。現在，在北京的鼓勵之下，北越人民相信尼克森是認真考慮撤出，而同意與美方於一九七三年元月在巴黎締結一項和平協約。華府與河內各自從己方的立場出發插入要點，混合起來的奇異產物就成了《巴黎協定》（Paris Accords），同時認可越南的統合，又承認南越的主權。協定稱「位於十七度線上的兩個地區之間的軍事分界線只是臨時性的，而不是一條政治或領土的邊界」。但也稱「越南南方人民的自決權是神聖的，不可侵犯，並應受到所有國家的尊重」。可想而知，尼克森為了讓南越領導人在這麼草率的協定上簽名耗盡心力。在北京，毛澤東告訴北越代表他們應該至少休兵六個月，然後再繼續征服全國。但中越關係已急轉直下。當越南幾乎在共產黨人下重新強制統一時，北京懷疑他們長期的盟軍此刻已與蘇聯結盟，以便控制印度支那。

尼克森對中國敞開心胸，就對他最重要的事項而言是得償所願。布里茲涅夫忽然害怕會失去與強敵之間達成緩和政策的機會，遂推動與美方之間就限武對談達成協議。尼克森在訪華三個月後，於一九七二年五月抵達莫斯科時，《戰略武器限制條約》（Strategic Arms Limitation Treaty, SALTI）已經備妥等待簽署了。對布里茲涅夫而言，這場高峰會是他作為政治人物生涯的亮點。戰略武器限制談判的協定不僅預設蘇聯在戰略核武上已與美國並駕齊驅，因此在軍力上可以相提並論，且美國總統也大致願意接受該文案，其中包含某些蘇聯在過去二十年在國際關係上已經拋出的主要概念。「在核武的年代，」於莫斯科簽署的基本原則（Basic Principles）稱：

> 除了在和平共存的基礎上之外，沒有其他進行〔美蘇〕雙方關係的方法。意識形態與美蘇社會體系的相異，並不阻礙奠基在主權、平等、互不干預內政與雙贏的雙邊正常關係發展……〔兩國〕將會在相互關係上有所節制，並且將會準備好協商並透過和平手段解決差異。就尚未解決的議題進行的討論與協商將會以相互融洽、彼此遷就和互惠的精神來進行。雙邊都認可要是單方在直接或間接犧牲另一方的情形下取得好處，是與這些目標有所出入。維持、強化美蘇之間和平關係的先決條件，是認可基於平等原則、放棄動武的雙方國安利益。[23]

這是冷戰休戰與美國承認蘇聯的實力並駕齊驅的一次重要宣言。對於一個終其二十世紀歷史都把外交政策奠基在自身無與倫比勢力之上的國家而言，這無疑是跨出了一大步，而隨著時間的遞嬗，這項政策將在國內受到嚴峻的挑戰。但在國際上，這開啟了冷戰的一個時刻，世界各地的人此時首度覺得可以透過協商與相互融合來解決衝突。在這個特殊的節點上，也許這比尼克森與季辛吉所以為的還要不重要。他們的世界仍然聚焦在冷戰之上。而在其他地方，他們的行為讓有些人開始跳出框架來思考。

七〇年代的一項進展在於強調人與人以及政府與政府之間跨越冷戰陣營的互相依存。有些知識分子與政治人物認為人類所面對的挑戰橫跨東西皆然。治理國家漸趨困難，因為國家愈來愈複雜。資訊流動愈發難以駕馭，因為資訊量愈來愈大。教育、醫療、社福、都市計畫、交通在所有的工業化社會都大同小異。難道過一段時間東西方不會變得愈來愈相似，而意識形態會愈來愈不重要嗎？曾在甘迺迪政府任職的美國經濟學家約翰・肯尼斯・加爾布雷斯（John Kenneth Galbraith）早於一九六六年在英國廣播公司的里斯講座（Reith Lectures）中就已預見：

> 兩個顯著不同的工業體系——一個標榜為社會主義、另一個資本主義——之間的匯流已是事實。而我們也必須假設這是一件好事。過去我們認為衝突無可避免，這種觀念是奠基在雙方差異無可化解的假設上，但遲早——也許比我們所想像的都還快——我們就會捐棄成見……在美國，要不是意識形態上的分野如此受到注目，那麼所謂軍武購買、太空探索、原子能源的公共和所謂私人組織之間的界線，早就已經稀微到幾乎無法察覺。[24]

加爾布雷斯和其他人認為，共同把科學與科技放在中心地位的認知，是把不同立場的國家彼此拉近的關鍵。但軍備競賽擋在了科學合作的道路上。彼此的不信任排除了共同獲益的機會。即便尼克森與布里茲涅夫已經往限武的方向邁進，還是有許多專家覺得這樣的努力還不夠快。在帕格沃什會議（Pugwash Conferences）上，來自東西方的科學家在沒有（至少沒有顯著的）政府介入的情況下會面，負責傳播科學精英肩負世界和平的觀念。一九六九年的會議報告認定「急遽降低核武的庫存，就能有效地嚇阻……一般大眾仍然不理解以目前的核武庫存，要是開啟全面核戰，會造成巨大的毀滅。科學家肩負著教育大眾的責任」。25

及至七〇年代，美、蘇的核武庫存已經到了匪夷所思的程度，就這點而言，帕格沃什的科學家無疑是正確的。儘管戰略武器限制條約的協商就打造雙方信任基礎上至關重要，但在降低這些層級上卻並無作為。他們所渴望的只是降低未來的軍武增長。核彈頭數量在六〇年代急遽增加，其中多數是在蘇聯和美國。其他的核武強權——英國、法國、中國——的武器庫規模則小得多。蘇聯試圖追上美國的腳步。一九六四年，美國的戰略核彈頭數量是蘇聯的十倍，精準度和輸送能力更是遠勝。但兩者相加起來令人咋舌，在六〇年代，核武總數成長逾兩倍。到了一九七五年，有將近五萬座核武器，其中有些有六到十個可以獨立鎖定目標的彈頭。其加總起來的爆炸力比足以摧毀地球上所有大陸加起來的面積還多。

但軍備競賽這種病態的邏輯並沒有止步於地球。在一九五七年蘇聯把第一顆衛星放上軌道後，冷戰也有擴散到外太空之虞。讓衛星就位的火箭就與驅動超級強權發射的洲際核彈幾乎一模一樣。雙方都知道把衛星作為軍事之用，可以讓他們在軍備競賽中的地位顯著提升。很快地它們就不只是作為溝通和導彈體系之用，也被拿來監控。雙方有些專家認為應當把進攻型武器放上外太空，所幸政治領導人及時喊停。進入緩和政策時代最初的跡象之一，是聯合國於一九六七年首肯的條約，禁止把大規模毀滅的武器部署在外太空。

在美國人於一九六九年登月後，尼克森與布里茲涅夫理解到在外太空的某些合作也許對雙方的國家都有所助益，對強權之間關係的新時代來說是強而有力的象徵。經由雙方的科學家推動，尼克森在一九七二年訪問莫斯科時，兩位領袖簽署了一項關於外太空研究的合作協定。「那是很有想像力的」，季辛吉對他的上司矜誇道。「甘迺迪，」尼克森以他一貫的態度說，「甘迺迪根本不可能做到那個，那個太空的玩意。」三年後，在外太空的合作產生了緩和政策最驚人的意象：美國的阿波羅號（Apollo）太空梭與蘇聯的聯盟號（Soiuz）對接，雙方的太空人穿過開啟的門閂握手。

儘管有些懷疑冷戰的論者致力於提倡社會彼此接觸、科學交流或者裁軍，但也有其他人抗議冷戰是國家對個人控制的延伸。六〇年代的青年抗議活動到了七〇年代，至少對其中一些主要人物而言已歷經了轉型。至少以西方世界來說，對托派與毛主義的信念已逝，取而代之的是對國家監控與國家罪行的疑慮。一九六八年在街頭呼喊毛主義口號的法國哲學家安德烈．格魯克斯曼（André Glucksmann）在六年之後，寫下一本書比較史達林與希特勒的罪行。《火爐與食人：論國家、馬克思主義與集中營》（*The Stove and the Cannibal: An Essay on the Connections Between the State, Marxism, and the Concentration Camps*）論證任何形式的馬克思主義都會導向極權主義。在美國亦然，過往的社會主義者——如喬治城大學教授珍妮．柯克派屈克（Jeane Kirkpatrick），和激進分子如為詹森「向貧窮宣戰」（War on Poverty）擘劃政策的丹尼爾．派屈克．莫尼漢（Daniel Patrick Moynihan）——都開始強調個人權利以及福利補貼。

對西方個人自由念茲在茲，與蘇聯和東歐對史達林主義的社會批判若合符節。蘇聯的諾貝爾獎得主索忍尼辛以其勇於探討政府的罪行獨樹一格。他的小說《伊凡·傑尼索維奇的一天》揭開蘇聯勞改營內慘絕人寰的境況。數以百萬計的人在勞改營內惶惶不可終日。對索忍尼辛而言，勞改營守衛的呼叫成為蘇聯本身的象徵：「囚犯們，注意。必須嚴格遵守行進命令。維持在你的隊伍中。不要快步，保持穩定的步伐。不要交談。眼光集中在前方，手背在背後。往右或往左多一步都會被視為試圖逃脫，護衛隊受命射擊，毋需事先警告。」[26]

索忍尼辛於一九七四年遭到蘇聯放逐。其他作家緊追其後。安德烈·阿馬利克（Andrei Amalrik）兩年後被迫出走。他的罪行是在一篇出版於西方的文章中問道，蘇聯能否存活到喬治·歐威爾（George Orwell）著名的一九八四年？阿馬利克指稱，一個如此依賴控制與壓抑的國家早晚要出問題。極權主義與國際孤立持續愈久，「當與現實的衝突變得無可避免時，垮臺就會愈迅速決絕」。與宣稱「現在的情況比十年前好，因此十年後會更好」的蘇聯內外人士針鋒相對，阿馬利克認為俄羅斯革命已經發展到了極致，沒有更多可提供予蘇聯人民的了。[27]

其他冷戰批評家把論點帶到了全球的層級。他們稱社會主義與資本主義兩方均無法解決人類所共同面對的大問題，意識形態的競爭讓它們偏離了正軌。兩種工業發展形式造成的環境破壞、人口激增（許多專家臆測這造成了饑饉與騷亂）以及後殖民國家的貧困，讓許多在西方的人確信冷戰很快就會變成明日黃花。一九六七至六九年間由資源競爭、族群衝突（而非大國干預）所導致的奈及利亞內戰，似乎比歐洲任何冷戰分裂兩端的潛在衝突都還要真實。比起神祕的核武末世，在東西方都廣為散播的比亞法拉共和國（Biafra）飢童照片，對於人類共同的未來之威脅似乎更加真實。

有些人預估其他方面的威脅會變得更加重要，但即便如此，東西之間的緩和政策仍踏出了正向的一步。一九七三年美國近七〇%的人口相信美、蘇可以為和平共同努力。支持戰略武器限制條約和其他領域（包括貿易和科技合作）增加接觸的比例更高。[28]在西歐的輿情顯示，許多人認為從此揮別冷戰。只有不到一〇%的西德人民認為蘇聯真的是個威脅。有趣的是，當西德人被問到五十年之後誰會是勢力最大的強權時，回答是蘇聯的人是回答美國的兩倍。[29]但與五〇年代不同的是，這樣的未來景象似乎不再讓他們畏懼。

至少最初，就連西方緩和政策的主角——尼克森總統與西德總理布蘭特——的差錯也未影響公眾對緩和政策的支持。尼克森於一九七二年連任後不久，法律問題就籠罩在他的總統職之上。這位總統被指涉入闖進他的民主黨敵手在華府水門大樓的案件調查。這起竊盜案是由白宮官員下令執行，而尼克森出庭作證的壓力俱增。就在他顯然要遭到彈劾離職之際，尼克森於一九七四年八月辭職，黯然下臺，成為美國史上第一位辭職的總統。

布蘭特的總理職也因為他自己不慎捲入風波。他和尼克森同樣於一九七二年秋季挾帶著厚實的民意基礎連任。但他似乎對自己的東方政策下一步走向何方不甚了了。他無意直接挑戰美方由強權領導緩和政策的觀念，且希望看到東歐（尤其是東德）更為正向的改變，然後再提出東西合作的計畫。同時，布蘭特的私生活愈發不可收拾。他酗酒與外遇的狀況讓幕僚擔憂，而這是發生在發現布蘭特辦公室內的一名重要官員為東德間諜之前。害怕遭到恐嚇的布蘭特於一九七四年五月請辭。繼任者赫爾穆特·施密特（Helmut Schmidt）雖支持東方政策，但顯然對東歐和蘇聯是否願意因西方讓步就禮尚往來，心存懷疑。

尼克森在白宮的繼任者傑拉德·福特同樣大力支持進一步與蘇聯、中國交涉。季辛吉以國務卿身分繼續執外交政策牛耳，儘管他在新政府中的地位逐漸受限。隨著國會由民主黨掌握，甚至許多共和黨人在水門案後對尼克森試圖執行的強力政策強加批判，白宮在外交政策上的斡旋空間變得掣肘。儘管如此，福特政府還是能夠完成新一輪的戰略武器限制條約協定（SALT II），對雙方各自所能持有的戰略核武數量，甚至是個別分導式多彈頭（MIRVs）的數量，設下一致、清楚的限制。該協定也試圖避免將來新型戰略武器的部署。

一九七四年十一月，福特總統前往蘇聯在太平洋岸的海參崴簽署戰略武器限制條約協定。在該次協商當中，兩位領導人都試圖盡速推進進度，有時候甚至對他們自己的軍事專家建言不予理會。布里茲涅夫指稱他的目標是解決軍備競賽，以此，蘇聯便可以把重心更放在國內的發展。「我們耗費數百億在這些東西上面，可以把這幾百億的錢拿來更妥善地運用在人民的福利上。」布里茲涅夫對福特如是說。[30]但這位蘇聯領導人也希望在所有種類的戰略型武器上都要達到完全的平等，包括那些蘇聯事實上落後於美國的武器。因此，如果他的目標是要剩下更多的款項挪作平民百姓之用，那麼要想在戰力上完全並駕齊驅這一點，就讓布里茲涅夫作繭自縛。蘇聯必須斥資更多來追上他們謊稱紅軍已經持有（且美方也大抵相信）的武器量能。

到了七〇年代中，緩和政策的支持者所達致的成就，是早十年所根本無法料想的程度。要說時機已經成熟到足以發展這些建立信心的舉措是很容易的，有些人也的確持這樣的論調。即便緩和政策的進程實屬偶然，且在某些議題上自相矛盾，但要讓這項政策在一九七五年時達到它所想要的高度，還是需要膽識。耄耋之年的布里茲涅夫把緩和政策視為畢生職志，相信這能長保和平，儘管他和他的幕僚就馬克思主義的角度而言，開始懷疑是因為全球資本主義已經進入結構性的危機，才讓蘇聯得以在國際事務上取得先機。中國的領導人願意與昨日之我決裂，也值得贊許，儘管他們意圖利用國家的安定在國內繼續多行不義。然而是尼克森讓這一切都變得可能。由於他從根本上就不信任自己的人民，因此尼克森迫使美國的外交政策進入正軌。美國在這條軌道上是在「美國的全球霸權不會亙久不變」這個基礎假設上與他國斡旋，這在冷戰當中實屬頭一遭。

第十六章
冷戰與印度

與尼克森總統的國安顧問季辛吉所稱的不同，中國並不是全球冷戰最難以捉摸的國家。毛澤東的中國太過意識形態掛帥、太過故步自封，不足以勝任這個角色。如果說冷戰真的有哪個國家難以捉摸，那也非當時人口逾四億的民主國家印度莫屬。印度於一九四七年從英國獨立，大抵採用英式的政府體系。在總理賈瓦哈拉爾．尼赫魯治下的新的印度領導班子自命為非結盟、反殖民的社會主義國家。儘管顯著受到蘇聯的計畫經濟啟發，但尼赫魯強烈反對權力集團的概念。作為一套國際體系的冷戰令他反胃。就尼赫魯的觀點，這在本質上就是從歐洲的考量出發，而且把焦點從世界上多數人口所面對的真正問題——低度開發、饑饉、殖民壓迫——轉移開來。

對貴族尼赫魯而言，社會主義廣義而言首先是關於社會協助和社會平等。這位首任印度首相在哈洛、劍橋受教育時，受到英國的左翼傳統啟發甚深，他自認「在稟性與養成上是個人主義者，在智性上是社會主義者……我希望社會主義不會殺害或壓迫個體。誠然，我很受其吸引，因為它能讓無數的個體從經濟與文化的枷鎖中釋放出來」。[1]在一九五六年第二期五年計畫開始的前一年通過的國民大會黨對經濟政策的決議案中，「國家的目標是福利國家和社會主義經濟。這只能透過顯著提升收入和更多的商品、服務、就業來達成。因此，經濟政策應當放眼物質無缺以及公平的分配」。2

為了要取得尼赫魯和國會的領導班子所嚮往的這種發展，第三世界團結、國家主權、行動自由至關重要。因此，新的印度在許多方面都是透過與冷戰的對立來界定自身，在國內如此，在國際亦然。印度是一九五五年萬隆會議的主要召集方，並成為一九六一年不結盟運動的元老。在外交政策上，印度強調包容性的國際機構（尤其是聯合國）的角色。遠在歐洲與強權的緩和政策發端之前，尼赫魯就相信冷戰國際體系對印度的利益以及他認為印度所代表的價值觀有所損害。外交領袖有時對尼赫魯的道德訓示以及他堅持以印度為範例這點感到不耐。但他的國家是他國必須承認的一股勢力，一方面在亞洲是如此，另一方面亦是因為尼赫魯堅稱印度是冷戰的解方。

由於在後殖民的世界各地騷亂叢生，把印度樹立為其他國家的典範似乎相對容易，但要設計出可以推進尼赫魯在國內外目標的政策就比較困難。在尼赫魯治下，國會維持該國所採行的英式體制，包括至少五年一度選舉，一人一票。有些印度人指稱在一個逾八成人口不識字的國家，這樣的體系行政效率不彰，在政治上毫無意義。印度共產黨痛斥尼赫魯並未竭力剷除農村根深柢固的社會壓迫，尤其是種姓制度造成的壓迫，也未阻止城市中對工人的剝削。共產主義者在如喀拉拉邦（Kerala）與西孟加拉等許多邦取得顯著的支持，成為國會中最大的反對黨。但他們總難逃尼赫魯對他們支持暴力、忽視國家利益、壓迫個人自由的攻擊。五〇年代末共產主義者贏得喀拉拉邦選舉後，尼赫魯從中作梗，讓中央把他們轟出政壇。時任國大黨黨魁的尼赫魯女兒甘地已與當地的共產黨人交鋒多時，她不容許任何抵抗行動：「當喀拉拉邦已遍地烽火，援助人民就成了中央的義務；共產黨統治者的統治不力已讓人無法容忍抵賴。」[3]

在國內，國大黨不容許諸如共產黨、頑固的地主和貴族、少數族裔等任何抵抗勢力。在外交上，國大黨主要的挑戰是與一九四七年印巴分治的結果對抗。尼赫魯稱已接受巴基斯坦獨立，事實上他也跟任何有點常識的人一樣，都知道與其繼續讓印度在獨立的年代深陷種族屠殺的泥淖，不如讓巴基斯坦獨立。但從印度領土切割出去的地域東西兩側存在著宗教國家，讓激進的世俗主義者如尼赫魯如坐針氈。他私底下承認要是沒有巴基斯坦的存在就更好了。但因為它實際上是存在的，他堅持要加以平等對待。這條途徑的困難之處在於印巴之間的喀什米爾烽火不斷。一九四七年，喀什米爾劃歸印度，但占多數人口的穆斯林當中有些製造騷亂，要求劃歸巴基斯坦或者尋求獨立。在短暫開戰後，印度控制了喀什米爾的三分之二，巴基斯坦則控制其他部分。對巴基斯坦的領導人來說，抵抗印度對喀什米爾的控制事關民族解放。對尼赫魯而言，這攸關的是印度的領土完整以及其非社群（noncommunal）多族裔國家的地位。尼赫魯自己的祖先就來自喀什米爾。儘管印方提出由全民表決來解決，但總理和他的國家是不可能在巴基斯坦的壓力下讓出喀什米爾的。

在全球舞臺上，尼赫魯強調印度的不結盟外交政策，以及需要找出全球性的解決方案，最好是透過聯合國來解決。他出訪美國期間顯然與杜魯門總統沒有一拍即合。這次訪美的目的是為了讓美方加入正在擴張中的國家共同體。「兩次悲劇性的戰爭已經顯示戰爭之無用，」尼赫魯告訴美國國會，「沒有和平意志的勝利便無法達到長期的結果……容我斗膽地說，這豈非就是當今世局的寫照？這都有損於人類的理性或我們共同的人性。這種慘況應當持續嗎？科學和財富的力量應當持續被帶往毀滅嗎？……國家愈強大，愈有責任尋找正確的答案，並為正確的答案努力。」[4]

印度在冷戰中拒絕像杜魯門所預期的站到美國這一邊。雙邊的美國經濟援助仍然持續。但「他們所期望的不只是感謝和善意，」尼赫魯在回程時說，「但我不能給他們那些多出來的東西。」[5]

美方確實期待更多的回報。杜魯門和他的國務卿艾奇遜相當難以接受印度的不結盟運動就意味著堅持獨立的外交政策，拒絕臣服於任何一方的權力集團。以朝鮮為例，尼赫魯譴責北韓發動進攻，但旋即開始尋求和平解決爭端的方案。雖然華府嗤之以鼻，譏為天真爛漫，但印度方面的提案，尤其是終戰時就停火與戰俘談判等議題的提案，確乎有其效應。但尼赫魯的努力並未讓杜魯門驚豔。「尼赫魯把我們一路出賣到哈德遜，」據說美國總統在五〇年代末曾這麼抱怨，「他的態度害我們打輸越戰。」[6]

尼赫魯與美方保持距離，巴基斯坦的領導人則巴不得擁抱美國。肇建巴基斯坦的穆斯林精英在國內經濟上步履蹣跚，在外又受到來自印度的壓力，故急於與美國在冷戰中的作為掛鉤。巴基斯坦的使節把自己的國家呈現為圍繞著蘇聯的冷戰鏈上的重要一環，特別是加上印度又拒絕為反共貢獻一己之力。他們指稱倘若巴基斯坦缺乏美援，很容易便會成為蘇聯擴張主義的目標，以及蘇聯尋求溫水港的獵物。一九五四年，艾森豪政府報以《共同防禦援助協定》（Mutual Defense Assistance Agreement），以此，巴基斯坦可以從美方接收大量的軍事援助。巴基斯坦也加入了東南亞公約組織（South East Asia Treaty Organization, SEATO）和巴格達公約（Baghdad Pact），承諾要是領土遭到攻擊，美、英將提供援助。這些公約在亞洲的其他成員國包括菲律賓、泰國、伊朗、伊拉克、土耳其。尼赫魯火冒三丈。當他於一九五六年在新德里接見艾森豪的國務卿杜勒斯的時候，這位印度總理痛斥美方政策。「他說他承認北約也許是真的有其必要，」杜勒斯回報道，但是——

任何對亞洲的安排，他都懷疑其真實的國安價值。他強烈反對東南亞公約組織和巴格達公約，認為巴基斯坦加入這些不是為了防禦蘇聯的共產主義者，而是為了強化對抗印度的力量。他認為巴基斯坦人崇尚武力，盲目狂熱，準備好要攻打印度……他痛斥美國對巴基斯坦的武裝害得印度也要武裝自己，在想要集中精力於增進經濟、社會情況時，卻得斥資在國防上（他在談到巴基斯坦時長篇大論，並且表露出強烈的情緒）。[7]

尼赫魯的外交政策泰半是設計來打破分治對南亞帶來的限制。他把南亞的沉痾歸咎於殖民主義，這也誠然沒錯。尼赫魯認為是英國讓穆斯林與印度教徒為敵，並且在次大陸邊陲上創立緬甸、錫蘭、尼泊爾、不丹、錫金等獨立國家。英國人承認印度西岸的果阿邦（Goa）為葡萄牙殖民地。英國人賦予權力給由君主、王公統治的領土，害得首相此刻變得必須威逼利誘，才能讓它們成為印度的成員。因此，反殖民與亞洲團結對尼赫魯至關重要，其中又以主要的亞洲國家之間的合作最為要緊。戰後初年，他向（在他眼裡猶如東南亞的印度的）印尼示好。他也意圖與中國密切合作，部分是為了說服中國的共產黨員，他們首先是亞洲人。他反對美日安保條約，視之為強加在亞洲國家上的冷戰安排。

一九五五年在萬隆，由於尼赫魯巨星般的地位，有些參與國把會議看作是印度有點太過花枝招展的秀場。但尼赫魯在會議上要傳達的信息很清晰。冷戰違背了第三世界的利益。以核毀滅來威嚇全世界，不僅於道德上站不住腳，也迴避了後殖民國家真正要面對的問題：貧窮、識字率低、疾疫以及殖民主義造成的社會分崩離析。新的後殖民國家必須攜手合作，克服殖民時期遺留的沉痾以及冷戰帶來的弊病。而唯一推動這項合作計畫的就是由其他國家師法印度的不結盟運動，以及像印度一樣，不顧冷戰的強權告誡，為第三世界原則挺身而出。尼赫魯對集結在萬隆的諸領導人（不免有些道貌岸然地）說，在一些議題上，他們必須得要放棄他們自己的民族利益，以支持道德上正確、有益於共同宗旨的議題。

尼赫魯在萬隆之後主要念茲在茲的，是把他所稱之為實際的團結延伸到去殖民、民族統合、對抗外來宰制等宗旨上。在聯合國，印度痛陳歐洲國家之不是，指它們遲遲不讓非洲國家重獲自由，另也發聲譴責美國在印度支那的角色愈發吃重，並對埃及、古巴的革命表示歡迎。但不像更為激進的第三世界國家那樣，尼赫魯仍相信有可能與歐洲人合作，並且應當避免暴力的衝突。激進分子如納賽爾對於印度在蘇伊士運河危機時傾向協商的立場，以及對非洲的解放運動並未提供武力支援感到失望。納賽爾、本・貝拉、曼德拉痛惜印方強調調解、仲裁，並對印度仍然自願留在大英國協深表遺憾。

然而在印度內部，尼赫魯在國家快速發展的道路上進一步地左傾。自三〇年代起，國會的領導班子就被蘇聯的計畫模型所吸引，這些計畫的成功似乎在讓落後的國家得以步上現代化。在獨立之後，在英國受教育的印度經濟學家受到左翼工黨以國家為中心發展的觀念影響，開始制定大規模的計畫讓印度轉型為工業強權，能餵飽增加的人口。即便他們的教育背景是英國，但印度的專家所擘劃的五年計畫與其說是倫敦經濟學院式的，毋寧說是蘇聯國家計畫委員會式的；與其說是拉斯基

（Laski）式的，毋寧說是列寧式的。比起模糊又備受挑戰的英式計畫，蘇聯實驗的案例既具體又經過實例證明可行。在一九五六年起的第二期五年計畫中，尼赫魯的主要操盤手普拉桑塔・錢德拉・馬哈拉諾比斯（Prasanta Chandra Mahalanobis）概括了整項計畫的目標：

必須為提高生產、增加投資和就業提供更多。同時也必須加速體制上的變革，好讓經濟更有活力、更進步，這不只是為了經濟上的目的，也是為了社會上的目的。發展是一個持續不斷的過程，涉及共同體生活的所有面向，必須通盤審視。因此經濟計畫延伸到經濟以外的領域，諸如教育、社會、文化等範疇。在有限的時段當中制定的個別計畫會成為另一個起點，帶來更持久的效應，含括更長遠的時期，踏出的每一步都開啟新的前景，也把新的有待解決的問題帶進我們的視野。[8]

第二期五年計畫的發動，不僅與印度（如同在萬隆時一樣）提倡南南團結的時間相仿，也與印度顯著加強與蘇聯集團的連結的時間點重疊。赫魯雪夫於一九五五年訪問印度，儘管跟美方一樣，他也發現尼赫魯為人難以相處，但蘇聯領導人旋即宣布蘇印友誼時代的誕生。蘇方的援助開始挹注印度，雖然多年來比起來自北美、西歐的發展援助小巫見大巫。[9]但跟只是金錢、科技、專家比起來，赫魯雪夫更進一步，在諸如喀什米爾的國際議題上也毫不含糊地支持印度的立場。印度駐莫斯科使館語帶諷刺地告訴尼赫魯：「蘇聯害怕在東邊的盟友——中國——以其充沛的人力和逐漸壯大的工業力量，可能會如同芒刺在背。倘若這種情況發生，要想對付這種突發狀況，他們想要建立反制的力量……誰能比印度扮演得更好呢？……」[10]

自從尼赫魯就任印度總理以來，中國對他來說就一直是個兩難。在國共內戰期間，尼赫魯因為共產黨從農村發跡，加上他們的行動項目訴諸社會正義，因此較為同情共軍。但他首先痛陳戰爭暴力之非，並且對於中共在打勝仗後所展現出的教條式馬克思主義不以為然。在尼赫魯的心目中，兩者互為因果。戰爭孕育了極端的激進主義和侵略行徑。他有意與中國建立更密切的關係，成為在亞洲的盟國，但由於新的北京政權樂於使用恐怖手段來解決國內問題，也因為中方在意識形態上與蘇聯掛鉤，使得他也戒慎恐懼。即便如此，尼赫魯仍明確表示中國應當被納入他所想打造的非亞國家集團之中。「我毫不懷疑，」他對幕僚說，「中國的政府與人民渴望和平。」[11]

在中印關係上，西藏的狀態是個關鍵問題。西藏是中國宣稱屬於主權領土一部分的自治邊境地帶。中共領導人憂心獨立的印度會接續英國影響西藏。然而尼赫魯關於中方對此地的主權沒有意見，儘管他對於達賴喇嘛試圖盡可能保有自治深表同情。這位印度總理也熱切希望西藏可以為其佛教為主的人口保有宗教自由。在拉薩為印度通風報信西藏內情的領事館回報藏區的落後情形，需要擺脫「明明殘酷無道卻不知為何保留下來的陳舊封建體系」進行發展。[12]但同時也強調西藏是中、印之間一個巨大的緩衝區。

當共軍於一九五〇年進入西藏時，尼赫魯籲請中方對西藏「寬大為懷」，但同時也建議西藏人試著與北京合作。保險起見，如有需要，他願讓達賴喇嘛流亡印度。但他也批准軍援西藏政府。根據拉薩的印度領事館所稱，「到了一九五〇年四月，武器彈藥供給開始湧進西藏」。[13]然而印度的支持幫助並不大。到了五〇年底，西藏泰半已淪入解放軍的控制。尼赫魯拒絕了與美方聯手馳援西藏的抵抗勢力，反而建議駐紮在左近印度邊境的達賴喇嘛返回拉薩，並接受中方提出的一些要求，以期盡可能地保留西藏的自由。[14]

毛澤東不滿印度對西藏的行為，並大發雷霆。在與蘇方談話的時候，他指責尼赫魯為帝國主義的雙面特工和英美利益的「走狗」。中共領導人相信，尼赫魯把英國外交人員、藏學家黎吉生（Hugh Richardson）留置在印度駐拉薩領事館這點，就證實了他們的想法。雖然對於印度協助終結韓戰這點，北京表示激賞，但雙方之間要真的達到互信關係，還是花了許多時間。

一九五四年，中國為了給蘇聯在後史達林時代的和平攻勢貢獻一己之力，北京方面同意與德里就西藏議題談話。長期以來呼籲進行這種相關談話的尼赫魯對於有此新的契機喜不自勝。他當然知道此時中方在西藏的地位已經穩固，毛澤東突然變得講理也與這脫不了干係。但這位印度總理所始料未及的是，中方所提出的中印合作的大致上概念的確與他自己的觀念吻合。整合進協議的是尼赫魯用梵語稱之為五項美德（*Panch Sheel*，譯按：梵文中 panch 即五，sheel 為美德），中方在與蘇聯諮詢後則稱之為和平共處五項原則（Five Principles of Peaceful Coexistence），當中包含「互相尊重主權和領土完整；互不侵犯；互不干涉內政；平等互利；和平共處」等原則。[15]

在萬隆，尼赫魯強調五項美德原則是亞非國家運動的基本外交政策。事實上這些當然遠不止是政策，就共同提案來說，這些遠比東西雙方在冷戰期間所能同意的還要多。對印度人而言，五項原則主要是一種使中國與第三世界的外圍聯繫起來的方法。雖然諸如印度、印尼、埃及、迦納等真正獨立、不結盟的國家才是南南網絡的核心，但尼赫魯希望亞洲國家如中、日也能夠參與——儘管他們在冷戰當中有結盟關係。尼赫魯公開表示長期目標是讓它們脫離冷戰的傾向，並將它們完整納入意在改變全球的亞非夥伴關係。

印度在萬隆之後的外交政策，旨在讓亞洲與非洲各國之間就反殖民主義、解除軍武、發展等議題更密切的合作。國會領導人邀請他國代表團訪問印度，研究其科學、科技、計畫、教育的經驗。在聯合國，印度的代表尋求從國際上解決冷戰衝突的方案，並支持南非、阿爾及利亞、印度支那的解放運動（德里方面主要把越南的衝突視為去殖民的議題，並反對美方涉入）。印度的外交人員和運動分子也就美國的種族議題做報告。對他們多數人來說，美國沒有意願面對他們自己國內的種族壓迫這點，顯示不能對華府方面就國際解殖問題有所期待。尼赫魯堅信在全球脈絡中，去殖民與人權息息相關。即便如此，他仍然對把聯合國人權宣言當作外交政策的工具抱持懷疑，因為他相信在多數情況下，國家主權在國內事務上會反將國際協議一軍。但尼赫魯仍然認為聯合國議案與公約大有用處，因為可以用它們來對抗南非的種族歧視或英國對肯亞的殖民壓迫。

印度外交政策的另一主要面向，是打造一個不結盟國家之間的廣大集團，以粉碎冷戰。這個計畫與發軔於萬隆的第三世界計畫息息相關。其目標在於讓政治取向互異的國家可以擺脫冷戰的二元對立，宣稱自己不結盟。這個目標意味著沒有中國與日本的空間，但印尼、迦納、埃及則會與印度一同扮演領導的角色。南斯拉夫的加入是一大助力，花枝招展的領導人狄托成了不結盟運動的要角。他於一九五四年出訪印度，期間大力讚揚東道主的所有外交政策概念，這使他成為德里的英雄人物。印度的外交人員對狄托的觀察如下：「首位不是代表殖民者、而是亞洲國家的好朋友的偉大歐洲政治人物。」[16] 一九五六年夏天，尼赫魯、納賽爾、狄托在南斯拉夫的布里俄尼（Brioni）島提出，恪守不結盟原則的國家之間應有更正式的合作想法，不只是在亞洲與非洲，也應該包括歐洲和拉丁美洲。

自從一九四八年被史達林在一念之間逐出蘇聯集團後，南斯拉夫就在歐洲的邊緣危如累卵：雖仍屬共產主義國家，但是是由西方援助撐持著，且由自己堅實的軍隊戍守。狄托希望他的國家扮演英雄式的孤臣孽子。他把南斯拉夫視為獨立的社會主義發展之燈塔，也是不想被冷戰的二元對立所吸納的第三世界新國家之模範。要當社會主義國家，保持獨立，且受到雙邊的權力集團尊重，狄托認為是有可能的。在赫魯雪夫一九五五年承認史達林對狄托的指控純屬虛構之後，南斯拉夫在第三世界當中的籌碼更為提升了。

對印度和其他新的國家而言，南斯拉夫也扮演主要輸出武器、提供軍事顧問的角色。直到狄托一九八〇年去世為止，他的國家都是不結盟運動中的軍事側翼，把自己火力充沛的軍工業設備向外供輸，不僅是供應給第三世界的獨立國家，也提供給在安哥拉、辛巴威、幾內亞的解放運動。在某些情況下，南斯拉夫的軍事供給可與蘇聯匹敵，讓那些覺得自己的防禦需求過度仰賴莫斯科的國家另有出路。尼赫魯和他的繼任者把狄托視為他們最親密的盟友。尼赫魯的女兒、總理甘地把這位南斯拉夫領導人視為國際事務上的導師，幾乎像是父親般的角色。

但印方也相信自己就能對蘇聯有更為直接的影響力。尼赫魯從未放棄將蘇聯從他們在冷戰當中的行徑拉回正軌。印度總理相信莫斯科反應激烈是因為覺得自己受到了威脅。「無論是誰應當為這場『冷戰』負責，對蘇聯造成的效應是創造出恐懼以及持續的危機感。」他於一九五五年對首席部長們如是說。尼赫魯發現「要是世界上的緊張關係有顯著改善，冷戰停止的話，那麼內部的發展與變革就會發生在這些東歐國家」。[17]印度的外交人員認為，赫魯雪夫之所以於一九五六年蘇聯二十大與史達林的政策分道揚鑣，就是受到印度的良性影響。蘇聯領導人訪印「肯定既是為她的進步感到驚豔，又欣賞她對暴力的憎惡態度。因此，暴力並非社會轉型的先決條件這個理論，認可了已然存在的事態。蘇聯領導人與我方首相談話，並密集研讀其著作……想必也使蘇聯領導人在通往社會主義的道路上減少了暴力的比重」。[18]

一九五六年蘇聯入侵匈牙利固然使得印度對蘇聯大失所望，但也並未就此澆熄希望。印度的發展計畫仍持續接收蘇聯的援助，也持續提升軍事上的實力。但尼赫魯對於不結盟的理念以及打造反冷戰集團的想法愈發執迷。儘管他對納賽爾、恩克魯瑪、蘇卡諾更為激進的取徑有所遲疑，但並未因此與他們分道揚鑣。這種疑慮反而使印度更加必須與其他的不結盟國家密切互動，以便影響諸國。尼赫魯的結論是，畢竟迫使第三世界的其他領導人採取不必要的激進手段的，正是由於帝國主義國家不願意放棄他們的地位和特權。一九六〇至六一年的剛果危機是為一例。尼赫魯對盧蒙巴遇刺大為震驚，並歸咎於比利時及其美方的同夥。印度派出了五千大軍到聯合國在剛果的維和行動，前提是祕書長要確保剛果的民族保持完整。

剛果危機是刺激不結盟的國家於一九六一年在南斯拉夫首府貝爾格勒聚會的因素。這場會晤旨在固定安排會議，後來被稱為不結盟運動（Non-Aligned Movement）。儘管尼赫魯強力支持不結盟的合作，但他對於設立更為統整的組織則持懷疑態度，一部分是由於他害怕這會減少印度在外交事務上的彈性與獨立。剛果的疑慮證明他錯了。不屬於集團的諸國必須合作，掌握去殖民化的進程，否則強權將會利用這項進程來遂行他們自己的目的。但赫魯雪夫與艾森豪原訂於一九六〇年在巴黎舉行的峰會胎死腹中，證明強權之間連他們自己的事務都搞不定，更遑論他國事務了。貝爾格勒會議上的最終聲明說道：「戰爭的嚴峻後果從未如今天這樣威脅人類。」但同時，與會者也強調「帝國主義正在削弱。殖民帝國以及其他對亞洲、非洲、拉美人民的外來壓迫形式，正逐漸從此一歷史階段消失」。[19]

不結盟運動的許多創始國在一九六一年時所擔憂的，是殖民主義的困獸之鬥會引發新的戰爭。「唯有在殖民主義－帝國主義與新殖民主義的所有宰制形式都被徹底根除時，才能達致長久的和平……本會議堅決反對戰爭——包括『冷戰』——是無可避免的這種觀點，因為這種觀點反應出無助感與無望感……它們堅信國際社群能夠在不訴諸屬於人類歷史上一個紀元的手段之情況下，組織自己的生活。」[20]對尼赫魯而言，貝爾格勒宣言既是設想一個沒有冷戰的未來，又是在對全球和平是何等脆弱發出警示。

初發軔的不結盟運動由一些同床異夢的夥伴所組成。中國被排除在外，但卡斯楚的古巴卻是在貝爾格勒初出茅廬。僅僅一年後，在古巴飛彈危機中，卡斯楚行將呼籲蘇聯以全球核戰為代價來保衛古巴的獨立。但有一些保守的君主制國家如衣索比亞、摩洛哥、沙烏地阿拉伯也有派代表。貝爾格勒與萬隆的不同之處，不僅在於它含納了歐洲與拉丁美洲國家，也是因為比起第三世界的團結，這次會議更是關乎獨立的權利、主權、和平。跟在萬隆比起來，國家以其各色形式在貝爾格勒扮演更為中心的角色。也許這並不教人意外，因為在一九五五至六一年間就有海量的新生國家出現。連同七十七國集團，這預示著日後，國家（和國家的要求）將會與去殖民化運動初期所設想更為激進的國際事務重組有所抵觸。

印度這個年輕的國家對國安的需求，行將在不結盟運動成立的短短一年後就斑斑可見。一九六二年與中國的戰爭，粉碎了尼赫魯的年輕助手一度曾對未來顯露出的樂觀態度——儘管未必讓總理自己失去信心。對於印度舉國內外都指控尼赫魯爛漫天真，尼赫魯並不以為意，他更在意的是戰爭對他國家的國際展望會造成的影響。隨著中方軍隊挺進，尼赫魯絕望到寧可向蘇聯尋求干預也不願乞憐於美方的窘境。蘇聯不願做出承諾，因為他們在當前的古巴危機中需要中國的支持，此時甘迺迪政府把武器空投給印度軍隊。美國總統想要利用印度的迫切需求來改善與德里之間的關係。「由於中國的行動，」甘迺迪說，「亞洲次大陸已成為自由世界與共產主義之間新的主要衝突地帶……印度人自己最終對中共的威脅了然於胸，且似乎決心要與之正面對決。」[21]

儘管他的政府應為戰爭的爆發負責，但戰爭還是傷透了尼赫魯的心。他本希望充當東西之間的和事佬，希望印度的國內外政策可以成為自足、不結盟的範例，讓他人效法。結果他卻必須向強權乞求援助，來阻擋另一個亞洲國家的軍事進犯。「這是一場悲劇，」他說，「我們在各地都代表和平，卻這樣遭到攻擊，還被迫以武力抵擋攻擊。」[22]在停火之後，尼赫魯深感他的亞洲政策分崩離析。他和他的繼任者都未放棄印度的不結盟政策。但尤其是在尼赫魯於一九六四年逝世之後，不結盟政策受到印度民族主義的汙染，特別是在印度自己的區域內部。

美方在中國危機當中軍援印度，使得巴基斯坦決意自行與北京發展更進一步的關係。這說不定是冷戰當中最難以想像的盟約。促成結盟的巴基斯坦官員是保守派的穆斯林，對中共的劍走偏鋒絲毫不感興趣。中國接受巴基斯坦的擁抱，也只是出於敵人的敵人即是朋友的原則。當巴基斯坦的主要盟友華府提出異議時，巴基斯坦的軍事獨裁者穆罕默德·阿尤布·汗（Mohammed Ayub Khan）將軍從喀什米爾對印度施壓。他想要向中方展現巴基斯坦的軍事實力，並對美國總統詹森展示他的國家不是只依賴美國的援助。巴基斯坦於一九六五年入侵印度控制的喀什米爾，對外呈現為喀什米爾人民起義，但印度政府知道實情並非如此。

尼赫魯的繼任者拉爾·巴哈杜爾·夏斯特里（Lal Bahadur Shastri）雖然平素頗為謙和，但這時決定要反擊。他下令大規模攻擊巴基斯坦，不只進擊喀什米爾，同時也進犯東、西巴基斯坦。隨著在戰場上節節敗退，阿尤布·汗的政權岌岌可危。美方拒絕協助，中國也愛莫能助。巴基斯坦也不太可能取得蘇聯的援助，這更顯示他們在軍事上是多麼險阻重重。然而阿尤布踢到鐵板卻反而讓蘇聯在冷戰中難得充當和事佬。停火協議是在蘇聯的指示之下，在蘇聯的中亞城市塔什干協商。就領地而言，協商的結果與現況並無二致，但巴基斯坦的弱質已被揭露，印度在區域內制霸的能力與意圖也同樣昭然可見。

夏斯特里心臟病猝逝後，尼赫魯的女兒甘地獲選為總理。在制定政策上，這位印度的新任領導人遠比前兩任都強硬。她致力於打造世俗的社會主義印度，對區域嚴加控制，並從她所認定的民族利益角度出發，透過聯合國和不結盟運動尋求全球影響力。她對於美國在世界上所扮演的角色心存疑慮，程度甚至遠超她的父親，認為蘇聯更好合作，尤其是有鑑於美國與巴基斯坦仍是同盟關係，且巴基斯坦與中國持續眉來眼去。甘地主要的國安考量就是北京，且六〇年代末中蘇衝突加劇，讓她警覺到蘇聯與印度在戰略上有共通之處，儘管她對莫斯科的共產主義意識形態並不苟同。

中國進一步走向激化以及文化大革命，讓印度（以及其他地方）的領導人心生畏懼。他們相信印度比起以往會更容易成為北京的目標。儘管他們注意到中國自作自受遭到的破壞「並未對我們造成任何傷害」，但他們對住在中國的印度人受到騷擾反應激烈，包括在上海的一間什葉派神殿遭到洗劫，以及駐北京印度大使館遭到攻擊。甘地重申，印度不會改變包括給予達賴喇嘛庇護等對中政策，除非中國不再鼓舞巴基斯坦躁進並在印度內部煽動共產主義叛亂。德里的外交部指稱：「印度仍然是中國唯一一個可以在軍事上冒險犯難的地帶，並且還能奢望全身而退。」[23]

不結盟運動成為甘地偏好的政策。隨著運動擴張，她漸漸扮演要角。她稱這項運動「意味著國家之間平等以及國際上政經關係的民主化。〔這項運動〕想要基於互利的全球發展合作。這是承認、保存世界多元的策略」。[24]但在國安與國際事務上，甘地極為務實，不願把所有雞蛋放在同一個籃子。她的不結盟運動策略與同蘇聯之間在科技、防禦上的合作並進，並未彼此扞格。甘地要確保她對莫斯科也維持獨立的地位。她犀利地批判一九六八年蘇聯占據捷克斯洛伐克。對蘇方任何增加對巴基斯坦影響力的作為，例如小規模對伊斯蘭馬巴德政權的軍售等，也不假辭色。即便是「象徵性的供給也可能危險」，印度外長於一九六九年對來訪的蘇聯領導人如此告誡道。「蘇聯坦克與蘇聯坦克之間的對決，不是蘇聯所樂見的。」[25]在對印度市民援助上，美國仍然是關鍵的供應方。關鍵的援助來自美國政府、美國對多邊組織的挹注以及私人基金會。但美國在中印戰爭期間援助印度一事，對整體的政治關係幫助微乎其微。印度對美國的亞洲政策批判惹惱了許多美國領導人，讓他們覺得印度不懂得知恩圖報。在中印戰爭後，美國試圖透過干預印度支那獲取德里的同情，但成效有限。當美國副總統休伯特・韓福瑞（Hubert Humphrey）前往印度試圖取得甘地的支持時，「她只顧著表達對越南情勢升級的擔憂，以及和平解決方案的必要」。[26]美方不願意犧牲與巴基斯坦的同盟關係，這也妨害了美印關係更進一步。且印方嚴正批評美國缺乏種族正義，在全世界都未能致力於實現種族平等。一九六九年印度外交人員對美國內部變遷的一則總覽，言及美國「已經到達了一個黑人的憤怒與白人的恐懼陷於危殆的階段。一方採取衝突式的策略導致另一方採取反動的回應」。甘地相信正是這種回應方式造成尼克森一九六八年勝選。[27]

但隨著甘地牢牢掌握國會與印度的政治，她主要的挑戰並非與美國的關係，而是印度國內的發展。首先，在對抗國家的貧窮、饑饉的迫切問題上，她亟須取得進展。印度已經避免了中國的發展災難，但同時在促進健康、教育上，則進展極為有限。對一個以自身的民主發展為傲的國家而言，印度卻還要仰賴國外援助糧食。甘地相信，只要政治條件許可，印度的發展模式會有所回報。但在印度，以及在巴基斯坦和大部分中東地區，儘管領導人的辭令是社會主義的語彙，但極端的社會壓迫形式仍未被撼動。國大黨政治人物承諾人人有機會，尤其是在選舉的時刻，但旋即就與地方上的精英聯手，打擊低種姓的窮人。至此，國大黨已成為那些在殖民統治之下世代以來魚肉鄉里的氏族之利器，而非促成社會變革的工具。

甘地銳意根除這些缺失，但覺得自己需要更多的權力才能做到。一九六九年，她把主要的銀行收歸國有，將權力集中於她自己的祕書處。當她更激進的政策導致國大黨分裂時，甘地的派系靠著「擺脫貧窮」（Get Rid of Poverty）的口號，一舉輕鬆贏得了一九七一年的全國選舉。她讓國家更趨向嚴格的中央計畫體制，在這種體制之下，政府為多數的經濟活動負責。當有人指控她背離了父親較自由派的政策時，甘地大表震怒。「我父親是個政治家，」她回應道，「我是個政治女性。我父親是聖人，但我不是。」[28]

一九七一年的孟加拉戰爭是獨立後在南亞最大的危機，也讓甘地有機會證明她真的沒有超凡入聖。這次危機起源於冷戰，尤其根植於巴基斯坦、印度、中國、美國與蘇聯之間的關係。儘管觸發戰爭的點是巴基斯坦將領在國家東部魚肉鄉里，但為戰爭搭好舞臺的卻是一九七一年七月季辛吉訪北京帶來的美中之間忽然和解。中美講和是印度領導人最害怕的。自六〇年代中起，印度的國安顧問就警告道：「對西方世界來說，一大誘惑就是扶植中國來對抗蘇聯。」

> 然而，我們覺得這可能是危險的一步，因為兩個國家之間有著本質上的區別，這必須被認知到。蘇聯也有其全球的野心，但他們追求全球性目標的方式還比中國平和。這或許是因為他們已經有了四十年的時間發展。在這段期間，他們自己也已經稍加繁榮了起來；又或許是因為他們也理解到核戰的危險。但蘇聯對全球社群所造成的危險終究還不如中國，特別是在戰爭與和平的議題上。比起蘇聯，中國更會尋求她酷烈的自決方式，寧為玉碎也不為瓦全。[29]

對印度來說，巴基斯坦與美、中雙方的緊密關係尤其危險。季辛吉從伊斯蘭馬巴德出發前往北京所象徵的意義，印度領導人並未輕忽。不過，儘管巴基斯坦在國際事務上享有中心地位，以一個國家而言，巴基斯坦卻從一九四七年建國以來就不斷走下坡。一九七〇年，軍事將領們試圖把國家民主化，結果東巴的人民聯盟（Awami League）勝選。人民聯盟提倡讓國家成為民主邦聯的組織，東巴的孟加拉人口將會有充分的話語權。可以想見，西巴基斯坦的總統葉海亞・汗（Yahya Khan）將軍宣布投票結果無效，並逮捕人民聯盟的領袖謝赫・穆吉布・拉赫曼（Sheikh Mujibur Rahman）。當東巴爆發騷亂，將軍便實施戒嚴。士兵開始攻擊東巴孟加拉民族主義者或巴基斯坦印度教徒的社區。大批難民開始跨越印巴邊境。不論在公開場合還是私底下，甘地開始把巴基斯坦對孟加拉人的政策形容為「種族屠殺」，並開始準備軍事干預。她的動機既有人道主義因素，又有戰略上的考量。

尼克森政府對巴基斯坦將領給自家國民造成的災難視若無睹，但看出了巴基斯坦分裂會對美方造成冷戰戰略上的挫敗。季辛吉在前往巴基斯坦的途中訪問德里，並從巴基斯坦出發密訪北京，此舉是在試圖展示，一旦戰爭爆發，美方未必會援助巴基斯坦。但印度方面完全不買單。當季辛吉宣稱並不清楚美國在危機當中持續運輸武器給巴基斯坦時，印度的外長回擊道：「連你這樣高層級的官員都未被告知實情，令人吃驚……這對你來說……很難為情。但這對我們的關係是重大打擊。」外長斯瓦倫．辛格（Swaran Singh）說，巴基斯坦「完全由你撐持」。隨著七百萬難民湧向東邊邊境，烽火連天，「我們能接收的數目有限……我們想知道我方是否妨害到你們的利益。若是如此，我們會重審自己的政策」。[30]

一週之後，華府與北京共同宣布尼克森將訪華。季辛吉告知印度大使，倘若中方干預印巴戰爭，美國不會馳援印度。印度方面也迅速反應。甘地重拾蘇聯稍早提出的議案，同意了印蘇之間的友好協定。「在遭受攻擊或者受到威脅的情況下」，該協定宣稱雙方「應立即相互諮詢，以便除去這種威脅」。[31]印度也開始訓練孟加拉游擊隊的大型計畫，以便在東巴基斯坦作戰，且在總理的命令下，印度軍方開始準備大規模入侵巴基斯坦，以防解決危機的外交途徑並未立竿見影。「印蘇條約似乎讓北京和華府都措手不及，」印度駐美大使館回報，「條約確保了印度可以放心，也代表蘇聯在亞洲取得了一定的進展，以及相對來說中美居中操弄的挫敗。」[32]

一九七一年十二月四日，印度對東巴基斯坦發動三軍聯合行動。在數日之內，東巴基斯坦的軍隊就被粉碎，孟加拉的政權以一個獨立的孟加拉政府開始統治當地。看到首都達卡（Dacca）歡欣鼓舞的群眾，大概很難有人不把印度的干預看成解放的勢力。但尼克森與季辛吉將之視為印度的侵略。他們把美國第七艦隊的一部分移防到印度洋，並告知中方「要是未加以阻止，恐怕東巴基斯坦會變成不丹，西巴基斯坦會變成尼泊爾。而在蘇聯的幫助之下，印度還可以把他們的精力轉向其他地方」。[33]但中國也知道，如此姍姍來遲加入戰局太過冒險。且達到軍事目的後，甘地迅速接受停火。南亞進入新局，印度愈發強勢，雖然仍恪守不結盟原則，但也比以往更加親近蘇聯。

尼克森與季辛吉在充滿種族主義與厭女情結的對話當中，對「這個婊子」耍了他們感到忿忿不平。「我們會付出長時間的代價……」季辛吉對國安委員會說，「這些被巴基斯坦人在東巴的行為嚇壞的人，到時候印度人接收那裡之後，看他們怎麼反應，會很有趣。」[34]「我們在此看到的，」季辛吉對總統說，「是蘇印之間的權力遊戲羞辱了中國，也多少讓我們顏面無光……它帶來的效應是，所有看著這一切發生的國家，都會認為中國、美國的盟友遭到印度、蘇聯痛擊。」[35]尼克森政府打算盡可能地教訓印度。

對於華府方面釋出的敵意，德里方面也加以回敬。「美國對巴基斯坦軍援是軍方在巴基斯坦內務上取得上風的主因之一，並讓軍方可以對印度保持不尋常的敵意，還對喀什米爾野心勃勃」，印度外交部一份上呈總理的報告中如是說。[36]「中美雙方都不介意犧牲印度的利益，只要能夠讓它們關係更密切。」[37]另一份德里的政策回顧，稱印方「對於美國持續反對印度的立場、反對孟加拉為自由做的鬥爭，以及對〔巴基斯坦〕葉海亞政權的支持感到困惑與震驚」。[38]甘地短期內不會尋求與美方交好。

相反地，這位印度總理在國內事務上愈加威權，在國際上則與蘇聯愈來愈友好。蘇聯與印度合作關係的高峰出現在七〇年代中。蘇聯加大與印度之間的軍事與經濟合作，包括建造鋼鐵廠、採油、煤礦等。蘇聯在印度一九七四年的「和平核子試爆」上也提供關鍵的協助。印度政府一份一九七四年的報告指稱：「蘇聯持續支持印度的不結盟政策，並支持印度對世界和平以及對剷除殖民主義、新殖民主義、種族主義遺緒的鬥爭所做出的貢獻。」[39]

高等法院裁決前一次的選舉結果無效，甘地於一九七五年以拒絕重新投票、限制公民自由、實行戒嚴統治作為回應。此時，蘇聯開始希望印度會踵武人民民主（People's Democracies）以及某些後殖民國家的腳步，透過一黨制度引介社會主義。「有些小團體有充足的財務、媒體、外援支持，但沒有群眾的奧援，可以允許它們把自己的理念強加在多數人嗎？」甘地對她的黨員問道，「當印度被削弱時，還會有民主可言嗎？」[40]但印度民主的根基堅若磐石，即令是甘地這種地位的領袖都難以撼動。受到國內逐漸升高的政治騷亂所迫，她還是於一九七七年舉行選舉，本以為勝券在握，結果卻輸給了由前國大黨主席莫拉爾吉・德賽（Morarji Desai）所領導的反對勢力聯盟。就政策而言，獨立以後第一個由非國大黨所帶領的政府並沒有什麼新意，不過在緊急狀態之後仍勉力重建印度民主，同時讓國際政策維持在軌道上。年邁的德賽及其顧問憂心甘地下野後，蘇聯會與印度斬斷聯繫。「印度與蘇聯的關係特殊之處，在於深刻地了解彼此，唇齒相依，觀點相似，」新任外長在一份政策總覽中說道，「與蘇聯之間的友誼與相互理解，是印度此前外交政策的主要方向。這同時是基於情感上的考量，也有堅實的邏輯基礎……如今，透過各種彼此密切合作的關係，印度已經取得了許多政治與經濟上的優勢。」[41]

新任的德賽政府不會眼見這些優勢溜走。印度外交祕書長與蘇聯的外交人員會晤時，告知他們「儘管許多重要事件在印度發生……重要的是要記得印度還是維持現狀，外交政策也沒改變」。德賽政府會「保留印度外交政策的性格，不只是因為他們蕭規曹隨，也是因為他們理解這對印方利益而言的道理所在」。外交祕書長稱蘇印雙方「可以持續對對方保持信心，就兩國之間的互利，在許多合作連結上展望進一步的發展」。[42]

在一九七九年一場於莫斯科精心規劃的會議上，與同樣年邁的布里茲涅夫會晤時，印度總理試圖理解這個快速變遷的世界。蘇聯與印度的夥伴關係確立。兩者都畏懼左近的政治伊斯蘭勢力崛起。當德賽問起伊朗究竟發生什麼事時，蘇聯領導人承認：「鬼才知道……那裡有人民起義，幾千人示威……我們跟伊朗之間總是保持良好的關係，跟沙王也是。他會來拜訪，我們也會去拜訪……〔現在〕沙王不在那。美國人支持他！現在那裡有新的政權，美國人想要適應新的政權。右派〔伊斯蘭主義者〕在那邊露面，他們想要跟美國建立密切關係。」[43]

甘地毫不意外地在一九八〇年印度選舉後重新掌權。總理未必不經一事，不長一智，但肯定比起以往更加意識到她身為「政治女性」的角色。她也憂心在一個身分、宗教、民族開始取代冷戰意識形態分野的世界，印度是否還能維持向心力。伊斯蘭主義興起對她帶來的恐懼與布里茲涅夫和德賽不相上下。早在印度選舉之前，印度外交部就已經警告蘇聯新的共產主義政府在阿富汗所導致的抵抗。「儘管我方不能公開表態……但基於我們的世俗主義原則，眼看許多印度和蘇聯都重視的國家出現宗教狂熱，我們無法開懷。」印度外交祕書長賈伽特・辛格・梅達（Jagat Singh Mehta）對蘇聯大使說。[44]但有些傷害是自己造成的。「在許多阿拉伯國家，」梅達繼續說道，「許多人感受到伊斯蘭遭受〔共產主義阿富汗〕哈利克（Khaliq）政府威脅。這當然不是印度的觀點，但我們是以朋友的身分提醒他們有此一說。」

對印度來說，尤其是對一九八〇年以後的甘地新政府而言，世界轉動的速度比他們所想要看到的還快。多數印度領導人，包括那些曾經壓迫國大黨的，都致力於印度的計畫經濟發展模式。他們樂見國外也有中央化的國家，可以與之就貿易和國安議題協商。儘管他們無止境地抱怨中美和談，但蘇聯與美國的緩和政策從許多方面來看也都符合印度的利益。甘地希望時間一久，她的國家也能（或許透過蘇聯）與美國發展出好的夥伴關係。這位總理害怕南亞和中東的族群與宗教動員會妨害這份希望。

但回歸到總理的崗位上，她仍然感受到冷戰對印度的影響力。甘地痛陳「他國無止境地試圖把我方的政策模塑成符合他們的全球戰略」。她認為印度內部對外來要求不假思索地接受的程度更甚以往。「我們不該模仿其他國家或其他制度，我們的目標也不是變成他們的改良版」，甘地警告道。[45]但一如她的前任在位者們，甘地可以操弄的空間仍然受到冷戰所限制。即便再怎麼努力，就算是像印度這麼重要的國家，也從來無法完全掙脫出模塑其政策的全球衝突。

第十七章
中東風暴

如同在亞洲和非洲一樣，我們應該將在中東的冷戰理解為殖民主義與其對手之間長期的鬥爭。讓中東截然不同之處，在於其國內外衝突的激烈程度之高，以及這些衝突在全球的層級所達到的程度之深。有些時候，例如在一九六七年和一九七三年的戰爭，似乎在中東的冷戰裹脅了雙邊（bipolar）的世界，挪作己用。儘管並非所有在此區域的爭端都與全球的意識形態分野有所聯繫，但許多政治領導人使出渾身解數，讓它聽起來像是意識形態衝突，一來為了國內動員，二來也是為了打造同盟關係對抗他們在區域內的敵手。對蘇聯和美國來說，中東是一場威脅要把它們拉進漩渦的風暴。這起風暴是由蘇、美雙方的勢力所驅動，雙方都堅信這攸關己方的利益，但仍難以估量。

二戰告終之際，中東泰半落入外來勢力之手。英軍支持法國在敘利亞、黎巴嫩以及更加西邊的馬格里布的影響勢力。英國人自己占據巴勒斯坦，宰制在埃及、伊朗、約旦以及波斯灣的阿拉伯世界國家。阿拉伯半島泰半由保守派的沙烏地宗教貴族與美國石油公司的同盟控制。伊朗北部遭蘇聯占領，南部則由英國占領，顯然是為了避免讓豐厚的油礦落入德國手中。這是個徹頭徹尾的殖民世界，阿拉伯人與波斯人在此總難免意識到人為刀俎，我為魚肉。

十數年之後，此一政治景觀將有所變異。英法的宰制勢力逐漸成為明日黃花，而一九五六年的蘇伊士運河危機則暴露出歐洲的孱弱，法國在阿爾及利亞的殖民戰爭失利亦然。阿拉伯的民族主義革命推動著埃及、敘利亞、伊拉克的政治能量。巴勒斯坦遭到由宗教來劃定的以色列新國家以及埃及、約旦的占領地聯手瓜分。接連幾任美國政權和美國的歐洲、日本盟友相信，在時局變遷的中東，確保石油供給以及保留西方戰略性的在場至關重要。同時，蘇聯希望激進的民族主義者會掙脫資本主義的控制並與莫斯科結盟。有些蘇共理論家認為，封鎖便宜的中東石油可以製造出資本主義終極的危機，而為紅軍獻策的人士則知道，要是戰爭爆發，北約的軍隊須仰賴石油進口。對雙方而言都是一則以喜，一則以憂。中東夢魘般的政治局勢就此與冷戰的衝突休戚與共。

除了石油供給之外，中東與冷戰之間還有兩個主要連結。一是區域內世俗政治與宗教政治之間的衝突。在中東的每個國家，世俗主義者——主要是（但未必總是）社會主義者——都槓上那些相信政府應該依循教令組織的人。在阿拉伯世界，占上風的民族主義者多半是奉行社會主義的世俗主義者。他們接受宗教可以占有一席之地，但往往迫害相信宗教統治的少數伊斯蘭主義者。沙烏地阿拉伯是一例外。但即便是在當地，掌權的保守貴族也忙著穩固自己從國家的油藏搜括的油水，以及利用同美國的盟友關係來達成國安目的，無暇冒任何獨立伊斯蘭主義活動的風險。在語言、文化、信念都與阿拉伯中東有所區隔的伊朗，有一位年輕的王室成員銳意讓他的國家現代化，在美國的指導之下，殘忍迫害相信宗教統治的什葉派神職人員。在五、六〇年代，沙王有理由相信保守的穆拉（mullahs，按：受過伊斯蘭神學訓練的老師）會支持他對抗勁敵——左派與伊朗共產黨。

另一個連結是猶太人在中東立國。美、蘇雙方都自始即支持以色列立國，但是是基於迥然不同的原因。對美方來說，以色列是自歐洲的猶太大屠殺倖存下來的猶太人庇護之所，亦是實現《聖經》裡猶太人回到祖先家園的預言——至少對一些人來說。這讓西方的現代性引進中東，就美國的外交政策而言，也是在區域內培植潛在盟友。對蘇聯來說，以色列——至少起初——對英方是個麻煩，也是左翼錫安主義的勝利，因此即便骨子裡反猶的史達林也心想可以與左翼錫安主義合作。以色列可能也為他自己面對的猶太人問題提供解決方案。史達林樂於把老弱或者政治異己的蘇聯猶太人送往以色列，就如同他已經在蘇聯境內讓人口四處遷徙。

結果，對猶太人立國之於猶太人自己以及之於該區域的形勢，美蘇雙方都嚴重誤判。以色列於一九四八年擊敗阿拉伯國家，加上以色列社會內部眾志成城，使其本身也成為一股不容小覷的勢力。以色列受惠於美援，卻不依賴美援，至少在一九六七年的戰爭以前是如此。以國在蘇聯集團當中槓上反猶主義，就是因為反猶主義在蘇聯比在其他地方更為猖獗。但兩大強權在中東所犯下的最大錯誤，莫過於誤判阿拉伯民族主義的能量，而這股能量有一部分是由於在阿拉伯領土上建立一個猶太人的國家所引燃。對許多阿拉伯人而言，以色列的存在與成功，映襯出巴勒斯坦的阿拉伯難民數量之多，在在提醒他們必須打造出一個一統阿拉伯民族主義的強大運動，才可以救贖阿拉伯民族，並且加速現代性的進程。

如同在歐洲、亞洲其他形式的民族主義一樣，阿拉伯民族主義發軔於十九世紀。其當代的形式發端於一戰結束後初年在鄂圖曼帝國瓦解之後。當歐洲國家拒絕准予阿拉伯國家獨立，反而對中東繼續大規模重新殖民時，民族主義的團體就公開加以反抗。一九一九年，埃及的大規模示威要求全面自主，終結英國控制。翌年，伊拉克人民起而效尤。英方鎮壓起義，造成多達一萬名伊拉克人死亡。一九二五年，敘利亞和黎巴嫩反抗法國統治，造成至少六千人喪命。及至二戰結束時（或甚至更早），民族主義在整個阿拉伯世界遍地開花，殖民政權漸漸退潮。

但阿拉伯的民族主義並未止步於要求國家獨立。對許多阿拉伯民族主義者而言，逐漸取代直接殖民統治的君主制政體比起英法也不遑多讓。民族主義的領袖把這些國王、宗教領袖視為殖民勢力的遺緒，成天為了個人坐收漁利，想與前殖民勢力妥協。批評他們是「〇・五%的社會」的運動把阿拉伯的國王一個接一個推翻，並在追求社會公平之餘要求快速現代化。一九五二年讓埃及法魯克（Farouk）國王退位的年輕官員，強調反帝國主義、反封建以及廢除壟斷的政策。他們也把阿拉伯君王一九四八年未能戰勝以色列的失敗視為道德淪喪的結果。「阿拉伯人以同樣程度的熱情進入巴勒斯坦，」一九五二年埃及革命的領袖賈邁勒・阿卜杜・納賽爾寫道，「他們如此做的根據是……所有人對他們國安界線的預估都相仿。這些人帶著同樣的苦澀和失望離開巴勒斯坦；隨後，他們各自因自己的內政問題遭遇到同樣的因素，同樣導致他們潰敗並迫使他們屈辱低頭的統治勢力。」[1]

從納賽爾針對巴勒斯坦的演說可以清楚看出：他和其他民族主義者已經把所有阿拉伯人看成一個民族。儘管阿拉伯世界自從十三世紀伊始在政治上就已經分崩離析，但銳意變革的革命分子很自然地希望阿拉伯的文化統合可以被轉譯成一個共同的目標，特別是因為這可以為他們自己以及他們的運動增添光彩。「當在巴勒斯坦的鬥爭結束時，」納賽爾寫道，「阿拉伯的圈子在我眼中已經變成一個單一的實體……我緊跟阿拉伯國家的發展，且發現他們在每一點上都相符。在開羅發生的事情，隔天就能在大馬士革找到對應，還有在貝魯特、安曼、巴格達以及其他地方……這是一個畫一的區域。同樣的情況、同樣的要素、甚至同樣的勢力團體一致抵禦外侮……這些勢力當中又以帝國主義為甚。」[2]

出生於一九一八年的納賽爾是一名軍官，胸懷強烈的埃及民族主義與泛阿拉伯的大志。他把埃及獨立鬥爭看成是廣泛的阿拉伯解放鬥爭的一環。打從他的政治生涯之初，納賽爾就隱約相信某種形式的社會主義，但這必須是由阿拉伯人自己發展出來的治理形式。儘管納賽爾欣賞蘇聯的經濟體系，但他害怕共產主義對埃及造成的政治影響力。他多次監禁左翼領袖，認為他們對政府的批評過了頭。但他在國內主要的敵手是他所認定的宗教右翼勢力。納賽爾公開嘲弄穆斯林兄弟會（Muslim Brotherhood）。在一九五四年有一名被激怒的兄弟會成員試圖暗殺他之後，他下令禁絕所有的伊斯蘭主義組織。對這位埃及領導人來說，伊斯蘭首先是阿拉伯解放與區域統合的靈感泉源。他廢除了伊斯蘭教法法院（Sharia courts），令被全球許多人視為主要伊斯蘭神學家的埃及宗教權威發布教令（fatwa），聲明所有的穆斯林，無論遜尼派、什葉派、還是宗派主義者都屬於相同的穆斯林共同體。

納賽爾對冷戰的觀點直截了當。他相信美、英、法即便在殖民主義終結後仍會試圖控制阿拉伯世界。他把沙烏地阿拉伯、伊朗、約旦、波斯灣國家的保守穆斯林君王視為政治經濟壓迫的工具。納賽爾轉投蘇聯，一如印度以及蘇卡諾治下的印尼，因為他相信莫斯科可以是另一個提供經濟、軍事援助和知識的選項。對納賽爾而言，在阿拉伯世界實現其政治目的的鬥爭中，蘇聯是一個可能的盟友。他的不結盟方案是：他保衛他的獨立，與其他第三世界國家聯合，並在追求納賽爾自己的目標上與蘇聯愈走愈近。對內，他的冷戰政策成功之明證，就是蘇聯對世界上最大的水壩工程阿斯旺水壩（Aswan Dam）的資助。納賽爾在認為美方可能會在美援上附加政治意圖之後，轉而向蘇聯尋求協助，並得償所願。當艾森豪政府憤而撤除援助時，蘇方設計出水壩的藍圖，並協助竣工，最終水壩於一九七〇年完工。

對外，納賽爾從與蘇聯密切的關係中獲益。在六〇年代，埃及為了支持葉門革命，與沙烏地發生衝突。納賽爾的目的是向區域內其他勢力展示，埃及在全中東都控制著阿拉伯革命的命脈。蘇聯與其他共產主義國家給予在葉門服役的七萬埃及大軍大量支援。英、美以及約旦、伊朗再加上沙烏地都支持葉門皇室。納賽爾的干預被葉門的部落關係和氏族歧見糾纏不清。由於沙烏地近葉門北邊的疆界，英國又能取道殖民地亞丁（Aden），納賽爾在後勤上也落居下風。這位埃及總統怒道，就連戰死的埃及士兵的鞋子「也比沙烏地國王和胡笙（Hussein）國王的王冠還要尊貴」。[3] 但到了六〇年代末，納賽爾在葉門的努力逐漸消逝，賠了夫人又折兵，儘管埃及在阿拉伯的南部留下了激進主義的泉源。

但除了納賽爾以外，其他運動也著眼於泛阿拉伯主義。阿拉伯復興社會黨（Arab Ba'ath [Renaissance] Party）於一九四〇年由出身敘利亞基督教家庭的前共產主義者米歇爾．阿弗拉克（Michel Aflaq）創黨，他相信組織嚴明的群眾運動可以使阿拉伯對政治、文化統合的追求脫胎換骨。阿弗拉克和他的追隨者擁戴發生在埃及的革命，但批評納賽爾自行其是，過於聚焦在埃及的利益上。復興社會黨的領導班子企求從下而上打造阿拉伯的一統，在各國都成立黨的支部，合力取得政權，把阿拉伯世界統攝在一個極權、民族主義、社會主義的計畫之下。復興社會黨的領導人身先士卒，願與迂腐顢頇、四分五裂、又受歐洲宰制的世代決裂。阿弗拉克說，他們「有這個民族所缺乏的意志，是從沉睡到覺醒、被動到行動的英勇表率」。[4]

就如同許多把統合放在其他美德之上的黨派一樣，復興社會黨自從成立之初，內鬥便不曾稍歇。儘管黨內對納賽爾容或有所批評，有些成員仍然支持敘利亞與埃及於一九五八年合併為阿拉伯聯合共和國（United Arab Republic）。三年後該聯盟不歡而散。在伊拉克，有些成員支持推翻君主制的一九五八年革命，但一年後黨就瓦解了。儘管分崩離析，復興社會黨各分支的影響力仍於五〇年代末、六〇年代初在許多阿拉伯國家增加。對許多嚮往革命性變革但不願擁抱共產主義的阿拉伯人而言，復興社會黨的思路正中下懷。

一九五八年伊拉克的革命是冷戰在中東的分水嶺。取得權力的軍事政權與不成氣候的伊拉克共產黨結盟，部分是由於新任總統阿卜杜勒·卡里姆·卡塞姆（Abd al-Karim Qasim）不信任復興社會黨。卡塞姆也想要與蘇聯結盟，以保護自己的政權不要像五年前的伊朗那樣受到西方干預。革命血流成河。國王和十四名家族成員在宮殿內成為槍下亡魂。英國大使館被洗劫一空。美國領導人嚇壞了。幾週之內，伊拉克竟一舉從在美國的國安結構中位居中心地位的盟友，搖身一變加入了納賽爾和蘇聯的敵營。「我們要不就立即採取行動，要不就撤出中東。」艾森豪總統對顧問說，「因為中東坐擁戰略地位和資源，若不採取行動，進而失掉這片江山，會比丟掉中國還更糟糕。」[5] 憂心骨牌效應的艾森豪想要正面迎擊來自蘇聯對美國在中東勢力的直接挑戰。「我們的軍事顧問相信，」國務卿杜勒斯對國會說，「我們現在仍占據顯著的優勢，蘇聯不會想要挑戰……所以，也許只要我們果敢快速行動，他們可能就會發現納賽爾太過魯莽。也許他們會在優勢地位受到威脅、冒著開戰風險前加緊撤離。」[6]

美方立即的回應方式，清楚顯示出美國在中東外交政策上的限制。艾森豪回應黎巴嫩總統夏蒙（Chamoun）的請求，派出八千名海軍陸戰隊登陸貝魯特。總統嘴上說是因為共產主義企圖顛覆黎巴嫩，因此需要「維持領土完整及政治獨立」。[7]但事實上，登陸行動猶如狗急跳牆，其真正的意圖是要展示美方在中東的實力與目的，目標是嚇退蘇聯，讓蘇聯不要與中東的革命牽扯過深，也警告新的伊拉克領導人不要奪取科威特。科威特是盛產石油的酋長國，多數伊拉克人認為科威特是其領土的一部分。英國逾半數的石油進口來自科威特，一旦科威特陷落，就意味著西歐和日本在能源供給上會陷入危殆。

在莫斯科，赫魯雪夫觀望中東的革命形式，沾沾自喜。「我們有辦法想像沒有巴格達的巴格達公約嗎？光是想到這點就足以令杜勒斯精神崩潰。」這位蘇聯領導人對莫斯科的同志咧嘴一笑。[8]但赫魯雪夫不打算向新任伊拉克領導人或埃及的支持者做出任何實質承諾會對抗美方的干預。在美軍登陸黎巴嫩後，納賽爾緊急飛往莫斯科會談。但赫魯雪夫告訴納賽爾，他不會提供精良的武器系統給阿拉伯使用。「如有必要，」蘇聯領導人宣稱，「最好從我們的領土發射〔這些武器〕……你大可放心，要是有侵略者對貴國開戰，我們會用這些火箭幫助你們。」[9]赫魯雪夫覺得中東充滿希望，但同時又教人困惑，蘇聯勢力所能做的有限，只能刺激新政權往社會改革、社會主義計畫的方向前進，並發展更緊密的軍、政、經關係。

蘇聯在中東的行動空間，受到專家有關馬克思主義對階級鬥爭的分析與領導人的政戰目標夾擊。阿拉伯的中東與波斯的中東兩者都被認為太過落後，不足以達成真正的社會主義革命，短期內將由當地的資產階級及其盟友發動對抗西方帝國主義宰制的民族主義革命。蘇聯應當支持這樣的革命，儘管蘇方也必須了解：他們的性格是由當地主幹狹隘的在地利益來界定。但即便中東資產階級民族主義者無法與蘇聯或東歐共產主義者一樣有著相同的全球階級觀點，他們仍然可以是對抗西方的國際前線。蘇聯在中東的目的不在於真正的社會主義革命。他們只需要對抗西方控制他們資源、尋求蘇聯支持的運動和政權。

蘇聯與美國對以色列的觀點，也試圖把當地的現實考量融入膚淺的冷戰框架。至少直到蘇伊士運河危機為止，對於這個錫安主義國家可以順從莫斯科在國際事務當中的位置，蘇聯方面仍保留一線希望，從而可以在蘇聯與其阿拉伯鄰國之間充當和事佬。這種觀點今天聽起來也許很牽強，但在當時並不然。在俄羅斯與東歐，布爾什維克主義與錫安主義在政治上以社會主義的勁敵之姿並肩成長。「錫安主義者與布爾什維克的猶太人之間的鬥爭，」邱吉爾早在一九二〇年便聲稱，「幾乎就是爭奪猶太人靈魂的鬥爭。」[10]但直到一九四八年，錫安主義最致命的勁敵不是阿拉伯人或蘇聯，而是英國的帝國政策。因此，本－古里昂統治下的以色列工黨政府在蘇伊士運河危機中願意與英法全面結盟，著實令莫斯科大吃一驚。

要是對以色列的時局有所知悉，就不會對該國的盟軍關係感到意外。對於以色列的工黨政府而言，對抗以國的阿拉伯鄰國是存亡的問題。要在這起衝突當中支撐下來，西方的支持至為關鍵。「當我們被孤立時，」本－古里昂解釋道，「阿拉伯人認為我們可以被摧毀，而蘇聯利用這張牌。要是有個強權站在我們身後，且阿拉伯人知道我們的存在是無法改變的事實，俄羅斯將會停止與我方為敵，因為這種敵意已不再能收買阿拉伯人心。」[11]蘇聯於一九五六年戰爭之後與埃及達成協議，坐實了以色列領導人的猜測。錫安主義者認為他們必須更親近美國。蘇聯的反猶主義（赫魯雪夫從未公開加以訓誡）也讓本－古里昂和其他猶太領導人確信，共產主義國家永遠不會成為以色列的朋友。

對於納賽爾而言，與蘇聯的同盟關係也帶來了挫敗。他原希望利用蘇方的軍事、經濟支援來把埃及建構為區域內的主要勢力。[12]但到了六〇年代經濟反而走下坡，主要是因為低產、腐敗、軍費支出高，以及過度免費分配貨品和服務。同時，在葉門曠日持久的戰爭也教人不敢恭維；阿拉伯聯合共和國於一九六一年遭到敘利亞人解散；卡塞姆於一九六三年在伊拉克遭到推翻、謀殺。在敘利亞和伊拉克，儘管埃及和蘇聯並不首肯，復興社會黨仍蒸蒸日上。及至六〇年代中，復興社會黨政府在大馬士革和巴格達都取得政權，儘管他們除了在迫害共產黨員、伊斯蘭領導人與少數族裔上如出一轍之外，並不對盤。

一九六〇年代，冷戰給予納賽爾一個重振國際聲望的機會。在與蘇方持續密切合作的同時，埃及領導人也緊鑼密鼓地參與第三世界的革命運動，為運動喉舌。納賽爾認為這種位置能使他得以衝破惱人的在地框架囿限。尤其是在本．貝拉於一九六五年在阿爾及利亞失勢後，開羅成為從安哥拉到摩洛哥的非洲革命黨人的會合點。非亞人民團結組織（Afro-Asian Peoples' Solidarity Organization, AAPSO）的總部設在開羅。即便蘇聯在協會當中的影響力於六〇年代末增加，納賽爾總是確保將他個人的印跡列入往往含糊其辭的章程當中。[13]

納賽爾與第三世界的牽扯，再加上他需要被看成是所有阿拉伯人的領頭羊（尤其是在葉門事件失敗後），都使他比起以往更加重視巴勒斯坦人的苦難。自一九四八年起，逾百萬沒有國家的巴勒斯坦人成為難民，流亡在整個阿拉伯世界，如覆巢之下無完卵。多數阿拉伯政權都拒絕給予他們公民身分，他們的工作和生存條件往往受到剝削。但到了六〇年代中，巴勒斯坦組織變得更加顯眼。其中，由開羅大學校友亞西爾·阿拉法特（Yasir Arafat）領導的法塔組織（Fatah）對以色列展開小規模的武裝攻擊。「只要巴勒斯坦尚未解放，我們就不會放下武器，直到巴勒斯坦占據它所應得的阿拉伯民族的中心地位。」阿拉法特宣稱。[14]

阿拉伯重新發現了巴勒斯坦的宗旨，加上冷戰在區域內節節升高，這兩者之間的交會點，導致了一九六七年的中東戰爭。法塔組織為了尋求支持，讓阿拉伯的領導人彼此傾軋。一九六六年，法塔組織從埃及移往現由復興社會黨的一個激進分支控制的敘利亞。儘管蘇聯與復興社會黨過往的關係不佳，蘇聯此際仍撐持大馬士革的新政體，希冀復興社會黨人會重新與莫斯科交好。布里茲涅夫相信一旦如願，中東冷戰的天平將會決定性地向蘇方傾斜。蘇聯將武力輸送到敘利亞與埃及，阿拉伯方面抗議猶太人占領巴勒斯坦的言辭也隨之激昂。

一九六七年四月，法塔組織從敘利亞與約旦入侵，以色列以戰機、坦克猛烈砲轟兩國的軍力作為回應。以色列噴射機戰士飛過大馬士革。蘇聯相信以色列人準備全面攻擊敘利亞，並警告他們在當地的盟友。納賽爾害怕被人認為自己反以色列的程度不如復興社會黨，且受到莫斯科的訊息警戒，將他的軍隊遷往以色列邊境，並封鎖其通往阿卡巴灣（Gulf of Aqaba）的途徑。蘇聯與敘利亞方面希望埃及對以色列施加的壓力，會緩和以色列在其他地方的好戰傾向。

憂心阿拉伯人會一鼻孔出氣的以色列反而率先出擊。一九六七年六月五日，以方空軍發動奇襲，摧毀埃及在地面的空軍部隊。以軍隨後征服西奈半島，直逼開羅，並且征服東耶路撒冷和約旦河西岸已回應約旦方面的砲擊。在北邊，以軍圍攻敘利亞，將戈蘭高地（Golan Heights）據為己有。開戰短短一週，比鄰以色列的阿拉伯諸國就已潰不成軍。在西奈沙漠，蘇方為埃及軍隊提供的T－34坦克車成排成列地付之一炬，見證了阿拉伯的恥辱以及這對冷戰的意義。

美國已盡可能不涉入戰局。但即便美方唯一的傷亡是被以方（聲稱）意外擊沉的海軍偵察艦上的人員，美國的輿情仍堅決站在以色列這邊。儘管猶太人的國家無疑才是侵略方，但以方以小搏大，使之儼然成為對抗歌利亞的大衛。美方也樂見以色列能做到連美國自己在印度支那似乎也做不到的事：讓蘇聯及其盟友敗北。讓猛烈反對美國的阿拉伯政權遭到羞辱，這點也令華府喜聞樂見。「我們開始要對付這些傢伙。」詹森總統的國安顧問邦迪對白宮同仁如是說。[15]

對蘇聯的領導班子而言，阿拉伯的敗戰是一大挫敗。開戰前的種種跡象已顯示莫斯科的外交步履蹣跚。儘管蘇方建議埃及、敘利亞低調，以避免戰事，但蘇聯自己警告以色列即將發動攻勢，卻一語成讖。然而最教莫斯科吃驚的是阿拉伯落敗的規模。「就我們所掌握的資料清楚顯示，」布里茲涅夫於六月二十日氣急敗壞地對華沙公約的同行解釋道，「在敵對狀態白熱化以前，由於蘇聯與其他國家的慷慨解囊，阿拉伯國家在武器、軍事人員上無疑優於以方。」阿拉伯領導人之所以失敗，是因為彼此之間缺乏協調，與蘇聯之間的統合也不彰。是寄給美方的一紙最後通牒，才終止了以色列的攻勢。但布里茲涅夫說，蘇聯將會繼續支持「進步的」阿拉伯國家，因為莫斯科相信美國鼓動以方的攻勢。[16]

納賽爾表達出下臺的意願，但在開羅等城市出現大規模示威要求他留任後，他才繼續留任。敗戰也許減損了總統的聲望，但並未讓他完全失勢。在蘇聯的支持下，與敘利亞人一起，埃及人維持對以色列的衝突姿態。納賽爾所稱的「持久戰」（War of Attrition）由對以方勢力的小規模進攻組成，但避免全面開戰。每次以方都予以回擊，新任的工黨總理果爾達・梅爾（Golda Meir）直言不諱地稱之為不對稱的回應（asymmetrical response）：要對阿拉伯人造成他們對以色列所造成的還要大的損害。梅爾拒絕從占領區撤軍。她宣稱：「我軍除了在停火線集結之外，別無他法，誰叫阿拉伯方面仍然拒絕議和。」[17]

一九六七年的戰爭造成巴勒斯坦更大的悲劇。如今從西岸和加薩來的新難民落腳鄰近的阿拉伯國家。在約旦和黎巴嫩，他們成為主要的人口組成，他們的巴勒斯坦解放組織（Palestinian Liberation Organization, PLO）則成為主要的政治景觀。巴解組織是由法塔與其他團體組成的鬆散邦聯，由阿拉法特擔任領導。他們持續對以色列發動小規模攻擊。但巴解組織愈來愈毛糙。其中一個自命為馬列主義政黨、尊奉切・格瓦拉等英雄的團體「解放巴勒斯坦愛國陣線」（Patriotic Front for the Liberation of Palestine, PFLP）於一九六九年劫持一架美國飛機，迫使其降落在愛國陣線總部所在的大馬士革。一年後，愛國陣線搞出一起更大的行動：劫持了四架西方的飛機，讓其中三架飛往約旦，然後加以炸毀。

儘管所有的人質都獲釋，但這起恐怖行動給予約旦的胡笙國王等待良久的藉口，藉以綏靖在王國內的巴勒斯坦人。國王指控巴解組織與其他巴勒斯坦團體的行為，儼然是國中之國，於是派兵將他們趕出約旦。教許多觀察家意外的是，儘管敘利亞威脅要干預，約旦方面仍然成功了。巴勒斯坦人所稱的「黑色九月」（Black September）是中東冷戰的標竿事件。阿拉伯的統合已經被打破。儘管巴解組織的領導班子反對對外國的目標採取恐怖行動，但其信譽已因與其他阿拉伯人之間的衝突所害，也受到與國際恐怖主義組織的連結所玷汙。與巴解組織小心翼翼建立聯繫的蘇聯，再度在中東翻船，而這次讓他們顏面盡失的，竟是一個他們認為是該區域內的陳舊遺跡，一個「膽大包天的小國王」。

蘇方回應黑色九月的方式，是強化在埃及、敘利亞的勢力。布里茲涅夫對內解釋他的政策，強調蘇聯想要在中東達成政治上的妥協。他解釋道，唯有當以色列及其美國靠山理解到，在區域內達到真正的權力平衡與緩和政策並非彼此扞格，才有可能達成外交上的解決方案。「我黨向來……證明，和平共存的政策並不違背全球革命的進程，而是強化了此一進程。」布里茲涅夫對其幕僚如是說。[18]到了一九七〇年，蘇聯重新供給埃及軍隊與空軍，並提供比埃及原先所擁有還要更先進的飛彈。紅軍人員沿著蘇伊士運河遍布埃及的崗位。「在尼古拉耶夫（Nikolayev），」其中一位人員後來回憶道，「他們為我們換上便服，發給我們（來自蘇聯集團國家的）時髦的外國剪裁西裝。募來的兵獲發貝雷帽，軍官得到帽子。我們上繳所有個人的用品和軍事文件，以觀光客的身分搭上納希莫夫海軍上將（Admiral Nakhimov）號郵輪。我們的偵察站佯裝為一輛救護車。」[19]

隨著蘇聯S－125防空飛彈就位，蘇聯的飛官飛越埃及執行任務，中東的平衡關係的確開始改變。以色列於一九七〇年八月同意停火，讓S－125飛彈留在運河岸，無疑是蘇聯新一輪干預的產物。一九六七至七一年間，約有二萬名蘇聯顧問在埃及服役，當中多數人隸屬軍事單位。就防禦條約開啟的協商，將會使得埃及成為在華沙公約以外最接近蘇聯的盟友。尼克森政府加強對以色列的軍援，同時試圖讓蘇聯支持一紙和平協定。「對雙邊都很痛苦的解決方案，以及蘇聯出售給阿拉伯聯合共和國〔埃及〕會對我們有利，」季辛吉對美國國安會解釋道，「從我們整體關係的觀點來看，我們想要一種對阿拉伯聯合共和國來說難以下嚥的方案，而蘇聯必須為出售軍武付出代價。」[20]

納賽爾於一九七〇年十月猝逝，這劇烈地改變了埃及的政局。他的繼任者安瓦爾・沙達特（Anwar Sadat）面臨一個尷尬境地。一方面，他想要施壓蘇聯增加對他們的軍援。另一方面，他相信埃及假以時日必須得與華府談話，以便達成在中東的整體和平協議。在一九七一年與蘇聯簽訂新的防禦條約之後，過了一年，他任意驅逐一些（但不是全部的）蘇聯軍事顧問，藉此抗議蘇聯不願意提供先進的長途飛彈給埃及。他也對美方打開祕密的溝通管道。尼克森總統對於以色列方面不願與阿拉伯人協商感到不耐，於是懸擱了美方的軍援，以對梅爾施壓。對尼克森來說，比起讓以色列不受侵犯，更重要的是把蘇聯趕出埃及，最終趕出中東。

沙達特就任初年，最大的諷刺是他意欲就一九六七年以前的邊境與以色列達成和平，但除了以軍事解決方案達成其目標之外別無他法。他相信阿拉伯軍隊此刻已蓄勢待發，就算不能擊敗以色列，也能對以方造成嚴重的損傷，於是開始準備進攻。隨著蘇方的立場顯著地減少，美國則仍在一旁觀望，鮮少能夠箝制住沙達特的勢力。一九七三年十月六日，就在耶路撒冷最神聖的贖罪日（Yom Kippur）前夕，埃及與敘利亞的軍隊越過停火線展開攻勢。以軍在西奈與戈蘭高地都遭到重挫。顯然以色列無力集結足夠的人力、物資在兩端有效作戰。到了十月九日，梅爾下令讓以色列自從六〇年代末就開始祕密發展的核武就緒。這項舉措既是試圖迫使美方提供軍援，也是為了保障能抵禦阿拉伯的全面入侵。在季辛吉的堅持之下，美方從那天起就重新提供軍武。此前蘇方已經開始重新支援其阿拉伯盟友。

以色列在十月戰爭的第一個階段意外落敗，意味著這起衝突迅速披上了冷戰的面紗。「阿拉伯人嗅到的可能是勝利，不是對峙，」季辛吉說，「那意味著蘇聯已經取得了勝利。讓我們攪和進去救阿拉伯人於水深火熱之中，那就太完美了。」[21]但在聯合國安理會呼籲立即停火時，美國甚至拒絕響應蘇聯。華府希望重新恢復現況，因為哪怕以色列占領地丟失了一分一毫，都意味著蘇聯的勝利。

隨著美方重新供輸火力，以色列得以繼續發動攻勢。十月十一日，以軍跨越戈蘭高地原先的停火線，開往大馬士革。十月十五日，以色列跨越蘇伊士運河，朝伊斯梅利亞（Ismailia）和開羅推進。在蘇聯看來，美國與以色列沆瀣一氣，以便讓猶太人國家能蠶食鯨吞更多的領土，或者可能推翻敘利亞和埃及的政權，為此蘇方大發雷霆。當美方終於同意了各方都接受的聯合國停火議案時，以方仍在某些地帶繼續推進。這讓他們的軍隊推進到了大馬士革的四十公里之內以及開羅的方圓一百公里之內。三萬五千大軍的埃及第三軍團（Third Army）四面楚歌。布里茲涅夫捎訊息給尼克森，威脅要是以色列不鳴金收兵，紅軍就要直接干預。根據美國的情報單位匯報，他們相信蘇軍的確已經枕戈待旦，準備好要進駐中東。

十月二十五日傍晚，尼克森讓全球美軍進入戒備狀態，以此作為回應。戰略空軍司令部（Strategic Air Command）、大陸防空司令部（Continental Air Defense Command）、歐洲司令部（European Command）、第六艦隊（Sixth Fleet）全都進入戒備狀態三級（DEFCON 3），這是自古巴飛彈危機以來最高層級的戰備等級。此時，尼克森已因水門案醜聞纏身，季辛吉相信「蘇聯現在的整體戰略似乎是把緩和政策放上檯面，因為在他們看來，我們沒有總統視事。因此，我們必須避免讓他們得逞」。[22]尼克森對蘇方表示，紅軍出現在中東，就意味著對美國開戰，同時，季辛吉對以方施加極大的壓力，要求以方不得違反停火協議。

在莫斯科，政治局為了蘇方竟讓美國進入核戒備狀態，大感震驚。後續的討論清楚顯示，蘇聯的領導人並未決議要把軍隊送到中東；蘇方的策略只不過是要造成威脅，並發展應急計畫。「為了埃及和敘利亞與美國開戰不合情理」，柯西金說。[23]布里茲涅夫總結道，蘇方的警告畢竟達到了其預定的效果：美國在節制以色列。但蘇聯立即接受了美國提出的議案，該議案使得聯合國有責任把交戰的軍隊架開。在華府召開的一場記者會上，尼克森振振有詞，把危機的化解歸功於其緩和政策。他說，這是因為他與布里茲涅夫「有此私下接觸，以此方式互通有無，決定避免衝突，達成決議」。[24]但雙方無疑都意識到了，一九七三年的戰爭已揭露出緩和政策的限制。

阿拉伯國家內部對十月戰爭的結果所感受到的絕望顯而易見。利比亞宣布禁運石油出口到美國和其他支持以色列的國家。讓季辛吉害怕的是，所有的阿拉伯石油產國都追隨其後，包括美國忠實的盟友如沙烏地阿拉伯。禁運導致石油價格飆漲，使得西方的經濟在七〇年代中期大禍臨頭。儘管美方施壓，但石油輸出國組織（Organization of Petroleum Exporting Countries, OPEC）亟欲規範生產，讓油價在禁運結束之後仍然維持高檔。儘管石油的需求增加，但油價自從四〇年代起就維持「物美價廉」，此際卻價格翻倍。石油輸出國組織的價格政策鼓舞了那些試圖透過對原物料收取高價來謀求新國際經濟秩序的第三世界國家。這也讓華府更把在中東建立真正的美國霸權看作是迫切的考量。

季辛吉理解到，要想抗擊蘇聯，美國就需要被認定為中東貢獻了某種形式的和平協定。這位國務卿心想，要讓任何協商生效，就必須對以色列施壓，要以方撤出至少部分的占領地。一九七三年戰爭使得梅爾相信她的國家的確需要一紙協定。季辛吉說，以色列「不再自認戰無不勝，而阿拉伯人則不再自卑」。[25]但梅爾的政府拒絕加入賽局，除非是關於季辛吉巧妙協商下的撤軍協定。即便沙達特的埃及不顧蘇聯在戰爭期間提供的支援，逐漸背離蘇聯，但美方從以色列收到的幫助並不足以使之對莫斯科全面扭轉劣勢。

季辛吉在福特總統於一九七四年八月就任後，對他解釋道：「中東是我們所面臨的最糟的麻煩。石油的情況是我們所面對的最糟糕的……但我們擔不起另一次禁運。如果我們碰到那種狀況，我們可能必須要拿下幾座油田。」[26]當梅爾的工黨繼任者伊札克．拉賓（Yitzhak Rabin）於一九七五年三月拒絕同意華府方面所提出與埃及的暫時協定時，福特總統失去了耐性。他致信給拉賓「表達我對以色列所採取立場深切的失望……未能達成協議肯定會對該區域招致深遠的效應，並影響兩國關係。我已下令立即重估美方……與以色列的關係，以確保美國在中東及全球的整體利益。我方會告知您我們的決議」。[27]

但在國內，許多人認為全球緩和政策對蘇聯讓步太多，他們對美國總統施加的壓力與日俱增。儘管季辛吉慷慨陳辭，稱其中東政策是為了削弱蘇聯手中的力量，但兩黨有七十六名參議員致函福特總統，試圖推翻他最新的立場。「我們相信，」他們說道，「一個強大的以色列是最可靠的藩籬，讓該區域不受外界宰制。有鑑於蘇聯的軍武大批運往阿拉伯國家，我們不能坐視軍事的平衡對以色列不利。我們相信維持和平有賴於以色列所獲取的軍援、經援程度足以阻卻以色列的鄰國重新發動戰爭。」[28]

對於一個並非經由選舉途徑上位、希望一舉拿下一九七六年選戰的總統來說，這份壓力是無法承受之重。美國以色列公共事務委員會（American Israel Public Affairs Committee）與美國某些猶太人團體，把美國不夠支持以色列的批評以及對緩和政策的批評聲浪混為一談。右翼團體——因其自由意志派思想（libertarian thinking）、提倡人權、尚武的外交政策等折衷背景而通稱為新保守派——就持這種立場。在他們看來，尼克森、福特、季辛吉正在輕易犧牲美國在中東唯一真正的朋友，就如同他們曾經犧牲在東歐和蘇聯被壓迫的人民。對抗蘇聯就意味著站在以色列這邊。隨著總統選戰開打，福特總統自己的辭令也顯著地愈來愈親以色列。

美國政治某方面來說也與正在以色列發生的情況平行發展。冷戰的考量籠罩以色列的民主願景。以國從一個為了自決的權利而戰的共和國，在一九六七年後變成一個占領方強權，其政治立場顯著右傾。拉賓的工黨於七七年選舉中敗選，輸給保守派的聯盟利庫德（Likud）。這是自從以色列建國以來工黨首度未當政。新任總理比金（Menachem Begin）曾為伊爾貢（Irgun）的領導人。伊爾貢是四八年以前為以色列的獨立而戰的恐怖組織之一，但因為比金的極端觀點，在以色列政壇已遭到邊緣化。利庫德的選舉宣言昭示「猶太人民對以色列土地的權利永恆不變，這是以國國安、和平的權利的重要組成。因此，不能將猶地亞（Judea）和撒馬利亞（Samaria）〔西岸〕讓予外國統治；在海與約旦之間，只會有猶太主權。」[29]在比金就任時，就下定決心要與以色列的鄰國講和，但不能以在東部的征服為代價。

同時，巴勒斯坦的組織使得任何形式的協商都難以達成。這有一部分是由於阿拉法特對於缺乏來自阿拉伯國家的奧援感到絕望。但也是因為他害怕任何與以方的和解方案都會讓巴勒斯坦付出慘痛的代價。阿拉法特心想，他的人民唯一的希望是冷戰能夠避免阿拉伯諸國各自與敵國尋求協議。

巴勒斯坦恐怖主義最主要的目的是，讓人難以輕忽他們的訴求。一九七二年，恐怖組織在慕尼黑奧運攻擊以色列運動員，殺害十二人，且發動一系列劫持國際航班的事件。這些行動並非全都由巴解組織策劃，但阿拉法特拒絕譴責巴勒斯坦方面任何形式的暴力。短期來看，這項策略無疑讓巴勒斯坦的訴求聲名遠播，占據新聞媒體版面；但長期而言，這也帶來災難性的後果，因為魯莽行事與虛無主義，疏遠了許多原先可能同情巴勒斯坦苦難的國家和個人。

隨著沙達特的埃及試圖就與以色列議和取得美方支持，其他阿拉伯國家則往蘇聯靠攏。[30]在敘利亞和伊拉克，復興社會黨的兩個不同派系掌權。敘利亞的領導人哈菲茲・阿塞德（Hafez al-Assad）與他的伊拉克同黨彼此仇視。於七〇年代中成為伊拉克關鍵領導人的薩達姆・海珊（Saddam Hussein）相信敘利亞人要來謀害他，並迫使兩國在阿塞德的領導下統一。然而兩國都轉向蘇聯與東歐尋求國安與經濟發展上的協助。對蘇方而言——或許是他們自己的內心所想——與這兩個政權建立密切的關係，可以稍加緩解沙達特背叛蘇聯、投奔美方的慘況。蘇聯的專家當然對兩個復興社會黨政權的自私自利了然於胸。他們知道敘利亞人和伊拉克人如何迫害共產黨人，也知悉高層的腐敗和領導人之間的裙帶關係。但蘇共當中（特別是國際部門）論證復興社會黨人是與帝國主義決裂的布爾喬亞民族主義者，因此值得蘇聯的支持。

到了七〇年代末，蘇聯所領導大幅支援兩國的計畫已經就位。蘇聯將要交付給敘利亞和伊拉克的援助委派給東歐國家，尤其是東德和保加利亞，程度遠比過往為甚。一九七九年，蘇聯集團的三千人顧問中，有七百人來自東德。[31]儘管蘇聯人士無法讓伊拉克、敘利亞彼此合作，有時教他們焦急不已——阿塞德尤其常常教布里茲涅夫抓狂——但他們仍然保持耐心，持續提供兩國援助。年輕一輩的領導人對未來抱持一些希望。根據匈牙利共產黨的說法，海珊是一名「進步民族主義的愛國分子」，可以對他寄予厚望。[32]及至一九八〇年，敘利亞與伊拉克是世界上收受蘇聯奧援最多的兩個國家，儘管跟美國對以色列、埃及的援助比起來，還是小巫見大巫。

要是說敘利亞和伊拉克是蘇聯的損友，那麼至少在阿拉伯南方的革命，則一度令莫斯科方面心馳神往。一九六七年，英國又再度倉皇撤退，這次是從阿拉伯半島南端的殖民地亞丁。取而代之的民族解放陣線宣布成立人民共和國，並尋求與蘇聯及其盟友建立密切關係。從共產黨的觀點來看，這個世稱葉門人民民主共和國（People's Democratic Republic of Yemen, PDRY）的國家與其他「進步」阿拉伯政權有所不同。葉門的頭頭「行動由馬列理論指導，而非由民族主義和宗教觀點所約束」，參與援助南葉門大規模計畫的匈牙利領導人如此宣稱。[33]對蘇方而言，能夠取道亞丁這個重要港口以作為海軍之用，也是一個重大優勢，就如同在敘利亞沿岸的塔爾圖斯（Tartus）海軍基地一樣。

美、蘇兩國都在中東尋求與自己類型相仿的政權，但能夠找到的成果極其有限。美方在以色列看到的是民主，蘇聯在南葉門看到的是馬列主義，但只要兩者都只是與鄰國為敵的小國，那幫助就都甚為有限。從大局戰略來看，兩大強權都無法寄望取得太多成果，除非是從負面角度來看。到了七〇年代，蘇、美兩方都因各自的理由必須防止另一場中東戰爭。各自都逐漸希望將另一邊的勢力趕出該區域，好讓他們在全球冷戰占上風（儘管只要在中東當地沒有根本上的政治經濟變革，就未必占得多少上風）。對兩方的強權來說，中東是一個撲朔迷離的地帶，似乎很難在此取得持續的優勢。

對於該區域的未來而言，跟中東國家在冷戰期間朝秦暮楚相比，缺乏經濟進展才是更大的問題——除了以色列以及少數極端靠石油獲利的波斯灣國家之外。如同其他第三世界國家，中東的世俗民族主義政權無法滿足許多老百姓所嚮往的日常生活進步。結果他們盼來的反而是愈來愈高壓的不民主政府，與絲毫不顧當地人民生活的外國勢力結盟。許多年輕人不意外地開始追索其他值得他們投身的權威與宗旨。尤其在一九七三年的戰爭以後，一種希望渺茫、辱國喪師之慨，驅使數千人上伊斯蘭學校和清真寺，傳教士將阿拉伯政權的失敗歸咎於它們遠離了神。

對伊斯蘭的當代政治詮釋在中東或其他地方的穆斯林之間當然不足為奇。但直到七〇年代中，這樣的群體——所謂的伊斯蘭主義者——只是受壓迫的少數。即便是在國王宣稱整套政治體系都奠基在伊斯蘭之上的沙烏地阿拉伯，只有政府批准的伊斯蘭主義者才可以活動。埃及、敘利亞、伊拉克都禁絕穆斯林兄弟會。那些認為穆斯林領導人應該擔綱政治要角的人都在監獄中銷聲匿跡，或者甚至下場更為慘烈。漸漸地，伊斯蘭主義者轉向地下組織和恐怖主義。據聞復興社會黨人於一九八二年在敘利亞使用化學武器以及其他武器來鎮壓伊斯蘭主義的叛變，至少一萬人遭到殺害。

但中東政府鎮壓各種伊斯蘭主義組織，似乎只讓他們春風吹又生。他們相信神是一切政治事務的終極權威，讓他們更能忍受迫害。有些團體如埃及的兄弟會也開始在貧困的社群透過援助計畫廣受歡迎。當那些使用這些服務的人遭到政府逮捕時，他們承認自己寧願支持對窮人伸出援手的穆斯林，也不願支持光說不練的政權。政府遭到的指控還有腐敗、臣服於外國勢力、且無力摧毀以色列。

有一些關鍵的伊斯蘭主義領袖，讓冷戰變成中東政權墮落的最顯著印記。曾旅美（但美國的生活方式令他作嘔）的埃及人賽義德·庫特布（Sayyid Qutb）著作等身，其著述多半是成書於獄中。

他稱伊斯蘭為這個世界的沉痾提供解方：

> 人類今天已到斷崖邊緣，不只是因為全面毀滅的危機籠罩其上……而是因為人類缺乏關鍵的價值觀……在西方，民主已經荒瘠一片，以至於甚至要向東方集團（Eastern bloc）借鏡，尤其是以社會主義為名的經濟體系。在東方集團亦然……馬克思主義起初不分東西，吸引了大批人追隨，因為那是一種奠基在信條之上的生活方式……這種理論與人性的需求扞格不入。唯有在一個墮落的社會，或者一個長期受到某種獨裁形勢所威逼的社會，這種意識形態才會繁盛。但如今，即便在這些情況之下，其物質主義的經濟體系也在衰敗。[34]

庫特布於一九六六年在埃及監獄中被絞死。但隨著中東世俗國家經濟表現差強人意，國家受到來自內部的壓力劇增，他的理念也於七〇年代進一步流傳。美國並未把伊斯蘭主義者當成是主要威脅。相反地，由於美方自己也鄙視左翼民族主義政權，想要加以剷除，而伊斯蘭主義者也反對左翼民族主義，因此可能能為美國所用。他們的社會保守主義和反共主義也合乎美方的目的。伊斯蘭主義者的宿敵是共產黨，尤其是在兩伊的共黨。對蘇聯而言，伊斯蘭主義者是來自過去時代的反動遺緒。在蘇聯指導下往社會主義邁進的進步社會當中，沒有他們的位置。

到了七〇年代末，中東已成冷戰的燙手山芋。該區域被劃分為美國的盟友和蘇聯的盟友，就如同在歐洲和東亞一樣。兩強都支持魚肉自己人民的政權。雙方對於解決以阿爭端都不置可否，除非協商可以幫助他們自己對抗另一強權。美國視巴勒斯坦領導人為恐怖分子，拒絕與之對話。蘇聯宣稱支持巴勒斯坦的理念，但也唯有在他們可以控制巴勒斯坦組織的前提之下。美國為確保中東石油供給，讓諸如伊朗和沙烏地阿拉伯的獨裁政權成為美國天然的盟友。這種爆炸性的組合，保證了該區域及至冷戰末期，乃至冷戰之後，都會動輒風雲變色。

第十八章
緩和政策潰敗

到了七〇年代中，冷戰似乎已經成為根深柢固的國際體系，縱然緊張的程度遠不如以往。有些人相信，隨著時間的遞嬗，緩和政策會藉由社會和經濟的匯流終結爭端，或者透過建立信任、人際溝通來拆解鐵幕。即便是認為冷戰會僵持不下的人，也承認衝突的形式已然轉變。全球緊張關係不再節節升高，世局似乎正走向某種形式的雙頭壟斷（duopoly），由美蘇共同肩負限制區域爭端的重責大任，確保核武不滋生，避免內部騷亂。敵對關係在所難免，甚至是像中東那種一觸即發的敵對關係也仍存在，但冷戰是可以受到穩定控管的。鮮少有人認為布里茲涅夫或者福特真的會因為他們的信念讓全球烽煙四起。《紐約時報》駐莫斯科記者於一九七三年回報，布里茲涅夫「在西方已因他的飲食品味出眾，喜愛狩獵、跑車而頗負盛名，他的體重和吸菸問題也成為人們的笑談。西方的訪客發現他長袖善舞、能言善道，甚至……被他溫暖的笑容所震懾」。[1]似乎這個人享受生活的程度，足以教人忽略意識形態的差異。

當然，也有不苟同冷戰趨於和緩的異議者。在蘇聯與東歐，有些人反對共黨頭子的威權統治。

中方則獨樹一格，走在自己的道路上，對蘇、美共治的景象發出不平之鳴。伊斯蘭主義者譴責異教徒勢力的統治試圖避免穆斯林回歸神。在美國，新保守派痛斥尼克森政權與虎謀皮。他們稱美國出賣了自己與生俱來的權利，僅是為了換來短暫的和平。雷根（Ronald Reagan）在一九七六年與福特的黨內初選中稱蘇聯放眼全球霸權，與之抵禦的任務是美國的重責大任。「我們並未尋求領導全世界，」雷根說，「而是天將降大任。幾乎從最初定居這塊土地起，這就成了我們的命運。要是我們未能與命運緊密相連，或用約翰・溫斯羅普（John Winthrop）於一六三〇年的話來說：『沒能處理好與上帝的關係』（Deal falsely with our God），我們就會成了『世界的笑談』。美國人民渴望成就豐功偉業。」（譯按：引文出自溫斯羅普《西方文明的歷程》中「山巔之城」一說。）2

儘管尼克森與布里茲涅夫的緩和政策四處樹敵，但若不是美國政壇在一九七三至七六年間的變遷，還是難以想像緩和政策會瓦解。水門案令許多美國人相信國家治理的方式有根本上的錯誤。尼克森、季辛吉以及與蘇聯的祕密協議都是問題之所在。華盛頓州的民主黨參議員亨利・傑克遜（Henry Jackson）攻擊政府對蘇聯持續違反人權置若罔聞，因此他們對國際事務上的判斷亦不足為信。傑克遜相信，緩和政策是尼克森與其繼任者哄騙美國人民的許多花招之一。一九七四年，傑克遜與參議院多數議員強渡關山，修法規定美國不得給予人權紀錄差強人意的國家最惠國待遇。這也包括蘇聯，不過他們願給予蘇聯十八個月的緩衝期以改善其問題，包括准許向外移民的權利。蘇方大發雷霆，但季辛吉告訴他們政府會克服這些問題。

在一九七六年的選戰當中，共和黨同黨對緩和政策大加撻伐，福特受到的壓力與日俱增。他們稱尼克森的問題在於讓美國變成只不過是世界上諸多國家的一員。一九七六年與福特競爭黨內初選的雷根在掃街拜票時稱：

在季辛吉先生與福特先生的帶領下，我國的軍事實力落居世界第二。在當今的世局中，當第二名就算不致命，也很危險……我國正陷於危險之中。和平並不來自軟弱或者撤退。和平有賴美國重回軍事的優勢地位……問問拉脫維亞、愛沙尼亞、立陶宛、捷克斯洛伐克、波蘭、匈牙利的人民，問問東德、保加利亞、羅馬尼亞，問問他們：生活在一個蘇聯是第一名的世界上，感覺如何？我不想要生活在那樣的世界上，我覺得你也不會希望如此……我相信上帝之所以把這片大陸放在兩個大洋之間，讓那些熱愛自由，有勇氣離開自己出生的國家的人找到，自有其神聖的目的。從我們的祖先，到我們現今的移民，我們來自世界上每一個角落，來自各個種族、各個族裔的背景，我們已經變成了這個世界的一種新人種。我們是美國人，我們與命運不期而遇。[3]

雷根的辭藻並未讓他贏得一九七六年的黨內總統提名。福特獲得了提名，但最終在選戰中輸給了民主黨的菜鳥吉米．卡特（Jimmy Carter），一部分是因為共和黨右翼對自己的候選人造成的打擊。到了一九七六年的選舉，新保守派的聯盟業已成為美國政壇不可輕忽的力量。他們反對國內改革給予婦女與少數民族優惠，且認為六〇年代的騷亂使得美國幾乎難以治理。因此國家可能輕易被蘇聯占上風，或者被那些攻訐美國、但又樂於接收美援的第三世界國家占便宜。

許多美國人同樣覺得遭受外人圍攻，又被自己的領袖拋棄，就連那些一九七六年並未支持雷根的人亦然。經濟成長疲軟，通貨膨脹比過去三十年還高，到了七〇年代末已達一三％。批評福特政府的人開始使用停滯性通貨膨脹（stagflation）一詞來象徵美國經濟所發生的一切弊病。儘管幾乎所有主要的經濟體在七〇年代都經歷相同的低成長與高通膨，但批評美國政府的人把這說成彷彿只是美國獨有之現象，也是華府對他國態度軟弱之明證。實際上，停滯性通膨是貨幣暢流、資本與投資全球化、原物料價格上漲，以及國際競爭隨著時間增加的結果。漸漸地，這些發展其實會幫助美國經濟比許多其他國家復甦還快。但從七〇年代中期的角度來看，一切彷彿都在劫難逃。尼克森政府所引進的價格凍結與工資凍結也無助於經濟，更失民心。4

美國人認為他們的國家領導無方，被外人占上風，這種感覺是受國際事務上的實際發展所強化，讓美國看起來迷航無力。在印度支那，當美國於一九七三年完成撤軍，革命軍在短暫休兵後展開攻勢。儘管北越的盟軍蘇聯和中國都曰不宜，北越的軍隊還是於一九七四年十二月展開全面進攻。蘇聯方面保障增加補給，這對於河內方面的決議至關重要。就蘇聯而言，對北越增援並非與緩和政策決裂；誠如布里茲涅夫所一再指出，莫斯科從未承諾會減少對越南的援助。相反地，蘇聯在河內的顧問與越南的東道主逐漸同意拿下南越已如甕中捉鱉。中方亦持續援助，部分是為了與蘇方較勁。也難怪黎筍和其他越共領導人認為一九七五年是個一統全國獨一無二的機會，考量到他們與北京領導人之間日漸高漲的分歧，一旦錯過這年，短期內恐怕不會再有機會。

北越的攻勢完全違背一年以前簽訂的協議。儘管就紙上談兵看來，南越軍隊理應有能力保疆衛土，但其軍事單位彼此之間協調不彰，攻勢又引發大規模的難民問題，加上美方撤軍造成的心理打擊，凡此種種，皆導致越南快速陷落。儘管北越意識到他們在戰略上的優勢地位，但能夠如此摧枯拉朽，他們也倍感訝異。及至一九七五年三月，南越軍隊已被趕出中央高地，敵軍繼而吞噬一座又一座海岸城市與基地。四月，北越領導人下令所有軍力長驅直入西貢。

南越總統阮文紹於四月二十一日辭職下野，控訴美國「不公……不人道……不負責」。阮文紹說：「你們落荒而逃，把我們丟下來幫你們擦屁股。」[5]國會已經於一九七四年把援助南越的預算砍半，而一九七五年再增援恐怕也無力回天。尼克森曾做出非官方的承諾：若是北越進犯，將會提供軍援。此際南越呼籲美方兌現承諾時，到了華府卻只被當成是耳邊風。阮文紹倉皇下野後，福特總統告訴大學學生：「美國可以重拾在越南事件之前的驕傲，但不能透過去重新打一場對美國來說已經告終的戰事來達成……各地男男女女的命運最終還是落到他們自己手中，不是我們所能置喙。」[6]

有南越民族解放陣線支持的北越勢力，於一九七五年四月三十日拿下西貢。美國直升機把美方人員以及抱頭鼠竄的南越官員帶走的畫面，對美國在全世界的地位有百害而無一利。無論從什麼角度理解，越戰的結束對美國在亞洲的勢力而言總是一場潰敗。在國內，批評家攻擊政府冷漠懦弱。儘管他們指稱美國的冷戰政策不再無所不能，而是無能為力——這種批評也屬誇大其辭——但從西貢落荒而逃無疑是美國在戰後外交政策的低谷。共產主義者與第三世界革命分子普天同慶，許多反戰的歐美青年亦然。但對於在越南服役的二百五十萬美國人而言，更別提戰死沙場的五萬兵士的家人，以及七萬五千身負重傷的傷兵，西貢的陷落使他們對自己的政治領袖倍感酸楚，而這種感受未曾止歇。

對多數支持共產黨人所擘劃某種形式民族解放的越南人來說，河內的勝利是一則以喜，一則以憂。他們的國度終於重新統一，重獲和平。但北方領導人全面控制，給予南方解放陣線的空間微乎其微。他們想要快速將社會、政治與軍事重新統一，宣布國家為在共產黨領導下的社會主義共和國，其社會主義形式相當蘇氏，經濟透過中央計畫指揮。私有制被廢除，農業集體化。貿易與市場都收歸政府控制。[7]南方至少有百萬人——前軍人、商人、教師——被送入再教育營。結果，南方的經濟垮臺，兩百萬越南人出走他鄉，其中有些人是出於害怕，但大多數是出於經濟上的需要。

要是說許多越南人在一九七五年後遭逢不幸，那邊境另一邊的柬埔寨情況則比越南淒慘十倍。在當地，有一群瘋狂的共產主義者受到極端形式的毛主義與文革影響，在美國支持的政權垮臺後掌權，自稱波布（Pol Pot）的領導人相信帝國主義的影響與貪得無厭的鄰國威脅要滅絕柬埔寨人民，其毛主義的特徵是獨尊封閉經濟、種族純淨、優生學。說到掌權，波布的柬埔寨共產黨（Communist Party of Kampuchea，以其法文暱稱「赤色高棉」〔Khmer Rouge〕聞名）把城市淨空，把所有人都驅趕到農村從事基礎的農業活動。儘管戰爭期間曾從河內收受援助，但他們還是殘忍地針對所有柬埔寨內部的少數民族，包括越南人與華人。估計有將近二百五十萬人（也就是三分之一的人口）喪命於赤色高棉的政策之下。[8]

西方輿論要花一段時間之後才開始了解到發生在柬埔寨的事件規模之大。此前，對美國在印度支那發動戰爭的譴責是如此慘烈，使得許多人不願意相信赤色高棉種族屠殺的程度。但當慘不忍睹的事實開始擺在眼前，就導致人們（尤其在歐洲）對共產主義整體的批判。不過，柬埔寨占據新聞的版面仍然不夠，部分是由於該起事件被中東危機以及水門案後美國政府體系的內爆給掩蓋。在諸多事件發生的期間，又爆發了葡萄牙的革命，葡萄牙革命的結果對冷戰的衝擊甚至比印度支那爭端的終結還要顯著。

葡萄牙自從一九三三年起就是由法西斯主義式的獨裁政權統治。身為歐洲最貧困的國家，葡萄牙政權緊抓著殖民地，相信殖民地能讓葡國地位不凡，並保留日後經濟擴張的希望。即便在其他歐洲國家都被迫要去殖民之後，葡萄牙仍堅守非洲的領地（安哥拉、莫三比克、幾內亞比索、維德角、聖多美普林西比）以及印尼群島的東帝汶。政府對葡萄牙人民、美國及其北約盟友說，在這些國家的解放運動是由莫斯科指揮的共產主義者發動的。但這些殖民地戰爭所費不貲，又僵持不下，人民與軍隊已久戰不耐。壓垮政權的最後一根稻草是一九七三年的石油危機。葡萄牙無力負擔既以補貼的石油留住民心，同時又馳援遠在非洲作戰的部隊。

一九七四年四月二十五日，一群曾經於海外服役的年輕軍官反抗政權。在一場後來稱為康乃馨革命（Carnation Revolution）的血腥政變中，他們推翻政府，另立民族拯救軍政府（National Salvation Junta），由軍事將領來治國，准予殖民地獨立。但安東尼奧．斯皮諾拉（António de Spínola）將軍以及統領新政府的溫和派旋即受到一些拱他們上位的青年軍官挑戰。年輕人想要葡萄牙社會更快速地變革。他們有些人與葡萄牙共產黨結盟，葡共雖然親莫斯科，鼓吹革命，卻缺乏奪權的計畫。葡萄牙經歷了一段政局不穩的時期，左右翼之間的衝突讓整個國家陷入混亂。

同時，在非洲的殖民地一一脫離葡萄牙。在幾內亞比索和維德角的轉型順利。聯合解放陣線奪權並轉型為馬克思主義政權，與古巴和蘇聯過從甚密。莫三比克解放陣線（Front for the Liberation of Mozambique, FRELIMO）在當地取得政權後，宣布成立人民共和國。儘管其領導人與蘇聯集團同聲一氣，他們仍守護自己的獨立地位。然而在安哥拉，即便在葡萄牙革命之前，彼此競爭的解放運動之間就已經發動內戰。一九七四年，隨著葡萄牙準備撤退，這場戰爭已烽火遍地，幾乎要吞噬鄰近的非洲國家以及強權。

就資源而言，安哥拉是截至當時為止葡萄牙前非洲殖民地中最富裕的。然而民生凋敝，殖民者又極力挑起主要族群之間的紛爭。唯一廣獲所有群體（包括在首都盧安達的白人與混血精英）支持的解放運動是安哥拉人民解放運動（MPLA）。這場運動是由與葡共關係密切的馬克思主義知識分子所領導的陣線，自從六〇年代初就獲得蘇聯、古巴、南斯拉夫的支持，但內鬥與分裂也未曾止歇。就在蘇聯開始增援之後，一九七〇年，安哥拉人民解放運動經歷了其中一次分裂。因此在康乃馨革命發生時，相較於其勁敵——由薩伊總統蒙博托・塞塞・塞科（Mobutu Sese Seko）支持的本土團體安哥拉民族解放陣線（National Front for the Liberation of Angola, FNLA）與奧文本杜族（Ovimbundu）支持的爭取安哥拉徹底獨立全國聯盟（National Union for the Total Independence of Angola, UNITA）——安哥拉人民解放運動遂落居下風。

當這些團體之間於一九七四年爆發安哥拉內戰，安哥拉人民解放運動迅速占據優勢。這場運動控制了首都及首都鄰近的地區，並與代表里斯本新政府的葡萄牙官員相處融洽。到了一九七五年夏季，解放運動已經宰制了安哥拉十五個省分當中的十一個。但薩伊政府與南非政府在美國祕密支持下出面干預，把軍隊送往安哥拉與人民解放運動作戰。兩造都不想要有一個共產黨領導的國家在其邊界。蘇聯與古巴四處奔走，想為他們的盟友張羅到支援。當安哥拉人民解放運動的領袖阿戈什蒂紐・內圖（Aghostino Neto）宣布於一九七五年十一月十一日成立安哥拉人民共和國時，古巴方面開始把軍隊和武器空降到盧安達。

南非方面在古巴人反攻前已兵臨城下，幾乎抵達安哥拉首府。但在蘇聯提供軍機與彈藥的奧援之下，古巴與安哥拉人民解放運動做出果斷的回應。南非勢力自覺遭到美國背叛，往南撤退。國會不顧白宮的抗議，仍然禁止進一步提供安哥拉反對勢力予以武力支持。到了一九七六年春季，安哥拉人民解放運動在近三萬名古巴人以及人數漸多的蘇聯、東歐顧問支持下，已經控制全國。福特政府大發雷霆，認定安哥拉是蘇聯跨越數千英里透過古巴人作為代理人的新干預形式。「情況很惡劣，」季辛吉對南非大使說，「俄羅斯人終究會在安哥拉勝利的勢頭上趁勢而起，來擊敗非洲強大的領導人，並在非洲取得全面勝利……美國人民在特定的情況下四分五裂，就像在越南議題上一樣，然後他們不會有任何行動。所以我們不能指望他們。」[9]

美國人把安哥拉事件看成是蘇聯新型的干預，這個觀察是正確的，儘管在莫斯科，這無疑是後見之明。主要的驅動力量其實是古巴，而非蘇聯。[10]蘇共的國際部門副部長凱倫・布魯騰斯（Karen Brutents）後來解釋道：干預安哥拉「成為未經謀劃的既成事實」。[11]從莫斯科的觀點來看，重點是要為古巴撐腰，用布魯騰斯的話來說，不要讓他們「再一次」失望。[12]古巴飛彈危機的傷口在莫斯科仍然隱隱作痛，一九七三年的十月戰爭亦然。儘管一開始，布里茲涅夫對把重心放在安哥拉上態度保留，但古巴與安哥拉人民解放運動在當地的成功，讓他與許多在莫斯科的人相信「不是不報，時候未到」。美國已在全球干預了一整個世代的時間。現在蘇聯顯示他們也可以做到，支持他們的戰略利益和意識形態。

隨著印度支那陷落，安哥拉的干預使得本來在華府對緩和政策就已經甚囂塵上的批評砲火更加猛烈。要競選總統的福特下令在他的選戰中禁止使用「緩和政策」一詞。他的敵手是沒有外交政策經驗的民主黨州長卡特。卡特嚴厲譴責政府的政策。「我們已經變得在對等的基礎上害怕與蘇聯競爭，」卡特在一場與福特辯論的電視轉播中指稱，「我們討論緩和政策。蘇聯知道他們想從緩和政策中得到什麼，而且他們一直在拿到他們想要的。我們從不知道我們想要什麼，而我們幾乎每次都落居下風。」[13]卡特想要屏棄季辛吉年代的祕密外交。他希望美國強調自身在外交事務上的價值觀：人權、宗教自由、移民自由、自決。卡特相信，想重振美國在世界上失去的尊敬，要靠的是美國的原則，而非「權力政治的平衡」。

卡特於一九七六年險勝。從總統任期之初，他就試圖在他所認定比較安全的基礎上與蘇聯建立關係。在寫給布里茲涅夫的第一批信件中，卡特表達想要超脫於冷戰之上的意願。這位美國總統說道，兩國有許多可以合作的事項：「給那些比較不幸的人發展，供應足夠的營養，並提供更有意義的生命。」[14]至於戰略武器限制談判，卡特認為他們的進展不夠。他對布里茲涅夫說，他傾向於雙方都大幅削減核武。卡特的新提案嚇壞了蘇聯。他們以為基本協議早已在戰略武器限制談判上達成。他們害怕新的提案只不過是個詭計。對於蘇聯核武的準星其實遠不如美國飛彈，他們知之甚詳。因此，坐擁大批飛彈會讓蘇聯感到比較放心。布里茲涅夫對於卡特想偏離現狀，義憤填膺。卡特的國務卿是身經百戰的外交官塞勒斯・萬斯（Cyrus Vance）。萬斯回憶道，當他試圖在莫斯科提起這個議題時，對方「澆了一桶冷水，並叫他回家吧」。[15]

但卡特與蘇聯之間的關係惡化還不止於此。為了強調他的人權政策，這位新總統選擇給蘇聯的異見分子安德烈・沙卡洛夫（Andrei Sakharov）捎信，強調他「致力於不只在我國，也在國外提倡人權」。卡特說：「我們應當善用我們的機構來尋求釋放良心犯。」[16]克里姆林宮大發雷霆。這是「在試圖騷擾我方，羞辱我方」，他們的駐美大使多勃雷寧後來如是說。[17]所有讓雙方總統提前會晤的準備都遭到莫斯科方面懸擱。

卡特初期的蘇聯政策問題出在缺乏經驗。卡特內部的顧問團中沒人有任何外交事務的經驗，或更糟的是甚至不曾從國內政治出發考慮過對外事務。舉例而言，美國的猶太說客勢力與影響力漸增這點，似乎讓新政權猝不及防。「這不是我們喬治亞州或者南方政治經驗的一部分，因此我們不夠了解」，卡特的參謀長對這位出身喬治亞州的總統承認道。[18]在他的蘇聯和中東政策當中，卡特迅速學到，他需要來自特定利益團體的盟友，但他並不擅長說服他們站在自己這邊。

卡特的新政府從就任那天起，就不斷收到來自主要外交政策助手彼此矛盾的建言，因此困難重重。萬斯相信，緩和政策已經達到許多成果，卡特應當非常謹慎，不要輕易為了蠅頭小利將之拋棄。國務卿是作風老派的外交人員，他認定除非有必要，否則與蘇聯對立無助於美方的利益。後來成為卡特國安顧問的哈佛教授茲比格涅夫・布里辛斯基（Zbigniew Brzezinski）則持不同的觀點與脾性。波蘭出身的布里辛斯基信念比較接近美國總統，亦即：要是蘇聯或者其他任何國家的行為抵觸了美國所提倡的國際規範，那麼就應當正面迎擊。布里辛斯基鼓吹他所認定的強悍、實際的外交政策，因為就如同他對卡特所解釋的，蘇聯比美國還更需要緩和政策。

打從一開始，卡特政府就受到國內強大的輿論壓力，認為蘇聯在利用美國的軟弱。儘管大多數人仍贊成與蘇聯就武器限制對談，但在一九七八年，將近七〇%的美國人認為無法信任蘇聯會遵守協議。[19]在許多方面，對蘇聯的恐懼與不信任是許多美國人對自己社會內部針鋒相對、衰敗無力的反應，但要仰賴運動人士的團體來對這些失志的感受發聲，其中一個團體當前危險委員會（Committee on the Present Danger, CPD）包含了認為蘇聯在全球都在發動攻勢的共和黨員與民主黨員。在尼澤、柯克派屈克、詹森總統的國務次卿尤金．羅斯托（Eugene Rostow）的領導之下，當前危險委員會成為一個強而有力的遊說團體，對戰略武器限制談判和蘇聯違反人權事宜大加撻伐，並且支持增加軍事開支、強化與以色列的聯繫。

卡特希望花時間處理其外交政策議程上更廣泛的議題，主要是美國的能源安全、中東和平、全球規模的人權等。結果隨著民調下滑，他被迫回歸到對蘇聯的國安議題上。隨著戰略武器限制談判進入僵局，另一邊的蘇聯也開始對於在這位總統的領導之下能夠成就多少不抱期許。這個領悟進而也提供動機給那些希望蘇聯政策更強硬（尤其是在對非洲、亞洲上）的莫斯科人士。他們當中有些人宣稱世界正在走向社會主義，蘇聯必須幫助推進這項進程。

從蘇聯的角度看來，七〇年代中的全球局勢的確似乎充滿希望。中東容或有些許挫敗，但有人對布里茲涅夫解釋道，這些挫敗是帝國背信棄義的結果，而非阿拉伯國家的階級鬥爭所導致。敘利亞和伊拉克與蘇聯的合作日漸緊密。南葉門已成人民共和國。所有剛獨立的非洲國家都是由馬列主義者掌政。越南也在共產主義的統治下重新統一。印度成為蘇聯的盟友。在葉門對岸、非洲之角（Horn of Africa）上的索馬利亞由革命社會主義黨（Revolutionary Socialist Party）掌權，並邀請蘇聯海軍將艦艇停駐柏培拉（Berbera）的港口。在國際上，蘇聯形勢一片大好。對一些年輕的共產黨員來說，這些全球的進展足以彌補他們對蘇聯自身內部社會主義的逐漸幻滅。

衣索比亞革命發軔於七〇年代席捲非洲的變革。年輕的領導人（尤其是軍事將領）對於社會與經濟缺乏進展，耐心盡失，並對他們自己地位不彰感到心寒。對於這些人中的一部分人來說，比起面貌模糊的非洲社會主義，蘇氏馬列主義更有吸引力。古巴無論就多種族社會還是計畫經濟來說都是重要的啟發。必須強而有力地迅速推動社會變革這點，對這些領導人而言頗有啟發。衣索比亞數世紀以來都是正統基督教君主制，鮮有社會與經濟的變革，對他們而言正是適合重新塑造的對象。

衣索比亞一九七四年的革命推翻了海爾・塞拉西（Haile Selassie）皇帝，以一批年輕軍官取代他，這批軍官自稱德爾格（Dergue），亦即委員會。年邁的皇帝翌年在獄中遇刺，被埋在他過去的皇宮廁所下方。三十七歲的上校門格斯圖・海爾・馬里亞姆（Mengistu Haile Mariam）自命新政府首領。他尋求與蘇聯、東歐、古巴建立密切關係。起初，莫斯科方面並不甚感興趣。蘇聯領導人懷疑衣索比亞對馬列主義的投入程度，並憂心與衣索比亞建立太過緊密的關係，會導致與比鄰衣國的索馬利亞關係出現問題，因為德爾格此際與索馬利亞逐漸不和。然而到了一九七七年，蘇聯已經開始提供衣索比亞武器和軍事訓練，古巴方面也派遣顧問。

索馬利亞對於阿迪斯阿貝巴（Addis Ababa，譯按：衣索比亞首都）與莫斯科之間眉來眼去，憂心不已，決定不能坐以待斃。他們意欲與衣索比亞南部以索馬利人為主的歐加登（Ogaden）統一，並且認為衣索比亞革命所造成的騷亂是天賜良機。蘇聯與古巴警告索馬利亞總統西亞德・巴雷（Siad Barre）不要發動這場進攻，希望仲介調停，尋求解決方案。但到了一九七七年七月，顯然衣索比亞已準備面對索馬利亞全面進攻。

蘇聯決定幫助衣索比亞革命。他們與巴雷決裂，開始透過空橋運輸先進的武器到阿迪斯阿貝巴，這是自從一九七三年馳援埃及以來規模最大的類似行動。至少有一萬五千名古巴士兵抵達，衣索比亞和古巴軍隊受蘇聯軍官指揮。索馬利亞方面猛烈抵抗，但到了一九七八年年初，他們已經被趕回國境線後。同時，蘇聯與衣索比亞的關係擴展到全面支持衣索比亞政府所有部門。有些蘇聯領導人（尤其是共產黨的國際部）相信衣索比亞可以用來展示蘇聯所啟發的第三世界現代化。儘管他們對於門格斯圖暴虐無道、少數族裔動輒得咎這點頗有微詞，但國際部部長鮑里斯·波諾馬廖夫（Boris Ponomarev）同意派遣「一群有經驗的蘇共同志」去協助日後將德爾格打造為一個共產黨。[20]

可以預期地，蘇聯涉入非洲之角，敲響了華府的警鐘。布里辛斯基告訴總統，他看出蘇聯方面的行為模式是在全球蠶食鯨吞，卡特也同意。即便他亟欲推進與蘇聯的雙邊關係，他也憂心蘇聯方面在第三世界的行徑。美國總統相信緩和政策包括不干預區域爭端的原則。「蘇聯方面違反這些原則，」他對媒體表示，「讓我憂心忡忡，這會讓美國人民降低對蘇方話語的信心，不信賴蘇聯的和平意圖，使得戰略武器限制談判或全面禁止試驗就算通過了也難以獲得批准。因此，這兩者是和蘇聯的舉止息息相關，而非由於我方。」[21]

非洲之角的危機，使得卡特政權自身內部的衝突成為鎂光燈焦點。國務卿萬斯無法理解為何布里辛斯基與總統要讓非洲之角掩蓋對美國更為重要的其他發展。萬斯對他們說，把蘇聯干預與戰略武器限制談判混為一談，會導致災難性的後果。「我們會輸了戰略武器限制談判，那會是最糟糕的情況。如果我們未能在總統的頭四年任期取得戰略武器限制談判協定，那會是他永遠的汙點。」[22]但萬斯的聲音在新政權當中愈來愈無足輕重。

美國報復蘇聯第三世界運動的方式之一是改善對華關係。卡特起初在全面承認中華人民共和國這項議題上想要慢慢來。他憂心中共的人權紀錄，也明白與中方更密切的合作會令布里茲涅夫火冒三丈。毛澤東一九七六年過世後，中方繼任的領導人亟欲加強與美方的聯繫。此前，毛澤東是從中國國安角度設想與美方的聯繫，而繼任的鄧小平所想要的則是美國的科技與貿易。要讓中國富強，鄧小平需要美國的協助。鄧小平的結論是，與美國更廣泛地建立關係能協助中國現代化。

在衣索比亞之後，美國已全面就緒，準備承認中華人民共和國。即便兩國之間的彼此承認在實際層面上並未變化太多，但此舉仍極富象徵意義，並打開新的可能性。鄧小平告訴他最推心置腹的顧問，要是美方願意禮尚往來，他打算大幅擴充與美方的合作。中方領導人害怕蘇聯的勢力遍布全球，蘇聯與越南的關係日益緊密尤其令他憂心忡忡，懷疑這是蘇聯包圍中國的大局的一著棋。

中越關係自從一九七五年開始就如同自由落體般墜落，這對曾為了圍堵中共擴張而在越南作戰的美國領導人而言，驚詫不已。中越關係惡化逐漸以軍事化的樣貌展現。及至一九七八年，雙方互相辱罵，並紛紛把軍隊開到邊境。隨後，在柬埔寨的赤色高棉政權先是驅逐越南籍的人民，然後又入侵越南——這堪稱是整個世紀最愚不可及的失算。兵力十倍於柬埔寨不止的越南發兵回擊。當他們的軍隊開進柬埔寨，目睹赤色高棉對自己的人民暴虐無道的程度，也不禁咋舌。到了一九七八年年底，河內的領導班子決定推翻波布政權，既是因為它對越南造成國安威脅，也是因為其種族滅絕的政策失當。戰爭在兩週之內就告結束。赤色高棉的殘餘分子逃往泰國邊境，新的親越南政權在柬埔寨成立。

儘管越南只是出於自身的考量，卻將柬埔寨從二十世紀最暴虐無道的政權中拯救了出來。然而鄧小平卻火冒三丈。赤色高棉是中國的盟友，鄧小平相信蘇聯在越南的入侵背後撐腰，決定要給越南一個「必要的教訓」。[23]在美方這邊，布里辛斯基也憂心：倘若越南占領柬埔寨不用付出代價，那麼它也可再對其他國家發動攻擊。某種意義上，這是骨牌理論的復甦，只不過這次中美站在同一邊，要懲罰越南推翻一個暴虐無道的毛主義獨裁政權。

當鄧小平於一九七九年元月赴華府開啟與美國新一輪的關係時，中方領導人直截了當地知會東道主：中國要進攻越南，給越南一點教訓。中方的攻勢會點到為止，目的也謹小慎微，且會在北方的蘇聯來得及應變前就鳴金收兵。在評論與蘇聯關係的整體局勢時，鄧小平說道，他「不認為有緩和的可能。可以說情況一年比一年還要緊張……蘇聯終究要發動戰爭。如果我們工作做得好，有可能推遲戰爭。中國希望把戰爭推遲二十二年」。[24]

卡特總統無法坐視中國全面進攻越南，但他也告訴鄧小平，他明白中國「不能允許越南逍遙法外」。[25]結果，美國對中國隔月發動的進攻公開表示遺憾，但私底下，卡特與中方分享情報，並向中方確保要是蘇聯從北方發動威脅，美國會在背後支持。然而，發動入侵最終卻對北京造成災難性的後果。中國在一個月的戰事當中，損兵折將的數目就已將近是美國在越南的戰爭傷亡總數的一半。要不是鄧小平認為給越南的「教訓」已經足夠，中方的損失無疑將會更多。中國在越南的戰爭不僅顯示解放軍對真正短兵相接多麼欠缺準備，也讓中越關係自此陷入你死我活的敵對狀態。

隨著壓力在華府與莫斯科都節節高漲，雙方仍勉力完成第二輪戰略武器限制談判，簽署協定。一九七九年六月，卡特與布里茲涅夫前往維也納參加簽署典禮以及近五年來第一場峰會。他們的會晤乏善可陳。年邁的布里茲涅夫疲憊不堪，意氣用事，關於卡特對緩和政策的決心表示懷疑。「開始重新組織被冷戰的慣性所拖累的蘇美關係，並非易事。」他在首場會晤上表示。[26]他指控美方忽視他所認定的緩和政策原則：「完全的平等、完全的安全、尊重彼此的合法利益、不干預彼此的事務」。卡特回應道，同樣重要的是，「我們在區域的政治競爭上自我克制，我們的軍事干預只限於直接或透過代理人來介入世界上不安定的地帶。我們會確保不剝奪兩國或任何其他國家取得重要天然資源的管道，這很重要」。[27]第二輪戰略武器限制談判雖然簽訂了，但美國參議院未予批准——基於美國民情，這也許並不教人意外。

卡特提及天然資源，顯示出他對中東政局騷亂的憂慮。埃及總統沙達特已於一九七七年十一月與其他阿拉伯國家決裂，親赴以色列，開始與總理比金直接協商。鋌而走險的行徑使得埃及成為阿拉伯世界的孤臣孽子，但這也確保了美國援助他們與以色列協商一份分開的和平條約。埃及取回西奈半島。協定於一九七九年三月在大衛營（Camp David）簽署後，埃及也取得巨額美援。但到了那時，另一個中東國家——伊朗——已因叛亂遍地烽火。一九五三年靠著美國撐腰發動政變、推翻摩薩台掌權的沙王，此時面對反對其專制政權的大規模示威。一九七八年九月，他宣布戒嚴，但就連伊朗軍隊都不見得支持。沙王於一九七九年元月逃出國門。

伊朗革命導致另一次石油價格飆漲。美方擔心伊朗共產黨——伊朗人民黨（Tudeh）——會在沙王離開後的亂局中取得政權。結果，沙王的伊斯蘭主義組織才駕馭全局。他們的焦點是七十七歲的什葉派神職人員宗教學者（Ayatollah）魯霍拉·何梅尼（Ruhollah Khomeini）。他的布道透過聲音與影像違法在伊朗散布。他在布道中將美蘇雙方都斥為要毀滅所有穆斯林的惡魔。何梅尼的口號是「不要左派，不要右派，只要伊斯蘭！」他於一九七九年二月從流亡中凱旋回歸德黑蘭，不旋踵成為國家實質上的領導人。

伊朗的伊斯蘭革命是一種刻意與冷戰秩序分道揚鑣的嘗試。何梅尼籲請所有穆斯林協力保衛新政權：「我們背離了東西雙方，不顧蘇、美兩國，以便治理自己的國家。」何梅尼宣布：「鑑於當今局勢，我們所採取的立場是世上僅見，但就算拋頭顱、灑熱血，乃至戰敗，我們也終不失去目標。」[28]起初，華府與莫斯科都不認為何梅尼的政權能夠持久，兩邊都有許多人認為他會如以往的穆斯林保守派一樣，最終還是會向美國尋求支持。但他們錯了。何梅尼自視為這個充滿譫妄的世界當中真正的革命家。一九七九年十一月，支持他的人士占領了美國駐德黑蘭大使館，挾持美國大使為人質。何梅尼支持占領，有一部分是為了確保任何與卡特的和談都會難以進行。

人質危機讓卡特的總統職位毀於一旦。人們認為他優柔寡斷，因為他沒有以攻擊伊朗領土或向何梅尼展示武力來回應（彷彿那樣做就可以幫到人質）。卡特反倒努力試圖理解伊朗究竟發生了什麼事。他不想把伊朗人送入蘇聯的懷抱。冷戰仍然是他心頭最重要的一塊。最終，他只好訴諸軍事救援行動，結果以兩架美國軍機在伊朗沙漠相撞的慘狀作收。一九八〇年四月的行動不成，導致萬斯請辭國務卿一職，或許連帶也讓卡特連任夢碎。一個月後，矢志揮別緩和政策、誓言讓美國再度強盛的雷根贏得了共和黨提名。

但若要說美國人由於伊朗的伊斯蘭主義陷入泥淖，那麼蘇聯則是在他們自己的遠北處面對這樣的麻煩。在阿富汗，一個馬克思主義的黨派於一九七八年四月透過軍事政變掌權。新政權開始與蘇聯密切合作。蘇聯建議他們放慢在農村施行實質改革。蘇聯顧問相信阿富汗人尚未準備好施行大規模的世俗化計畫，例如土地改革、婦女教育、廢除童婚等。但阿富汗共產黨人仍堅持不懈。到了一九七九年初，他們面對由鄰國巴基斯坦和伊朗所組織的伊斯蘭主義叛亂日增。阿富汗伊斯蘭主義者相信伊斯蘭革命，就像發生在伊朗的那樣（即便他們把什葉派視為宗派主義者）。他們多半在中東、埃及、沙烏地阿拉伯受教育，他們想撼動阿富汗社會的程度不亞於共產黨人——只不過是希望整體社會更往伊斯蘭（而非遠離伊斯蘭）的方向而去。

隨著伊斯蘭主義者猛烈攻擊阿富汗的政府部門，更多蘇聯顧問紛至沓來協助阿富汗共產黨人脫身。縱使阿富汗總統穆罕默德．塔拉基（Mohammad Taraki）在政治上的躁進惹惱了蘇聯，但他們仍然決議支持該政權。他們既看到危機，也看到轉機。「安哥拉與衣索比亞的結合，就是通往阿富汗的道路。」蘇共國際部副部長布魯騰斯後來這麼觀察道。[29]但當塔拉基自己也於一九七九年九月在與副手哈菲佐拉．阿明（Hafizullah Amin）的派系內鬥中被殺害時，這就敲響了當地蘇聯顧問的警鐘。阿明宣稱要比塔拉基追求更為極致的馬列主義政策，但國家安全委員會懷疑他與美方有聯繫，打算對蘇聯「來一記沙達特那招」。隨著伊斯蘭主義的游擊隊推進，蘇聯開始準備以武力推翻阿明，建立新的阿富汗共產黨領導班子，效忠蘇聯，有效抗擊伊斯蘭主義的叛亂。

蘇聯於一九七九年的聖誕夜開始干預。卡特政府透過新的間諜衛星得以知悉蘇聯軍隊在邊境集結，因此入侵並不令人訝異。但美國總統仍然對蘇聯的舉動大感驚駭。布里辛斯基向他描述——他稱之為「危機弧線」（arc of crisis）——蘇聯希望安插從非洲之角開始、越過紅海到印度洋的勢力。阿富汗的入侵似乎證明了蘇方這種意圖。有些美國分析家相信，紅軍行動真正的目標是印度洋的港口，以及控制波灣的石油。無論這種說法如何牽強，在人質危機期間卻也造成白宮一陣騷亂。

卡特在一九八〇年元月四日對美國民眾發言的電視談話中，稱蘇聯的入侵「對和平造成極端嚴重的威脅」，原因不只是在阿富汗內部的事件本身而已，而是——

因為蘇聯進一步向東南亞鄰國擴張，也因為這樣好勇鬥狠的軍事政策擾亂了世界上其他地區的民眾。這是赤裸裸地違背國際法和聯合國憲章。這是一個強大的無神論政府刻意讓獨立的伊斯蘭人民屈從。我們必須認知到阿富汗對於穩定、和平在戰略上的重要性。要是阿富汗遭到蘇聯占領，就會危及伊朗和巴基斯坦，並且可能成為控制世界多數石油供應的墊腳石。[30]

在兩週後的國情咨文中，卡特強調「蘇聯入侵阿富汗可能會是第二次世界大戰以後對和平所造成最嚴重的威脅」。[31]美國總統徵詢顧問可能懲處蘇聯的行動有哪些，收到提議後，他每項都簽字核准，就連布里辛斯基都被總統的憤怒給嚇到了。他停止貿易和文化的往來，禁止出口穀物、科技、交通設備，終止太空合作，對蘇聯的漁船下達禁令，不得進入美國領海，並威脅要杯葛莫斯科奧運。他也將第二輪戰略武器限制談判協定從參議院撤出。「歷史，」卡特說，「給我們……很少教訓。但世界付出慘痛代價學到的教訓之一肯定是：要是侵略沒有受到反對，就會變成傳染病。」[32]

若非自一九七五年蘇聯的安哥拉行動起，殷鑑不遠，也許可以把卡特的行動看成是反應過度。蘇聯在兩個世代之間對阿富汗有深遠的影響力，可對於阿富汗而言，美方遠在蘇聯入侵前就支持的阿富汗伊斯蘭主義者，未必就是比共產主義更佳的替代方案。但在卡特所施行的冷戰整體框架中，那些都不重要。自從他上臺以來，就不斷懷疑蘇聯在對美國於世界上的地位發動全面挑戰。到了衣索比亞危機時，從美方看來，緩和政策已經水深火熱。美國的軍事開銷自從緩和政策以來開始降低，此際又逐步升高。在卡特的第四期預算裡，軍事開支經通膨調整後增加了近一二%，這是在承平之日所未曾見過的漲幅。[33]布里辛斯基在他的回憶錄中總結道，「緩和政策已埋在歐加登的沙堆中」。這聽在那些曾親歷世上最黯淡無光角落的人耳裡，也許是誇大其辭，但當作是對卡特總統當時觀點的描述來看，這可能也反映了一些實情。

卡特對冷戰的強調，在美國政壇弊大於利。在總統選戰中，他被雷根一頓暴擊。雷根稱通貨膨脹、蘇聯勢力崛起、石油衝擊都是總統無能的結果。但更糟的是，雷根堅稱卡特並不是真正相信美國：

> 他們說美國已經到了巔峰，說我們國家已經過了頂峰。他們期望你告訴你的孩子，美國民眾不再有意志處理他們的問題，以後會是拱手犧牲良機的未來……我的美國同胞們，是時候重新把我們的命運掌握在自己手中了……難道我們能夠懷疑，唯有昭昭天命能把這片土地、這座自由之島放置在此，讓世上所有那些渴望自由呼吸的人們能有所庇蔭嗎？那些在鐵幕後忍受迫害的猶太人和基督徒；東南亞、古巴、海地的船民；非洲乾旱饑荒的受害者；阿富汗的自由鬥士；以及身陷野蠻俘虜的我們自己的同胞們。[34]

雷根的辭藻彷彿夢回早年，但對許多美國人而言，卻也完美捕捉現況。他們想要重回一個安定的世界，遠離那些正在改變他們所居住國家來自國內外的挑戰。至於怎麼醫治美國的痼疾，雷根很少提出具體的解決方案，這點也不用在意了。如同英國的瑪格麗特．柴契爾（Margaret Thatcher），他代表一股保守反叛勢力，對抗他所謂讓國家舉步維艱的那些人。以此而論，雷根的首任內閣是新政以來美國最為激進的政權，承諾大幅減稅，消除公共赤字，廢除所有的價格管制，並拋棄大多數的政府經濟規範。他的支持者與反對者都論及雷根革命（Reagan Revolution），儘管實際上發生的遠比承諾的要少。

雷根從就任總統之初就相信，為了在與蘇聯協商上占據優勢地位，美國必須增強防禦，強化國際地位。他極其自信地認定他會在尼克森、福特、卡特失足的地方站起來。對於他的辭令會對另一邊造成什麼效應，他並不加以考慮。但雷根強硬的發言嚇壞了風燭殘年的莫斯科領導班子，他們首度開始相信世局可能會走向強權之間的全面戰爭。當雷根在總統任期之初說美國人應該「開始規劃一個世界，在這個世界裡，我們的敵人只會出現在人類史上淒涼惶惑的一章，以此面貌被世人記得」。蘇聯領導人對他這說法非常慎重其事。[35]

蘇聯害怕雷根政策的原因，一部分是由於他們自己在阿富汗的失敗。起初布里茲涅夫的顧問向他保證只要短暫的干預就能重整局面，結果盼來的卻是久戰不下。蘇聯的戰事之慘烈造成大規模的難民問題，伊斯蘭主義者藉此得以換來人們追隨他們的信念。當雷根於一九八二、八三年馳援阿富汗的伊斯蘭主義者、聖戰士及其在巴基斯坦的支持者時，蘇聯方面的問題愈發擴大。儘管雷根政府也意識到，這些伊斯蘭主義者中有一些反美的程度與反蘇不相上下，但他們的結論是，援助他們對於讓蘇聯勢力翻盤至關重要。「這裡就是阿富汗行動漂亮的地方，」雷根的中情局局長威廉・卡西（William Casey）對他的同僚說，「通常看起來像是美國大老粗欺負當地人。阿富汗正好相反。俄羅斯人在欺負這些小傢伙。我們沒有把它變成我們的戰爭。聖戰者有所有他們所需要的動機。我們所需要做的就是給他們幫助，只是給更多一點。」[36]

阿富汗不是唯一一個雷根想要讓左翼革命翻盤的地方。在拉美最貧窮的國家之一尼加拉瓜，有一個受到馬克思主義啟發的叛亂團體，於一九七九年推翻了望之不似人君、卻受美國支持的獨裁者，奪取了權力。尼加拉瓜的新領導班子自稱桑定民族解放陣線（Sandinista Front），他們推行激進的國有化與土地改革計畫。他們意欲與古巴和蘇聯集團建立密切關係，儘管卡斯楚警告他們不要操之過急，否則美國會出面干預。[37]桑解陣試圖避免與華府直接衝突，但雷根政府自從他們執政起便決意要加以剷除。雷根要進攻的重點，是尼加拉瓜支持鄰國薩爾瓦多的一起反叛運動。美國總統稱他有證據指出「蘇聯、古巴、巴解組織，甚至利比亞的格達費（Qadhafi）和其他共產主義集團的國家要在那裡搞恐怖主義」。[38]但他主要針對的目標還是桑解陣。

到了一九八一年末，美國協助在尼加拉瓜組織反革命勢力，也就是所謂的康特拉（Contras），並開始提供他們武器和訓練。立即的目的是對桑解陣政府施壓，停止他們涉入薩爾瓦多，但很快地目標轉變為推翻尼加拉瓜政府。桑解陣受到來自拉美的其他革命志願者、古巴人，以及（些微的）蘇聯的幫助。儘管不是所有的桑解陣改革在尼加拉瓜都同樣受歡迎，但多數人民似乎至少在一開始都相信他們的新任領導班子在對抗美國的霸凌。在中美洲，支持左翼背後的原因自然是多數人的生活都一貧如洗。在七〇年代，逾半數尼加拉瓜的幼童營養不良。這與往北幾百英里的生活迥然不同。中美人均食用肉食的分量比美國人餵給他們寵物的還少。在這樣的世界裡，抗議社會不義很容易就變成了抗議美國霸權。

緩和政策被許多狀況給擊潰，其中有些是強權所無法控制的。第三世界的革命攪亂了和解的進程，而快速的經濟變化則擊沉了和解的努力。顯然從一開始，美國與蘇聯的領導人就從緩和政策中讀出不同的意義。蘇聯相信兩強彼此之間真正的平等地位獲得了接受。美國多數領導人則認為蘇聯已加入在美方領導下的世界體系中合作。但蘇聯為了協助其他地方的革命以及擴展自身的勢力，有意在與華府之間的關係涉險。

然而緩和政策終究是被美國的政壇所擊潰了。尼克森與季辛吉試圖與蘇聯攜手共理冷戰的程度，超出了多數美國人能接受的程度。在水門案後，美國人對自己政府的一切不信任感達臨界燃點。緩和政策是這個過程當中的受害者，儘管看起來就算沒有尼克森的醜聞，緩和政策也很可能會在某時某刻陷入僵局。多數美國人就是不願接受美國在國際事務上可以有個並駕齊驅的對象，不論是在七〇年代還是所有時候。於是他們選出雷根總統，以確保美國身分的降格不會再次發生。

第十九章
歐洲的預兆

到了一九八二年，許多人都說冷戰已經回到在緩和政策開始前的狀態了。有些人甚至認為雷根又觸發了「新冷戰」，彷彿衝突曾經完全消退。但即使對於那些在七〇年代身處中東、非洲、拉丁美洲、南亞和東南亞觀察冷戰戰況的人，八〇年代的衝突似乎另闢了一條更為危險的蹊徑。軍備競賽似乎永不止歇，且轉往更危險的方向前進。核戰的威脅似乎近在咫尺，緊迫程度前所未見，尤其是當雙方都在發展新式輕型且更容易瞄準目標的武器時，更顯如此。雙方的唇槍舌劍在一九八二至八三年臻於巔峰。雷根將蘇聯比喻為「現代世界的魔窟」，蘇聯則稱雷根是新的希特勒。「雷根粗俗的演說展現出軍工業複合體的真面目。他們找尋這種人很久了，如今雷根橫空出世。」在一九八二年布里茲涅夫死後接任蘇聯領導人的尤里・安德洛波夫（Iurii Andropov）如是說。[1]

八〇年代初的冷戰一觸即發，危險程度可能更甚一九六二年的古巴飛彈危機。不過，其他趨勢也同步在發生中。中國開始甩脫毛澤東治下的極端中央集權經濟管理。有些自認屬於第三世界的國家開始實驗改革，以打開國內或國際市場。但首先且最重要的是，歐洲開始轉變了，西歐的整合與經濟擴張對鐵幕以東國家的吸引力愈來愈強大。這種吸引力強烈的程度已經到了即便強權之間的冷戰重啟也無法橫加阻撓，更何況強權中的一方——蘇聯——已經不太確定它在歐洲真正的目標究竟為何。

如同強權之間的衝突強化一樣，冷戰在歐洲的轉變可以溯及一九七四年的葡萄牙革命。相較於兩方強權，歐洲人如今已不太需要費心非洲事務，對他們而言，重點也不在於盧安達或馬布多（Maputo）政權的性質為何，而是里斯本政府所做出的改變。當大多數西歐人歡慶葡萄牙脫離法西斯式的獨裁時，他們也憂心共產黨在蘇聯境外取得政權會如何影響歐洲大陸的未來。這些議題與其說是關於葡萄牙左翼整體，毋寧說主要是針對葡萄牙共產黨的復興。當蘇式的理念在蘇聯集團以外失去號召力時，葡共特意宣稱支持蘇聯及其理念。

葡萄牙革命發生之際，有一大批西歐激進左翼開始覺得俄羅斯十月革命的遺產與他們自己的政治實踐漸行漸遠。六〇年代所謂的新左翼（New Left）當然早已如此宣稱，但是他們的影響範圍有其侷限。在六〇年代晚期，義共（PCI）開始宣稱他們相信靠選舉和議會便可轉型為社會主義，西班牙、法國跟隨在後，這個效應遠超過新左派。但新任義共領導人貝林格獨具個人魅力，活力充沛，並不打算止步於此。貝林格意欲把西歐共產主義重建為西方民主的替代方案。他也想要對東歐共產黨施壓，促使他們改革，尊重人權與民主。尤其在一九七三年智利政變摧毀了當地左派之後，貝林格倡議要為了保衛民主，讓歐洲基督教與共產黨達成「歷史性的和解」。事實證明，他的歐洲共產主義在義大利境內乃至境外都人氣十足。

以歐洲來說，葡萄牙革命讓貝林格的歐共直接對上支持教條主義葡共的蘇聯。私底下，貝林格對包括西德的布蘭特和瑞典的奧洛夫・帕爾梅在內其他有志一同的共產主義者和社會民主主義者承認，倘若葡共取得政權，對歐洲左翼會是一大災難。在西歐政治變遷的信號閃爍時，反對葡共執政招蜂引蝶：歐洲共產主義者、社會民主派、天主教教團和中情局都從不同方式試圖強化非共產主義的替代方案。當在馬力歐・索阿雷斯（Mario Soares）領導下的葡萄牙社會主義於一九七六年取得政權時，帶著激進的社會民主議程，西歐全境乃至華盛頓都為此鬆了一口氣。

儘管他們對葡萄牙的目標一致，但是繼任的美國官員還是對歐洲共產主義者多所猜忌和擔憂。美國人相信貝林格真正的目的在於進入政府部會，並從內部攫取權力。蘇聯更有理由厭惡義大利人對他們政策一而再、再而三的威嚇。當貝林格公開在莫斯科說道，民主「從歷史上來說是普遍價值，是起初的社會主義社會基石」時，布里茲涅夫大感驚詫，且在貝林格宣稱北約是一「打造一個自由的社會主義有用的盾牌」時，更是火冒三丈。[2]儘管如此，莫斯科卻別無選擇，只能繼續在政治上與經濟上支持西歐共產黨，以免完全失去對他們的影響力。

七〇年代晚期，當冷戰愈來愈冷卻時，美國對歐洲主要擔憂的事情是如何維持北約同盟關係。自從四〇年代伊始，美國有些制定政策的人士已經開始對西歐（尤其是西德）感到憂心忡忡，擔心他們傾向於向蘇聯妥協，而非與之對抗。這樣的猜忌往往沒必要，畢竟西歐與美國成立了北約組織，好對來自東方的威脅加以防禦。美國和盟國間對於關鍵防禦議題最大的差異往往在於語調，而非內容。即使美國人為了防禦西歐背負起截至目前最沉重的軍事、經濟負擔，但是華府方面仍堅決要讓歐洲參與決策過程。北約內部的審議決策過程說服了所有盟國眾國平等，並非只是在全球冷戰當中濫竽充數。

但就在強權之間的緩和政策開始瓦解時，許多西歐領袖都對接下來會發生什麼事感到憂心忡忡。他們認為緩和政策對歐洲有利。緩和政策打通了鐵幕兩端的交流管道。軍事同盟之間建立互信讓歐洲人更有安全感，這些歐洲領袖自己就投入在緩和政策的進程當中。這是他們的計畫，不僅是美蘇強權的大計。不出所料，在莫斯科和華府的關係似乎降至冰點時，他們仍在找尋方法維持歐洲的緩和政策。

赫爾辛基協議（由於一九七五年會議在此舉行因而得名）是讓通往東方的道路維持暢通的方式。大多數歐洲領袖認為，即使其他地區發生衝突，仍然必須保有派遣觀察員參與軍事演習的權利，參與學術會議、科學與科技交流，以及西歐人自由往來東歐的權利（但是實際上，另一方卻不能如此）。他們主要憂心的是經貿上的互動。而且由於在歐洲，雙方陣營的交易往往是西歐產品單向出口到東歐，雙方都亟欲找到能夠反向流通的貨品。其中脫穎而出的是蘇聯的石油和天然氣。從西伯利亞延伸到西歐的天然氣管線建造計畫從七〇年代中期就開始著手進行。可想而知，雷根堅決反對。當西歐人拒絕取消計畫時，美國於一九八一年撤銷了對包含西歐公司在內所有參與製造管線的公司的贊助。雖然美國人事後態度軟化，但是跨大西洋團結的形象已經受到重挫。

討論軍事策略時，美國對盟國就無所畏懼了，雖然他們自己常常並未意識到情況是如此。一九七七年，卡特政府想將戰場上使用的高輻射核武（俗稱的中子彈）引進歐洲，西歐領導者多表贊同。他們憂心蘇聯在傳統軍事上的優勢，尤其若是戰略核武已經將差距拉開，他們認為中子彈可以多少加以抵消。但幾乎所有西歐國家內的輿論卻都背道而馳。中子彈被批為非人道武器，殺人越貨。西歐左翼稱這正好就是美國資本主義者想看見的。一年後，當卡特單方面取消武器的部署時，曾支持此提案的西歐領導人氣得跳腳，自認鋌而走險卻一無所獲。

德國總理施密特尤其震怒。他甘冒輿論對中子彈議題的攻擊，卻覺得遭到背叛。施密特以戰略（以及其他方面的）專家自居，對卡特身居領導人的評價本來就已頗低，但是西德總理是到目前為止在歐洲最有影響力的政治家，他也對蘇聯意圖憂心忡忡，尤其擔心卡特的天真加上蘇聯在歐洲的軍事力量，可能讓美國選擇與蘇聯妥協，這對西歐相當不利。施密特認為美國的世界地位正在滑落，而歐洲人必須準備好自我防禦。但出於戰略理由，他也仍亟欲讓美國人留在歐洲，只要施密特自己還可以在北約的關鍵決定上發揮影響力即可。

最讓歐洲戰略規劃者擔憂的是，蘇聯和華沙公約組織中傳統軍力的優勢，在布里茲涅夫引入新式高機動性中程彈道飛彈ＳＳ－20後，更加如虎添翼。蘇聯部署新武器，是因為他們知道被取代的飛彈品質低落，也是因為沒有任何協議禁止他們這麼做。但是這是一項錯誤的政治決策，因為西歐領導人認為這是在多事之秋企圖恫嚇。施密特更是將北約方面的回應東拼西湊，變成了一九七九年十二月的所謂雙軌決議。決議稱為了回應蘇聯的軍事部署，北約盟國準備在西歐部署美國的潘興II（Pershing II）中程飛彈和巡弋飛彈。同時北約發起對談，作為接下來第三輪戰略武器限制談判的一部分，限制所有在歐洲的中程核彈數量。這是一項重要決議，讓北約團結一致，向蘇聯傳達明確的訊息，而也許最重要的是，彰顯西歐領導人如今負起了自我防衛的責任。

然而，第三輪戰略武器限制談判並沒有發生。在北約的雙軌決議兩週後，蘇聯入侵阿富汗。大多數西歐領導人，除了英國的新任首相柴契爾之外，都認為卡特對蘇聯反應過度。「我們不許十年的緩和和防禦政策毀於一旦。」施密特如此告訴其幕僚。[3]施密特是德國繼艾德諾後最親美的總理，但他也認為華府並未聽取盟國的意見。他也真正開始害怕世界將走向強權戰爭。他告訴卡特，西德會同意北約聯合的反入侵戰略，但他自己會保持與莫斯科的聯繫。一九八〇年六月，施密特罔顧美國的反對，赴莫斯科與布里茲涅夫會面。施密特一如既往單刀直入，告訴年邁的蘇聯領袖他認為入侵阿富汗是大錯特錯。但他也請求蘇聯在歐洲核武協議上讓步，蘇聯同意了。布里茲涅夫指稱蘇聯願意談判，只要所有歐洲的核武都成為談判的一部分。

布里茲涅夫願意談判，顯示他也擔憂緊張局勢在全球規模上急速攀升。但是此一倡議所採取的形式也是為了挑撥北約內部的分歧。英法坐擁自己的核武，而他們並不想要對此加以協商。西德沒有核武。蘇聯仍希望西德對於美國的依賴以及西德處在冷戰前線的位置，可以俾使莫斯科訴諸德意志民族主義的本心。但是一九八〇年首次關於中程飛彈的協商，卻迅速被雙方陣營間扶搖直上的危機所取代。到了一九八三年，由於雷根與蘇聯領導人間唇槍舌劍，歐洲內部對冷戰的焦慮升至六〇年代早期以來的最高點。民調顯示，全西歐有超過一半的人認為他們有生之年將看到強權之間開戰。

在擔任了蘇聯領袖十八年後，布里茲涅夫於一九八二年十一月逝世。鮮少有人為了他的謝世哀悼。即使他的親信也開始覺得蘇聯在他執政晚期陷入了停滯。布里茲涅夫無疑提高了蘇聯的國際地位，讓他成為其前任可望而不可即的軍事強權。但是蘇聯的國際擴張背負著極高的經濟成本，且有許多共產黨員認為這在國內付出了重大的代價。布里茲涅夫的繼任者安德洛波夫獲選，因為同僚認為他有能力處理外交事務，並推動國內所需的調整。政治局年邁的同僚相信，曾擔任過祕密警察國家安全委員會主席長達十五年的安德洛波夫擁有改變局勢所需的技能和手段。

安德洛波夫雖然意識到國內需要改革，但是當他當上總書記時已經疾病纏身，欲振乏力。他於一九八四年二月病逝。其繼任者是康斯坦丁・契爾年科（Konstantin Chernenko），是黨內官僚，也是布里茲涅夫的親信，他僅想維穩守成，不思改革。契爾年科當選時也已經身體不適，在任一年多就病逝。不出意料，黨幹部和人民大抵都認為黨領導層已經風雨飄搖。我有一位朋友當時住在莫斯科，他說他六歲的兒子已經太習慣聽到電視上播放蕭邦的送葬曲，以至於誤以為那是蘇聯國歌。

當年邁的政治局成員勉力維持政治上和身體上的活力時，冷戰的緊張關係不斷攀升。蘇聯開始極度擔心美國出其不意的核彈攻擊，並且著手加強監看關鍵西方機構。KGB收到命令要持續監視政治、金融和宗教領袖是否移駕到防核庇護區或安全區，監看血庫存量是否上升，以及醫院是否準備待命。這個情報活動被稱之為RIaN（是俄文縮寫，意為「核彈攻擊」），大致上有助於說服蘇聯領導人，並沒有立即性的攻擊即將發生。但是危機仍然高張。一九八三年九月，蘇聯空軍擊落一架誤闖蘇聯領空的韓國民航機。蘇聯將之誤認為是美國的偵察機。機上兩百六十九名乘客全數死亡，其中六十一位是美國人，包含一位美國眾議員。

蘇聯一開始謊稱與此事沒有關聯，他們並未擊落飛機，這讓這一起造成多人喪生的事件以冷戰角度來看更為難堪。美國冷戰鷹派逮到機會。雷根的聯合國大使、新保守派的柯克派屈克在聯合國安理會播放了美國情報單位所錄下蘇聯飛行員和其空防司令官之間的通訊錄音。雷根自己則在全國電視上稱之為「韓國民航屠殺，蘇聯攻擊毫無軍事配備的民航機，機上有著兩百六十九位無辜男女和小孩。不論在此處還是在全世界都永遠不應忘記這起違反人性的犯罪」。[4]

一九八三年十一月事態急轉直下。數年來，北約往往在秋天舉行軍事演習，以測試北約盟國備戰狀態是否足夠抵擋華沙公約組織的突襲。一九八三年的演習代號為八三年優秀射手演習（Able Archer '83），模擬了衝突升級到發動核武攻擊的程度。蘇聯事先有被告知此次軍演，且從情報單位知道了不少內幕。但當優秀射手進行演習時，形勢還是變得緊張。根據中情局稍後的彙報，莫斯科方面已經「在東德和波蘭部署了蘇聯空軍部隊，蓄勢待發」。[5]雖然蘇聯領導人沒有理由認為攻擊迫近，但是莫斯科的反應卻正好顯示了整體形勢是多麼一觸即發。全世界，尤其是歐洲，趨近了久違的核戰可能隨時擦槍走火的臨界點。

籠罩蘇聯領導人的恐懼並非僅是來自西方的壓力，也是因為他們所代表的經濟和社會體系似乎深陷泥淖。經濟成長趨緩，油價下跌急遽減少了蘇聯的外匯收入。安德洛波夫和其他人將之歸咎於懶散、貪腐和酗酒。雖然蘇聯領導人中無人認為他們所繼承的體制需要徹底改變，但是大多數人都警覺到改革是需要的。許多共產黨領導人都同意蘇聯的國家負債已經超過資產了。高度集中化的計畫使得經濟舉步維艱。軍事支出節節高升，而蘇聯又支持了過多第三世界國家的運動，後者已經習於仰賴莫斯科的龐大資源。雖然問題叢生，卻鮮少有人能夠提供解決方案。就連問題也不能過於高調提出。蘇聯是獨裁政體，效忠才是平步青雲的籌碼。

若蘇聯境內的情況不佳，那麼東歐的狀況就更是開始每況愈下。誠然，許多東歐人士享有蘇聯公民所難以想像的生活水準，比方說在匈牙利和捷克。但儘管如此，人民愈來愈感覺到領導人無能處理最為迫切的問題，包含鞏固穩定的消費品供給。並非東歐整體的生活比過去更糟，而是許多人知道西歐人生活富足，社會進步快速。赫爾辛基之後鐵幕兩方的聯繫日益頻繁，讓許多東歐人（尤其是專業人員、教師和主管）相信他們的生活比國界以西的人還要窘迫。他們比過去更常比較，但並非跟他們自己的過往或蘇聯做比較，而是跟其他歐洲人做比較，透過電視、電影或真實的接觸，他們認為對這些人的生活了然於胸。

其他事情也滄海桑田。蘇聯人對德國報復主義和擴張主義大肆渲染的恐懼，如今對年輕一代的東歐人已經影響有限，這一點至關重要，尤其是在波蘭。在戰前，超過三分之一的波蘭領土曾經屬於德國。但是布蘭特的東方政策以及波、德之間日益頻繁的接觸，使得過去曾經存在的緊張關係漸漸淡化。這讓波蘭更能專心在自己國內的事務上，而人們對現況怨聲載道，工人和其家庭更是如此。波蘭的社會成長較大多數東歐國家緩慢。一九七〇年，當政府試圖調漲一般用品的價格時，工人抗議了。「共產主義是什麼？」華沙的笑話這麼說，「就是當所有東西都能在商店買到的時候。換句話說，就是革命之前。」

一九七〇年，大規模工人抗議使波蘭政府心生恐懼。在蘇聯同意之下，它試圖用大幅借債來渡過難關。如同拉丁美洲國家，波蘭和其他東方陣營政府發現西方陣營的銀行和機構在七〇年代急切地想放貸。波蘭被看成是可靠的借款方；它擁有穩定的政府體系和至少某些商品（煤炭、船艦、農產品）可供外銷。沒有人真正在意生產效率和產品品質的低落，而這卻讓東方陣營以外的國家不願購買他們的產品。及至一九七七年，在西方的債主開始失去耐心時，波蘭共產黨借貸了大約兩百億美元。政府必須再度調漲物價，以償還貸款。

一九七〇年，波蘭工人不願認命接受更差的生活條件，他們感覺情況已經夠差了。及至一九七八年，他們的抗爭有了新的靈感泉源。虔信天主教的波蘭工人階級在那一年歡慶波蘭人選上教宗。這是十六世紀以來第一位非義大利人獲選教宗，嘉祿・若瑟・沃伊蒂瓦（Karol Cardinal Wojtyła）

成為聖若望保祿二世（John Paul II）。以五十八歲之齡而言，曾出任克拉科夫（Kraków）大主教的他，活力充沛，擅長運動，也是一位神學保守主義者，在祖國總是與工人相當親近。在獲選教宗後，共產黨領導人不敢拒絕他出訪波蘭。在一九七九年他巡視全國時，有超過四分之一的波蘭人到現場親炙其風采。「如果此刻我們接受所有我膽敢承認的事情，會產生多少偉大的義務？」教宗問他的國人：「我們有能力承擔嗎？……沒有基督，我們不可能了解這個充滿著光輝和兼具困難的過去的民族……讓你們的聖靈降臨，」若望保祿祈禱：「然後重塑地球的面貌、土地的面貌。」他的聽眾們默禱：「我們想要上帝，我們想要上帝。」[6]

一九八〇年八月，格但斯克列寧造船廠（Lenin Shipyard in Gdansk）的工人罷工了。在年輕電工萊赫．華勒沙（Lech Wałęsa）的領導之下，工人們占領了造船廠，要求改善工資和工作條件。當其他工廠也加入罷工後，工人們的要求增加到包含貿易結社自由、言論自由和釋放政治犯。在罷工規模擴大、其他團體也加入罷工行列後，波蘭共產黨對其中一些要求讓步了。由於迫切需要工人階級合作，回到工作崗位以增加生產量，政府別無他法，只能妥協。當月月底，共產黨協商代表同意承認一個獨立的新商會「團結」（Solidarity）。造船廠內華勒沙和其他工人領導的談話，充分挑戰了已經冷汗直流、西裝筆挺的共產黨幹部，這些會談都在電視上即時轉播。大多數波蘭人從未預料能在有生之年看到此情此景。

到了一九八一年，團結工聯已經有了將近一千萬名成員，擁有自己的出版品和出版社。共產黨政府試圖實施審查，但成效愈發不彰。黨內為了如何處理團結工聯所帶來的挑戰而分裂。包含第一書記斯坦尼斯瓦夫．卡尼亞（Stanisław Kania）在內的許多領導人，想要與團結工聯和其他非共產黨團體維持長久的妥協關係。他們希望波蘭社會上下齊心，一同為國家的經濟情況負責。他們還是希望由共產黨掌權，以避免蘇聯介入。除此之外，其他事情都可以坐下來慢慢協商。可以想見，莫斯科和其他華沙公約組織國家對波蘭人施加了巨大的壓力。他們想逼卡尼亞下臺，查禁團結工聯，擴大執行審查。一九八一年十月，他們屬意的國防部長沃伊切赫・賈魯賽斯基（Wojciech Jaruzelski）取代了卡尼亞成為第一書記。

一九八一年十二月十三日，賈魯賽斯基宣布實施戒嚴，並解散團結工聯，有五千位領導人遭到逮捕。新政權重新實施嚴格的審查制度，軍隊在街頭巷尾巡視。對不以為然的共產黨員，賈魯賽斯基聲稱他實施戒嚴是因為蘇聯紅軍可能即刻入侵。這幾乎無疑是聳人聽聞。當賈魯賽斯基與蘇方一起構想出戒嚴計畫時，蘇方催促他執行，但也清楚表明如果無法成功執行，紅軍並不會入侵波蘭來救援他。在阿富汗事件之後，由於經濟問題叢生，超級大國間的緊張關係攀升，蘇聯已無餘力涉險派兵進入波蘭。十二月十日，安德洛波夫已經對莫斯科政治局清楚表態：

> 我們禁不起這一著險棋。我們不想派軍遠征波蘭。這是合理的立場，我們必須貫徹此立場。我不知道波蘭情勢將如何演變，但即使波蘭落入團結工聯手中也一樣。若資本主義國家緊咬著蘇聯不放，你知道他們已經在政治和經濟的多種決議上取得共識，這將會是我們的一大負擔。我們必須將自己的國家放在首要考量，先關心如何增強蘇聯的國力。[7]

其他東歐國家也開始改變觀點了，雖然較波蘭來得緩慢。匈牙利在卡達爾治下很長一段時間都是華沙公約組織中最為自由開明的一員。八〇年代匈牙利經濟進展緩慢，也像波蘭一樣透過向西方陣營借貸彌補財政赤字。但是與蘇聯陣營的其他國家相比，匈牙利與西方的經濟互動更為密切。一九四五年戰爭中被摧毀的布達高地（Buda Heights）從一九七六年開始，便有了自己的布達佩斯希爾頓飯店（Budapest Hilton Hotel）。從其他東歐國家來的訪客曾經擠在山坡上，只為了一睹其塔樓。匈牙利人自己往來各地則相對自由。一九八五年，超過五百萬匈牙利人出國，其中有三分之一到訪西歐，裡頭有一位後來談到出行的經驗：「我第一次去到西方時，感到極為震驚，我無法消化那三週內接收到的如爆炸般的信息……在東歐，我們必須奮力爭取，才能獲得西歐人視為理所當然的權利……他們的市場裡有新鮮的食物，即使在週末，我都不需要為了買一條吐司大排長龍。」[8]

匈牙利或捷克斯洛伐克人愈來愈不把自己視為被蘇聯支配的「東歐人」。相反地，他們重新將自己定位為中歐人，被一個來自東方的詭異蘇聯文化所占領。若說挪威或葡萄牙可以是歐洲主流的一部分，那麼為何他們不行？在匈牙利，反對大都是智性上或者商業上的反對。一九六八年之後，捷克斯洛伐克在愈發惡劣的獨裁政權治下，反對方要求政治權利和推翻蘇聯入侵之後所立的政權。《七七憲章》（Charta '77）是政治異議分子的宣言，參與者從地下搖滾樂團到反方領導人都有，例如劇作家瓦茨拉夫．哈維爾（Václav Havel）。該憲章譴責捷克的政治壓迫：「中央控管所有媒體交流、出版和文化事業，公開的言論自由被禁止。沒有任何與官方意識形態有些微差距的哲學、政治或科學觀點，或藝術活動可以被允許發表；對異常的社會現象不能發表公開批評；對於官方宣傳的假消息或侮辱，不能公開辯護。」[9]

布拉格的搖滾樂團宇宙塑膠人（Plastic People of the Universe）更言簡意賅地加以表達：「現在

二十歲的青年都厭惡地想嘔吐。」[10]此樂團成員被逮捕，哈維爾也被逮捕了。一九七九年，他被判入獄四年。

在其他地方的人眼中，蘇聯和東歐攻擊異議人士使得馬克思－列寧主義的合法性更加動搖。在蘇聯，少數幾位敢言的政治異議分子都入獄或被放逐。有些人被送到精神病院裡灌藥，讓他們變得溫馴服從。蘇聯異議分子弗拉基米爾·布科夫斯基（Vladimir Bukovsky）於一九七六年與被囚的智利共產主義領導人路易·斯科瓦蘭（Luis Corvalán）「交換」，布科夫斯基曾在精神療養機構待了數年。彼得·格里戈連科（Petro Grigorenko）將軍是一位紅軍軍官，曾抗議蘇聯的政治壓迫，他也進過精神療養院。沙卡洛夫是一位物理學家，也是莫斯科赫爾辛基團體的創始者，此團體是異議分子成立以監看蘇聯是否服從一九七五年的赫爾辛基協議，他得以幸免這個羞辱的對待。但是這僅是因為他是蘇聯核武的創始人之一，也是一九七五年諾貝爾和平獎的贏家。作為替代，他遭受境內流放到高爾基城（現在的下諾夫哥羅德〔Nizhny Novgorod〕），在當地遭到嚴密監視，遠離國際媒體。在太太伊蓮娜·邦娜（Elena Bonner）幫忙宣讀的諾貝爾獎獲獎感言中，沙卡洛夫強調「守護和平和守護人權的關聯……〔唯有〕守護人權，才能為真正長久的國際合作提供堅實的基礎」。[11]

東德政府自豪於經濟進步和能熟稔巧妙地控制任何可能的反對勢力。但是從七〇年代末開始，它便很清楚至少前者已經陷入困境。與其他蘇聯陣營的國家相較，東德境況不差。人民享有最高的生活水平和最高的生產力。但是無孔不入的祕密警察史塔西（Stasi，國家安全局的簡稱）握有全東德人口約三分之一以上的檔案，它回報事情不妙。莫名的食物與貨物短缺（一九七六年，咖啡消失在商店架上好一段時間，一九七九年則是香蕉和橘子）使某些東德人心生不滿，尤其當他們之中的許多人可以在電視上看見西德的食物豐足。史塔西仍然有能力圍堵任何公開的反對活動，且東德人民也大抵仍遵循政府指令。但是東德領導人知道他們必須促進經濟。他們在自己的圈子也抱怨道，東德競爭的對象並非波蘭或保加利亞，而是西方世界最為先進的工業經濟體，偏偏那碰巧也是德國。

如同大多數其他東歐國家，東德試圖透過向西方（尤其是西德）借貸來振興經濟。八〇年代的東德問題並非僅是負債程度，而是有助於償還債務的強勢貨幣出口日益減少。五、六〇年代，東德出產的許多產品，從鏡片到汽車，都可銷售到蘇聯陣營以外的地方。這些出口品於七〇年代逐漸趨緩。及至八〇年代，東德已經完全被商品更物美價廉的南歐和亞洲諸國擠下。東德試圖利用科技知識生產電腦輸出，但完全失敗。沒人想要龐大笨重的東德機器，還與任何蘇聯陣營外的產品不相容。

對於東德領導人而言，維持緩和政策逐漸成為一種對西德不加巧飾的威脅方法。西德人民可以到訪東方，但他們必須將大筆強勢貨幣兌換成出了東德就毫無價值的東德馬克。東柏林威脅西德，若不提供更多貸款或同意經濟協議，便要切斷東西德的聯繫與往來，而這些經濟協議往往要求東德馬克與西德馬克必須等值。海爾穆．柯爾（Helmut Kohl）於一九八二年取代施密特出任總理。柯爾領導下的西德新保守派政府持續這些對東德的讓步政策。跟施密特一樣，柯爾認為藕斷絲連比一刀兩斷來得好。更令人震驚的是，西德政府必須以強勢貨幣付費讓每位獲准離境的東德人進入西方。不出意料的是，到了八〇年代中期，有些在東方的德國人開始覺得人民受到一個失能政府裹脅。但他們幾乎都只對親友抱怨。

東德的根本問題是他們與歐洲最大的成功案例——德意志聯邦共和國——靠得太近了。透過西德，東德又與到了七〇年代中期已經高速發展的歐洲整合進程靠得太近。若僅是與歐洲的邊緣國家或者非歐洲國家相比，東德的情況也比下有餘。但是與西方工業與金融重鎮相較，它看起來幾乎是個失靈的國家。西德在成功的基礎上更進一步整合歐洲所有資本主義國家，而這正是東德所不可能參與的體系。

一九七三年，歐洲共同體（EC）擴張，將英國、愛爾蘭、丹麥納入之後，歐洲聯盟更進一步地整合。在西德和法國政府的協助下，歐洲議會直選的計畫通過了。讓人民、物資、服務、資金可以自由跨國流動的西歐單一市場計畫也通過了。許多歐洲領袖都認為，若他們不希望在經濟成長方面落後美國和日本，這一步便是無可避免。雖然完全落實這些計畫需要時間，但光是逐步朝此邁進，無疑已刺激了包含西德在內的歐洲經濟成長，在此之前，歐洲的經濟（至少與前三十年的快速成長相比）看來似乎停滯不前。這些計畫也鼓勵競爭，促進效率，增進科技傳播，但最重要的是創造出一個歐洲國家聯盟的作品，顯示出一系列共同理念的長處，而這在此前歐洲合作往往是看不見的。在一九八三年的《斯圖加特宣言》（Stuttgart Declaration）中，西歐領導人宣誓要「創造團結的歐洲。在世界的危險情勢下，這較以往來得緊迫，歐洲聯盟能擔負起其政治角色、經濟潛力和與其他人民的多重連結上義不容辭的責任」。[12]

冷戰加劇使得歐洲迫切需要在形式與程度上都加速整合，這在西歐諸國的首府都顯而易見。一九八一年，希臘迅速成為歐洲聯盟的正式會員。西班牙和葡萄牙於一九八六年加入。這些很大程度上是冷戰下的決定（順道一提，美國領導人予以強烈支持）。取得歐盟會員國資格意味著南歐諸國認可了某種由社會負責發展的資本主義形式，唯有在放棄革命的選項下才能夠獲得補助。而他們在成為歐洲共同體會員國前後，也確實得到了補助。及至八〇年代晚期，這些歐洲最窮國的企業、福利和平均收入都大幅提升。猶記一九八八年，有一位來自一貧如洗的阿連特如（Alentejo）的葡萄牙農夫向我解釋為何他不再支持共產黨：歐洲的補助，他說，讓希求更好的生活變得可能。

歐洲共同體擴張到南歐，對冷戰來說關係重大。對東歐而言，這猶如許下他們也能加入某種歐洲共同體的願景。在布達佩斯或布拉格的人們很難理解，為何連阿連特如的農夫或來自希臘克里特島的漁夫都可以享受到歐洲整合帶來的利益，而他們卻不行。這種想法是蘇聯治下的東歐一顆不定時炸彈。這意味著歐洲內部分裂成不同權力集團的結果，除了戰爭或流離失所之外，其實還有另一種選項：各國在沒有強權控制下，可以聯合起來決定自己的未來。共產主義控制的最大勁敵並非北約的軍事操弄，而是一旦割據歐洲的圍牆拆除，就能夠擁有富足生活的信念。

另一個加速歐洲整合進程的結果，是區域認同的擴張。愈來愈多歐洲人不再只是著眼於自己所生活的國家，而是將自己視為若非跨越國境即是棲身在重重國境地區內的一分子。居住在南提洛爾（South Tyrol，譯按：義大利北部自治省，奧地利邊境）、說德語的義大利人，可以更緊密地與奧地利國界另一邊的人連結。居住在比利時的說法語的瓦隆人（Walloons）與其在法國的同族連結。在西班牙，加泰隆尼亞人（Catalans）和巴斯克人（Basques）要求被認可為獨立民族。其中有些案例導致了衝突，但大多數的情況是：共同的歐洲整合概念，讓較小的民族得以在未完全獨立的情況下，仍擁有自己的一席之地，地區與國家的緊張關係也得以改善。

然而問題是，在將歐洲不同地區分隔開來的冷戰分裂線上會發生什麼事？及至八〇年代中期，歐洲三座核心古城（布拉提斯拉瓦、布達佩斯、維也納）自古以來的許多聯繫都變得更為顯而易見。即使冷戰分界仍然將它們分隔開來，這三個國家的作者也開始言及他們在中歐的位置。在巴爾幹半島，認同議題變得愈發錯綜複雜。在羅馬尼亞的匈牙利人抗議希奧塞古政府暴虐無道。在南斯拉夫的阿爾巴尼亞人開始要求獨立。南斯拉夫因爭取民族權利，內部動盪（特別是克羅埃西亞人、斯洛維尼亞人的運動）日益加劇。有些人認為這些問題可以在歐洲整合的更大架構中得到解決。但迄今冷戰橫加阻攔，歐洲機構單靠自己還沒有能力瓦解這樣的隔閡。

並非所有歐洲政府都認為自身利益可透過深化區域整合（如同《斯圖加特宣言》所說）達到。自由市場的掌門人柴契爾於一九七九年成為英國首相。她極力支持一個強大的西歐共同市場，並認為歐洲共同體有助於「讓歐洲共同的力量得以實現，藉以確保民主、自由、正義得到伸張」，一如她在八六年歐洲議會中所說。[13]但是她對進一步的政治整合則懷疑不已，且擔心英國主權地位和其與美國的「特殊關係」。柴契爾與雷根之間密切的關係，正是英美特殊關係的寫照。在其他西歐領導人眼中，至少起初僅是把雷根看成一個教條主義的笨蛋。

在戰勝阿根廷，取回南大西洋福克蘭群島的控制後，柴契爾的地位大幅提升。在世界其他地方看來，這場衝突卻是始料未及。一九八二年，在阿根廷軍政府奪取這個人口約一千八百人的英屬群島後，柴契爾派遣了整個英國海軍遠征隊跋涉八千英里征討他們。雷根政府專注於冷戰，擔心阿根廷軍政府對抗其左翼政敵受到波及，想要爭取時間協商。「我想要展現我們仍然都想找尋共識，」雷根在電話中告訴英國首相，「……應該截斷南美左翼的勢力，他們正試圖利用危機趁火打劫。」

柴契爾不能接受。「這〔攸關〕民主和我們的島嶼。如果我們現在失敗了，將是對民主來說最糟糕的事情。」她對總統這麼說。[14]英方成功拿回島嶼，近千人命喪沙場，其中大多數是阿根廷人。這場戰爭無損於英美關係，但的確提醒了雷根除了冷戰之外，還有些衝突是需要處理的。

法國領導者對於歐洲整合最大的考量，在於如何防止西德在政治和經濟地位上變得過於顯赫。法國素來驅動歐洲的整合，而此一政策走向在社會主義者法蘭索瓦・密特朗（François Mitterrand）於一九八一年當選總統後仍然賡續。密特朗起初似乎想為法國開拓更為左翼的路線，但讓若干共產黨員入閣教美國人膽戰心驚。在位一年半後，由於法國經濟陷入泥淖，這位新任總統改弦易轍，不再成天談論提高稅收和企業國有化，反倒轉而著眼於財政和貨幣，企圖讓法國企業在歐洲變得更有競爭力。共產黨員悄悄被他的政府遺落，繼法國左翼而起的是「盎格魯－撒克遜」資本主義。密特朗的右轉對全西歐都有著關鍵影響。這意味著在規模擴大的歐洲共同體中，自由市場的社經模式會居於領導位置，即便密特朗的法國和柴契爾的英國仍然大異其趣。

在西歐，七〇年代晚期小規模的恐怖主義運動增加，很容易把這些看作是對官方政治路線急遽左右分裂的反應。少數極左或極右派認為戰後西歐政府是非法政權，魚肉鄉民，他們於六〇年代愈發朝恐怖主義靠攏。但是僅僅十年後，諸如西德的紅軍派（Rote Armee Fraktion，又名Baader-Meinhof Group）以及義大利的赤軍派（Brigate Rosse）都穩步成形。他們（和他們的右翼勁敵）所從事的活動一路持續至八〇年代終。這些引人注目的恐怖主義行動可能是個信號，暗示著這些團體如何在一般的政治角力中失勢。但儘管如此，一九七七年紅軍派謀殺德國雇員工會領袖漢斯・馬丁・施萊爾（Hanns Martin Schleyer），以及翌年赤軍派謀害義大利總理阿爾多・莫羅（Aldo Moro）等事件，仍然為全歐帶來政治風暴。

但是，對東、西方關係更糟糕的是，在波昂以及其他地方，都有人懷疑東方的共產主義政權與西方的恐怖分子沆瀣一氣。許多紅軍派恐怖分子在東方陣營接受軍事訓練，而東德史塔西則提供他們西德追捕的情報。東德和保加利亞也協助西德恐怖分子與中東和日本的極端主義運動接觸，例如巴勒斯坦人民解放陣線（PFLP-GC，阿布・尼達爾〔Abu Nidal〕組織）和日本在中東運作的小型恐怖主義組織赤軍。這場遊戲一觸即發。有些東歐和蘇聯官員也許相信這能幫助他們動搖西方社會。實際上，這只是再度提醒西方領導人東方政權的不合法，且令冷戰的風險變得更大。

西歐恐怖主義也讓各國政府可以削弱對其政策帶來的挑戰。但是將七、八〇年代的青年抗議運動抹上恐怖主義的色彩，以長期來說反而會帶來後座力。尤其在雷根成為美國總統之後，廢核武和環保運動蔚為主流。一九八三年十月，西歐超過三百萬人參與集會，反對北約飛彈部署。在倫敦和波昂，有至少二十五萬人上街遊行，拉著「禁止炸彈」（Ban the Bomb）和「停止核自殺」（Stop Nuclear Suicide）字樣的布條。創立於一九八〇年的西德綠色組織（The West German Green Party）認為，環境破壞的終結與鐵幕東西兩端的核武存廢息息相關。他們的立場廣獲支持：在一九八三年的民調中，全西德有三分之二的人口不論情勢如何都堅決反對北約設置新飛彈。[15]

西歐八〇年代的抗議運動與過往不同的地方，在於更直截了當反對軍事主義和在東西陣營內的壓迫。運動組織如歐洲裁減核武運動（European Nuclear Disarmament, END）要求蘇聯撤除SS－20飛彈，並且拒絕北約的新核武。從蘇聯的角度出發，更糟的是，許多歐洲裁減核武運動領導人都與東歐的異議分子往來密切。主張和平的英國退役軍人與前共產主義者湯普森（E. P. Thompson）宣告：「真正解除核武能直接幫助蘇聯國家發展民主運動。更進一步說，在蘇聯國家發動民主運動，是迫使社會主義國家廢核武的前提。」[16]八〇年代，歐洲左派似乎重新發現民權和自由與左翼政治的關聯性。赫爾辛基協議給予抗議核武者機會與東方陣營的異議分子——例如捷克斯洛伐克的哈維爾或者對共產主義失望的匈牙利黨員——會晤。他們發現彼此所憂心的事物大同小異。

其中一個議題是冷戰在歐洲所造成的環境惡化問題。不僅軍工業是一大汙染源，而且許多人都認為核能發電、有毒廢料、濫伐森林與冷戰的生產競爭高度相關。諸如綠黨等政黨和歐洲裁減核武運動等運動在造勢活動中強調兩者的關聯，批評東、西方陣營的力道有時不相上下。但冷戰的環境批評也進入了政治主流。在所有主要的西德政黨中，年輕的側翼都認為要解決日益尖銳的環境問題，東西陣營必須先擬定「共同安全」和約。即使是由柯爾領導、現在是執政黨的西德基督教民主派，也在其一九八四年的計畫中，將減低工業汙染、推廣車用催化轉換器置於德國國際政策的核心。[17]

但是不僅歐洲人憂心冷戰造成更廣泛的影響。令其歐洲批評家驚訝的是，就連美國總統雷根也開始擔憂核戰可能擦槍走火，或者蘇聯受情勢所迫可能對西方陣營發動第一波攻勢。雷根相信，美國正在取得冷戰的勝利。這位樂天派的總統覺得他的勝選以及上任頭兩年所做的事（包含軍備競賽），已經重振美國偉大的國勢。他也相信世界其餘地方已經漸漸向美國倒戈，朝向自由市場和民主發展。雷根認為，任何核武衝突都會摧毀這些自然進程。尤其在一九八三年優秀射手演習一事之後，總統開始更認真思考如何避免爭端。「我覺得蘇聯太過擔憂自己可能被攻擊，自我防衛心太強了。」雷根在日記中寫道，「在不放軟姿態的情況下，我們必須告訴他們沒人有此打算。他們有什麼好值得覬覦的東西？」[18]

打從他就任總統，雷根就心繫如何保衛美國免遭核彈攻擊。他發現兩強相爭必然兩敗俱傷的原則，不僅於道德上有所爭議，並且於他個人而言也無法接受。想到自己可能有機會使用核武的啟動碼，就令雷根坐立不安。身為總統，他始終避免大多數可能涉及下達這種作戰指令的簡報或模擬行動。相反地，一九八三年，總統啟動了旨在防止本土受到核彈攻擊的戰略防禦計畫（Strategic Defense Initiative, SDI）。這些計畫想像使用天基雷射系統摧毀來襲的核彈，因而被其批評者戲稱為「星際大戰」（Star Wars）。就連總統自己的科學顧問都指稱這不可能成功，或至少在他們這一代不可能。但是雷根堅持己見，斥資挹注在他這項新寵計畫上。

戰略防禦計畫令蘇聯大驚失色。它不僅打破了雙方習以為常的戰略武器限制談判原則，因此（在蘇聯看來）讓世界變得更加危險；而且蘇聯也知道己方沒有同等的技術可以競爭，也無法負擔鉅資預算投資在科學技術上以追上美國。如同其美國敵手，許多蘇聯專家都懷疑戰略防禦計畫（至少近期內的）是否可行。但是眼看美國人坐擁這項武器，蘇聯領導人也不能無動於衷。大多數專家認為，此種報復僅可能伴隨著新攻擊性科技的研發，或大幅度增加蘇聯飛彈噸位，而這早已超過戰略武器限制談判所規定的限度。

對於雷根的太空攔截核彈計畫，莫斯科方面的反應顯示了東西方陣營間的科技鴻溝愈來愈大。及至八〇年代中期，從衛星科技到電腦用的光纖電纜，西方已經在大多數領域取得領先。這些進步是政府資金（往往是軍事資金）和生產產品的民間企業合作達成的。蘇聯科學家和工程師對西方的進展知之甚詳。若他們國內的體系有足夠的彈性能將科技置入生產，他們也很可能達成類似的進展。就設計及慣性而言，蘇聯落後的地方在於生產端。

衛星科技便是很好的例子。直到七〇年代，蘇聯在衛星科技上都遙遙領先。其螢幕衛星為數百萬在西伯利亞和太平洋岸省分的蘇聯市民提供電視訊號，當時西方根本望塵莫及。但是蘇聯刻意不將衛星電視作商業之用，而他們的國際宣傳廣播讓觀眾關掉電視的機率比打開還高。在八〇年代早期，美國衛星站開始對全球播送美國新聞、體育、電視劇、電影，往往只要負擔得起衛星電視盒就能觀看。消費主義的訊息是新電視臺吸引力之所在，深受所有能觀看的人歡迎。

商業電視的成功顯示世上許多地方，人們的優先考量開始改變了。七〇年代全球經濟的關鍵改變伴隨著這個消費主義轉向。如同我們所見，固定匯率、規範交易和資本控制的布列敦森林制度解體導致西方（尤其是美國）的危機感。但它也同時反映了尤以亞洲為代表等其他地方的經濟地位相對提升。除了共產主義國家外，全世界的人都重新將自己定位為產品的消費者，這些產品在過去不是不存在，就是僅屬於社會頂層。從衣物到電器，從化妝品到冷氣機，價格在競爭中被拉低，潛在顧客的數量也因此大增。不出意料，貨櫃運輸量在八〇年代幾乎增加了三倍。

七〇年代早期，全球經濟情勢大都倒向美國。雖然其國家經濟地位跟他國相比持續下滑，但是美國仍然居於世界金融體系核心的地位。美元仍然是世界通用貨幣，而且不受過往的限制所囿，美國政府確保幣值維持低廉，以鼓勵美國商品出口，並且吸引外資進駐。但美國也在八〇年代貿易和金融的全球化中取得有利條件。美國的銀行和（尤其從八〇年代中期起）投資公司可以輕易投資外國市場，知道他們所持有的貨幣是他國所垂涎的。來自美國的金融工具和科技馳騁國際。

八〇年代的全球金融革命改變了世界經濟，且因此改變了冷戰主戰場之一的景觀。在七〇年代所難以想像的大規模投資，如今在政府修改政策和資訊科技演進的雙重輔助下變得可能。在電子資訊變成主要的消費產品之前，金融服務運作的方式是提供投資者市場與經濟潮流的實時資訊。電信與電腦的結合——現在我們所熟知的網際網路——一開始在美國是發展來為軍方所用。但是它對於金融服務帶來的革新不亞於防禦通訊，並以美國的發明和美國的原則將資本世界綁在一起。

美國以外的消費主義轉向也有助於美國的商業發展。傳統產業往往受更低廉的進口商品衝擊，怨聲載道，即使是尖端的電子產品和名車，在美國境外生產也往往更為物美價廉。但是他們的想法、設計、科技往往來自美國。例如，個人電腦主要使用美國（或美國企業所擁有的）科技，微軟和蘋果等公司於焉誕生。世界對美國產品（例如音樂、電影）重燃渴望，這有助於維護雷根的辭令——自由和選擇是美國根深柢固的價值。到了八〇年代中期，新保守主義政治支持新自由經濟，新自由經濟又轉而鞏固新保守主義政治。

美國創造出全球化（或消費主義）並不是為了將之當作冷戰武器。但是雷根政府的確運用其影響力，要求主要的金融機構限制歐洲以外任何可能與蘇聯交好、選擇社會主義發展模式的人操作經濟的空間。對於像是古巴、尼加拉瓜、安哥拉或越南等國家，金融信用近乎不存在，迫使他們必須仰賴蘇聯和東歐的支援，而這種支援也變得愈發難以獲得。然而，對於全球各地反對資本主義的人而言更重要的是，全球趨勢和規範逐漸與他們及其所信仰的價值背道而馳。柴契爾稱新自由主義形式的資本主義「沒有替代方案」似乎一語成讖，對那些唾罵其含義的人來說亦同。

即使這些感觸來得快，去得也快，但這些感觸在形式上最為教條主義的那部分，在八〇年代中期卻極為強大。首先，雷根和柴契爾雙雙都在控制經濟上感到吃力，然後他們貨幣學派（monetarist）式的應對政策被看成笑話。一九八二至八三年間的衰退是美國自五〇年代晚期以來所經歷最為嚴重的。可以說，經濟之所以復甦與其說是因為貨幣主義原則，不如說是由於美國主要用於軍用的大規模赤字開支（deficit spending）與（特別是金融）全球市場的形成相結合。但這並不影響那些相信貨幣主義和其他新自由主義經濟學形式的人。對他們而言，貨幣主義等可以拯救世界免於共產主義的威脅，以及避免社會主義以陰險狡詐的方式介入西方。雷根的借貸金額超過歷任總統借貸的總和，或者公共服務開銷在柴契爾任內大幅增加，他們也不以為意。其訊息遠遠大過其實踐。那項訊息——即個人自由比社會的需求重要——的所及之處，遠遠超出了那些聽過貨幣學派政策的人之上。

第二十章
戈巴契夫

到了八〇年代初，蘇聯的處境大約是美國十年前的狀態，經濟似乎要往下走，政治運作不彰，似乎已經到了難以落實真正的領導和主政的程度。大眾情緒沉鬱。曾經自豪於蘇聯的成就或至少對體系的不完美尚能忍氣吞聲的人們，開始懷疑共產主義的未來和他們自己的未來。如同十年前的美國，蘇聯很少有人能想像國家、社會形式的替代選項。但是有一點疑慮是很獨特的：政權能否持續下去？

八〇年代的蘇聯也另有兩個挑戰，是此前美國所不須面對的。由於蘇聯共產黨（Communist Party of the Soviet Union, CPSU）從未經過選票測試，因此比美國政府（甚至像福特或卡特這樣民意基礎弱的總統）更缺乏正當性。共產黨人固然創建了蘇聯國家，帶來在科學、教育、福利、軍事力量等方面的進步，但是打從史達林的時代起，蘇聯領導人似乎就對自己的人民惴惴不安，且深自懷疑蘇共在危機之際是否仍能廣獲人民支持。

在國際上，即使在七〇年代，蘇聯也已面對著美國所未曾面臨的挑戰。誠然，布里茲涅夫的軍備緩和政策和隨之而來的擴軍都使蘇聯成為世界強權，殆無疑義，坐擁著不論歐亞截至當時為止最強的軍力，且顯示出只要蘇聯有意，確有能力干預全球事務。但是蘇聯被全球經濟體系所孤立的程度甚至比東歐盟國更甚。一九八五年，僅有四％的蘇聯國內生產總額出於非東方陣營的外國貿易。外國投資少之又少。甚至連蘇聯所引以為傲外銷西歐的天然氣，都到很晚才開始起作用。到了一九八五年，西歐天然氣來源中，來自蘇聯的僅有不到三％。

孤立的現象一方面是蘇聯自己造成，一方面也是他國強化的結果。蘇聯領導人擔心與資本主義世界（尤其是蘇聯境內的外來勢力）的經濟互動，會導致資本主義思想和實踐的散播。這樣的發展可能招致政治動盪，最後發酵為反對共產黨的反革命。當然，與外國貿易是可以接受的，蘇聯也有意發展，但前提是國家主辦且嚴格的互惠原則。任何被委以對外貿易聯繫工作的共產黨官員都如履薄冰。不僅必須時時刻刻展現正確的政治態度，且必須避免任何被外國利益所腐化的跡象，否則KGB便會查緝。無怪乎有些蘇聯官員更重視安全，而非升官晉祿，即使這意味著他們只能在歐姆斯克（Omsk）處理集體產業，而非經手更為令人垂涎的外貿事業。

但是西方盟國（尤其是美國）也試圖阻止蘇聯透過經濟互動從西方陣營獲利。自從四〇年代末伊始，巴黎統籌委員會（Coordinating Committee for Multilateral Export Controls, CoCom）就限制美國的盟國准許產品出口到蘇聯。這張清單包羅萬象，從先進農耕機械到飛機零件到電腦和軟體。其中有些蘇聯可以透過工業間諜行動滲透，但也無法全部如此。同時，與美國的直接貿易在軍備緩和政策作廢後急轉直下。一九七四年，美國國會已提出一項法案（賈克森－凡尼克修正案〔Jackson-Vanik amendment to the Trade Act〕），限制與不允許自由移動的國家（意指蘇聯）發展正常貿易關係。一九八〇年，卡特總統禁運美國穀物到蘇聯，作為其入侵阿富汗的制裁。雖然翌年，雷根就撤銷禁令（發現這對美國農民的損失比蘇聯更大），但這的確大大打擊了蘇聯和西方陣營的貿易關係。

及至七〇年代晚期，蘇聯將與全世界的經貿關係拋諸腦後，儘管這麼做對他們也代價高昂。他們可以主張自己的現代發展形式——社會主義的中央計畫經濟——能促進經濟進步，或至少與西方並駕齊驅。但是隨著資本主義全球化的成長，愈來愈多地區被納入全球體系，蘇聯的孤立狀態也開始愈發惹眼。畢竟蘇式制度的設計原本意在超越資本主義，而非愈來愈望塵莫及。特別是從一九八四年開始，美國經濟大幅擴張，看起來好像美國人在這風潮中占盡便宜，而蘇聯卻分不到羹。從蘇聯的角度來看，幾乎同樣糟糕的是東亞經濟的成長，就連那些蘇聯過去不放在心上的小國家，經濟成長率都比蘇聯平均高出三、四倍。

在蘇聯內部，安德洛波夫一派的領導者認為他們可以促進蘇聯經濟。然而其反貪腐、反酗酒、反怠惰運動卻效果不彰。在一九一七年革命之前，俄羅斯曾是穀物出口國。到了一九八五年，它卻變成完全仰賴外國進口穀物，光是當年度就進口了超過四千五百萬噸。它也進口了九十萬噸肉類供民眾食用。[1]真正的改革遙遙無期。蘇聯政治局領導人已經垂垂老矣，拒絕涉險。即使是有限度的改革（例如在東歐所發生的）都不在討論範圍之列，更遑論中國的改革了。

諷刺的是，蘇聯經濟的真正危機是愈來愈仰賴原油和天然氣出口，以賺取強勢貨幣。如我們所見，蘇聯外貿規模很小。但它需要強勢貨幣收入來供進口信用狀之用。在承平之日，能源出口的獲利也被用於國內生產高端消費品以外的領域。一九八一年，當油價急轉直下時，蘇聯經濟的這些面向都深受打擊，儘管計畫官僚體系試圖將之解釋為短期的景氣不佳，但是人們（尤其是都市民眾）

注意到商店更迅速地被一掃而空，購買商品的人潮甚至比五〇年代還大排長龍。

然後，阿富汗戰爭爆發了。軍方承諾布里茲涅夫干預只是淺嘗即止，紅軍「為數不多的分遣隊」派遣到阿富汗，幫助「真正的共產主義者」把事情帶回正軌。根據政治局一九七九年十二月最終決定出兵干預時的討論資料顯示，這隊人馬不出幾個月就會撤出。但是直到一九八五年，蘇聯軍人還在阿富汗，其時已在當地鏖戰五年，而撤軍似乎遙遙無期。不論是風燭殘年的布里茲涅夫還是繼任的安德洛波夫都亟欲協商撤軍。但是冷戰的整體走向卻反其道而行。阿富汗共產黨政府擔心一旦蘇聯軍隊離開國境，他們就會面臨垮臺。加上蘇聯撤軍的條件是美國、巴基斯坦同意停止援助阿富汗的伊斯蘭主義分子。眼看短期內撤軍的機會微乎其微。

到了一九八五年，在阿富汗的紅軍超過十萬人。幾乎全國都在他們和阿富汗共產黨軍的控制下。阿富汗共產黨軍由巴布拉克·卡爾邁勒（Babrak Karmal）領導，他好大喜功但又一事無成。但全境控制僅是白天共產黨軍在左近時的假象。到了夜晚，或者當這些軍隊集結或重新調度時，抵抗勢力便開始進入阿富汗各地村莊。有些抵抗活動僅限於在地、以部落或小組織為單位。人們各自防禦自己的區域，對抗外國異教徒和位於喀布爾、在他們眼裡看來強取豪奪的無神論政府。但這些當地戰士為取得武器和補給，便與設立於邊境以外的巴基斯坦柏夏瓦的伊斯蘭主義團體愈發緊密聯繫。而這些連結也轉而改變了抵抗者的意識形態。一九七〇年代，沒有人會想到中東形式的伊斯蘭主義能在複雜難解的阿富汗贏得青睞。但是接下來的十年，像是伊斯蘭黨（Hizb-i-Islami）——高唱著來自伊斯蘭兄弟會、來自沙烏地阿拉伯極端主義者、甚至來自往往遭到攻訐的伊朗的什葉派革命的口號——開始在阿富汗抵抗論述中占有一席之地。

在抵抗勢力中，阿富汗伊斯蘭主義者能夠先聲奪人，主要是仰仗從巴基斯坦和美國取得的支援。對雷根政府而言，這如意算盤很簡單：伊斯蘭主義團體似乎是抵抗勢力當中組織最嚴密、效率最完善者，也較不貪汙腐敗，且阿富汗戰事一般來說需要做出上千個對當地的妥協，但他們看來是最不可能參與其中的。更重要的是，他們殺死更多蘇軍。「我們對事物看法很冷血……」八〇年代早期中情局的南亞部長查爾斯・科根（Charles Cogan）如此評論道，「我們的目的是要在越南之後，翻蘇聯的盤。」[2]

巴基斯坦軍事獨裁者穆罕默德・齊亞－哈克（Muhammad Zia-ul-Haq）鼓動中情局局長卡西和雷根，將阿富汗解放鬥爭看成是宗教和共產主義無神論者之間的戰爭。齊亞利用保守宗教政權為統治巴基斯坦的工具，尤其是在一九七九年他將民選勝出的前任領導人佐勒菲卡爾・阿里・布托（Zulfikar Ali Bhutto）絞死在獄中之後。翌年，他在巴基斯坦的法律體系中，引進了沙里阿法院（Sharia courts），（委婉地說）這是一項新的制度。美國訓練的軍官尤其關注印度對巴基斯坦的威脅。齊亞認為，唯有華府方面增加支援，他的巴基斯坦才能維持獨立。蘇聯進犯阿富汗讓齊亞得以稍加喘息。他向雷根表達訴求，成效卓著。齊亞聲稱蘇聯真正的目標是要與印度合作，摧毀巴基斯坦。如此一來，蘇聯便會取得印度洋，並且控制波斯灣的原油運輸。

即使美方並未全盤接受齊亞的說詞，也知道一旦缺少巴基斯坦獨裁者的合作，美國將無法提供援助給阿富汗的抵抗勢力。及至一九八五年，這些補給成了主要的行動內容。雷根認為，透過打擊阿富汗和其他蘇聯所支持的亞、非政府，他可以增加蘇聯外援他國的成本負擔。雖然沒有證據顯示美國總統認為美國可以逼迫蘇聯全面撤軍，但是雷根的確期待美方提供援助的反左派游擊隊能夠挫挫莫斯科方面的銳氣，使蘇聯未來要干預也得再三考慮。

雷根政府對阿富汗聖戰士的援助，很快就與美國對世界上其他運動的援助匯流、纏繞在一起。及至一九八五年，這轉變為美國前此稱為第三世界的地方大力打擊左派的行動。在安哥拉，美國支持、武裝並訓練若納斯．薩文比（Jonas Savimbi）領導下的安哥拉徹底獨立全國聯盟（UNITA）游擊軍，對抗古巴支持的政府軍。在柬埔寨，美國人協助與受越南支持的政府作戰的柬埔寨勢力，包含惡名昭彰的紅色高棉餘黨（至少是間接地予以協助）。在這兩個國家當中，反對勢力依憑軍力得勝的機會微乎其微。但取得美方提供的武器和軍事訓練，讓他們可以確保左翼政府無法鞏固、掌控所有領土。這也導致經濟成長遲緩，增加蘇聯、古巴、越南支持盟友所須耗費的軍事成本。這對當時的華府來說已經是令人滿意的結果。雷根認為，七〇年代蘇聯也用同樣的方法在對付美國，現在他們不過是以其人之道還治其人之身。

中美洲又是不同的案例，美國對此地更是野心勃勃。由於尼加拉瓜和薩爾瓦多跟美國近在咫尺，雷根的胃口變大了，原本只要求薩爾瓦多的桑定民族解放陣線不再支持左派反抗，現在卻進一步要推翻尼加拉瓜政府本身。一九八四年，中情局暗中破壞尼加拉瓜港口，使之與外界斷開聯繫。但雷根的問題是，美國國會愈來愈警覺到這是另一個越南式的泥淖，因此資助美國盟友——尼加拉瓜的反對派康特拉——的經費議案難以通過。儘管雷根廣受愛戴，仍無法說服國會通過預算。一九八四年，博蘭修正案（Boland amendment）禁止美國政府「對尼加拉瓜境內任何民族、群體、組織、運動或個人有支持效果的方法，不論間接或直接、軍事或非軍事」。[3]中情局報告道，康特拉「即使有美援，也無法推翻桑定民族解放陣線」。探員的主要分析師羅伯特．蓋茲（Robert

Gates）認為，唯一的解決方法是「公開表示……尼加拉瓜馬克思主義－列寧主義政權的存在……對美國來說是無法接受的，美國會用盡一切入侵之外的方法將此政府撲滅」。[4]

在總統默許下，雷根的白宮和中情局打算對康特拉黨增援。這項計畫粗糙，徇私枉法，主要內容包括捐出從沙烏地阿拉伯、汶萊等友邦取得的物資，有時甚至是武器。這些補給不僅可以私下援助康特拉，也能援助安哥拉徹底獨立全國聯盟（UNITA）和阿富汗的聖戰士。到了一九八五年末，白宮率爾行事，將此一系統網絡擴張成把武器販賣給伊斯蘭主義伊朗的計畫。伊朗此際正與伊拉克生死拚搏，美方並進而暗中提供康特拉援助。他們的目標是招攬伊朗「溫和派」參與對蘇的冷戰，令他們協助釋放被中東伊斯蘭主義恐怖分子挾持的美國人質。這計畫失敗了，繼之而來的政治餘波令雷根的政治生涯朝不保夕。但凡此種種皆清楚顯示了雷根和其幕僚為了全球性地對抗蘇聯，不惜做到什麼程度。

因此，年邁的莫斯科領導層不僅擔憂雷根的政治辭令和美國的科技進展，也密切關注美國總統在亞洲、非洲、拉丁美洲的舉措。他們將之視為反革命的攻擊行為，並將之與美國堅決與緩和政策分道揚鑣的路線聯繫起來。由此，發生了天翻地覆的改變。七〇年代，福特和卡特抱怨蘇聯為了安哥拉或衣索比亞危及緩和政策。如今則是安德洛波夫的繼任者契爾年科主張雷根的侵略行為可能導致戰爭。但蘇聯領導者從不曾、也似乎不會起身反對美國。一九一一年出生——與雷根同年——的契爾年科也風燭殘年。他在公開演講時幾乎老眼昏花，看不清楚事先準備的講稿。他被指派為蘇聯共產黨領導人時，顫顫巍巍地走到安德洛波夫墳前，幾乎要跌倒，還必須仰賴其他政治局的老幹部扶住他。這些都不是足堪面對美國大舉挑戰的人選。

一九八五年三月十日，契爾年科過世。當政治局幹部成員開會討論繼任者時，他們很清楚必須找到一位適任的年輕人。現年七十六歲的葛羅米柯從一九五七年便開始擔任外交部長，他提名時年五十四、政治局最年輕的米哈伊爾．戈巴契夫（Mikhail Gorbachev）。當每位成員依照慣例，輪流對高層領導人的決議發言表示支持時，分量較輕的弗拉基米爾．多爾吉赫（Vladimir Dolgikh）用一種有些悲喜劇的語調提供了最佳總結。「我們都團結在一起，」他說，「認為他〔戈巴契夫〕不僅過去經驗豐富，而且有著輝煌的未來。今天我們的國家需要精力充沛的領導人，能夠深入問題的實質層面，我們需要一位有誠意、有勇氣、有作為的領導人。」[5]而這正是蘇共能從戈巴契夫身上得到的，也是一九八五年三月時無人所能料想到的。

戈巴契夫出生在南俄斯達夫波爾（Stavropol）的一個俄烏混血家庭。祖父母都在史達林時代遭到清算，其中一人還被流放到西伯利亞。戈巴契夫在著名的莫斯科國立大學專攻法律，他上任後成為了第一個擁有大學學歷的蘇聯領導人。大學時他與烏克蘭人賴莎．季塔連柯（Raisa Titarenko）結婚。季塔連柯攻讀哲學，對其丈夫的政治生涯影響深遠。戈巴契夫加入共產黨後，一九七〇年，他以僅僅四十歲之齡，成為其家鄉的黨領導以及共產黨中央委員會成員。

十年之後，戈巴契夫成了當政的政治局成員。他分發到農業部門，有人猜測，這項以吃力不討好著名的任務被交辦給他，有一部分是因為他在黨內竄升得太快了，史無前例。但在迅速登臺之前，戈巴契夫也有時間做了一般蘇聯年輕人在六、七〇年代最想做的事：出國。一九七七、七八年夏天，他和太太到法國和義大利觀光，不僅欣賞風景，也與當地普通市民互動往來，這在蘇聯培育幹部之中是相當罕見的。當然，戈巴契夫夫婦能做這種旅行，是因為他們特別受到黨政府信任；蘇聯老百姓僅能夢想而已。但儘管如此，他們仍然思索著自己所見到的一切，以及為何蘇聯受到的影響如此地稀少。「看起來，」戈巴契夫後來寫道，「我們的年邁領導人並不特別擔心我們的生活水平不可否認地較低、我們的生活方式差強人意，以及我們在先進科技領域也落後一截。」[6]

這些擔憂都是戈巴契夫在當選總書記後準備處理的問題。戈巴契夫認為蘇聯社會需要在嚴密的共產黨控管下被重新提振。必須振奮人心，增強對未來的信心。他一開始有幾項具體提案，當中有許多都來自安德洛波夫的戰略手冊：反貪腐運動、反酒精運動。順帶一提，後者並未讓這位新總書記受人歡迎，反而給他帶來了「礦泉水總書記」的稱號。莫斯科有一則笑話廣為流傳：「排隊買伏特加的隊伍很長，一個男人沒耐心等下去了。他說：『我要去克里姆林宮，把戈巴契夫殺了。』一個小時後，他回來了。隊伍還是一樣長，所有人都問他：『你殺了總書記了嗎？』『殺了他？』他回答：『殺他的隊伍比這個隊伍還長！』」

真要說的話，戈巴契夫的行事風格比他的實際作為更為重要。他年輕有活力，且樂於被人看見他在外傾聽民意。但他也作風獨裁，缺乏耐心。當一位財務部長指出，政府的重要稅收來自酒精飲料消費後，戈巴契夫打斷他：「你剛剛說的毫無新意。我們每個人都知道人民手頭的那點現金什麼都買不到。但你除了迫使人們喝酒外，沒有提出任何提議。所以簡短報告你的想法吧，你現在不是在財務部，你是在政治局開會。」[7]

但是財務部並非蘇聯官僚體系中讓戈巴契夫唯一感到不耐者。黨祕書和部長收到接連不斷的信件和指示，教他們如何促進其效率，並且威脅他們若不改善，將祭出嚴重制裁。一九八六年的黨大會之前，他已經清算了許多政治局的老幹部，從年輕一代選出自己的人馬取而代之。曾說戈巴契夫笑裡藏刀的葛羅米柯，晉升到無實權的蘇聯總統之位。接替他外交部長一職的是蘇維埃喬治亞共和國的改革派領導人愛德華・謝瓦納茲（Eduard Shevardnadze）。謝瓦納茲以效忠共產黨組織來彌補其外交經驗的不足。由於許多蘇聯人已經昂首企盼了一整個世代，才盼得一位活躍有決策力的領導人，因此總書記的獨裁風格似乎並未引起反感。且謝瓦納茲學得很快，戈巴契夫有意為在國際舞臺上聲勢下滑的蘇聯帶來急遽改變時，可以倚重他。

戈巴契夫打從任期一開始就了解到，蘇聯需要減少軍備競賽以及支持國外革命運動的開支。但他想要在不削弱蘇聯國際地位或損害全球強權地位的情況下實現這個目標。戈巴契夫相信，關鍵在於讓蘇聯經濟復甦。要促成這件事，就無可避免要與西方有某些形式的合作。總書記懷疑跟美國人合作能達成什麼。他對其幕僚描述美國人「不認真」。但他希望西歐政府為了自身的利益，也為了和平，能夠對蘇聯伸出手。「外交、政治和其他行動的歐洲路線對蘇聯極為重要。在此，我們必須〔比過去〕更為堅定，但維持彈性空間。」戈巴契夫說。[8]

在華府，雷根希望與這位新上任的總書記進行早期峰會。在一封給戈巴契夫的個人書信中，美國總統邀請他參加早期峰會，有點一時興起地提及一個共同的「裁減核武目標」。[9]自從優秀射手練習事件後，雷根便試圖尋求與蘇聯協商核武的具體方式。核戰的威脅使他憂心忡忡。ABC電視劇《浩劫後》（*The Day After*）描繪堪薩斯州勞倫斯郡（Lawrence）遭受核彈攻擊的慘況，雷根看完後寫道：這「讓我深陷沮喪之中」。[10]一九八四年一月，在國情咨文中，雷根直接對蘇聯喊話：「蘇聯的人民，不論是為了貴國還是我國，我們只有一個合理的政策，要保護我們的現代文明：核戰沒有勝方，永遠不該開打。我們兩國坐擁核武的唯一意義是，確保它們永遠不會被使用。但若是如此，完全廢除它們不是更好嗎？」[11]

戈巴契夫之所以懷疑雷根呼籲的真誠度，其來有自。但他擔心增加戰略防禦計畫（SDI）的國防開支會損及蘇聯。他也需要時間發展他的歐洲計畫，他希望透過這個計畫分化西歐與美國，他認為雷根對蘇聯態度好戰。雖然在日內瓦，斷斷續續的協商並未為兩方的核武議題帶來顯著進展，但是一九八五年十一月，戈巴契夫同意與美國總統在當地進行高峰會談。這是近六年中，美國與蘇聯領袖的第一個峰會。雙方都不預期會有實質結論。

日內瓦峰會讓兩位領導人互探對方深淺，雖然一如預期，雙方並未達成實際共識。雷根溫暖活潑，有時平凡庸俗，並未令戈巴契夫留下好印象，反而感覺美國總統不過是顧問的人質。唯一一次他稍微多了解雷根一點，是在他們分別的時候。雷根說，過去的峰會並未有太多實質效益。這位總統「建議他和戈巴契夫對過去說：『誰管以前！』我們會用我們的方式來把事情搞定」。[12]雷根之所以這麼說，是因為蘇聯的協商風格蹣跚牛步，巨細靡遺，令雷根感到洩氣。但這也顯示美國總統相信他能與戈巴契夫在個人層次上交涉，並且做出成績。

戈巴契夫在位的第一年，對舉目所見進步遲緩的狀態愈發不耐。戈巴契夫曾以為他新官上任三把火能鼓舞人們更努力工作，以達成經濟目標。然而，蘇聯的經濟卻仍然原地踏步，貨品短缺的現象一如既往。耐心盡失的戈巴契夫突然將矛頭指向其顧問，告訴他們，若他們不能做出點成績給他看，不僅是讓他失望而已，而是讓全蘇聯社會失望。在一九八六年春的第二十七屆共產黨大會上，戈巴契夫號召建立一個「煥然一新的蘇聯社會主義國家」。但他也告誡黨代表們：「我們的政治和實踐活動有缺點，經濟、社會和道德層次都有不容樂觀的傾向。」[13]以蘇聯總書記一職而言，這是一種嶄新的報告形式，他也利用這次大會來強調自己領導人的地位。在位一年後，戈巴契夫對改革顯示出堅定的立場，不容分說。

在執黨鞭後的首場會議中，戈巴契夫稱阿富汗戰爭為「還流著血的傷口」。但這並不意味著他已經放棄鞏固共產政權、讓紅軍凱旋歸國了。一九八五年夏天，在與將領晤談時，戈巴契夫給他們一年的時間想出能真正擊潰伊斯蘭主義叛亂的軍事方略。他允許他們在巴基斯坦邊境、乃至有時跨過邊境攻擊聖戰士，並且同意提供更多空軍和武器支援阿富汗共產黨軍。但他也清楚表明，如果來勢洶洶的新一輪戰略仍不奏效，儘管鞏固政權的目標未達成，他也會致力於透過協商撤出蘇聯軍力。

一年之後，阿富汗仍如同戈巴契夫剛接手時一樣一團混亂。蘇方的干預徒增阿富汗平民傷亡人數，造成更多難民投入聖戰士一方，以及更多紅軍將士命喪沙場。這也同時導致美國、中國、巴基斯坦對叛亂方增援。雷根政府甚至提供了阿富汗伊斯蘭主義者精密的可攜式地對空飛彈——毒刺（Stinger）——射程範圍遠達兩萬六千英尺。此舉令美國盟友英國大吃一驚。蘇聯的空軍行動變得更為危險。在陸地的戰場上，政府軍也並不吃香。一九八六年六月，戈巴契夫告訴政治局：「我們必須離開那裡。」14

戈巴契夫：我們陷入泥淖——沒有正確計算利益得失，自曝其短，甚至無法發揮兵力。但現在是時候該撤出了……我們一定要從這渾水中脫身！

〔謝爾蓋・〕阿赫羅梅耶夫（Sergei Akhromeiev）〔紅軍總參謀長〕：在阿富汗的七年間，蘇軍踏遍了國境內每一寸土地。但是他們前腳一走，敵人就捲土重來。我們輸了這場戰役。現在大部分阿富汗人都支持反革命了。我們失去了農民階層，他們並未從革命中得利。阿富汗八〇%都落入了反革命黨徒手中，在他們的統治下，農民過得比政府控制的地區還要好。15

一九八六年十月，戈巴契夫與雷根在雷克雅維克舉行峰會。召開會議一開始是蘇聯人的意思，以此為戈巴契夫出訪華府的前置會議。但是它卻變得更加舉足輕重。戈巴契夫決定要全力以赴打破軍備競賽的動力，並防止讓外太空軍事化。他提出一項協議，撤除所有在歐洲強權的中程核武，但不包含英法兩國。他也提議撤廢五〇%的大陸間飛彈。條件是接下來十年內，美國人也不部署太空防禦飛彈計畫。雷根倒抽了一口氣，自發性地提議在十年內廢除所有彈道飛彈。戈巴契夫立刻加碼，建議在十年內廢除所有核武。

但是雷根不願意在太空防禦飛彈計畫上讓步。

〔雷根〕：如果我們廢除了所有核彈，那麼當其中一方想要確保自己安全，不會遭受我們雙方反正都已經沒有的武器攻擊——只是保險起見——你有什麼好煩惱的呢？其他人會製造飛彈……我可以想像十年後，我們會在冰島重聚，摧毀蘇聯和美國最後的飛彈……但是那時我已經垂垂老矣，你可能已經不認得我了。你會驚訝地問：「嗨，隆恩，真的是你嗎？你在這做什麼？」然後我們會盛大地慶祝……

戈巴契夫：我們不能照你的建議走。如果你同意禁止太空測試，我們兩分鐘內就會簽訂這些文件……我在我的人民面前和在你面前都對得起良心。我已盡我所能。

雷　根：很遺憾我們要這麼分道揚鑣。我們離達成共識近在咫尺。我覺得你反正也沒有想達成協議……我不知道我們會不會再有這樣的機會協商，也不知道是否能很快見面。

戈巴契夫：我也不知道。16

但是雷克雅維克會議也並非一無所獲。單是美蘇領導人現在能跳脫一整個世代的武器控制會談所立下的框架之外協商這點，就已經指向一個連冷戰最基本的概念都日新月異的未來。兩國領導人無論就政治上還是個人上，都意欲解除核戰的風險，他們所推動的這場討論也讓他們的幕僚警覺到，美蘇衝突可能進入了新的階段，真的有機會解決尖銳的衝突。雖然極端的廢核策略無法實現（至少不是在當下），令雙方的多數顧問都鬆了一口氣，但他們都了解從現在開始，他們進入了從未涉足的境地，兩造之間會發生什麼都未可知。

戈巴契夫在雷克雅維克的激進主義，一部分導因於他想要在外交大有斬獲，以鞏固他在國內更為激進的新主張。一九八六年年末，戈巴契夫與他的顧問以他們所稱的經濟改革（*perestroika*，原意為「重建」）和開放政策（*glasnost*，原意「開放」）來建構這些新主張。一九八七年一月，在中央委員大會上，總書記宣布徹底重建蘇聯經濟是克服數年來經濟衰敗的必要手段。戈巴契夫說，經濟改革是「一個堅決克服停滯階段，摧毀呆滯的體制，創造更為可靠、更有效率的機制，以加速蘇聯社會的社會與經濟進步。我們政策主要的目標是結合計畫經濟和科學與科技革命，讓社會主義的整體潛力被啟動」。[17]

但是重建的具體內容為何?所謂開放究竟是開放到什麼程度?在一月的大會上,戈巴契夫言及「在一個自由國度的自由勞力和自由思想」。但是他也為蘇聯的過去和社會主義成就辯護。除此之外,在共產黨內、政府單位和尤其是計畫經濟體系中都不乏拒不讓步、堅定反對根本改革者。一九八七、八八年,戈巴契夫和其親信亞歷山大.雅科夫列夫(Aleksandr Iakovlev,是一位改革主義者,亦是前駐加拿大大使)、瓦丁.馬德維德夫(Vadim Medvedev)和格奧爾基.沙赫納札羅夫(Georgii Shakhnazarov)開始擬定蘇聯經濟的新策略。一九八七年,企業獲得更多自主空間,得以自訂生產目標,並且直接販賣剩餘商品給消費者,但也得為自己的收支負責。翌年,共產黨在某些部門允許私有所有權,鼓勵與外國公司合資,且支持將某些國有企業移轉給工人團體。批評者指控他們捨棄了共產主義。戈巴契夫不甘示弱道,他所做的,且唯有他所做的能夠拯救共產主義。繼續走老路是不可能的了。

戈巴契夫無疑有其道理。在油價從一九八五年到八六年間跌了三分之二後,蘇聯的經濟壓力更加沉重。戈巴契夫的豪賭是新式企業和外資可以促進經濟成長,如此一來,國家財政支出就不必急遽縮減。但是舊式思維極難避免。苛徵重稅令企業望之卻步。戈巴契夫拒絕提高食物和關鍵消費品的國定價格,使商家往往缺貨不補。中央銀行持續印鈔票,以彌補財政問題。結果導致物價上漲,黑市交易成為城市的主要經濟活動。戈巴契夫很快認知到,要改革蘇聯體系難如登天。

有些改革計畫可能削弱蘇聯經濟,而非振興經濟。過去握有大權的蘇聯國家計畫委員會如今僅負責「規劃優先次序」,而非訂定詳細的工廠產量計畫。及至八〇年代晚期,這已經幾乎確定是無可避免的改革。但是實行時倉卒又缺乏配套措施，導致一片混亂，且使得生產單位之間益發缺乏增加產量所需的互動。一九八八年末，蘇聯經濟日新月異，但是改變並非總是成長與進步。截至此刻，沒有任何改變能讓平民有感。

戈巴契夫的精力和胃口似乎毫無止境。他的開放政策本來意在開啟批評過去行事方式的空間，以爭取對經濟改革的支持。但是很快地，一旦審查鬆綁，對共產主義原則與對過去蘇聯罪行的批評便如潮水般湧入。戈巴契夫堅持批評是有限度的，只有「建設性」的想法能夠被提出。但是事實上，面對蘇聯平民隱忍多年如泉湧般的批判聲浪，他鮮少加以制止。他認為赫魯雪夫之所以被免職，是因為面對敵對的黨內保守派時，並沒有足夠的人民支持他。將前朝過往的醜事抖出來，只會讓戈巴契夫的聲勢有增無減。對戈巴契夫而言更重要的是，這是為所當為。他對蘇聯鎮壓的內情了解愈多，就愈感到怖畏。

蘇聯媒體起先仍然戒慎恐懼，記者開始挖掘過去的祕密。史達林時代駭人聽聞的勞改營事蹟被刊印出來（促使戈巴契夫釋放僅存的政治犯，並允許其他被流放的人返鄉）。一九三〇年代的大清算、一九四一年蘇聯措手不及之下受德國突襲，都攤開來討論。但是有些最為敏感的議題仍然需要時間才能慢慢浮現。還有一九八九年前從未被承認的、納粹和蘇聯私自瓜分東歐所祕密簽訂的《德蘇互不侵犯條約》（Molotov-Ribbentrop Pact）。直到一九九〇年，蘇聯才承認於卡廷大屠殺中誅殺波蘭官員的責任。隨後戈巴契夫說，蘇聯政府「對過去的悲劇表示深切的遺憾，是史達林暴行當中最慘烈的事件之一」。[18]但是對某些蘇聯人士來說，這個轉變來得太快，也太沉重。一九八八年，有一位化學教授尼娜．安德烈耶娃（Nina Andreeva）投書報紙譴責這股新趨勢。「最近，」

她寫道，「我的一位女學生令我震驚，她直言不諱地說階級鬥爭是老古董的概念了，就像無產階級的領導地位一樣。」[19]安德烈耶娃想要維持基本的馬克思主義原則，且許多蘇聯平民都贊同她的想法，尤其是俄羅斯人。

但對戈巴契夫而言，重要的是他和黨都不僅效力於俄羅斯，也為所有蘇維埃共和國服務。戈巴契夫和其親信顧問認為他的有些改革在邊陲地帶會比在中心更受歡迎，為此，他們更勤於行旅大江南北，包含高加索地區和中亞。戈巴契夫也認為，蘇聯必須發展成真正的國與國平等之聯邦，而這些共和國必須盡可能自治。他不斷告訴在莫斯科的幕僚，唯有由下而上才能保障改革——尤其是政治改革——有正確的領導人，共和國內部與諸共和國之間才能夠有所成就。一九八八年年底，有些共和國開始比過去更堅持自己的權利，同時支持改革，也支持自己的利益。

兩個完全無法預見的事件，也加速了蘇聯的改革。一九八六年四月，位於烏克蘭和白俄羅斯邊境的車諾比核電廠第四號反應爐爆炸，釋放出大量高輻射線進入大氣層。在消防員和軍人的英勇努力下，引發的大火得到了控制。但是如此之外的一切都在扯後腿。政府在嚴重受災區實行大規模疏散人口的速度緩慢。事情發生的兩天內，蘇聯領導者都對此意外不置一詞。直到遠在瑞典都偵測到大量輻射後，他們才發聲。在危機爆發時，戈巴契夫反常地沉默，後來，他把車諾比當作一個蘇聯官僚為何需要開放政策的案例。對於蘇聯平民與一般歐洲人而言，這血淋淋地揭示蘇聯糟糕的環境紀錄。

車諾比核災一年後，一位德國青年馬提亞斯・魯斯特（Mathias Rust）駕駛一架小型飛機從赫爾辛基到莫斯科，成功逃過監測，最後如入無人之境降落在紅場（Red Square）中央。魯斯特聲稱這麼做是為了和平。但對蘇聯軍方來說，這是公共關係的災難。戈巴契夫趁機解雇了大半的參謀部官員，拔擢他所信任的人，像是文韜武略（如果有這樣的角色存在的話）的阿赫羅梅耶夫元帥。但是紅軍創建了一個牢不可破的碉堡這種想法（尤其在俄羅斯）已經光彩盡失。相反地，將領們淪為傾巢而出的笑話所譏笑的對象。有個笑話是這麼說的：成批的俄羅斯人如今聚集在紅場，等待下一班到漢堡的班機。或者紅場乾脆更名為謝列梅捷沃國際機場第三航廈（Sheremetevo 3），因為反正謝列梅捷沃國際機場的新第二航廈已經灰飛煙滅。

在戈巴契夫現象蔓延開來時，東歐人不可置信地旁觀著。首先，不論共產黨內外，人們普遍認為改革僅會導致蘇聯權力更強化，因此更鞏固蘇聯對其他國家的控制。即便戈巴契夫自己開始公開談論東歐領導人應該改革自己的國家，意指他們會被允許有許多自由空間抉擇自己的路線，人們普遍仍對此存疑。過去東歐曾經見證過蘇聯自由化，知道這些改革最終的下場。但是到了一九八七年，首先從共產黨內部開始，人們領悟到戈巴契夫與過去迥然不同。對力圖改革的黨員而言，戈巴契夫似乎回應了他們的夢想。但是對於那些懼怕改革的黨領導，經濟改革和開放政策都是夢魘。當戈巴契夫詼諧的新聞發言人根納季．格拉西莫夫（Gennadi Gerasimov）在捷克被問到戈巴契夫的改革與一九六八年杜布切克的改革有何不同時，他的回答是差了「十九年」。東歐的反改革共產主義者憂心忡忡。

對戈巴契夫來說，對東歐而言最重要的，是以符合國情的方式將各國改造為成功的歐洲社會主義共同體，能與總書記在資本主義西歐共同體上所看到的匹敵。他想要學習較先進國家（首先是東德）的做法，不論是科技面還是執行面。但是他也發現在經濟上，所有東歐國家都從與蘇聯的合作中得到很好的貿易優惠，尤其是能源和原物料價格遠低於國際標準價。戈巴契夫認為，公平意味著共產主義經濟共同體（ComEcon）內部的價格應該跟國際市場的價格相仿，且以強勢貨幣進行償付。政治上，華沙公約和共產主義經濟共同體所含括的東歐國家應該解決其自身問題，同時堅守蘇聯的國際政策。一九八六年，戈巴契夫告訴東德領導人埃里希·何內克（Erich Honecker），他應該「做他們認為對自己國家最正確的事情，就像我們做對我們而言最正確的事情。若我們能對彼此有信心，那是最好不過了」。[20]但是蘇聯領導人的建議是東歐共產主義需要拓寬他們自身規則的基礎，就像他試著在俄羅斯境內所做的一樣。

雖然所有東方陣營的領導人對於蘇聯的號召都略施口惠，但實際上，他們大部分人都只想要盡可能無限期延遲任何實質意義上的改變。他們心知肚明，無法在不危及政權的情況下開放自己的體制。他們希望經濟改革和開放政策失敗，或者停留在蘇聯內部施行。戈巴契夫和何內克的關係很快就變質了。對東歐領導人三句不離蘇聯該援助東德，戈巴契夫心生厭煩。何內克也抱怨蘇聯白皮書上對東德的待遇差強人意。當雷根一九八七年於布蘭登堡門（Brandenburg Gate）演講中，公開呼籲蘇聯領導人結束東西德分裂——「戈巴契夫先生，拆除這道牆吧」——時，戈巴契夫火冒三丈。他告訴顧問，他不會讓美國人來制定他的歐洲政策。但儘管如此，戈巴契夫最親近的外交助手阿納多里·切爾尼亞夫（Anatolii Cherniaev）卻在日記中寫道：「他內心似乎感覺到問題無法被解決，有朝一日德國會統一。」[21]

真正教戈巴契夫惱怒的是東德方面執迷不悟，使他無法貫徹他認為對蘇聯真正重要的事項，尤其是在經濟方面：亦即拉近與西德的距離，並透過德國人以靠近西歐。對於蘇聯長此以往力圖使歐洲遠離美國的冷戰春秋大夢，戈巴契夫並未輕言放棄。但是他的經濟需求攀升，尤其需要外貿和信貸時，他的輕重緩急開始有所轉變。戈巴契夫警覺到西歐經濟是歐洲共同體的發電機，也是東歐信貸的主要來源。戈巴契夫不相信美國會給予經濟援助，他的思維愈來愈集中在西德以及——從更長遠的角度來看——日本之上。

但是直到一九八八年末，戈巴契夫才得以與西德總理柯爾召開正式會議。東德是一大障礙，另一個障礙是柯爾害怕戈巴契夫的高人氣可能對西歐產生的影響。一九八六至八七年間，「戈巴熱」（Gorbymania）在西方臻於頂峰。西德的民意調查顯示，他是目前世界政壇最具人氣的政治人物，遠遠超過雷根、柯爾和柴契爾。柯爾在一次非正式談話中真正激怒了戈巴契夫。他在一九八六年說，這位蘇聯領導者僅是「了解公共關係的現代共產主義領袖」。緊接著毫不圓滑地說：「戈培爾（Goebbels）也是公共關係的專家。」22

戈巴契夫在西方最為密切的聯繫對象，是他二十年前曾經行腳的兩個國家——法國和義大利。這兩國元首皆經歷過各自共產黨的自我節制，並在政治上融入全國主流，因此認為他們能幫助蘇聯社會化，打入國際事務的現狀中。義大利領導人朱利奧．安德烈奧蒂（Giulio Andreotti）和法國總統密特朗可能是戰後歐洲最憤世嫉俗的在位者，但他們的經驗和見解都符合戈巴契夫的目的——學習西方真實運作的狀態。柴契爾也是不錯的對話對象，雖然總書記預期這位蘇聯報紙上戲稱的「鐵娘子」能給予的有用建議和支持較少。

然而戈巴契夫的務實程度足以讓他了解到，若他想要達成兩項他所企盼的關鍵突破——廢除核武和解除軍事緊張關係——那麼不論在歐洲還是在其他地方——便需要專注處理與美國的關係。一九八七年末，蘇聯領導人到華府參加他的首場美國本土高峰會。官方目的是要簽署一個減少大多數中級核武（例如SS－20飛彈和潘興導彈）的協議，這本身就是對於武器控制的一大進步。但是這場高峰會還觸及更廣的範圍。戈巴契夫告訴雷根他將蘇聯轉變為民主政府的計畫，且公開談及他的難處。雷根對他的直率印象深刻。他稱蘇聯預期將在十二個月內從阿富汗完全撤離（雖然戈巴契夫要求美國停止武器援助聖戰士被置若罔聞），令雷根相當震驚。最重要的是，他聲稱想「與總統合作解決區域衝突」，這吸引了雷根的注意力。高峰會後的交流中，蘇聯人和美國人第一次坐下來討論如何合作平息在印尼、南非、中美洲的衝突。

在華府的高峰會後，雙方開始將對方視為（至少是有限度地）尋求全球問題解決方法的合作夥伴。美國人無疑握有主控權。蘇聯往往同意美國立場，或者最多就是改善它。這顯示了蘇聯對於區域衝突確實改變了看法，也反映出他們立場的弱勢。雖然有著總統任期將屆的壓力，雷根不像戈巴契夫需要面對國內的問題。但同時，僅是更了解彼此本身都能有所收穫。軍事通訊大幅增加，將領在這些通訊當中發現他們最擔憂的事情並非另一方的戰略，或者有些程序僅僅是彼此的鏡像反應。對敵人的刻板印象逐漸消融，雖然刻板印象會被什麼取代，猶未可知。對於兩國的一些盟友而言，尤其是蘇聯在非洲和亞洲的盟國，事情進展的速度令人措手不及、目眩神迷。

在華府高峰會短短六個月之後，雷根出訪莫斯科，這是十六年來美國總統首度出訪蘇聯首都。雖然兩方的進展是武器控管和整體的雙邊關係，但真正的突破是政治氛圍。在由蘇聯電視直接播送於莫斯科國立大學的演說中，雷根讚美兩方現在的新關係。他說他們現在是夥伴和朋友。「人們不會打仗，」雷根說，「政府才會。從來沒有母親會想為了取得國土、經濟利益或意識形態而犧牲兒子。若人們能自由選擇，他們一定會選擇和平。」[23]當他從紅場走過時，一位記者問他是否仍然認為蘇聯是邪惡帝國，雷根說：「不。你現在說的是另一個時代的事情。」[24]他搭著戈巴契夫的肩，宣布「我們之間有很好的化學效應」。[25]

然而雷根對蘇聯的熱切擁抱並沒有延伸至區域衝突。當戈巴契夫試圖向他解釋道，穆斯林國家的政治已經從冷戰衝突進入新的基本教義派政權風險時，雷根拒絕傾聽。戈巴契夫強調阿富汗現在的危險處境。但是，總書記緩和地接著說：「阿富汗現在是過去的事了。我們已經達成協議。讓我們解開阿富汗的結，讓它變成解開其他區域的結的基礎吧。」戈巴契夫說：「蘇聯願意與美國共同行動，但是美國似乎無意攜手合作。」[26]

戈巴契夫是正確的，阿富汗之事並未為美國解決區域衝突樹立榜樣。一九八八年四月，巴基斯坦與阿富汗簽訂日內瓦協議（Geneva Accords），由蘇聯和美國作保。雙方都承諾要尊重主權和不干預原則，蘇聯聲明會在一九八九年五月以前撤出他們的軍隊。任何境內的軍營都由阿富汗人自行處置。華府方面拒絕停止提供聖戰士武器，僅說：「若蘇聯節制提供軍事支援給阿富汗政黨，美國也會跟進。」[27]這項協議是一場騙局，讓阿富汗內戰一如既往持續，而蘇聯軍隊卻已不在。但對戈巴契夫而言，這仍然是某種勝利：讓他得以把軍人帶回家，從阿富汗的敗局全身而退。一九八九年二月十五日，早在截止期限三個月前，撤軍完成了。

戈巴契夫的支持者本來希望阿富汗問題的處置，加以雷根在莫斯科公開擁抱蘇聯領導者，能給予總書記一些緩和空間，以處理國內事務，但並未如願。一九八八年末至八九年初，國內家園問題似乎堆積如山，城市食物短缺，某些共和國政治騷亂叢生。許多不滿都指向戈巴契夫本人。許多人認為他承諾太多，兌現太少。很多人已經忘記早個幾年，公開表達這種情緒會使他們招致牢獄之災或更加嚴重的後果。現在改革本身似乎受到了威脅，因為蘇聯國家如今正產生裂痕，即將分崩離析。

唯一一位不被這些困難嚇退的領導人是戈巴契夫本人。一九八八年至八九年冬，他花了很多時間思考政治改革和下放權力給共和國。一九八九年三月，蘇聯前所未有地召開了受到各方挑戰的議會選舉——蘇聯人民代表大會（Congress of People's Deputies）。蘇共贏得大多數轄區的選票，勝選手段往往可疑，但是無黨籍人士大約贏得了二〇%的席次。其中一位是異議分子兼諾貝爾獎物理學得主沙卡洛夫，他兩年前才剛剛從境內流放中獲釋。另一位是前任莫斯科黨主席、政治局成員、反抗分子包利斯·葉爾欽（Boris Yeltsin），他曾於一九八七年因抗議改革速度緩慢威脅辭職，因而被戈巴契夫解職。共產黨一黨獨大的局面已經被打破。而這個破局還是由共產黨總書記和國家最高領導人一手策劃。

在戈巴契夫上任第一年，他就曾企圖重新繪製蘇聯內外的政治地圖。對他而言，冷戰已經沒有意義了，或者說至少不是以其經典的全球衝突形式和國與國間缺乏互動來展開冷戰。他的起始點是馬克思－列寧主義，或者馬克思主義與列寧主義。他相信物質主義分析，但也相信一小群決心堅定的人有能力代表整個社會行動。他發現蘇聯需要採用西方的某些實踐方案，以維持和發展蘇聯社會主義。戈巴契夫認為學習和調整並非軟弱的信號，而是力量的來源。他的領導性質和共產黨威權會讓經濟改革大獲成功。

三件在國內發生的事，對戈巴契夫的宏圖加以掣肘。蘇聯經濟急轉直下，部分是由於改革的不確定性導致的脫節現象。在蘇聯全境，人民開始反對黨的階序層級。包含戈巴契夫的一些親信顧問在內，不在少數的蘇聯領導班子對社會主義基本教條逐漸失去信心。總書記被夾在中間，一方是想要穩定和政治控制的保守派黨員，另一方是那些願意棄捨共產黨，以追求國家未來大計和自己人生規劃的人。戈巴契夫自己銳意革新政治、經濟、法律，但無意徹底拋棄蘇聯社會主義的成就。他愈發公開強調的目標是法治國家，黨的權力在法治國家內並未被去除，而是能受到制衡。一九八八年十月，戈巴契夫告訴政治局：「重整國家機器與法治國家的形成緊密相連……我們社會和國家的整個結構都必須在法治的基礎（意即在法律規範下）上運作。沒有人有權僭越法律的界線、打破法治。最為重要的違規者……就坐在這裡，在這張桌子旁——中央委員會的政治局，以及書記處。」[28]

在他的國際政策中，戈巴契夫的目標在超越冷戰，使蘇聯與西歐更為靠近，尤其是與歐洲社會民主親近。與前西德總理、現任社會主義國際領袖布蘭特和西班牙社會主義派首相岡薩雷斯（Felipe González）談話時，戈巴契夫承認「與你們談話對我們而言既容易又困難。容易是因為我們對彼此的了解，讓我們能像朋友一樣溝通，公開討論任何議題。但困難是因為我們無法對問題含糊其辭……或許，」總書記一九八九年對布蘭特說，「是時候該超越一九一四年的裂痕了。」[29] 戈巴契夫認為，他的政策是俄、歐從古至今淵源的一部分，但同時也是社會主義者由於對一戰的不同反應，於冷戰的意識形態爭端肇始時四分五裂，如今終於又聚攏到了一起。

但是戈巴契夫的國際秩序重整計畫範圍超過了歐洲。對他而言，甩掉冷戰包袱意味的，不只是回歸到國家利益的概念，不只是回到那種冷戰之前、十九世紀末就存在的概念。他的願景是為了建構一個組織更佳的世界，聯合國和包羅萬象的國際協議能在這個世界中規範國際事務，防止在冷戰區域衝突下兩造都過於頻繁地牽扯其中的某種無差別的殺戮。由於美國堅信世界整體正在朝向美式自由概念與自由市場實踐發展，戈巴契夫的願景似乎有些天真。但這仍然是相當令人刮目相看的事例。在短短數年之內，竟有一位活力充沛的領導者能夠大刀闊斧地重新定義蘇聯國家所代表的宗旨，以及人們該如何理解蘇聯的權力。

第二十一章
全球轉型

一九七〇年代至八〇年代初，世界急遽變遷，八〇年代末時改變得更為劇烈。新科技開始改變人們獲取信息、經商或思考未來的方式。以資本和投資為核心的新型經濟實踐向世界擴張。新的工業生產中心，尤其在亞洲，已經開始取代歐洲和北美超過一世紀以來發展出的某些功能。且如同我們已經在蘇聯看見的，政治意識形態也開始改變，起初循序漸進，但後來愈來愈快速。到了冷戰結束之際，世局已經演變為全球意識形態衝突不再與大多數人休戚與共，而其他衝突（種族、宗教、民族或經濟）則變得愈發重要。

這些二十世紀晚期的全球變遷意蘊深遠。在北美和歐洲，意味著市場擴張不再被社會福利制度拖累。結果，當這些實踐方式繼續發展到當時市場之於個人而言相對無足輕重的國家（中東、印度、中國、東南亞）時，它們以缺乏彈性、永無休止的形式出現：這是資本主義強硬的那一面。包括全球新聞廣播和衛星通訊在內的影視資訊擴張迅速，讓人們直面前所未見的另類、富裕的生活。於多數人而言，顯然《朝代》（*Dynasty*）或是《霹靂遊龍》（*Baywatch*）的生活方式是做夢也沒想過的。但是日間電視節目的全球傳播也讓各地的人們在實際生活當中紓解壓力。及至一九八九年，不論是為了自己還是家人，許多人都渴望更好的生活，而這些都遠超過社會主義的鴻圖大業與集體主義政策所能給予的。

資訊爆炸顯著地導致冷戰的終結，尤其是因為人們的優先考量改變了。但受到暢通資訊洗禮的大眾未必就更有知識。有時，突然百花齊放的資訊會與你素來信仰的理念相違，導致犬儒主義和故步自封。同樣地，威權領導人所掌控的社會結構解體，能更戲劇性地重新定義現存群體與群體間的目的。當冷戰進入尾聲時，從蘇聯到南斯拉夫，到中國，到拉丁美洲，世界經歷了這一切。雖然全球冷戰的結束為舊時代的衝突提供了解決方案，但也造成了新式的全球緊張關係。

八〇年代的全球變遷造成了社會主義國家的整體危機。這不僅是東歐的危機，而且是全球性的，因為諸如尼加拉瓜、衣索比亞、莫三比克或越南等新的社會主義國家也承受著巨大壓力，必須修改或捨棄它們政治上的選擇。如同我們先前所見，這些壓力部分來自雷根政府的全球反革命攻勢。但是此次危機卻更為深刻。且在許多方面，全球南方的社會主義國家的改變，還較東歐的改變更早發生。中國當然是顯而易見的例子。但即使是八〇年代早期與蘇聯站在同一陣線的國家，也開始在經濟中引進新的誘因和市場制。莫三比克是為一例。到了一九八二至八三年，小規模私有公司獲准成立。一九八六年，莫三比克與國際貨幣基金簽訂協議，國際貨幣基金提供貸款與投資，條件是他們必須私有化主要工業、減少國家支出、取消貿易和整體經濟限制。一九八一年在越南，政府已經開始貿易和農業生產自由化了。到了一九八六年，在蘇聯和東歐發生任何重大改變之前，越南展開了革新開放計畫，將市場原則引入經濟活動中。

這些日漸遠離計畫經濟、走向市場原則的改變，正發生在全球經濟中心開始從北大西洋國家移轉到東亞之時。移轉的過程為時頗長，如今仍持續進行中。但是至少以整體規模的形式來說，這個起源可回溯至冷戰結束前十年。這個變化有很多原因，全球資本和科技的流布是其一，交通發展和消費模式也是箇中要因。在集權但對市場制友善的亞洲政權治下，能輕易剝削技術頗佳的勞動力，這也刺激了資本主義成長。但也許最重要的是西方國家市場前所未有的易達性，使得出口導向的成長形態得以存在。而後者是肇因於冷戰末期的兵法——美國在與亞洲國家建立重要盟友關係，以將蘇聯和其盟國區隔在外。

全球市場的大幅擴張與美國權力在全球擴張耦合。與七〇年代許多人所設想的相反，將世界關鍵工業生產節點從美國本土移轉到他處，並未損及美國居於全球事務中心的位置。因為其中許多擴散到全世界的構想、實踐、科技、產品起源都是美式的，美國的重要性似乎更甚以往。且雷根任內政府的財政赤字主要來自軍事目的，卻也同時刺激了美國國內的消費和外資。當然，這也讓美國就軍力而言晉升為目前為止最強大的國家。

事後觀之，美國從全球化獲得的經濟利益看來只是一時的，而非整體趨勢。但這可謂當其時也：美國全球霸權在冷戰結束時正處於極盛時期。當然，這並非聲稱美國霸權一錘定音終結了冷戰，但兩者顯然相關。削弱社會主義國家、使東亞成為資本主義擴張中心的同一全球發展，同樣使雷根得以擴張。也是這樣的擴張使許多人（包含過去的敵人）相信，美國的經濟實踐，包含市場行銷、公司管理、財政（放鬆）管制，是值得仿效的。因此冷戰結束時，全球變遷似乎獨厚美國，而這些是早期美國領導人認為難以達成的。

美國居中心地位之明證可以——很諷刺地——在中國找到。在毛澤東政權以反美為外交政策的標誌，且由於赫魯雪夫企圖與美國建立穩定關係而與蘇聯交惡後，毛澤東自己在風燭殘年開始與美國合作以確保中國安全。繼任者鄧小平將中美關係推進到毛自己做夢也想不到的境地。鄧小平的目標主要都著眼於經濟。他認為科技落後使中國積弱不振，更容易淪陷於蘇聯的利爪之下。但他也想要促進中國人民的生活水準。一九七九年，鄧小平首度出訪美國時，指示顧問他認為是二十世紀最關鍵的課題：「不論誰跟美國人合作就會得利，那些試圖反對他們的終會失敗。」[1]

鄧小平於一九〇四年出生於四川省東北方的一個小農村，年輕時在法國工作，在當地加入了共產黨，後來效命於莫斯科的共產國際。回到中國後，他效忠毛澤東，儘管他也承認毛主席某些謀略晦澀難解。鄧小平在文革期間兩度被打為「右派」。在一九七六年毛澤東逝世後，他挾怨上位。鄧小平衝勁十足，工作紀律嚴明。在法國勤工儉學的夥伴為他取了「小紅椒」的諢號。這不僅因為他身長不滿五英尺，嗜食家鄉的辣椒料理；也因為他總是相當急性子，不僅為他自己性急，也憂國憂民。一九七八年，包括主席遺孀江青在內的毛主義左派領袖都遭到逮捕，中國轉入經濟改革的新局面。

鄧小平及其顧問起初對於如何改變中國懵懵懂懂。但他們確實知道過去是一團混亂。這份對過去災難的共同認識，在某方面也成為了他們最重要的武器。六、七〇年代的中國非但未能趕超，反而望塵莫及。彷彿他們——尤其是青年——一切的努力、鑼鼓喧天的政治運動、為了共同利益而犧牲的大願都付諸流水。在鄧小平出訪美國時，眼見豐衣足食的程度遠遠超過自己所能理解。他對同僚回報道，是夜，他夜不成寐。一想到中國還有多少尚須急起直追，就輾轉反側。

鄧小平推動中國向前的最大力量來自他願意試驗。與十年後莫斯科的戈巴契夫有所不同，中國領導人在計畫經濟之外，有些許基礎可以依憑。當文革期間中共權威支離破碎時，南部省分有些公社和工人集體已經祕密開始引進市場機制進到他們自己的生意中。他們這麼做與其說是為了賺取大把金錢，毋寧說不過是自求多福。如果毛澤東的政治運動又捲土重來，他們心想，總得要有辦法活下去。他們的孩子六〇年代死於饑荒。他們下定決心不要再讓悲劇重演。到了一九七四年，這些單位中有些已經安排以物易物的機制、間接信用管理和支付費用的不同形式。在邊境地區，有些單位進行走私貿易和偽造貨幣。有些農業公社允許家戶出售自栽農產品，賺取獲利。

面對一個運作失靈的體系，市場就成為了有意為之的反叛。這些實踐規模渺小，可輕易撲滅。當調查人員或政治運動狂熱者抓到那些主使人時，他們可能入獄數年。但一九七八年後，當中央政府緩緩試行市場概念時，這些人已經蓄勢待發。加上其他志同道合的人，個體戶（私人貿易家或者打游擊的企業家）開始多角化經營，並遥行投資。一九八一年後，許多他們的活動都被合法化，即使多年來他們所做的事往往處於法律的灰色地帶。只要他們能夠在不入獄或處決的威脅下賺錢，多數人並不在意合法與否。

在北京，中國的改革派領導者制定政策時並未把這些人放在心上，雖然個體戶代表某種他們樂見的動能。鄧小平的改革方案有三個主要目標：獲得現代科技、增加生產量、使共產黨能繼續在無人反對的情況下掌政。在這些主要目的之下還有著個別的子區塊和子項目。鄧小平想增加出口（以賺取強勢貨幣）並強化軍力（防衛蘇聯攻擊，鞏固共產黨權力）。他也想要將經濟決策的權力集於中央。鄧小平所嘲諷的對象之一是北京的官僚。這些官僚從文革的騷亂中全身而退之後，也只不過為每年計畫的輸出增加了〇．五%。

但是改革之路絕非一帆風順。共產黨內部派系分裂。不出意料之外，鄧小平的同僚中有許多都認為社會主義中國的楷模應該是社會主義南斯拉夫或匈牙利，而非資本主義的西方。允許私有企業存在一事尤其困難。共產黨在中文字面上的意思就是「共有財產的政黨」。在毛澤東治下，黨領導層長年詆毀其他社會主義國家的市場嘗試。現在中國要回過頭來認可這種實踐，難上加難。但是鄧小平硬是排除了障礙。「我們允許讓一部分人、一部分地區先富起來，為的是能更快地實現共同富裕。」他於一九八六年對美國哥倫比亞廣播公司的邁克．華萊士（Mike Wallace）如是說。2

在容許小規模私人企業進行貿易和服務之外，鄧小平的第一步是農業去集體化。他解散了人民公社，引入家戶責任制。這意味著家家戶戶都分配到一塊田地，必須固定上繳一定的生產量給政府，但剩餘的作物可以私下自由交易。農產量瞬間暴增。農人開始儲蓄。有時他們將資金拿來村裡或鄰鎮做小生意。國有企業也獲准販賣剩餘產品並自訂售價。外資在經濟特區受到鼓勵，只要願意分享科技知識給中國公司，外國公司便可以自由投資，賺取獲利。

雖然鄧小平對於經濟政策勇於實驗，但在國際事務上卻心存疑慮。他知道須與美國建立好關係，將中國外交政策與華府的路線緊密連結。毛澤東視蘇聯為對華的威脅，鄧小平在此影響下，認為與美方合作可以為中國提供保護與經濟機會。美國求之不得。對於卡特和雷根而言，中國都是關鍵的冷戰盟友，重要性不下西歐或日本。美國最初對中國一窮二白的程度感到震驚，於是透過放貸、轉移科技、提供進入外國市場的途徑，促進中國的經濟成長。若中國要與美國合作向蘇聯施壓，那麼攘外也須先安內。

因此，日後行將使全球經濟翻天覆地的中國經濟擴張，起初與冷戰的發展息息相關。隨著市場制逐漸在中國占上風，隨著整體經濟開始擴張，中國對西方（尤其是美國）生產、管理、行銷方式的吸引力也日漸增長。及至八〇年代末，中國社會已經從十年前疲軟、恐怖的狀況得到長足改善。但是有愈來愈多人意欲爭取鄧小平改革所提供的契機。儘管經濟仍泰半由國家掌理，且共產黨不願讓出獨占的權力，但是中國開始了一個轉型，見證著中國與社會主義計畫經濟模型全面決裂。這樣的選擇也將影響其他想透過參與全球經濟取得高成長的社會主義國家甚鉅。

然而在八〇年代，中國仍非那些放眼未來經濟模型的國家主要的焦點。鄰國日本已是已開發經濟，且以五個百分點的速度持續高成長。在八〇年代的開端，哈佛社會科學家傅高義（Ezra Vogel）指稱日本在許多方面已經成為全球第一的國家。他說，日本「比其他國家處理後工業社會的基本問題更成功」。[3]八年後與全球勢力的影響相較，耶魯歷史學家保羅・甘迺迪（Paul Kennedy）將日本視為「具有高度生產力與繁榮，且愈來愈是如此」。[4]很難不認為未來至少在某些面向應該屬於日本。

儘管並未優先發展軍事，或有人認為正是因為如此，日本已經取得非凡的世界地位，這樣的論述在八〇年代的論辯中極為重要。它意味著二十世紀晚期富國不在強兵，而在乎經濟成就。這也意味著出口導向的經濟成長不僅可以使各國脫離貧困，也可以幫助它們追上世界強權。一九九〇年，日本的國內生產毛額已高於美國，且幾乎是蘇聯的七倍之多。不出意料，其他國家也想效法日本。

日本為何能集中精力在經濟成長之上，主要當然是因為美國不僅給予日本軍事保護，也幫助它進入以美國為首的國際市場。儘管雷根政府公開表達對日本貿易實踐的不滿，他仍然小心翼翼不讓經濟問題禍及兩國的緊密盟友關係。這在一九八二年中曾根康弘成為日本首相後變得尤為真實。中曾根雖然力圖維持與美國的盟友關係，但同時不論在政治上還是經濟上，也比前幾任自民黨首相都還更民族主義。他想要改善日本與中國以及與亞洲大陸的關係，同時增加日本出口的前景，以防未來美國市場變得不那麼友好。到了一九八七年，日本是中國的最大貿易夥伴，也是僅次於美國的第二大外資。日本同時也提供中國貸款和科技，地位舉足輕重。無怪乎鄧小平在與中曾根會面時，強調兩國關係的重要性。「中日友好要持續到二十一世紀，二十二、二十三、三十三、四十三世紀。」鄧小平說，「目前，中日沒有緊迫的問題。中日關係能延伸入二十一世紀比其他任何事情都還要緊。」[5]

但到了八〇年代，日本和中國已不是亞洲唯二的經濟成長國家。成長最為令人驚豔的是東亞及東南亞的「小龍」。一九八七年，香港的人均國內生產毛額來到十二．一個百分點，南韓十一．二個百分點、臺灣十一個百分點，而新加坡則有九．一個百分點。它們全都是市場導向的經濟和出口導向的工業成長，其中有政府主導整體經濟的強烈色彩。換言之，它們和日本相似（儘管各擅勝場），但是與社會主義世界的集中化計畫經濟大相徑庭。小龍中沒有任何一國被經濟學家看好能在國際競爭中脫穎而出；它們本地資源稀少，距離多數市場遙遠。但七〇年代將它們放在有利的位置，得以在未來十年的全球經濟變遷中獲利。它們都擁有受良好教育的人才、低生產成本以及管理良好、野心勃勃的公司。由於美國與西歐國家同屬冷戰同一陣線，因此它們的商人已經與歐美有著商業往來。

其中兩小龍——南韓和臺灣——也從成功民主轉型下的社會和政治穩定中獲利極大。直到冷戰晚期，兩國都還在美國間接支持的軍事獨裁者掌政之下。數千人在為民主權利奮鬥中喪生。但是當冷戰逐漸平息，區域內的國際緊張關係消滅後，南韓和臺灣先後成立了民主政府，南韓於一九八七年，而臺灣則是四年後。轉型一開始是由政權自己推動的，一方面是因為它們認為，轉型成民主政治能使自己的國家變得更加富強。它們押注在民主會制定更好的法律和機構，而這點也兌現了。兩國今日都位列世界上最富裕的國家。

除了新加坡城邦之外，東南亞並沒有從七〇年代的全球變遷當中獲益太多，部分原因是由於在印度支那經久不輟的戰事，越南對美作戰後幾乎立刻接著對柬埔寨的赤色高棉開戰。世界上沒有任何地方比越南經受更曠日持久的冷戰衝突所導致的痛苦。當地的苦難甚至到了八〇年代仍未曾止歇，這主要要歸因於雷根的第三世界政策。在其中一個冷戰最為違反常理的轉折中，有大屠殺傾向的赤色高棉餘黨，在美國和中國的支持下苟延殘喘到一九九一年，與越南支持的柬埔寨政府對抗。這邪惡的合作關係主要目的在打擊與蘇聯結盟的越南，但這也是雷根向中國傳達訊息的方式：告訴中國他是認真要限制蘇聯影響力的。結果是柬埔寨更加生靈塗炭，以及未正式宣戰的泰越邊境戰爭，柬埔寨反對黨盤據當地。

越南的軍事化傾向令東南亞其他反共國家倍感威脅，更加唇齒相依。一九六七年，東南亞國家協會（Association of Southeast Asian Nations, ASEAN）成立，將目標放在「為了維持他們的民族身分與其人民的理念，必須確保他們在任何形式的外來干預下維持穩定和安全」。[6]但實際上，這意味著密切與美方合作，以抵禦這些國家領導人所恐懼的中蘇威脅。然而八〇年代，鄧小平已經成功地改變了數代以來中國與東南亞保守派領導人之間互不信任的關係。隨著中國與東南亞的經濟互動漸增，外交關係也變得更加密切。到了一九八五年，越南顯然已經受到南北兩方聯合施壓，要從柬埔寨撤出。

越南的領導人對這項挑戰的回應之道，是要在國內銳意革新，以及準備從鄰國鳴金收兵。早在戈巴契夫當選蘇聯總書記之前，在河內的新一代領導人就已了解到，在面對外國壓力時，他們能從蘇聯得到的援助有限。八〇年代晚期，革新開放政策使越南經濟自由化，給予私人企業足夠的空間，這場改革一部分借鑑鄧小平的中國改革嘗試，但更多仰賴東南亞國家協會主要會員國的經驗。在所有共產主義國家中史無前例的是，越南由於需要與東南亞國家協會拉近關係，漸漸以此來協商從柬埔寨撤軍。第一屆會議在雅加達舉辦，到了一九八九年，越南已經清楚表明，不論柬埔寨各地派系如何衝突，他們都會單方面撤軍。到了一九八九年九月，所有越南軍力都離開了。一九九二年，越南與東南亞國家協會簽訂了《東南亞友好合作條約》（Treaty of Amity and Cooperation），並與中國關係正常化。

八〇年代初，印度也開始與冷戰漸行漸遠。可想而知，在冷戰的棋局中，印度一直如坐針氈，總想著在涉外事務上建立一套自己的規則。但自從六〇年代起，印度漸漸視印蘇關係對於國家安全舉足輕重。當甘地於八〇年重新掌政時，她開始逐漸鬆綁與莫斯科的關係。其中一部分是為了回應冷戰的新情勢。在事情變得愈發敏感時，甘地不希望令人感覺印度與蘇聯過從甚密。儘管她厭惡伊斯蘭主義，且對於共產主義阿富汗政府的世俗改革目標頗為認同，但是她對於蘇聯入侵的後果感到坐立難安。這位印度總理尤其擔心這場入侵將導致美國對巴基斯坦史無前例的支持。一九八二年，在與雷根總統會晤時，甘地突然脫稿演出，強調印度希望與美國建立良好關係，且希望蘇聯從阿富汗撤軍。

但印度重新平衡對外關係的路線，卻與雷根堅持對巴基斯坦提供更先進的軍事援助相左。甘地於一九八四年遇刺後，她的兒子拉吉夫．甘地（Rajiv Gandhi）當上了新總理，開始將戈巴契夫視作印度外交困境的解答。這位蘇聯新總理不再強調嚴格的意識形態問題，並將經濟發展放在外交政策的核心。拉吉夫．甘地比所有人都還早看見某些全球經濟的轉變，並且希望印度能發動自己的經濟改革，給予市場、私人創業和經濟全球化更多發展空間。他認為戈巴契夫英雄所見略同。在兩國於一九八六年所簽署的《德里宣言》（Delhi Declaration）中，印度的影響多過蘇聯：

一、在核能年代，人類必須發展出一套新的政治思維和新的世界觀，以確保人類的存續。
二、我們所繼承的這個世界屬於現在的世代，也屬於未來世代——因此我們必須優先考量普遍人類價值。
三、人命必須被視為具有無上價值。
四、非暴力必須成為人類共存的基礎。[7]

雖然戈巴契夫和甘地認為廢止冷戰能為世界帶來和平是正確的，但是亞洲其他事件卻並未如此發展。一九八〇年爆發的兩伊戰爭被稱為第一個後冷戰戰爭，在它與意識形態無涉這點上，的確有其道理。伊拉克攻擊伊朗的主因是地區擴張，以及恐懼伊朗與伊拉克的少數什葉派穆斯林共謀。曾經大力支持伊拉克領導人海珊的蘇聯人告訴伊拉克人，他們認為這場戰爭沒有多大意義。莫斯科方面擔心伊拉克的攻擊會將伊朗推回美國的懷抱中。另一方面，雷根政府跟開戰的雙方都不親近，雖然比起海珊的所作所為，伊朗擴張的可能性更是他所憂心的。據說政府當中有一名官員曾經諷刺道：可惜不能讓兩邊都打敗仗。同時，這次戰爭發展成同為政教合一政權之間的衝突，由遜尼派的阿拉伯人對戰什葉派的波斯人。近百萬人在這場毫無必要且無謂的戰爭中喪生。雙方你來我往，但鷸蚌相爭，漁翁得利，唯一從中牟利的是歐洲和亞洲的軍火製造商。

冷戰緩緩才終結，對中東有百害而無一利。非洲起初情況也相當類似，但結束時至少還有幾許希望。自六〇年代起，強權的干預、歐洲的種族優越論以及錯誤的現代發展概念，把非洲大陸搞得兵荒馬亂。這種情況貫穿幾乎整個八〇年代。在非洲南部，白人至上的南非政權持續向鄰國發動戰爭，並且壓迫黑人多數。美國透過貿易、投資和反對國際制裁幫助南非政府倖存。在薩伊（剛果），馬布多透過與華府方面的冷戰夥伴關係受到支持，持續魚肉鄉里。而衣索比亞在蘇聯的協助下，德爾格的官員堅持社會主義改革方案，但與此同時，國家卻緩慢地分崩離析。在其他地方，軍事獨裁者充斥橫行。一九七九年，年僅三十二歲的上尉傑瑞·羅林斯（Jerry Rawlings）在迦納取得政權。時年僅二十九歲的士官長塞謬爾·多伊（Samuel Doe）隔年在賴比瑞亞也依樣畫葫蘆。這幅景象並不美好。

非洲南部情況尤為劇烈。一九七五至七六年間，種族隔離的南非政權在安哥拉被當地與古巴聯軍擊潰之後，退回自己的軍事控管地區。新總理P·W·波塔（P. W. Botha）種族意識形態鮮明，他認為白人的南非與非洲大陸其他地區接觸愈少愈好。對他而言，南非堡壘（*vesting Suid-Afrika*）是最重要的，不是那些他的支持者（以貶損口吻）說的「文明化其他地方的黑人」。在一九七九年，波塔協助英美驅策羅德西亞的白人墾殖者政權接受蘭開斯特協議（Lancaster House Agreement），藉此協議，羅德西亞於八〇年成為了多數統治的辛巴威。他們預測比起冒險與蘇聯有任何形式的合作，勝選的羅伯・穆加比（Robert Mugabe）更想鞏固自己的權力，這項預測後來證實是正確的。

在其他不論國內還是國外的事項上，冷戰在八〇年代的非洲南部變得益發重要。波塔從根本上視其政權為反共政權。他之所以認為要為南非境內的黑人堅守「獨立」家園的幻象，是因為一旦由多數人統治，就意味著曼德拉的非洲民族議會（ＡＮＣ）勝利，而後者與南非共產黨過從甚密，是盟友關係。南非也持續占領鄰國納米比亞（也被稱為西南非），儘管聯合國做出無數決議要求它撤軍。同時波塔還藉口其鄰國安哥拉和莫三比克與蘇聯結盟，且為非洲民族議會提供庇護，而擬定政策要暗中顛覆安、莫政權。南非軍隊數百次入侵鄰國領土，明白表示要斬殺非洲民族議會的抵抗勢力領導者或西南非人民組織（South West Africa People's Organization, SWAPO）軍人。非洲南部就好像一個火藥桶，隨時會引爆。

除了南非自己，安哥拉也身處冷戰在非洲的核心要角。一九七五年，安哥拉人民解放運動政府在古巴協助下取得政權，與哈瓦那和莫斯科關係緊密。雖然南非政權似乎準備好要接受此事，但是雷根政府支持安哥拉的反對派，導致當地爆發內戰。爭取安哥拉徹底獨立全國聯盟（ＵＮＩＴＡ）的領袖薩文比是雷根在後殖民世界反革命活動的典範之一。一九八四年，薩文比的游擊隊接收中情局的資金、武器和訓練。如同雷根翌年對顧問所說的：「我們要讓薩文比知道，騎士來了。」[8] 一九八六年，美國人甚至提供安哥拉徹底獨立全國聯盟五十顆「針刺」防空導彈。至於安哥拉徹底獨立全國聯盟與南非結盟，且在其控制區域內大規模侵害人權情事，雷根並不放在心上。重要的是，如何利用這場衝突向蘇聯和古巴加壓，迫使他們從非洲撤出。

波塔心不甘情不願地參與安哥拉的新內戰。顛覆盧安達政權的想法深得其心，但他也懷疑是否能信任美國人，或擔心自己發兵太多。打破平衡局面的，是在南非控制下的納米比亞內戰事甚囂塵上。為了緩和本國壓力，安哥拉政府允許西南非人民組織（SWAPO）游擊隊，從安哥拉領地上向他們的家園發動攻擊。一九八七年，波塔決定要給安哥拉人民解放運動（MPLA）一個教訓，同時幫助爭取安哥拉徹底獨立全國聯盟，儘管後者最近獲得美援，卻仍處於挨打狀態。南非入侵很快就陷入僵局。在二戰以來非洲最大的軍事動員——奎托夸納瓦萊戰爭（Battle of Cuito Cuanavale）——中，古巴和安哥拉軍隊極力抵禦南非軍隊侵襲。南非輿論很快變得反戰，在波塔於一九八八年初召集後備軍之後尤其如此。就連南非的白人也認為波塔政府除了大動干戈，造成家園動盪，導致在國際上持續孤立外，乏善可陳。

對不論在非洲還是其他地方的許多觀察家而言，雷根在與莫斯科的蘇方議和的同時，卻持續搧風點火、鼓吹非洲南部的戰事，匪夷所思。政策上的差異在某種程度上而言是雷根政府內部分歧的結果。一方面，許多重要國務院官員鼓吹協調談判，以結束區域衝突；另一方面，美國國家安全會議許多官員持續強調支持反共地下活動的必要。但是美國總統自己恐怕並未認為這是政策分裂。對雷根而言，將蘇聯和古巴趕出非洲一直都是主要目的。他在訪談中表示，戈巴契夫唯有在同意完全撤出非洲、亞洲、拉丁美洲的情況下，才能成為美國的夥伴。雷根的路線是最高綱領主義（maximalist）：當機會來時，就要從蘇聯的弱點中榨取愈多利益愈好。

在奎托夸納瓦萊戰爭之後，參與在安哥拉衝突內的各方開始慢慢走向談判。美蘇關係的改善扮演著決定性的角色。兩造都向其盟友施壓達至協議。在美國方面，雷根受到國會的壓力愈來愈大，此前，國會已罔顧總統意願，通盤對南非實行制裁。雙方負責協調非洲事務的美蘇合作外交官切斯特·克羅克（Chester Crocker）和亞納托利·亞當米什（Anatolii Adamishin）合作無間。根據亞當米什所稱，克羅克扮演了「出色的角色」。[9]各方於一九八八年十二月就古巴撤出安哥拉和納米比亞一事達成協議。

非洲南部的協議是冷戰在第三世界瓦解的高點。當然，若沒有數年來聯合國的縝密工作和其他反對種族隔離政權的國際輿論，這是不可能發生的。在奎托夸納瓦萊戰爭中，若沒有古巴與南非軍力匹敵，這也不太可能發生。但是究其實，這象徵了戈巴契夫撤出第三世界的決心。「我個人不認為他們會在世界的這一端打造社會主義。」亞當米什在簽署協議時承認。卡斯楚接受這個過程，一部分是因為他相信古巴已經達成了在非洲南部的目的：即安哥拉的安全和納米比亞的獨立。但他對蘇聯越俎代庖心懷怨懟，並在致信給戈巴契夫時如實表達他的憂慮。蘇聯領導人的關鍵外交顧問切爾尼亞夫對此態度嚴厲：

> 「大鬍子」〔卡斯楚〕浪費了革命，現在他要毀掉整個國家了，該國現陷於水深火熱。固然他不會停止關於正統馬克思─列寧主義的激昂宣傳，且將會「徹底貫徹」；如今這已經是他能用來維持其「革命光環」的最後手段了。但這份光環已經是個迷思……在南非沒有人認可古巴，它已經不是什麼典範了。古巴因素已經消退。斷交？……他只會傷害到自己。我們只會贏

得成功，且省下五十億。人們會怨聲載道嗎？會，有些人會：教條主義者和「革命陣營」的異議分子，還有快要滅亡的共產黨，時代已今非昔比。[10]

在切爾尼亞夫的反對下，戈巴契夫仍決定於一九八九年四月前往古巴探訪卡斯楚。如今非洲南部已經搞定，雙方都不覺得有需要重提他們在此事上意見相左之處。反之，對古巴政權有多麼依賴蘇聯支持，卡斯楚心知肚明，主動討論中美危機的解決方案。他知道戈巴契夫會希望這件事塵埃落定，這也是喬治·布希（George H. W. Bush）的新政府關切的關鍵問題。但是卡斯楚也希望在蘇聯援助逐漸退場時，古巴不用獨自支持桑定民族解放陣線和其在中美的革命同盟，而也有機會能抽身。若與美國沒有達成某種形式的定案，卡斯楚始終懷疑中美洲左翼政權存續的機會。隨著冷戰退居幕後，古巴領袖希望可以找到這樣的安排。

打從革命初期，在尼加拉瓜的桑定政府就不斷抵死抗戰美國為首的攻擊。美國不僅提供軍武、火車、裝備給尼加拉瓜的反革命分子（康特拉），也企圖透過壓制尼加拉瓜出口產業以掐斷其經濟命脈。美國對尼加拉瓜的敵意，用雷根的話來說，是來自尼加拉瓜對鄰國薩爾瓦多左翼游擊隊的支持。薩爾瓦多的游擊隊正在與右翼的軍隊和準軍事部隊打仗。即使沒有尼加拉瓜的左翼支持，薩爾瓦多——拉丁美洲最為社會不公且政治不穩的國家之一——也很有可能會發生大規模動亂。但是雷根利用薩爾瓦多危機來向桑定施壓。

雷根面臨的問題是，美國人民已經厭倦越南式的情境就發生在自家後院，因此並不支持政府干預中美洲事務。一九八四年的民意調查顯示，只有三〇%的人支持雷根的中美洲政策。[11]薩爾瓦多軍隊大規模違反人權，也使美國政府難以支持他們對抗左翼游擊軍。一九八〇年，反政府的大主教奧斯卡·羅梅羅（Oscar Romero）在聖薩爾瓦多大教堂主持彌撒時遭到暗殺，對美國人而言，這場暴行令人髮指，在他的喪禮現場，又有三十五名致哀者遭到狙殺，也引發公眾不滿。整個八〇年代，雷根必須與企圖刪減所有支持反革命者與支持薩爾瓦多政府預算的國會對抗。一九八六年秋天，在伊朗－康特拉反革命醜聞爆發後，很顯然雷根已經無法在不與美國立法者們槓上的情況下，再繼續為中美洲政策買單。雷根仍然堅持不懈，但是他的努力對美國輿論和中美洲參戰方愈來愈發生不了作用。

終於開始解決中美諸國內戰問題的是各國區域性團體的主張，這也預示了冷戰終結的方式。區域內最大國墨西哥固然位居要角，但卻是哥斯大黎加總統奧斯卡·阿里亞斯（Óscar Arias）於一九八八年所提出的和平計畫定調了協商出的解決方案。當卡斯楚和戈巴契夫於一九八九年二月在哈瓦那會晤時，他們也選擇支持此計畫。桑定民族主義解放陣線沒有其他選擇，只能順從，康特拉亦然。國會威脅康特拉，除非他們同意放下武器，換取於一九九〇年舉辦自由公平的選舉，否則就要撤回所有支持。

儘管八〇年代的尾聲為中美洲人民帶來一線曙光，但是拉美八〇年代整體而言反覆無常。在軍事獨裁多年後終於步向文明統治時，該區域整體迎來一系列戲劇性的完結篇。一九八〇年在秘魯、一九八二年在玻利維亞、一九八四年在烏拉圭、一九八五年在巴西皆選出新的政府。在阿根廷，曾經以反共和冷戰名義做出無數違反人權情事的軍政府，於一九八二年企圖占領福克蘭群島後倒臺。就連在智利，一九七三年政變後上臺的皮諾契暴虐無道的軍政府，也在一九八八年公投失勢後面臨轉型。這次公投本來只是走形式議決他是否能持續統治。皮諾契的反左翼冷戰辭令不再吸引智利的中產階級。如同其他地方的中產階級，他們追求穩定、合法性和國際認可，這些標準皮諾契的政權一無可取。

皮諾契的倒臺對於他在華府的支持者而言是措手不及的。他們認為儘管他的政權暴虐，但是多數人民能夠諒解，因為他的顧問實施了市場導向的經濟改革。但一如大部分拉美國家，不論其經濟走向為何，都於八〇年代初深受國際債務危機的影響，智利也不能置身其外。七〇年代時，拉美政府為了支持經濟擴張和公共投資（尤其是基礎建設和教育）而大規模舉債。許多有著不同意識形態的國家都將目標放在中央計畫、國家領導的工業化過程，例如巴西的右翼軍事獨裁、秘魯的極端民族主義獨裁、墨西哥的半民主政府等。國營公司首當其衝。及至八〇年代早期，巴西有超過六百個國營企業，占了大型企業幾乎一半。在墨西哥，國營企業超過一千家，是七〇年代早期的五倍之多。雖然這些公司有許多在貿易上都表現不俗（尤其是那些獨占或幾乎獨占市場的企業），但是根據政府擬定的計畫，它們的擴張都仰賴大量的資金支持。

八〇年代初，國際借貸市場持續擴張。強勢貨幣從盛產石油的中東國家流向西方和日本銀行，就是所謂的石油美元（petro-dollars），是一筆橫財。且這八〇年代大多數時候，歐美的利息和投資報酬率低迷，因此投資風險更高但獲利可能也更高的發展中國家（尤其是拉美）債券更為吃香。但在一九七九年，美國的銀行利率急遽上漲，有時甚至漲到二〇%，不到兩年內急遽成長了四倍。同時，大部分拉美國家經濟所仰賴的原物料價格變得更加不穩定。在一個大體上呈現下滑的趨勢當中，這些起伏動盪使得它們更難還債或獲得新的借貸。及至一九八二年，許多大銀行拒絕再提供更多貸款。同年八月，墨西哥拖欠債務。這導致了連鎖效應，此時美國政府慌忙為其銀行提供援助，同時推動債權國、債權銀行與國際金融機構（尤其是國際貨幣基金）的債務協商。

對雷根政府而言，拉丁美洲拖欠借款不僅是拉丁民族放蕩浪費的關係；它們也同時歡迎宣揚自由市場和新自由主義經濟的福音。要協助拉丁美洲重整債務，國際貨幣基金要求它們付出代價，所謂「結構調整」，意指接受國必須在國內經濟中接受新自由主義要素，例如企業私有化、進口自由化、廢除補助和社會福利支出等。短期的結果對拉美經濟而言猶如一場災難。經濟成長停滯。收入大幅減低，尤其是在都會區，失業人口增加到相當高的程度。通貨膨脹打擊到中產階級和勞動階級。在拉丁美洲人所稱的「失落的十年」（La Década Perdida）中，唯一的好現象是軍事獨裁政府倒臺。一般咸認軍事獨裁造成了經濟崩潰，且對美國的要求毫無抵抗力。

冷戰結束時，在國際上針對權利與規範的熱烈論辯下，世上許多地方從獨裁政體轉向更為可靠的政府形式。這些論辯有許多都在質疑國家在冷戰政治中所扮演的角色強大，在某些地方幾乎到了難以招架的地步。冷戰也幫助幾乎所有國家擴張它們對人民和群體所行使的權力。即使在意識形態上獨厚個人自由、權利的美國，也仍朝向擴大聯邦政府權限的方向發展。不論何處，此一論調都因為結合軍備和社會進步的需要而贏得支持。軍備需要是為了抵禦敵人擴張。而社會進步則是為了更好地組織社會，將之打造成未來的模範。但到了八〇年代，無論東西，這種思維模式都受到了壓力。在蘇聯，戈巴契夫開始重新評估既定的信念，亦即所有的問題只要增加國家權力就能迎刃而解。在美國和英國，新自由主義者挑戰了戰後國家干預主義的基礎：即資本主義在政府規範下能運行得最好。雖然過去國家似乎是解答（或至少是解答的一部分），但現在對於某些人來說，它卻是問題的根源。

但是思維的轉換不僅與經濟和社會事件相關，它也與人權和對個人的法律保障相關。或許最為令人訝異的是，非政府組織和團體常常帶頭向國家（不論哪種意識形態的國家）施壓，要求國家尊重這些權利和規範。於一九六一年成立的國際特赦組織，於七〇年代晚期後成員急遽擴張。其他團體如人權觀察（Human Rights Watch）、赫爾辛基觀察（Helsinki Watch）組織等，在一九七五年歐洲安全與合作組織之後出現。抗議拉美獨裁政權如智利與阿根廷違反人權的活動，在當地與西歐及北美大幅增長。在某些案例中，參與運動者往往跟抗議蘇聯打壓國內反對派的年輕人是同一群。他們支持沙卡洛夫和他太太邦娜，一九七六年，他們在莫斯科協助創設了一個團體，以監督自己國家是否遵守赫爾辛基協議。這些都是重要的跡象，顯示至少對某些人來說，冷戰的分野跟普遍人權和責任相比之下，已經變得不那麼重要。在捷克或波蘭的異議分子，愈來愈可以仰賴西方另一政治光譜的支持。同時，其他身分也在抗議基本人權時出現。在天主教的波蘭以及新教的東德，基督教教堂承認其國人作為國民的權利。在伊斯蘭教國家，神職人員開始為不合法的監禁發聲。「權利談話」（Rights talk）似乎至少有一陣子超越了對正宗冷戰意識形態的堅持。

沒有任何事情比成功終結南非種族隔離的國際運動更能表現出政治局面的轉換。多年以來，以美、英為首的西方國家對種族主義的抗議聲浪，大都充耳不聞。在這些國家中，少數白人以明目張膽的種族主義遂行統治。南非在戰略上太重要且礦產太豐富，以至於總是不能被一視同仁。即使西歐領導人反對南非白人統治黑人多數的方法，但他們往往對非洲白人還是能有一定程度的同理。但是到了八〇年代中期，隨著全球抗議南非治理不公的聲浪蔓延開來，白人南非「建設性參與」

的政策受到愈來愈高張的壓力。雖然聯合國要求對南非實施經濟制裁和禁運，但是國際反種族隔離運動的宗旨日漸受到矚目。一九八八年，在倫敦溫布利球場的一場流行音樂會為繫獄的非洲民族議會領袖曼德拉慶祝七十大壽，在全球造成轟動，全世界有超過六億人收看即時轉播。從比吉斯（Bee Gees）到惠妮・休斯頓（Whitney Houston）和艾力・克萊普頓（Eric Clapton），眾星雲集，這場盛會讓人們更難如過去雷根和柴契爾那樣譴責曼德拉為「共產主義者」。八〇年代結束之際，即使那些曾經對南非政府表示同情的人都轉變態度，認可廢除種族隔離政策是跨越冷戰藩籬的共同任務。

八〇年代的「權利談話」與另一波湧現的全球話語相關，這話語就是所謂的「身分談話」（identity talk）。隨著冷戰意識形態分裂狀態逐漸消弭，愈來愈多群體對國家忽視個人和群體身分做出反抗，不論是宗教的、語言的或種族的身分。當人權鬥士高談普遍原則時，民族主義或宗教運動者談論他們所代表的群體該有的權利和責任。他們的主張是，他們居住的國家鎮壓這些群體，而如今他們需要重新為自己發聲。在如西班牙的巴斯克或加泰隆尼亞，或者蘇聯內的波羅的海國家等案例中，冷戰被視為他們被壓迫的藉口。在其他地方，冷戰被視為一種緊急狀況，一個凍結的世界，超越國家的「有效期限」將國家連結在一起。最為令人震驚的案例是南斯拉夫聯邦共和國，離心離德的力量很快導致南斯拉夫災難性的結果。就連南斯拉夫最大宗人口塞爾維亞族也擔心著他們的未來。在一九八六年塞爾維亞人文與科學學院的一則備忘錄說著：

住在其他共和國的塞爾維亞人為數眾多，卻不能像在國內的少數民族那樣享有使用自己的語言、字母，進行政治與文化組織，以及發展獨特民族文化的權利。考量到現存民族歧視的形式，今天的南斯拉夫不能被視為民主國家……這項政策背後的指導原則是「弱小的塞爾維亞，強大的南斯拉夫」，這演變為極具影響力的心態：如果國內的最大民族塞爾維亞人可以享有快速經濟成長，就會導致南斯拉夫境內其他民族的危險。所以一有機會，他們就會阻擋他們的經濟成長和政治團結。[12]

但是從左右分裂到新政治形式的大規模轉變主要發生在中東。在伊朗的伊斯蘭主義革命，給予了基於宗教身分形成的團體靈感，並啟發了奠基在對《古蘭經》新的政治基本教義派詮釋的新團體。八〇年代早期，不論是遜尼派還是什葉派，伊斯蘭的政治解釋主要都認同冷戰中的右派。例如，遜尼派的穆斯林兄弟會是個極度保守的組織，與中東左翼（不論是共產主義者、社會主義者還是復興社會黨）對抗。八〇年代期間，伊斯蘭主義者愈發背離社會主義和資本主義，也反對蘇聯和美國二者。埃及和沙烏地極端主義者在這層轉變上至為關鍵。對他們而言，美、蘇一樣作惡多端。美國協助了異教徒阿拉伯政權壓迫真正的穆斯林，就這點上至少與蘇聯一樣有罪。他們想對以色列和以國背後的靠山美國開戰，但他們也想對抗蘇聯占領的阿富汗。他們當中有一位巴勒斯坦伊斯蘭主義者阿卜杜拉．阿札姆（Abdullah Azzam），領導著在巴基斯坦關鍵的阿富汗聖戰士成員網絡，喊話：「在阿拉伯人中，不論是誰，只要他能參與聖戰（jihad），就必須從這裡開始。如果他無法，那麼他必須出發到阿富汗。其他的穆斯林，我認為他們必須在阿富汗開始他們的聖戰……現在這一代人的罪，不起身往阿富汗、巴勒斯坦、菲律賓、喀什米爾、黎巴嫩、查德、厄立垂亞等地進發的罪，比土地落入卡非勒（Kuffar）〔異教徒〕之手所延續下來的罪更嚴重。」[13]

蘇聯從阿富汗撤離之際，阿富汗和鄰國巴基斯坦的國際伊斯蘭主義者網絡正在形成。與阿札姆亦敵亦友的沙烏地人奧薩瑪・賓拉登（Osama bin-Laden）組織了自己的團體，名為蓋達（al-Qaeda，基地組織）。賓拉登與阿富汗伊斯蘭主義激進者阿卜杜爾・拉蘇爾・薩伊夫（Abdul Rasul Sayyaf）和古勒卜丁・希克馬蒂亞爾（Gulbuddin Hekmatyar）雖然從美國得到了豐富的武器和物資，卻變得愈來愈反美。如同阿札姆一樣，賓拉登和他的金主將阿富汗視為解放受外國控制的穆斯林之戰的其中一場。但是攻占首都喀布爾是他們的首要目標。一九八九年蘇聯撤出時，他們認為時機到了。

即使沒有紅軍，伊斯蘭主義者征服阿富汗之事，卻變得比單純的聖戰士所想像的還要複雜。在真相揭曉的時分，阿富汗共產主義政府的作戰表現較反對者為佳。即使華府和巴基斯坦持續為聖戰士提供援助，而蘇聯已逐漸不再涉足，反對勢力仍然無法拿下喀布爾。不出意料，有些本土的阿富汗領袖發現，相較於納吉布拉（Najibullah）政府，他們更害怕激進的伊斯蘭主義者和其外國聖戰士。久攻不下後，聖戰士開始分裂。到了一九九一年，當共產主義者終於開始彈盡援絕時，反對陣營之間已經火力全開互相內鬥了。一九九二年四月，聖戰士最後推進喀布爾時，阿富汗陷入一片混亂。想要將城市占為己有的希克馬蒂亞爾與其他陣營發生衝突，包含他過去的一些伊斯蘭主義盟友，最終他功敗垂成。他的應對之道是使用從前政府那裡取得的重型大砲轟炸首都。這是極為不光彩的場景，導致美國不再與之合作，也使境外的伊斯蘭主義者陷入絕望。對於賓拉登而言，阿富汗的災難是一場重要教訓。他相信唯有透過意識形態訓練，致力於國際主義，以及嚴格的組織動員，未來聖戰才可能往前推展。賓拉登前往蘇丹，但五年後，他又回到阿富汗，捲入歷史的洪流。

終結冷戰的過程是面向多樣，詭譎複雜，一如其肇始那樣。全球衝突的終結從此帶來巨大的契機，如同我們在非洲南部和東南亞目睹的那樣。但並非所有議題都得到解決，在朝鮮半島、中東或者巴爾幹半島，地區性的遺緒仍然陰魂不散。有時結果是矛盾的。即便拉美回歸到更為民主、更傾聽民意的政府形式，但並未因此舉國歡騰，因為加諸拉丁美洲之上的經濟困境往往更顯沉重。有些取代冷戰分裂的意識形態（首推宗教狂熱或民族執念）對於深陷其中的人們來說，跟過往資本主義和社會主義之間的鬥爭比起來，危險的程度絲毫不遑多讓。但冷戰結束仍然為世界各地的人們開啟了新的可能。在某些案例中，他們也利用這些機會來打造一個更好的世界。對歐洲而言尤其如此，歐洲大陸可說是冷戰的起源地，也是冷戰將要結束的地方。

第二十二章
歐洲的現實

冷戰在歐洲的終結，是由於東西兩方陣營數年來交流更為密切，對彼此的恐懼已大幅減少，也因為有西歐成功將邊陲國家整合入歐洲共同體的事例明證。冷戰於一九八九年結束是因為東歐人民反抗，而戈巴契夫並未付諸行動挽救共產主義政權。相反地，這位蘇聯領袖堅持，不論在東歐還是蘇聯本身，人民主權都是無可避免的。東歐的政權顯示出它們改革不力。因此，蘇聯共產黨認知到，它們倒臺是再自然不過的結果。共產主義的終結可以如此快速地發生在歐洲已有跡可循，也因為東方對政權的支持已如薄薄春冰。除非蘇聯方面出手相救，否則它們無力自我防衛。

到了一九八九年，戈巴契夫堅信對他而言冷戰已然告終。他的注意力愈發轉往如何深化蘇聯內部的改革。他主要的關注點是政治變遷。戈巴契夫想將蘇聯轉變為一個民主的聯邦國家，且帶著他仍領導著的共產黨沿這個方向發展。但他的崇高目標很快就被經濟困境、民族主義和相互競逐的官僚主義所淹沒。由於戈巴契夫不願讓步，且沒有其他來源的實質援助，蘇聯國家很快就陷入嚴重的問題。到了一九九一年似乎陷於危急存亡之秋。這對於蘇聯人民和全世界而言是極其猛烈的翻轉，而這一切都發生在區區不到十年之間。

整體而言，人民的革命在東歐出乎意料地平和，鮮有暴力情事。唯一的例外是在南斯拉夫，民族主義的群眾煽動家由於亟欲滅除聯邦國家，發起了持續了十年一波未平、一波又起的暴力事件，造成南斯拉夫人民生靈塗炭。南斯拉夫是一個由冷戰聚攏起來的國家之重要案例。面對蘇聯在東歐的勢力（自從一九四八年起便是如此），即便南斯拉夫人未必敦親睦鄰，大多數南斯拉夫人仍寧願在自己土生土長的聯邦國家內同聲一氣。但是隨著冷戰退場，南斯拉夫各民族中的有些成員開始擔心，若其他民族或團體在聯邦國家中占有優勢地位，會發生什麼結果。南斯拉夫之所以凝聚在一起並不是出於彼此信任，而是出於恐懼，而隨著恐懼的對象改變，全國便陷入滿目瘡痍與兄弟鬩牆。

其他人則有很多值得感恩的地方。在美國，一九八九年這一年一元復始，萬象更新。雷根執政八年後終於卸下總統一職，任內成就廣受好評。副總統喬治・H・W・布希繼而當選，證實多數美國人已經原諒雷根涉入伊朗門事件，並接受他任內最後幾年益加無為而治的領導風格。他們記得的是一位穩固經濟和去除核武威脅的總統。自威爾遜以來，沒有其他總統在任內做出如此重大的外交政策改變。在卸任演說中，雷根稱蘇聯為合作夥伴。「我的看法是，」即將離職的總統告訴美國大眾：

> 戈巴契夫總統與以前的蘇聯領導人不同。我認為，他了解蘇聯社會中存在的那些弊病，並且正在試圖加以解決。我們預祝他成功。他們將繼續努力，以確保在經歷這一進程以後而獲得新

生的蘇聯，將不再是一個咄咄逼人的國家。歸結起來就是：我希望繼續保持這種新型的密切關係。如同我們表明的那樣，我們將始終視他們是否以一種有益的方式行事，來決定我們將採取何種行動。[1]

老布希總統則不那麼肯定。上任之初，他想花一些時間思忖在新的情況下，美國的對蘇政策應該如何發展。老布希是比雷根更為傳統的冷戰鬥士，他不確定這種「新型的密切關係」會持續下去。相反地，如同他在任期初始所注意到的，蘇聯「向我們展示了在歐洲和其他地方有著複雜的新政治挑戰。我的想法是，來自蘇聯的挑戰也許會比過去更大，因為它現在更多樣了」。[2]「冷戰還沒結束」，老布希的國家安全顧問布倫特．斯考克羅夫特（Brent Scowcroft）警告道。也許有「隧道盡頭的光。但我想，這道光究竟是太陽光，還是一輛朝我們迎面駛來的火車頭，一部分取決於我們如何行事」。[3]布希和斯考克羅夫特憂心經濟改革和開放政策會變得太過成功，以至於西方盟國太過降低警戒。

戈巴契夫對於布希的「策略性暫停」大失所望。他問自己，為何在如今他最需要的時候，美國人卻躑躅不前？在西歐，戈巴契夫仍然被視為英雄，所到之處無不受到英雄式的擁戴。就連英相柴契爾於一九八九年四月在倫敦與戈巴契夫會晤時，也出格地對他讚不絕口。當戈巴契夫抱怨布希時，柴契爾回答道：「您們的成功與我們息息相關。蘇聯變得更和平、更富足、對改變更開放，跟我們是息息相關的，如此才能共同達到個人自由、更開放、更多交流。繼續您的路線，我們會支持您。回報會是非常巨大的。」[4]戈巴契夫的主要外交政策助手切爾尼亞夫在其日記中說道：「俄羅斯沒有其他選擇了。它必須變得跟其他國家一樣。若能如此，那麼十月革命和史達林症候群都會從世界政治圖景中消失。這個世界會變得截然不同。」[5]

但是戈巴契夫需要外交支持來翻轉在國內低落的聲望。蘇聯共產黨仍然在人民代表大會中位居主導地位。戈巴契夫想要盡快往前邁進，使包括蘇維埃諸共和國的蘇聯更為民主。他也想要改革經濟，為私人企業提供空間。但是當來自國外的貸款和投資姍姍來遲，國內經濟更進一步受到侵蝕。物價飛漲、對黑市愈發依賴都妨礙了國內消費主義的發展。由於稅收被扣留或侵吞，政府虧空不斷增加，尤其是在聯邦層次。同時反抗戈巴契夫領導地位的聲浪增長，這來自想為自己保留更多權力的共和國領導者，也來自共產黨中央，許多黨內的傳統派指控他將蘇聯統治的成就拋諸腦後。

在某些蘇聯共和國內部的民族主義動盪也開始削弱戈巴契夫的地位。波羅的海國家於二戰後被迫加入蘇聯，當地大多數抗議都是和平的，但是立場堅定。早在一九八八年，愛沙尼亞蘇維埃社會主義共和國就已經宣告其共和國的法律凌駕於蘇聯法律之上。在其鄰國立陶宛，新的聯邦集會選舉中超過八〇%的席次由非共產黨候選人拿下。更進一步的跡象顯示，即使在蘇聯內部，民族主義都勝過意識形態。共產黨領導的亞美尼亞和亞塞拜然開始相互爭奪亞塞拜然境內、亞美尼亞人占多數的飛地納戈爾諾－卡拉巴赫（Nagorno-Karabakh）。數萬人從自己的國家逃離，數百人被殺，其中有些還是遭到戈巴契夫派到當地維護和平的紅軍所殺害。鎮壓為莫斯科方面爭取到一些時間，但是其代價為雙方都指控戈巴契夫站在敵方那邊。[6]

當戈巴契夫企圖在蘇聯內部大刀闊斧地改革時，在東歐的共產黨同僚愈來愈沒有迴旋的空間。他們的經濟陷入困境，債臺高築，生產停滯。到了一九八七年，從波蘭到保加利亞的東方陣營已經幾乎沒有成長的空間。雖然生活水準差距大，東德、捷克、匈牙利仍然比歐洲共同體內部的窮國還要富裕，但是整體趨勢是每況愈下。這些國家難以從西方取得更多貸款，而蘇聯則清楚表明他們會以自己的緊急需要為當務之急。八〇年代末，經濟狀況開始外溢到政壇。有些共產黨領導人（往往是年輕一代）開始感覺到若想避免經濟垮臺，就需要動員全體人民。要想動員全體人民，唯有在政治上海納百川。

一如往常，波蘭一馬當先。波蘭共產黨領導人發現他們在經濟上陷入絕境，無力償還外國借貸，同時卻必須提高工資和增加社會服務，以免工人反抗。一九八七年十一月，在莫斯科的鼓勵下，他們發起了公投，問人民兩個問題：你是否支持激進的經濟改革？你是否支持政治深度民主化？但是波蘭人不信任自家政府到了不敢肯定回答這種問題的程度。絕望之下，波蘭總統賈魯賽斯基將軍指派了新政府，引入市場導向的經濟改革。但是一九八八年，波蘭工人以罷工回應政府。很顯然，即使是收買工人階級的政策也未見成效。

賈魯賽斯基最後孤注一擲，安排與反對方協商，看看是否至少能說服一些團體幫忙分擔經濟危機的責任。他認為，雖然工人仍難以馴服，但老一輩的團結工聯領導層——一九八一年開始大都進了監獄——不再是關鍵領導人了。一九八八年十一月，政府甚至允許官方的工會領袖和前團結工聯領袖華勒沙進行電視辯論。結果是另一場災難。華勒沙輾壓對手。

官　員：工會的多元主義（pluralism）是唯一解決波蘭問題的方法嗎？我們也必須知道黨內有的可能性，重大的轉變正在發生，且將要發生……

華勒沙：當我說多元主義時，我的意思是三個面向：經濟、工會、政治。我們必須了解到這件事，因為這些理想早晚會勝利。一個組織永遠不會擁有所有知識的版權。這也是我們為多元主義而戰的原因——不論你喜歡與否……

官　員：但你知道，波蘭人天性衝動，多元化必須建立在一致性之上。否則，我們會將彼此撕裂。

華勒沙：我們不會強迫人們強顏歡笑。給他們自由，我們會停止原地踏步……

官　員：你沒看見本質性的結構改變現在正朝向民主發展嗎？

華勒沙：我只看見我們都用走的，而別人都搭車。[7]

波蘭共產黨一方面迫於公共輿論，一方面有蘇聯的鼓勵，另一方面則是在黨內資深領導層的懇求下，於一九八九年二月的中央委員會同意正式與反對派協議。由於團結工聯仍然被禁，此運動指派知名的波蘭知識分子和天主教神職人員代表他們參與。華勒沙與一九八一年把他關進鐵牢的共產黨內政部長切斯瓦夫·基什恰克（Czesław Kiszczak）共同主持圓桌會議。最初，協商進展緩慢。共產黨企圖讓憲法改革不列入討論範圍之內。團結工聯內部分裂成兩支，有主流的華勒沙路線和更為激進的小派系，後者不願與當權者做出任何妥協，但是漸漸地達成了讓團結工聯合法化的妥協方案，至少一開始會有三五%的下議會（the Sejm）席次和所有參議院的席次透過自由選舉選出。不論是對共產黨還是團結工聯而言，這都相當冒險。賈魯賽斯基希望讓共產黨人的政治地位合法化。華勒沙想在選舉中展現團結工聯的實力，選舉定在一九八九年六月四日舉行。

當共產黨人和其反對派在波蘭競逐政治權力時，匈牙利共產黨正漸漸走向與人民妥協的方向。匈牙利一直是東方陣營國家中最為開放的。但即便是在當地，質疑的範圍仍然不能超出質疑共產黨一黨獨大。然而，在一九八八年，較為年輕的匈牙利共產黨領袖受到戈巴契夫的啟發，想要將自由化再往前推進一步。他們認為即使反對黨被允許成立，透過政黨轉型，他們仍有機會維持政權。一九八八年五月，自從超過三十年前蘇聯入侵後即在位的年邁領導者卡達爾被改革派的格羅斯．卡羅伊（Grósz Károly）所取代。新任黨領導盛讚戈巴契夫的改革。及至一九八九年二月，匈牙利開放言論自由，讓某些非共產黨團體合法化。五月，到奧地利的旅遊禁令被解除，意味著在華沙公約國家中，匈牙利人是第一群可以自由跨越疆界到非共產主義國家的人。

一九八九年六月，匈牙利共產黨政權又往前跨了意味著與過往急遽決裂的步伐。在布達佩斯，經由官方大肆宣傳，一九五六年的革命領導人納吉被重新安葬。納吉在蘇聯入侵後被處決，對許多人而言，他代表著匈牙利民族主義，象徵抵抗莫斯科的支配。戈巴契夫才剛漸漸得以重新評價一九五六年的事件，但他讓匈牙利人知道蘇聯對此沒有異議。一九八九年二月，他已經表明，蘇聯尋求「重構與社會主義國家的關係」，強調「無條件的獨立、完全平等、嚴格意義下的不干預國內事務，以及修正過去共產主義歷史的時代偏差和錯誤」。[8]年輕的匈牙利人已經蓄勢待發要測試這些說詞了。年僅二十五歲的奧班．維克多（Orbán Viktor）代表青年人在納吉的喪禮上致詞。他指控共產黨「對蘇聯帝國和一黨獨裁盲目的服從」，剝奪了年輕人的未來。[9]

遲至一九八九年夏天，戈巴契夫都仍相信他與社會主義國家實質上的新聯盟目標可以實現。他想要重塑社會主義共同體，不僅是東歐（包括南斯拉夫），就連中國在內都可以占有一席之地。雖然中蘇關係在戈巴契夫領導期間有所進展，他仍然一如往常地缺乏耐心，想要與多疑的中國人達成比其左右手可以達到的更多突破。一九八九年，他決定親自出訪中國，以與中國關係正常化，並且透過與鄧小平會晤，開展一個新的開始。「我們必須了解中國人，」戈巴契夫在政治局上發言，「他們也有權利成為世界強權。」中國人「愈來愈強大了」，蘇聯領導人說，「所有人都看得出來」。[10]

戈巴契夫無疑是正確的，中國在鄧小平的經濟改革下日益茁壯。但是許多最為基本的問題仍然與蘇聯國內正在面對的如出一轍。畢竟中華人民共和國幾乎是直接複製蘇聯而建立的。到了八〇年代晚期，許多中國青年對於政治和社會改革感到不耐，這些政治與社會改革就如同戈巴契夫在蘇聯試圖落實的一樣。他們要求言論自由和集會結社的自由，批評隨著經濟的新路線所產生的腐敗和不平等。鄧小平不願接受。對他而言，改革意味著使共產黨強大而非變弱。一九八六年，他出其不意地開除深受人民歡迎的黨書記胡耀邦，因為他允許公開辯論中國問題，這越過了紅線。抗議的學生被關入大牢，企圖組織黨外活動的工人也遭到騷擾。

當胡耀邦於一九八九年四月驟逝，學生運動者藉著他的逝世哀悼中國缺乏民主。但是他們所組織的小型追思集會很快轉變成對一黨獨大的大型抗議。到了五月，學生、工人和年輕技術從業人員在各大主要城市發動大型集會，抗議者占據了北京的中央廣場天安門。他們的口號假使放在東歐也不顯突兀：民主萬歲！愛國不是罪！反對貪腐！我們是人民！共產黨領導層對於該如何應對猶疑不決。鄧小平想要立刻瓦解抗議聲浪，但是新任總書記、鄧小平的羽翼趙紫陽希望找出與抗議人士協調的方法。與此同時，三十年來首度踏上中國國土的蘇聯領導人戈巴契夫抵達北京。

一九八九年五月訪華行，非但沒有成為國際矚目的勝利，反而使貴客陷入窘境。由於天安門無法通行，蘇聯代表團必須摸黑從後門進入人民大會堂。戈巴契夫從那裡都聽得見抗議的學生高呼他的名字。他對抗議人士表示同情，但是無法承擔批評東道主的風險，只得遁入陳腔濫調，高談中蘇人民之間的友誼。私下他忖度著中共還能掌權多久。「有些人在那裡，」五月十五日，在蘇聯大使館舉行的會議中，他告訴幕僚，「宣傳要走中國道路。今天我們看見這條路通往哪裡。我不想要紅場看起來像天安門廣場。」[11]對戈巴契夫而言，幸運的是他的東道主有意讓步。鄧小平有些蹩腳地說，過去的問題並非「意識形態分歧。我們也有錯……蘇聯錯誤地理解中國在世界上的地位……所有問題的本質在於我們不平等，我們都受到強制與壓迫」。[12]

隨著戈巴契夫快速返回莫斯科，鄧小平已經蓄勢待發要開鍘。黨領導人趙紫陽因為優柔寡斷而與前任一樣遭到革除：接下來的十五年中，他被軟禁在家。鄧小平利用軍事關係做出所有決策。六月四日，坦克開進天安門廣場清場。隨著軍隊進駐北京市中心，數百位支持民主的抗議人士被殺，數千人入獄或流亡。新任黨領導由鄧小平和幕僚親自挑選。中國的國際地位大幅降低，但是仍舉足輕重，以至於無法完全將之孤立。尤其對於布希政府而言，仍然認為需要中國制衡蘇聯。對於美國人來說最重要的是，鄧小平也許鎮壓了自己國人的民主訴求，但是他不會放棄經濟市場改革。數年後，年高八十八歲的鄧小平南巡，並盛讚南部省分的改革熱情。「證券、股市，這些東西究竟好不好，有沒有危險，是不是資本主義獨有的東西，社會主義能不能用？」他思考著，「允許看，但要堅決地試。」[13]

然而在東歐，經濟改革不再足以維持共產黨統治。從冷戰開始以來，波蘭第一場多黨競選發生在北京天安門事件的同一天。對於共產黨造成的災難性結果，比他們或莫斯科所能想像的都還要嚴重。波蘭眾議院有一百六十一個競爭席次，團結工聯便拿下一百六十個。在參議院，所有席次都是選舉競爭席次，他們取得了一百席中的九十九席。最後一席則由無黨籍候選人當選。從一九四五年便執掌大權的波蘭共產黨不只是吃敗仗，而是狠狠地被羞辱了。它試圖從其眾議院中的正常多數席次重組新政府，但是盟友甚至黨員都開始棄船自保。一九八九年八月二十四日，共產黨投降了，眾議院投票成立非共產黨政府，由團結工聯運動者塔德烏什・馬佐維耶茨基（Tadeusz Mazowiecki）領導。每個人都屏息以待，想得知共產黨失去統治權後，蘇聯的反應為何。

但是戈巴契夫的立場已經很清楚。在波蘭選舉後，這位蘇聯領導人在一次歐洲議會的演講中提醒訝異的聽眾：「有些〔歐洲〕國家過去的社會與政治秩序改變了，未來也會再次改變。然而，這件事情完全交由人民自己決定；這是他們的選擇。任何對內政的干預或企圖限制任何國家主權——不論盟友與否——都是不可容許的。」[14]他的媒體發言人格拉西莫夫更清楚地表明了：「我們會與任何近日選舉出來的波蘭政府維持關係。這完全是波蘭的內政事務。我們的波蘭朋友採取什麼解決方案，我們都能接受。」[15]戈巴契夫的首席外交顧問切爾尼亞夫在日記中記錄著：「作為世局發展的一項要素，社會主義的全面崩盤已經在發生。也許這是無可避免的好事。因為這是全人類在共識上團結起來的情事。這項進程已經由一位出身斯達夫波爾的普通人開始了。」[16]

西歐和美國對於在波蘭發生的事件之反應是半信半疑。沒有人能預料到波蘭共產黨竟會全面投降，或者戈巴契夫竟會願意協助催生非共產黨統治的波蘭。布希政府的手段一如既往地小心翼翼。縱使歐洲人期盼美方協助波蘭的新政府，但比起這點，美國總統更憂心可能的動盪將導致駐波蘭的紅軍做出強烈反擊，或者在蘇聯境內反對戈巴契夫。一九八九年七月，在出訪波蘭和匈牙利時，老布希仍然強調需要和緩且實際的目標，美國能幫上忙的很有限，尤其是在金融方面。對於一些歐洲人士而言，不論是東歐還是西歐，這都過於戒慎恐懼。「布希作為總統，有一個非常大的短處，」密特朗向戈巴契夫坦言，「他完全缺乏原創性的思考。」17

但是在某些議題上，西歐人士自己也相當小心，尤其是在碰觸到德國現狀的時候更是如此。某些領導人認為，二戰導致的歐洲國界處置，包含分隔東、西德的邊界維持了和平。西德的人口數量與法國、英國、義大利相去不遠，因此即使西德的經濟體較為龐大，仍也有助於帶來西歐是一個由國力相仿的國家組成的共同體之感。一九八九年九月初，隨著東德的動盪愈發擴大，不論是西歐還是東歐的領導人，包括柴契爾和密特朗在內，都不斷向戈巴契夫強調德國統一之不可能。戈巴契夫也同意，但他的主要考量是東德的穩定。東德領導人何內克執意拒絕配合蘇聯領導人的溫和建議——改革是必需的。到了一九八九年夏末，戈巴契夫對何內克與他總要扯戈巴契夫政策後腿的態度失去了耐心。東德甚至開始禁止進口蘇聯出版品。戈巴契夫想要換掉東德領導人，但他不能公開表示這個期望，以免動搖東德全國。

結果顯示，東德民眾對自己的領導人更是厭煩。一九八九年整個夏天，東德人成群結隊行旅至其他東歐國家，以從他處進入西德。八月十九日，匈牙利政府一方面出於人道考量，一方面想要取得西德貸款，因而同意讓這些尋求庇護的九百人跨境到奧地利。何內克震怒，指控匈牙利背叛共產主義，但是對此他也無力干預。在東德內部，對政權的公開挑戰開始蔓延。在萊比錫，有人權組織團體以及卸除軍備組織團體的教會，於九月初開始示威遊行。一開始口號是「我們想離開」。然後神不知鬼不覺地開始變成了「史塔西倒臺」、「我們哪裡也去不成」，然後不屈不撓且激昂地喊道：「我們是人民」。數千人被捕，有些人遭到毆打，但是抗議聲浪仍然持續不輟。

東德政權沒有轉圜的餘地。戈巴契夫對大多數東德領導人都嗤之以鼻。雖然柯爾總理害怕何內克會不惜使用大規模軍力來維持其政權，但是包含西德在內的西方也不願意出手相救。東柏林確實一度考慮過使用「中國的方法」，但是這會違背戈巴契夫的公開立場，且年輕的共產黨領導人愈來愈憂心要為流血事件負責。何內克仍然認為他可以平息風暴。但是他原本想要在東德即將到來的四十週年國慶大肆慶祝，卻令他進退維谷。這給予了反對派動員的標的。且更糟的是，慶典會在何內克意圖大幅鎮壓異議分子之際，把戈巴契夫以榮譽貴賓的身分帶到柏林。

戈巴契夫一如既往避免公開批評東道主。他所能夠做的最多就是於十月六日告訴電視記者：「唯一的危險是不對生活做出反應。」但是所有參與閉門會議的人都清楚知道何內克並不受蘇聯領導人所信任。在戈巴契夫出訪東德後，軍警單位放棄阻止示威者了。十月九日，至少七萬人走上萊比錫的街頭。一週後，數字增加到十二萬人。再一週後增長到三十萬人。但及至此時，何內克已經走人，被自己所屬政黨的中央委員會投票出局。新的黨領導埃貢·克倫茲（Egon Krenz）承諾與反對派協商。他也清楚表明東德政府正在準備更為開放的出訪西德政策，包含西柏林。十一月九日，在一場記者會上，東德政府首席發言人君特·夏波夫斯基（Günter Schabowski）表示，政府已決議允許取得合宜通行許可的人穿越邊境。當記者反覆問道，新規定何時落實時，夏波夫斯基終於說了，他認為應該「立刻，馬上」。

當天傍晚，數千名歡天喜地的東柏林人不顧申請許可證的要求，向圍牆檢查哨靠近。起初，戍守邊境的東德衛兵由於未接到指示如何因應，試圖阻擋他們，並威脅若群眾繼續往前，他們便要開槍。然後他們開始讓喧嚷最大聲的抗議人士一一緩慢穿過，希望藉此降低衝突緊張。但是群眾紛至沓來，且不斷推擠靠近檢查哨的禁區。約晚間十一點時，東德官兵害怕他們自己的人身安全受到波及，因此放棄看守檢查哨，將圍籬撤除。[18]大量毫無文件在身的人群開始從東德魚貫而入西德。當晚，他們沿著西柏林主要的幹道擁抱了大吃一驚的西德同胞。「我永遠不會忘記的是，」一位東柏林人回憶道，「我生平第一次吃到草莓優格的味道！好吃到我整個星期都只吃它！」[19]翌晨，有些大膽的柏林人開始排除萬難地靠近圍牆。頭幾天東德衛兵還試圖驅趕他們。但是到了隔週末，連衛兵自己都開始拆除圍牆。冷戰最為羞恥的象徵之一就這麼走到終點。柏林圍牆的意外開放，是一九八九這奇蹟的一年中最大的突破。隨著圍牆倒塌，東西德關係必然發生轉變。沒有人知道會發生得多快，改變如何劇烈，但是事情已經不可能維持原狀。鐵幕兩邊的人民和政策制定者開始想像截然不同的未來。幾乎所有人都歡慶這次契機，但仍倍感憂慮。儘管冷戰漏洞百出，付出代價不菲，但冷戰的國際體系畢竟在歐洲維持了近五十年的和平。一九〇〇年出生的人目睹兩場災難性的戰爭，逾六千萬歐洲人命喪其中。而五十年後出生的人卻不曾看過這種景象。

冷戰在歐洲的告終，首先主要意味著有機會結束德國的問題。冷戰讓德國維持分裂，這違反了大多數德國人的意願。柏林圍牆的開放預示了那種異乎尋常的情況將告終。但是歐洲領導人擔心德國的規模和經濟力量，尤其是一旦統一之後。除了柴契爾極為懷疑德國是否能統一之外，對其他歐洲共同體的領導人而言，解決問題的方法在更進一步地整合歐洲。透過更深化的共同體形式，能讓民族國家成為歐洲政治、經濟和貨幣聯盟的一部分，如此一來，德國的長處也就能成為歐洲的長處。柯爾也同意。一九八九年十一月，在德國聯邦議院的演說中，柯爾發動了德國統一的十項計畫，強調德國本質的歐洲性：「德國未來的框架必須合乎歐洲未來的框架……將德國問題與歐洲整體的發展聯繫起來……能讓有機的發展成為可能，這項發展能將所有參與在其中的人的利益納入考量。」[20]

一九八七年，歐洲共同體落實了《單一歐洲法案》（The Single European Act），這是整合的進程三十年來最為野心勃勃的一次擴張。此一協議讓成員國有義務朝完全的歐洲聯盟發展，撤除所有關稅和邊境控管，讓共同體內貨品、人民、服務和資金自由流動。歐盟也放眼制定共同貨幣政策，並且幫助協調共同的外交和防禦政策。這是一大進展，有助於降低對過度強大的德國壓制歐洲其他地方的疑慮，且為一九九二年的馬斯垂克協議（Maastricht agreement）打下基礎。「經濟和貨幣聯盟會變成政治整合的關鍵，」法國總統密特朗堅稱，「這意味著要成為真正的聯盟，我們必須踏出這關鍵的一步——即一個歐洲政治聯盟。」[21]

這位法國總統可能是理解到德國某種形式的統一已經無可避免的第一批歐洲領導人之一。但是若要同意這樣的重新安排，他意欲從中為自己和為法國得到最多的利益回報。因此他利用柴契爾對德國重新統一的懷疑，藉以代表德國扮演協調者。密特朗認為這招能讓統一的德國與法國關係更加緊密，並有助於達到法國的目的，例如貨幣聯盟和更強的政治整合。「突然再度統一的前景給德國人帶來心理上的驚嚇。其效應是將他們再度變回如過去一般『壞』的德國人。」法國總統於一九九〇年元月對柴契爾如是說。「他告訴〔柯爾〕，德國若想再度統一，德國無疑可以將奧地利納入歐洲共同體，甚至重新取得因戰爭而失去的其他領土。他們可能比希特勒占據更多土地。但是他們必須銘記這麼做的意涵。」[22]

當然，油滑的密特朗並未這麼說。如同在私下對西德領導者說的那樣，他在公眾場合打從一開始就強調德國有民族自決的權利。[23]然而，真正限制了法國總統謀略的影響力的，是老布希出人意表地即刻明確支持柯爾的政策。早在一九八九年十一月，老布希就已經告訴德國領導者，他「非常支持您的整體路線……我們的觀點一致。我很欣賞您的十項計畫和您對德國的未來之說明」。[24]更重要的是，老布希告訴美國大眾和政府官員不要害怕德國統一。一九九〇年二月，他向國務卿詹姆斯．貝克（James Baker）指示，美國的目標是「西方聯盟中的統一德國」。[25]美國總統的立場讓柴契爾落入旁支，而柯爾則得以自由發展其統一政策。重大的問題當屬戈巴契夫會對德國的計畫做出何種反應。

正當東德分崩離析之時，對其他東歐共產黨政權的攻擊也持續不輟。匈牙利政權曾經是改革的先驅者，他們得以避免更多抗議，因為一九八九年十月，共產黨和人民共和國已經解體。共產黨在重組的匈牙利共和國內部改組為社會主義黨。新政府將一九九〇年五月定為匈牙利超過四十年來的第一次自由選舉。克里姆林宮的反應與一九五六年截然不同，他們純粹恭喜匈牙利黨的勇氣與洞見。蘇聯外交部長謝瓦納茲宣布「每一個國家都有權做出絕對自由的選擇」。[26]

在政權盡可能拖延改革的捷克，結果雖同時發生，卻截然不同。捷克共產黨由於背負著一九六八年蘇聯入侵鎮壓的歷史責任，不受人民歡迎的程度更甚東歐各國。發動迫害的胡薩克於一九八七年被迫辭去黨領導一職，一部分也是因為戈巴契夫十分憎厭他。但是取而代之的人更不幸，尤其是新任總書記米洛什．雅克什（Miloš Jakeš）。他拙劣的演說成了全國的笑柄。柏林圍牆倒塌一週後，布拉格發生了抗議政府的示威遊行，旋即蔓延到全國各地。包含曾數度因異議而入獄的劇作家哈維爾在內的著名知識分子組織了民間論壇（Civic Forum），要求與政府對話。記者接管了某些報紙，開始散布反對派訊息，包含呼籲全面罷工。雅克什和一些黨領導成員想要利用軍警單位對抗示威人士，但發現軍警也不能信任。十一月二十四日，雅克什和整個黨主席團辭職下臺，新領導人開始與反對派協商。

翌日，顯然捷克的權力平衡已經完全改變了。光是在布拉格，就有八十萬人走上街頭抗議共產黨，高唱「我們想要民主」、「回到歐洲」、「哈維爾當總統」等口號。一九八六年被蘇聯驅逐的黨領導人杜布切克也加入了示威。在他用斯洛維尼亞語和布拉格語演講時，杜布切克呼籲變革、反對暴力。「如果曾經有過光亮，為何要再進入黑暗？」杜布切克告訴群眾，「讓我們行動……把光亮帶回來吧。」[27]十一月二十九日，仍然由共產黨員主導的捷克聯邦集會（Czechoslovak Federal Assembly）投票決定引入多黨制民主。一個月後，同一個集會投票選出前異議分子哈維爾擔任國家的新任總統。整個世代的共產黨官員遁入陰影中。在哈維爾當選總統後第一場演說中，他給予捷克「天鵝絨革命」（velvet revolution）所接手的爛攤子做出如下嚴厲的判決：「我們的國家不繁榮。我們民族巨大的創意和精神潛力並沒有被好好發揮。整個工業體系在生產沒人感興趣的商品，而我們所需的東西卻仍然匱乏。本國自稱工人的國家，卻羞辱工人，剝削工人。我們陳腐的經濟正在浪費少數我們擁有的稀缺的能源……我們汙染了祖先賜予我們的土地、河川、森林，今天我們的環境是全歐洲汙染最嚴重的。」哈維爾說，唯一的解決方法是創造「一個人民多才多藝的共和國，因為如果沒有這樣的人民，就不可能解決我們的任何問題，不論是人權、經濟、生態、社會，還是政治問題」。[28]

在保加利亞，共產黨以不同的方式，以更加緩慢的速度結束。身為東方陣營中最為貧窮的國家，保加利亞比其他國家更能從各國交流中獲益。即使是八〇年代，許多保加利亞人仍然視共產主義為相對成功的發展方案，儘管他們對極權主義和政府壓迫忿忿不平。出於文化和歷史原因，大多數保加利亞人也與俄羅斯人有著人不親土親之感。但由於戈巴契夫在莫斯科當權，這個親近感也可能導致無法預料的結果。十一月十日，柏林圍牆倒塌翌日，年輕共產黨領袖因為黨領導人托多爾·日夫科夫（Todor Zhivkov）發起戈巴契夫式的改革失敗而將之驅逐。日夫科夫領導政黨超過三十五年了。對於許多保加利亞人來說，他是父親般的角色，不若胡薩克或賈魯賽斯基那樣不得民心。新領導人想要在保加利亞社會主義的成功之上發展，同時更靠近歐洲共同體，要確保即使在引入多黨制之後，也能穩居權力核心。

保加利亞共產黨的計畫成功，令人刮目相看，儘管他們不擇手段達到目的。他們依照波蘭模式，發起圓桌協議，爭取時間讓黨能及時重組為社會主義黨，以參與一九九〇年六月的第一場自由選舉。前保加利亞共產黨員不僅贏得第一場自由選舉，還協助監督經濟體系過渡到奠基在市場基礎上的新經濟體系，這在前蘇聯陣營中是絕無僅有。但成功的一個主要原因是共產黨發起了一場前所未有的運動，迫使保加利亞穆斯林放棄其身分，改冠上基督徒的姓氏。一九八四年開始，日夫科夫的政權就禁止在公開場合說土耳其語，並關閉了許多清真寺。一九八九年，當共產黨受到壓力時，就開始強制將穆斯林運動人士驅離到土耳其。許多人在與警方的衝突中喪命。在隨之而來的倉皇中，至少三十萬保加利亞穆斯林被驅逐或逃離國境。這起事件將共產黨與保加利亞民族主義連結在一起，且預示了數年後更往西邊的巴爾幹半島將發生的恐怖罪行。

更恐怖的暴力情事發生在羅馬尼亞，當地的共產黨試圖緊抓著權力不放。羅馬尼亞領導人尼可拉・西奧塞古（Nicolae Ceaușescu）為脫離莫斯科獨立感到自豪。雖然名義上屬於華沙公約國，但羅馬尼亞曾譴責一九六八年入侵捷克一事，且後來還批評蘇聯涉入非洲之角和中東事務。羅馬尼亞不卑躬屈節的姿態不出所料贏得西方喜愛，而西奧塞古也得到西方科技和邀集外國資金的報償。一九七八年，這位日益難以捉摸的獨裁者甚至被准予到白金漢宮拜訪伊莉莎白女王（Queen Elizabeth）——據說事先受到警告的白金漢宮服務人員把所有值錢的東西都移出客房，以免西奧塞古和妻子埃列娜（Elena）把東西帶回他們飽受貧窮所苦的國家。西奧塞古在國外受到熱情款待之時，羅馬尼亞卻愈發深陷泥淖，特別是因為其領導人堅持耗費鉅資在好大喜功的巨型計畫上，例如在首都布加勒斯特建造全世界最大的議會大廈。

西奧塞古認為他可以幸免於一九八九年秋天在東歐其他地方發生的動亂，因為他的政權並未依賴蘇聯支持。但是羅馬尼亞人耐心盡失。生活水準已經超過十年連年下滑，物資短缺情況嚴重。除了阿爾巴尼亞，羅馬尼亞的國內生產毛額是全歐洲最低，幾乎跟約旦、牙買加差不多。西奧塞古堅持要被當作神一般來對待，就算對方是共產黨領導階層，這使某些領導階層的人早想除之而後快。因此，結局快得令人措手不及。在蒂米甚瓦拉（Timișoara）動亂一週後，西奧塞古在新的議會大廈前對布加勒斯特的群眾致辭。起初一切如常。數百位民眾一如既往地舉著西奧塞古人像的海報。黨領導人向首都人民發動革命的勇氣致敬。然後：

西奧塞古：我也想要感謝布加勒斯特發起的人和這次活動的組織者，考慮到它是……它是……

群　　眾：蒂、米、甚、瓦、拉！蒂、米、甚、瓦、拉！
保　　鑣：請回到辦公室，長官。
西奧塞古：什麼？不，等等。
保　　鑣：他們為什麼尖叫？
群　　眾：我們要麵包！
埃列娜．西奧塞古向群眾說：安靜！
西奧塞古：哈囉！
群　　眾：西奧塞古下臺！
埃　列　娜：安靜！
西奧塞古向埃列娜說：噓！閉嘴！
西奧塞古：同志們！安靜、坐下！29

這些都由直播的麥克風錄下，向全國上下發送。

一夜之間，廣場四周發生打鬥，繼而淹沒了整座城市。沒有人可以確定是誰在打誰，因為有些穿軍裝的軍人加入了抗議人士。數百人被殺。有謠言說西奧塞古那令人恐懼的祕密警察單位國安局（Securitate）派出了狙擊手，從屋頂掃射人民。翌晨，群眾蜂擁到西奧塞古藏身的中央委員會大樓，但是他們已經搭乘直升機逃逸。當直升機降落在布加勒斯特西北七十五公里的小鎮時，總統和夫人遭到當地軍隊囚禁。一九八九年聖誕節當天，在簡易審理後，他們雙雙被射殺。記錄他們的審判影片不忍卒睹：一對年老的夫婦滿臉困惑，還不了解發生了什麼事。判決宣讀時，他們請求一起被行刑。共產主義的羅馬尼亞以鮮血開始，以鮮血告終。

當東歐自我解放時，一九八九年十二月，蘇聯和美國領導人終於恰如其分地在停泊於地中海馬爾他的一艘船上開啟高峰會。在他們登上蘇聯的馬克西姆・高爾基號（Maksim Gorkii）首次會晤中，老布希和戈巴契夫都同意冷戰結束了。但這意味著什麼，雙方下了不同的結論。對老布希而言，少了蘇聯這個頑強的勁敵，讓美國能更自由地從他處得到更多它想要的。令戈巴契夫驚訝的是，在歐洲發生歷史性變革的時刻，老布希的重點之一是結束蘇聯對尼加拉瓜（以及可能的話也結束蘇聯對古巴）的支持。彷彿對這位美國總統而言，冷戰只不過是回到二戰之前的樣貌——是全球意識形態鬥爭，而非兩大強權的衝突。對蘇聯領導人而言，要付出的代價高太多了。這主要是因為他在蘇聯境內面對著改革的戰役。但也因為他認為世界正在遠離導致冷戰的因素。「今天我們看到，依靠武力、軍事優勢都是錯的。」戈巴契夫告訴老布希：

> 它並未合理化自己……由於我們的意識形態不同而去強調衝突是錯誤的。我們過去已經瀕臨危機，我們能停下來，達成共識是很好的。不能再依靠已開發國家和開發中國家之間的不平等交流。這已經崩解了。看看開發中國家有多少問題影響著我們所有人。總而言之，我的結論是，就策略與哲學而言，冷戰的方法已經被擊敗了……〔雖然〕我們面對存亡的問題，包含環境和資源的問題。[30]

在馬爾他，兩方同意強化軍事控制協商，商議德國問題，並開放更多貿易和科技上的交流。高峰會進行順利。但是顯然比起早先的美蘇高峰會，兩人能談的話更少。冷戰國際體系正快速凋萎。戈巴契夫在改革和凝聚蘇聯上面臨畢生之戰，同時要將蘇聯轉換為民主形式的政府。老布希無疑真心祝願他成功。老布希認為美國贏得了國家間的冷戰，他與生俱來的小心謹慎，使他並未傾向認為此刻蘇聯內部高度的衝突必然會是美國的優勢。他的一些顧問認為唯有蘇聯解體，才意味著冷戰結束。但是總統不贊成這種立場。比起任何形式的冒險，老布希一如既往地更傾向於穩定。

當戈巴契夫回到莫斯科，問題已經堆積如山。在高加索地區，亞塞拜然蘇維埃共和國正封鎖著亞美尼亞蘇維埃共和國，造成大規模的經濟解體。在波羅的海諸國，獨立的訴求喊得震天價響。一九八九年八月，來自愛沙尼亞、拉脫維亞、立陶宛的人民手牽著手搭起歷史上所見最長的人牆。他們高唱自由和獨立之歌，高唱訴說歷史真相。「三姐妹從睡夢中想來，現在來為自己出頭。」其中一首如此唱著。[31]在莫斯科，蘇共中央委員會譴責他們所稱沒經過腦袋的民族主義。但即使是波羅的海諸國的共產主義者也知道風向往哪裡吹。一九八九年十二月，戈巴契夫甫從馬爾他高峰會歸來，立陶宛共產黨就脫離蘇共，宣布獨立。如同在東歐，波羅的海的共產黨員開始認為唯一能不被淘汰的方式，就是加入民族革命。

有鑑於在某些歐洲和高加索地區的共和國民族主義的聲浪高漲，許多蘇共領導人建議戈巴契夫延遲他承諾會於一九九〇年舉辦的自由選舉。但是戈巴契夫立場堅定。他害怕現在退讓會導致他在蘇共中央失去權勢。戈巴契夫向顧問解釋道，唯有打出民主牌對抗黨國機器，他才有勝算。很顯然他已經不再完全信任自己的政黨。在波羅的海諸共和國，選舉結果不出所料。所有國家都是共產黨以外的政黨勝出。這些新執政黨進而兌現他們的競選支票：宣布民族獨立。立陶宛一馬當先，也是走得最遠的國家。一九九〇年三月，當選的最高蘇維埃（Supreme Soviet）將自身重組為最高委員會（Supreme Council）。最高委員會立即宣布「一九四〇年遭到外來勢力廢除的立陶宛國家主權已經重新建立。自此，立陶宛再次成為獨立國家」。[32]委員會中無人投票反對這份獨立宣言。兩週後，愛沙尼亞的國會宣布蘇聯對該國的占領違法，拉脫維亞於一九九〇年跟進。戈巴契夫面對的挑戰相當棘手。

戈巴契夫在一九九〇年的目的，是迫使他仍擔任總書記的蘇共放棄對權力的壟斷。在許多面向上，戈巴契夫都從東歐發生的事件中得到啟發。他想要民主，但也想要強而有力的共產黨，有能力贏得選舉並捍衛社會主義時期的成就。他想要將權力移交回給諸共和國，但是讓蘇聯國家國協仍然維持一統。經濟上，他想要得到外國借貸以幫助本國重新站穩腳跟，並且漸進式引入市場改革。戈巴契夫在政治上似乎對經濟惡化如何損害他領導蘇聯的能力充耳不聞。他認為政治改革和蘇聯舉國上下新感受到的自由，至少足以在短期內彌補消費品的短缺。

這位蘇聯領導人在這一點上大錯特錯。蘇聯民眾愈是清楚以在商肆能買到什麼而言他們落後其他國家多少，他們就愈是將之歸咎於戈巴契夫和蘇聯的領導班子。第一次在蘇聯自由施行的民意調查顯示，多數民眾感到民不聊生，且往往是最貧弱的人首當其衝。在城市以外參與政治動亂的人數很少。「我們沒有太關注，」一位來自沃洛格達（Volgoda）的村民說，「我們的集體農場指導員告訴我們開放政策和經濟改革很重要，但是我們為什麼要相信他？我們從電視上看到集會和演說，但這都與我們的生活毫無關係。」[33]

同時，在莫斯科，即便在一九九〇年三月人民代表大會選出戈巴契夫為蘇聯總統後，戈巴契夫面對的挑戰仍愈來愈大。在新的集會中意見極為分歧，自由派認為戈巴契夫進展牛步，而保守派則認為他進展太快。在共產黨機器中，許多人都對戈巴契夫輕易放開東歐感到恐懼，擔心他也會放棄把蘇聯凝聚在一起。在蘇聯的十五個成員國之一的俄羅斯共和國，在一九九〇年春天的選舉之後，自由改革派占了優勢，但是他們支持葉爾欽而非戈巴契夫出任主席。葉爾欽策劃俄羅斯宣示國家主權，占蘇聯領土高達四分之三的最大共和國俄羅斯宣布，俄羅斯共和國法律高於蘇聯法律。然後，葉爾欽在一場戲劇性的演說中，宣布退出蘇聯共產黨。當時，許多人認為這一切都只是愛虛張聲勢的葉爾欽的慣用伎倆。但是數個月後，當其他共和國也有樣學樣時，蘇聯的合法性問題變得愈來愈複雜。

起初，戈巴契夫立場堅定。他拒絕接受立陶宛獨立，或者其他共和國主權完整的要求。一九八九年，紅軍曾動武破壞喬治亞的民族主義遊行。二十人被殺。一九九〇年元月，在亞塞拜然和亞美尼亞人族群衝突動盪數月後，蘇聯特戰部隊占領了亞塞拜然首都巴庫，以對抗亞塞拜然激烈的民族主義反對派。蘇聯國防部長德米特里．亞佐夫（Dmitry Yazov）親自指揮作戰。至少一百三十名平民被殺，三十名紅軍軍人死亡。這場流血鎮壓無法抑制亞塞拜然爭取民族主權的訴求，但在面對克里姆林宮內部的強硬派時，至少暫時為戈巴契夫增強聲勢。

在東歐共產黨垮臺後，要說戈巴契夫時運不濟也是說不過去的。戈巴契夫曾意欲讓東歐國家民主化，撤除鐵幕。但他也想像更西方的世界所發生的一樣，讓蘇聯民主化。一九九〇年夏天，他在第二十八屆共產黨大會中的一場演說清楚表達了個人觀點：

取代史達林的社會主義模式的是，我們將迎來一個人民自由的市民社會。政治體系正面臨激進的轉變，享有自由選舉的真正民主，多黨共存和人權正在建立，真正的人民權利正在復甦……從中央集權國家轉變為真正的聯盟國家，建立在民族自決和人民的統一意願之上，這項轉變已經開始了。取代意識形態專政氛圍的是我們已迎接思想的自由、開放的政策和資訊公開的社會。[34]

但戈巴契夫不只是相信他的理想而已。喬治亞和亞塞拜然的事件顯示，他仍然掌有紅軍的忠誠，聽候他何時想要使用武力，何時不想。服從國家政治領袖的思想深植在蘇聯軍隊中，到了他們不會質疑命令亦無需自己扛下政治責任的地步。對KGB也一樣。但是KGB開始愈來愈分裂。有些資深官員如KGB主席弗拉基米爾．克留奇科夫（Vladimir Kryuchkov）將蘇聯的存續視為當務之急。年輕一輩的祕密警察則了解到改變是必然的。他們擁有技術和資訊，不論上層政治鬥爭結果如何，都能夠為他們個人所用。到了一九九〇年尾聲，他們當中一部分已經開始與企業管理人計畫如何私有化，或與想要投資新經濟體的外國人士接觸。

因此戈巴契夫主要的問題並非「權力行使」的不忠誠，而是蘇聯領導班子之間正在發生的政治角力。身為蘇共總書記，他愈來愈被兩個陣營夾在中間。自由派顧問——雅科夫列夫、沙赫納札羅夫、切爾尼亞夫與其他人——想要他拋棄共產黨，提前舉行全蘇聯的總統選舉，並以社民派的身分參選。政府的最高層、國防部長和KGB則希望他重整共產黨紀律，鎮壓民族獨立運動。戈巴契夫夾在兩者之間。他不願意放棄蘇共，因為他認為蘇共是讓蘇聯能維繫的關鍵。沒了蘇共還剩什麼？他以此反駁失去耐心的羽翼們。同時，他也拒絕下令全面攻擊共和國內的民族主義者。他願意授權鎮壓，但唯有當民族暴力發生或當真有人要脫離聯邦時才會下令。大規模流血事件不在他的計畫之內。

從一九九〇年開始，戈巴契夫針對國際事務的主要策略就是拉近蘇聯與歐洲的關係。和他的自由派顧問一樣，他也總認為蘇聯的未來在歐洲，而東歐的解放使得與歐洲主要國家建立緊密關係變得可能。戈巴契夫常常言及「從大西洋到烏拉山的共同歐洲家園」，善哉斯言，這是戴高樂的語句，原是為了吸引歐洲人基於自身利益來協助蘇聯轉型。但是蘇聯領導人知道，若不解決德國問題，此一概念是無法落實的。不僅西德是歐洲的主要經濟強權，且東德的存在也在提醒人們蘇聯的歐洲政策之失敗，蘇聯的歐洲政策忙著在歐洲大陸上築起圍牆，而非拆毀圍牆。

及至一九九〇年二月，戈巴契夫下了結論，德國某種形式的統一是不可避免的，而蘇聯會在這個過程中盡可能協助，扮演正向角色。讓這項進程加速到超乎大多數觀察家（包含多數德國觀察家）所想像的，是東德的經濟崩潰加上當地一九九〇年三月的選舉。能夠取得西德更為優質的產品後，東方已經少有人願意購買東方製品。生產停滯了下來。東德人無法取得更為昂貴的西方消費品，因為他們的貨幣一旦換成德國馬克就幾乎不值錢。在選舉中，超過四〇%的東德人投給了柯爾的德國基督教民主聯盟（CDU）——此一政黨在東方幾乎沒有根據地——只不過是因為他們認為這麼一來可以加速統一。選舉的結果震驚全歐洲。隨著同一政黨此際同時統治東德和西德，顯然統一已經不是未來的事情，而是此時此地的議題了。

所有西歐領導人都調整步伐，緊跟布希總統和西德總理柯爾的路線，開始同意德國全面重新統一的國際化程序，英國的柴契爾對於自己被晾在一旁感到憤慨。所謂「二加四」（Two-Plus-

Four）協商（兩個德國加上二戰戰勝的強國〔譯按：美國、蘇聯、英國、法國〕）於一九九〇年五月開始。真正的障礙是，統一後的德國是否能成為北約的一員，以及實際統一程序的速度與形式當如何。出乎西方強權意料之外（且使英國大失所望，也使法國某些程度失望）的是，戈巴契夫不僅同意統一的德國加入北約，也同意一年內完成。西德承諾向蘇聯提供經濟援助一事也為這件事情鋪路。但更為重要的是，戈巴契夫相信北約或德國已經不再是蘇聯的敵人，而是盟友和夥伴。在一九九〇年七月於戈巴契夫的出生城鎮斯達夫波爾舉行的會議中，柯爾振振有辭說道：「我們不會忘記歷史。不鑑古無法知今，也無法形塑未來。在這張會議桌上的大多數人都屬於他的世代——他們在孩童時期仍經歷過戰爭，當時他們還年輕，毋須負疚，卻也年紀大到足以理解發生了什麼。要在世紀結束、交棒給下一代前解決這些事情，是這個世代的任務。」[35]

儘管柯爾對於德國統一、對於新一輪的德俄關係百感交集，但他並未忽略要讓生米煮成熟飯，使得統一成為不可逆的程序。在一九九〇年夏天，德國馬克成為東德的官方貨幣，兩國的「貨幣、經濟、社會統合」成形。西德法律漸漸被引入東德。八月，東德議會向西德政府提出正式要求，要整合入德意志聯邦共和國。柯爾知道如此輕率的做法會招致批評，就連其西方盟友也會批評。但是他感覺這是值得冒的險。東德境內還有數十萬蘇聯軍人駐守。若戈巴契夫遭逢不測，柯爾必須要能夠與任何取代他在莫斯科上位的新政府協商。

正當一九九〇年九月在莫斯科的最終協商前，德國是否能全境皆歸屬於北約境內、德國是否能立刻取得完整的主權，都還模糊未定。英國到最後一刻都怒氣沖沖，明知會被蘇聯拒絕，仍堅持北約盟國軍隊有權進入即將成為前東德的領土。身經百戰的西德外交部長漢斯－迪特里希・根舍（Hans-Dietrich Genscher）不會容忍這些心計。根舍自己出生在東德，他不想要重新統一受到任何耽擱。他堅持即刻協議以及德國的完整主權。根舍與蘇聯、法國合作，駁回了英國的要求。最終，各方在最後一刻達成權宜之計：非德國軍隊不會永遠駐紮或部署在東德，但是「部署」（deployed）一詞的定義將由德國政府決定，「以合理且負責任的方式」，將各個強權國家的「國安利益放入考量」。[36]二加四條約於一九九〇年九月十二日簽署，開啟了三週後開始的德國統一程序。即使經驗老到的根舍也在簽署時為之動容：「這對於全歐洲而言，是歷史性的一刻，且對德國人而言是快樂的一刻。我們在短時間內一起推進了這麼多……十月三日，睽違五十七年，我們德國人會再度生活在同一個民主國家……〔現在〕我們想要的莫過於與其他民族一起生活在自由、民主、和平中。」[37]

儘管德國統一如此簡單平順，近乎奇蹟，但在歐洲其他地方，問題卻正在發酵。如同在蘇聯，南斯拉夫聯邦共和國已同床異夢多年。但即使在較大的共和國內部也有著緊張的族裔關係。阿爾巴尼亞人占多數的科索沃（Kosovo）當時屬於南斯拉夫塞爾維亞共和國的一部分。一九八九年，阿爾巴尼亞礦工發動罷工，爭取權利。科索沃礦工由南斯拉夫的斯洛維尼亞和更北方的克羅埃西亞共和國的非共產黨民族主義團體支持。在塞爾維亞，共產黨領導人斯洛波丹．米洛塞維奇（Slobodan Milošević）將科索沃的要求視為另一個企圖削減塞爾維亞在南斯拉夫地位的伎倆。在一九八九年的一場演說中，他譴責那些想要分裂南斯拉夫的人，聲稱塞爾維亞人為了使國家維持自由與統一而比其他人犧牲更多。「塞爾維亞領導人以人民為代價所做出的讓步，不論在世界上任何民族都不能被歷史和道德所接受，尤其因為塞爾維亞人有史以來從未征服或剝削過他人。」[38]

但是米洛塞維奇無法抑止南斯拉夫的異心。他自己的民族主義辭藻反倒助長了他們離心離德。一九九〇年一月，斯洛維尼亞和克羅埃西亞的共產黨與南斯拉夫的共產黨分道揚鑣。四月，在兩個共和國各自舉辦的自由選舉皆以非共產黨獲得多數作收。另一方面，在塞爾維亞，米洛塞維奇和現今的共產黨餘黨更加鞏固他們對權力的掌握。兩造之間的衝突一觸即發。一九九〇年十二月，斯洛維尼亞公投結果是九五％的票投給了獨立。在克羅埃西亞，民族主義者也贏得獨立公投，但是有為數眾多的非克羅埃西亞裔少數民族（包括第五大族群塞爾維亞裔）杯葛這次的公投。當斯洛維尼亞和克羅埃西亞受到德國一統的鼓舞，於翌年宣布完全獨立，南斯拉夫戰爭也就箭在弦上。在接下來的十年中，早先的聯邦共和國破家亡。至少十四萬人死亡，數百萬人因二戰以來歐洲最嚴重的戰爭而流離失所，新的歐洲體制完全無法阻止這場戰爭。

在莫斯科，戈巴契夫正在努力奮鬥，避免蘇聯步入後塵。在德國之事定調後，他希望西德的信貸和國際的政治支持能幫助他穩定蘇聯內部的情況。但是直到經濟穩定之前，戈巴契夫的計畫是盡可能透過與傳統的黨內人士和共和國的溫和派民族主義者妥協，將共產黨凝聚在一起。一九九〇年夏天第二十八屆黨大會新選出的蘇共政治局兩陣營兼而有之，總書記的改革派盟友卻非常少。一九九〇年十二月，戈巴契夫選擇無足輕重的保守派根納季．亞納耶夫（Gennady Yanayev）作為他的副總統後，外交部長謝瓦納茲辭職，公開指控戈巴契夫帶領國家退回獨裁政治。在一場喋喋不休的演說中，謝瓦納茲聲稱：「沒有人知道這個獨裁政治會是如何，哪一種獨裁者會掌權，哪種秩序會被建立起來。」[39] 謝瓦納茲的辭職對戈巴契夫是嚴重的打擊。自從一九八五年戈巴契夫獲選為領導人後，他倆合作施行了經濟改革。更糟的是，一九九一年初，許多改革派隨著外交部長出走，他們要不辭職，要不就被新的黨領導層辭退。

在俄羅斯共和國，愈趨民粹主義的葉爾欽承諾如果（且唯有）俄羅斯在聯邦共和國中為自己攫取更多權力，才會改進民生服務和改善經濟。不若戈巴契夫受到妥協的壓力和職位任期的困擾，葉爾欽可以向任何人做出任何承諾，但他也是位精打細算的政治家，知道他必須在俄羅斯內部鞏固自己的地位，以為蘇聯內部的任何動亂做準備。在蘇聯的斯拉夫共和國中第二大的國家鄰國烏克蘭，議會領導人列昂尼德·克拉夫丘克（Leonid Kravchuk）的所見略同。仍是共產黨員的克拉夫丘克比葉爾欽更不願意攻擊蘇聯。但就連他也接在俄羅斯之後一個月接受了烏克蘭於一九九〇年夏天的完全獨立宣言。十一月，兩人分別簽署了互相支持和友好的協定。當戈巴契夫於一九九一年一月再度企圖對波羅的海動武時，俄羅斯和烏克蘭的領導人共同提出抗議。葉爾欽前往愛沙尼亞首都塔林（Tallinn），在當地用一貫的戲劇化風格表示認同波羅的海諸共和國獨立，並譴責俄羅斯紅軍違反克里姆林宮的命令。在莫斯科，超過十萬人走上街頭支持波羅的海人獨立。

除了使用紅軍，戈巴契夫還有最後一招。他希望能透過這個手段阻止蘇聯分裂，那便是直接在公投中訴諸人民意願。一九九一年三月，他罔顧其顧問（不論是保守派還是自由派）的激烈反對，帶著下列問題下鄉：「你認為是否有必要將蘇維埃社會主義共和國聯盟保留為平等的主權共和國組成的革新聯邦，聯盟內任何民族的個體之權利與自由都會完全受到保障？」說得委婉一點，這是具有引導性的問題。不出意料，波羅的海人、喬治亞人和亞美尼亞人都拒絕參與。但是其他共和國的結果卻仍然有極大部分人票投聯盟，超過四分之三的票投「贊成」。在俄羅斯，七三％支持聯盟。有鑑於俄羅斯是蘇聯的首要構成國，這也許並不教人意外。但是烏克蘭的得票（七一％贊成）和中亞（贊成票介於九五％至九八％之間）卻令人驚訝。在夏天戈巴契夫根據公投問題修改聯邦條約時，為戈巴契夫帶來了希望。

此前冷戰的核心邏輯是兩個世界強權不是你死，就是我亡。對許多美國領導人而言，這實際上就意味著蘇聯必須不復存在，否則冷戰中便沒有永久的和平。但是到了一九九一年，當蘇聯垮臺不再是不可能的事情後，機警的老布希很快就不再認為蘇聯的終結會對美國有利。當然戈巴契夫的蘇聯已經是一個非常不同於史達林所領導的國家。但真正的問題是，隨著冷戰退場，即便對美國而言新的挑戰也荊棘叢生。一九九一年一月，美國人已經參與了對抗伊拉克的戰爭，對海珊入侵科威特做出反擊。儘管戈巴契夫盡力協調伊拉克撤軍以避免戰爭——伊拉克畢竟是蘇聯的老盟友——但自美軍在波斯灣的行動一開始，他便幾乎完全站在美國那邊。「你我關於薩達姆．海珊的疑慮果然不假，」他告訴老布希總統，「他是那種必須動用武力對付的人。我完全了解這個世界諸國之上的負擔。」[40]

美國於波斯灣獲得勝利後，老布希更加注意到要維持蘇聯某種程度的穩定，來幫助美國處理國際危機，避免大規模毀滅性武器的散播。老布希開始考慮若是蘇聯內部的爭端擴散，蘇聯的核子兵工廠會發生什麼事。因此他對葉爾欽和某些更極端反對戈巴契夫的人士冷眼相待，甚至在葉爾欽於一九九一年六月被民選為俄羅斯共和國總統之後。在八月初參訪烏克蘭首都基輔時，老布希與前一年甫宣布烏克蘭為主權共和國的烏克蘭議會對談。「我們會與戈巴契夫總統的蘇聯政府盡可能維持最堅強的關係，」布希告訴烏克蘭人，「自由與獨立不是同一件事。美國人不會支持那些尋求獨立以便以本地獨裁取代遠方暴君的人。」布希希望蘇維埃「共和諸國會結合更大的自主權，更多自願的互動——政治、社會、文化、經濟上的互動——而非追求無望的孤立狀態」。[41]烏克蘭民族主義者啞然失色，憤怒異常，華府的保守派則稱老布希的演說詞為「基輔雞演說」（Chicken Kiev speech）。但是對於美國總統而言，此際蘇聯解體似乎比蘇聯的勢力更為危險，可能引發內戰或國與國之間的戰爭，危及幅員廣闊的歐亞大陸。如今我們把這些恐懼沒有實現視為理所當然，但在當時，蘇聯陣營未必能全面避免南斯拉夫的命運。

當戈巴契夫準備簽署新的聯盟合約時，有理由對其平衡法案的未來審慎樂觀。戈巴契夫認為，這一切都會歸結於經濟：隨著聯盟在新的架構中逐漸穩固下來，漸進式的經濟改革就會在歐洲、美國和亞洲投資的幫助之下開展。戈巴契夫預見了共產黨日後在聯盟與共和國層級的內部將分裂，他會領導橫跨聯盟的社會主義政黨，他希望該黨能夠在民主體系中成功競爭。一九九一年八月四日，這位總書記如同他上任後年復一年都會做的到克里米亞半島度假，預計在當地完成正在著手進行的新聯盟條約工作。

兩週後，莫斯科迎來全國宣布緊急狀態的消息。新聞快報稱戈巴契夫因病告假。其職位由副總統亞納耶夫所領導的政府委員會代理。莫斯科人和全國上下幾乎毫不懷疑發生了政變。在莫斯科，市民走上街頭，在俄羅斯議會大樓前集結，葉爾欽和顧問在樓前設置了路障。審查制度重新施行，反對派領導人被ＫＧＢ逮捕。傘兵在重要交叉路口站哨。

事實上，戈巴契夫被軟禁在其克里米亞的宅邸中。政變宣布的前夕，有一支包含他自己的參謀長在內的代表團要求他默認他們的計畫。戈巴契夫拒絕了。他知道ＫＧＢ和軍方過去一直在策劃鎮壓共和國內的暴動，但從未想到他們會將矛頭指向他。戈巴契夫拒絕後，密謀者的計畫還未宣布就開始陣腳大亂。政變當天下午，被派去遣散議會大樓前群眾的坦克車隊指揮官宣布忠於俄羅斯共和國。葉爾欽爬到其中一臺坦克頂端譴責接管行動。「我們面對的是一個右派、保守和違憲的政變，」葉爾欽大喊，「如此使用武力是不能接受的。他們……把我們拉回冷戰時期，使蘇聯在世界共同體中被孤立……我呼籲所有俄羅斯人對這些陰謀政變者給予有尊嚴的回應，並要求這個國家被恢復到正常的憲政秩序。」[42]這是他最輝煌的一刻。他的某些助手恰如其分地評論道：這是葉爾欽天生該扮演的角色。

從那之後的一切都對政變者愈發不利。他們試圖在莫斯科實行的宵禁未被遵守，首都築起愈來愈多路障。軍事單位對於遵從命令意興闌珊，KGB亦猶疑不決，共和諸國的領導人不予響應。在俄語中稱白宮（Belyi Dom）的俄羅斯議會內部，葉爾欽組織了抵抗勢力。他宣布成立一支獨立於蘇聯的俄羅斯武裝部隊，自命為最高指揮官。第三天，政府委員會成員放棄了。有些飛到克里米亞面見戈巴契夫，戈巴契夫對他們冷眼鄙視。其他人逕自潛逃，稍後遭到警方逮捕。內政部長鮑里斯·普戈（Boris Pugo）和其夫人雙雙自盡。效命委員會的戈巴契夫首席軍事助理謝蓋伊·阿克隆梅夫（Sergei Akhromeev）元帥也自殺身亡。

戈巴契夫搭乘俄羅斯領導人派來的飛機回到莫斯科，心情灰暗。夫人賴莎（Raisa）和心腹盟友都在他被監禁時因過度緊張而病倒。他想起所有他提拔到高位、如今背叛他的人。他一抵達就回家確保賴莎有受到良好照顧。這是非常人性的選擇，卻是一個嚴峻的政治錯誤。這使他甘冒生命危險讓葉爾欽取得莫斯科政治控制權的支持者大失所望。俄羅斯總統徹夜工作。當戈巴契夫隔天回到崗位時，俄羅斯已經取代了蘇聯。

葉爾欽的第一道命令是暫停所有蘇共在俄羅斯領土的活動。黨辦公室關門大吉，在莫斯科的中央委員會建築遭到封鎖，檔案和文件被效忠葉爾欽的人士接管。策劃政變的其中一人、KGB領導者克留奇科夫遭到逮捕，KGB稍後被解散。在盧比揚卡（Lubianka）的數百位KGB官員起先以為憤怒的群眾會橫掃這棟建築，但莫斯科人被吊車分散了注意力。葉爾欽命令吊車來到大樓外的廣場，摧毀祕密警察創立者費利克斯・捷爾任斯基（Feliks Dzherzhinskii）的雕像。在克里姆林宮，葉爾欽強迫戈巴契夫撤回他對新的蘇聯軍隊和安全部門頭頭的人事任命案，改指派葉爾欽的親信。當戈巴契夫出現在俄羅斯議會大樓前，感謝他們堅忍不拔的精神時，他遭到議會代表激烈質詢，且被葉爾欽在大庭廣眾之下嘲笑。葉爾欽更簽署了其他命令，當著總書記的面讓蘇共的活動失去法律效力。當戈巴契夫站在演講臺上，主張他不能確定蘇共必須背負所有政變的責任，因為他還未閱讀相關文件時，葉爾欽拿著黨會議紀錄走到講臺前。「念這個！」俄羅斯總統說道，然後逼迫戈巴契夫讀出共產黨同僚如何背叛他的集會證據。[43]在蘇聯權力顯然正在轉移。

冷戰的最後一幕變成了蘇聯純然的悲劇。葉爾欽與共和諸國其他領導人建立新的主權國家國協時，完全跳過蘇聯，戈巴契夫的權力消逝了。政變發生後，他辭去總書記一職，在葉爾欽大口侵吞蘇共在俄羅斯的資金和資產時不與他為敵。戈巴契夫一度深信選舉出的蘇聯人民代表大會（Congress of People's Deputies）將成為蘇聯的新民主議會，但一九九一年九月選出的人民代表大會卻宣告解散。共和諸國中也是政治先行，對政治人物亦然。在八月政變期間，波羅的海諸國已經重新將自己建立為完全獨立的國家。在中亞的共和諸國中，共產黨出身的民族精英不願在三月目送蘇聯而去，也於一九九一年秋天宣示主權。他們的情況與三十年前英、法去殖民的結果雷同：帝國中心放棄統治，因此各地精英主要根據從過去帝國時代晚期學到的啟示來建立新國家。蘇聯棺木最後的板上釘釘由十二月一日烏克蘭的公投槌下，人民在公投中一面倒地支持完全獨立。

在這一切的過程當中，戈巴契夫都可能透過武力硬是將聯盟維繫起來。他仍然是蘇聯的總統。他自認紅軍應該會聽命於他，國安單位亦然。但是他堅拒動武。對他而言，非出於自願的聯盟無法代替蘇聯。他不斷告訴數量銳減的顧問——現在只剩他的自由派老友了——使用武力會使得一切他們所代表的立場陷於危殆。他不願領導獨裁政權；他情願看著聯盟消失，被另一種形式的邦聯（戈巴契夫相信那是葉爾欽的目標）所取代。也許這能避免蘇聯變成另一個當時戰火已經席捲全境的南斯拉夫。戈巴契夫也筋疲力盡了。在遭到自己的親信背叛後，在摯愛的妻子病倒後，即使是他也沒有力氣繼續戰鬥。

一九九一年十二月八日，俄羅斯、烏克蘭、白俄羅斯領導者在靠近波蘭與白俄羅斯邊界處的別洛韋日森林（Belavezha Forest）祕密會面。之所以在當地碰頭，是因為他們都仍然害怕聽命於戈巴契夫的國安單位會出現逮捕他們。在一份倉卒簽署的文件中，在一條子條款中蘇聯解體，三人在條款中逕稱「作為國際法和地緣政治實體的蘇聯不再存在」。取而代之的，是他們所成立的其他蘇維埃共和國可以自由加入的獨立國家國協（Commonwealth of Independent States）。他們宣示在政治上和經濟上合作，給予在各自共和國內居住的每一個人同等的權利，不論他們的民族為何，且全面尊重彼此和所有國家的領土完整。[44]十二月十二日，與撤出蘇聯同一天，俄羅斯批准了這份協議。數週內，亞美尼亞、亞塞拜然、哈薩克、吉爾吉斯、摩爾多瓦、塔吉克、土庫曼和烏茲別克全都加入了新的國家國協。

在最後關頭的遲疑之後，戈巴契夫決定辭去蘇聯總統一職。十二月二十五日傍晚，在電視直播的辭職演說中，總統說到他已經為「維護聯盟國家和國家的完整性」而奮鬥了。但——

> 事情已沿著另外一條道路發展下去。主張國家肢解、國家分離的路線占了上風，這是我無法同意的……命運做了這樣的安排，就是我當上國家元首之時就已經很清楚：國家情況不妙……國家沒有前途可言。再也不能這樣生活下去了。應當從根本上改變一切……已經完成了具有歷史意義的工作。消滅了那個早已使我國無法成為富足安康、繁榮昌盛國家的極權主義體制……我相信我們的共同努力遲早會結出果實，我國各族人民遲早會生活在一個繁榮而民主的社會裡。祝大家萬事如意。[45]

在廣播其演說前，戈巴契夫先致電給老布希總統解釋即將要發生的事情，告知蘇聯核武是安全的，權力會即刻轉移給葉爾欽。老布希一貫的不表態，對於在聖誕節百感交集地致電的戈巴契夫，只是籠統地回應，就好像在公開會議中一樣：「那麼，在這歷史性的一刻的年節時分，我們向您致意，感謝您為世界和平所做的事情。非常謝謝您。」[46]

隨著戈巴契夫結束電視轉播的演說，他的軍事助手帶著裝載核武密碼的行李悄然離去，到克里姆林宮另一端尋找他們的新老闆。戈巴契夫獨自來到過去蘇聯政治局成員常常會面的胡桃廳（Walnut Room），與五位最親近的助手喝一杯。然後在深夜前，以國家前元首的身分，啟程返家。[47]

蘇聯的解體使得冷戰作為國際體系的最後殘餘清除殆盡。冷戰主宰國際事務達兩個世代，而在冷戰之前即已存在的、餵養冷戰的意識形態鬥爭，卻持續了更長時間。如同多數世界政治的大變局，結局總是來得突然，但是前此蓄積的歷程卻非常漫長。至少從七〇年代中全球經濟和政治的深度變革之後主宰人類事務的冷戰，已經衰退了一段時間。但是蘇聯倒臺為冷戰畫下了絕對的句點。世界上已經沒有任何國家能以極端不同的意識形態與美國匹敵。生發於冷戰的爭端和緊張會留存下來，噩夢般的武器和抑制策略亦然，但是逝者如斯，新型的全球互動模式已經取代了舊式的全球互動模式。

結語
冷戰塑造的世界

作為一個國際國家體系，冷戰在陰冷的十二月天於莫斯科結束，戈巴契夫簽署終止了蘇聯。冷戰意識形態早已幾乎橫亙兩世代的國家體系，但它僅是部分消失而已。的確，馬克思－列寧主義形式的共產主義已經不再是組織社會的實踐理念。但是在美國這邊，一九九一年十二月的這天並沒有發生太大改變。美國的外交政策繼續推進，未有戰略觀點或政治目標的重大調整。冷戰結束了，美國勝利了。但是大多數美國人仍然認為唯有世界都變得更像他們的國家，以及唯有世上其他政府都遵循美國意願，他們才能感到安全。儘管重大的外在威脅已然消失，幾世代以來建立的觀點和假設都完全未受到改革。美國外交政策不僅沒有更節制且因此更容易達成，反而兩大黨的大多數政策制定者都認為這是個單極（unipolar）的時機，美國可以自行其是，只要付出極少的代價。

美國的後冷戰勝利主義有兩個版本。一個可以稱為柯林頓版，強調全球規模的美式資本主義繁榮和市場價值。這對國際事務缺乏特定宗旨的程度令人咋舌，即便在追求經濟目標上亦復如此。柯林頓政府沒有透過聯合國、國際貨幣機構以及與其他強權（大抵來說是中、俄）進行長期協議，來為美國外交政策行為建立更寬廣穩定的架構，而是專心於自己的繁榮規劃。就政治直覺而論，這至少在國內也許是正確的：美國人已經對往昔的國際政治運動感到厭煩，想要享受有些人所稱的「和平紅利」（peace dividend）。但是在國際上，九〇年代是一個與建制化合作失之交臂的時代，也錯過利用全球的和平紅利來對抗疾病、打擊貧窮和不平等。在過去的冷戰戰場如阿富汗、剛果、尼加拉瓜，對這些議題置若罔聞尤其明顯。美國人——和大多數其他人——對這些地方都漠不關心。

美國後冷戰勝利主義的第二種形式可以說是布希版本。柯林頓（Bill Clinton）強調繁榮，布希（George W. Bush）則強調優勢地位。兩者之間，當然發生了九一一事件。若沒有伊斯蘭恐怖分子攻擊紐約和華府，布希版本可能根本不會存在，這次恐攻事實上是美國冷戰盟友之一的反叛陣營所發起。冷戰經驗顯然制約著美國對這些暴行的回應方式。布希政府非但沒有做出最為合理的反應——將目標明確的軍事攻擊與全球警察合作相結合——卻選擇利用此單極時刻，大幅向敵人進攻，占領阿富汗和伊拉克。這些行為在戰略上毫無意義，卻創造出兩個二十一世紀的殖民地，使它們臣服於強權，強權卻對殖民統治毫無興致。多數對兩國有相關經驗的獨立觀察家都告訴華府，占領將使伊斯蘭主義行動不減反增。但是美國不為戰略目的而行動。美方發起行動是因為美國人民（可以理解地）咬牙切齒又驚恐萬分。而美方之所以發起行動，只因為它有本事這麼做。行動的方向是由布希的外交政策顧問如迪克．錢尼（Dick Cheney）、唐納德．倫斯斐（Donald Rumsfeld）和保羅．伍夫維茲（Paul Wolfowitz）所決定的，他們全都主要仍用冷戰思維看世界。當扶植區域性的盟友，施行嚴厲的經濟禁運，動用國際警察和發動懲戒性的空襲等手段相結合，就可以更有效地達成目的時，他們卻強調力量投射（power projection）、領土控制和政權變更。

總括來說，一九九〇年代和二〇〇〇年代，美國彷彿失去了在全球的宗旨——冷戰——而尚未找到新的目標。同時，舊慣與老式思維模式仍然延續著，近乎不變。當然，有些人會堅稱美國無法在國際上採取不同的行事風格。這個國家有著獨特的意識形態性格，是建立在價值觀和政治原則之上，而非奠基在共同文化、語言綿長的遺產，因此，美國自己就像是永久的冷戰，與所有的反方敵對。有人稱美國無法有著戈巴契夫的自省與懷疑時刻，因為這種對國家宗旨的懷疑會與美國自身存在的理由背道而馳。後冷戰時代因此不是脫離常軌，而是美國對於絕對歷史目的的確證。在此一歷史宗旨當中，冷戰只是一個小插曲，全球制霸或失敗是唯二可能的結果。

那些主張美國國際角色恆常一致的人幾乎肯定是錯誤的。畢竟，根據國內政治宗旨的概念、軍事量能和實際外交威脅，其外交政策隨著時間推移不免改變。可以說這種決定論被美國的民主承諾——如同既往地未兌現——給否定了。我也同意這種主張。可是冷戰勝利主義所導致的缺乏自省和特定的論辯，意味著冷戰之後必要的政策改變更加難以實現。此一觀點並非否定長期以來意識形態在美國外交政策中的重要性，關於這點我在本書和其他地方都已經著述甚多。但這是為了說明，冷戰之後美國毫無方向的狀態是缺乏有想像力的領導所致，而非本質上就註定如此。

有些人會說，要求美國在冷戰之後重新調整外交政策是太過了，或者會說要批評勝利主義太容易了。畢竟，美國贏得了冷戰，因此鮮少有需要改變作風。蘇聯需要戈巴契夫的改革，且因失敗而倒臺，但是美國沒有必要進行這種全方位的改變。沒有壞的東西就不需要修理它。

然而這種立場將美國的冷戰經驗看得過於狹隘了。如同其敵人一樣，美國在冷戰中有其勝利和失敗之處，只不過最終的收支簿不同，且跟另一方比起來盈大於虧。例如，後冷戰迷思強調雷根的整軍經武和對抗蘇聯的意志力是冷戰告捷的原因，這往往被拿來解讀伊拉克和阿富汗，而我確定，未來的其他衝突亦會如此。本書已強調，即便在雷根時期（或說尤其是雷根時期），長期結盟、科技進展、經濟成長和協商的意願，都是比美國的火藥庫更為重要的武器。不論思維往何處發展，顯然美國未能從冷戰中生聚教訓，以把握自己在後冷戰時代的角色。

本書已揭示冷戰結束的主要原因是世界整體都在改變。從七〇年代開始，全球經濟轉型已然發生，起初獨厚美國，然後給予中國和其他亞洲國家愈來愈多優勢。自冷戰起歷經的世代，美國愈來愈無法負擔全球支配的優勢。它漸漸必須將自己放置在多極的星圖中，與他國合作。九〇年代的自溺和二〇〇〇年代以武力重整伊斯蘭世界的失敗嘗試，意味著美國浪費了許多為新世紀做準備的機會。在新世紀，它的相對權力會被削減。從冷戰而來的教訓指出，美國主要的目標應該要是使他國服膺美國長期願景的某種國際行為準則，尤其在其權力減弱時。

與此相反，美國做的就像正在凋萎的強權往往會做的：在與其國境距離遙遠的無謂戰事中大動干戈。在戰爭中，短期的國安（或甚至僅是方便行事）都被誤認為長期的戰略目標。美國對絕對安全（絕對安全是不可能擁有的）和便宜石油（充其量不過是眼光局限的斬獲）執迷不悟，導致它忽視更大的圖景，尤其關於亞洲的部分。結果是，在處理未來的大型挑戰——中國和印度的崛起，經濟權力從西方轉移到東方，或者諸如氣候變遷、流行疾疫等生態系統的考驗——時，美國比起過往都還要缺乏準備。

若美國贏得了冷戰（我是如此認為），那麼蘇聯（或說俄羅斯）則打輸了冷戰，且是吃了一場大敗仗。發生的主要原因是，共產黨內的政治領袖並未給予他們自己的人民符合其宗旨的政治、經濟、社會體系。二十世紀期間，蘇聯人民為了打造一個能讓他們引以為傲的國家和社會犧牲甚大。廣大的平民百姓相信，他們奮力工作、捍衛自己的成就，創造出了一個全球強權，以及對他們而言更好的未來。相信在蘇聯統治下會有所進步，將會是俄羅斯成就的巔峰，這一點清除了大多數人的疑慮，就連那些理應看得更清楚的人也被說服。蘇聯的罪行被統治者和受統治者所共同忽略了，埋藏在雙方共謀的沉默中。

然後八〇年代一切都土崩瓦解了。國內的境況沒有改善，反而更加惡化。許多人心目中近乎全能的國家無法執行最簡單的任務。阿富汗事件和國際孤立所付出的代價，使得年輕人無法得到他們企求的未來。當戈巴契夫發動必要的改革時，也無法給予人民所渴盼的進步。雖然許多蘇聯人民擁抱言論自由、表決自由、集會結社自由、宗教自由，還能自由觀看過去被禁的書籍和電影，但在戈巴契夫經濟改革的內核有個巨大漏洞。沒有麵包，何來自由？有些人愈來愈常提出這個疑問。[1]

然後共產黨自我毀滅了，蘇聯政府一夕之間蕩然無存。除了波羅的海諸國以外，蘇維埃共和諸國的獨立並非出於先前已經存在從下而上的要求，而是隨著蘇聯解體過程產生的效應。在一九九一年十二月後，十五個過去屬於蘇聯一部分的共和國突然必須在世界上找到自己的出路。民族主義對他們當中大部分人而言是合理化民族獨立的說詞，而非反之。如此一來，蘇聯解體的確是去殖民之舉，讓人想起在英、法帝國所發生的事。無怪乎即使爭取到主權已經過了一個世代，但幾乎所有後蘇聯國家都仍在族裔與政治高度緊張中掙扎。

俄羅斯自己的情況最糟。解體令俄羅斯人感覺失去地位，被掠奪了他們的位置，不論他們是住在俄羅斯境內，還是如許多人是住在後蘇聯的新興國家中。他們今日是強權中的精英，隔天卻失去目標或身分地位。物質情況也一樣糟。老年人拿不到津貼，有些挨餓致死。營養不良和酗酒使得俄羅斯國民平均壽命減低，從一九八五年的六十六歲，到十年後的低於五十八歲。對於習慣了某種超凡程度（時而令人沮喪的）穩定性的俄羅斯人而言，偷盜、暴力和色情電影似乎是後蘇聯自由中最大的成就。

在竊盜之中，有一種堪稱世紀大盜，那就是俄羅斯工業和自然資源的私有化。擁護者稱私有化勢在必行。在蘇聯解體後，其計畫經濟已經行將就木。儘管能接受這個論述，也難以為私有化發生的方式辯護。在社會主義國家被拆解後，俄羅斯豐富資源的擁有權被黨機構、計畫局、科學和科技中心中出現的新寡頭政治所把持。這些資源不但沒有被用來解決這個國家的許多沉痾，反而落入人脈廣闊的人士手中，尤其是葉爾欽總統的親信。數個世代所創造的價值被轉移到與當地社群毫無瓜葛（但卻與當權者關係亨通）的人手中。新的擁有者往往剝奪他們財產中可賣的東西，並關閉任何剩餘的生產。三年內，失業率從〇％竄升到三〇％。而這些都發生在西方對葉爾欽的經濟改革熱烈讚揚之時。

至少後見之明看來，很顯然經濟轉換到資本主義對於大多數俄羅斯人是場災難。也很顯然，西方應該可以更好地應對後冷戰的俄羅斯。然而，卻很難明確知道若不如此，其他的替代方案看來會是如何。我想關鍵在於九〇年代往往不理解俄羅斯單是因為幅員廣大，不論如何在任何國際體系中都會維持重要地位。因此，盡快開始將這個國家整合進歐洲的安全與貿易安排中，是對西方（尤其是歐洲人）有益的。這樣的路線會需要耗費非常多金錢和耐心，因為當時的俄羅斯一片混亂。有些人主張不論在西方還是俄羅斯內部，這在政治上是不可能的。要達到馬歇爾計畫的規模無疑難以企及。但是若在九〇年代，俄羅斯以某種形式加入歐盟甚或北約的機會保持開放，如今西方和俄羅斯雙方都會更為安全。

反之，俄羅斯在此一軍事、經濟整合的過程中被遺落了，而這次整合最終乃至一路擴張到俄國邊境，這使得俄羅斯有一種被排除的感覺，如同一個被丟棄在歐洲門前忿忿不平的國家。如此一來，這給予了俄羅斯軍國主義者和偏執狂如現任總統弗萊迪米爾·普丁（Vladimir Putin）一種信念，將俄國過去一世代所經受的一切災難看作是美國事先謀劃的計畫，以削弱其國力，並且孤立俄國。普丁的極權主義和窮兵黷武之所以能維持，是出於人民真心支持。多數俄羅斯人傾向認為所有發生在他們身上的事情都是他人的過失，而非著手解決俄羅斯社會和國家自己的龐大問題。九〇年代的驚慌已經讓位給了怪異而不受約束的俄羅斯式犬儒主義，這不僅包括對於國人深刻的不信任感，也認為世界各地都有針對他們的圖謀，儘管往往背離事實，罔顧常理。現在超過半數的俄羅斯人認為布里茲涅夫是二十世紀最好的領導人，然後是列寧和史達林。戈巴契夫敬陪末座。[2]

對於世界上其他人而言，冷戰結束無疑令人鬆了一口氣。隨著全球核子毀滅的威脅不再，人類存續最大的挑戰已經被移除，或至少懸擱。也有理由去期望強權干預能減少，主權和民族自決的原則能被尊重，在九〇年代尤其如此。歐洲和日本都從冷戰獲利不少，中國稍晚亦然。歐洲的分裂及德國的分裂是一場悲劇，東方的獨裁政權壓境亦同。但是國際體系給予了歐洲幾乎五十年的和平，而這和平是此世紀前半葉所未見。受到這樣的和平所保護，有韌性的社會已經茁壯，能夠極佳地處理後冷戰的種種變化，包含東方大刀闊斧地轉換到資本主義和後冷戰時代最大的計畫——德國的統一。日本在耗盡冷戰給予的所有國際經濟優勢後，進入了低生產時期。但是它是從非常高度發展的水平調降的，一九九五年日本人均國民生產毛額仍高於美國三〇％。「如果這叫經濟衰退，」我有一位住在東京的非洲朋友說，「那我們也想要經濟衰退！」

中國往往被視為冷戰的主要得利者之一。當然不盡然如此。中國被冠上幾乎完全不符合其需求的歐式馬克思－列寧主義專政。其結果在毛時期是冷戰期間最為可怕的罪行，數百萬人命喪其中。但是七、八〇年代，鄧小平的中國從與美國結盟得到龐大利益——不論是就國安面向還是就經濟發展面向而言。中國領導人為冷戰的結束大吃一驚，倏忽理解到他們——部分是他們自己努力對抗蘇聯所致——將在這單極世界中獨自面對美國。從中方的觀點來看，垮掉的強權不該是蘇聯：他們原先相信至少從長遠看來蘇聯會占上風，而美國會走下坡。從九〇年代開始，中國共產黨害怕美國的影響力會顛覆其國內的統治，並且從外部（包含其亞洲鄰國）包抄它。

在如今逐漸形成的多極世界中，看來美國和中國似乎會成為最強的國家。除非他們在國內觸礁（兩者可能都很容易如此），他們在亞洲競逐影響力會決定世界的圖景。但是中美關係（或者也適用於美俄關係）都不太可能發展成冷戰的形式。兩者的政治體系都與美國迥異（中俄彼此也大相徑庭）。中俄都很好地被整合入資本主義世界體系，而他們的領導人中許多人的利益都與更進一步的整合有所牽連。不若蘇聯，這些人不太可能尋求孤立或全球衝突。他們會企圖稍稍削弱美國利益，並且支配其區域。但是他們單憑自己不會願意或有本事造成全球意識形態衝突或軍事化的同盟體系。競對關係必定會導致衝突或甚至地方上的戰事，但不會是冷戰的形式。

整個冷戰期間就屬戰區蒙受最大損失。韓國、印度支那、阿富汗、非洲大半、中美洲都滿目瘡痍。有些地方從戰火中復甦了，但對其他地方而言，毀滅留下憤世嫉俗的情緒。美國的冷戰待從可能是極盡擄掠能事之能手。光是姓氏以M開頭的獨裁者——剛果的馬布多、菲律賓的馬可仕（Marcos）、埃及的穆巴拉克（Mubarak）——就聚斂了估計一百七十億美元的財富。但蘇聯的侍從也不遑多讓。冷戰中損失最為慘重的安哥拉，原本可能靠著豐厚的礦藏與能源成為世上最富裕的國家之一，但如今多數人口一貧如洗。同時，總統的女兒卻是全非洲最富有的女人，其淨資產估計達三十億美元。

許多前馬克思主義者輕易就適應後冷戰的市場體系，這帶出一個問題：冷戰是否自始就是一場可以避免的爭端。清楚的是，冷戰的結果並不值得在安哥拉、越南、尼加拉瓜或甚至俄羅斯付出的犧牲。「如果可以從頭來過，」保加利亞長期的共黨頭子日夫科夫承認道：「我不會成為一個共產黨人。要是列寧今天還活著，他也會說一樣的話……我現在必須承認，我們是在錯誤的基礎、錯誤的預設上出發。社會主義的基礎就是錯的。我相信社會主義的理念從懷胎起就胎死腹中了。」[3]就算對勝利的一方而言，耗費在性命、開銷以及核戰威脅的代價和風險，有時似乎也太高了。

但回到從意識形態爭端演變為永久軍事衝突的四〇年代，是否可能避免冷戰？二戰後的衝突與敵對狀態肯定無法避免——光是史達林的政策就足以造成這些結果了。但若要說完全無法避免行將持續近五十年、威脅要毀滅全世界的全球冷戰，也很難以論證。領導人在沿途有若干時間點可以懸崖勒馬，尤其是在軍事與軍備競賽上。但二戰後的緊張關係所奠基的意識形態衝突，使得這種合乎情理的思維也變得窒礙難行。以此而論，正是冷戰的意識形態根源，使得冷戰獨樹一格，又極其危險。兩造都有出於善意的人相信他們所代表的理念受到威脅。這導致他們甘冒自身與他人性命的風險，但若非如此，這些風險完全可以避免。

另一個大哉問是：冷戰是否如一本關鍵的書名所示——是「世界的分裂」？[4]有些人稱國家領導人（與歷史學家）受到作為一段歷史時期中的組織原則的冷戰所蒙蔽，未能看到與此同時持續精彩紛呈。本書認為，儘管資本主義與社會主義之間的冷戰影響了二十世紀的大多數事情，但也並非決定一切。就算沒有冷戰，兩次大戰、經濟大蕭條、去殖民化，以及財富與權力從西到東的轉移也很有可能發生（當然最終會以不同的形式進行）。同樣地，有些政體拒絕參與其中，或至少不願意完全投入。比方說，印度在許多方面就是以反冷戰之姿立國。另外有些國家如斯堪地那維亞國家，縱然其體系在本質上是資本主義，但仍允許國家大幅控制。在資本主義的挪威，國有企業的數量比社會主義的中國還多。而就百分比來說，瑞士政府從全國國內生產總值中的出資是中國的兩倍之多。

但由於冷戰的意識形態居於中心地位，冷戰的信眾又恪守信念，冷戰的確影響了大多數的事情。在二十世紀，數個國家和數場運動與美國領導下的資本主義作戰。到了一九四五年，以德、日為首的這些國家已遭到擊敗。一九四五年，就連坐在柏林地堡中的希特勒，在自盡前都承認將來「只會剩下兩個強權有本事迎擊彼此——美國與蘇俄」。[5]這樣的事態眾所周知的理由，不只是因為這兩個國家的戰力，也是因為它們各自象徵截然不同的組織社會國家的方式。無論是在一九四五年還是貫穿整場冷戰，美國都是兩強當中更有勢力的一方。但蘇聯在靠近尾聲之前的多數時刻，都足以與美方匹敵。

冷戰影響世上所有人最重要的原因，是因其暗含核毀滅的意義。就此而言，無人能置身於冷戰之外。戈巴契夫世代最大的勝利即是避免核戰。歷史上，多數的強權敵對狀態多以災難收場。冷戰並沒有如此（這也是我可以在我哈佛的書房內相對安全地書寫這些事件的原因）。即便如此，核武軍備競賽無疑危險不已。我們曾有數次近乎核毀滅的程度，但只有少數人知情。核戰可能意外爆發，也有可能是情報失靈的結果。當國際防止核戰爭醫生組織（International Physicians for the Prevention of Nuclear War）於一九八五年接受諾貝爾和平獎時，刻畫出核戰的醫療後果：「大地生靈塗炭，塵埃遍布地球，傷亡人士的身體焦灼，人們在輻射病中緩緩死去。」[6]或者如同在流行文化中，流行尖端（Depeche Mode）唱出核毀滅前的兩分鐘警告（two-minute warning）以及其後的世界：「又一年的開始……四分之一的人仍然在這裡。」[7]

為何領導人願意以地球的命運為代價來冒這種不合情理的風險呢？為何這麼多人相信意識形態，但同一批人在其他時刻卻能了解到意識形態並不能撐持他們所尋求的解決方案呢？我認為，答案是冷戰的世界如同現今的世界一樣，顯然有許多痼疾。隨著不義與壓迫之情事在二十世紀變得更顯眼，人們——尤其是年輕人——深感必須對症下藥。冷戰意識形態為複雜的問題提供立即的解藥。對多數人而言，這就有點像買車（我現在正好在買車）。在我的心中，我想要富豪汽車的一部分，福特汽車的一部分，豐田汽車的一部分。但我沒辦法這麼做，因為製造商拒絕把新車拆開來賣。而且就算他們願意這麼做，我也不是專業的技師。儘管我相信（或至少希望）製造商的技師是頂尖的。冷戰就有點像這樣。多數人必須從可行的選項中做選擇，即便這與特定的需求有所衝突，或甚至於情理不合。

冷戰告終所未改變的，是在國際事務上貧富之間的衝突。如今，在世上某些地方，這樣的爭端由於宗教和族裔運動變得益加劇烈，甚且會摧毀整個共同體。冷戰期間的普世主義至少佯稱所有人都能進入應許的天堂，但這些團體甚至不受冷戰式的普世主義束縛，排外主義或種族主義的立場昭然可見。有些在中東、歐洲、南亞或美國的團體，令我們想起世界在冷戰成為國際體系以前的樣貌。如今由於大規模滅絕武器的存在，風險更高，解決方案卻更難尋，儘管大多數人都了解，到了某個時刻總不免需要協商與妥協。但妥協很困難，因為這些團體的支持者或國家認為自己過往曾受不公不義地對待，因此他們當下的憤怒是合理的。

冷戰之前、冷戰當中、冷戰之後，所有人都想要自己的一席之地有被納入考量的機會，希望在他們認定屬於自己的事物上受到尊重，不管是宗教、生活方式還是領土。人們——尤其是年輕人——需要一個比自己或甚至比他們的家庭更大的東西，足以教他們致力獻身的宏大觀念。冷戰顯示，當這樣的概念因為權力、影響力、控制欲而被扭曲時，會發生什麼事。但那並不意味這些人性的需求本身是毫無價值的。相反地，要是計畫是為了要照顧病患，終結貧困，並讓每個人的人生都有機會，但不會用核毀滅危及到全世界，那麼，投入到冷戰當中的諸般努力也許都值得正面評價。歷史是複雜的。我們並不總能知道理念會將我們帶向何方，因此最好謹慎考量我們為了達成好的結果，干冒多大程度的風險，以免重蹈二十世紀為了力求完美所付出的慘痛代價。

謝詞

書寫世界史從來不是件容易的事，即使焦點放在時間和影響力有限的一系列事件中亦復如是。儘管作者理應為結論負責，但故事的每一部分都浩瀚無垠，並非憑一人之力窮盡一生可探究，因此，本作亦不免仰賴他人的研究成果。世界歷史因此總是集體事業——不論隱義或顯義上。任何相信他們可以獨自判斷大歷史所有細節的人都是愚蠢的。但同樣的，那些認為大歷史無法或不應該被評價的人更可憐。他們局限了自己的認識，就如同他們限制了潛在讀者使用歷史的方法。

對我而言，我在做的事情關鍵是有用。當然透過不同類型的歷史書寫（大的或小的、廣的或狹的，聚焦於不同事物，像是個人、群體、國家或社會階級），這目標也能達成。但是世界歷史，如同其表親國際和跨國歷史，有著獨特的重要性，因為它容許歷史學家和讀者將事物放在超越個別國家或區域的脈絡中思考。這是我在這本書中盡力在做的：在寬廣的時間軸與所有大陸中，透過昭示不同群體怎麼樣以不同的方式經歷衝突，來述說全球冷戰史。這是艱巨的任務，且現在已經交由讀者評價了。

在書寫這本書時，我受到極大的學術幫助。一如既往，我首先要感謝的是我的老師和良師益友們：教堂山（Chapel Hill）的 Michael Hunt，奧斯陸的 Geir Lundestad 和 Helge Pharo，倫敦的 Mick Cox。我在倫敦政經學院（London School of Economics and Political Science）、哈佛大學的同事協助本書各方面的發展（即便有時難以察覺）。尤其感謝與 Mick（譯按：Michael Cox）和我自己共同創辦倫敦政經學院ＩＤＥＡＳ的非凡團隊：Svetozar Rajak、Emilia Knight、Tiha Franulovic、Gordon Barrass 和許許多多其他同事。在ＩＤＥＡＳ工作是我學術生涯的一大亮點，尤其是因為冷戰作為一種國際體系的研究是ＩＤＥＡＳ的支柱。我在倫敦政經學院國際史學系的多數同仁都對此書有所貢獻，尤其是 Piers Ludlow、Tanya Harmer、Antony Best、Vladislav Zubok、Kirsten Schulze、Nigel Ashton、MacGregor Knox、David Stevenson、Steven Casey、Kristina Spohr、Gagan Sood、Roham Alvandi。

我對於冷戰的了解有許多來自於兩個我有幸參加的非凡研究計畫。其一是創建《冷戰史》（*Cold War History*）期刊，它創刊自二〇〇〇年。我從編輯委員和好幾世代的責任編輯中學到了很多，他們對於創建這個期刊厥功甚偉。當然我也從其作者身上學到很多（包含那些最終文章沒有辦法順利刊出的人！）。最後，Saki Dockrill 將期刊往前推進。我珍惜跟她有關的回憶。

我也非常幸運能夠與 Melvyn Leffler 共同編輯《劍橋冷戰史》（*Cambridge History of the Cold War*）這本巨著。與超過七十位作者合作是緊密的學習經驗，不論是（我必須承認）知識還是耐心上。與 Mel 共同編輯都是徹頭徹尾愉快的經驗。他是我最喜愛的同事：博學、謹慎，且總是給予支持。

我也感謝許多倫敦政經學院（ＬＳＥ）和現在在哈佛的學生，他們選修了我的冷戰史。學習總是雙向的。我在這本書中的許多洞見都啟發自大學生和研究生課堂上活潑的討論，或來自我所指導的博士生。我跟許多人一樣，發現不教書很難從事寫作：參與課堂是測試觀點、框架和結構的方法，它為我所做的大多數事情帶來利益，這本書亦然。

在倫敦政經學院的ＩＤＥＡＳ期間，我有幸（感謝 Emmanuel Roman 的慷慨）與一連串的訪問教授互動，他們都影響這本書的寫作：Paul Kennedy（最重要的）、Chen Jian、Gilles Kepel、Niall Ferguson、Ramachandra Guha、Anne Applebaum，以及 Matthew Connelly。

我在哈佛的新同事在這本書的最後階段也給我很多幫助。Tony Saich 和哈佛甘迺迪學院的 Ash Center 都提供了令人賓至如歸且對研究工作而言極具創造力的氛圍。即使在我二〇一五年搬到哈佛之前，我都從 Mark Kramer 和他在那裡的冷戰研究計畫得益許多。

我從全世界同事的協助中獲益良多，他們使我的研究變得更順利，在我訪問期間，往往擱置他們自己的工作來幫助我。我尤其感謝北京的牛軍、Zhang Baijia 和 Niu Ke，莫斯科的 Alexander Chubarian 和 Vladimir Pechatnov，羅馬的 Silvio Pons，索非亞的 Jordan Baev，河內的 Nguyen Vu Tung，貝爾格勒的 Ljubodrag Dimić 和 Miladin Milošević，德里的 Srinath Raghavan，開羅的 Khaled Fahmy，以及里約熱內盧的 Matias Spektor。

在寫作期間，許多同事和朋友慷慨地閱讀且給予這份書稿評論。他們幫助我讓它變成一本更好的書，避免（我希望）文中出現太多錯誤。我非常感謝 Vladislav Zubok、Serhii Plokhy、Csaba Békés、Stephen Walt、Christopher Goscha、Chen Jian、Piers Ludlow、Fred Logevall、Mary Sarotte、

Daniel Sargent、Vanni Pettinà、Anton Harder、David Engerman、牛軍、Mark Kramer、Sulmaan Khan、Tanya Harmer 和 Tarek Masoud。

這個計畫一部分也受到得力的研究助理協助。我感謝 Sandeep Bhardwaj（德里）、Khadiga Omar（開羅）和 Maria Terzieva（索非亞）。最後兩位也協助了翻譯，同樣協助翻譯的還有 Laszlo Horvath（匈牙利語）和 Jan Cornelius（南非語）。在成書的最後階段，哈佛的 Trung Chi Tran 也提供協助。這本書關於韓國的部分，受益於韓國學中央研究院（Academy of Korean Studies）慷慨的資助（AKS-2010-DZZ-3104）。

當我最需要的時候，朋友總是提供我理想的寫作地點：在聖馬塞爾的 Sue 和 Mike Potts、墨西哥的 Cathie 和 Enrique Pani、諾福克的 Hina 和 Nilesh Patel。我非常感謝他們。

過去二十年，研究全球冷戰史有趣的地方在於，有如此多的工作是合作完成的。我同樣受益於華盛頓 D C 兩個慷慨的機構：威爾遜中心（Woodrow Wilson Center）和美國國家安全檔案館（National Security Archive）的國際冷戰史計畫。我和無數其他歷史學家都從這兩個機構的協助和其努力得到巨大幫助，為了讓冷戰期間的美國和外交檔案得以問世，他們付出了極大的心血。我尤其感謝威爾遜中心的 Christian Ostermann 和他之前的 James Hershberg，以及檔案館的 Thomas Blanton、Malcolm Byrne 和 Svetlana Savranskaya。

我的學術助理，Wylie Agency 的 Sarah Chalfant，對本書的協助可能遠比她自己了解到的還多。在本書即將面世時，我非常幸運能與兩個傑出的出版社編輯合作，紐約 Basic Books 的 Lara Heimert 和倫敦 Penguin 的 Simon Winder。Bill Warhop 的編輯校稿也非常專業。

最後，在為這本書做研究的過程中，我真的非常幸運能與傑出的行政助理合作。倫敦政經學院的 Tiha Franulovic 是我超過十年的教授職位的核心。在哈佛，起先是 Lia Tjahjana，如今是 Samantha Gammons，都非常有能力與奉獻精神。他們是學者們賴以成事的促成者。

讓我以幾句話總括這本書的寫作慣例和風格來作終。在附註中，我的原則是簡單與明確。我必須避免寫過長的書，這書可能會因為大量檔案來源註記而變得更為厚重，但仍然讓其他學者能檢索我所發現的檔案文件。我所找到的檔案依據它們各自來源的檔案地點註記。我透過文件儲藏所（如圖書館館藏、CWIHP、the National Security Archive，或其他線上網站等）所使用的文件，都依照它們目前（二〇一六年十一月）的實體或線上定位註記。

原始資料的翻譯，若沒有特別註記，都是我自己的翻譯。然而，我有時也參考不同翻譯或從母語人士那裡尋求協助，以改進其準確度和易讀性。

我無法總是能感謝到每位參與蒐集、編輯或翻譯資料的人。他們是這個行業中的每個人所依賴的對象。我也是其中之一，所以我懂。再一次，我微不足道的藉口是，我不能再讓這本書更厚了。所以，這意味著，讓我向那許多，不論是在華盛頓、北京或莫斯科的人表達我的誠摯感謝，他們付出辛勞，無私地讓過去政府的機密資訊得以面世。

文安立
麻州劍橋
二〇一七年一月

注釋

緒論　創造世界

1 例見 John Lewis Gaddis, *The Long Peace: Inquiries into the History of the Cold War* (New York: Oxford University Press, 1987)。【譯按：中譯版見約翰・劉易斯・加迪斯，《長和平：冷戰史考察》（上海：上海人民出版社有限責任公司，二〇一二）。】儘管筆者同意蓋迪斯有關強權之間的戰爭為何沒有爆發的許多觀點，但我強烈反對「長和平」的說法。

2 Odd Arne Westad, *The Global Cold War: Third World Interventions and the Making of Our Times* (Cambridge: Cambridge University Press, 2005).

3 *Marx/Engels Selected Works* (Moscow: Progress, 1969), 1:26.

4 Karl Marx, interview with the Chicago Tribune, December 1878, *Karl Marx, Friedrich Engels: Collected Works* (New York: International Publishers, 1989), 24:578.【譯按：中譯版見〈卡・馬克思同《芝加哥論壇報》通訊員談話記〉，《中文馬克思主義文庫》：https://www.marxists.org/chinese/marx-engels/45/023.htm。】

5 *Protokoll des Parteitages der Sozialdemokratischen Partei Deutschlands: Abgehalten zu Erfurt vom 14. bis 20. Oktober 1891* [Minutes of the Party Congress of the Social Democratic Party of Germany: Held in Erfurt from October 14–October 20, 1891]. (Berlin: Verlag der Expedition des "Vorwärts," 1891), 3–6.

6 Friedrich Engels, "A Critique of the Draft Social-Democratic Program of 1891," in *Karl Marx, Friedrich Engels: Collected Works* (New York: International Publishers, 1990), 27:227.【譯按：中譯版見〈一八九一年社會民主黨綱領草案批判〉，《中文馬克思主義文庫》：https://www.marxists.org/chinese/marx-engels/22/025.htm。】

7 美國觀點的綜述見 Andrew Preston, *Sword of the Spirit, Shield of Faith: Religion in American War and Diplomacy* (New York: Alfred A. Knopf, 2012)。

8 Henry James, "The American," *Atlantic Monthly* 37 (June 1876): 667.

第一章　起點

1 轉引自 Robert W. Tucker, *Woodrow Wilson and the Great War: Reconsidering America's Neutrality, 1914–1917* (Charlottesville: University of Virginia Press, 2007), 213。

2 Vladimir Ilich Lenin, *What Is to Be Done?: Burning Questions of Our Movement* (New York: International Publishers, 1929; Russian original 1902), 1.【譯按：中譯見列寧，〈怎麼辦？〉，《中文馬克思主義文庫》：https://www.marxists.org/chinese/lenin/1901-1902/index.htm。】

3 轉引自 John Ellis, *Eye-Deep in Hell: Trench Warfare in World War I* (Baltimore, MD: JHU Press, 1976), 102。

4 Karl Liebknecht, "Begründung der Ablehnung der Kriegskredite" [Reasons for the Rejection of the War Credits], *Vorwärts*, 3 December 1914.

5 Wilson quoted in Robert L. Willett, *Russian Sideshow: America's Undeclared War, 1918–1920* (Washington, DC: Brassey's, 2003), xxxi.

6 義大利共產黨員安東尼奧·葛蘭西（Antonio Gramsci）於一九三四年評論道，福特主義是美國對歐洲的終極挑戰。「歐洲所希望的正是如俗語所說的『酒桶裡裝得滿滿的，老婆喝得醉醺醺的』。——希望在競爭能力方面具有福特主義的一切優越性，同時保存著自己的寄生蟲軍隊，這些寄生蟲吞食著依靠增加生產負擔的很大數額的剩餘價值，並破壞著歐洲在國際市場上的競爭能力。」David Forgacs, ed., *The Gramsci Reader: Selected Writings 1916–1935* (New York: New York University Press, 2000), 277.【譯按：中譯版出自 Antonio Gramsci 著，葆煦譯，《獄中札記》（北京：人民出版社，一九八三），頁三八四－三八五。】更進一步的討論見 Charles S. Maier, "Between Taylorism and Technocracy: European Ideologies and the Vision of Industrial Productivity in the 1920s," *Journal of Contemporary History* 5, no. 2 (1970): 27–61。

7 Ole Hanson, *Americanism versus Bolshevism* (Garden City, NY: Doubleday, 1920), p. viii.

8 Churchill, "Bolshevism and Imperial Sedition," *Winston S. Churchill: His Complete Speeches, 1897–1963*, ed. Robert Rhodes James (New York: Chelsea House, 1974), 3:3026.

9 Bertrand Russell, *Bolshevism: Practice and Theory* (New York: Harcourt, Brace and Howe, 1920), 4.

10 Ho Chi Minh, "The Path Which Led Me to Leninism," Edward Miller, ed., *The Vietnam War: A Documentary Reader* (Malden, MA:

John Wiley & Sons, 2016), 8.【譯按：中譯版見《胡志明選集》第三卷（河內：越南外文出版社，一九六三），頁三四一－三四三。】

11 Rudolf Nilsen, "Voice of the Revolution," transl. Anthony Thompson, in *Modern Scandinavian Poetry* (Oslo: Dreyer, 1982), 185. 經版權所有者簡絲・歐伍德（Jens Allwood）同意使用。詩集經其先父馬丁・歐伍德（Martin Allwood）編輯出版。

12 "Manifesto of the Communist Party of South Africa, adopted at the inaugural conference of the Party, Cape Town, 30 July 1921," at http://www.sahistory.org.za/article/manifesto-communist-party-south-africa.

13 W. Bruce Lincoln, *Red Victory: A History of the Russian Civil War* (New York: Da Capo Press, 1989), 384.

14 Dimitry Manuilsky, *The Communist Parties and the Crisis of Capitalism: Speech Delivered on the First Item of the Agenda of the XI Plenum of the E.C.C.I. held in March–April 1931* (London: Modern Books, 1931), 37. 曼努伊爾斯基（Manuilsky）為一九二九至三四年間共產國際的頭子。

15 *Report of Court Proceedings in the Case of the Anti-Soviet "Bloc of Rights and Trotskyites" Heard before the Military Collegium of the Supreme Court of the U.S.S.R. Moscow, March 2–13, 1938* (Moscow: People's Commissariat of Justice, 1938), 775.【譯按：中譯版見〈布哈林在「右派和托派反蘇聯盟」案中的最後陳述〉，《中文馬克思主義文庫》：https://www.marxists.org/chinese/bukharin/mia-chinese-bukhrin-19380312a.htm。】

16 Steven Casey, *Cautious Crusade: Franklin D. Roosevelt, American Public Opinion, and the War Against Nazi Germany* (Oxford: Oxford University Press, 2001), 23.

17 Editorial, *New York Times*, 24 August 1939.

18 Entry for 7 September 1939, Georgi Dimitrov, *The Diary of Georgi Dimitrov, 1933–1949*, ed. Ivo Banac (New Haven, CT: Yale University Press, 2008), 115.

19 Will Kaufman, *Woody Guthrie, American Radical* (Champaign: University of Illinois Press, 2011), 1.

20 21 July 1940 Declaration of Workers' Organizations, in Torgrim Titlestad, *Stalin midt imot: Peder Furubotn 1938–41* [Against Stalin: Peder Furubotn, 1938–1941] (Oslo: Gyldendal, 1977), 42.

21 Fridrikh Firsov, ed., *Secret Cables of the Comintern, 1933–1943* (New Haven, CT: Yale University Press, 2014), 152.

22 舉例而言，德國共產主義者瑪加蕾特・布貝－諾伊曼（Margarete Buber-Neumann）於史達林一九三八年的清洗行動中遭到逮捕，在蘇聯的勞改營卡拉干達（Karaganda）度過兩年，然後被引渡至納粹德國，在拉文斯布呂克（Ravensbrück）集中營又度過五年。

23 Dmitrii Volkogonov, *Triumf i tragediia: politicheskii portret I.V. Stalina* [Triumph and Tragedy: A Political Portrait of I.V. Stalin] (Moscow: Novosti, 1989), 2:169.

24 Rodric Braithwaite, *Moscow 1941: A City and Its People at War* (New York: Vintage, 2007), 82.

第二章　戰爭的試煉

1 邱吉爾於一九四一年六月二十二日對英國民眾的廣播演說，收錄在 Winston Churchill, *Never Give In!: The Best of Winston Churchill's Speeches* (New York: Hyperion, 2003), 289。

2 Winston Churchill, *The Second World War. Volume III: The Grand Alliance* (Boston, MA: Houghton Mifflin, 1950), 370.

3 同前，330。

4 同前，394。

5 Woody Guthrie, "All You Fascists" (1944), Woody Guthrie Publications, http://woodyguthrie.org/Lyrics/All_You_Fascists.htm.

6 Vladimir Pechatnov, "How Stalin and Molotov Wrote Messages to Churchill," *Russia in International Affairs* 7, no. 3 (2009): 162–73.

7 Minutes of meeting at Kremlin, 11:15 p.m., 13 August 1942, CAB127/23, Cabinet Papers, National Archives of the United Kingdom.

8 與邱吉爾相比，羅斯福對於史達林的目標之理解更為實際。一九四四年十月英國首相在莫斯科酒酣耳熱之際，至少在某些片刻似乎相信了他與史達林就強權在東歐有百分之幾的影響力，達成了協議。

9 Bohlen minutes, Stalin-FDR, 1 December 1943, Tehran, *Foreign Relations of the United States* (hereafter *FRUS*): *The Conferences at Cairo and Tehran*, 594.

10 Communiqué Issued at the End of the Yalta Conference, 11 February 1945, *FRUS: The Conference of Berlin (the Potsdam Conference)*, 1945, 2:1578.

11 William D. Leahy, *I Was There* (New York: Whittlesey House, 1950), 315–16.

12 轉引自 Rick Atkinson, *The Guns at Last Light: The War in Western Europe, 1944–1945* (New York: Picador, 2013), 521。

13 Milovan Djilas, *Conversations with Stalin* (New York: Harcourt, Brace & World, 1962), 114.

14 曼德爾施塔姆是他所屬世代最偉大的俄羅斯詩人之一。他於一九三八年死於西伯利亞的勞改營。在他遭到逮捕之前，對太太說：「詩只有在俄羅斯受到尊重，能讓人喪命。還有其他地方，詩是如此常見的謀殺動機？」Nadezhda Mandelstam, *Hope Against Hope: A Memoir* (New York: Atheneum, 1970), 159.

15 轉引自 Steven Merritt Miner, *Stalin's Holy War: Religion, Nationalism and Alliance Politics, 1941–1945* (Chapel Hill: University of North Carolina Press, 2003), 51. 俄羅斯東正教一九四五至七〇年間的牧首阿列克謝二世（Patriarch Aleksii II）與蘇聯當局合作密切。

16 "Quit India" 原文見 Gandhi, April 1942, *New York Times*, 5 August 1942。

17 Joint Declaration by President Roosevelt and Prime Minister Churchill, as broadcast 14 August 1941, https://fdrlibrary.org/atlanticcharter.

18 Diary, 17 July 1945, box 333, President's Secretary's Files, Truman Papers, Harry S. Truman Library, Independence, MO (hereafter Truman Library).

19 Record of conversation, Truman–Molotov, 23 April 1945, *FRUS 1945*, 5:258.

20 轉引自 Arnold Offner, *Another Such Victory: President Truman and the Cold War, 1945–1953* (Stanford, CA: Stanford University Press, 2002), 34。

21 Prime Minister to President Truman, 12 May 1945, CHAR 20/218/109, Churchill Papers, Churchill College Archives, Cambridge, UK.

22 Memorandum by the President's Adviser and Assistant (Hopkins) of a Conversation During Dinner at the Kremlin in *FRUS: The Conference of Berlin (The Potsdam Conference), 1945*, 1:57–59.

23 Pechatnov, "How Stalin and Molotov Wrote Messages to Churchill," 172.

24 Entry for 28 January 1945, in Georgi Dimitrov, *The Diary of Georgi Dimitrov, 1933–1949*, ed. Ivo Banac (New Haven, CT: Yale University Press, 2008), 358.

25 Hugh Dalton, *High Tide and After: Memoirs, 1945–1960* (London: F. Muller, 1962), 157.

26 Richard N. Gardner, *Sterling-Dollar Diplomacy; the Origins and the Prospects of Our International Economic Order*, new and expanded (New York: McGraw-Hill, 1969), xvii.

27 Ritchie Ovendale, *The English-Speaking Alliance: Britain, the United States, the Dominions and the Cold War 1945–1951* (London: Routledge, 1985), 43.

第三章　歐洲的不對等

1 John Vachon, *Poland, 1946: The Photographs and Letters of John Vachon* (Washington, DC: Smithsonian Institution Press, 1995), 5.

2 轉引自 Keith Lowe, *Savage Continent: Europe in the Aftermath of World War II* (London: St. Martin's Press, 2012), 31.

3 Henri Van der Zee, *The Hunger Winter: Occupied Holland 1944–5* (London: J. Norman & Hobhouse, 1982), 304–5.

4 Speech at Vélodrome d'hiver, 2 October 1945, in Maurice Thorez, *Oeuvres*, book 5, volume 21 (Paris: Editions sociales, 1959), 203.

5 Lowe, *Savage Continent*, 283.

6 轉引自 William I. Hitchcock, *The Bitter Road to Freedom: The Human Cost of Allied Victory in World War II Europe* (New York: Free Press, 2009), 163。

7 Record of conversation, Stalin–Hebrang, 9 January 1945, G. P. Murashko et al. (eds.), *Vostochnaia Evropa v dokumentakh rossiiskikh arkhivov, 1944–1953* [*Eastern Europe in Documents from the Russian Archives, 1944–1953*] (Novosibirsk: Sibirskii khronograf, 1997), 1:118–33.

8 Mark Kramer, "Stalin, Soviet Policy, and the Consolidation of a Communist Bloc in Eastern Europe, 1944–53," in *Stalinism Revisited: The Establishment of Communist Regimes in East-Central Europe*, ed. Vladimir Tismaneanu (Budapest: Central European University Press, 2009), 69.

9 轉引自 Adam Ulam, *Understanding the Cold War: A Historian's Personal Reflections* (New York: Transaction Publishers, 2002), 277。

10 Michael Dobbs, *Six Months in 1945: FDR, Stalin, Churchill, and Truman, from World War to Cold War* (New York: Random House, 2012), 121.

11 The German Ambassador in the Soviet Union (Schulenburg) to the German Foreign Office, 10 September 1939, frames 69811–69813, serial 127, Microfilm Publication T120, Records of the German Foreign Office. Received by the Department of State, US National Archives.

12 William D. Leahy, *I Was There* (New York: Whittlesey House, 1950), 315–16.

13 Patryk Babiracki, *Soviet Soft Power in Poland: Culture and the Making of Stalin's New Empire, 1943–1957* (Chapel Hill: University of North Carolina Press, 2015), 56.

14 Conversation between Władysław Gomułka and Stalin on 14 November 1945, *Cold War International History Project Bulletin*, 11 (1998), 135.

15 轉引自 Tony Judt, *Postwar: A History of Europe Since 1945* (London: Penguin, 2006), 200。

16 Babiracki, *Soviet Soft Power in Poland*, 61.

17 轉引自 László Borhi, *Hungary in the Cold War, 1945–1956: Between the United States and the Soviet Union* (Budapest: Central European University Press, 2004), 35。

18 轉引自 István Vida, "K. J. Vorosilov marsall jelentései a Tildy kormány megalakulsásáról" [Marshal K. J. Voroshilov Reports on the Formation of the Tildy Government], *Társadalmi Szemle*, 1996, 2:86.

19 Council of Foreign Ministers, Second Session, Thirteenth Informal Meeting, Palais du Luxembourg, Paris, 26 June 1946, *FRUS 1946*, 2:646.

20 Harry S. Truman, *Memoirs* (Garden City, NY: Doubleday, 1955), 1:493.

21 Winston Churchill, *Never Give In!: The Best of Winston Churchill's Speeches* (New York: Hyperion, 2003), 413.

22 凱南最初的電報全文收錄於 Kenneth M. Jensen, ed., *Origins of the Cold War: The Novikov, Kennan, and Roberts "Long Telegrams" of 1946*, revised edition (Washington, DC: United States Institute of Peace, 1993), 17–32.

23 同前。

24 Special Message to the Congress on Greece and Turkey, 12 March 1947, in *Public Papers of the Presidents* (hereafter PPP) *Truman* 1947, 179.【譯按：中譯版見〈杜魯門主義〉，美國在台協會 https://web-archive-2017.ait.org.tw/infousa/zhtw/PUBS/LivingDoc/trumandoctrine.htm。】

25 Summary of meeting between President and Congressional Delegation, 28 February 1947, box 1, Joseph M. Jones Papers, Truman Library

26 Memorandum by the Under Secretary of State for Economic Affairs (Clayton), 27 May 1947, *FRUS 1947*, 3:230–32.

27 轉引自 Edward Taborsky, *Communism in Czechoslovakia, 1948–1960* (Princeton, NJ: Princeton University Press, 1961), 20。

28 轉引自 Olaf Solumsmoen and Olav Larssen, eds., *Med EinarGerhardsen gjennom 20 år* [With Einar Gerhardsen through Twenty Years] (Oslo: Tiden, 1967), 61–62。

29 Zhdanov on the Founding of the Cominform, September 1947, in Jussi M. Hanhimäki and Odd Arne Westad, eds., *The Cold War: A History in Documents and Eyewitness Accounts* (Oxford: Oxford University Press, 2003), 51–52.

30 轉引自 Philip J. Jaffe, "The Rise and Fall of Earl Browder," *Survey* 18, no. 12 (1972): 56。

第四章　重建

1 Summary Record of the Ninety-First Meeting of the Third Committee, 2 October 1948, in William Schabas, ed., *The Universal Declaration of Human Rights: The Travaux Préparatoires* (Cambridge: Cambridge University Press, 2013), 3:2058.

2 轉引自 John C. Culver and John Hyde, *American Dreamer: The Life and Times of Henry A. Wallace* (New York: Norton, 2001), 457。

3 有關尼澤，見 David Milne, *Worldmaking: The Art and Science of American Diplomacy* (New York: Farrar, Straus and Giroux, 2015), 268–325。

4 NSC 68: "United States Objectives and Programs for National Security: A Report to the President" (April 7, 1950). *FRUS 1950*, 1:235–311.

5 同前。

6 最佳的綜論為 David Kynaston, *Austerity Britain, 1945–51* (London: Bloomsbury, 2007)。

7 轉引自 Michael Dobbs, *Six Months in 1945: FDR, Stalin, Churchill, and Truman—from World War to Cold War* (New York: Knopf, 2012), 205。

8 *Hansard*, series 5, vol. 452, House of Commons Debates, 30 June 1948, 2226.

9 Barry Eichengreen, *The European Economy Since 1945: Coordinated Capitalism and Beyond* (Princeton, NJ: Princeton University Press, 2007), especially 52–84.

10 Alessandro Brogi, *Confronting America: The Cold War Between the United States and the Communists in France and Italy* (Chapel Hill, NC: University of North Carolina Press, 2011), 116.

11 Raymond Aron, *The Opium of the Intellectuals* (New York: Transaction, 2011 [1955]), 55.【譯按：雷蒙・阿隆著，呂一民、顧杭譯，《知識分子的鴉片》（南京：譯林出版社，二〇一二）。】

12 Entry for 8 August 1947, in Georgi Dimitrov, *The Diary of Georgi Dimitrov, 1933–1949*, ed. Ivo Banac (New Haven, CT: Yale University Press, 2008), 422.

13 "The Situation of the Writer in 1947," in Jean Paul Sartre, *What Is Literature?* (Charleston, SC: Nabu Press, 2011 [1947]), 225.

14 Thomas Assheuer and Hans Sarkowicz, *Rechtsradikale in Deutschland: die alte und die neue Rechte* [Right-wing Radicals in Germany: The Old and the New Right] (Munich: Beck, 1990), 112.

15 Willy Brandt, *My Road to Berlin* (Garden City, NY: Doubleday, 1960), 184–98.

16 轉引自 Lawrence S. Kaplan, *NATO 1948: The Birth of the Transatlantic Alliance* (Lanham, MD: Rowman & Littlefield, 2007), 208。

17 Togliatti speech, 12 March 1949, Royal Institute of International Affairs, ed., *Documents on International Affairs 1949–50*, 254–56.

18 *The Papers of General Lucius D. Clay: Germany, 1945–1949*, ed. Jean Edward Smith (Bloomington, IN: Indiana University Press, 1974), 568–69.

19 Senator Joseph McCarthy speech, 9 February 1950, in William T. Walker, ed., *McCarthyism and the Red Scare: A Reference Guide* (Santa Barbara, CA: ABC-CLIO, 2011), 137–42.

20 Amir Weiner, "Saving Private Ivan: From What, Why, and How?," *Kritika: Explorations in Russian and Eurasian History* 1, no. 2 (2000): 305–36; Amir Weiner, "The Empires Pay a Visit: Gulag Returnees, East European Rebellions, and Soviet Frontier Politics," *Journal of Modern History* 78, no. 2 (2006): 333–76; and Elena Zubkova, *Russia After the War: Hopes, Illusions and Disappointments*, 1945–1957 (Armonk, NY: M.E. Sharpe, 1998), 106.

21 Dimitrov, *Diary of Georgi Dimitrov, 1933–1949*, 414.

22 同前，437。

23 Mark Harrison, "The Soviet Union after 1945: Economic Recovery and Political Repression," *Past & Present* 210, no. 6 (2011): 103–20; Vladimir Popov, "Life Cycle of the Centrally Planned Economy: Why Soviet Growth Rates Peaked in the 1950s," *CEFIR/NES* Working Paper Series (Moscow: Centre for Economic and Financial Research at the New Economic School, 2010).

第五章　新的亞洲

1 轉引自 Mark Gayn, *Japan Diary* (New York: W. Sloane Associates, 1948), 227。

2 "Basic Initial Post-Surrender Directive," August 1945, *Political Reorientation of Japan. Report of the Government Section, Supreme Commander for the Allied Powers*, vol. 2 (Washington, DC: U.S. Government Printing Office, 1949), appendix A, 423–26.

3 Gayn, *Japan Diary*, 231.

4 George Kennan, "Recommendations with Respect to U.S. Policy Toward Japan," 25 March 1948, *FRUS 1948*, 6:692.

5 *Security Treaty Between the United States of America and Japan.* Treaties and Other International Acts Series, 2491 N (Washington, DC: US Government Printing Office, 1952).

6 轉引自 Odd Arne Westad, *Decisive Encounters: The Chinese Civil War, 1946–1950* (Stanford, CA: Stanford University Press, 2003), 160。

7 Record of conversation, Mikoyan－Mao Zedong, 5 February 1949 (Xibaipo), Arkhiv Prezidenta Rossiiskoi Federatsii [Archives of the President of the Russian Federation] (hereafter APRF), fond 39, opis 1, delo 39, p. 71.

8 Frank Dikötter, *The Tragedy of Liberation: A History of the Chinese Revolution, 1945–57* (London: Bloomsbury, 2014), 100.

9 其中一位是七十四歲的商人和慈善家陳嘉庚，他的橡膠園和鋼鐵廠使他成為東南亞最富有的人之一。見 Lim Jin Li, "New China and Its Qiaowu: The Political Economy of Overseas Chinese Policy in the People's Republic of China, 1949–1959," PhD thesis, London School of Economics, 2016。

10 轉引自 V. N. Khanna, *Foreign Policy of India*, 6th ed. (New Delhi: Vikas, 2007), 112。

11 *Le Figaro*, 5 January 1950.

12 E. E. Spalding, *The First Cold Warrior: Harry Truman, Containment, and the Remaking of Liberal Internationalism* (Lexington, KY: University Press of Kentucky, 2007), 181.

13 NSC 68: "United States Objectives and Programs for National Security: A Report to the President," 7 April 1950, *FRUS 1950*, 1:260.

14 Jonathan Bell, *The Liberal State on Trial: The Cold War and American Politics in the Truman Years* (New York: Columbia University Press, 2013), 92.

15 *The Wall Street Journal*, 8 August 1949.

16 最好的綜覽是 Fredrik Logevall, *Embers of War: The Fall of an Empire and the Making of America's Vietnam* (New York: Random House, 2012)。

17 Eisenhower to Hazlett, 27 April 1954, in *The Papers of Dwight D. Eisenhower* (Baltimore, MA: Johns Hopkins University Press, 1996), 15:1044.

18 Eisenhower news conference, 7 April 1954, in *FRUS 1952–1954*, vol.8, part 1, 1281.

19 轉引自 Robert Beisner, *Dean Acheson: A Life in the Cold War* (Oxford: Oxford University Press, 2009), 217。

20 Berry to Matthews, 8 February 1952, *FRUS 1952–1954*, vol. 11, part 2, 1634.

21 Diary entry for 21 July 1947, Harry S. Truman diary, Truman Library, at http://www.trumanlibrary. org/diary/page21.htm.

22 轉引自 J. Philipp Rosenberg, "The Cheshire Ultimatum: Truman's Message to Stalin in the 1946 Azerbaijan Crisis," *Journal of*

Politics 41, no. 3 (1979): 933–40。

23 Stalin to Pishevari (Democratic Party of Azerbaijian), 8 May 1946, Arkhiv vneshnei politiki Rossiiskoi Federatsii [Foreign Policy Archive of the Russian Federation] (hereafter AVPRF), f. 06, op. 7, pa. 34, d. 544, pp. 8–9.

24 Gabriel Gorodetsky, "The Soviet Union's Role in the Creation of the State of Israel," *Journal of Israeli History* 22, no. 1 (2003): 4–20.

25 Jawaharlal Nehru, *The Discovery of India* (Calcutta: Signet Press, 1948), 12–13.

26 同前。

27 Eisenhower notes, 29 April 1950, *The Papers of Dwight D. Eisenhower* (Baltimore, MA: Johns Hopkins University Press, 1981), 11:1092.

第六章　韓國的悲劇

1 轉引自 Young Ick Lew, *The Making of the First Korean President: Syngman Rhee's Quest for Independence, 1875–1948* (Honolulu: University of Hawai'i Press, 2014), 194。

2 Rhee to US State Department, 5 June 1945, quoted in Young Ick Lew, *The Making of the First Korean President*, 232.

3 轉引自 Vladimir Tikhonov, *Modern Korea and Its Others: Perceptions of the Neighbouring Countries and Korean Modernity* (London: Routledge, 2015), 21。

4 Instructions for ambassador in Korea (Shtykov), 24 September 1949, AVPRF, f. 059a, op. 5a, pa. 11, d. 3, p. 76.

5 最佳的綜覽為 Chen Jian〔陳兼〕, *China's Road to the Korean War: The Making of the Sino-American Confrontation* (New York: Columbia University Press, 1994)。

6 沈志華，《毛澤東，斯大林與韓戰：中蘇最高機密檔案》（香港：天地，一九九八），頁一三〇。

7 Stalin to Mao Zedong, 1 October 1950, APRF, f. 45, op. 1, d. 334, pp. 99–103.

8 Mao Zedong to Stalin, 2 October 1950, APRF, f. 45, op. 1, d. 334, pp. 105–6.

9 Stalin to Mao Zedong, 5 October 1950, quoted in Stalin to Kim Il-sung, 7 October 1950, APRF, f. 45, op. 1, d. 347, pp. 65–67.

10 轉引自 "Historical Notes: Giving Them More Hell," *Time*, 3 December 1973。

11 Stalin to Mao Zedong, 5 June 1951, APRF, f. 45, op. 1, d. 339, pp. 17–18.

12 轉引自 Hajimu Masuda, *Cold War Crucible: The Korean Conflict and the Postwar World* (Cambridge, MA: Harvard University

Press, 2015), 85。

13 Radio and Television Report to the American People on the National Emergency, 15 December 1950, *Public Papers of the Presidents of the United States. Harry S. Truman. Containing the Public Messages, Speeches, and Statements of the President, January 1 to December 31, 1950* (Washington, DC: United States Government Printing Office, 1965) (hereafter only PPP [president, year]), 741.

14 De Gaulle in *Le Monde*, 13 July 1950.

15 轉引自 Richard Peters and Xiaobing Li, eds., *Voices from the Korean War: Personal Stories of American, Korean, and Chinese Soldiers* (Lexington: University Press of Kentucky, 2014), 184。

16 Marguerite Higgins, "Reds in Seoul Forcing G.I.s to Blast City Apart," *New York Herald Tribune*, 25 September 1950.

17 轉引自 Peters and Li, *Voices from the Korean War*, 245。

18 Steven Casey, *Selling the Korean War: Propaganda, Politics, and Public Opinion in the United States*, 1950–1953 (Oxford: Oxford University Press, 2010), 205–6.

19 Jim G. Lucas, "One Misstep Spells Death in Korea," *New York World Telegram*, 7 January 1953.

20 Byoung-Lo Philo Kim, *Two Koreas in Development: A Comparative Study of Principles and Strategies of Capitalist and Communist Third World Development* (New York: Transaction, 1995), 168.

第七章　東半球

1 由於空間有限，本書未及探討阿爾巴尼亞共產主義的命運。有興趣的讀者請參閱 Elidor Mëhilli的傑作 *From Stalin to Mao: Albania and the Socialist World* (Ithaca, NY: Cornell University Press, 2017)。

2 Martin Mevius, *Agents of Moscow: The Hungarian Communist Party and the Origins of Socialist Patriotism 1941–1953* (Oxford: Oxford University Press, 2005), 81.

3 英國哲學家以撒・柏林（Isaiah Berlin）評論道：「然後會導致毀滅、流血——蛋被打破了，但還看不到歐姆蛋的蹤影，有無盡數量的蛋——人命——等著被打破。最終，狂熱的理想主義者忘了歐姆蛋，只顧著繼續把蛋打破。」"A Message to the 21st Century," *The New York Review of Books*, 23 October 2014.

4 波蘭是一大例外，這項數字從未超過六三%。

5 Otto Grotewohl, *Im Kampf um die einige Deutsche Demokratische Republik. Reden und Aufsätze* [In Battle for the United German

Democratic Republic: Speeches and Publications], vol. 1 (Berlin: Dietz, 1954), 510.

6 Stefan Doernberg and Deutsches Institut für Zeitgeschichte, *Kurze Geschichte der DDR* [*Short History of the GDR*] (Berlin: Dietz, 1968), 239, 241.

7 "Die Lösung" [The Solution], Bertolt Brecht, in *Gedichte* [*Poems*], vol. 7 (Frankfurt am Main: Suhrkamp, 1964), 9.

8 Michael Parrish, *The Lesser Terror: Soviet State Security, 1939–1953* (Westport, CT: Greenwood Publishing Group, 1996), 270.

9 轉引自 Miriam Dobson, *Khrushchev's Cold Summer: Gulag Returnees, Crime, and the Fate of Reform After Stalin* (Ithaca, NY: Cornell University Press, 2009), 30。

10 轉引自 William Taubman, *Khrushchev: The Man and His Era* (New York: Norton, 2003), 242。

11 轉引自 Alexander V. Pantsov and Steven I. Levine, *Mao: The Real Story* (New York: Simon & Schuster, 2012), 409。

12 見 Csaba Békés, "East Central Europe, 1953–1956," in *The Cambridge History of the Cold War*, ed. Melvyn P. Leffler and Odd Arne Westad, vol. 1 (Cambridge: Cambridge University Press, 2010), 334–52。

13 見 Laurien Crump, *The Warsaw Pact Reconsidered: International Relations in Eastern Europe, 1955–1969* (New York: Routledge, 2015)。

14 蘇聯對外政策的最佳綜述為 Vladislav Zubok, *A Failed Empire: The Soviet Union in the Cold War from Stalin to Gorbachev* (Chapel Hill: University of North Carolina Press, 2007) 以及 Jonathan Haslam, *Russia's Cold War : From the October Revolution to the Fall of the Wall* (New Haven, CT: Yale University Press, 2011)。

15 *For a Lasting Peace, for a People's Democracy!*, no. 41 (1951): 1–4.

16 Radio Free Europe background report, 6 June 1958, quoting the Yugoslav paper *Slovenski poročevalec*, 72–4-242, RFE Collection, Open Society Archives, Budapest.

17 見 Svetozar Rajak, *Yugoslavia and the Soviet Union in the Early Cold War: Reconciliation, Comradeship, Confrontation, 1953–57* (London: Routledge, 2011)。

18 Transcript of CPSU Central Committee Plenum, 12 July 1955, f.2, op.1, d.176, pp. 282–95, Russian State Archive of Contemporary History (hereafter RGANI).

19 赫魯雪夫的完整談話收錄在 [US] *Congressional Record: Proceedings and Debates of the 84th Congress, 2nd Session* (May 22, 1956–June 11, 1956), C11, Part 7 (June 4, 1956), 9389–403。【譯按：中文版見赫魯曉夫，〈關於個人崇拜及其後果〉，《中

文馬克思主義文庫》：https://www.marxists.org/chinese/reference-books/sino-soviet-debate/19560225.htm。】

20 Record of Conversation, Mao Zedong–Pavel Iudin, 31 March 1956, AVPRF, f. 0100, op. 49, pa. 410, d. 9, pp. 87–98.【譯按：鐵托即狄托。】

21 "Gomułka's Notes from the 19–20 October [1956] Polish-Soviet Talks," 19 October 1956, Cold War International History Project Digital Archives, Woodrow Wilson International Center for Scholars, (hereafter CWIHP-DA), http://digitalarchive.wilsoncenter.org/document/116002.

22 Sándor Petőfi, "The Nemzeti Dal" [National Song], 1848, trans. Laszlo Korossy, http://laszlokorossy.net/magyar/nemzetidal.html.

23 "Account of a Meeting at the CPSU CC, on the Situation in Poland and Hungary," 24 October 1956, CWIHP-DA, http://digitalarchive.wilsoncenter.org/document/112196.

24 轉引自 Békés, "East Central Europe, 1953–1956," 350。

25 John Sadovy, quoted in *Carl Mydans and Shelley Mydans, The Violent Peace* (New York: Atheneum, 1968), 194.

26 同前。

27 Csaba Békés, "The 1956 Hungarian Revolution and the Declaration of Neutrality," *Cold War History* 6, no. 4 (2006): 477–500.

28 轉引自 Paul Lendvai, *One Day That Shook the Communist World: The 1956 Hungarian Uprising and Its Legacy* (Princeton, NJ: Princeton University Press, 2010), 152。

29 Leonid Brezhnev, *Tselina* [*Virgin Lands*] (Moscow: Politizdat, 1978), 12.

30 Roald Sagdeev, *The Making of a Soviet Scientist: My Adventures in Nuclear Fusion and Space from Stalin to Star Wars* (New York: Wiley, 1994), 286.

第八章　製造西方

1 Tom Lehrer, "MLF Lullaby," on *That Was the Year That Was*, 1965 recording, at http://www.metrolyrics.com/mlf-lullaby-lyrics-tom-lehrer.html.

2 *The Schuman Declaration* (Brussels: European Commission, 2015), 17.

3 20 September 1949: Regierungserklärung des Bundeskanzlers vor dem Deutschen Bundestag [Government Policy Statement to the GermanParliament], http://www.konradadenauer.de/dokumente/erklarungen/regierungserklarung.

4 戴高樂於一九六三年四月十九日的收音機廣播，收錄於 Charles de Gaulle, *Discours et messages* (Paris: Plon, 1970), 4:95。

5 轉引自 Giovanni Arrighi, "The World Economy and the Cold War, 1970–1990," in *The Cambridge History of the Cold War*, ed. Melvyn P. Leffler and Odd Arne Westad (Cambridge: Cambridge University Press, 2010), 3:23–44。

6 John Foster Dulles speech at the Council on Foreign Relations, in *State Department Bulletin*, vol. 30, no. 761, 25 January 1954, 107–10.

7 James C. Hagerty, diary entry for 25 February 1954, James C. Hagerty Papers, box 1, January 1–April 6, 1954, Dwight D. Eisenhower Library, Abilene, Kansas (下稱 Eisenhower Library).

8 轉引自 Thomas Borstelmann, *The Cold War and the Color Line: American Race Relations in the Global Arena* (Cambridge, MA: Harvard University Press, 2009), 90。

9 Remarks of Senator John F. Kennedy in the Senate, 14 August 1958, John F. Kennedy Library, Boston, MA (hereafter Kennedy Library), https://www.jfklibrary.org/Research/Research-Aids/JFK-Speeches/United-States-Senate-Military-Power_19580814.aspx.

10 Churchill to Eisenhower, 13 April 1953, *FRUS 1952–54*, vol. 6, part 1, 973.

11 Memorandum for the record of the President's dinner, President's villa, Geneva, 18 July 1955, *FRUS 1955–1957*, 5:376.

12 Memorandum of Conference with President Eisenhower, 3 January 1961, *FRUS 1961–1963*, 24:5.

13 轉引自 Fred I. Greenstein and Richard H. Immerman, "What Did Eisenhower Tell Kennedy about Indochina? The Politics of Misperception," *Journal of American History* 79, no. 2 (1992): 576。

14 Memorandum of Cabinet Meeting, 19 January 1961, FRUS 1961–1963, 24:21.

第九章　中國的災禍

1 R. J. Rummel, *Death by Government*, at http://www.hawaii.edu/powerkills/NOTE1.HTM.

2 最佳的綜論為牛軍，《冷戰與新中國外交的緣起（一九四九－一九五五）》（北京：社會科學文獻，二〇一三）。

3 見 Frederick C. Teiwes and Warren Sun, *The Politics of Agricultural Cooperativization in China: Mao, Deng Zihui, and the "High Tide" of 1955* (Armonk, NY: M.E. Sharpe, 1993)。

4 轉引自 Zhu Dandan, "The Double Crisis: China and the Hungarian Revolution of 1956" (PhD thesis, LSE, 2009), 181。亦見氏著 *1956: Mao's China and the Hungarian Crisis*, Cornell East Asia Series, vol. 170 (Ithaca, NY: East Asia Program, Cornell University,

2013）。

5 Zhihua Shen and Yafeng Xia, "The Great Leap Forward, the People's Commune and the Sino-Soviet Split," *Journal of Contemporary China* 20, no. 72 (2011): 865.【譯按：中文原文出處見薄一波，《若干重大決策與事件的回顧》（下）（河北：中共中央黨校出版，一九九一），頁六九四－六九五。】

6 殘酷的記述見 Yang Jisheng, Tombstone: The Great Chinese Famine, 1958–1962 (New York: Farrar, Straus and Giroux, 2012)。【譯按：中文版見楊繼繩，《墓碑：中國六十年代大飢荒紀實》（香港：天地出版，二〇〇九）。】

7 轉引自 Zhihua Shen and Yafeng Xia, *Mao and the Sino–Soviet Partnership, 1945–1959: A New History* (Lanham, MD: Lexington Books, 2015), 289。

8 Shen and Xia, "The Great Leap Forward, the People's Commune and the Sino-Soviet Split," 868, 874.

9 Record of conversation, Mao Zedong–Pavel Iudin, 22 July 1958, in Odd Arne Westad, ed., *Brothers in Arms: The Rise and Fall of the Sino-Soviet Alliance, 1945–1963* (Stanford, CA: Stanford University Press, 2000), 348.【譯按：中文版見毛澤東，〈同蘇聯駐華大使尤金的談話〉：http://www.yhcw.net/famine/Documents/mzdwj/mx07385.htm#tail。】

10 引自 Westad, *Brothers in Arms*, 23。【譯按：中文版見毛澤東，《建國以來毛澤東文稿》第八冊（北京：中央文獻出版社，一九九八），頁三六八。】

11 Record of conversation, Mao Zedong–N.S. Khrushchev, 2 July 1959, *APRF*, f. 52, op. 1, d. 499, pp. 1–33.

12 Mao notes, quoted in Westad, *Brothers in Arms*, 24.【譯按：中文版見毛澤東，《建國以來毛澤東文稿》第八冊（北京：中央文獻出版社，一九九八），頁五九九－六〇一。】

13 Mao Zedong, "A lu shih" [Winter Clouds], 26 December 1962, at Marxist Internet Archive, https://www.marxists.org/reference/archive/mao/selectedworks/poems/poems33.htm.【譯按：毛澤東，〈七律．冬雲〉。】

14 轉引自 Jeremy Friedman, *Shadow Cold War: The Sino-Soviet Competition for the Third World* (Chapel Hill: The University of North Carolina Press, 2015), 170。

15 Record of conversation, Mao-Khrushchev, 2 October 1959, *CWIHPDA*, http://digitalarchive.wilsoncenter.org/document/112088.

16 Niu Jun, *1962: The Eve of the Left Turn in China's Foreign Policy*, Cold War International History Project Working Paper 48 (Washington, DC: Woodrow Wilson Center, 2005), 33.【譯按：中譯本見牛軍，〈一九六二：中國對外政策「左」轉的前夜〉，《歷史研究》3（二〇〇三）。】

17 轉引自 Dong Wang, "From Enmity to Rapprochement: Grand Strategy, Power Politics, and U.S.-China Relations, 1961–1974" (PhD dissertation, University of California, Los Angeles, 2007), 201.

18 〈毛主席的談話 21/12/1965 於杭州〉，作者自藏。

19 轉引自 Roderick MacFarquhar and Michael Schoenhals, *Mao's Last Revolution* (Cambridge, MA: Belknap Press of Harvard University Press, 2006), 47.【譯按：麥克法夸爾、沈邁克著，關心譯，《毛澤東最後的革命》（香港：星克爾出版，二〇〇九），頁四九。】

20 轉引自 Michael Schoenhals, ed., *China's Cultural Revolution, 1966–1969: Not a Dinner Party* (Armonk, NY: M.E. Sharpe, 1996), 106。【譯按：〈三審王光美〉，《清華大學〈井岡山〉報》，可見於博訊新聞網：https://news.boxun.com/news/gb/z_special/2003/08/200308011331.shtml。】

21 見 Donald S. Sutton, "Consuming Counterrevolution: The Ritual and Culture of Cannibalism in Wuxuan, Guangxi, China, May to July 1968," *Comparative Studies in Society and History* 37, no. 1 (1995): 136–72。

22 "The DPRK Attitude Toward the So-Called 'Cultural Revolution' in China," 7 March 1967, CWIHP-DA, http://digitalarchive.wilsoncenter.org/document/114570.

23 轉引自 Yang Kuisong, "The Sino-Soviet Border Clash of 1969: From Zhenbao Island to Sino-American Rapprochement," *Cold War History* 1, no. 1 (2000)。【譯按：中文版見楊奎松，〈1969：中蘇戰爭即將爆發？——從珍寶島事件到緩和對美關係〉，《黨史研究資料》12（一九九七）。】

24 轉引自 MacFarquhar and Schoenhals, *Mao's Last Revolution*, 335。

25 *Klassekampen* [newspaper], 19 September 1973.

第十章　打破帝國

1 轉引自 William Roger Louis and Judith Brown, *The Oxford History of the British Empire, Volume IV: The Twentieth Century* (Oxford: Oxford University Press, 1999), 331。

2 轉引自 Louis and Brown, *Oxford History of the British Empire*, 4:350。

3 轉引自 Ebrahim Norouzi, The Mossadegh Project, 11 October 2011, http://www.mohammadmossadegh.com/biography/tudeh/。

4 *Africa-Asia Speaks from Bandung* (Jakarta: Indonesian Ministry of Foreign Affairs, 1955), 19–29.

5 Discours de Gamal Abdel Nasser, 26 juillet 1956, in La Documentation française, eds., "Notes et études documentaires: Écrits et Discours du colonel Nasser," 20.08.1956, no. 2.206 (Paris: La Documentation française, 1956), 16–21.

6 轉引自 Donald Neff, *Warriors at Suez: Eisenhower Takes America into the Middle East* (New York: Simon and Schuster, 1981), 376。

7 埃及駐美大使館始終有被告知美方的思維：見 Egyptian Embassy Washington to Ministry of Foreign Affairs, 17 August 1956, 0078-032203-0034, National Archives of Egypt, Cairo。

8 Eisenhower televised address, 20 February 1957, *Public Papers of the Presidents: Dwight D. Eisenhower*, 1957, pp. 151–52.

9 Prime Minister's Lok Sabha speech, 19 November 1956, *Selected Works of Jawaharlal Nehru* (New Delhi: Oxford University Press, 2006), 2nd series, 35:362.

10 Prime Minister's Lok Sabha speech, 20 November 1956, *Selected Works of Jawaharlal Nehru*, 2nd series, 35:372.

11 轉引自 Jean-Pierre Vernant, *Passé et présent: contributions à une psychologie historique* (Rome: Edizioni di Storia e Letteratura, 1995), 1:112。

12 Aimé Césaire's letter to Maurice Thorez, 24 October 1956, *Social Text* 103, vol. 28, no. 2 (2010): 148.

13 NSC 5910/1, "Statement of U.S. policy on France," 4 November 1959, *FRUS 1958–1960*, volume 7, part 2.

14 轉引自 J. Ayodele Langley, *Ideologies of Liberation in Black Africa, 1856–1970: Documents on Modern African Political Thought from Colonial Times to the Present* (London: R. Collings, 1979), 25–26.

15 Lenin note, 30 December 1922, *Lenin: Collected Works* (Moscow: Progress, 1970), 36:593–611.【譯按：中譯見列寧，〈關於民族或「自治化」問題〉，《列寧全集》第四十三卷。】

16 "Khrushchev Report on Moscow Conference, 6 January 1961," USSR: Khrushchev reports, 1961, Countries, President's Office Files, Presidential Papers, Papers of John F. Kennedy, Kennedy Library.

17 KPS Menon to Ministry of External Affairs, 24 February 1956, MEA 26(22)Eur/56(Secret), p. 8, National Archives of India, New Delhi.

18 Memorandum of Discussion at the 452d Meeting of the National Security Council, 21 July 1960, *FRUS 1958–1960*, vol. 14:339.

19 Speech at the opening of the All-African Conference in Leopoldville, 25 August 1960, *Patrice Lumumba: Fighter for Africa's Freedom* (Moscow: Progress Publishers, 1961), 19–25.

20 Khrushchev to Lumumba, 15 July 1960, in Vladimir Brykin, ed., *SSSR i strany Afriki, 1946–1962 gg. : dokumenty i materialy* [The USSR and African Countries, 1946–1962: Documents and Materials] (Moscow: Gosudarstvennoe izdatel'stvo politicheskoi i nauchnoi literatury, 1963), 1:562.

21 "Sukarno, 1 September 1961," Non-Aligned Nations summit meeting, Belgrade, 1961, Subjects, President's Office Files, Presidential Papers, Papers of John F. Kennedy, Kennedy Library.

第十一章　甘迺迪的偶發事件

1 Eisenhower televised address, 17 January 1961, *Public Papers of the Presidents: Dwight D. Eisenhower 1960–1961*, 421.

2 John F. Kennedy inaugural address, 20 January 1961, *Public Papers of the Presidents: John F. Kennedy 1961*, 1–2.

3 Robert F. Kennedy Oral History Interview, JFK #1, John F. Kennedy Library.

4 James A. Yunker, *Common Progress: The Case for a World Economic Equalization Program* (Westport, CT: Greenwood Publishing Group, 2000), 37.

5 Statement by the President, 1 March 1961, *Public Papers of the Presidents: John F. Kennedy 1961*, 135.

6 Memorandum of Conference with President Kennedy, 25 January 1961, *FRUS 1961–1963*, 24:43.

7 Record of Meeting of Comrade N. S. Khrushchev with Comrade W. Ulbricht, 30 November 1960, CWIHP-DA, http://digitalarchive.wilsoncenter.org/document/112352.

8 轉引自 William Taubman, *Khrushchev: The Man and His Era* (New York: Norton, 2003), 488。

9 Kennedy-Khrushchev meeting, Vienna, 3 June 1961, *FRUS 1961–1963*, 5:184.

10 Kennedy-Khrushchev meeting, Vienna, 4 June 1961, *FRUS 1961–1963*, 5:230.

11 轉引自 Taubman, Khrushchev, 500。

12 同前，503。

13 同前，505。

14 轉引自 Helen Pidd, "Berlin Wall 50 Years on: Families Divided, Loved Ones Lost," *The Guardian*, 12 August 2011。

15 Brandt speech, 13 August 1961, Chronik der Mauer, http://www.chronik-der-mauer.de.

16 "Rough Notes from a Conversation (Gromyko, Khrushchev and Gomulka) on the International Situation, [October 1961]," CWIHP-

DA, http://digitalarchive.wilsoncenter.org/document/112004.

17 16 October 1961 (mobile loudspeaker stations), Chronik der Mauer, http://www.chronik-der-mauer.de.

18 轉引自 Michael Beschloss, *The Crisis Years: Kennedy and Khrushchev, 1960–1963* (New York: Edward Burlingame Books, 1991), 278。

19 轉引自 Marc Trachtenberg, *A Constructed Peace: The Making of the European Settlement, 1945–1963* (Princeton, NJ: Princeton University Press, 1999), 334。

20 轉引自 Leycester Coltman, *The Real Fidel Castro* (New Haven, CT: Yale University Press, 2003), 39。

21 Ed Cony, "A Chat on a Train: Dr. Castro Describes His Plans for Cuba," *Wall Street Journal*, 22 April 1959.

22 Speech by Premier Fidel Castro at mass rally in Havana, 27 October 1959, Castro Speech Database, http://lanic.utexas.edu/project/castro/db/1959/19591027.html.

23 轉引自 Christopher M. Andrew and Vasili Mitrokhin, *The World Was Going Our Way: The KGB and the Battle for the Third World* (New York: Basic Books, 2005), 36.

24 7 October 1960 Debate Transcript, Commission on Presidential Debates, http://www.debates.org/index.php?page=october-7–1960-debatetranscript.

25 轉引自 Christopher M. Andrew, *For the President's Eyes Only: Secret Intelligence and the American Presidency from Washington to Bush* (New York: HarperCollins, 1995), 259。

26 Castro Interrogates Invasion Prisoners, 27 April 1961, CastroSpeeches Database, http://lanic.utexas.edu/project/castro/db/1961/19610427.html.

27 Conversation with Commandante Ernesto Guevara, 22 August 1961, National Security Archive Digital Archive (hereafter NSA-DA), https://nsarchive.wordpress.com/2012/02/03/document-friday-che-guevarathanks-the-united-states-for-the-bay-of-pigs-invasion/.

28 Castro Denounces US Aggression, 23 April 1961, Castro Speeches Database, http://lanic.utexas.edu/project/castro/db/1961/19610423.html.

29 Hugh Sidey, "The Lesson John Kennedy Learned from the Bay of Pigs," *Time*, 16 April 2001.

30 Memorandum from the Attorney General (Kennedy) to President Kennedy, 19 April 1961, *FRUS 1961–1963*, 10:304.

31 轉引自 Muhammad Haykal, *The Sphinx and the Commissar: The Rise and Fall of Soviet Influence in the Middle East* (New York:

Harper & Row, 1978), 98。

32 轉引自 Taubman, Khrushchev, 541。

33 Record of conversation, Kennedy–Gromyko, 18 October 1962, *FRUS 1961–1963*, 11:112.

34 Kennedy televised address, 22 October 1962, *Public Papers of the Presidents: John F. Kennedy 1962*, 808.

35 Adlai Stevenson Addresses the United Nations Security Council, 22 October 1962, https://www.youtube.com/watch?v=xgR8NjNw__I.

36 Interview with Walter Cronkite, CNN *Cold War* series, episode 10 ("Cuba 1959–1962"), http://nsarchive.gwu.edu/coldwar/interviews/episode-10/cronkite1.html.

37 Castro to Khrushchev, quoted at John F. Kennedy Library website, http://microsites.jfklibrary.org/cmc/oct26/doc2.html.

38 McNamara, CNN *Cold* War series, episode 10 ("Cuba 1959–1962").

39 Castro, CNN *Cold War* series, episode 10 ("Cuba 1959–1962").

40 飛彈危機過後，在其他地方，就連第三世界的激進分子也希望美蘇之間關係更加穩定。例見 Ministry of Foreign Affairs report 18 December 1962, 078–048418–0010, National Archives of Egypt, Cairo。

41 Kennedy address at the University of Maine, 19 October 1963, *Public Papers of the Presidents: John F. Kennedy 1963*, 797.

42 Declassified Penkovskii materials, CIA Library, http://www.foia.cia.gov/sites/default/files/document_conversions/89801/DOC_0000012267.pdf.

43 Grimes, CNN *Cold War* series, episode 21 ("Spies 1944–1994").

44 Record of the 508th Meeting of the National Security Council, 22 January 1963, *FRUS 1961_1963*, 8:462.

第十二章　遭逢越南

1 最佳的綜覽為 Christopher Goscha, *Vietnam: A New History* (New York: Basic Books, 2016).

2 Le Duan, "Duong loi cach mang mien Nam" [The Path of Revolution in the South], circa 1956, http://vi.uh.edu/pages/buzzmat/southrevo.htm.

3 轉引自 Robert D. Dean, "An Assertion of Manhood," in *Light at the End of the Tunnel: A Vietnam War Anthology*, ed. Andrew J. Rotter, 3rd ed. (Rowman & Littlefield, 2010), 367。

4 轉引自 Michael Beschloss, ed., *Taking Charge: The Johnson White House Tapes, 1963–1964* (New York: Simon & Schuster, 1998), 401–3。

5 轉引自 Andrew Preston, *The War Council: McGeorge Bundy, the NSC, and Vietnam* (Cambridge, MA: Harvard University Press, 2006), 163。

6 轉引自 David E. Kaiser, *American Tragedy: Kennedy, Johnson, and the Origins of the Vietnam War* (Cambridge, MA: Belknap Press of Harvard University Press, 2000), 361。

7 Joint Resolution of Congress H.J. RES 1145 7 August 1964, http://avalon.law.yale.edu/20th_century/tonkin-g.asp.

8 Record of conversation, Zhou Enlai and Pham Van Dong et al., 23 August 1966, Odd Arne Westad et al., eds., *77 Conversations Between Chinese and Foreign Leaders on the Wars in Indochina, 1964–1977* (Working Paper 22, Washington, DC: Cold War International History Project, Woodrow Wilson International Center for Scholars, 1998), 97.

9 Special message to Congress on foreign aid, 19 March 1964, *Public Papers of the Presidents: Lyndon B. Johnson 1963–1964*, 393.

10 Kwame Nkrumah, *Neo-Colonialism: The Last Stage of Imperialism* (New York: International Publishers, 1965), 247.

11 Intelligence Memorandum Prepared in the Central Intelligence Agency, 19 June 1965, *FRUS 1964–1968*, 24:42.

12 Record of telephone conversation, Johnson and Walter Reuther (UAWpresident), 24 November 1964, tape number 6474, Lyndon B. Johnson Presidential Library, Austin, Texas (hereafter Johnson Library).

13 Robert Komer, "Talking Points (Preparation for McGeorge Bundy talk with Senator Dodds)," 31 August 1965, box 85, Congo, Africa, Country File, NSC, Presidential Papers, Johnson Library.

14 轉引自 Matthew Jones, "'Maximum Disavowable Aid': Britain, the United States and the Indonesian Rebellion, 1957–58," *The English Historical Review* 114, no. 459 (1999): 1192。

15 轉引自 Robert Cribb, "The Indonesian Massacres," in *Century of Genocide: Critical Essays and Eyewitness Accounts*, ed. Samuel Totten, William S. Parsons, and Israel W. Charny, 2nd ed. (New York: Routledge, 2004), 252。

16 見 Michael Wines, "CIA Tie Asserted in Indonesia Purge," *New York Times,* 12 July 1990和John Prados, *Lost Crusader: The Secret Wars of CIA Director William Colby* (Oxford: Oxford University Press, 2003), 156。

17 Memorandum from the President's Deputy Special Assistant for National Security Affairs (Komer) to President Johnson, 12 March 1966, *FRUS 1964–1968*, 26:418.

18 轉引自 Taomo Zhou, "China and the Thirtieth of September Movement," *Indonesia* 98, no. 1 (2014): 29–58, quote on p. 53–54。

19 Eric Gettig, "'Trouble Ahead in Afro-Asia': The United States, the Second Bandung Conference, and the Struggle for the Third World, 1964–1965," *Diplomatic History* 39, no. 1 (2015): 126–56, quote on pp. 150.

20 Memorandum From the President's Acting Special Assistant for National Security Affairs (Komer) to President Johnson 12 March 1966, *FRUS 1964–1968*, 26:457–58.

21 Memorandum from Secretary of State Rusk to President Johnson, April 1966, *FRUS 1964–1968*, vol. 4:365.

22 Record of Conversation, Mao Zedong and Pham Van Dong, Vo Nguyen Giap, 11 April 1967, Westad et al., *77 Conversations Between Chinese and Foreign Leaders on the Wars in Indochina, 1964–1977*, 102.

23 Nicholas Khoo, *Collateral Damage: Sino-Soviet Rivalry and the Termination of the Sino-Vietnamese Alliance* (New York: Columbia University Press, 2011), 87.

24 Cronkite's editorial on the Vietnam War, February 1968, CBS News, http://www.cbsnews.com/news/highlights-of-some-cronkite-broadcasts/.

25 轉引自 Krishnadev Calamur, "Muhammad Ali and Vietnam," *The Atlantic*, 4 June 2016。

26 Martin Luther King Jr., "Beyond Vietnam," 4 April 1967, in *A Call to Conscience: The Landmark Speeches of Dr. Martin Luther King, Jr.*, ed. Clayborne Carson and Kris Shepard (New York: Warner Books, 2001), 133–40.

27 Charles de Gaulle, Speech in Phnom Penh, 1 September 1966, Fondation Charles de Gaulle, http://www.charles-de-gaulle.org/pages/lhomme/accueil/discours/le-president-de-la-cinquieme-republique-1958–1969/discours-de-phnom-penh-1er-septembre-1966.php.

28 轉引自 Robert David Johnson, *Lyndon Johnson and Israel: The Secret Presidential Recordings*, Research Paper, no. 3 (Tel Aviv: S. Daniel Abraham Center for International and Regional Studies, Tel Aviv University,2008), 33.

29 轉引自 Thomas Borstelmann, *The Cold War and the Color Line: American Race Relations in the Global Arena* (Cambridge, MA: Harvard University Press, 2009), 182。

30 轉引自 Borstelmann, *The Cold War and the Color Line*, 173。

第十三章　冷戰與拉丁美洲

1 Christina Godoy-Navarrete, quoted in Kim Sengupta, "Victims of Pinochet's Police Prepare to Reveal Details of Rape and Torture,"

The Independent (London), 9 November 1998.

2 轉引自 Walter LaFeber, *The American Search for Opportunity, 1815–1913* (Cambridge: Cambridge University Press, 1993), 9。

3 見 Gilbert M. Joseph and Daniela Spenser, eds., *In From the Cold: Latin America's New Encounter with the Cold War* (Durham, NC: Duke University Press, 2007), 20.

4 見 Eric Zolov, "Expanding Our Conceptual Horizons: The Shift from an Old to a New Left in Latin America," *A Contra Corriente* 5, no. 2 (n.d.): 47–73。

5 *La Prensa*, 13 January 1927.

6 Memorandum by the Counselor of the Department (Kennan) to the Secretary of State, 29 March 1950, *FRUS 1950*, 2:598–624. 如同 John Lewis Gaddis 在 *George F. Kennan: An American Life* (New York:Penguin, 2011), 386 所指出的，鮮有證據能佐證凱南關於拉丁美洲上的建言影響了美國的政策，但他對情勢的總結無疑反映出當時華府方面的考量。

7 Excerpt from the diary of James C. Hagerty, Press Secretary to the President, 26 April 1954, *FRUS 1952–1954*, 4:1102.

8 轉引自 Piero Gleijeses, *Shattered Hope: The Guatemalan Revolution and the United States, 1944–1954* (Princeton University Press, 1992), 4。

9 轉引自 Max Paul Friedman, "Fracas in Caracas: Latin American Diplomatic Resistance to United States Intervention in Guatemala in 1954," *Diplomacy & Statecraft* 21, no. 4 (2010): 681。

10 轉引自 Friedman, "Fracas in Caracas," 679。

11 "Interamerican Tension Mounting at Caracas," *New York Times*, 7 March 1954.

12 轉引自 Friedman, "Fracas in Caracas," 672。

13 James C. Hagerty Diary, 24 June 1954, Box 1, Hagerty Papers, Dwight D. Eisenhower Library, Abilene, Kansas.

14 Address at a reception for the diplomatic corps of the Latin American republics, 13 March 1961, *Public Papers of the Presidents: John F. Kennedy 1961*, 172.

15 見 Francisco H. G. Ferreira and Julie A. Litchfield, "The Rise and Fall of Brazilian Inequality, 1981–2004" (Policy Research Working Paper Series, The World Bank, 2006)。

16 轉引自 Robert M. Levine, *The History of Brazil* (London: Palgrave Macmillan, 2003), 126。

17 Recording of telephone conversation between Lyndon B. Johnson, George Ball, and Thomas Mann, 31 March 1964, tape number

2718, Johnson Library.

18 轉引自 James Dunkerley, *Warriors and Scribes: Essays on the History and Politics of Latin America* (London: Verso, 2000), 4。

19 轉引自 Jon Lee Anderson, *Che Guevara: A Revolutionary Life* (New York: Grove Press, 1997), 768。

20 轉引自 David Rock, Authoritarian Argentina: The Nationalist Movement, Its History and Its Impact (Berkeley: University of California Press, 1993), 218。

21 轉引自 Paul H. Lewis, *Guerrillas and Generals: The "Dirty War" in Argentina* (Westport, CT: Praeger, 2001), 51。

22 Allende, "First Annual Message to the National Congress, 21 May 1971," James D. Cockcroft and Jane Canning, eds., *Salvador Allende Reader* (New York: Ocean Press, 2000), 96.

23 22 August 1973 resolution in Chilean Chamber of Deputies, *La Nacion* (Santiago), 25 August 1973.

24 轉引自 Tanya Harmer, *Allende's Chile and the Inter-American Cold War* (Chapel Hill: The University of North Carolina Press, 2011), 63。

25 Notes on Meeting with the President on Chile, 15 September 1970, NSA-DA, http://nsarchive.gwu.edu/NSAEBB/NSAEBB8/nsaebb8i.htm.

26 Comisión Nacional Sobre Prisón Politica y Tortura, http://www.indh.cl/informacion-comision-valech.

27 Róbinson Rojas Sandford, *The Murder of Allende and the End of the Chilean Way to Socialism* (New York: Harper & Row, 1976), 208.

28 Federico Finchelstein, *The Ideological Origins of the Dirty War: Fascism, Populism, and Dictatorship in Twentieth Century Argentina* (Oxford: Oxford University Press, 2014), 152.

29 Christopher M. Andrew and Vasili Mitrokhin, *The World Was Going Our Way: The KGB and the Battle for the Third World* (New York: Basic Books, 2005), 78.

30 轉引自 Renata Keller, *Mexico's Cold War: Cuba, the United States, and the Legacy of the Mexican Revolution,* Cambridge Studies in US Foreign Relations (Cambridge: Cambridge University Press, 2015), 211。

31 轉引自 Keller, *Mexico's Cold War*, 223。

32 當然也有些人立場改變。後來成為烏拉圭總統的前游擊隊員何塞・穆西卡（José Mujica）作結論道：「推翻一個政府、封鎖道路是一回事，但打造一個更好的社會是另一回事，社會需要組織、紀律、長期下工夫，兩者不能混為一談。」

Krishna Andavolu, "Uruguay and Its Ex-Terrorist Head of State May Hold the Key to Ending the Global Drug War," *Vice*, 9 May 2014, http://www.vice.com/read/president-chill-jose-pepe-mujica-uruguay-0000323-v21n5.

第十四章　布里茲涅夫時代

1 轉引自 Melvyn P. Leffler, *For the Soul of Mankind: The United States, the Soviet Union, and the Cold War* (New York: Hill & Wang, 2008), 247。

2 Record of conversation, Brezhnev and Kissinger, 24 October 1974, William Burr, ed., *Kissinger Transcripts: The Top Secret Talks with Beijing and Moscow* (New York: New Press, 1998), 327–42.

3 *Pravda*, 25 September 1968.

4 轉引自 William Taubman, *Khrushchev: The Man and His Era* (New York: Norton, 2003), 16。

5 轉引自 David Holloway, "Nuclear Weapons and the Escalation of the Cold War, 1945–1962," in *The Cambridge History of the Cold War*, ed. Melvyn P. Leffler and Odd Arne Westad (Cambridge: Cambridge University Press, 2010), 376–97。

6 見 Henry Phelps Brown, *The Inequality of Pay* (Oxford: Oxford University Press, 1977), 38–51。

7 轉引自 *Marxism Today*, July 1968, 205–17。

8 Negotiations at Čierna nad Tisou, 29 July 1968, Jaromír Navrátil, ed., *The Prague Spring 1968: A National Security Archive Documents Reader* (Budapest: Central European University Press, 1998).

9 Transcript of Leonid Brezhnev's Telephone Conversation with Alexander Dubček, August 13, 1968, ibid., 345–56.

10 Vladimir Tismaneanu, ed., *Promises of 1968: Crisis, Illusion, and Utopia* (Budapest: Central European University Press, 2011), 394.

11 Nicolae Ceaușescu, *Romania on the Way of Completing Socialist Construction: Reports, Speeches, Articles* (Bucharest: Meridiane, 1969), 3:415–18.

12 SDS, "The Port Huron Statement," in Timothy Patrick McCarthy and John Campbell McMillian, eds., *The Radical Reader: A Documentary History of the American Radical Tradition* (New York: The New Press, 2003), 468–76.

13 Betty Friedan, *The Feminine Mystique* (New York: Norton, 1963), 1.【譯按：中譯版見貝蒂．弗里丹著，程錫麟、朱徽、王曉路譯，《女性的奧秘》（哈爾濱：北方文藝出版社，二〇〇二），頁一。】

14 Maurice Vaïsse, *La grandeur: politique étrangère du général de Gaulle, 1958–1969* [Greatness: The Foreign Policy of General de

Gaulle, 1958–1969] (Paris: Fayard, 1998), 360–61.

15 轉引自 Thomas Alan Schwartz, *Lyndon Johnson and Europe: In the Shadow of Vietnam* (Cambridge, MA: Harvard University Press, 2003),123。

16 Brandt speech to the SPD Bundestag members, 11 April 1967, in Willy Brandt, *Berliner Ausgabe*, ed. Helga Grebing et al. (Bonn: Dietz, 2000), 6:129.

17 轉引自 Willy Brandt, *People and Politics: The Years 1960–75* (London: HarperCollins, 1978), 238。

18 Brandt's speech to the UN General Assembly, 26 September 1973, in Brandt, *Berliner Ausgabe*, vol. 6, pp. 6:498–511.

19 Record of conversation, Mielke-Kriuchkov, 19 September 1983, CWIHP-DA, http://digitalarchive.wilsoncenter.org/document/115718.

20 "Conference on Security and Co-Operation in Europe: Final Act," *American Journal of International Law* 70, no. 2 (1976): 417–21.

21 Charter of Algiers, 25 October 1967, in Mourad Ahmia, ed., *The Collected Documents of the Group of 77* (Oxford: Oxford University Press, 2015), 6:22–39.

22 轉引自 Nils Gilman, "The New International Economic Order: A Reintroduction," *Humanity* 6, no. 1 (2015): 1–16。

第十五章　尼克森在北京

1 Richard Nixon's address accepting the presidential nomination at the Republican National Convention in Miami Beach, 8 August 1968, The American Presidency Project, http://www.presidency.ucsb.edu/ws/?pid=25968.

2 Richard Nixon, "Asia After Viet Nam," *Foreign Affairs* 46, no. 1 (1967): 113–25.

3 National Security Council Report, United States Policy toward Japan, June 1960, *FRUS 1958–1960*, 18:347.

4 見 Gilbert Cette et al., "A Comparison of Productivity in France, Japan, the United Kingdom, and the United States over the Past Century," paper presented at the 14e Colloque de l'Association de comptabilité nationale (6–8 June 2012), Paris, France, www.insee.fr/en/insee-statistiquepublique/connaitre/colloques/acn/pdf14/acn14-session1-3-diaporama.pdf。

5 Mark Tran, "South Korea: A Model of Development?," *The Guardian*, 28 November 2011.

6 Young-Iob Chung, *South Korea in the Fast Lane: Economic Development and Capital Formation* (Oxford: Oxford University Press, 2007), 30.

7 Ang Cheng Guan, "Singapore and the Vietnam War," *Journal of Southeast Asian Studies* 40, no. 2 (June 2009): 365.

8 Odd Arne Westad *et al.*, eds., *77 Conversations Between Chinese and Foreign Leaders on the Wars in Indochina, 1964–1977* (Working Paper 22, Washington, DC: Cold War International History Project, Woodrow Wilson Center, 1998), 132–33.

9 熊向暉，〈打開中美關係的前奏〉，《中共黨史資料》42（一九九二）：頁七二－七五。

10 Minutes of meeting of the National Security Council, San Clemente, 14 August 1969, *FRUS 1969–1976*, 12:226.

11 Record of conversation, Nixon-Dobrynin, 20 October 1969, *FRUS* 1969–1976, 12:285.

12 Record of conversation, Leonid Brezhnev and other Communist leaders, Crimea, 2 August 1971, SAPMO-BArch, DY 30 J IV 2/20, p. 9.

13 Nixon-Kissinger telephone conversation, 12 March 1971, in Luke Nichter and Douglas Brinkley, eds., *The Nixon Tapes, 1971–1972* (Boston: Houghton Mifflin Harcourt, 2014), 41.

14 Nixon-Kissinger telephone conversation, 27 April 1971, ibid., 108.

15 CCP Central Committee Document 24, July 1971, in James T. Myers, Jürgen Domes, and Erik von Groeling, *Chinese Politics: Ninth Party Congress (1969) to the Death of Mao (1976)* (Columbia: University of South Carolina Press, 1986), 171.

16 Record of conversation, Mao–Ceaușescu, 3 June 1971, CWIHP-DA, http://digitalarchive.wilsoncenter.org/document/117763.

17 Record of conversation, Mao-Nixon, 21 February 1972, *FRUS 1969–1976*, 17:680–81.【譯按：中文原文見宋永毅編，〈毛澤東會見美國總統尼克松的談話〉，《機密檔案中新發現的毛澤東講話》（紐約：國史出版社，二〇一八）。】

18 Record of conversation, Nixon–Zhou Enlai, 22 February 1972, *FRUS 1969–1976*, 17:362.

19 同前，812–13。

20 Record of conversation, Mao Zedong–Pham Van Dong, 23 September 1970, Westad et al., eds., *77 Conversations Between Chinese and Foreign Leaders on the Wars in Indochina, 1964–1977*, 175.

21 Record of conversation, Mao Zedong–Kissinger, 21 October 1975,*FRUS 1969–1976*, 18:789.

22 Michael Schaller, "The Nixon 'Shocks' and U.S.-Japan Strategic Relations, 1969–74," National Security Archive Working Paper No. 2 (1996), http://nsarchive.gwu.edu/japan/schaller.htm.

23 *PPP Nixon 1972*, 633.

24 John Kenneth Galbraith, "Reith Lectures 1966: The New Industrial State. Lecture 6: The Cultural Impact," transmitted 18 December

1966, downloads.bbc.co.uk/rmhttp/radio4/transcripts/1966_reith6.pdf.

25 "19th Pugwash Conference on Science and World Affairs," in *Science and Public Affairs*, April 1970, 21–24.

26 Aleksandr Solzhenitsyn, *One Day in the Life of Ivan Denisovitch*, trans. by Ralph Parker (New York: Dutton, 1963), 42.

27 Andrei Amalrik, *Will the Soviet Union Survive Until 1984?* (New York: Harper & Row, 1970), 41, 5–6.

28 Tom W. Smith, "The Polls: American Attitudes Toward the Soviet Union and Communism," *Public Opinion Quarterly* 47, no. 2 (1983): 277–92.

29 Werner D. Lippert, "Richard Nixon's Détente and Willy Brandt's Ostpolitik: The Politics and Economic Diplomacy of Engaging the East" (PhD thesis, Vanderbilt University, 2005), appendix.

30 Record of conversation, Brezhnev-Ford, 23 November 1974, *FRUS 1969–1976*, 16:325.

第十六章　冷戰與印度

1 轉引自 Jag Mohan, "Jawaharlal Nehru and His Socialism," *India International Centre Quarterly* 2, no. 3 (1975): 183–92。

2 同前。

3 轉引自 Karl Ernest Meyer and Shareen Blair Brysac, *Pax Ethnica: Where and How Diversity Succeeds* (New York: Public Affairs, 2012), 52。

4 Nehru speech to US Congress, 13 October 1949, *Selected Works of Jawaharlal Nehru*, 2nd series (New Delhi: Jawaharlal Nehru Memorial Fund, 1992), 13: 304.

5 轉引自 Robert J. McMahon, *The Cold War on the Periphery: The United States, India, and Pakistan* (New York: Columbia University Press, 1994), 57。

6 轉引自 Andrew J. Rotter, *Comrades at Odds: The United States and India, 1947–1964* (Ithaca, NY: Cornell University Press, 2000), 214。

7 Record of conversation, Nehru-Dulles, 9 March 1956, *FRUS 1955–1957*, 8:307.

8 Indian Planning Commission, *Second Five Year Plan: A Draft Outline* (New Delhi: The Commission, 1956), 1.

9 見 David C. Engerman, "Learning from the East: Soviet Experts and India in the Era of Competitive Coexistence," *Comparative Studies of South Asia, Africa and the Middle East* 33, no. 2 (2013): 227–38。

10 Ratnam to Dutt, 22 December 1955, Ministry of External Affairs (hereafter MEA), P(98)-Eur/55, pp. 4–5, National Archives of India, New Delhi (hereafter NAI).

11 Jawaharlal Nehru, *Letters to Chief Ministers, 1947–1964*, ed. G. Parthasarathi (New Delhi: Oxford University Press, 1985), 4:86. 相關綜論見Anton Harder, "Defining Independence in Cold War South Asia: Sino-Indian Relations, 1949–1962" (PhD thesis, LSE, 2016)。

12 Indian Mission, Lhasa, Annual Report for 1950, MEA 3(18)-R&I/51, NAI.

13 同前。

14 有關中印之間對此地區的角力，最佳的綜論為 Sulmaan Wasif Khan, *Muslim, Trader, Nomad, Spy: China's Cold War and the People of the Tibetan Borderlands* (Chapel Hill: The University of North Carolina Press, 2015)。

15 "Treaty 4307: Agreement on Trade and Intercourse between Tibet Region of China and India, 29 April 1954," *UN Treaty Series*, 229 (1958): 70.

16 轉引自 Jovan Čavoški, "Between Great Powers and Third World Neutralists: Yugoslavia and the Belgrade Conference of the Non-Aligned Movement, 1961," in *The Non-Aligned Movement and the Cold War: Delhi Bandung-Belgrade*, ed. Natasa Miskovic et al. (London: Routledge, 2014), 187。

17 Nehru, *Letters to Chief Ministers, 1947–1964*, 4:197, 240.

18 Indian embassy Moscow to Ministry of External Affairs, 24 February 1956, MEA, 26(22)Eur/56(Secret), NAI.

19 "Non-Aligned Countries Declaration, 1961," Edmund Jan Osma czyk, ed., *Encyclopedia of the United Nations and International Agreements*, 3rd ed. (London: Taylor & Francis, 2003), 3:1572.

20 同前。

21 Rusk to Harriman, 25 November 1962, *FRUS 1961–1963*, 19:406.

22 Nehru, *Letters to Chief Ministers, 1947–1964*, 5:537.

23 East Asia Division to Foreign Secretary, 6 February 1967, MEA WII/104/3/67, NAI.

24 轉引自 Renu Srivastava, *India and the Nonaligned Summits: Belgrade to Jakarta* (Delhi: Northern Book Centre, 1995), 85。

25 Record of conversation, T.N. Kaul-A.A. Fomin, 8 March 1969, MEA WI/101(39)69 vol. 2, p. 84, NAI.

26 Foreign Secretary to (Indian) Embassy Washington, Summary Record of Prime Minister's talks with Vice President Humphrey, 17

February 1966, MEA WII/121(21)/66, p. 60, NAI.

27 Indian Embassy, Washington, to Foreign Secretary, n.d. (October 1969), “Internal Developments in the United States,” MEA WII/104(14)/69 vol. 2, NAI.

28 轉引自 Oriana Fallaci, “Indira’s Coup,” *New York Review of Books*, 18 September 1975。

29 Record of conversation, Foreign Secretary–General Adams, 12 November 1963, MEA 101(34)-WII/63, p. 34, NAI.

30 Record of conversation, Singh-Kissinger, 7 July 1971, MEA, WII/121(54)71, p. 55, NAI.

31 Treaty of Peace, Friendship and Cooperation Between the Government of India and the Government of the Union of Soviet Socialist Republics, 9 August 1971, http://mea.gov.in/bilateral-documents.htm?dtl/5139/Treaty+of+.

32 Minister for Political Affairs report, 18 August 1971, MEA, WII/104/34/71, NAI.

33 Record of conversation, Kissinger–Huang, 10 December 1971, *FRUS 1969–1976*, 11:756.

34 Minutes of Washington Special Actions Group meeting, 4 December 1971, *FRUS 1969–1976*, 11:620–26.

35 Record of telephone conversation, Nixon-Kissinger, 5 December 1971, *FRUS 1969–1976*, 11:638.

36 “Indo-Pakistan Relations,” n.d. (March 1972?), WII/103/17/72, p. 8, NAI.

37 “Sino-US Relations and Implications,” 6 March 1972, ibid., 14.

38 “Impact of Sino-American, Indo-Soviet, and Indo-Pakistan Relations on Indo-US Relations,” n.d. (March 1972?), ibid., 31.

39 East Europe Division, Ministry of External Affairs, Annual Report (3 February 1975), MEA WI/103/5/75-EE vol. 1, NAI.

40 轉引自 Vojtech Mastny, “The Soviet Union’s Partnership with India,” *Journal of Cold War Studies* 12, no. 3 (2010): 73–74.

41 “Indo-Soviet Relations－A Critical Analysis,” 12 April 1977, MEA, WI/103/10/77/EE, p. 53, NAI.

42 Record of conversation, Mehta-Sudarikov (head of South Asia Division, Soviet Foreign Ministry), 21 April 1977, MEA WI/103/10/77/EE, p. 45, NAI.

43 Record of conversation, Brezhnev–Desai, 12 June 1979, MEA WI/103/4/79(EE) vol. 1, pp. 234–49, NAI.

44 Record of conversation, Mehta-Vorontsov, 20 March 1979, MEA WI/103/4/79(EE) vol. 1, pp. 98–102, NAI.

45 Indira Gandhi speech in Delhi, 1 April 1980, at Indian National Congress, http://inc.in/resources/speeches/298-What-Makes-an-Indian.

第十七章　中東風暴

1 Nasser, "Falsafat al-Thawra [The Philosophy of the Revolution]"，轉引自 Reem Abou-El-Fadl, "Early Pan-Arabism in Egypt's July Revolution: The Free Officers' Political Formation and Policy-Making, 1946–54," *Nations and Nationalism* 21, no. 2 (2015): 296。

2 同前引，295。

3 Nasser speech 23 December 1962, at https://www.youtube.com/watch?v=voUNkFuhg1E.

4 Aflaq speech, 1 February 1950, Michel Aflaq, *Choice of Texts from the Ba'th Party Founder's Thought* (Baghdad: Arab Ba'th Socialist Party, 1977), 86.

5 轉引自 Douglas Little, "His Finest Hour? Eisenhower, Lebanon, and the 1958 Middle East Crisis," in *Empire and Revolution: The United States and the Third World Since 1945*, ed. Peter L. Hahn and Mary Ann Heiss (Columbus: Ohio State University Press, 2001), 32。

6 轉引自 Aleksandr Fursenko and Timothy Naftali, *Khrushchev's Cold War: The Inside Story of an American Adversary* (New York: Norton, 2006), 164。

7 Statement by the President, 15 July 1958, *Public Papers of the Presidents: Dwight D. Eisenhower 1958*, 553.

8 轉引自 Fursenko and Naftali, *Khrushchev's Cold War*, 159。

9 同前引，169。

10 轉引自 Sharman Kadish, *Bolsheviks and British Jews: The AngloJewish Community, Britain, and the Russian Revolution* (London: Psychology Press, 1992), 135.

11 轉引自 Avi Shlaim, "Israel, the Great Powers, and the Middle East Crisis of 1958," *Journal of Imperial and Commonwealth History* 27, no. 2 (1999): 177–92.

12 有關蘇聯援助在埃及的輕重緩急，見 M. Khalil (Egyptian Deputy Prime Minister) to S. Skatchkov (Chairman, Soviet State Committee on Foreign Economic Relations), May 1966, 3022–000557, National Archives of Egypt, Cairo。

13 有關一九六三至六五年間埃及與非洲國家的關係，見 Ministry of Foreign Affairs reports in 0078-048408, National Archives of Egypt, Cairo, and on military support, see report from 18 September 1965, 0078-048418-408，同前。

14 轉引自 Ghassan Khatib, *Palestinian Politics and the Middle East Peace Process: Consensus and Competition in the Palestinian Negotiating Team* (London: Routledge, 2010), 27。

15 Notes of a meeting of the Special Committee of the National Security Council, 9 June 1967, *FRUS 1964–1968*, 19:399.

16 "On Soviet Policy Following the Israeli Aggression in the Middle East," 20 June 1967, CWIHP-DA, http://digitalarchive.wilsoncenter.org/document/112654.

17 Statement to the Knesset by Prime Minister Golda Meir, 5 May 1969, Israel Foreign Ministry, http://www.mfa.gov.il/mfa/foreignpolicy/mfadocuments/yearbook1/pages/8%20statement%20to%20the%20knesset%20by%20prime%20minister%20golda.aspx.

18 "On Soviet Policy Following the Israeli Aggression in the Middle East," 20 June 1967, CWIHP-DA, http://digitalarchive.wilsoncenter.org/document/113381.

19 轉引自 Isabella Ginor, "'Under the Yellow Arab Helmet Gleamed Blue Russian Eyes': Operation Kavkaz and the War of Attrition, 1969–70," *Cold War History* 3, no. 1 (2002): 138。

20 Minutes of a National Security Council Meeting, 25 April 1969, *FRUS 1969–1976*, 23:92.

21 Record of conversation, Kissinger, Schlesinger, Colby, 13 October 1973, *FRUS 1969–1976*, 25:483.

22 Memorandum for the record, 24/25 October 1973, *FRUS 1969–1976*, 25:741.

23 轉引自 Victor Israelyan, *Inside the Kremlin During the Yom Kippur War* (Philadelphia, PA: Penn State Press, 2010), 180。

24 The President's news conference of 26 October 1973, *Public Papers of the Presidents: Richard Nixon 1973*, 902–3.

25 Memorandum of conversation, 9 October 1973, *FRUS 1969–1976*, 25:413.

26 Memorandum of conversation, 12 August 1974, *FRUS 1969–1976*, 26:406.

27 Letter From President Ford to Israeli Prime Minister Rabin, 21 March 1975, ibid., 553.

28 Letter to President Ford by 76 Members of the US Senate, 22 May 1975, Israeli Foreign Ministry, http://mfa.gov.il/MFA/ForeignPolicy/MFADocuments/Yearbook2/Pages/84%20Letter%20to%20President%20Ford%20by%2076%20Members%20of%20the%20U.aspx.

29 轉引自 Efraim Karsh, *Israel: The First Hundred Years* (London: Frank Cass, 2002), 3:103。

30 就如同許多巴勒斯坦的組織：內部觀點見 record of conversations, George Habash (PFLP)–Chudomir Aleksandrov (BCP Politburo), 17 November 1981, Sofia, f. 1b, op. 60, an. 287, pp. 1–60, Central State Archives, Sofia, Bulgaria (hereafter CDA, Sofia)。

31 Massimiliano Trentin, "La République démocratique allemande et la Syrie du parti Baas," *Les cahiers Irice*, no. 10 (2013): 19.

32 "Saddam Hussein's political portrait－compiled for Foreign Minister Frigyes Puja prior to the Iraqi leader's visit to Hungary in May 1975," 26 March 1975, CWIHP-DA, http://digitalarchive.wilsoncenter.org/document/122524.

33 "Policy Statement on the Bulgarian Relations with Angola, Ethiopia, Mozambique, and PDR of Yemen," 1 October 1978, CWIHP-DA, http://digitalarchive.wilsoncenter.org/document/113582.

34 轉引自 Joanne Jay Meyerowitz, *History and September 11th* (Philadelphia, PA: Temple University Press, 2003), 231。

第十八章　緩和政策潰敗

1 Hedrick Smith, *New York Times*, 13 June 1973.

2 Reagan speech to second annual CPAC Convention, 1 March 1975, http://reagan2020.us/speeches/Let_Them_Go_Their_Way.asp.

3 Reagan's campaign address, 31 March 1976, Ronald Reagan Library, https://reaganlibrary.gov/curriculum-smenu?catid=0&id=7.

4 見 Daniel J. Sargent, *A Superpower Transformed: The Remaking of American Foreign Relations in the 1970s* (Oxford: Oxford University Press, 2015)。

5 轉引自 George J. Church, "Saigon," *Time*, 24 June 2001。

6 Address at a Tulane University Convocation, 23 April 1975, PPP: Ford 1975, 568.

7 關於這一點見 record of conversation, Todor Zhivkov–Le Duan, 8–9 October 1975, Sofia, pp. 1–45, a.n. 186, op. 60, f. 1, CDA, Sofia。

8 見 R. J. Rummel, "Statistics of Cambodian Democide: Estimates, Calculations, and Sources," at https://www.hawaii.edu/powerkills/SOD.CHAP4.HTM。

9 South African UN mission to the Secretary of Foreign Affairs, Cape Town, 15 May 1976, Record of conversation with Kissinger and Scowcroft, 1/33/3, vol. 33, South African Department of Foreign Affairs Archives, Pretoria.

10 有關古巴方面對這些關係的綜述，見 record of conversations, Fidel Castro–Todor Zhivkov, 11 March 1976, Sofia, f. 1b. op. 60, an. 194, pp. 1–38, CDA, Sofia。

11 "US-Soviet Relations and Soviet Foreign Policy towards the Middle East and Africa in the 1970s. Transcript of the Proceedings of the First Lysebu Conference of the Carter-Brezhnev Project. Oslo, Norway, 1–3 October 1994," 45 (下稱Lysebu I).

12 同前，47。
13 Commission on Presidential Debates: The Second Carter-Ford Presidential Debate, 6 October 1976, http://www.debates.org/index.php?page=october-6–1976-debate-transcript.
14 Carter to Brezhnev, 26 January 1977, *FRUS 1977–1980*, 6:2.
15 轉引自 "SALT II and the Growth of Mistrust. Transcript of the Proceedings of the Musgrove Conference of the Carter-Brezhnev Project. Musgrove Plantation, St. Simon's Island, Georgia, 7–9 May 1994," p. 62.
16 Carter to Sakharov, 5 February 1977, FRUS 1977–1980, 6:17.
17 轉引自 "The Collapse of Detente. Transcript of the Proceedings of the Pocantico Conference of the Carter-Brezhnev Project. The Rockefeller Estate, Pocantico Hills, NY, 22–24 October 1992," p. 13.
18 Hamilton Jordan to Carter, June 1977, Container 34a, Foreign Policy/Domestic Politics Memo, Hamilton Jordan's Confidential Files, Office of the Chief of Staff Files, Jimmy Carter Library, Atlanta, Georgia.
19 Tom W. Smith, "The Polls－American Attitudes Toward the Soviet Union and Communism," *Public Opinion Quarterly* 47, no. 2: 277–92.
20 Record of conversation, Markovski-Ponomarev, 10 February 1978, CWIHP-DA, http://digitalarchive.wilsoncenter.org/document/110967.
21 The President's News Conference, 2 March 1978, PPP Carter 1978, 1:442.
22 Meeting of the Special Coordination Committee of the National Security Council, 2 March 1978, quoted in Jussi M. Hanhimäki and Odd Arne Westad, eds., *The Cold War: A History in Documents and Eyewitness Accounts* (Oxford: Oxford University Press, 2003), 542–44.
23 Record of conversation, Carter–Deng Xiaoping, 29 January 1979, *FRUS 1977–1980*, 8:768.
24 同前，8:747。
25 同前，8:770。
26 Record of conversation, Carter-Brezhnev, 15 June 1979, *FRUS 1977–1980*, 6:551.
27 Record of conversation, Carter-Brezhnev, 16 June 1979, *FRUS 1977–1980*, 6:581, 578.
28 Hamid Algar, ed., *Islam and Revolution: Writings and Declarations of Imam Khomeini* (Berkeley, CA: Mizan Press, 1981), 300–6.

29 Lysebu I, 34.

30 Jimmy Carter televised address, 4 January 1980, *PPP Carter 1980–81*, 1:22.

31 Jimmy Carter, "State of the Union Address," 23 January 1980, *PPP Carter 1980*, 1:196.

32 Jimmy Carter televised address, 4 January 1980, *PPP Carter 1980–81*, 1:24.

33 See SIPRI Military Expenditure Database, http://www.sipri.org/research/armaments/milex/milex_database.

34 Ronald Reagan, "Address Accepting the Presidential Nomination at the Republican National Convention in Detroit," 17 July 1980, *The American Presidency Project*, http://www.presidency.ucsb.edu/ws/?pid=25970.

35 "Toasts of the President and Prime Minister Margaret Thatcher of the United Kingdom at the Dinner Honoring the President," 27 February 1981, The American Presidency Project, http://www.presidency.ucsb.edu/ws/index.php?pid=43471. 有關蘇聯對雷根當選的最初反應，見 record of conversation, Todor Zhivkov–Andrei Gromyko, 23 December 1980, f. 1b, op. 60, an. 277, pp. 1–22, CDA, Sofia。

36 轉引自 Steve Coll, *Ghost Wars*: *The Secret History of the CIA, Afghanistan, and Bin Laden, from the Soviet Invasion to September 10, 2001* (New York: Penguin, 2004), 99.

37 有關桑定解意欲從蘇聯與東歐方面取得的東西，見 Henry Ruiz (Nicaraguan Minister of Foreign Assistance)–Aleksandr Lilov (Deputy Head of the Bulgarian Communist Party), 18–19 October 1979, f. 1b, op. 60, an. 257, pp. 1–83, CDA, Sofia. For Castro's views, see summary of conversations, Fidel Castro–Todor Zhivkov, Havana, 7–11 April 1979, f. 1b, op. 66, an. 1674, pp. 23–35, CDA, Sofia。

38 Excerpts from an interview with Walter Cronkite of CBS News, 3 March 1981, *PPP Reagan 1981*, 191.

第十九章　歐洲的預兆

1 "Stasi Note on Meeting Between Minister Mielke and KGB Chairman Andropov," 11 July 1981, CWIHP-DA, http://digitalarchive.wilsoncenter.org/document/115717.

2 轉引自 Silvio Pons, "The Rise and Fall of Eurocommunism," in *The Cambridge History of the Cold War*, ed. Melvyn P. Leffler and Odd Arne Westad (Cambridge: Cambridge University Press, 2010), 2:55.

3 轉引自 Kristina Spohr, *The Global Chancellor: Helmut Schmidt and the Reshaping of the International Order* (Oxford: Oxford

University Press, 2016), 111。

4 Ronald Reagan, televised address 5 September 1983, *PPP Reagan 1983*, 1227.

5 轉引自 Nate Jones, "First Page of Paramount Able Archer 83 Report Declassified by British Archive," 27 October 2014, https://nsarchive.wordpress.com/2014/10/27/first-page-of-paramount-ablearcher-83-report-declassified-by-british-archive-remainder-of-thedetection-of-soviet-preparations-for-war-against-nato-withheld/. 亦見 Nate Jones, ed., *Able Archer 83: The Secret History of the NATO Exercise That Almost Triggered Nuclear War* (New York: New Press, 2016)。

6 Homily of His Holiness John Paul II, Warsaw, 2 June 1979, https://w2.vatican.va/content/john-paul-ii/en.html.

7 "Session of the CPSU CC Politburo," 10 December 1981, CWIHP-DA, http://digitalarchive.wilsoncenter.org/document/110482.

8 Interviews, http://www.academia.edu/7966890/Interviews_about_travelling_to_West_under_communism_Hungary_in_Europe_Divided_Then_and_Now.

9 Declaration of Charter 77, 1 January 1977, https://chnm.gmu.edu/1989/archive/files/declaration-of-charter-77_4346bae392.pdf.

10 Plastic People of the Universe, "Komu je dnes dvacet" [Whoever is Now Twenty], http://www.karaoketexty.cz/texty-pisni/plastic-people-of-theuniverse-the/komu-je-dnes-dvacet-188129.

11 Acceptance speech, 10 December 1975, Oslo, http://www.nobelprize.org/nobel_prizes/peace/laureates/1975/sakharovacceptance.html.

12 "Solemn Declaration on European Union (Stuttgart, 19 June 1983)," *Bulletin of the European Communities*, no. 6 (June 1983): 24–29. 七〇年代末的發展綜論可見 N. Piers Ludlow, *Roy Jenkins and the European Commission Presidency, 1976–1980: At the Heart of Europe* (London: Palgrave Macmillan, 2016).

13 Thatcher speech to the European Parliament, 9 December 1986, http://www.margaretthatcher.org/document/106534.

14 轉引自 Ian Glover-James, "Falklands: Reagan Phone Call to Thatcher," *Sunday Times*, 8 March 1992。

15 James M. Markham, "Germans Enlist Poll-Takers in Missile Debate," *New York Times*, 23 September 1983.

16 轉引自 Christopher Flockton, Eva Kolinsky, and Rosalind M. O. Pritchard, *The New Germany in the East: Policy Agendas and Social Developments Since Unification* (London: Taylor & Francis, 2000), 178。

17 "Tagesprotokoll, 32. Bundesparteitag, Mai 1984, Stuttgart, CDU," at www.kas.de/Protokolle_Bundesparteitage.

18 Entry for 18 November 1983, Ronald Reagan, *The Reagan Diaries* (New York: HarperCollins, 2007), 199.

第二十章　戈巴契夫

1 見 Yegor Gaidar, *Collapse of an Empire: Lessons for Modern Russia* (Washington, DC: Brookings Institution Press, 2010)。

2 Interview with Dr. Charles Cogan, August 1997, National Security Archive, http://nsarchive.gwu.edu/coldwar/interviews/episode-20/cogan1.html.

3 Boland amendment, Public Law 98-473, 12 October 1984, uscode.house.gov/statutes/pl/98/473.pdf.

4 轉引自 Malcolm Byrne, *Iran-Contra: Reagan's Scandal and the Unchecked Abuse of Presidential Power* (Lawrence: University Press of Kansas, 2014), 45。

5 Session of the Politburo of the CC CPSU, 11 March 1985, http://digitalarchive.wilsoncenter.org/document/120771.

6 Mikhail Gorbachev, *Memoirs* (New York: Doubleday, 1996), 102–3.

7 Session of the Politburo of the CC CPSU, 4 April 1985, NSA-DA, nsarchive.gwu.edu/NSAEBB/NSAEBB172/Doc8.pdf.

8 "Conference of Secretaries of the CC CPSU," 15 March 1985, CWIHPDA, http://digitalarchive.wilsoncenter.org/document/121966.

9 Reagan to Gorbachev, 11 March 195, NSA-DA, http://nsarchive.gwu.edu/dc.html?doc=2755702-Document-02.

10 Entry for 10 October 1983, Ronald Reagan, *The Reagan Diaries* (New York: HarperCollins, 2007), 186.

11 Reagan State of the Union address, 25 January 1984, *PPP Reagan 1984*, 1:93.

12 Record of conversation, Reagan–Gorbachev, 20 November 1985, Geneva, in Svetlana Savranskaya and Thomas Blanton, eds., *The Last Superpower Summits. Gorbachev, Reagan, and Bush. Conversations That Ended the Cold War* (Budapest: Central European Press, 2016), 112.

13 Mikhail Gorbachev, *Political Report of the CPSU Central Committee to the 27th Party Congress* (Moscow: Novosti, 1986), 5, 6.

14 [CPSU CC] Politburo Session, 26 June 1986, Notes of Anatoly S. Chernyaev, NSA-DA, http://nsarchive.gwu.edu/NSAEBB/NSAEBB272/Doc%204%201986–06–26%20Politburo%20Session%20on%20Afganistan.pdf. 四個月後，戈巴契夫告訴其他領導人，蘇聯必須「在一年或最多兩年內撤出軍隊」。

15 Politburo Session, 13 November 1986, Notes of Anatoly S. Chernyaev, NSA-DA, http://nsarchive.gwu.edu/NSAEBB/NSAEBB272/Doc%205%201986-11-13%20Politburo%20on%20Afghanistan.pdf.

16 Russian transcript of Reagan–Gorbachev Summit in Reykjavik, 12 October 1986 (afternoon), published in FBIS-USR-93-121, 20 September 1993.

17 “Excerpts from a speech given by Mikhail Gorbachev to the Central Committee of the Communist Party of the Soviet Union,” http://chnm.gmu.edu/tah-loudoun/blog/psas/end-of-the-cold-war/.

18 “Soviets Admit Blame in Massacre of Polish Officers in World War II,” *New York Times*, 13 April 1990.

19 N. Andreeva, “Ne mogu postupatsia printsipami” [I Cannot Give Up My Principles], *Sovetskaia Rossiia*, 13 March 1988.

20 Record of conversation, Gorbachev-Honecker, 3 October 1986 (in German), *Chronik der Mauer*, http://www.chronik-dermauer.de/material/178876/niederschrift-ueber-ein-gespraech-zwischenerich-honecker-und-michail-gorbatschow-3-oktober-1986.

21 “The Diary of Anatoly S. Chernyaev, 1987–1988,” translated and edited by Svetlana Savranskaya [hereafter Cherniaev Diaries], NSA-DA, http://nsarchive.gwu.edu/NSAEBB/NSAEBB250/index.htm.

22 轉引自 David H. Shumaker, *Gorbachev and the German Question: Soviet-West German Relations, 1985–1990* (Westport, CT: Greenwood Publishing Group, 1995), 36。

23 Reagan, “Remarks and a Question-and-Answer Session with the Students and Faculty at Moscow State University,” 31 May 1988, PPP Reagan 1988, 1:687.

24 轉引自 Stanley Meisner, “Reagan Recants ‘Evil Empire’ Description,” *Los Angeles Times*, 1 June 1988。

25 轉引自 Igor Korchilov, *Translating History: 30 Years on the Front Lines of Diplomacy with a Top Russian Interpreter* (New York: Simon and Schuster, 1999), 167。

26 Record of conversation, Gorbachev-Reagan, 1 June 1988, NSA-DA, http://nsarchive.gwu.edu/NSAEBB/NSAEBB251/.

27 轉引自 Amin Saikal and William Maley, eds., *The Soviet Withdrawal from Afghanistan* (Cambridge: Cambridge University Press, 1989), 19。

28 轉引自 Archie Brown, “Did Gorbachev as General Secretary Become a Social Democrat?,” *Europe-Asia Studies* 65, no. 2 (2013): 209。

29 Record of conversation, Gorbachev-Brandt, 17 October 1989, NSADA, nsarchive.gwu.edu/NSAEBB/NSAEBB293/doc06.pdf.

第二十一章　全球轉型

1 Ambassador Wu Jianmin in conversation with the author, London, October 2013.

2 *Selected Works of Deng Xiaoping, 1982–1992* (Beijing: Foreign Languages Press, 1994), 174.

3 Ezra F. Vogel, *Japan as Number One: Lessons for America* (Cambridge, MA: Harvard University Press, 1979), vii.【譯按：中譯版見傅高義，《日本第一：對美國的啟示》（上海：上海譯文出版社，二〇一六）。】

4 Paul Kennedy, *The Rise and Fall of the Great Powers: Economic Change and Military Conflict from 1500 to 2000* (New York: Random House, 1987), 467–68.

5 "Cable from Ambassador Katori to the Foreign Minister, 'Prime Minister Visit to China (Conversation with Chairman Deng Xiaoping),'" 25 March 1984, CWIHP-DA, http://digitalarchive.wilsoncenter.org/document/118849.

6 ASEAN Bangkok Declaration, 8 August 1967, in Michael Leifer, ed., *Dictionary of the Modern Politics of Southeast Asia*, 3rd ed. (London: Routledge, 2001), 69.

7 轉引自 K. Natwar Singh, "Revisiting Russia," *Business Standard*, 5 March 2011。

8 John Prados, *Safe for Democracy: The Secret Wars of the CIA* (Chicago, IL: Ivan R. Dee, 2006), 503.

9 轉引自 *The Philadelphia Inquirer*, 19 December 1988。

10 Cherniaev Diaries, 1989, http://nsarchive.gwu.edu/NSAEBB/NSAEBB275/.

11 Kevin J. Middlebrook and Carlos Rico, *The United States and Latin America in the 1980s* (Pittsburgh, PA: University of Pittsburgh Press, 1986), 50.

12 "Serbian Academy of Arts and Sciences (SANU) Memorandum 1986," Making the History of 1989, https://chnm.gmu.edu/1989/items/show/674.

13 Abdullah Azzam, "Defense of the Muslim Lands," https://archive.org/stream/Defense_of_the_Muslim_Lands/Defense_of_the_Muslim_Lands_djvu.txt.

第二十二章　歐洲的現實

1 Reagan, "Farewell Address to the Nation," 11 January 1989, *PPP Reagan 1988–89*, 2:1720.

2 National Security Review 3, 15 February 1989, GHW Bush Library, https://bush41library.tamu.edu/archives/nsr.

3 轉引自 Sarah B. Snyder, "Beyond Containment? The First Bush Administration's Sceptical Approach to the CSCE," *Cold War History* 13, no. 4 (2013): 466。

4 Record of conversation, Gorbachev-Thatcher, 5 April 1989, NSA-DA, http://nsarchive.gwu.edu/NSAEBB/NSAEBB422/.

5 Cherniaev Diaries, 1989, http://nsarchive.gwu.edu/NSAEBB/NSAEBB275/.

6 最佳的綜論為 Serhii Plokhy, *Last Empire: The Final Days of the Soviet Union* (New York: Basic Books, 2014)。

7 "Excerpts from debate between Lech Walesa and Alfred Miodowicz, 30 November 1988," *Making the History of 1989*, https://chnm.gmu.edu/1989/items/show/540.

8 轉引自 Mark Kramer, "The Demise of the Soviet Bloc," *Journal of Modern History* 83, no. 4 (2011): 804。

9 Viktor Orbán, "The Reburial of Imre Nagy," in *The Democracy Reader*, ed. Diane Ravitch and Abigail Thernstrom (New York: HarperCollins, 1992), 249.

10 轉引自 Sergey Radchenko, *Unwanted Visionaries: The Soviet Failure in Asia at the End of the Cold War* (Oxford: Oxford University Press, 2014), 161。

11 同前引，163。

12 同前引，167。

13 轉引自 Odd Arne Westad, "Deng Xiaoping and the China He Made," in *Makers of Modern Asia*, ed. Ramachandra Guha (Cambridge, MA: Harvard University Press, 2014), 199–214。

14 轉引自 Kramer, "The Demise of the Soviet Bloc," 827。

15 同前，828。

16 Cherniaev Diaries, 1989, http://nsarchive.gwu.edu/NSAEBB/NSAEBB275/.

17 "From the Conversation of M. S. Gorbachev and François Mitterrand," 5 July 1989, *Making the History of 1989*, https://chnm.gmu.edu/1989/items/show/380.

18 見 Mary Elise Sarotte, *The Collapse: The Accidental Opening of the Berlin Wall* (New York: Basic Books, 2014), 146–49。

19 Petra Ruder, quoted in Kai Diekmann and Ralf Georg Reuth, eds., *Die längste Nacht, der grösste Tag: Deutschland am 9 November 1989* [The Longest Night, the Greatest Day: Germany on 9 November 1989] (Munich: Piper, 2009), 167.

20 Helmut Kohl's Ten-Point Plan for German Unity (28 November 1989), *German History in Documents and Images*, http://germanhistorydocs.ghidc.org/docpage.cfm?docpage_id=118.

21 轉引自 R.C. Longworth, "France Stepping Up Pressure for a United States of Europe," *Chicago Tribune*, 30 October 1989。

22 Charles Powell to Stephen Wall, 20 January 1990, Margaret Thatcher Foundation, http://www.margaretthatcher.org/document/113883.

23 見 Frédéric Bozo, *Mitterrand, the End of the Cold War and German Unification* (New York: Berghahn Books, 2009)。

24 Record of telephone conversation, Bush-Kohl, 29 November 1989,Memcons and Telcons, https://bush41library.tamu.edu/archives/memconstelcons (hereafter Bush Memcons), Bush Library.

25 轉引自 Mary Sarotte, *1989: The Struggle to Create Post-Cold War Europe* (Princeton, NJ: Princeton University Press, 2009), 111。

26 轉引自 "Hungary Declares Independence," *Chicago Tribune*, 25 October 1989。

27 轉引自 Steven Greenhouse, "350,000 at Rally Cheer Dubcek," *New York Times*, 25 November 1989。

28 "New Year's Address to the Nation, 1990," Havel's Selected Speeches and Writings, http://old.hrad.cz/president/Havel/speeches/index_uk.html.

29 Transcribed from video recording, 21 December 1989, https://www.youtube.com/watch?v=wWIbCtz_Xwk.

30 Record of conversation, 2 December 1989, first meeting, Bush Memcons, Bush Library.

31 Transcribed video recording, https://www.youtube.com/watch?v=UKtdBAJGK9I.

32 Supreme Council of the Republic of Lithuania, "Act on the Reestablishment of the Independent State of Lithuania," 11 March 1990, http://www.lrkt.lt/en/legal-information/lithuanias-independence-acts/act-of-11-march/366.

33 轉引自 Bridget Kendall, "Foreword," Irina Prokhorova, ed., *1990: Russians Remember a Turning Point* (London: MacLehose, 2013), 12。

34 轉引自 Archie Brown, "Did Gorbachev as General Secretary Become a Social Democrat?," *Europe-Asia Studies* 65, no. 2 (2013): 198–220。

35 轉引自 Hanns Jürgen Küsters, "The Kohl-Gorbachev Meetings in Moscow and in the Caucasus, 1990," *Cold War History* 2, no. 2 (2002): 195–235。

36 "Treaty on the Final Settlement with Regard to Germany," *United Nations Treaty Series*, vol. 1696, I-29226.

37 "Address given by Hans-Dietrich Genscher at the signing of the Two Plus Four Treaty," 12 September 1990, CVCE website, http://www.cvce.eu/obj/address_given_by_hans_dietrich_genscher_at_the_signing_of_the_two_plus_four_treaty_moscow_12_september_1990-ene14baf8d-c613–4c0d-9816–8830a7f233e6.html.

38 Milosevic's Speech, Kosovo Field, 28 June 1989, http://www.slobodan-milosevic.org/spch-kosovo1989.htm.

39 轉引自 David Thomas Twining, *Beyond Glasnost: Soviet Reform and Security Issues* (Westport, CT: Greenwood, 1992), 26。

40 Record of telephone conversation, 18 January 1991, Bush Memcons, Bush Library.

41 Bush, "Remarks to the Supreme Soviet of the Republic of Ukraine," 1 August 1991, PPP Bush 1991, 2:1007.

42 "Yeltsin's address to the Russian people," 19 August 1991, https://web.viu.ca/davies/H102/Yelstin.speech.1991.htm.

43 轉引自 *The New York Times*, 24 August 1991。

44 Soglashenie o Sozdanii Sodruzhestva Nezavisimykh Gosudarstv [Agreement on the Establishment of the Commonwealth of Independent States], 8 December 1991, http://www.worldcourts.com/eccis/rus/conventions/1991.12.08_Agreement_CIS.htm.

45 "End of the Soviet Union: Text of Gorbachev's Farewell Speech," *New York Times*, 26 December 1991.

46 Record of telephone conversation, Gorbachev-Bush, 25 December 1991, Bush Memcons, Bush Library.

47 Andrei S. Grachev, *Final Days: The Inside Story of the Collapse of the Soviet Union* (Boulder, CO: Westview, 1995), 192.

結語　冷戰塑造的世界

1 Constantine Pleshakov, *There Is No Freedom Without Bread!: 1989 and the Civil War That Brought Down Communism* (New York: Farrar, Straus and Giroux, 2009).

2 "Russians Name Brezhnev Best 20th-Century Leader, Gorbachev Worst," 22 May 2013, *Russia Today*, https://www.rt.com/politics/brezhnevstalin-gorbachev-soviet-638/.

3 轉引自 Chuck Sudetic, "Evolution in Europe: Bulgarian Communist Stalwart Says He'd Do It All Differently," *New York Times*, 28 November 1990。

4 Wilfried Loth, *Die Teilung der Welt: Geschichte des Kalten Krieges 1941–1955* [The Division of the World: The History of the Cold War 1941–1955] (Munich: Deutscher Taschenbuch-Verlag, 1980).

5 François Genoud, ed., *The Testament of Adolf Hitler; the HitlerBormann Documents, February–April 1945* (London: Cassell, 1961), 103.

6 Yevgeny Chazov, Nobel Lecture, 11 December 1985, https://www.nobelprize.org/nobel_prizes/peace/laureates/1985/physicianslecture.html.

7 Depeche Mode (Alan Wilder), "Two Minute Warning," from *Construction Time Again*, Mute Records, 1983.

全球視野

冷戰：從兩強爭霸到全球衝突，當代地緣政治的新世界史

2023年11月初版 定價：新臺幣620元

著　　者 Odd Arne Westad
譯　　者 陳柏旭
林書嫐
叢書主編 王盈婷
校　　對 呂佳真
內文排版 張靜怡
封面設計 張巖

出版者 聯經出版事業股份有限公司
地址 新北市汐止區大同路一段369號1樓
叢書主編電話 (02)86925588轉5316
台北聯經書房 台北市新生南路三段94號
電話 (02)23620308
郵政劃撥帳戶第0100559-3號
郵撥電話 (02)23620308
印刷者 文聯彩色製版印刷有限公司
總經銷 聯合發行股份有限公司
發行所 新北市新店區寶橋路235巷6弄6號2樓
電話 (02)29178022

副總編輯 陳逸華
總編輯 涂豐恩
總經理 陳芝宇
社長 羅國俊
發行人 林載爵

行政院新聞局出版事業登記證局版臺業字第0130號

本書如有缺頁，破損，倒裝請寄回台北聯經書房更換。 ISBN 978-957-08-7142-5 (平裝)
聯經網址：www.linkingbooks.com.tw
電子信箱：linking@udngroup.com

國家圖書館出版品預行編目資料

冷戰：從兩強爭霸到全球衝突，當代地緣政治的新世界史/
Odd Arne Westad著．陳柏旭、林書嫐譯．初版．新北市．聯經．2023年11月．
640面．17×23公分（全球視野）
譯自：The cold war: a world history
ISBN 978-957-08-7142-5（平裝）

1.CST：冷戰 2.CST：世界史 3.CST：國際政治 3.CST：地緣政治

712.8 112016498